高等学校经济与工商管理系列教材

财 政 学

（第2版第2次修订本）

匡小平 主 编
肖建华 副主编

清 华 大 学 出 版 社
北京交通大学出版社
·北京·

内容简介

本书以市场为分析起点，结合现代经济学分析方法与我国财政学理论分析公认的“理论基础—支出—收入—管理与政策”框架，着重分析与介绍了财政领域内的经典理论，如政府与市场理论、财政职能理论、公共品理论、外部性理论、公共选择理论、分权理论、国债理论、预算理论、财政平衡理论、财政政策理论等，并在相关理论中适当吸收与反映了部分前沿研究内容与成果，对大部分内容都在中国背景下对具体理论加以分析与运用，修订版中尤其注意财政学本科教学中的实际运用，着重培养学生运用理论分析社会经济热点问题及财政问题的能力。

本书既可以满足教育部规定的财政学作为经济管理类八大核心课程之一的教学需要，同时又可以满足实践工作者对财政学理论知识学习的需要，还可供研究人员参阅。

图书在版编目（CIP）数据

财政学/匡小平主编. —2版. —北京：清华大学出版社；北京交通大学出版社，2012.2（2020.2修订）
（高等学校经济与工商管理系列教材）
ISBN 978－7－5121－0813－4

Ⅰ.①财… Ⅱ.①匡… Ⅲ.①财政学-高等学校-教材 Ⅳ.①F810

中国版本图书馆CIP数据核字（2011）第253197号

责任编辑：黎　丹　　特邀编辑：张　明
出版发行：清华大学出版社　　邮编：100084　　电话：010－62776969
　　　　　北京交通大学出版社　邮编：100044　　电话：010－51686414
印 刷 者：北京时代华都印刷有限公司
经　　销：全国新华书店
开　　本：185×260　　印张：25　　字数：624千字
版　　次：2012年2月第2版　　2020年2月第2次修订　　2020年2月第9次印刷
书　　号：ISBN 978－7－5121－0813－4/F・937
印　　数：17 001～19 000册　　定价：59.00元

本书如有质量问题，请向北京交通大学出版社质监组反映。对您的意见和批评，我们表示欢迎和感谢。
投诉电话：010－51686043，51686008；传真：010－62225406；E-mail：press@bjtu.edu.cn。

第 2 版前言

经济与社会的不断发展与变化为经济理论工作者的研究提供了肥沃的土壤，可让他们从实践中吸取有益成分，使理论日益充实和完善。当今社会飞速发展，各个领域与学科都发生了深刻变化，财政学领域尤其如此。自 20 世纪 80 年代的市场化改革以来，人们越来越关心政府的行为及其后果，越来越关心一国范围内的政府财政关系，也越来越关心自己与国家及自己国家与其他国家之间的财政关系。因此，在市场化改革的前提下，在理论指导下正确认识财政现象显得既迫切又必要。基于这一变化，我们组织编写了本教材，以回应实践的需要，并尝试着回答实践对理论提出的挑战。

本书在编写过程中力图做到：第一，反映学科前沿，通过框架构建与具体理论阐述，将当前学界探讨的热点、难点反映在教材内；第二，注重中国特色与国际惯例结合，即在写作过程中尝试以“中国案例”来理解经典理论，同时还注意财政学编写的国际惯例，向读者展现准确而深刻的财政理论；第三，注重分析工具的规范性，力图用“图形”、“推理”等经济学常用的规范分析工具来简单明了地说明和介绍理论；第四，注重基础理论、基本技能的培养，这一点主要通过“资料链接”、“课堂讨论”、“思考题”等来实现；第五，注重培养有兴趣的读者，通过设置“进一步阅读材料”来为读者提供与主题相关的经典文献，供读者进行深一步的学习与研究。

第二版编写由匡小平教授任主编，肖建华任副主编，在匡小平教授提出总体框架后，编写小组经过三轮研讨确定基本写作思路、写作风格后分头执笔，并由主编和副主编进行了总纂。具体分工如下：第 1、2、3 章由匡小平、聂倩编写；第 4 章由徐旭川编写；第 5、6、10 章由肖建华编写；第 7 章由杨得前编写；第 8 章由王丽娟编写；第 9 章由万军编写；第 11 章由徐崇波编写；第 12 章由罗晓华编写；第 13 章由蔡芳宏编写；第 14、15 章由程岚、杨小芳编写；第 16、17 章由汪柱旺编写。

事实上，要编写一本质量过硬、经得起实践检验的教材是一项既具吸引力又是极富挑战性的工作。为此，全体编写人员兢兢业业，广泛阅读、参考并借鉴了国内外同行的教材编写体系、编写技巧与部分研究成果，在此向他们表示最诚挚的谢意！本教材能够顺利出版，应感谢北京交通大学出版社的大力支持，感谢黎丹女士的辛勤工作！

因水平有限，书中不当之处和错误在所难免。在此，真诚希望专家、学者及使用本教材的同行、同学通过邮箱 showjianhua@126.com 随时给我们提出宝贵的意见与建议，以便我们进一步完善。

匡小平
2011 年 10 月

努力编写高质量的公共经济与管理教材

（代序）

改革开放以来，我国渐渐走上市场经济道路，实行社会主义市场经济带来的高效率使中国经济步入发展的快车道，综合国力大大增强，人们的认识水平也不断提高。20 世纪后期及至 21 世纪当前，是我国经济社会飞速发展的好时机，同时又是人们科学认识世界的大好时代，产生了很多富有创见性的思想。其中在市场与政府关系方面，“市场能干的，政府就不要去干；市场不能干的，政府就要去干”成了最通俗也最为大众所接受的一种表述。伟大的时代需要理论也必将促生理论。中国社会主义市场经济的发展，客观要求政府转换职能、转换思路、规范行为，切实把政府经济管理职能转到主要为市场主体服务和创造良好发展环境上来。因此，科学界定政府职能，改变政府行为，加强公共管理，调整财政支出，有效提供公共品，结合西方成熟理论，构建有中国特色的公共经济与管理理论框架成了理论工作者义不容辞的责任与义务。

公共领域内的改革从来就没有停止过。从公共管理角度来看，近年来政府在完善市场经济体系的同时，在财政体制、财政管理、公共服务、行政管理体制等方面都进行了改革并在和谐社会构建中已初见成效；从公共经济与公共政策角度来看，政府综合运用财政政策进行宏观经济调控的力度、时机把握恰到好处，保证了我国经济健康、稳定、快速增长，人民福祉水平不断提高。但是，我国经济社会发展中面临着一定的不确定性也给公共政策、公共管理带来了一定的挑战。因此，在未来的理论研究中，如何围绕公共管理、公共经济领域内存在的关键问题展开研究并加以理论提炼与传播，是每位理论工作者都必须接受的挑战。

为更好地将研究与现实结合起来，更有效率地服务经济社会建设，江西财经大学公共管理学院自 2003 年以来就启动了这方面的工作，并通过设立公共政策研究中心、引进与挖掘人才、密切与实践部门的联系、加强同行间的交流与探讨等措施来实现这种结合。在近五年的尝试与艰苦工作中，江西财经大学公共管理学院一批年富力强的教研人才，始终以学科建设为中心，不断推进教育创新与科学发展，在科研、教学及为经济社会服务方面取得了突出的成绩，多项科研成果为实际部门所采纳，受到国家与当地政府相关部门的广泛赞誉。

为巩固理论研究成果与满足教学需要，同时也为同行与实践部门提供系统、实用的学习参考书，江西财经大学公共管理学院根据多年来的教学、科研经验，结合目前的学科最新发展成果，组织编写了《财政学》、《税法》、《公共管理学》、《行政管理学》、《社会保障学》五本教材。希望学院以这项工作以契机，在实践中不断检验教材质量，不断提升教材水平。全体教研人员继续迎难而上、勇于探索、刻苦钻研，在学科建设方面继续奋勇向前，奉献更多高水平的教研成果！

2011 年 10 月

目录

第1章

导　论

【学习提要】

本章从财政现象入手引出财政定义，结合当代经济学的发展演变，具体介绍了财政学的研究对象、研究内容、研究方法，并简要介绍财政理论在我国的发展。

【学习目标】

◆ 财政学的定义、研究内容、研究方法；

◆ 中国财政学的理论发展。

1.1　财政现象及财政的定义

1. 财政现象

在人的一生中，无论处在哪个阶段，都或多或少受到政府活动的影响，而政府的活动就必然涉及资金的筹集和使用。从资金的筹集和使用角度观察政府活动时，就可以发现各种各样的财政现象。

从单个个体的角度来看，当他呱呱坠地来到这个世界，睁开眼看到的第一个地方很可能就是政府建立的公立医院，即便是私立医院，那些迎接你降临的医生、护士也大都曾受教于政府开办的医学院；到了入学年龄，他便可以享受政府提供的义务教育；初等教育过后，可以选择继续接受高等教育（绝大多数由政府资助的高校提供）或直接参加工作；当参加工作后，如果收入超过某个限额，就必须缴纳所得税，同时也可以参加政府提供的养老保险或其他保障计划；如果不幸失业，他可以向政府申请失业救济金以维持生计；如果失业是由于宏观经济的不景气造成的，那么政府可能会干预经济使其复苏，这时就业机会增多，他就能重新回到工作岗位；到了某个年纪，他便要退休回家，从此可能要靠政府建立的社会保障体系所提供的养老金来维持老年生活。

当跳出个人的视角，从更广阔的视野观察这个世界，可以发现更多的财政现象。实现政府行政、国防、治安等基本职能的国家机关、军队、司法系统是靠国家拨款维持和发展的；为国民提供义务教育、医疗等服务的学校、医院也由政府兴建或获得政府资助；一大批涉及国计民生、具有战略意义的重大工程由政府出资建设。为了获得进行这些活动的资金，政府要依法向企业、单位和公民征税；还可以通过向社会发行公债、国库券等取得收入；当国民进行办理户口登记、工商登记、商标注册、出国护照等活动时，需要向政府缴纳一定费用……诸如此类纷繁复杂的财政现象，就是生活中的财政学。

2. 财政的定义

1）“财政”一词的来源

财政（Finance）一词源于拉丁文中的Finis，有结算支付期限的意思，后来变为Finave，有支付款项、裁定款项、确定罚款支付等含义。到16世纪，这一词被引入法语，变形成Finance，指公共收入和公共理财活动。17世纪后，专门用它来指国家的理财。20世纪初它由法国传到其他国家，用来说明国家及其他公共团体的理财活动。现代西方财政学对财政或公共财政（Public Finance）的定义，主要是从组织政府收入、安排政府支出、提供公共品，以纠正市场失灵，调节资源配置和收入分配等方面进行的。

我国古代并无“财政”一词，在各种文献古籍中，对于国家收支活动、理财之道的表述和阐述，主要是使用国计、国用、理财、生财。“财政”一词，相传在清朝末年由日本传入我国。据考证，清光绪二十四年，即公元1898年，在戊戌变法“明定国是”诏书中出现了“改革财政，实行国家预算”的条文，这是我国首次在政府公文中使用“财政”一词。清王朝灭亡之后，随着西方文化思想的传播，西方财政学关于财政的概念开始介绍到我国，并逐渐流行。例如，20世纪40年代中华书局出版的《辞海》对“财政”的解释是：“财政谓理财之政，即国家或公共团体以维持其生存发达为目的，而获得收入、支出经费之经济行为也。”

2）财政的简单定义

对于财政的概念，从不同的角度，有不同的理解。纵览国内的教科书，可以发现“财政”的定义多种多样。陈共和邓子基的《财政学》都从社会再生产过程的角度出发，将财政定义为以国家为主体的分配活动；郭庆旺主编的《财政学》从实际工作角度看待财政问题，将财政定义为政府的收支活动及其管理；蒋洪主编的《财政学》虽未直接给出财政的定义，但从全书的内容看，它是从经济学研究角度出发，将财政视为一种以国家为主体的经济行为。

由于本书是从经济学角度研究财政问题，所以将财政定义为：财政是以国家为主体，通过政府的收支活动，集中一部分社会资源，用于履行政府职能和满足社会公共需要的经济活动。

1.2 财政学的研究对象、研究内容和研究方法

1. 财政学的研究对象

在现实经济生活中，人们经常接触的是各种各样的财政现象，财政学的首要任务就是对这些现象进行解释。但是作为理论学科，它的视野不应仅仅局限于实践层次，而是要透过现象发现本质，揭示支配这些现象的规律。

财政学是应用经济学的一个分支，隐藏在财政现象下的种种规律也是经济学原理在某些特定条件下的具体表现。从某种意义上说，财政学的研究对象就是经济学的研究对象，

即稀缺资源的配置问题，也就是生产什么、如何生产和为谁生产的问题，但是财政学有其独特的视角。经济学在研究稀缺资源配置问题时的一个基本假设是将市场制度视为配置的基本手段，而财政学将整个国民经济划分为“公”和“私”两大部分，并从公与私的相互关系来研究经济，它所研究的是：在一个社会中，哪些事情应该“公办”；哪些事情应该“私办”；为什么有些事情需要公办；如果某些事情需要公办，应该采取怎样的方式来办；“公”和“私”两大部分的分工及公办的方式会对整个国民经济产生怎样的影响；什么样的公、私结构及公办方式才有利于整个社会的经济发展与社会稳定。因此，“稀缺资源的配置”远远不能准确表述出财政学的研究对象。准确的说，财政学的研究对象是政府的经济行为①。

理论界对于财政学的研究对象，存在一定的分歧，这也是经常所讲的“大财政”与“小财政”之分。前者以整个政府的收支作为考察问题的基础，而后者仅仅以政府中财政部门的收支作为考察的基础。相应地，财政学的研究对象也有狭义与广义之分：狭义的是比较传统的理解，即财政学的研究对象是为满足国家与政府履行职责的需要而以国家政治权力参与国民收入分配所形成的分配关系与政府收支活动的规律；广义的是现代拓展性的理解，即财政学的研究对象是政府与公共部门为满足社会公共需要所从事的资源配置、经济调控与各种公共经济活动的规律，这种理解也就是现代公共经济学的含义②。

2. 财政学的研究内容

当代财政学的研究内容与西方古典财政学和我国传统财政学相比，发生了很大的变化。在亚当·斯密建立古典财政学的时期，自由放任的观点在经济思想中占据了主要地位。人们普遍认为政府和市场是两种对立的资源配置方式，而市场机制是完美的，政府干预只能干扰市场机制的正常运转，因此政府只应该充当“守夜者”。与之相对应，古典财政学的研究主要集中在规模相对小的财政收支管理方面。而我国传统的财政学是在计划经济的背景下建立起来的，当时的资源配置全部通过计划进行，市场机制没有发挥作用，社会总供给和总需求也都受到严格控制。在这种情况下，财政学的研究也集中在财政收支管理上。

凯恩斯革命以后，西方学者开始认识到市场机制并不是十全十美的，为了实现经济的良好运行和持续稳定发展，国家必须对经济进行干预，财政学的研究内容也就从政府收支管理扩展到政府的经济行为。在我国，随着社会主义市场经济的建立，同样的变化也发生在传统财政学中。

当代财政学的研究是围绕着政府的经济行为进行的，其研究的逻辑可以概括性地描述为：在现实生活中不存在完美的市场，市场机制的失灵使得政府的干预成为必需。但是政府本身也不是完美的，因此政府对于市场的干预应当保持在一个合理的界限内。政府承担着补救市场失灵的任务，由此对于政府行为的评价，不仅要从效率的角度进行（这种评价有时表现为对政府行为本身成本—收益的评估，有时则表现为考察政府行为对总体经济效率的影响），更多的时候应该从公平角度进行（这一方面要求政府的干预能够为参与市场活动的各主体创造公平竞争的机会；另一方面，政府应该尽力消除自由竞争导致的贫富差距，实现社会分配的结果公平）。在回答了政府活动的必要性、活动界限、衡量标准等一系列问题后，财政学的研究转向

---

① 储敏伟，杨君昌．财政学．北京：高等教育出版社，2006：10.

② 郭庆旺．财政学．北京：中国人民大学出版社，2002：35.

了对政府经济活动的具体分析，包括财政支出、财政收入、财政预算、财政分权、财政政策等。财政支出的研究，广义上包括3方面的问题。首先是财政支出对宏观经济的影响，指财政支出的规模是否与宏观经济状况匹配，它能否促进宏观经济的持续、健康增长，实现资源在长期内的有效配置。其次是财政支出的分配效率，指财政支出是否实现了最优配置，与通过政府管制或依靠私人部门的其他选择相比，特定的财政支出能否是实现政府目标的最优方式，能否提供合意的公共品。最后是财政支出的技术效率，这主要涉及财政支出能否以有效的方式规划和执行及公共部门的管理问题，财政预算研究的就是这一类的问题。财政收入主要研究政府可以通过哪些活动获得收入，这些活动应该如何进行才能符合效率与公平标准，具体来说，包括两方面的问题：第一是在满足公平标准和尽量减少资源扭曲程度的要求下，政府应该采用哪些方式筹集到合意的收入；第二是在收入筹集过程中，政府应该如何做才能使募集的成本最小。例如，税收体系应该如何设置才能实现税收的效率与公平，政府收费和公共定价应如何进行。财政分权主要研究收入与支出如何在多级政府间划分，使得政府能够较好地提供公共服务、履行其职能。财政政策则主要研究政策的目标、手段和传导机制等。

3. 财政学的研究方法

作为应用经济学的一个分支，财政学主要是使用规范分析方法和实证分析方法。

规范分析方法是关于经济目标、经济结果、经济决策、经济制度的合意性的研究，它解决经济过程中“应该是怎样”的问题，旨在对各种经济问题的“好”、“坏”作出判断。这种方法对不同的政策和措施作出的评价不仅取决于事实和理论，还取决于价值判断。在规范分析中，福利经济学为其提供了公平与效率标准作为判断的依据。特别需要指出的是，规范分析所得到的许多结论在现实生活中都是很难实现的，但这并没有降低规范成果的重要性，因为它为现实中的情况提供了改进的方向和衡量的标尺。

在现代财政学中，规范分析主要应用于4个问题：

① 政府活动的界限，即政府应该在哪些领域适当地从事经济活动；

② 政府活动所应遵循的决策规则；

③ 政府应当如何为支出融资；

④ 政府间关系问题，即各级政府间的职责、收入应如何划分，才能达到最优。

实证分析是在经济变量之间建立因果关系的一种方法。这种方法仅描述可以用具体事实验证的各种假设，它回答“是什么”、“会怎样”的问题。一般而言，实证分析可以分为理论实证分析和经验实证分析。理论实证分析是根据若干基本前提，通过逻辑推理的方法对可能产生的结果作定性分析。在经济学中，理论实证分析的基本前提主要表现在生产技术、个体偏好和个体行为目标的假定上。由于这3个方面的假定在现实具体情况中的不同，其结果也会产生很大差异。因此，就需要经验实证分析，以确切说明在各种情况下的结果。所谓经验实证分析是根据实际资料进行的实证分析。

1.3 中国财政理论发展简介

1. 古代的财政思想

中华民族是一个具有悠久历史文化的民族，我国历史长河中出现了不少至今仍有借鉴意义的杰出的理财思想。古代的理财家从他们的实践中早已体会到财政同经济的关系问题。

（1）开源节流思想

处理好财政分配关系，必须以生财之道为本。讲求生财、聚财和用财的“三财”之道，是我国古代重要的理财思想。其中，生财是决定聚财和用财的基础，也是聚财和用财服务的基本方向。解决生财问题的关键是依靠财政分配，调动民众的生产积极性。孔丘主张“藏富于民”。明代邱浚提出“理财之道，以生财之道为本”。张居正则反对重课商税。清末魏源强调取之有度，提出“善赋民者，譬植柳乎！薪其枝叶而培其本根。不善赋民者，譬剪韭乎！日剪一畦，不罄不止”（《古缴堂内集》卷三《治篇》十四）。就是说，善于理财的人，不能只考虑征税，而首先应该考虑培养税源，税源充裕，财政收入自然随之增长。

（2）“量入为出”与“量出为入”的财政收支原则

当今仍在议论不休的财政收支原则问题在中国古代早已提出。早在周代，礼贤下士的周公率先提出了“量入为出”原则，这是世界上最早出现的财政原则，同时这个财政原则也为我国历史上多数王朝所采用。到了唐朝德宗时，宰相杨炎提出与之相反的思想。他认为“凡百役之费，一钱之敛，先度其数而赋于人，量出以制入”（《旧唐书·杨炎传》）。即把国家一切开支先估算出一个数额，然后定出税额向人民征收。由此引起以后历代理财家对“量出为入”与“量出为入”的争论。

（3）运用财政手段调控经济的思想

运用财政手段调控经济，特别是调节市场供求以平抑经济波动，这种朴素的财政思想也早已存在。如管仲为了推行重农抑商政策，在税收方面实行了农轻于商等。桑弘羊在西汉时期推行的“均输”和“平准”两法，不仅是筹集财政收入的重要手段，同时也发挥了财政调节经济的职能。

【资料链接】

张居正赋税思想

张居正（公元1525—1582年），字叔大，江陵（今湖北江陵）人，明代政治家、理财家。神宗时任内阁首辅，执掌国政长达10年。他曾下令清丈全国土地，改革赋役制度，推行一条鞭法，有效地缓和了社会矛盾，改善了明王朝的财政状况，并在客观上促使资本主义萌芽。张居正主张取财有制，用财有节，指出“天地生财，自有定数。取之有制，用之有节则裕；取之无制，用之无节则乏。”反对不顾人民的承受能力横征暴敛，“今国赋所出，仰给东南。然民力有限，应办无穷，而王朝之费又数十倍于国初之时，大官之供岁累巨万，中贵征索溪壑难盈，司农屡屡告乏”。张居正主张“固本安民”，不事聚敛。他强调“致理之道，莫要于安民。”“民本邦固，即有水旱盗贼敌国外侮之虞，而人心爱戴乎上，无土崩瓦解之势，则久安长治之术也。”为了做到固本安民，张居正反对赋税负担不均，官吏贪污舞弊，豪强兼并偷漏等现象和行为。他说“今风俗侈靡，官民（指富民）服舍俱无限制。外之豪强兼并，赋役不均，花分诡寄，恃顽不纳田粮，偏累小民；内之官府造作，侵欺冒破，奸徒罔利，有名无实，各衙门在官钱粮漫无稽查，假公济私，官吏滋弊。凡此皆耗财病民之大者。”他提出增加财政收入的措施是“理逋负所以是国也”，“清隐占则小民免包赔之累，而得守其本业；惩贪墨则闾阎无剥削之扰，而得以安其田里”，即清理欠税，惩办贪污、清查隐田。

这些思想应用于一条鞭法的改革实践中，取得了显著成效。张居正还主张农业和商业互为依存，互相促进，反对在财政困难时依靠重征商税来增加财政收入，认为只有减轻赋税征收才有利于农商发展。他说“古之为国者，使商通有无，农力本穑。商不得通有无以利农，则农病；农不得力本穑以资商，则商病。故商农之势常若权衡然，至于病，乃无以济也”；“余以为欲物力不屈，则莫若省征发以厚农而资商；欲民用不困，则莫若轻关市以厚商而利农”。这是中国历史上关于农商关系的一种新理论，具有重要的学术价值。

资料来源：国家税务总局网站

2. 建国以来的财政理论①

从 1924 年陈启修编写《财政学总论》开始到 1949 年，我国财政学基本处于引入、编译、学习西方财政学的阶段，也没有完整的财政学体系。1949 年新中国成立以后，我国财政学随着社会制度的变迁发生了深刻的变化。

（1）新中国成立初期的财政理论

建国初期，占主流地位的是引自前苏联的财政理论，其中具有代表性的是货币关系论。这一理论认为财政所反映的经济关系是由于货币的使用而产生的，社会主义财政就是通过货币表现出来的价值分配关系。这一观点虽然正确地指出了财政与国家的内在联系，但它把企业财务和银行信贷都包括了起来，混淆了财政、财务、价格等范畴，模糊了财政研究的特定对象。所以，即使在“中苏蜜月”时期，我国仍然有许多人提出质疑。“国家分配论”就是在这些观点的论战中，由于其自身的逻辑说明力，赢得了越来越多的赞同而成为主流学派的。

（2）计划经济时期的财政理论

这一阶段大致以计划经济体制基本确立的 1956 年为开端，到改革开放开始的 1978 年而结束。其中具有代表性的是国家分配论。这一理论认为，财政是国家为维持其存在和实现其职能的需要，凭借国家的权力，强制地、无偿地参与社会总产品或国民收入的分配，形成以国家为主体的分配关系；财政的本质特征是财政分配与国家之间的本质联系。财政分配的主体是国家，在财政分配过程中，国家同有关方面（如阶层、集团、企业、部门、单位、个人等）构成矛盾的两方，而国家属于起主导作用的矛盾的主要方面，国家是一切财政活动的决策者和组织者，各阶层、集团、企业、部门、单位、个人等只能居于矛盾的次要方面，处于服从的被动地位。财政分配的依据是国家的政治权力，在公有制条件下，国家可以凭借国家的政治权力及生产资料的所有权这双重权力参与国民收入的分配。财政分配主要以无偿分配为主。财政在参与社会总产品或国民收入的分配过程中，体现了不同社会发展阶段的生产关系。

（3）20 世纪 80 年代的财政理论

在这一阶段，随着对计划经济体制的否定，财政学界围绕着财政本质、财政职能等问题展开了激烈讨论。一方面，国家分配论最终形成；另一方面，各种新的理论不断提出，其中对国家分配论冲击最大的是社会公共需要论。这一理论认为，财政是为满足不同社会形态下社会共同需要所形成的经济关系，人们为满足社会共同需要而对剩余产品的分配就是财政；随着社会生产力的发展，到原始公社末期，剩余产品与社会共同需要产生，财政也随之产生。不是国家创造了财政，相反是财政为国家的产生奠定了经济基础。但国家出现后，国家

① 本部分主要参考了张馨的《当代财政与财政学主流》。

成了社会共同需要的代表，从而社会共同需要的性质被扭曲为国家职能的需要。这一理论认为社会共同需要，既不是普通意义上的大家需要，也不是全社会需要，更不是全社会个人需要和集团需要的机械加总，在阶级社会中也不是各个阶级的共同需要，而是就社会总体或自身而言，是维持社会存在的一般的社会需要。

(4) 20世纪90年代的财政理论

在这一阶段，随着社会主义市场经济的建立，财政学界发生了关于财政模式①问题的争论，其中影响最大的是公共财政论。这一理论提出，公共财政，即政府为市场提供公共服务的分配活动或经济活动，是与社会主义市场经济相适应的财政模式。它的“公共性”是其区别于其他财政的根本性质，使其具有独特内涵。

① 公共财政是弥补市场失效的财政。在市场经济中总存在着若干领域和场合，此时起基础性资源配置作用的市场机制或是无法有效配置资源，如公共产品、外部性、自然垄断等；或是无法正确发挥作用，如社会分配不公、宏观经济不稳等，即处于天然的“市场失效”状态中。由于这是在充分尊重市场机制作用前提下发生的结果，因而只有非市场性的政府及其公共财政的介入，才有可能克服市场失效状态。

② 公共财政是为市场提供一视同仁服务的财政。市场经济是通过无数经济主体的等价交换活动而连成有机统一体的；这就决定了政府及其公共财政必须一视同仁对待所有的经济主体，否则将否定人们市场交换的等价性，而从根本上否定市场经济。

③公共财政是非盈利性的财政。盈利性是人们市场活动的直接动力，之所以会产生市场失效问题，其基本原因之一就是因为无法确保应有的或正常的市场盈利。这样，只能处于市场失效领域内的政府及其公共财政，就不能直接进入市场去追逐盈利，而只能以社会利益为活动目的，只能从事非盈利性活动，从而具有非盈利性。

④公共财政是法治化的财政。市场经济是一个法治经济，对于政府来说，其活动和行为也应当置于法律的根本约束规范之下。公共财政作为政府直接进行的活动，在市场经济下显然也要受法律的约束和规范。政府预算就是约束规范公共财政的基本法律手段。

特别需要指出的是，公共财政只是一种财政类型，不能将其与财政本质相混淆。“财政本质”解答“什么是财政”的问题，它适应于所有类型的财政，而“财政类型”则是对特定时期或特定经济体制下财政模式问题的解答，二者是一般与特殊的关系。公共财政只是国家财政在特定历史阶段，即市场经济阶段的存在类型，它并不否定“国家财政”。

本章小结

对于财政的概念，从不同的角度，可以有不同的理解。从实际工作角度来看，财政是政府的一个部门，通过其收支活动筹集和安排资金，保证政府实现其职能。从经济学研究角度看，财政是一个经济范畴，是一种以国家为主体的经济行为，是政府集

① 财政模式，是指财政框架体系和运行机制。

中一部分国民收入用于满足公共需要的收支活动，以达到优化资源配置、公平分配及经济稳定和发展的目的；也可以理解为，财政是以国家为主体的分配活动。

当代财政学的研究对象已经从传统的政府分配活动和分配规律扩展到政府的经济活动；研究内容从单纯的财政收支扩展到与政府经济行为有关的一切内容。

作为应用经济学的一个分支，财政学主要还是使用规范分析方法和实证分析方法。

中国古代财政思想起源较早，也为现代财政理论研究与发展作出了积极的贡献；财政学在计划经济时期，以货币关系论和国家分配论为主流理论；进入市场经济时期，公共财政论开始占据主导地位。

重要概念

财政　财政学的研究对象　规范分析方法　实证分析方法

思 考 题

1. 当代财政学的研究对象与研究范围，与古典时期相比，发生了什么变化？
2. 财政学的研究方法主要有哪些？
3. “公共财政”与“国家财政”之间是什么关系？
4. 如何理解我国各时期的财政理论？

进一步阅读材料

[1] 费尔德斯坦．公共经济学研究的转型：1970—2000. 公共经济评论，2002（11，12）．
[2] 斯蒂格利茨．财政学的新视角：近期的成就与未来的挑战．经济社会体制比较，2004（1）．
[3] 田国强．现代经济学的基本分析框架与研究方法．经济研究，2005（2）．
[4] 钱颖一．理解现代经济学．经济社会体制比较，2002（2）．
[5] 张馨．应从市场经济的基点看待公共财政问题．财政研究，1999（1）．

第2章

政府活动的经济基础与规模

【本章概要】

本章首先介绍了效率与公平的含义，并在此基础上讨论了效率与公平的关系，进而着重考察市场与政府两者的运行机制、功能、缺陷及其相互关系。

【学习目标】

◆ 掌握帕累托效率的含义及其实现条件；

◆ 掌握公平的含义及评判标准；

◆ 掌握市场失灵的各种类型；

◆ 掌握政府失灵的原因及其矫正方法。

2.1 效率与公平

1. 效率（Efficiency）

资源配置（Resources Allocation）是指社会使用现有资源的方式，经常用效率来表示资源配置的状态。效率最早是由意大利经济学家维尔弗雷德·帕累托（Vilfredo Pareto，1848—1923）提出，经济学意义上的效率又称作帕累托效率（Pareto Efficiency）[①] 或帕累托最优（Pareto Optimal）。所谓帕累托效率，是指在既定的个人偏好、生产技术和要素投入量下，资源配置已达到了这样一种境地：无论任何改变都不可能使一个人受益而其他人不受损。也就是说，如果要增加一个人的效用，必须以减少他人的效用为代价。

帕累托最优要求经济社会在既定的资源和技术条件下，使人们的需要得到最大限度的满足。从帕累托最优可以引申出帕累托改进的概念。帕累托改进（Pareto Improvement）是指在个人偏好、生产技术和要素投入量既定的条件下，在没有任何一个人的情况变坏的情况下，通过改变资源配置使得至少一个人的情况变好，此时的社会资源配置效率也就得到提高。当一种资源配置的状态不可能再进行帕累托改进时，就是一种帕累托最优的资源配置。

① 以19世纪经济学家帕累托（Vilfredo Pareto）的名字命名。

一般认为，在完全竞争市场条件下，市场运行的结果能使社会资源的配置自动处于帕累托最优状态之中，即此时市场运行是有效的。但现实市场经济下的资源配置并不是时时、处处都处于帕累托最优状态之中。实现帕累托最优必须同时满足 3 个帕累托条件：交换的帕累托最优条件、生产的帕累托最优条件、交换和生产的帕累托最优条件。

1）交换的帕累托最优条件

为了分析市场机制对资源配置的作用能力，首先假设一种纯粹的市场运行状态。在这种状态下，政府经济手段和行政手段被舍弃，整个社会处于竞争市场机制的作用下，生产要素投入量和个人偏好确定，价格机制能够充分发挥作用。其次假设在这一社会中只有两个消费者 A 和 B 或生产商 A 和 B，两种商品 X 和 Y，两种生产要素劳动 L 和资本 K。

交换的帕累托最优条件又称作交换效率条件，是指将既定的两产品 X 和 Y 分配给 A 和 B 两人后，若要重新分配 X 和 Y 而使一个人过得更好，则必须要以另一个过得更坏为代价的状态。下面来研究各拥有一定量商品的消费者 A 和 B 是如何相互交换各自所持有的商品，以实现既定数量商品条件下的最大满足程度。这里引入分析工具：无差异曲线（Indifference Curve）[①]、埃奇沃思盒状图（Edgeworth Box）[②]、契约曲线（Contract Curve）。

图 2-1 所示为消费者 A 的既定无差异曲线族，A_1、A_2、A_3 为消费者 A 的 3 条无差异曲线。离原点 O_A 越远的无差异曲线表示对消费者 A 的满足程度越大，即 $A_3>A_2>A_1$；图2-2 所示为消费者 B 的既定无差异曲线族，B_1、B_2、B_3 为消费者 B 的 3 条无差异曲线。离原点 O_B 越远的无差异曲线表示对消费者 B 的满足程度越大，即 $B_3>B_2>B_1$。

将图 2-2 旋转 180°与图 2-1 啮合，得到埃奇沃思盒状图，如图 2-3 所示。图 2-3 水平长度表示市场中商品 X 的数量，垂直高度表示市场中商品 Y 的数量。从 O_A 水平向右表示消费者 A 对商品 X 的消费量，垂直向上表示消费者 A 对商品 Y 的消费量；从 O_B 水平向左表示消费者 B 对商品 X 的消费量，垂直向下表示消费者 B 对商品 Y 的消费量。经过埃奇沃思盒状图中（包括边界）任一点均存在消费者 A 的一条无差异曲线和消费者 B 的一条无差异曲线相交或相切。

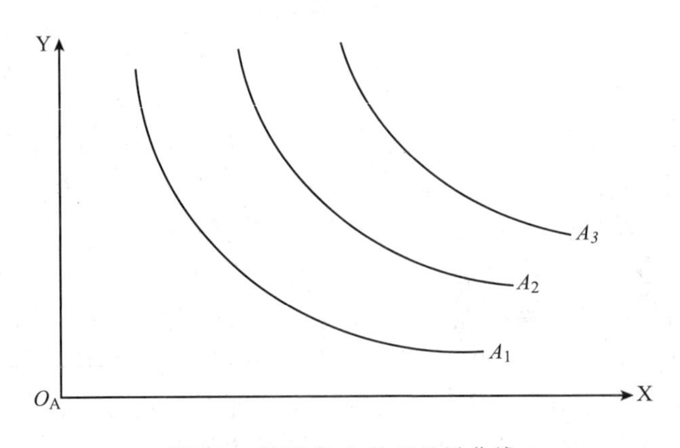

图 2-1　消费者 A 的无差异曲线

假定经济的初始状态处于 R 点，它代表了两种商品 X 和 Y 在两个消费者 A 和 B 之间的一种资

① 有关无差异曲线的具体推导过程可参考：罗森．财政学．北京：中国人民大学出版社，2003：482.

② 埃奇沃思盒状图以 19 世纪经济学家埃奇沃思（F. Y. Edgeworth）的名字命名。

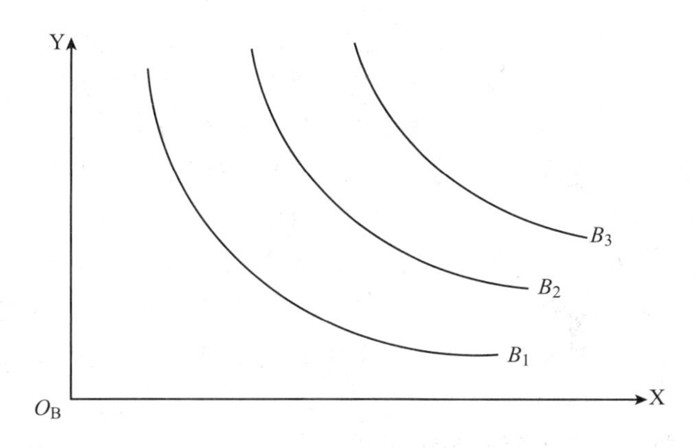

图 2-2 消费者 B 的无差异曲线

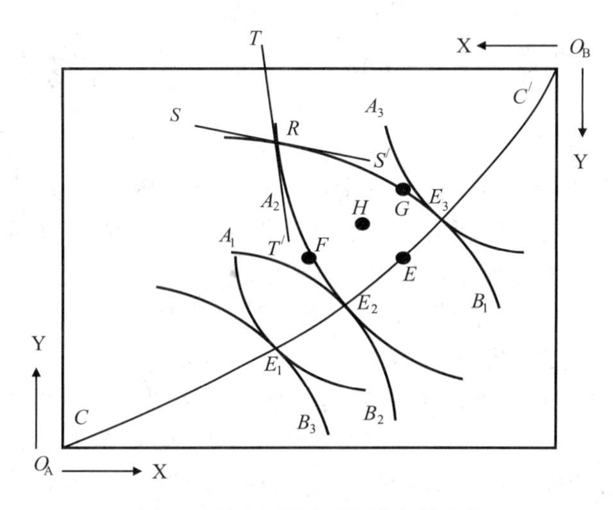

图 2-3 埃奇沃思盒状图和契约曲线

源配置状态，那么这种状态是不是最优的呢？或者说，能不能通过交换来改善资源配置的效率呢？

TT' 是一条经过 R 点与消费者 A 的无差异曲线 A_2 相切的切线，该切线的斜率的绝对值表示消费者 A 在 R 点上的 X、Y 两种商品的边际替代率 MRS^{A}_{XY}（表示消费者 A 为了获得一个新增的 X 而愿意放弃的 Y 的数量）。同理，SS' 是一条经过 R 点与消费者 B 的无差异曲线 B_1 相切的切线，该切线的斜率的绝对值表示消费者 B 在 R 点上的 X、Y 两商品的边际替代率 MRS^{B}_{XY}。由于 TT' 切线的斜率的绝对值大于 SS' 切线的斜率的绝对值，所以在点 R 上消费者 A 的边际替代率相对较大，而消费者 B 的边际替代率相对较小。此时，如果两个消费者之间进行交换，双方都可以从中受益。因为在点 R 上消费者 A 的边际替代率相对较大，所以消费者 A 愿意用自己较多的 Y 商品去换得自己较少的 X 商品。而在点 R 上消费者 B 的边际替代率相对较小，所以消费者 B 愿意用自己较多的 X 商品去换得自己较少的 Y 商品。这样，A、B 双方各自为了追求更大的效用满足，交换就在他们之间进行了。

那么他们之间的交换是不是可以一直进行下去，或者说，他们之间的交换进行到哪一点上，才能使双方的效用最大化、资源配置最优呢？先对比一下图 2-3 中的点 G 和点 F，在 G 点上，消费者 A 的效用水平提高，而消费者 B 的效用水平不变，仍维持在无差异曲线 B_1 的水平上。相反，在 F 点上，消费者 B 的效用水平提高了，而消费者 A 的效用水平不变，仍维持在原有的无差异曲线 A_2 的水平上。以上两种交换都只会使一方的情况变好，而另一方维持原状。现在假设双方讨价还价，将交换进行到 H 点，这时双方的效用满足都得到提高。进一步地，双方又将交换进行到 E 点，使双方的境况比在 H 点时更好。一旦双方交换达到 E 点，两个消费者便实现了交换的一般均衡。因为 E 点处于图中的 CC' 曲线上，CC' 曲线是消费者 A 和 B 所有的无差异曲线两辆相切的切点的轨迹，也称为契约曲线。

显然，在契约曲线 CC' 上的任何一点，消费者 A 和 B 的边际替代率都是相等的，他们不可能再做出使双方受益或者使一方受益而另一方不受损的交换。即一旦达到契约曲线上的任何一点，就实现了交换的帕累托最优。如果消费者 A 和 B 相交换不在契约曲线上，则要继续交换进行帕累托改善。

通过以上分析，两个消费者交换的帕累托最优条件是

$$\mathrm{MRS}_{XY}^{A}=\mathrm{MRS}_{XY}^{B}$$

把结论推广[①]，可得到交换的帕累托最优的一般条件是：各消费者的任何两种商品的边际替代率都相等。

2） 生产的帕累托最优条件

假设市场上只有生产商 A 和 B，分别生产两种产品 X 和 Y，使用两种生产要素劳动 L 和资本 K。下面研究生产者如何利用两种生产要素生产两种产品以实现效率的最大化，引入分析工具：等产量曲线、埃奇沃思盒状图、契约曲线。

图 2-4 所示为产品 X 的等产量曲线族，X_1、X_2、X_3 为产品 X 的 3 条等产量曲线，离原点 O_A 越远的等产量曲线表明产量越大，即 $X_3>X_2>X_1$；图 2-5 所示为产品 Y 的等产量曲线族，Y_1、Y_2、Y_3 为产品 Y 的 3 条等产量曲线，离原点 O_B 越远的等产量曲线表明产量越大，即 $Y_3>Y_2>Y_1$。

将图 2-5 旋转 180°与图 2-4 啮合，得到埃奇沃思盒状图，如图 2-6 所示。图 2-6 中水平长度表示市场中生产要素 L 的数量，垂直高度表示市场中生产要素 K 的数量。从 O_A 水平向右表示产品 X 对生产要素 L 的消费量，垂直向上表示产品 X 对生产要素 K 的消费量；从 O_B 水平向左表示产品 Y 对生产要素 L 的消费量，垂直向下表示产品 Y 对生产要素 K 的消费量。

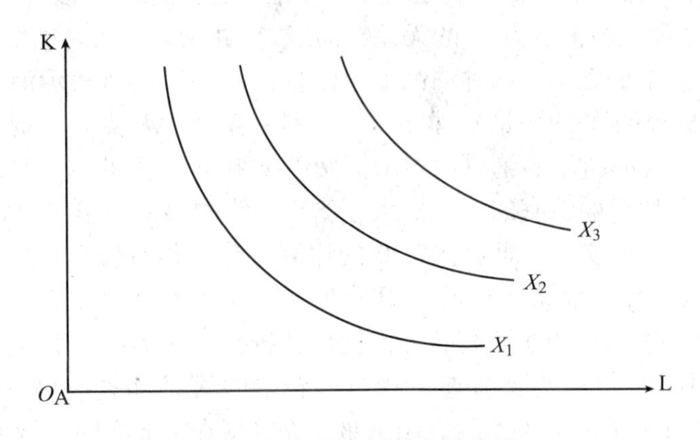

图 2-4 产品 X 的等产量曲线

① 具体求解和推导过程参阅：亨德森，匡特．微观经济理论：数理分析方法．上海：上海译文出版社，1980。其结论是用微积分推导出来的。

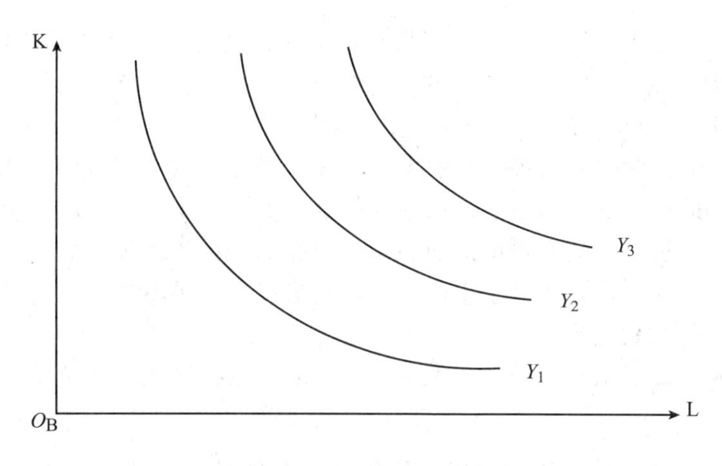

图 2-5　产品 Y 的等产量曲线

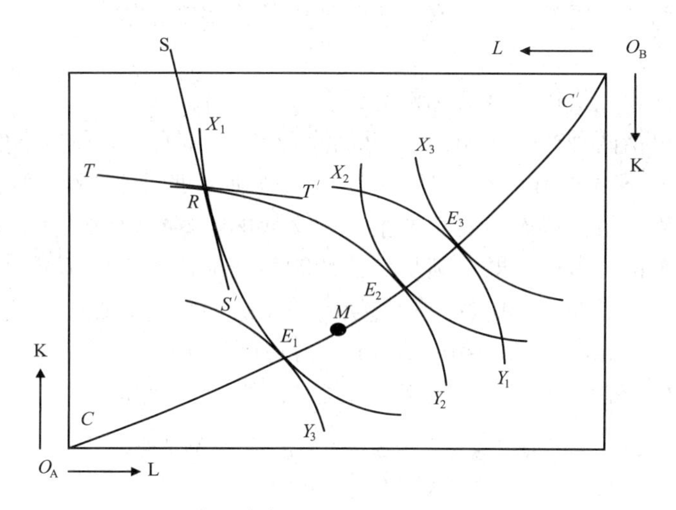

图 2-6　埃奇沃思盒状图和契约曲线

假定经济的初始状态处于 R 点，R 点表示资本和劳动两种要素在 X、Y 两种商品生产中的分配情况。SS' 是一条经过 R 点与商品 X 的等产量曲线 X_1 相切的切线，该切线的斜率的绝对值，表示生产者 A 为生产商品 X 在 R 点上的 L、K 两生产要素的边际技术替代率 $MRTS_{LK}^{X}$（表示在既定的的产出水平下，生产者生产商品 X 为了获得一个新增的 L 而愿意放弃的 K 的数量）。同理，TT' 是一条经过 R 点与商品 Y 的等产量曲线 Y_2 相切的切线，该切线的斜率的绝对值表示生产者 B 为生产商品 Y 在 R 点上的 L、K 两种生产要素的边际技术替代率 $MRTS_{LK}^{Y}$。由于 SS' 切线的斜率的绝对值大于 TT' 切线的斜率的绝对值，所以商品 X 的边际技术替代率大于商品 Y 的边际技术替代率。由于商品 X 的边际技术替代率较高，所以生产者 A 愿意增加劳动使用量来替代部分资本使用量。相反，由于商品 Y 的边际技术替代率较低，所以生产者 B 愿意增加资本使用量来替代部分劳动使用量。显然，通过劳动和资本这两种要素资源在 X、Y 两种商品生产中的重新配置，可以使这两种商品的产量都得到提高。

要素的重新配置将是这样进行的：或者沿着等产量曲线 X_1 到达点 E_1，这时商品 Y 的产量提高，而商品 X 的产量不变；或者沿着等产量曲线 Y_2 到达点 E_2，这时商品 X 的产量提高，而商品 Y 的产量不变；或者经过其他途径最后到达 E_1、E_2 之间曲线上的任何一点的

位置如点 M，结果是商品 X、Y 的产量都得到提高。也就是说，只要要素的配置达到［E_1、E_2］区间上的任何一点，便实现了资源的最优配置。这些点都是 X、Y 两种商品生产的等产量曲线的两两相切的切点。在图 2-6 中，连结两组等产量曲线的切点轨迹 O_AO_B，得出生产的契约曲线 CC'。契约曲线上的每一点的生产要素 L 和生产要素 K 的边际技术替代率相等。生产一旦达到契约曲线上的任何一点以后，任何要素资源的重新配置都不能再使两种产品的产量增加，或者使一种产品的产量增加而另一种产品的产量不减少。即当生产要素的配置达到契约曲线上的任何一点，就实现了生产的帕累托最优。如果不在契约曲线上，则要通过生产要素重新配置进行帕累托改善。

由此可见，对于商品 X、Y 的生产来说，生产的帕累托最优条件是

$$\mathrm{MRTS}_{\mathrm{LK}}^{\mathrm{X}}=\mathrm{MRTS}_{\mathrm{LK}}^{\mathrm{Y}}$$

把结论推广，可得到生产的帕累托最优的一般条件是：对于生产者生产的所有产品来说，其所有的任何两种相同的生产要素的边际技术替代率都相等。

3）生产和交换的帕累托最优条件

生产和交换的帕累托最优条件又称作为组合效率条件。

假设市场中只包括两种产品 X 和 Y，两个消费者 A 和 B，两种生产要素 L 和 K。分析如何将生产要素 L 和 K 配置在两种产品的生产上，如何在两个消费者 A 和 B 之间进行产品的交换，以达到帕累托最优状态。要实现生产和交换的帕累托最优的条件就需要将消费领域和生产领域结合起来进行考虑，既要满足交换的帕累托最优条件，又要满足生产的帕累托最优条件，即任何两种商品在生产中的边际转换率等于这两种商品在每个消费者中的边际替代率。MRT（Marginal Rate of Transformation）为边际转换率。$\mathrm{MRT}_{\mathrm{XY}}$表示在 L 和 K 投入量既定的前提下，生产者为了获得新增 X 而愿意放弃 Y 的数量，即

$$\mathrm{MRT}_{\mathrm{XY}}=\mathrm{MRS}_{\mathrm{XY}}=\mathrm{MRS}_{\mathrm{XY}}^{\mathrm{A}}=\mathrm{MRS}_{\mathrm{XY}}^{\mathrm{B}}$$

$$\mathrm{MRT}_{\mathrm{XY}}=\mathrm{MRS}_{\mathrm{XY}}$$

把结论推广，可得到生产和交换的帕累托最优的一般条件是：对于所有消费者，任何两种商品的边际替代率等于这两种商品的边际转换率。

2. 公平

尽管帕累托最优是实现资源配置的一种理想状态，但仅仅以帕累托最优作为评价社会经济福利水平的唯一标准和社会发展的唯一目标是不全面的。如果一个社会的财富只被少数人所拥有，而大多数人仍然贫困，显然这个社会的经济福利水平不值得称赞。另一方面，帕累托最优只是阐述了资源配置的理想状态，却没有涉及分配问题，没有说明各人之间所拥有或享有的产品份额该如何分配。由此可见，效率标准具有一定的缺陷，必须引入判定社会福利状况和一个社会收入分配理想状态的另一标准——公平。

1）公平的含义

公平一般是指人们对一定社会历史条件下人与人之间利益关系的一种评价。公平是一种价值判断，它是主观认识对客观存在的一种反映，不同的人会有不同的公平观，不同社会制度下人们对公平也会有不同的价值判断。

公平主要包含以下两层含义。

一是经济公平，即社会对每一个社会成员参与竞争、进行就业等一切经济活动的资格都

一视同仁，所有社会成员都按同一规则参与经济活动，各人按照其对生产的贡献份额获取相应的收入份额，即机会均等。经济公平追求的是竞争规则和过程的公平，它能够有效激发社会成员的积极性并推动社会生产力的发展。经济公平是市场经济的内在要求，强调要素投入和要素收入相对称，它是在平等竞争的环境下通过等价交换原则来实现的。

二是社会公平，即国家通过对国民收入和社会财富的调节与再分配，以达到社会普遍认可的公平和公正的要求。国家可以通过社会保障体系和财政补贴对缺乏竞争能力的弱者提供帮助；同时，通过各种累进税对个人收入和财产进行制约和调节，避免两极分化。通过这样的方式以实现收入分配上相对公平，即结果公平。社会公平是收入分配的理想状态，强调的是将收入差距维持在现阶段社会各阶层人们能接受的范围之内，贫富差距较大是不公平，缩小贫富差距就促进了公平。

2）公平的衡量

（1）对公平标准的不同理解

①功利主义标准。由边沁（Jeremy Bentham，1748—1832）提出。他认为，整个福利社会是每个人的效用之和，社会福利最大化，也就是总福利的最大化和平均福利的最大化[①]。根据边沁的功利主义标准，社会所认可的公平应该是每个人的收入和财富都是一样，即最终走向平均主义。

②罗尔斯标准。由罗尔斯（John Rawls，1921—2002）提出。他认为，一个社会的公平状况取决于这个社会中生活处境最差的那个人[②]。如两个国家A和B，A国的人均年收入为10 000美元，但最低收入仅为1 000美元，B国人均年收入为5 000美元，但最低收入为1 000美元，根据罗尔斯的标准，B国相对于A国更公平。罗尔斯标准充分考虑了市场经济社会的不确定性，最大限度地保护了社会中可能出现的弱势群体，要求政府干预，帮助社会中处境最差的人。

在现实生活中，要对公平进行精确的量化还存在较大的困难，但根据一般经济学和社会学研究的惯用计量方法，对公平的衡量主要采用两种方式：一种是基尼系数，一种是贫困指数。

（2）洛伦兹曲线和基尼系数

为了对公平程度进行衡量，经济学家们经常引入洛伦兹曲线（Lorenz Curve）这一分析工具和基尼系数（Gini Coefficient）这一指标。洛伦兹曲线是由美国统计学家洛伦兹提出，用来分析一国的收入分配状况。

在表2-1中，一国的全部家庭按收入由低到高排列划分为5个层次，每个层次各自占有20%。

表2-1　家庭收入分配状况表

单位：%

家庭累计	所占国民收入	收入累计
0	0	0
20	5	5
40	12	17

① BENTHAM J. A fragment on government. London：Althlone Press，1977.

② RAWLS J. A theory of justice. Cambridge MA：Harvard University Press，1977.

续表

家庭累计	所占国民收入	收入累计
60	17	34
80	25	59
100	41	100

在图 2-7 中，纵轴表示社会收入累计百分比，共分为 5 等分，每一等分为 20%的社会总收入。横轴表示家庭累计百分比，将一国的全部家庭从最贫困到最富者从左到右排列，分为 5 等分。第一个等分代表收入最低的 20%的家庭，到第 5 个等分则代表收入最高的 20%的家庭。将每个百分比的家庭所拥有的收入百分比累计起来，并将相应的点画在图中连成一曲线，便得出洛伦兹曲线。这条曲线能直观地表现出社会的收入是如何在不同阶层的家庭中分配的。

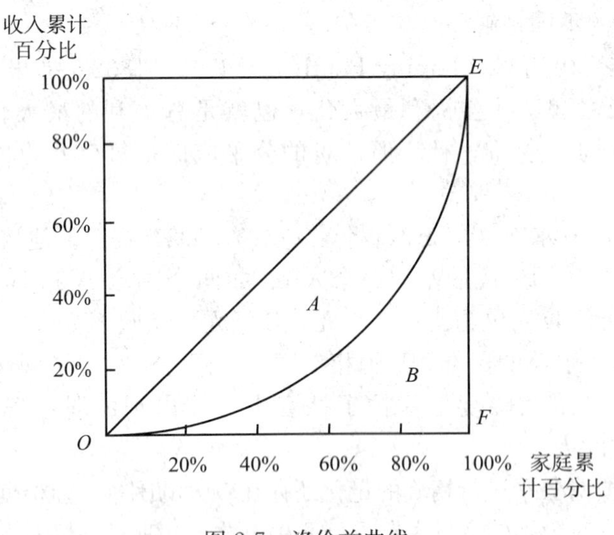

图 2-7　洛伦兹曲线

如果社会总收入平均分配于所有家庭，洛伦兹曲线就变为对角线 OE，即收入分配绝对平等线（Line of Perfect Equality）。如果社会总收入全部集中在一个家庭手中，洛伦兹曲线就变为 OFE，表示收入分配的完全不平等。由此可以得出，当洛伦兹曲线与对角线 OE 越近，分配就越公平，若与对角线重合，则表明绝对公平。当洛伦兹曲线与对角线 OE 越远，分配就越不公平，若与 OFE 线重合，则表示绝对不公平。

为了使收入分配的平等程度更具有可比性，引入另一个指标——基尼系数。由绝对平等线和实际洛伦兹曲线所围成的面积 A 除以由绝对平等线和绝对不平等线所围成的三角形 OFE 的面积（$A+B$），称为基尼系数，如图2-7所示。基尼系数在 0 与 1 之间取值，如果基尼系数为 0，表示收入分配完全平等；如果为 1，表示收入分配完全不平等。收入分配越趋向平等，洛伦兹曲线的弧度就越小，基尼系数也相应越小；反之，当收入分配越趋向不平等，洛伦兹曲线的弧度就越大，基尼系数也就越大。

需要注意的是，以基尼系数表示的公平是结果公平。它不反映社会总收入或个人收入绝对额的大小，只反映个人收入之间的相对关系。如果社会总收入增加了一倍，每个人的收入也增加一倍，只要个人收入之间的相对比例关系不发生变化，基尼系数就不会有任何改变。

国际上确定的反映个人收入差距的大致标准为：基尼系数在0.2以下表示绝对公平；0.2～0.3之间表示比较平均；0.3～0.4之间表示较为合理；0.4～0.5之间表示贫富差距较大；0.5以上说明收入差距相当悬殊。

【资料链接】

中国基尼系数已超警戒线

改革开放以来，我国在经济增长的同时，贫富差距逐步拉大，综合各类居民收入来看，基尼系数越过警戒线已是不争的事实。来自国家统计局的数据显示，自2000年开始，我国的基尼系数已越过0.4的警戒线，并逐年上升。1978年我国基尼系数为0.317，2006年则升至0.496。

这意味着，中国社会的贫富差距已突破了合理的限度，统计显示，总人口中20%的最低收入人口占收入的份额仅为4.7%，而总人口中20%的最高收入人口占总收入的份额高达50%。这突出表现在收入份额差距和城乡居民收入差距进一步拉大、东中西部地区居民收入差距过大、高低收入群体差距悬殊等方面。2006年，城镇居民中20%最高收入组(25 410.8元)是20%最低收入组（4 567.1元）的5.6倍；农村居民中20%最高收入组(8 474.8元)是20%最低收入组（1 182.5元）的7.2倍。

资料来源：《瞭望》新闻周刊．

（3）贫困指数

贫困指数（Poverty Index）是指处于贫困线以下的人口占社会总人口的比例。贫困指数越大说明贫困者越多，收入分配相应也就越不公平；反之，贫困指数越小，收入分配越公平。

用贫困指数来衡量公平的程度有一定的缺陷。这是因为：计算贫困指数的关键是必须确定某一收入水平为贫困线，通常人们是以满足基本生活水平所需要的收入作为标准。但基本生活水平的标准具有不确定性，若把贫困线定得高一些，贫困指数所反映的公平程度就会低一些；如果降低一些，贫困指数所反映的收入分配状况就会变好。而实际上，两者反映的是同一种收入分配状态。因此，用贫困指数来反映收入分配的公平性程度是有偏差的。

3. 公平与效率协调

公平与效率是既对立又统一的矛盾统一体。协调公平与效率的矛盾，是现代市场经济正常运行和社会稳定的必要条件。

公平与效率的统一性表现在两个方面。一是公平分配是提高效率的前提。只有重视保持收入公平分配，防止两极分化，才能激发劳动者的积极性，促进社会稳定和谐，最终促进效率的提高。二是效率是公平分配的基础。只有发挥市场分配机制的激励作用，提高企业和社会的劳动生产率，才能为社会不断创造出物质财富，才能实现人们生活水平不断提高基础上的社会公平。低效率只能带来社会普遍贫穷，而不能带来真正的公平。

公平与效率的矛盾性表现在：在市场经济条件下，由于个人之间在生产要素占有、竞争能力和竞争机会等方面存在事实上的不平等，平等的竞争带来的是不平等，高效率往往带来人们收入的贫富悬殊，从而不利于社会公平的实现。这种高效率是以牺牲一部分公平为代价的。同样，虽然社会公平有利于调动广大劳动者的工作积极性，但如果过分强调公平，不能适当拉开收入差距，就会限制竞争，弱化利益激励对经济公平的促进作用，从而妨碍效率的提高。这种社会公平是以牺牲一部分效率为代价的。

公平与效率两者之间的关系总是不平衡的，表现为或是强调公平而损害效率，或是强调效率而损害公平。如何处理公平与效率的关系，是世界性的普遍难题，同时也是我国社会主义市场经济发展中面临的重要任务。应该认识到，公平与效率具有内在统一性，效率是实现公平的物质基础，只有提高效率，从而创造出更多的物质财富，才能为实现公平提供保证；同时，社会公平有利于劳动积极性的提高，有利于生产力发展和社会稳定。协调公平与效率之间的关系要立足于实际情况，具体问题具体分析。由于我国正进行社会经济体制改革，我们必须把效率作为优先考虑的目标；同时，又要采取具体措施，防止收入分配差距过大，危害社会稳定。坚持效率优先，兼顾公平，优先实现市场经济所体现的公平竞争，高效多得，然后在此基础上，通过对国民收入的再分配，对低收入者、失业者予以帮助，实现社会公平。当然，公平和效率的难以兼容性要求在经济生活中，不能固守某一种理论或者观点，而应根据现实的经济、社会情况作动态调整。

【资料链接】

收入分配必须体现效率和公平

胡锦涛总书记在十七大报告中指出：“初次分配和再分配都要处理好效率和公平的关系，再分配更加注重公平。”这是关于收入分配问题的新的提法。在十六大报告中关于收入分配的提法是，初次分配注重效率，再分配注重公平；六中全会决定强调了要在经济发展的基础上，更加注重社会公平，但是没有明确区分初次分配和再分配的原则。这次的有关论述，显然富有创新和深意。

公平与效率的关系要处理好，两者不一定是对立的。在关于公平与效率的讨论中，有些人将公平与效率对立起来，似乎讲了效率就要牺牲公平，或者强调公平就必须牺牲效率。但是无论从理论上或者从实证数据来看，这种看法都是不正确的。首先，从经济学基础理论上来看，只有完全竞争的市场才是有效的，那些不完全竞争的市场（更不用说垄断性市场）都会带来全社会的福利损失。所以，如果我们将公平理解为机会均等意义上的公平，那么这种公平不但与效率是一致的，甚至还是效率的前提。其次，从世界各国关于效率和公平的实证数据来看，一些收入分配比较公平的国家（如北欧）的效率也较高；相反，一些收入分配极为不公平的国家（如拉美国家）效率也较低，公平与效率之间不存在简单的负相关关系。目前我国度量收入分配公平性的基尼系数已高达 0.45 以上，已经进入世界上收入分配较不平等的国家的行列，在这样的情况下，关注收入分配的公平性问题显然具有更加重要的意义。

资料来源：左学金．收入分配必须体现效率和公平．新民周刊，2007-10-24.

2.2 市场失灵与政府干预

1. 市场失灵（Market Failure）

1）基本内涵

在完全竞争市场条件下，市场经济能够在自发运行的过程中，依靠自身的调节使资源得到充分合理的利用，达到社会资源的有效配置状态，实现帕累托最优。然而，这种完全竞争的市场机制毕竟只是理论上的理想状态，现实经济并不能严格满足完全竞争市场的所有条件。在自由放任基础上的市场经济并非在任何领域和状态下都能够充分展开，当某些条件不存在或不具备时，市场机制在实现资源配置的效率方面就可能出现运转失灵。因此，市场不能达到理想的帕累托最优状态。在现实经济中，在市场已经充分发挥资源配置的作用下，仍不能带来经济效率和满意的收入分配的各种情况，称为市场失灵。

2）市场失灵的原因

（1）竞争失灵（Competition Failure）

在现实的市场经济中，一方面由于产品质量差别而存在着不同程度的不可替代性，另一方面交易成本也会阻碍资源的自由流动。这样就会增强个别厂商影响市场的能力，从而使竞争失效。完全竞争市场只有在边际成本递增的条件下才能存在。而在现实经济中，有些商品的生产却具有边际成本递减的特征，生产平均成本随着生产规模的扩大越来越低。当生产投入增加时，会带来产出水平以更大比例增加，导致生产的规模报酬递增。一方面，成本递减体现了生产效率的客观要求，它意味着在一定范围内由一个大企业集中经营会比众多小企业分散经营更有效率。另一方面，当生产者的规模越大，在竞争中的优势就越明显，造成小生产者逐渐被淘汰，迫使小生产者退出该领域，或阻止了其他小资本进入该领域。这种生产的越来越集中，最终形成垄断，如自来水、煤气、电力、邮电通信、城市公交等行业。这类行业通常需要大量资本投资，一旦设备形成，在既定的需求水平上，增加单位产品或服务所需的追加成本并不大。这种由于行业边际成本递增和规模报酬递增的特性，通过竞争形成的垄断状态，称为自然垄断。在规模报酬递增的状态下，充分竞争的市场最终必将走向自然垄断。当某个商品的生产出现了垄断性生产者，则竞争的优越性无法充分发挥，从而丧失市场效率，致使市场的资源配置功能和市场机制的作用不能得以有效发挥，这也就导致了市场失灵。因此，需要政府生产或对私人生产进行管理来实现更有效率的产出。

（2）公共品（Public Goods）

公共品是指这样一种物品，当一个人对该物品消费时，并不会减少其他人对该物品的消费①。公共品是相对于私人产品而言的。私人产品（Private Goods）通过市场价格的竞争机制来提供，具有经济利益的可分性、所有权的确定性及效用的排他性和竞争性。而公共品具有非竞争性和非排他性。增加一个人消费某种公共品时，并不会减少其他人对该产品的消费数量和质量，而要排除某个人对该产品的消费几乎是不可能的。由于公共品的这两大特性，决定了公共品是正外部效应的一个极端例子。它会引起所谓“搭便车”或“免费搭车”现象，即消费者试图在不支付费用的情况下，享有生产者提供的产品和服务。因此，对私人生产者来说，公共品的生产是无法获得利润的。这将导致市场价格无法引导资源进入公共品的生产领域，造成公共品供给的市场失灵。在公共品的问题上，市场失灵表现为市场不能有效地提供社会所需要的公共品和公共服务，一般只能由政府或国家财政来解决。本书在第3章公共品理论中有专门讨论，在此从略。

---

① SAMUELSON P A. Pure theory of public expenditures. Review of Economics and Statistics，1945（36）：387-389；SAMUELSON P A. Diagrammatic of a theory of public expenditure. Review of Economics and Statistics，1945（37）：350-356.

(3) 外部效应 (Externality)

外部效应是指生产者或消费者的行为的影响超出了其自身，波及他人或外界环境，而这种影响又未得到相应的补偿或给予支付的情况。在完全竞争市场中，生产或消费的成本与收益要求内在化，产品生产者要负担全部成本，同时全部收益归生产者所有。也就是说，生产者或消费者在承担所耗费的全部成本的同时，应享有生产或消费商品和服务所带来的全部收益。而在现实经济中，经常出现成本与收益不对称的情况，导致外部效应的出现。由于外部效应的存在，使得个人成本与社会成本之间、个人收益和社会收益之间出现不对称。人们会过多地从事成本外溢的活动而过少地从事收益外溢的活动，从而损害资源配置的效率。市场机制难以达到私人利益与社会利益的统一。追求个人利益的最大化，必然与社会利益发生矛盾和冲突。当个人成本和收益相偏离时，市场难以有效地发挥作用，这就必然会产生市场失灵的问题。本书在第4章外部效应理论中有专门讨论，在此从略。

(4) 市场不完善 (Incomplete Market)

市场机制能够有效运作的前提之一是存在完善的市场体系，从而使经济主体能够获得与自己经济行为相关的信息。另外，在完全竞争市场中，所有的商品和服务都应由市场进行充分交换。但在现实经济中，许多相关信息无法充分获取，仍有许多商品是无法由市场提供或无法充分提供的。除此之外，市场还存在着许多不完全或不完善之处，需要政府的介入和干预来加以解决或弥补。

(5) 不完全信息 (Incomplete Information)

市场机制要求公平、公开、公正、自由、平等的竞争环境。完全竞争市场的基本假设之一就是完全信息，即生产者和消费者对商品和服务的生产和消费都有完全的信息。生产者了解全部生产过程、消费者的需要、消费者的偏好及生产相关的其他各类信息；消费者了解商品的质量、数量、价格等所有信息。市场经济中的信息是至关重要的，而在现实经济中，生产者和消费者的生产、销售、购买都属于个人行为，每个生产者和消费者所掌握的信息是有限的，都不可能掌握相关的完全信息。一旦生产和消费者不具备充分的市场信息，或依靠市场获取的信息来源不足时，都不能对产品作出正确的评价，将产生由于信息失灵或信息不足而导致的竞争失效、市场失灵。因而，政府需要向社会提供有关商品供求状况、价格趋势及宏观经济运行和前景预测资料等，以弥补市场的缺陷。

(6) 宏观经济效率失衡 (Macroeconomic Disequilibrium)

宏观经济的效率是由就业率、通货膨胀率、经济增长率等来衡量的。所谓宏观经济效率失衡，就是指市场经济在自发运行过程中必然产生的失业、通货膨胀、经济危机等现象。市场经济在其自发运行中，总是呈现出周期循环起伏状态。这种不稳定状态主要以物价的涨跌、失业率的升降、经济增长率的高低等现象表现出来。宏观经济效率缺乏是被广泛认可的市场失灵的预兆。市场的自发性调节不可能解决对经济总量的宏观调控、对社会总需求与总供给的动态平衡及对经济结构的合理调整。在抑制通货膨胀、减轻和消除经济周期性波动或经济失衡方面，市场机制的作用也无法有效发挥。

(7) 收入分配不公平 (Unequal Distribution)

分配不公是市场失灵的又一大典型表现。收入分配不公平是指收入分配的结果不符合社会认同的公平标准。在市场中，收入分配状况取决于市场中投入的生产要素的数量、质量及形成的价格。市场奉行优胜劣汰、适者生存原则，往往效率越高，越是伴随着不公平的分配结果。

由于各人拥有的体力、智力、天赋和资本在质和量上会有很大差别，按市场规则进行分配会造成贫富差距，而且这种差距又会成为收入分配差距进一步扩大的原因。收入分配差距悬殊不仅与公平目标相抵触，还会引起许多社会问题，直接威胁到市场机制本身的存在。因此，即使市场实现了帕累托最优，达到了资源的最优配置，结果并不一定符合社会的愿望，符合公平的标准。所以，社会收入分配不公平是市场经济自发运行必然出现的结果，是市场有效配置资源的结果，这一结果是市场无法单纯依靠自身的能力解决的，需要政府介入和干预，以实现社会公平。

（8）偏好不合理

消费者没有根据自己的最佳利益选择，一般就可以认为偏好不合理。偏好是否合理，对市场运行结果是否合理有着直接的影响。个人偏好的合理性是市场竞争结果合理性的前提条件，因为市场就是按所有个人的偏好来配置资源的。但在现实经济中，并不是每个人的要求、愿望都是合理的。可能某种产品能给个人带来较大的利益，但消费者本身并没有意识到，而只给予它较低的评价，也就只有在很低的价格下才愿意购买；反之，某种产品能给个人带来的好处不大，或者根本有害，但消费者却给予较高的评价，表现为消费者愿意以较高的价格购买。这些不合理偏好的选择没有起到优化资源配置的作用。

总之，导致市场失灵的原因主要有上述 8 点：竞争的缺失、外部效应、公共品、不完善市场、不完全信息、宏观经济效率失衡、收入分配不公平和偏好不合理。这 8 种市场失灵状态，也是市场经济的一个重要特征。竞争性市场能够带来资源的优化配置和经济运行的高效率，肯定了市场机制的基础作用。但是，由于自身存在着各种缺陷和弊端，市场经济并不具备解决整个社会经济活动的能力。即使人们不干预市场的自发运行，充分放手让市场机制去发挥作用，它也无法自然而然地达到有效配置资源的结果。市场失灵成为公共财政存在的经济根源，也为政府介入或干预提供了必要性和合理性，决定了政府必须对市场失灵进行干预，以克服和矫正市场的不足与缺陷。

2. 政府干预

1）政府干预的手段

市场失灵为政府干预得以存在提供了必要前提。政府干预的主要形式是政策性干预，在市场机制充分发挥作用的基础上，运用经济杠杆手段、行政管制手段、制度手段和法律手段等一整套宏观经济管理手段对市场进行介入。

（1）经济手段

政府的经济手段主要包括财政政策、货币政策、国际收支政策、产业政策。其中财政政策和货币政策最为重要。财政政策包括公共支出和公共收入政策两方面：通过改变政府公共支出和收入的总量与结构，用预算赤字或结余作为社会总需求的调节器，缓解经济周期波动，调节社会收入分配；在货币政策方面，中央银行通过公开市场业务、调整贴现率和改变法定准备率三大手段，改变商业银行的准备金数量，从而改变货币与信用的供给，进而影响利率，而利率的变动调节投资和消费的数量，最后影响收入、价格和就业水平；在国际收支平衡方面包括汇率、汇率制度的选择、关税政策、进出口政策和利率政策等；在产业政策方面，政府根据经济发展的内在要求调整产业结构和产业组织形式，使供给结构能够有效地适应需求结构要求。

（2）行政管理和制度手段

通过建议、劝告和进行说服方式，使私人部门愿意接受政府的某些意见并付诸实施。由于政府信息量大、经济情报传递快、分析能力强，大多数企业都愿意按照政府建议行事。

(3) 法律手段

通过经济立法为市场经济的正常运行提供法律保障。利用经济立法来调整社会经济关系、干预和管理社会经济生活，维护市场秩序。

这里要注意两点：第一，政府能不干预则尽量不干预，尽可能让企业自身发挥主动性和创造性，让市场自己进行调节；第二，政府干预的手段无非是税收、货币等经济手段或必要的立法、行政手段，重要的是如何合理搭配使用这些手段。

2) 政府失灵

由于存在市场失灵，市场经济的存续和正常运转需要政府的参与和财政的介入。但是，政府干预是有成本的，政府也存在着失灵，政府及其财政的干预行为必须限定在市场失灵的界限和范围之内，以避免对市场机制的有效运转造成损害。

所谓政府失灵（Government Failure），是指由于存在政府内在的缺陷而导致政府干预的低效或无效，无法实现社会福利最大化和资本的最优配置。换句话说就是政府不能实现帕累托效率，且不能以公平的方式再分配收入。市场失灵的存在为政府干预提供了理由。政府通过在一定范围发挥作用，与市场共同配置资源。但正如现实中的市场不是理想中的完全竞争市场一样，现实中的政府也不完全具备理想化政府的条件，同市场失灵现象普遍存在一样，政府失灵现象也存在，导致市场失灵的基本原因同样也摆在政府面前。

(1) 不完全信息

政府与市场一样，都会存在信息失灵的问题。首先，在现实经济中，要全面、准确地掌握整个社会经济的信息十分困难。由于信息具有很强的时效性，信息必须是及时的，一旦信息滞后，本来准确的信息会转变为不准确的信息。政府机构层次重叠，容易阻碍信息的传递速度，实际上政府不可能在任何时间都能得到决策所需要的所有信息。即使能做到这一点，信息的搜集成本也将会非常高。其次，政府面对的偏好显示和偏好加总困难。在众多的消费者中，每个人的偏好各不相同，且消费者的偏好处于不断变化之中，使得获得全面准确的信息成为不可能。再次，许多行为产生的后果是不可预料的，即使政府可以获得决策所需要的所有信息，也不一定能够对所有政府行为的结果进行准确的预测。不完全信息是市场失灵的表现之一，也是政府面对的问题。现实中，在掌握信息方面，政府不一定比市场更具有优势。在不完全信息下所作出的决策，也很难达到资源最优配置。

(2) 公共决策中的经济人行为与公共利益的差异

政府干预实际上是以公共决策来代替市场决策。政府能有效干预市场、促进资源配置的必然条件之一是参与公共决策和执行过程的所有政府官员都是公共利益的代表，都是一心为公的，他们的行为目标是社会全体成员的福利最大化。但事实上，这只是理论上的规范。政府官员都是具有自身利益和偏好的个人，也是“经济人”，也在自己能力所及的范围内最大限度地追求自身利益。并且，政府官员追求自身利益最大化有比其他人更为便利的条件。政府官员的个人利益内化在政府利益之中，政府就成为政府官员个人利益最大化的工具。因此，政府行为目标不是实现社会福利最大化，而是实现预算最大化，导致政府失灵。

(3) 政府决策机制的缺陷

首先，政府对资源进行配置是通过公共选择方式来决策的。整个社会是一个偏好汇总体系，这一偏好体系要求反映这一社会所有人的愿望和要求。由于不同的个人有着不同的偏好、偏好显示和偏好加总的困难，以及政府能力、决策和行为工具等方面的限制使得用公共选择方式来确定公共利益是什么及能否在决策中体现公共利益都成为困难。其次，在政府决策中，决策者总会自觉或不自觉地倾向自己所代表的阶层或集团的利益，而一旦既得利益集团形成，这种格局就很难打破，因而总有一部分人利益未被反映，无法满足，甚至受损失。公共决策在符合一部分人的偏好的同时，必然要违背另一部分人的要求和愿望。政府行为总是某个阶层、某些集团的利益要求体现，并不能真实地表达所有选民的偏好，甚至完全不代表大多数选民的偏好。换言之，政府决策不具有逻辑一贯的偏好体系，没有一个稳定的判断是非的标准。再次，决策的时滞。政府作出一项决策要比私人部门决策慢得多，认识滞后、决策滞后、执行与生效滞后，决策链长，使得政府决策往往滞后于市场活动，对市场的影响力降低。这些是公共决策本身所固有的缺陷，无论采取怎样的决策程序都无法消除。

（4）政府运行效率问题

政府要有效地发挥作用，达到预期目标，不仅取决于决策是否正确，还取决于政府机制能否有效地运行来实现决策目标。在经济生活中，一方面，政府部门提供的公共品和劳务具有垄断性，也都是特定类型的，不具有同质性和可比性。政府处于唯一的垄断地位，不存在竞争的压力，也就不会在提高服务和效率方面给予足够重视，因此对其产出和效果很难进行评价。另一方面，政府活动目标的非市场性无法以市场价格来引导，造成了政府活动缺乏预算约束，容易造成浪费。加之政府部门活动追求的直接目标不是利润，其行为目标是预算最大化，政府机构不断扩张，运行成本不断增加，导致政府部门缺乏降低成本的激励机制，由此产生长期低效率运行。

（5）寻租（Rent Seeking）

政府活动与经济活动是互相联结的，政治过程中的权力因素总是有可能直接介入到经济活动中去，从而干预经济当事人之间的交易。在此前提下，很多人便会力求借助于权力因素牟取个人最大利益，这就产生了寻租行为。寻租活动是把那些本应当可以用于价值生产活动的资源用于只不过是为了决定分配结果的竞争，是一种非生产性活动。它是政府干预经济过程中派生的一种现象，具有外部效应的特征。寻租一般是通过行政法律手段，来达到维护既得利益或对既得利益进行再分配的目的。寻租者为了获得寻租机会，可能会利用各种合法或非法的手段，如贿赂等。寻租间接造成了经济资源配置的扭曲，阻止了更有效生产方式的实施，并直接造成社会资源的浪费，社会公平和效率的损失，导致政府失灵。

通过以上分析可以得出，如同市场失灵一样，政府也会失灵。一些市场解决不了的问题，政府未必就能解决，政府的作用也是有限的。单纯的市场机制或单纯的政府机制都是不可取的，两者有各自的优越性，也都有其自身不可克服的缺陷。可以采取某些措施来改善政府的作用，将两种机制相互配合，促进资源的优化配置和社会福利水平的提高。

3）矫正政府失灵

（1）立宪改革

立宪改革是为了强化立宪规则的完善，对政府权力施加宪法约束。通过修改宪法某些规定，指导和规范政治家、经济管理者的行为。通过改革宪政，从根本上达到约束政府权力、规范政府行为，减少或避免政府失灵的发生。只有改革宪法制度，才能有效约束政府权力和政府活动的无效率扩张。

（2）恢复竞争

对待市场失灵需要引入政府干预，同样，弥补政府失灵也可以用市场的力量，即在政府这一非市场运作中引入市场竞争因素，由此起到改善政府功能、纠正政府失灵的目标。例如，政府在行政机构之间引入竞争，分散权力，有利于减少垄断，增加竞争因素；重构公共部门的激励机制，引入利润机制，对预算支出的结余给予部门更大的处置权，有利于部门节约开支；通过在一些部门或领域放弃垄断，一些公共品的生产可以改由市场来提供，能够有效地提高政府效率。

（3）政府改造

社会经济的发展和市场的变化，都需要政府不断地自我改造，从而发挥其积极作用。如调整政府职能、精简政府机构、严格政府的自我约束、加强政府官员的再教育、提高执行政策能力等。

（4）社会监督

除了政府自身的改造，还需借助社会力量、市场力量来监督政府行为。对政府的监督不仅要有来自于法律上的约束和政府自我约束，还应有媒体和公众舆论的监督与约束。

市场失灵决定了政府干预，但并不意味着政府干预就一定有效，政府干预同样也存在着失灵，因此政府对经济的干预范围是有限的。政府的活动对整个社会活动是必要的，但不能完全取代市场。因此，政府的干预只能是对市场失灵的必要补充和完善。

3. 市场与政府的关系

市场与政府这两种配置资源的机制的作用都是有限的，各有其优缺点。在一个混合经济体制中，两者各有能够充分实现效率的领域，如纯私人品和纯公共品之间。在经济生活中，市场与政府还存在更为紧密的联系，两者相互渗透，相互影响。首先，政府和政府官员也是理性的经济人，都以个人利益最大化为行为准则，只是表现形式与市场主体有差异；其次，政府改革的基本思路之一就是把市场竞争机制引入政府机构，以抑制机构膨胀、提高政府运行效率；最后，从规范的角度来看，政府配置资源的作用应该是一种辅助性的作用，而市场的作用才是基础性配置资源的作用，政府应该努力让市场在一些领域恢复作用，政府再进行第二次调节。

市场与政府作为社会基本的资源调节机制，既是相互对立的，又是共生共存的。政府与市场并非在所有领域都是简单的替代关系，现实经济中的许多问题需要市场与政府两者相互配合。市场与政府的关系要根据社会经济的发展和基本制度环境的变化不断调整，实现两者有效的组合。

2.3 政府活动的范围、规模与目标

1. 政府活动的范围

政府活动是指政府为了实现其预期目标，采用各种手段调控社会经济的有意识的活动。在市场经济条件下，政府活动主要是提供公共服务，促进资源有效合理配置，保持经济稳定和维护社会公平，最大限度地弥补、矫正市场缺陷。政府活动的范围主要有以下几方面。

（1）阻止垄断，维护有效竞争

如果生产者处于垄断地位，就能够制定垄断价格获取垄断利润，导致市场失灵、资源配置的无效率和社会福利的净损失。由于自然垄断行业的存在，政府需要考虑为了保护消费者的利益，保证社会福利不遭受损失，应该对该行业进行一定的管制。因此，由公共部门制定有关禁止垄断行为、限制不公平交易等法规，对垄断者的垄断行为进行必要的政策干预，维护竞争秩序，保证市场资源配置的效率；并对自然垄断、公益性领域进行直接管理等。

（2）矫正外部效应

市场机制难以达到私人利益与社会利益的统一。追求个人利益的最大化，必然与社会利益发生矛盾和冲突。当个人成本和收益相偏离时，市场难以有效地发挥作用，这就必然会产生市场失灵的问题。如果存在外部效应，市场提供会导致低效或无效的资源配置，此时政府应采取适当的方式加以干预。对于正的外部效应，应综合依据外部效应的大小、公共提供方式的成本和效率损失及其他因素，采取公共提供或与市场提供相结合的方式。对从事具有正外部经济效应的产品生产经营行为予以财政补贴，使该产品的个人收益能够与边际社会效益相等，克服社会在该产品上配置过少问题，促进产量达到社会有效水平；有的生产和消费行为会造成严重的负外部效应，如环境污染等问题，政府可以制定相关法律和规则来控制此类事情的发展。对于负的外部效应，政府可以采用公共管制、收费、征税等方式，约束生产者的行为。对从事具有负外部效应的产品生产经营行为征税，从而使该产品的生产成本提高到边际社会成本的水平，克服社会在该产品上配置过多。

（3）提供公共品

公共品是社会必需的，但市场无法解决供给问题，政府要采取相应措施来满足这方面的社会需求。对私人生产者来说，公共品的生产是无法获得利润的。这将导致市场价格无法引导资源进入公共品的生产领域，造成公共品供给的市场失灵。同时，市场主体基于自身利益最大化的动机，导致了公共品供给上存在免费搭车倾向，使市场不提供公共品，或者只提供极少量的公共品，无法满足社会成员的正常消费需要。因此，由政府公共部门负责提供那些社会边际效益大于社会边际成本而不能由市场有效提供的产品，并对公众课征税收，获得公共品的价值补偿。例如，国防安全、基础教育、公共医疗卫生等公共品，是政府活动的主要领域。

（4）培育市场、健全市场体系

完善的市场体系是市场机制能够有效运行的前提，是保证经济主体能够获得与自己经济行为相关的信息。所有的商品和服务都应由市场用以进行充分交换。现实经济中，尚处于起步阶段的市场经济，私人经济部门的实力还比较薄弱，市场不完全的领域就更加广泛。许多相关信息无法充分获取，许多商品是无法由市场提供或无法充分提供。一方面，对于市场发育不足、市场不完善的问题，需要进一步加强现代市场体系建设，完善市场调节机制；另一方面，对于市场失灵、市场秩序不规范的问题，也要强化政府的作用。市场存在的许多不完全或不完善之处，需要政府的介入和干预来加以解决或弥补。政府一般依靠发展并完善市场体系、改善市场结构加以解决。政府在加快职能转变的同时，要定好市场规则，当好市场裁判，加快社会信用体系建设，营造有利于各种所有制企业公平竞争、市场健康发展的法制环境。

（5）克服信息不完全

当生产者和消费者不具备充分的市场信息，或依靠市场获取的信息来源不足时，都不能对产品作出正确的评价，会产生由于信息失灵或信息不足而导致的竞争失效、市场失灵。同时，经济效率的实现要求尽可能降低信息成本，使信息能够自由地被传播，从而对社会资源配置予以正确的引导。因此，在改进信息不完全，提高竞争市场效率方面，政府应当有所作为，它比单纯依靠单个市场主体单独搜寻信息更经济。政府应该向社会提供有关商品供求状况、价格变动趋势及宏观经济运行和前景预测资料。

（6）调节宏观经济

宏观经济效率缺乏涉及的失业、通货膨胀、经济波动是市场经济自发运行的结果。市场的自发性调节不可能解决对经济总量的宏观调控、对社会总需求与总供给的动态平衡及对经济结构的合理调整。在抑制通货膨胀、减轻和消除经济周期性波动或经济失衡方面，市场机制的作用也无法有效发挥。这就需要由政府制定和实施积极的财政政策、产业政策和货币政策，促进市场的发展，诱导经济资源在不同产业和地区之间的合理流动。例如，通过增税或减税措施，加大或压缩政府支出，使得社会总需求和总供给相适应，尽可能缩小宏观经济运行的波动幅度，保持经济的稳定发展。

（7）实行收入公平分配

市场奉行优胜劣汰、适者生存原则，往往效率越高，越是伴随着不公平的分配结果。市场机制遵循要素投入与要素贡献相对称的收入分配规则。由于个人禀赋的差别、选择的差别，会产生不公平的收入分配结果，造成社会贫富差距过大的社会问题。收入分配的悬殊差距不仅与公平目标相抵触，还会引起许多社会问题，直接威胁到市场机制本身的存在。严重的收入分配不公平将会带来社会不满，造成社会不稳定。政府必须把控制收入差距、达到社会可接受的程度作为自身的重要职责。因此，矫正市场机制下的不合理的分配格局，不能依靠市场自身，需要国家介入和干预，通过政府加以调节以实现社会公平。政府一般要依靠财政手段，主要是通过税收和转移支付、社会保障制度等调节收入分配不公。

（8）纠正不合理偏好

偏好是否合理，对市场运行结果是否合理有着直接的影响。个人偏好的合理性是市场竞争结果合理的前提条件。但在现实市场中，人们并没有都按照自己的最佳利益行事，这些不合理偏好的选择没有起到优化资源配置的作用。因此，政府应采取适当的经济政策及措施，如鼓励或促进优质品的生产和消费，限制或禁止劣质品的生产和消费。

2. 政府活动的规模和目标

在混合经济条件下，政府和市场具有共生性。市场在整个经济生活中发挥基础性配置资源的作用，而市场失灵的存在在很大程度上为政府干预经济提供了理由。在市场经济中，市场运行的主体都是具有自身利益的经济主体。消费者、生产者和要素所有者从各自的经济利益出发，通过市场机制，分别进行经济决策，以实现他们的目的。市场机制的作用正是通过影响经济活动主体的经济利益而实现的。换言之，市场机制是通过影响人们的经济利益来实现资源的有效配置。同时，市场机制在调节收入分配方面也具有重要的作用。一方面，高效地配置劳动力资源和其他生产要素可以提高社会的经济效益，最大限度地增加国民收入分配量；另一方面，由效率造成的利益差距，会进一步激励市场经济主体更加合理、高效地配置资源。但是，市场经济的优越性在于其效率性，而不在于其公平性。遵循等价交换原则的市场必然自发导致社会分配不公平的问题。市场无法解决的公平问题只能由政府解决，政府在解决现代市场经济中的社会公平问题方面具有重要作用。

政府活动的主要目标在于解决现代市场经济中的社会公平问题。在市场经济下，政府对国民收入、财富及社会福利进行再分配，以达到社会普遍认可的公平和公正的程度。政府作为公共权力机构，享有其他任何机构和个人都不能享有的立法权、司法权、行政权，有合法的强制力，其制定的规则具有普遍的适用性，因而具有超出任何机构和个人的调节个人收入的能力。在市场经济条件下，只有政府的权威和地位，才能制定和执行统一协调的再分配政策，并以此解决社会分配不公平的问题。政府以法律、法规的形式实现有利于社会公平的分配政策，依靠财政手段，建立和完善社会保障体系，并通过税收和公共支出来实现收入再分配，调节、缩小收入差距，实现社会相对公平。

政府活动规模问题实际上就是政府什么不该管和应该在什么范围内发挥作用的问题，以实现市场效率和社会公平两者相协调。在资源配置方面，应该由市场机制体现效率优先原则，充分发挥市场机制在资源配置中的基础作用，由市场通过生产要素价格的波动来实现资源的合理配置，提高效率；同时，要发挥政府财政在资源配置中的重要作用，以弥补市场自身无法解决的垄断、外部不经济、信息不充分等市场失灵问题而产生的低效率、无效率状态。在公平分配方面，为市场机制提供一个公平竞争的环境，要充分发挥市场机制在收入分配方面自发调节的基础作用；政府财政则要起到宏观调控个人收入水平作用，实现收入分配相对公平，主要是通过税收制度特别是累进所得税制来避免少数人收入奇高而形成两极分化，建立社会保障制度，以社会福利、社会救济、社会抚恤等形式实现收入的转移支付，确保低收入人群的最低生活水平。

另外，政府活动是一个动态的过程，必须注意以下几方面。

第一，政府与市场一样也会出现失灵的情况，这是在政府活动过程中必须考虑的。市场解决不了的，政府不一定就能解决好。政府干预市场是有成本的。政府本身不拥有资源，要提供公共品和劳务所需的资源，只能通过财政从市场或私人部门让渡部分资源的使用而获得，由此使得市场和私人部门对资源的使用相应减少。这意味着政府的活动存在着一种资源使用的机会成本，从而形成一种对市场自身发展能力的削弱。如果政府干预的成本低于市场失灵所造成的效率损失，则政府干预是有效的；

如果政府干预的成本高于收益的差额所形成的净福利损失，甚至超过了市场失灵带来的福利损失，不管是怎样的市场失灵，政府干预都是不经济、不可取的。

第二，从横向看，政府活动的规模与社会文化背景相联系；从纵向看，随着技术的进步和管理的改进，原来一些市场失灵的领域内会出现“市场再发现”，即市场能够再次有效地发挥作用的情况。政府这时就可以引入市场机制，降低服务成本，提高政府效率。

市场与政府作为社会基本的资源调节机制，既是相互对立的，又是共生共存的。政府与市场并非在所有领域都是一种简单替代的关系，在许多场合两者是相互补充的关系。现实经济中的许多问题，都需要市场与政府相互配合，根据社会经济的发展和基本制度的变化，不断地调整，实现两者有效的组合。

课堂讨论

讨论下列产品和服务的生产和消费的过程中是否存在市场失灵？说明理由。

①社会治安。

②教育、医疗卫生。

③食品。

④住房。

⑤保险。

⑥交通。

⑦环境保护。

⑧国防安全。

本章小结

效率是资源配置的理想状态。帕累托效率是指资源配置任何改变都不可能使一个人的情况变好而不使他人的情况变坏的状态。要实现帕累托效率必须同时满足交换的帕累托最优条件、生产的帕累托最优条件、交换和生产的帕累托最优条件三个条件。公平一般是指人们对一定社会历史条件下人与人之间利益关系的一种评价。公平主要有两层含义：经济公平和社会公平。公平的程度可以用基尼系数和贫困指数来衡量，前者能够较为客观地反映公平的程度。

市场并不是万能的，我们把现实经济中，在市场已充分发挥资源配置作用情况下仍不能带来经济效率和满意的收入分配的各种情况，称为市场失灵。市场失灵的原因分为8种，竞争的失灵、外部效应、公共品、不完善市场、不完全信息、宏观经济效率失衡、收入分配不公平和偏好不合理。政府的干预也存在一定的成本，包括政府干预的机会成本或税收成本，以及政府干预失效所造成的效率损失。市场失灵为政府干预提供了前提，但由于存在政府内在的缺陷而导致政府才更有助于实现理想的经济目标。

重要概念

帕累托效率　帕累托改进　经济公平　社会公平
基尼系数　市场失灵　外部效应　政府失灵

思 考 题

1. 市场失灵有哪些表现?
2. 政府干预失灵的原因及表现有哪些?
3. 在市场经济体制下，政府应在哪些方面介入社会经济运行，为什么?

进一步阅读材料

[1] 郭庆旺，赵志耘．财政学．北京：中国人民大学出版社，2002.
[2] 陈共．财政学．北京：中国人民大学出版社，2009.
[3] 约翰·L·米克塞尔．公共财政管理：分析与应用.6版．北京：中国人民大学出版社，2005.
[4] ROSEN H S. Public finance. 7th ed. McGraw-Hill/lrwin，2004.

第3章

财政职能

【本章概要】

本章主要介绍了财政的三大职能，即资源配置职能、收入分配职能和经济稳定职能的含义及具体的实现机制和步骤。

【学习目标】

◆ 掌握资源配置职能的含义和实现机制；
◆ 掌握收入分配职能的含义和实现机制；
◆ 掌握经济稳定职能的含义和实现机制。

3.1 资源配置职能

1. 财政职能的内涵

职能是指一个人、一个事物、一个机构应有的、内在的职责、功能和作用。在经济运行过程中，市场机制的作用是有限的，而市场失灵恰恰给财政发挥作用提供了领域。财政职能就是指政府的财政活动在经济和社会生活中所具有的职责和功能，是政府活动对经济的各个方面所产生的影响和变化的高度概括。财政职能是财政这一经济范畴本质属性的反映，它表现为财政分配在社会再生产过程及实现政府职能中的内在功能。财政作为一个分配的范畴，其所固有的职能和作用是不能替代的，只要存在着财政，它固有的职能就不会消失，而且只有内包这种职能的分配活动，才称为财政。

在理解财政职能的内涵中必须注意以下几点。

第一，财政是一个历史的经济范畴，在不同形态的国家，财政的职能不完全相同。它会随着历史的推进和经济的发展而变化发展，不同社会制度和不同经济体制下，人们对财政职能的概括和表述也不同。在奴隶社会，生产力低下、剩余产品不足，这一时期的财政职能仅限于筹集一部分社会产品为奴隶主阶级的生存发展提供财力保证；在封建社会，生产力的发展推动了商品经济的发展，剩余产品不断增多，经济日益繁荣，财政经常被用来作为干预经济的工具，财政职能运用范围也逐渐扩大；在现代社会，商品经济高度发展，社会产品丰富，财政不仅是政府筹集资金的主要手段，而且也是政府经济的重要手段。财政是政府的一种经济行为，是履行和实现政府经济职能的手段。

第二，财政职能不等同于财政作用。作用是指某一事物的职能在现实生活中的表现或效果。财政职能表现的是政府的活动在经济社会中所应有的职能与功能，只是表明政府会对经济产生影响，并不代表实际效果。财政在行使其职能时，对经济的影响可能是正面的，也可能是负面的。财政作用是财政职能运用的结果，是主观见之于客观的东西。

第三，财政职能的有效发挥依赖于人们对财政职能的准确理解。在实践中，应当认真研究财政的作用机制，从客观经济形势出发，科学制定财政政策，运用各种财政工具和手段来促进国民经济的健康稳定发展。

2. 资源配置职能的含义

资源配置是指资源的组合，即将各种有限的经济资源分配于不同的使用方向，形成一定的资产结构、产业结构、技术结构和地区结构，以提高资源的利用效率。资源配置问题是经济学中的核心问题。这里注意以下两点。

第一，资源的使用效率。它包含两个方面：一是资源的充分利用；二是资源的最优配置。资源具有稀缺性，因此有必要对社会资源在各种可能的用途之间进行选择，尽可能使一切资源都被充分利用，以获取最大可能的配置效率。资源能否充分利用，决定了一国的实际产出和物质福利。被充分利用的资源是否达到了最优配置，资源越是接近于最优配置，效率就越高。

第二，在现代社会中，存在着两种资源配置方式，即市场配置和政府财政配置。市场配置资源的主要机制是市场机制，通过需求刺激价格，价格引导投资来实现。市场机制是迄今为止最为有效的资源配置方式。但是，在资源配置过程中，市场机制也存在着低效或无效，需要政府介入社会资源配置过程，以弥补市场机制的缺陷，并为市场配置创造一个公平的环境。政府的资源配置主要是通过财政分配手段实现，这里讨论的就是财政资源配置的职能。

所谓的财政的资源配置职能，就是指财政通过参与财力分配来实现资源优化配置的功能。在发挥市场机制在资源配置中的基础作用的前提下，通过政府和公共财政的介入，确保社会资源配置的效率性，便构成了政府及其财政活动的首要职能。

3. 资源配置职能的主要内容

（1）调节社会资源在不同地区之间的配置

一个国家地区之间经济发展不平衡是客观现实。其原因不仅在于历史的、地理的和自然条件方面的差异，而且在于生产要素在市场机制作用下使得资源从落后地区向经济发达地区流动，从而使落后地区与发达地区的经济差距进一步扩大，经济差距的扩大又导致地区之间财政能力和公共服务水平的悬殊差距。从整体上看，这种状况不利于社会经济长期均衡稳定发展和公共需要的适当满足。因此，调节地区间的资源配置成为财政的一项重要职能。财政资源配置职能的一个重要内容，就是通过财政分配，即财政补贴、财政投资、税收及财政政策等合理调节各地区之间的资金数量和流向，实现资源的合理配置。

我国是一个经济发展相当不平衡的国家。东、中、西部地区的基础设施、人力资源和投资环境存在较大的差距。为了缩小这种差距，尽快实现各地区经济实力的普遍提高，政府推出了一系列财政政策支持中、西部地区的发展。例如，西部大开发、振兴东北老工业基地、中部崛起。这些政策生动地体现了财政在调节地区间的资源配置方面的功能和作用。

（2）调节社会资源在各行业、各部门之间的配置，形成合理的产业结构

社会资源在各行业各部门之间的配置状况如何，直接关系到产业结构是否合理及其合理化程度。一国的产业结构是反映其宏观经济运行质量高低的重要指标之一，而财政又是政府

进行宏观调控的主要手段。

合理的产业结构不仅提高宏观经济效益，而且有利于提高微观经济效益和整体社会效益，促进国民经济健康发展。调整产业结构有以下两条途径。

一是改变现有企业的生产方向，调整资产的存量结构，进行资产重组，促使一些企业转变来调整产业结构。财政可以调节国家公共支出中的直接投资，如增加能源、交通和原材料等基础产业和基础设施方面的投资，减少加工部门的投资，并利用税收、财政补贴、投资政策引导企业的投资方向。一些税种的设置和规范化的税收减免、税率区别对待政策，可以发挥扶持或抑制某些产品、产业发展的作用。例如，通过对长、短线生产部门规定不同的税率，确定不同的折旧率，可以起到对不同部门投资的奖励作用，从而引导投资方向。

二是调整投资结构，增加对国家需要优先发展的产业的投资。财政可以通过税收政策和补贴政策来引导社会资金按照国家的意图合理地投放到不同的产业和部门之中，从而实现优化产业结构的目标。例如，我国“十五”规划中实施西部大开发的战略，就是政府利用财政政策来调整总体结构。另外，有外部性经济的项目，企业受益小而社会受益大，政府可以通过财政支出来兴办或提供财政补贴；没有外部性经济的项目，企业利润高而社会利益却遭损，政府可通过税收加以限制，如对造成污染的企业课以重税，以弥补其对环境破坏所形成的机会成本。

（3）调节社会资源在政府部门和非政府部门之间的配置

社会资源在政府部门与非政府部门之间的配置比例应保持适当均衡。资源在政府部门和非政府部门之间的分配，主要依据社会公共需要在整个社会需要中所占的比例。这一比例随着经济的发展、国家职能和活动范围的变化而变化，主要体现在财政收支占国民生产总值或国内生产总值比例的高低上。提高这一比例，则是社会资源中归政府部门支配使用的部分增大，非政府部门支配使用的部分减小；降低这一比例，则是社会资源中归政府部门支配使用的部分减小，非政府部门支配使用的部分增大。财政配置的资源数量过大，会对市场配置产生排挤效应，造成市场配置不足，公共品过剩，降低社会资源的总体效率；财政配置的资源数量不足，则难以有效地弥补市场资源配置的缺陷，无法提供足够的公共品，同样会降低社会资源配置的总体效率。因此，社会资源在政府部门和非政府部门之间的最佳配置，既要满足社会对公共品和劳务的需要，又不妨碍市场在资源配置中的基础地位。另外，社会共同需要规模也会随经济制度、经济发展阶段和政治、文化条件的变化而变化，所以公共部门所支配资金的规模也应该作出相应的变化。因此，调整资源在政府部门和非政府部门之间的配置要符合优化资源配置的要求，这是财政资源配置的一项重要内容。

4. 资源配置职能的手段和机制

（1）政府支出

政府可直接提供某些市场供给不足的产品，如公共品、准公共品、私人经营容易产生垄断的产品、市场不完全产品等。这些市场供给不足的产品政府可以通过财政补贴的方式刺激私人企业生产，达到与政府直接提供同样的目的。而政府对私人产品的购买也可视为对该产品的补助，因为它直接体现为对该产品的需要，可起到刺激该产品的生产、扩大供给的效果。另外，合理安排政府投资的规模和结构可以将集中起来的社会资源配置到某个行业或某个地区，并保证国家的重点建设。

（2）财政税收

政府是一个非生产性的部门，它要参与到社会资源中，首先必须依靠国家财政的力量集中一部分的社会资源，税收则是征收财富的一种最重要的手段。政府也可以通过调整税率来鼓励或限制某些产品的生产。通过政府税收手段带动和促进民间投资、吸引外资和对外贸易，提高经济增长率。

（3）公债

公债是现代市场经济国家经常使用的一个财政工具。虽然公债收入不是国家强制、无偿征收的，但政府可以用它筹集到大量的闲散资金，达到资源重新配置的目的。

3.2 收入分配职能

1. 收入分配职能的含义

所谓收入分配，通常是指在一定时期内创造的国民收入在价格、税收、政府支出等工具的作用下，在国家、企业和个人之间分割、形成流量的收入分配格局和存量的财产分配格局。财政的收入分配职能，是指财政运用多种方式参与国民收入的分配和调节，以期达到收入分配的经济公平和社会公平。换句话说，就是通过财政收支政策，对国民收入和社会财富进行再分配，使之符合社会普遍认可的公平或合理的标准，也就是建立不同于市场的合理分配模式。

财政参与国民收入分配的原因有以下两点。第一，一些稀缺的自然资源存在着垄断性，且不同地区的资源条件差异很大，由此形成了垄断性的极差收入。财政有必要对之进行干预，防止某些企业谋取垄断利润而损害公众利益，并收取一部分垄断利润以实现收入的相对公平。第二，市场机制为基础的现状导致分配收入的结果主要体现了经济公平，而往往损害了社会公平。市场分配机制遵循经济公平原则，强调收入分配应以各利益主体为社会提供的生产要素的数量和质量为依据。现实生活中人民的劳动能力、财产占有量等方面存在着客观上的差别，使得市场分配的结果必然会形成收入差距过大。因此，财政也有必要进行干预，防止收入差距悬殊和两极分化，并为那些无劳动能力、又不能提供其他生产要素的人提供财政补助以维持生存。由此可见，调节收入分配也成为财政的一项重要职能。

2. 收入分配职能的主要内容

（1）调节企业的利润水平

第一，企业的利润水平通常与企业的生产经营能力和税收负担有着密切的联系。合理的税收政策可以满足国家财力需要的同时，实现对企业利润水平的调节。第二，企业的利润水平应当真实地反映经营管理水平和主观努力程度，要求在大致相同的条件下，使每一个企业获得大致相同的利润，要求财政为利润水平创造一个公平竞争的外部环境，消除外界客观因素对企业利润水平的影响。

（2）调节居民个人的收入水平

居民个人的收入取决于以下两个条件。第一，个人收入分配取决于生产资源所有权的分配。个人收入的多少，首先依赖于所拥有的生产要素的状况。第二，个人收入的分配还取决于所提供的生产要素在市场上所能获得的价格。在市场竞争中，每个人获取收入的机会是不均等的，这些不公平的因素会影响市场机制决定的分配格局。要素赋予的分配不公平使得有资本者收入越来越多，进一步积累造成了贫富悬殊。因此，在完全竞争市场下所形成的分配格局不满足社会公平的价值标准，需要财政进行干预。

3. 收入分配职能的手段和机制

（1）转移支付

通过政府间的转移支付、社会保障支出及各种补助金或救济金支出实现收入在全国范围内的转移分配，保证社会福利水平和社会成员的基本生活需要，如加大政府的社会保险支出。失业、疾病、退休等是市场经济下的必然现象，从社会范围来看，这类现象都具有普遍性，关系到整个社会秩序和市场运行。政府通过建立社会保险制度，通过财政作财力后盾，维护社会的福利水平。通过转移支付方法进行的收入再分配，是一种直接的方式，它将现金直接补贴给个人，有明确的受益对象和范围，在操作上也有明确的政策选择性。所以，与财政收入分配职能的其他手段相比较，对改变社会分配不公程度有更为明显的作用。

（2）财政税收

政府拥有强制征税的权力，该项权力使政府能够大规模地进行再分配工作，政府能够通过税制解决由于要素市场的不完全性与垄断定价所产生的收入分配问题。例如，通过征收企业所得税调节企业收入水平；通过征收累进税率的个人所得税、财产税、遗产和赠与税来缩小贫富差距和缓和财富在不同人群中的分布不均状况；通过征收资源税可以缩小部门和地区间资源条件和地理环境不同而形成的极差收入等。

另外，需要注意以下两点。第一，公平是一个“规范性”的问题，公平与否很难有一个公认的标准。公平与效率有着相互制约的关系，如果一味强调征收高额累进税，很可能打击边际生产力水平较高的人们的工作积极性，甚至可能使得部分资本流向国外，对一国的经济发展不利。当前讨论的主要是防止贫穷，防止收入过分悬殊，而不是限制最高收入。第二，通过税收进行的收入再分配活动，带有一定的强制性，是在全社会范围内所进行的收入直接调节，这种调节以收入数量为公平标准，而不论与效率相联系的收入获取过程的公平与否。

（3）各种收入政策

收入政策主要是指工资政策，具体包括有关的工资制度税法中有关工薪收入中的扣除项目规定等。通过工资政策和其他有关收入政策，政府可以实现对部分国民收入分配的调节。另外，政府可将征收累进所得税筹集的收入用于公共事业投资，如公共住宅等，以利于低收入阶层。

（4）各种支出政策

通过公共支出提供公共福利，如公共教育、公共卫生防疫、福利设施等。通过公共投资，加大对某些产业的扶持，缩小行业间的收入差距。

【资料链接】

发改委专家：解决收入分配不公正当其时

深化收入分配制度改革，事关我国战略目标实现。当前我国正处在“本世纪头二十年战略机遇期”及全面小康建设的关键时期，改革开放30多年来，尤其是本世纪头10年来，先富群体快速扩大，社会各群体收入有了较大幅度增长，为先富帮后富、走共同富裕道路奠定了一定的基础，同时我国也出现了收入差距急剧扩大、社会不公平感明显增强的问题。

1. “解决这个问题正是时候”

中央党校教授周天勇说：“我国要实现全面小康和达到中等发达国家水平，这两个目标都需要妥善解决包括分配失衡等一系列重大问题来实现。未来10年是全面小康建设的攻坚10年，也是迈向共同富裕的关键时期。这个阶段必须要处理好收入分配不公、腐败等社会反映强烈的问题。”

国家发改委社会发展研究所所长杨宜勇说：“当前由于收入分配失衡导致的社会情绪积累，容易让人民群众对我们的基本经济制度产生不信任感，甚至出现了‘公有制不能实现共同富裕’‘劳动不再光荣’等认识偏差，国家层面的收入分配制度改革必须从战略高度整合社会认识分歧。”

“收入分配问题，早一些时间解决可能没有实力，太晚时间解决可能错失很多机会，导致问题积重难返，现在解决这个问题正是时候。”杨宜勇说，当前深化收入分配制度改革要综合运用三个条件：一是3.5万多亿元的中央财政收入能够解决大量的民生问题，有了共享的财富基础；二是解决收入差距过大、分配不公的强烈意愿和社会共识，可转化为推动改革的势能；三是国际正反两方面的经验教训为我所用，即别人“吃一堑”、我国“长多智”。

2. 警惕“三大认识误区”

收入分配制度改革是对既有利益格局的深度调整，涉及中央与地方、政府与企业、群体与群体之间的关系，是一项极其复杂、敏感、重大的改革，有“三大认识误区”急需引起高度警惕。

一是“人均GDP3000美元闯关论”。人均GDP1000美元到3000美元被认为是“矛盾凸显期和发展黄金期”，大家都对这个时期避免出现“拉美陷阱”保持高度警惕，而我国目前已经总体上越过了人均GDP3000美元。一些人认为，既然已经闯过这个所谓的危险期，很多问题自然就随之逐步解决了，当务之急还是要做大GDP，收入分配不公等问题不会影响大局，不需要花太多精力。

二是“自动修复论”，或“市场调节论”。还有一些人认为，收入差距扩大是市场经济带来的必然结果，最终还要靠市场机制去解决。突出表现在劳资关系上，对于农民工长期低薪问题，他们错误地认为，劳动力价值是由市场机制决定的，政府不能去干预，政府只能出台最低工资指导线。对劳资分配中出现的新动向、新矛盾，他们往往只从维护社会稳定的角度去看待，很少思考当市场之手失灵后，政府之手究竟该如何出招的问题，处于一种无为状态。

三是“没什么大不了论”。也有一些人认为，中国人的心理承受能力是强的，收入分配差距拉大，还是处在可承受的范围，不应该大惊小怪。一些地方把廉价劳动力作为招商引资的重要条件，在提高劳动者报酬上积极性不高，各地都有“比低”而不是“攀高”的心理。

这三种认识误区，对抢抓收入分配改革机遇期是非常不利的。南京大学教授朱力说，对收入分配不公可能引发风险的认识逐层衰减，是一个十分危险的事情。亟待建立上下同心的责任传导和考核机制，让收入分配制度改革的重要历史性机遇不会轻易溜掉。

3. 以制定“十二五”规划为契机

当前，社会各界对收入分配制度改革的期盼很高，十分关注正在制定的《收入分配制度改革指导意见》、《工资支付条例》等文件，而今年又是编制“十二五”规划草案的关键一年，社会更期待改革收入分配制度能够在“十二五”规划草案中得到充分体现，并且有具体安排。

“我们要像抓节能减排那样通过可量化的方式来推进收入分配改革，”杨宜勇说，“节能减排目标当时写进‘十一五’规划时，也顶着很大压力，但正是有了这个量化目标，倒逼各地抓下去，现在看来实现规划中的承诺是没有多大问题了。收入分配要更复杂一些，但也有可量化的方面，比如城乡收入差距比、行业收入差距比、基尼系数等衡量收入分配状况的主要指标，我们究竟在未来5年或10年要控制到什么水平，是可以有个阶段性目标的。”

接受采访的各界人士认为，抓牢收入分配制度改革“战略期”要综合推进五大改革：一是国有企业利润分配改革，让国有企业利润通过适当的方式体现全民共享；二是垄断行业改革，尽最大可能减少垄断对分配格局的扭曲作用；三是社会保障制度重大改革，切实提升中低收入者的生活“安全感”；四是综合财税配套改革，特别要在调节中央与地方的税收分配比例以及调节高收入者收入等方面，出台切实可行的税收调节手段；五是工资制度改革，围绕“提高劳动报酬在初次分配中的比重”目标，加大工资制度改革力度。

他们建议，“十二五”期间，我国应更加重视立法对调整收入分配格局的基础性作用，加强立法规划研究，把解决收入分配问题逐步纳入法治化轨道。

资料来源：人民日报海外版，2010-05-25.

3.3 经济稳定职能

1. 经济稳定职能的含义

财政的经济稳定职能是指政府通过对财政政策的制定、实施和调整、对生产、消费、储蓄和投资发生影响，达到充分就业、物价稳定和国际收支平衡三个目标的职能，也就是财政在市场经济条件下承担国民经济宏观调控、实现国家宏观经济政策目标的职责。

充分就业是指一国的就业状况为：有工作能力而且愿意工作、又想寻求工作的劳动者都能找到工作。充分就业并不意味着就业人口占全部可就业人口的百分之百，而是指全部可就业人口的就业率超过了某一社会普遍认可的比例。一般认为，95%～97%的就业率就可以视为达到充分就业水平。

物价稳定是指物价总水平基本稳定，即物价的上涨幅度是在全社会可以接受的范围内。适度的物价上涨幅度对经济的发展是有利的。物价波动的幅度不能太大，如果物价总水平大幅度上升，必然导致货币贬值、通货膨胀。同时，物价大幅度上涨也容易导致总供求的失衡，严重制约经济的稳定与增长。因此，需要运用财政等政策工具，将物价总水平控制在一定时期社会可承受的范围内。国际公认5%以下的通货膨胀率为物价总水平基本稳定。

国际收支平衡是指一国在进行国际经济交往时，其经常项目和资本项目的收支大体保持平衡。在开放的经济条件下，一国的国际收支同国内收支是密切联系的，国际收支不平衡，一般也意味着国内收支不平衡。经济稳定要求国际收支不出现大的逆差和顺差。如果一国国际收支出现过度逆差，会造成货币紧缩、利率上升、投资和消费大幅度减少、经济增长放慢、国民收入下降、总需求降低，人民生活水平降低；如果一国国际收支出现过度顺差，又会导致国内货币投放量扩大、物价上涨、通货膨胀加重，造成与他国经济关系紧张。

在市场经济中，由于市场机制的自发作用，不可避免地造成经济的波动，社会总需求与总供给的失衡、通货膨胀、失业、经济危机是经常发生的，甚至还会出现通货膨胀和经济停滞并存的局面。这就需要政府对市场进行干预和调节，以维持生产、就业和物价的稳定。因此，经济稳定也是财政的重要基本职能之一。

2. 经济稳定职能的主要内容

（1）调节社会总供求总量上的平衡

实现经济的稳定增长，关键是实现社会总供给和总需求的平衡。如果总供求实现了平衡，物价水平就会基本稳定，社会经济运行也会处于较好的状态，充分就业和国际收支平衡目标也容易实现。

（2）调节社会总供求结构上的平衡

社会总供求在总量上实现了平衡是不够的，还应考虑结构上的平衡状况。社会总供求的结构包括部门结构、产业结构、地区结构。

3. 经济稳定职能的手段和机制

（1）自动稳定器

自动稳定器的财政政策，是指在经济发生变化时某些能够自动发挥稳定效果的财政政策。财政政策的这种稳定效果是自动执行的，财政收支的伸缩是自动的由经济周期的波动决定的。自动稳定的财政政策的作用主要体现在税收收入和财政支出两个方面。例如，采用累进税率的个人所得税，对经济波动相当敏感。当经济处于上升期，税收收入会比个人收入更快的速度增长，从而抑制了非政府消费和投资。反之，经济处于衰退期，累进税率将自动降低，从而刺激非政府消费和投资，自动地发挥促进经济回升的作用。从财政支出方面看，最为典型的是社会保障支出。当经济处于不景气时，政府的社会保障支出会大幅度增加；反之，当经济处于上升期，失业率下降，人们的收入增加，政府的社会保障支出会大幅度减少。

（2）相机抉择财政政策

相机抉择财政政策是指国家依据宏观经济的波动特征，有意识地采取特定的财政手段消除通货膨胀或通货紧缩缺口；当经济处于上升期，政府通过增收减支等措施，抑制总需求，以减少通货膨胀缺口；反之，当经济不景气时，政府通过减收增支等措施，刺激总需求，以减少通货紧缩缺口。

（3）预算收支政策

预算收支政策通常指3种类型：预算赤字、预算结余和预算平衡，分别对应着扩张性、紧缩性和中性财政政策。当社会总供给大于总需求时，应采用扩张性财政政策，使政府支出大于收入，以刺激需求；反之，需要采取紧缩性财政政策，使预算收入大于预算支出，抑制总需求；若总供求基本处于平衡状态，则采用中性财政政策，保持预算收支大体相当。

（4）其他财政政策

通过投资、补贴和税收等手段，加快农业、能源、交通运输等公共设施的发展，加快产业结构转换，保证国民经济稳定发展。

财政的三种职能是完整的统一体，不应忽视任何一方。三种职能互为条件，相互促进，相辅相成。

本章小结

财政职能由财政本质所决定的财政所固有的功能和职责，它是不以人的意志为转移的。财政有三大职能：资源配置职能、收入分配职能、经济稳定职能。三大职能各有自己的职能范围、政策取向及实现的机制和手段。但三大职能不是完全独立的，它们是完整的统一体，互为条件，相辅相成，相互促进。

重要概念

财政职能　　资源配置　　收入分配　　经济稳定

思考题

1. 财政各职能的含义、范围及实现步骤和机制是什么？
2. 针对当前社会经济形势，中国政府应如何发挥财政的职能作用？

进一步阅读材料

[1] 盖亚．财政学．北京：中国人民大学出版社，2009.

[2] 马斯格雷夫．财政理论与实践．北京：中国财政经济出版社，2003.

第4章 公共品及其供需均衡

【本章概要】

公共品是相对于私人产品而言的，有着特殊的最优化供给条件、模型和实现机制，它涉及公共支出的最佳规模及其决定、公共支出的筹资即公共收入的决定等问题。本章在明确公共品、私人产品及混合公共品概念的基础上，分析公共品的需求及有效供给问题，并讨论了公共品有效供给的实现机制问题。

【学习目标】

◆ 公共品和混合公共品的定义、内涵；

◆ 公共品与私人产品的区别；

◆ 纯公共品与混合公共品的均衡分析；

◆ 公共品的提供机制。

4.1 公共品的定义与特征

1. 公共品

“公共品”一词，英文为“public goods”，中文译名甚多，诸如“公共产品”、“公共物品”、“公用品”、“公共财货”、“公共商品”等。而现有英文文献中，与“public goods”含义近似的词汇还有“social goods”、“collective goods”等。

公共品是相对于私人产品（Private Goods）而言的。先来看苹果和路灯的区别。苹果和路灯当然是两种截然不同的产品，它们之间有什么关系？为什么要把这两种看似风马牛不相及的东西放到一起讨论？一个苹果，如果你把它吃了，别人就无法享用。夜里，路灯照亮了你走的路，但丝毫不妨碍其他过路人的照明。苹果是私人产品，而路灯是公共品。

公共品是指具有公共消费性质的产品和服务。现代经济学广泛接受的公共品定义是萨缪尔森给出的定义[①]。萨缪尔森指出，纯粹的公共品是这样的产品，即“每个人对这种产品的消费，都不会导致其他人对该产品消费的减少”。按照他的观点，所谓公共品就是所有成员

① SAMUELSON P A. Pure theory of public expenditures. Review of Economics and Statistics，1945(36)：387-389.

集体享用的集体消费品，社会全体成员可以同时享用该产品；而每个人对该产品的消费都不会减少其他社会成员对该产品的消费。

这就引出了萨缪尔森的定义中公共品区别于私人产品的两大特征：一个是消费是排他的还是非排他的；另一个是消费是竞争的还是非竞争的。私人产品具有排他性和竞争性；一些不具备或不同时具备排他性和竞争性的产品，即公共品。与私人物品相对应的纯公共品同时具备非排他性和非竞争性。

（1）非排他性

所谓非排他性，指的是一旦产品被提供出来，不可能排除任何人对它的同等消费。严格而言，这包含3层含义：第一，任何人都不可能不让别人消费它，即使有些人有心独占对它的消费，但要么在技术上是不可行的，要么在技术上可行但成本过高，因而是不值得的；第二，任何人自己都不得不消费它，即使有些人可能不情愿，但却无法对它加以拒绝；第三，任何人都可以恰好消费相同的数量。例如，国防服务，即使那些最狭隘自私的人也不可能令国防只为他一个人服务，即使那些不想得到保护的人也无一例外地会得到这种公共服务；同时无论是谁，都将同等地得到作为该国居民的尊严和安全的保障。

但如果是私人产品，如苹果，其结果就正好相反。首先，如果想吃掉所有的苹果，只要通过支付这些苹果的价格就可以轻易的排除其他人的消费要求；其次，如果不想吃苹果，也可以方便的对它置之不理；再次，一旦吃了某个苹果，别人就再也别想见到它，即可供别人消费的数量减少了。

（2）非竞争性

所谓非竞争性，指的是一旦产品被提供，增加一个人的消费不会减少其他任何消费者的收益；也不会增加社会成本，其新增消费者使用该产品的边际成本为零。这里边际成本为零可以从两方面理解：一是生产方面，指根本不需要追加资源的投入；二是消费方面，指根本不会减少其他人的满足程度，或者说不会带来“拥挤成本”（Congestion Cost）。

仍以国防为例。其一经提供，多保护一个人不会减少其他任何人的收益，也不要求额外追加资源投入；再如电视节目，也不会给其他有关方面带来成本的增加。

而私人产品却很不相同，对于绝大多数私人产品而言，增加消费者就意味着要增加更多的私人产品，这当然会引起资源投入的追加；同时，也有可能因为消费者蜂拥而至，导致供不应求，从而使后来者无法得到满足。

理解以上公共品的定义，有几点值得注意的地方。

第一，即使每个人消费该产品的数量都一样，也不必要求所有人对这种消费的评价都相同。就拿上述国防的例子来说，在其他条件相同的情况下，那些十分担心外国敌对分子存在某种企图的人与觉得比较安全的人相比，他们会把国防的价值看得更高。而且，人们对某种公共品的价值是正是负看法也有可能不同。例如，当一个导弹系统建造好之后，每个人都别无选择，只能消费这项服务。但是，对那些认为该系统增加安全性的人来说，它的价值是正的；而对那些相信增加导弹只会使军备竞争升级，从而危及国家安全的人来说，增加导弹的价值是负的。当然，他们也不情愿为增加导弹付钱，或者说他们情愿为设法阻止新导弹系统的建立而付钱。

第二，对公共品的划分不是绝对的，要取决于市场和技术条件。以灯塔提供的服务为例。一旦信号灯亮了，一艘船只对它利用不影响其他船只利用它的能力，而且不能排除某一特定船只利用该信号。在这些条件下，灯塔是一种纯公共品。但是，假定发明了一种人为干扰装置，如果过往船只不购买一种特殊的接收器，它们就不能获得灯塔信号。在这种情况下，非排他性标准不再满足，灯塔不再是一种纯公共品了，而是一种俱乐部产品。再如，对一个图书馆来说，一个大的图书馆阅览室一般而言是公共品，但是随着读者数量的增加，这就产生了经济学上所谓的“拥挤”问题，从而使消费质量下降，不利于学术研究。在这种情况下，公共品的非竞争性条件没有被很好地满足。

第三，许多在传统上不被认为是商品的东西具有公共品的特性。一个重要的例子就是诚实。如果每个公民在商业交易中都是诚实的，整个社会就会因做生意的成本减少而获益。这种成本的减少既具有非竞争性，也具有非排他性。所以诚实是一种公共品。还有某些类型的信息也属于公共品。例如，气象局发布的各个城市的污染指数，这种信息的传播表现出公共品的特性：它具有消费的非竞争性，因为每个人通过上网、看电视、看报纸就可以知道各个城市的污染状况；显然，它也具有非排他性。

第四，私人产品并不一定只由私人部门提供。在现实中政府提供了很多具有竞争性和排他性的物品，这类物品称为公共提供的私人产品。医疗服务和住房就是两个时常由公共提供的私人物品的例子。同样，公共品也可能由私人提供，如个人把私家花园捐赠给社区的时候。总之，“私人”和“公共”两个词本身，并不能表明具体由哪一部门提供。

第五，公共部门要提供的某种产品也并不一定意味着必须由公共部门来生产该产品。以垃圾回收为例，有些社区自己提供这项服务，即由公共部门的管理者购买垃圾车，雇用工人，安排日程。在其他社区，地方政府雇用私人企业来做这项工作，本身并不组织生产。

2. 公共品的分类

（1）按照特征分类

如果某种物品同时具备非竞争性和非排他性，这种物品就是纯公共品，很容易与私人品区别开来。可是，在很多情况下，这两个特征不一定同时存在。如果某种物品只存在一个特征，可称其为混合公共品。一般地，根据产品是否具有非竞争性和非排他性两种特性，可以对产品作分类，见表 4-1 所示。

表 4-1 产品分类

特 征		排他性	
		有	无
竞争性	有	① 私人产品，如国防、消防	③ 公共资源，如空气、海中的鱼
	无	② 俱乐部产品，如收费公路、有线电视	④ 纯公共品，如国防、消防

在表 4-1 中，除了第①类产品是同时具有排他性和竞争性的私人产品外，其他②、③、④3 类产品都是公共品。其中第④类是纯公共品；第②、③类是混合公共品（准公共品），它们或者在消费上具有非竞争性，但是却可以轻易排他的俱乐部产品（Club Goods)；或者在消费上具有竞争性，但是却无法有效排他的公共资源（Common Resources)。

纯公共品指的是严格满足非竞争性和非排他性两个条件的产品。这种纯粹的公共品是很少的，一般认为国防就是这方面典型的例子。此外，公平的收入分配、有效率的政府和制度，以及货币稳定、环境保护等，也具有类似的特征。

第①类混合公共品是俱乐部产品[①]，它的特点是消费上具有非竞争性，但是却可以较轻易地做到排他性，即不付费者可以排除在消费之外。例如，收费的公路桥，以及公共游泳池、电影院、图书馆等都是这方面的例子。正是由于该类物品的使用者数目总是有限的，而在人们的印象中，消费同一物品的数目有限的个人恰与同一俱乐部成员相仿，所以，可将它们所消费的物品形象地称为俱乐部产品。至于该物品的使用者数目何以总是有限的，可以从两个方面理解：一方面，由于俱乐部成员的数目超过一定标准之后会发生拥挤问题，从而破坏非竞争性的特征，所以应该限制使用者数目；另一方面，由于该物品具有排他性，又能够采取措施限制使用者数目。因此，总可以保证该物品具有非竞争性与排他性。

第②类混合公共品是公共资源，它的特点与俱乐部产品正好形成对照。它在消费上具有竞争性，但是却无法有效地排他，即不付费者不能排除在消费之外，如公共渔场、牧场等就是如此。

将这些产品归入准公共品，主要是基于以下两点理由。

第一，它与纯公共品一样，总量既定，不归于任何人专有，且具有向任何人开放的非排他性特点。这些决定了在其消费中也会出现不合作问题，即由于每个参与者个体按照自己的理性行事，却导致了集体的非理性。在纯公共品的例子里，会导致过少提供公共品；在共同资源的例子里，会导致过多提供公共劣等品（Public Bads）。这一特征显示出它与私人产品完全不同，而与公共品相似。

第二，该物品的竞争性导致某人消费额的增加将给其他人带来负的外部效应。但是这里的外部性不同于一般讨论的外部性例子。例如，某厂商从事生产的同时污染了河流或者湖泊，但该厂商本身的生产活动显然并不受这种负外部效应的损害；而公共资源不然，新增的使用者在给别人带来负外部效应的同时自己也陷入其中，这种情形与俱乐部例子中出现拥挤问题之后情况完全相同，即事实上公共资源的适用在超过一定限度之后也会遇到拥挤问题。有必要指出，不能把这一拥挤问题简单地看作是一种负的外部效应，因为它与外部性相比有一个最大的不同：带来这一拥挤问题的使用者本身也要承担其行为的成本。

基于以上两点考虑，公共资源可以作为纯粹公共品的类型之一加以分析。

但现实经济中，产品的特征并非要么具备竞争性、排他性，要么不具备这些特征，那样非此即彼。产品的竞争性和排他性并非绝对，通常要用程度来衡量。所以，按照特征对产品分类的方法，可进一步修改为按照竞争性和排他性的程度分类。例如，在表4-2中，根据管理方式、区位、使用时间的不同，道路的竞争性和排他性程度也有较大差异，难以进行简单的分类。正如表4-2所示，纯公共品和私人产品只是整个社会产品分类的两极，它们的中间区域存在着大量的不纯产品（Impure Goods）。

（2）按照受益范围类

按照受益范围分类，公共品可分为全球性或国际性公共品（Global or International Public Goods）、全国性公共品（National Public Goods）、区域性公共品（Regional Public Goods）和地方性公共品（Local Public Goods）。全球性公共品是指多国公民能同时享用的公共品，其收益外溢到其他国家，如大气层的保护。全国性公共品是指一国所有公民都能毫

① 有关俱乐部产品的消息讨论可以参阅：BUCHANAN J M. An economics theory of clubs. Economics，32：1-14.

表 4－2 按照竞争性和排他性的程度分类

排他性的程度	0%	50%	100%
100%	●收费公路（俱乐部产品） ● 住宅小区的道路	私人产品 ●	
50%	● 凌晨2点的城市道路（纯公共品） ● 早晨6点的城市道路	上班高峰时段的城市道路 ● 公共资源 ●	

无额外成本享用的公共品，如国防、法律制度等。区域性公共品是指某一地区的居民能够享用的公共品，如“三峡工程”的建成将使整个长江流域特别是靠近三峡的几个省受益。地方性公共品是指某一地方（如城镇、街道）的居民可以享用的公共品，如街道的路灯等。

当然，全国性公共品、区域性公共品和地方性公共品有时候并不能截然分开。例如，从北京到沈阳的高速公路，是一种很大的地方性公共品，因为它主要有益于生活在北京或沈阳的居民。但是，它也是一种区域性公共品，因为它也有益于这两个城市附近地区的使用者；它同时也是一种全国性公共品，因为生活在中国任何一个地方的人，都有可能受益于这条高速公路。

一般来说，地方性公共品通常由地方政府提供，因为该地区以外的人享受不到这种公共品的利益。可是，公共品的地理区域有时会超出地方政府的辖区，地方公共品的利益就会外溢到提供这种公共品的政府的行政管辖范围之外的人。例如，距离北京 180 公里的内蒙古采取保护植被、植树造林形成防护林带的措施，北京市收益颇大，因为那里是北京沙尘暴的源头。这种效应称为辖区外溢效应（Jurisdictional Spillover Effects）。一般来说，辖区外溢效应是指某一地方政府的政策和措施给其他辖区居民带来利益或者造成成本的现象。

某一地方政府即使提供了产生辖区外溢的公共品，也不可能向居住在本辖区之外的人收费或者征税。结果，地方政府在具有辖区外溢效应的公共品的提供上，就会有免费搭车的想法。为了消除这种想法或动机，需要由上一级政府出面或在有关地方政府之间达成合作协议。

4.2 纯公共品的供需均衡

1. 庇古模型

庇古（A. C. Pigou，1877—1959）运用功利主义的方法，研究了一个人为一种公共品支付税收的问题。庇古模型假定：每个人都从公共品的消费中受益（获得效用），但效用是递减的；同时，个人为了享受公共品，必须缴纳税收；纳税会给纳税人（即公共产品的消费者）带来负效用。庇古把税收产生的负效用，定义为放弃私人产品消费的机会成本。他认为，公共品应该持续提供，直到最后一元钱所得到的正边际社会效用等于为最后一元公共品而纳税的负边际效用相等。

在图 4-1 中，GG 表示公共品提供带来的正边际社会效用，TT 表示为提供公共品而纳税所带来的负边际社会效用，NN 表示两者相抵之后的边际社会净效用。在该图中，点 A 是公共品提供最佳数量所在之处。该点满足 $|AC|=|AC'|$，这时 NN 为零。

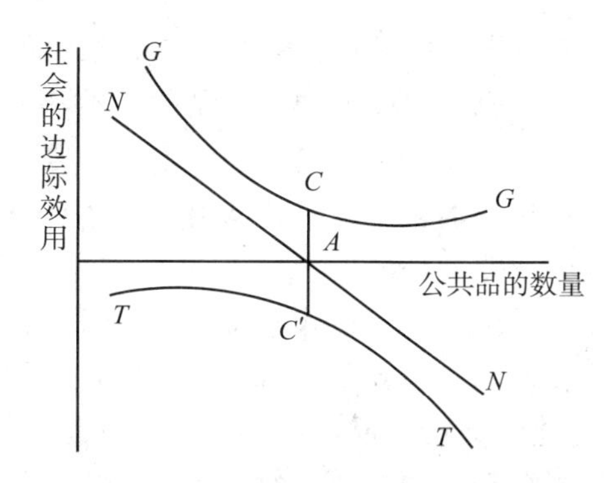

图 4-1 庇古的公共品均衡模型

庇古模型给出了一个人对公共品提供水平需求的决定条件，即个人对公共品消费的边际效用等于纳税的边际负效用。

2. 鲍温模型

1943 年，美国经济学家鲍温通过局部均衡分析，比较了私人产品提供和纯公共品提供之间的差异，给出了公共品提供的均衡条件。

（1）私人产品的市场均衡

假定一个社会中有 A、B 两人和私人产品、公共品两种产品。如图 4-2 所示，A、B 对私人产品的需求曲线分别是 D_A、D_B，私人产品的供给曲线为 SS。在完全竞争的私人产品市场中，消费者 A、B 都是市场价格的接收者，即有 $P_A=P_B=P$。当价格为 P 时，A、B 消费的私人产品数量分别为 Q_A、Q_B，且有 $Q=Q_A+Q_B$，即市场需求 $D=D_A+D_B$。根据私人产品的价格和数量特征，可以推导市场需求曲线 DD。当 SS 和 DD 相交，即满足了 MC=MR=P 的市场均衡基本条件，市场均衡价格 P 和数量 Q 就决定了。

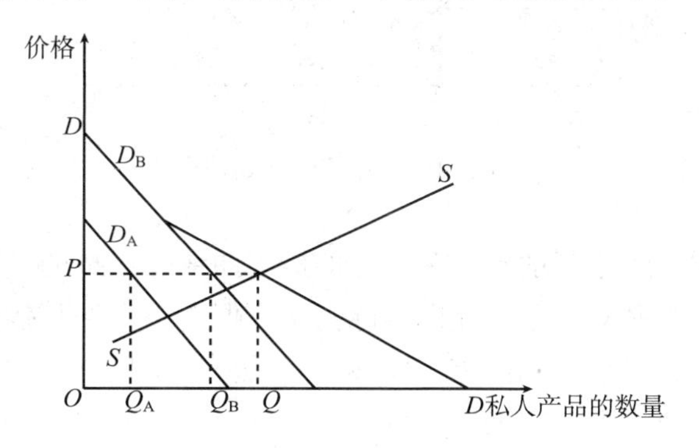

图 4-2 私人产品的市场均衡

（2）公共品的市场均衡

按照私人产品市场均衡的分析思路，进一步分析一个市场中只有公共品及 A、B 两个消费者的情况。公共品的需求和供给如图 4-3 所示，消费者 A、B 对公共品的需求曲线分别为 D_A、D_B，市场供给曲线为 SS。

这里的关键问题是公共品需求曲线如何确定？与私人产品不同，公共品具有非排他性，产品的生产和消费是不可分割性。所以，在公共品的需求市场中，每个人所消费的公共品数量相等，且与公共品的市场需求数量相等。所以，A 和 B 所消费的公共品数量等于市场需求总量

Q，即 $Q_A=Q_B=Q$。同样，由于公共品的不可分割性，在公共品的生产市场中，需要A和B以缴税的方式共同承担公共品的生产成本，而他们各自缴税的数额实际上就是A和B为享用公共品而支付的价格 P_A 和 P_B。A和B是根据各自的受益情况，来决定承担多少公共品的成本，且有 $MR_A=P_A$ 和 $MR_B=P_B$。所以，通常他们要为享用公共品而分别支付的不同价格，他们的价格之和等于公共品的市场价格，即 $P=P_A+P_B$。根据公共品独特的价格和数量特征，按照纵向加总（价格加总）的方法推导出公共品的市场需求曲线 DD。要实现公共品的市场均衡，则要求满足边际成本等于边际收益的基本条件，即 MC=MR。所以，只有需求曲线 DD 与公共品的供给曲线 SS 相交时，才能实现公共品市场均衡，并由此决定了公共品市场的均衡价格 P 和数量 Q。这意味着边际成本等于A和B所支付的价格之和，即 $MC=MR=P=P_A+P_B$。

私人产品和公共品的市场需求曲线的差别主要体现在：私人产品的市场需求曲线是个人需求曲线的横向相加，而公共品的市场需求曲线是个人需求曲线的纵向相加。之所以出现这种差异，是由私人产品和公共品的基本特征，即私人消费性与共同消费性决定的。个人A和B所消费的公共品数量之所以一样，是因为一个人对公共品的消费不会影响其他人对该公共品的消费。

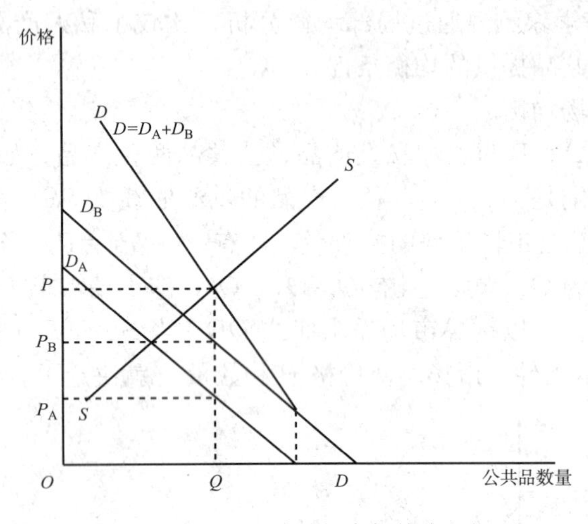

图 4-3 公共品的市场均衡

与私人产品的需求曲线不同的是，公共品的需求曲线是虚拟的。消费者购买私人产品所支付的货币数量，会反映其对私人产品的实际需求，但市场无法直接提供公共品的实际需求信息。这里所假定的某人对公共品的需求曲线，只是模拟市场做出的。这种假定的意义在于突出私人产品与公共品需求上存在的差异。

图 4-3 中向下倾斜的虚拟需求曲线，表明个人的公共品的边际效用也是递减的。

3. 林达尔均衡模型

林达尔均衡模型是公共品理论最早的成果之一，是由瑞典经济学家林达尔（Lindahl）提出的。林达尔均衡模型实际上是维克塞尔（Wicksell）自愿交换理论的发展。维克塞尔（1896）认为，税收是人们为享用政府提供的公共品而支付的价格费用。在自愿交换的基础上，人们按照全体一致同意的投票机制来实现公共品的供给和税收成本的分担。这种机制的选择结果能平等地保障所有投票人的权利，是一种帕累托最优状态。林达尔进一步将维克塞尔的思想模型化，于1919年提出了林达尔均衡模型。

林达尔均衡模型是一个局部均衡模型，与庇古模型和鲍温模型不同的是，它在模型中增加了政府因素，并通过政治投票过程找出公共品的均衡水平，并解决了不同的人之间如何分摊公共品成本的问题。在林达尔均衡中，不是所有消费者面临一个相同的价格，而是全部消费者有一个相同的公共品数量；不是总产量在全体消费者之间分配，而是总成本在消费者之间分摊。每个消费者面临的价格符合其对公共品的真实评价（或偏好），经过消费者之间的讨价还价和磋商，当消费者愿意支付的价格总和正好等于公共品的总成本时，公共品的均衡就实现了。林达尔均衡模型与现实联系更为密切，对以后的公共选择理论产生了重要的影响。

林达尔均衡模型描述的是公共品提供的虚拟均衡过程。在该模型中，有两个消费者 A 和 B，或者说具有相同偏好的两组选民的两个政党。该模型假定两组人拥有相同的政治权力，且每个人都准确报告各自的偏好。在林达尔均衡模型中，政府的作用不是强制性地征收税收，而是被视为一种拍卖过程机制。政府将不同的税收份额提供给消费者，消费者报出在这一份额结构下各自对公共支出的偏好水平。如果两个消费者偏好的公共支出水平不同，则政府提供新的税收分配比例。经过反复试探，当政府提出的税收分配比例正好使得两个消费者偏好的公共品数量相等，则达到市场供求均衡。

如图 4-4 所示，纵轴 h 代表消费者 A 承担的提供公共品总成本的份额，即 A 支付的税收份额。如果 A 的税收份额为 h，那么 B 的份额为 $1-h$。横轴 G 代表公共品数量。曲线 AA、BB 分别代表消费者 A 和 B 对公共品的需求，其原点分别是 O_A、O_B。

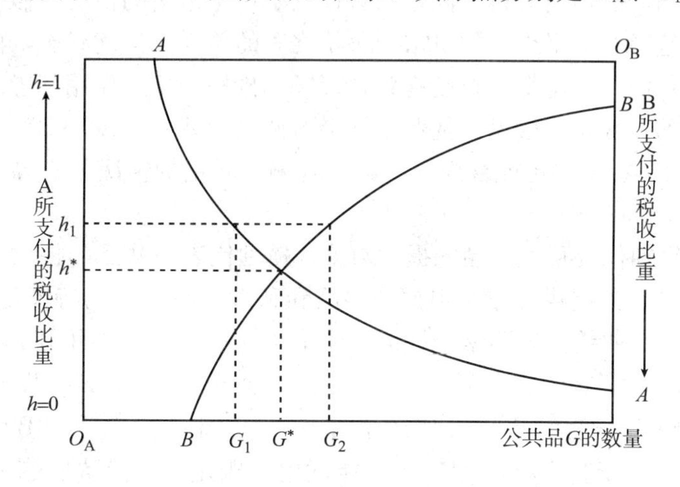

图 4-4　林达尔均衡模型

每个消费者所具有的对公共品 G 和私人产品 X 的效用函数为

$$U_A = U_A(\boldsymbol{X}_A, \boldsymbol{G})$$
$$U_B = U_B(\boldsymbol{X}_B, \boldsymbol{G})$$

其中，$\boldsymbol{X}_A$ 和 $\boldsymbol{X}_B$ 分别为 A 和 B 所消费的私人产品向量；$\boldsymbol{G}$ 为所消费的公共品的向量。

A 和 B 都力图在各自的预算约束下最大化自己的效用

$$\boldsymbol{PX}_A + h\boldsymbol{G} \leqslant Y_A$$
$$\boldsymbol{PX}_B + (1-h)\boldsymbol{G} \leqslant Y_B$$

其中，Y_A 和 Y_B 分别指个人 A 和 B 的收入；$\boldsymbol{P}$ 是私人产品的价格向量。

通过改变消费者 A 的税收份额 h，并保持其他向量不变，就可得出 A 的需求曲线 AA；同理可得 B 的需求曲线 BB。任选一个税收份额 h_1，A 愿意得到 G_1 水平的公共品，B 愿意得到 G_2 水平的公共品。两者之间存在分歧。由于模型假定双方力量相当，所以要重新协商税收分配比例。为此，政府提出了另一税收份额，通过 A 和 B 的重新比较另行确定 G 的产出。这种拍卖过程将持续下去，直到税收份额为 h^* 为止。在点 h^* 处，A 和 B 都同意公共品的产出水平为 G^*，且 A 支付税收份额 h^*，B 支付 $1-h^*$。h^*、$1-h^*$ 和 G^* 的组合被称为林达尔均衡。

这样的结果是 A 和 B 一致通过的。这是一种纳什均衡，它意味着任何人或一组人，如果改变配置都将使处境变坏，就会阻止这种结果发生。因此，林达尔均衡实现时达到了帕累托最优。

林达尔注意到预算过程分为两步。第一步是根据特定的社会公平标准，对全社会的福利分配进行调节。在形成了公正的福利分配之后，下一步再找出合理的公共支出和税收份额。这一结果在西方国家中采用一致同意的规则就可以得到，据此只有得到 100%的选票所通过的税收和公共支出议案时才会被接受。任何人对任一组可能导致其处境恶化的提议案都拥有否决权。

4. 纯公共品的一般均衡分析

局部均衡分析和一般均衡分析不同，前者仅限于单个市场的情况，假定其他市场条件不变的情况下，孤立地考察单个市场的供求与价格之间的关系或均衡状态，而不考虑它们之间的相互联系和影响；而一般均衡分析则把各种市场和价格的相互作用都考虑进去。萨缪尔森最早提出了公共品的一般均衡模型。他假定社会有两名消费者（A 和 B）和两种产品（私人产品 X 和公共品 G），在生产可能性组合和消费者偏好既定的情况下，寻求公共品的最优提供条件，分析参看图 4-5。

在图 4-5 中，纵轴代表私人产品的提供数量，横轴代表公共品的提供数量。图中整个社会的私人产品和公共品的提供数量是根据公共品和私人产品的不同特征得出的。图 4-5（c）中 FF 代表生产可能性曲线，表明整个社会所能生产的最大数量的可用于消费的私人产品和公共品。图 4-5（b）中，B 的无差异曲线由 B_1、B_2 和 B_3 表示，B 可以有多种选择消费组合。如果 B 所处的无差异曲线是 B_2，那么在图 4-5（c）中，可以看到 B 的消费与生产可能性曲线之间的关系。由于整个社会的生产可能性组合既定，B 消费所剩下的私人产品由 A 消费，但 A 和 B 所消费的公共品数量一样，由此可以得到图 4-5（a）。图 4-5（a）中的消费可能性曲线 TT 表示可供 A 消费的公共品和私人产品的组合。TT 和 A_1A_1 相切于点 M，这样 M 表示 B 的消费处于 B_2 时，是 A 所消费的私人产品和公共品的最优组合点，即 A 所消费的私人产品、公共品分别为 X_A'、G'。

这样，B 所消费的公共品也是 G'，所能消费的私人产品的最大数量是 X_B'，且 $X_A'+X_B'=X'$。也就是说，整个社会选择的私人产品和公共品数量组合位于生产可能性曲线的点 E 上。如果 B 的消费所处的无差异曲线是 B_2 或者其他无差异曲线，那么同理可以找出 A 的消费可能性曲线和无差异曲线的切点。这些切点的连线 LL 上（见图 4-6）的每一点，都给出了 A 的序数效用函数。相应地，可以把 A 和 B 的序数效用函数相应的点转化为效用面，从而得出所有帕累托最优点的效用可能性轨迹。在图 3-7 中，纵轴表示个人 B 的序数效用函数，横轴表示 A 的序数效用函数，UU 表示 A 和 B 的效用可能性曲线，WW 一族曲线为社会无差异曲线。假定 UU 和 W_0W_0 相切于点 B，那么点 B 代表的是最佳社会状态或“极乐点”（Bliss Point）。

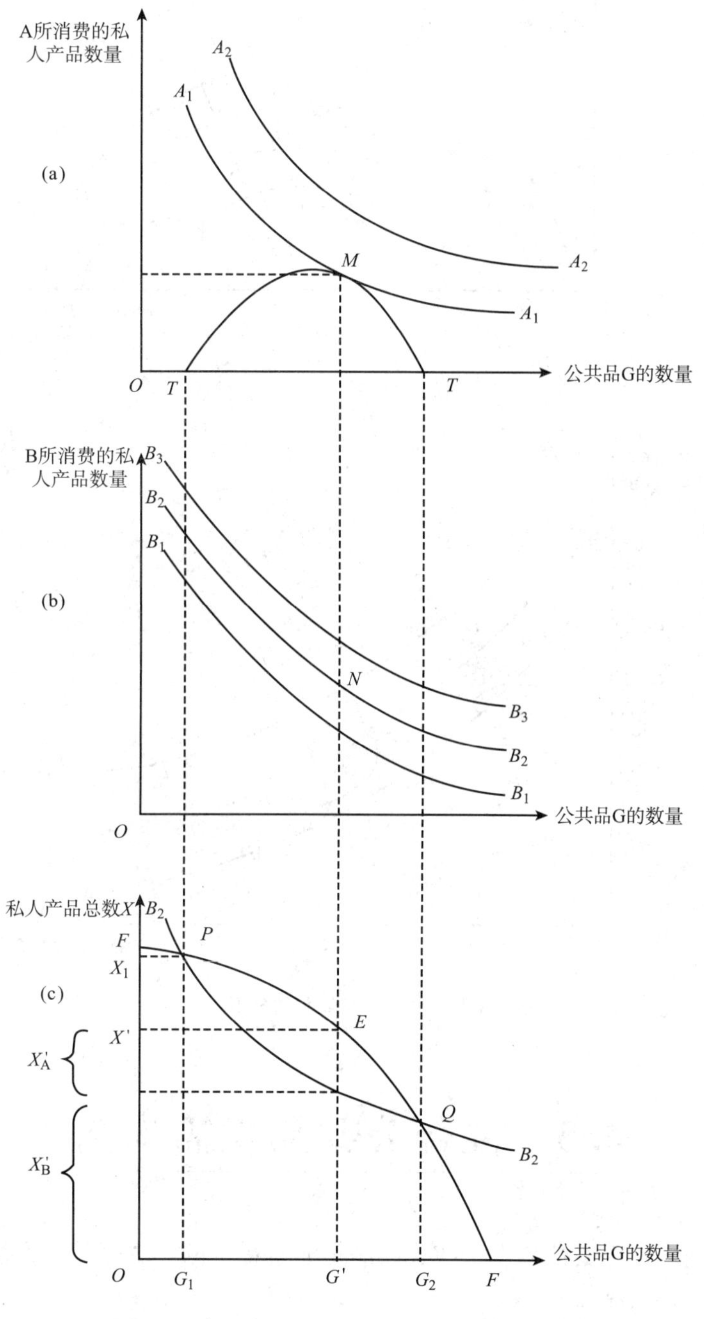

图 4-5　资源在私人产品和公共品之间的配置

图示法便于理解，严格的说明则需要数学公式的证明。一般均衡条件下，公共品最佳供应的条件与私人产品不同。一般均衡分析的结果是：消费上的边际替代率等于生产上的边际转换率之和，即 $MRT_{XY}=\sum_{N} MRS_{XY}^{i}$ 。这就是著名的公共品提供的萨缪尔森条件。

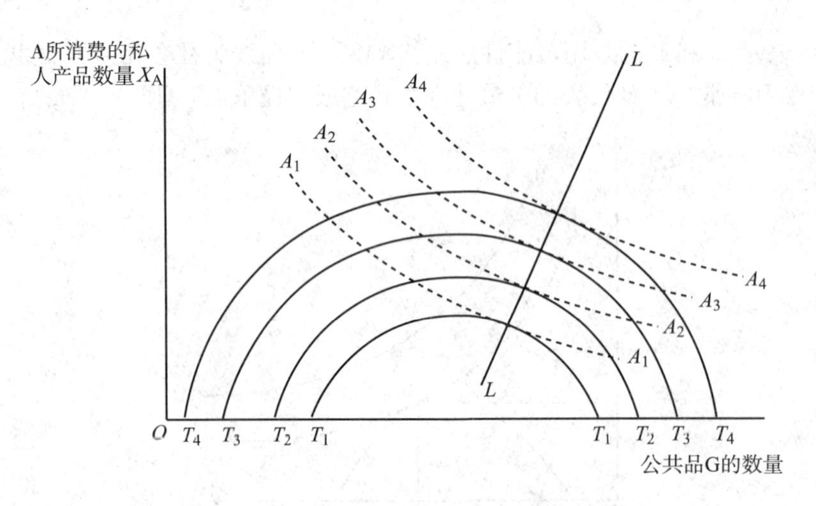

图 4-6 社会资源最优配置轨迹

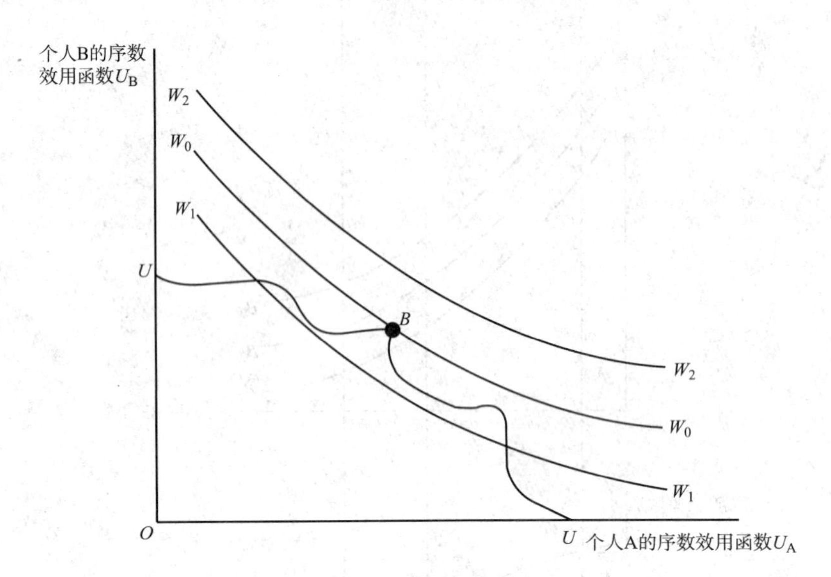

图 4-7 社会资源配置极乐点

4.3 混合公共品供需均衡

前面已经提到，在现实社会中，纯公共品是非常稀少的，更多的产品仅具有纯公共品的部分特征，即混合公共品。

1. 俱乐部产品的基本特征和均衡

公共品的非排他性是其特征中最为严格的。随着科学技术的不断进步，许多曾经被认为具有非排他性的公共品，排他性从技术上日益变得可行，排他成本也日益降低了。比如，有线电视设备的出现使对电视用户收费成为可能，这样分析这类产品时就要看它是否满足公共品的第二个特征——非竞争性。在前面对公共品就非竞争性和非排他性两大基本特征进行分类时，已经指出俱乐部产品是具有非竞争性和排他性的非纯粹公共品，这里进行更加详细的分析。

1）俱乐部产品的基本特征

在现实经济生活中有许多产品，如游泳池、桥梁、公园，它们在某一消费量的约束之内许多人共同消费，单个消费者的消费质量不受消费者人数增加的影响，但当消费者人数超过一定的规模时就会发生拥挤；同时对消费者的收费是可行的，如在游泳池、公园、球场收门票，对通过桥梁者收取过桥费，等等。这类产品不同于私人产品，也不是纯粹的公共品。布坎南在一篇题为“俱乐部的经济理论”的论文中将其概括为俱乐部产品。实际上这里俱乐部是作为上述产品的代表，因为俱乐部在一定会员规模以内成员之间并不产生竞争性，而超过一定人数则难以正常开展活动并使其成员享受好处，同时俱乐部的运作方式也提供了对这类公共品最优供给的一种机制。俱乐部是一种自愿性的共同合作、共同受益的活动，参与者自愿达成一些协议，如俱乐部运作的成本及其分摊、参加者的资格及人数、利益如何分享等。通过“以足投票”的方式，俱乐部产品可以自发地实现最优配置。

与纯公共品相对应，俱乐部产品具有以下两个基本特征。第一是排他性。俱乐部产品仅仅由其全体成员共同消费，它是由具有某种资格、并遵守俱乐部规则的成员组成的，排他是可能的。第二是非竞争性。单个会员对俱乐部产品的消费不会影响或者减少其他成员对同一产品的消费。但与公共品的区别在于，俱乐部产品的消费者规模是有限的，只限于全体会员。也就是说，俱乐部产品在消费上的非竞争性是有限的，一旦成员加入超过一定的数量，非竞争性就会消失，拥挤就会出现。

严格地讲，俱乐部理论的分析建立在这样一些假设之上：一个俱乐部可无任何代价地排斥非成员的进入，在俱乐部成员内部不存在歧视，所有成员一律平等，所有利益和费用由所有成员平等分摊和享用，它是以自愿的方式联合起来的，等等。

为了达到俱乐部产品的最优供给，一方面应考虑到，同纯公共品或纯私人产品一样，考虑与其他产品的均衡，使这一产品的边际替代率（应等于所有俱乐部成员的边际替代率之和）等于这一产品的边际转换率；另一方面，还必须将俱乐部成员的规模问题一并纳入考虑范围，综合决定最优的均衡结果。因为对于俱乐部产品来说，消费者从其消费中获得的效用依赖于和他分享利益的其他人数目。

2）俱乐部产品的最优供给

接下来分析俱乐部产品的最优供给，首先考虑俱乐部规模固定的产品，如游泳池、道路、桥梁等。至少在一段时间内，其规模是不能扩大的，这时要求俱乐部的成员规模即消费者人数达到最优。以下以桥梁为例展开分析。

（1）边际生产成本和边际拥挤成本都为零的产品

图4-8表明一座不拥挤桥梁的需求情况。用通过人数代表对这座桥梁的需求，它是价格（过桥费）的函数。DD是需求曲线，它向下倾斜表示价格降低会带来需求的（通过量）的增加。Q_C为通过能力线，在通过量低于Q_C的情况下，边际生产成本为零；Q_Y为拥挤线，在通过量低于Q_Y的情况下，边际拥挤成本也为零。Q_Y与DD不相交表明这座桥不拥挤，当通过量低于Q_Y时，此时边际成本MC与横轴重叠的。

由于边际成本为零，按照效率标准，价格也应为零，这时桥的通过量达到Q_1。显然，这座桥的运营收益也将是零，考虑到桥的固定成本无法弥补，所以此时桥的经营者不但赚不到利润，还将蒙受亏损。

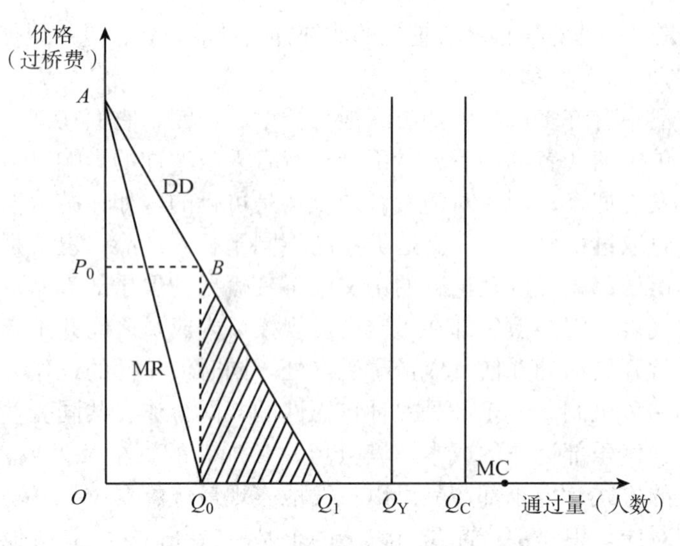

图 4-8 不拥挤的桥梁

然而，排他是可能的，私人公司有可能造这座桥并按照它的愿望收费。一座桥的供给方必然是一个垄断厂商，MR 为厂商的边际收益曲线，它在 DD 线的下方。为使利润达到极大，厂商使其边际收益等于边际成本，这时的通过量为 Q_0，与之相对应的价格则为 P_0。

可以看出，由于收费，桥的通过量由 Q_1 减至 Q_0。消费者剩余从 ΔOAQ_1 减至 ΔABP_0，梯形 OQ_1BP_0 是消费者剩余的损失，其中 OQ_0BP_0 被垄断者所赚取，而 ΔQ_0Q_1B（图中阴影部分）为社会福利的净损失。

为避免这种福利损失，这类产品应由政府免费提供，用统一征税的办法筹集资金，以弥补造桥的直接固定成本。当然，在此处忽略了桥梁最优模型的决定问题，而假定桥梁规模是既定不变的。出于与公共品最优供给类似的考虑，造桥的直接固定成本应在消费者之间按照收益情况进行分摊，然而在显示偏好问题不能很好解决的情况下，该产品实际上应免费提供。

（2）边际生产成本为零、边际拥挤成本不为零的产品

有些产品的边际生产成本为零，但随着消费者人数的增加会出现拥挤现象，也就是其边际拥挤成本不为零。

仍以桥梁为例，如图 4-9 所示。

图 4-9 表明一座拥挤桥梁的需求情况，其中 DD、MR、MC、Q_1 的含义都与图 4-8 相同。所不同的是，这里拥挤线与需求线相交，表明在一定的价格以下，可能产生拥挤现象。

当拥挤现象产生时，厂商的边际成本仍然为零，但由消费者承担的拥挤成本却增加了。这时如果仍然免费供应，就会出现过度消费。如图 4-9 所示，当价格为零时，通过量将达到 Q_1，阴影部分代表消费者获得的效用不足以弥补其消费带来的成本，因而引起社会福利净损失。为避免过度消费，当供应量短期内无法增加时，就只有收费。但是，拥挤成本是由消费者而不是由生产企业来承担的，应按照边际拥挤成本收费，即均衡价格和通过量应该为边际成本线 MC 和需求曲线 DD 的交点 E 所确定的 P^*、Q^* 值。

以上分析表明，当某项产品和服务在消费上具有排他性时，应充分考虑以收费的方式来筹集资金。收费一方面可以使得消费在使用该项产品或服务时认真地对效益和成本进行权

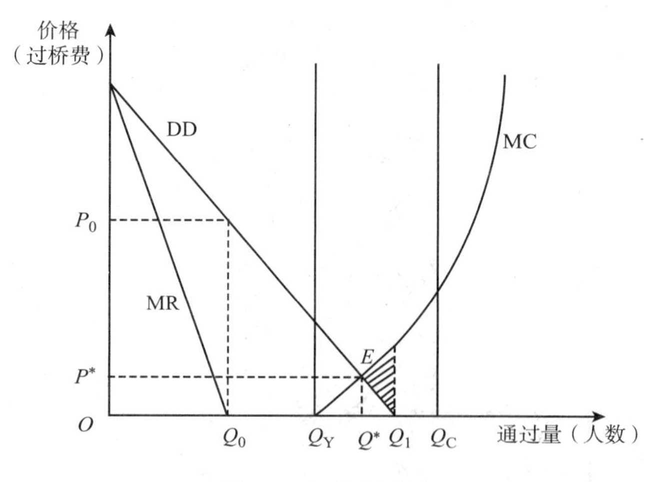

图 4-9　拥挤的桥梁

衡，防止因过度消费而造成的资源浪费；另一方面又可以减少政府采取税收方式筹集资金的压力，并把税收成本和因税收引起的效率损失限制在一个较低的水平上。在实践中，政府提供的产品有许多属于非纯粹的公共品，如教育、卫生、科研（这些服务中的一部分被认为具有显著的外部效益），以及公路、桥梁、公园、图书馆（这些产品和服务一般来说具有排他性）。仔细地斟酌收费的难易程度与收费的效率损失，合理地评价外部效益的大小是制定适当财政政策的重要一环。在绝大部分场合，收取使用费与税收筹资相结合可以避免不必要的效率损失。

2. 公共资源的特征和均衡

前文分析了具有竞争性和非排他性的一些公共资源属于非纯粹的公共品，可称为准公共品。这些产品所提供的利益的一部分由其所有者享用，是可分的，从而具有私人产品的特征；但其利益的另一部分可由所有者以外的人享用，是不可分的，所以又具有公共品的特征，这种现象称为利益的外溢现象。例如教育，受到良好教育的公民使全社会都受益，这种受益是不可分的，但受到教育的公民也直接受益，这部分利益又是可分的。

在图 4-10 中，dd 为购买者的边际效用曲线，DD 为社会的边际效用曲线，它们之间的垂直距离表示该产品的边际外部效益。从整个社会的利益来看，该产品符合效率的产出水平为 OQ_0。在该产出水平上，产品给整个社会带来的净效用达到了最大化。在市场提供的情况下，购买者根据自己个人从该产品的消费中得到的利益水平来决定购买量，该产品的产出水平只能达到 OQ_1。虽然消费者个人的净效用达到了最大化，但从整个社会来看却受到了损失，这种因外部效益而造成的效率损失在图中表现为 ΔABE_0 的面积。

如果该产品采取公共提供的方式，即社会免费提供给消费者，该产品在消费上就会失去价格约束，人们将尽情地享用，直到边际效用为零，这也就是“公地的悲剧”。无论社会消费者个人的边际效用还是社会的边际效用都会大大低于生产该产品的边际成本，这样就会产生效率损失。此外，政府必须依靠征税来弥补该产品的生产成本，在征税过程中还会产生税收成本及税收的效率损失。

在存在外部效益的情况下，市场提供与公共提供的效率损失的对比关系，很大程度上取决于该产品的外部效益的大小。如果该产品的内部效益很小（表现为购买者个人的边际效用

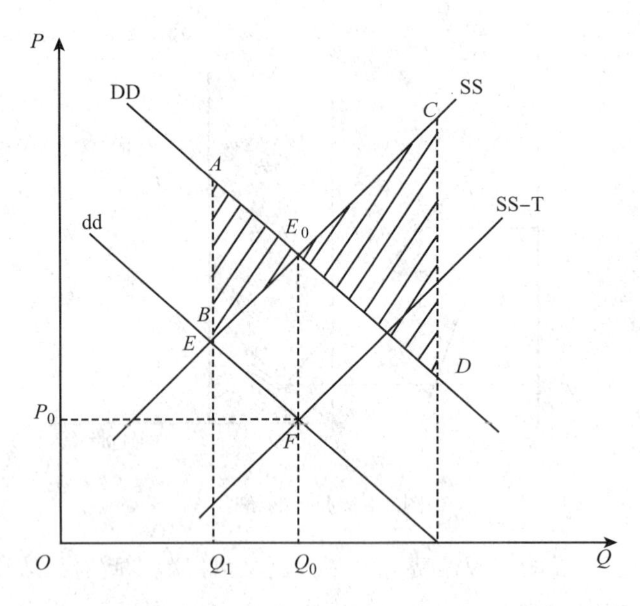

图 4-10 准公共品供给的效率损失

曲线很低），而外部效益很大，市场提供的效率损失就会很大，而公共提供的效率损失就会相对小些；当内部效益相对于外部效益非常小时，这种产品就类似于公共品，公共提供是适当的。可见，政策选择的关键在于判断外部效益的大小。

将公共提供与市场提供相结合可以使这种效率损失减少。如果政府能够准确地估计出在社会利益最大化的产出水平上的外部边际效益，就可以采用对该产品进行补贴的方式来鼓励消费，使消费量达到最佳水平。图 4-10 中，政府对每一单位产品给予的补贴恰好是社会利益最大化产出水平 OQ_0。在 OQ_0 的产出水平上，产品的边际成本为 E_0Q_0，其中一部分 FQ_0 由消费者付款弥补，其余部分由政府补贴弥补。因此，对消费者来说，这是一种部分市场提供、部分公共提供的方式。将这种方式与单纯的公共提供相比，它避免了该产品因过度消费而造成的效率损失。尽管补贴的资金仍依赖于税收，但所需要筹集的资金远远低于纯公共提供的方式，税收成本和效率损失也明显小于后者。将这一方式与单纯的市场提供相比，它避免了市场提供的效率损失；但另一方面，它需要征税以筹集补贴资金。在这一过程中会产生一定的税收成本和效率损失，政策的选择取决于这种混合提供方式所弥补的效率损失与由此而产生的税收效率损失的相对大小。

几乎每个国家的政府都参与对教育的直接投资，但一般只提供基本的义务教育。其原因在于，公民达到基本的文化程度，对整个社会意义更为重大。

4.4 公共品的提供方式

根据现有的研究，可按公共品的提供主体将公共品的供给分为政府提供、市场提供和自愿提供三种方式。这三种方式在提供公共品的适用范围、基本目的、成本分摊的方法和程度等方面都有所不同。

1. 政府提供

通过纯公共品均衡模型，我们知道，如果每一个社会成员都按照其所获得的公共品的边际效益的大小来捐献自己应当分担的公共品的资金费用，则公共品供给量可以达到具有最有效率的水平。但这种效率均衡的实现，是以两个假设为前提的：一是每个社会成员都愿意准确地披露自己可从公共品的消费中获得的边际效益，而不存在隐瞒或低估其边际效益从而逃避自己应分担的成本费用的动机；二是每一个社会成员都清楚地了解其他社会成员的嗜好及收入情况，甚至清楚地掌握任何一种公共品可给彼此带来的真实的边际效益，从而不存在隐瞒个人的边际效益的可能。

通常，上述假设条件只有在人数非常少的群体中，才是有可能成立的。如果一个社会是由成千上万的人所组成的，上述的假设条件就很难具备了。在一个人口众多的社会中，没有任何人能做到对其他所有成员的情况无所不知。既然不能准确地掌握社会成员的嗜好和经济状况，人们便有可能隐瞒其从公共品上所获得的真实边际效益。而且，如果人们知道他们所需分担的公共品的成本份额取决于其因此而获得的边际效益的大小，从低呈报其真实的边际效益的动机也肯定会产生。这样一来，一方面人们可以通过从低呈报边际效益而减少其对公共品的出资份额，从而保存其收入；另一方面，由于公共品的消费不具排他性，人们也不会因其出资份额的减少而失掉公共品的任何效益。事实上，在这样的社会条件下，有人完全有可能在不付任何代价的情况下，从公共品中受益。在经济学中，这种现象被称为"搭便车"。造成"搭便车"现象的主要原因是公共品的基本特征：非竞争性和非排他性。在完全竞争市场中，如果有消费者采取"搭便车"的行为方式，那公共品将缺乏充足的资金来源，从而也就无法充分有效地提供公共品，市场失灵就出现了。这就为政府介入经济活动、提供公共品创造了条件。

政府的理性目的是追求社会福利最大化。政府经由社会成员"权力让渡"后会拥有公共权力，在一个社会中，公共权力具有极强的垄断性和强制性。它可以强制手段筹集资金来为政府的理性目的服务，从而实现公共品的有效供给和社会福利的最大化。

许多经济学家认识到，由于市场失灵的存在，市场需要政府某些合适的干预形式、但政府干预的结果绝不是十全十美的。由于政府本身存在着垄断性、官僚组织的自利性和面对环境的不确定性与信息的不完全性等约束条件，政府并不能通过"有形的手"将资源的配置达到"帕累托最优"，往往伴随着公共品提供不足或提供过度的问题出现。所以，公共品由政府提供，并非是唯一或最有效的途径，选择多种组织形式提供公共品成为一种必然。

2. 市场提供

由于公共品具有非排他性和非竞争性，以萨缪尔森为代表的经济学家们认为，通过市场方式提供公共品不可能实现排他或者成本是过高，并且在规模经济上缺乏效率。从20世纪60、70年代以来，随着福利国家危机的出现，一批自由主义经济学家纷纷开始怀疑政府作为公共品唯一供给者的合理性，并从理论和经验方面论证了公共品市场提供的可能性。

市场提供公共品缘自于现实经济中的"政府失灵"。福利经济学家往往把政府制度作为一种外生变量，即不存在交易成本问题。而实际上政府作为一种制度安排，如同市场制度一样，同样是内生变量，其自身的运行及提供公共品同样存在交易成本问题。从某种程度来看，政府提供公共品是一个政治过程，其交易成本可能比市场制度昂贵。这种情况下，政府作为公共品的唯一供给者就失去了合法性的依据。正如世界银行所认为的，"在许多国家中，基础设施、社会服务和其他商品及服务由公共机构作为垄断性的提供者来提供不可能产生好的结果"[①]。而在公共品的提供上增强竞争将会提高政府效率和资源配置效率。市场提供公共品的动力，来自企业和个人的"经济人"动机。市场机制的本质是不同的市场主体以自愿交易的方式实现各自利益的最大化。通过市场机制提供公共品与公共品的特征有关。

按照特征分类，公共品有一部分属于具有排他性和非竞争性的混合产品，有一部分属于可能发生拥挤的俱乐部产品，即使是具有非排他性的"公有资源"，在一定程度上也有竞争性。这些产品一定程度上或者具有排他性、或者具有竞争性、或者具有拥挤特征的混合产品，实际上在一定程度上具有私人产品的性质。所以，由市场机制提供具有私人产品性质的准公共品，有其经济合理性。

众所周知，灯塔作为一种公共品，长期以来一直被认为只能由政府提供。而科斯在其经典论文《经济学上的灯塔》中指出，从 17 世纪开始，在英国，灯塔一直是由私人提供的，并且不存在不充分供给的情况，政府的作用仅限于灯塔产权的确定与行使方面。管理灯塔的机构是领港公会——一个对公众负责的私人组织。具体来说，私人从国王那里获得修建灯塔的专利权。国王允许私人向船只收费，费用通过港口代理者（通常是海关关员）来收取。在 1820 年，英格兰和威尔士共有 46 座灯塔，其中 34 座由私人建造。虽然后来英国政府规定由领港公会收购所有私人灯塔，但领港公会实际上是一个私人组织，而不是政府部门。因此，英国历史上的灯塔基本上是由市场提供的。

当然，市场有效地提供公共品需要满足一些条件：一是市场提供的公共品一般应是准公共产品，且规模和范围一般较小，涉及的消费者数量有限。由于纯公共品一般具有规模大、成本高的特点，政府可利用其规模经济和"暴力潜能"优势来较为经济地提供。而私人提供纯公共品不是交易成本太大就是不可能，如产权、收入分配政策等制度安排就不能由私人提供。二是公共品的消费上必须存在排他性。纯公共品，如国防，由于同时具有非排他性和消费的非竞争性，因此很难排除"搭便车"等问题。公共资源如公共渔场、牧场等也存在这个问题。而俱乐部产品，由于存在着"选择性进入"方式，即具有排他性（如音乐厅的门票），可以有效地将"搭便车者"排除在外，从而大幅度地降低市场提供产品的交易成本，激励市场提供某些公共品。相反，如果缺乏某种排他性技术，则市场提供的公共品难免会陷入"公地悲剧"。技术性和机构性创新为具有竞争性的私人企业参与迄今为止仅限于公共部门的活动提供了新的机会。三是一系列制度条件是市场有效提供公共品的必要保障，其中最重要的制度安排是产权。只有界定私人对某一公共品的产权，并且有一系列制度安排来保护产权的行使，这样市场才有动力提供公共品。

3. 自愿提供

传统经济学认为，公共品的非排他性和非竞争性特征必然会造成"搭便车"问题，进而导致市场提供公共品的非效率。这样，只有政府才可以有效地提供公共品似乎已成为经济学中的一个理论教条和现实经济活动中政府的一个天然使命。然而，现实中由私人提供的公共品大量存在。据统计，全世界每年有数以千亿美元被无偿捐赠给一些慈善机构、政治组织和文化团体，用于社会公共事业的发展。2009 年，仅美国的各种慈善捐款总额就达到 3077 亿

① 世界银行．变革中的政府：1997 年世界发展报告．北京：中国财政经济出版社，1997.

美元，其中5%来自企业，13%来自大型基金会，82%则来自全国民众的自愿捐助①。这一数据说明，在现实社会中，除了由政府和市场提供公共品外，私人也会自愿（甚至是无偿）提供一定数量的公共品。

理性经济人的个人为什么在公共品提供问题上不“搭便车”呢？许多经济学实验研究表明，“搭便车行为”是一个过于严格的假设，现实生活中并非人人都具有搭便车的倾向。例如，Leuthold（1993）的研究显示只有52%～71%的具有强搭车倾向；Kim和Walker（1984）及由Isaac等（1985）所进行的实验，都证实了自愿贡献率的存在，一般是40%～60%。由此，学者指出了存在第三种公共品提供机制，即自愿提供（自愿捐献）。自愿提供机制的一个重要特征是，成员之间的行为是互惠互利的，也就是说，成员之间在实现自身利益的基础上，自身也愿意为实现他人的利益而工作，如果这时“他人”的外延相对较大，这种他人的利益就会成为公共利益。以自愿求公益的自愿捐献机制的出现，从一定程度上说是为了弥补“政府失灵”和“市场失灵”所造成的缺陷。

人们自愿提供公共品的动力来源有多种因素，利他主义（Dawes，1980）是其中之一。在社会中，有的成员是“经济人”，而有的成员是“公益人”，具有利他行为倾向利他主义者行为表现为，在追求个人利益基础上的、自愿地为公益服务的“公益人”，是自愿、自主和自发的追求公共利益。“公益人”行为，一方面是因为每一个社会中都具有不同程度的慷慨因素、无私的品德因素、对他人义务的习惯接受和对金钱以外的回报的兴趣，即对“奉献他人”的高尚道德的继承和弘扬，另一方面在以公益为目的的公共组织中也有一定的角色期待和角色塑造，使得公共组织的成员在长期的组织氛围中形成主观或客观上“利他”的行为动机。此外，公共品实验研究解释个人自愿提供公共品的原因是还提出了声誉假说（Kreps，1982）、公平假说（Kahneman等，1986；Blinder & Choi，1990；Bolton & Ochenfels）、有条件合作假说（Livati，2006）等。

但是，正如市场和政府失灵一样，自愿提供机制的运作也有其自身的局限性也会出现失灵。自愿提供失灵现象的存在，从另一方面说明了公共品的提供不可能依赖一种机制。

4. 公共品提供机制的边界

公共品的提供分为政府提供、市场提供和自愿提供三种方式。公共品市场供给机制是营利组织根据市场需求，以营利为目的、以收费方式补偿支出的机制；政府供给机制则是在市场进行资源配置基础上进行，以公平为目的、以税收和公共收费为主要筹资手段；而自愿供给机制是在市场、政府机制发生作用的基础上进行资源配置的，以利他为目的、以捐赠为主要方式。

事实上，政府机制、市场机制和自愿机制作为公共品提供的不同制度安排，有各自的作用空间与边界条件。在其作用空间和边界条件内，每一机制对公共品的提供是有效的，而离开了这些作用空间和边界条件，则可能导致提供公共品的不足或失败。公共品的提供机制并非一成不变。受公共品自身性质、技术条件、政府职能理念、公平效率标准、政府政策倾向、需求状况和私人资本规模等诸多因素的影响，公共品提供的三种机制作用的领域（边界）在不同时间因条件的变化而变动。这种变化表现为两种趋向：私人提供（市场提供和自愿提供）转为政府提供；政府提供转为私人提供（市场提供和自愿提供）。

① GIVINGUSA2010－The Annual Report on Philanthropy for the Year 2009.

譬如教育。美国的早期教育发展经历了从市场供给到政府供给的过程。在新英格兰，最初的学校是教会的附庸，而后为官方所接管。伊利运河通航之后，农民从新英格兰的山区来到富饶的中西部平原，在所到之处不仅建立了中、小学，还建立了大学和神学院。最初的学校是私立的，但政府渐渐发挥较大的作用，起初在财政上给予资助，继而建立和管理学校，许多州或地方都有法律明文规定要建立一所“公立免费学校”。从19世纪40年代起，由“美国公共教育之父”——霍勒斯·曼发起了一场旨在用免费学校替代私立学校的运动，并最终使美国建立起了完整的公立教育制度。再比如，消防服务普遍被认为是一种纯公共品，理应由政府通过税收筹集资金供给，但是考察美国消防史就会发现，历史上的美国消防主要是由私人自愿提供的。这种自愿性的消防起因于17世纪芝加哥的一场大火，当时的居民自愿组织起来以避免火势蔓延。19世纪中期，许多城市政府开始提供公共消防服务，并对自愿消防颁布了禁令，从而终结了200多年的私人自愿消防服务。而现在，随着政府对自然垄断行业管制的不断放松，使得私人资本不仅可以投资于水、电、路等基本的经济性基础设施，甚至于国防产品——一直被认为是纯公共品，私人资本也可参与提供。这成为政府提供转为市场提供典型事例。

不同的公共品提供机制作用边界的变迁说明，不应固守政府提供公共品的观念，在任何时期都应坚持公平与效率标准来选择有效的公共品提供方式。

课堂讨论

在西班牙，私人公司正在建筑马德里的环城公路，该公司通过收取过路费赚钱。这条公路是不是公共品？私人提供公路是一个好的想法吗？请说明你的理由。

本章小结

纯粹的公共品具有非排他性和非竞争性两个基本特征，市场机制不可能实现公共品的帕累托最优的供给，为了增进社会的福利，必须由政府来提供这类产品。

从局部均衡的角度看，公共品有效供给的条件是每个社会成员从公共品中获得的边际收益的综合等于社会边际成本；从一般均衡的角度来看，则要求社会成员消费公共品的边际替代率之和等于该生产的边际转换率。林达尔均衡是对公共品有效供给的一种实证的解释，它描述了社会集团通过讨价还价来决定公共品成本分配的情况。社会成员偏好揭示的困难是公共品有效供给得以实现的主要障碍。

政府实际提供的产品更主要的是具备有公共品部分特征的产品，其中可排除但在一定程度上具有非竞争性的产品被称为俱乐部产品。俱乐部产品的最优供给包括最优俱乐部成员规模和最优俱乐部设施规模两方面条件。俱乐部产品理论是公共品理论的重要扩展。

重要概念

公共品　私人产品　混合公共品　非竞争性　非排他性　搭便车

思　考　题

1. 怎样理解公共品的非竞争性和非排他性？

2. 什么是私人产品、混合产品？

3. 纯公共品的需求与私人产品的需求有什么不同？

4. 公共品的有效配置的理论标准是什么？公共品的公共提供是否能保证效率才实现，为什么？

5. 对于具有非竞争性，但不具有非排他性的产品或服务，在选择其提供方式时应考虑哪些主要因素？

6. 区政府将举办夏季室外流行音乐会，下表显示此活动给张三、李四、王五和其他人带来的边际收益情况（单位：元）。

	音乐会的次数			
	1	2	3	4
张三	300	275	250	225
李四	275	250	225	200
王五	150	125	100	75
其他人	1500	1200	700	400

（1）假设音乐会是一个纯公共品，根据上表推导音乐会的需求曲线。

（2）假设举办夏季流行音乐会的边际成本是2000元，举办音乐会的有效次数是多少？如果举办音乐会的边际成本为1000元，那么举办的有效次数是多少？

（3）假设举办夏季流行音乐会的边际成本只有900元，那么举办夏季流行音乐会的有效次数是多少？按照林达尔均衡方法，张三、李四和王五应为音乐会支付多少费用？

进一步阅读材料

[1] 罗森．财政学．6版．北京：中国人民大学出版社，2003.

[2] 萨缪尔森，诺德豪斯．经济学．14版．北京：北京经济学院出版社，1996.

[3] 郭庆旺，鲁昕，赵志耘．公共经济学大辞典．北京：经济科学出版社，1999.

[4] OSTROM V, TIEBOUT C, WARREN R. The organization of metropolitan areas: a theoretical inquiry. American Political Science Review, 1961(4).

[5] OAKLAND. The theory of public goods. Handbook of Public Economics, 1987(2).

[6] HERDERSON. A note on the economics of public intermediate inputs. In Economics, 1974(8).

第 5 章

外部性及其矫正

【本章概要】

本章首先讨论了外部性的含义，并在此基础上根据对现实的观察，对外部性进行简单的分类，进而在传统的供给-需求框架下分析外部性的存在是如何影响资源配置，最后分别讨论了市场机制和政府机制矫正外部性的现有手段，并进行了比较。

【学习目标】

◆ 了解外部性的含义及分类；

◆ 能熟练分析外部性存在对资源配置的影响；

◆ 掌握矫正外部性的政策手段。

5.1 外部性的含义、类别及本质

1. 外部性的含义

外部性（Externality，又称外在性、外部效应）是公共品研究中的一个重要概念，但从文献研究来看，庇古《福利经济学》的出版才标志着经济学界对这一概念的重视。在庇古的研究中，尽管他比马歇尔进了一步，将外部性的分析拓展到包括生产和消费的外部性，但他总是将外部性与“庇古税”联系在一起，观察到的仅是负外部性，因此其概念所界定的内容不是很完全。现代经济学研究中一般从以下两个角度给出定义。第一个是效应角度。布坎南与斯塔布尔宾（1962）、库利斯（1992）① 利用效用函数来对外部性进行定义，其基本含义为：只要某一个人的效用函数（或某一厂商的生产函数）所包含的变量是在另一个人（或厂商）的控制之下，即存在外部效应，用公式表示为

$$U_{\mathrm{A}} = U_{\mathrm{A}}(X_1, X_2, X_3, \cdots, X_n, Y_1) \tag{5-1}$$

即活动主体 A 的活动不仅受其自身活动的影响，还受到来自于类似 Y_1 这类活动的影响。

第二个是直接描述角度，在一般教科书中将外部性定义为若一实体（个人、家庭、企业或其他经济主体）的行为对其他实体的福利产生了影响，却没有为之付费或收费，此时就产生了外部性。

---

① BUCHANAN J M，STUBBLEBINE W C. Externality. Journal of Economics，1962（11）：40-41.

尽管定义的方法与视角各异，但其所包含的基本要义是一致的。第一，外部性是市场机制以外的人与人之间相互的经济关系①。在一般的经济交换关系中，人们是通过市场价格中介来进行的，但是外部性反映的是实体间的相互直接的影响关系，具有“直接受到”的特征，即实体 A 直接对实体 B 产生影响，而且不存在一个市场能够使“受益人”给付代价或者“受害人”得到补偿。第二，外部性破坏了福利经济学第一定理，使得均衡没有效率②。基于以上分析，外部性的存在使得私人边际成本和社会边际成本间或私人边际效益和社会边际效益之间出现非一致性，相关利益方（或买卖双方）在决策时并没有考虑第三方因此获得的利益或支付的成本，失真的信息导致了资源的错配，社会资源没有按照帕累托效率准则达到最佳状态。

2. 外部性的类别

在现实生活中，外部性的表现是多种多样的，如布坎南与斯塔布尔宾将类似 Y_1 这类活动描述为“可以计量的人类行为，如吃面包、喝牛奶、向空中吐烟圈、在公路上洒水以及救济穷人”。标准不同，其类别也不一致。

从外部性的影响结果来看，它可以分为正外部性和负外部性，前者是指第三方所获得的收益并没有在交易双方的价格中体现；而后者则是指第三方所承担的部分成本没有包括在交易双方的价格中。从产生源来看，外部性既有可能来源于生产者，也有可能来源于消费者；从承受者来看，外部性“直接受到”的载体也包括生产者和消费者。依据上述几种不同标准，对生活中观察到的外部性现象作一简单归类，概括为表 5-1。

如果继续细分，将归类标准转移到外部性消费性质方面，则外部性具有多边性的特征，据此可以将其划分为可耗竭外部性和不可耗竭外部性③，前者是指外部性具有类似私人消费品上的竞争性，即一个人的消费将减少其他人对该种物品的消费。例如，某人倒垃圾时侵犯了 A 的产权，那么在 A 地盘上倒了垃圾将可能减少在 B 的地盘上倒放垃圾，公共资源的使用也属于这种情况（如“公共地悲剧”）；而后者则具有消费上的公共性或者非竞争性，即一个人的消费并不会减少或降低其他人对该种物品的同等消费，如汽车尾气所导致的污染并不会因为人多而减少由此遭受的痛苦。当然，这种外部性也可以分别划分为正、负两种情况。因此，从这种角度来讲，不可耗竭外部性具有公共品的某种属性。

表 5-1 外部性的类别

		承受者：生产者	承受者：消费者
产生者：生产者	正外部性	养蜂人在苹果园附近养蜂，给苹果园主人带来的外部性（苹果花也助于养蜂）	某房产开发商修建路桥给附近居民带来的好处（如房产升值，出行方便等）
	负外部性	河流上游造纸厂排放的污水对下游水产养殖厂带来的外部性（如不能养鱼，或者因为毒素使水产物发生变异）	河流上游造纸厂排放的污水对下游居民生活用水、游泳等产生的影响

① 平新乔．微观经济学十八讲．北京：北京大学出版社，2001：328.

② 斯蒂格利茨．公共部门经济学．北京：中国人民大学出版社，2001：183.

③ Depletable externality 和 non-depletable externality 在国内有两种不同的译法，一种是方敏校译（拉本德拉·贾的《现代公共经济学》）的译法，分别称为可耗竭外部性和不可耗竭外部性；而在崔军的翻译中（萨拉·科诺里的《公共部门经济学》），他分别译为枯竭外部性和非枯竭外部性。这里采用第一种译法。

续表

		承受者：生产者	承受者：消费者
产生者：消费者	正外部性	消费者偏好的改变，增加了某种商品的需求，给企业带来的好处（如多吃西瓜可以健美）	居住于拥有花园的家庭附近可以免费欣赏花景，如孟母三迁、近朱者赤等
	负外部性	消费者偏好的改变，减少了某种商品的需求，给企业带来的坏处（如吸烟有害健康，大多数消费者戒烟）	某人在夜深人静的时候大放音乐、近墨者黑等

3. **外部性的本质**

在完全竞争市场条件下，消费者或生产者形成均衡的条件是边际成本等于边际收益，进而才可能达到资源的帕累托最优配置。然而，由于外部性的存在，决策者赖以决策的边际收益或边际成本偏离了社会边际收益和边际成本，均衡的最优数量也因此被打破了，市场表现失效。下面以两种方法说明。

1）效用推导法①

首先考虑两个消费者在完全竞争市场中的情况。假定每一个消费者的偏好不同，但可以定义为可交易的商品集 $x=\{x_1^i, x_2^i, x_3^i, \cdots, x_n^i\}$，上标表示消费者（$i=1, 2, \cdots$），下标表示商品的种类，$h \in R_+$ 为行动域中的某种行动并假定为消费者 1 的行动。因此，消费者的效用函数可以表示为 $u^i(x_1^i, x_2^i, x_3^i, \cdots, x_n^i; h)$，并假定对 h 的二阶导数不等于零，即此时消费者 1 的行为 h 对消费者 2 产生了影响或者相反。假定消费者 1 面临的价格为 p 且收入为 w^1，在采取 h 行动时，其效用函数可以表示为 $u^1=\phi^1(p,h)+w^1$，那么在完全竞争市场条件下，它将会选择一个最优的 h^*，使得

$$\frac{\partial \phi^1(h^*)}{\partial h^*}=0 \tag{5-2}$$

称满足式（5-2）的 h^* 为均衡量。但是对于第二个消费者而言，由于 h 行动给其带来了负外部性，要解出此时社会的最优量，实际上等于将其转化为类似式（5-3）的数学问题（如果行动带来的是正外部性，则表现为求最小值）

$$\max_{h \geqslant 0}\{\phi^1(h)+\phi^2(h)\} \tag{5-3}$$

此时，其最优解 h^0 必须满足

$$\frac{\partial \phi^1(h^0)}{\partial h^0}+\frac{\partial \phi^2(h^0)}{\partial h^0}=0,\text{此时 } h^0>0 \tag{5-4}$$

移项可得

$$\frac{\partial \phi^1(h^0)}{\partial h^0}=-\frac{\partial \phi^2(h^0)}{\partial h^0} \tag{5-5}$$

由于 h 行动给第二个消费者带来了负外部性，因此有

① 具体求解和推导过程可参考：平新乔．微观经济学十八讲．北京：北京大学出版社，2001：331.

$$-\frac{\partial \phi^2(h^0)}{\partial h^0}<0 \tag{5-6}$$

代入式（5-5），则有

$$\frac{\partial \phi^1(h^0)}{\partial h^0}>0 \tag{5-7}$$

由于边际效用递减规律的原因，可以推出 $h^*>h^0$，此时竞争的均衡结果偏离了社会最优数量，用图 5-1 来作进一步的说明。

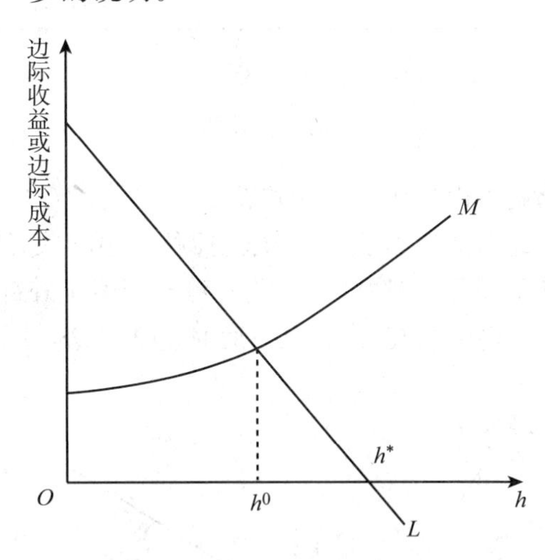

图 5-1　存在负外部性时的数量偏离

图 5-1 中，曲线 M 表示消费者 1 因为采取了 h 行动而对消费者 2 所产生的负担，它随着 h 的增加而递增，L 表示 h 行动给消费者 1 带来的利益，由于边际效应递减的原因，曲线 L 呈下降趋势，从其个人私利出发，消费者 1 必将在 h^* 形成均衡，但从全社会来分析，h^0 为最优均衡数量，显然 $h^*>h^0$，这表示市场配置资源不能形成最优。相反，如果是正外部性，图形仍然一致，不过代表消费者的曲线与上述情况刚好相反，最优均衡数量仍然不是完全竞争市场中的数量。

2）图解法

外部性存在 8 种情况之多，下面仅从正、负外部性角度来看看外部性的存在是如何使得均衡缺乏效率，基本分析仍是在传统的供给—需求分析框架内。

图 5-2 所示，初始的均衡点在 $Q_{初}$，此时市场是有效的，资源配置达到帕累托最优，其均衡的条件是边际收益（由需求曲线反映）等于边际成本（由供给曲线反映）。但当存在负外部性时，该行业的供给曲线就不能反映社会边际成本，事实上未能通过价格反映的部分成本由社会承担了（此时社会边际成本包括私人边际成本和所承受的边际损害）。因此，单个生产者或消费者不是按照社会边际成本来确定自己的生产量或消费量，他们仍然在 $Q_{初}$ 点行动。然而从全社会的角度来看，均衡点应该在 Q 点，显然它低于市场均衡水平 $Q_{初}$。

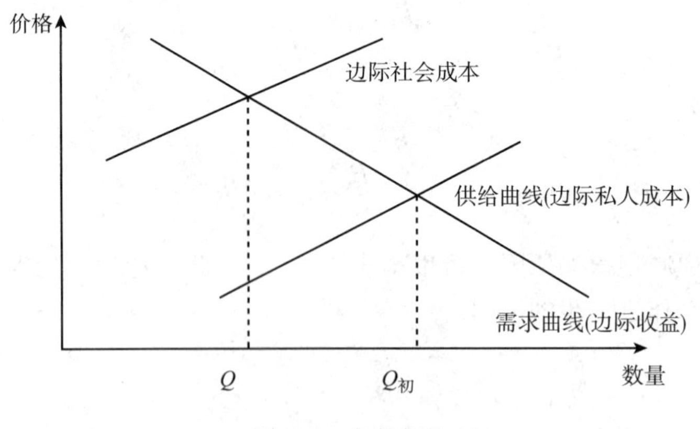

图 5-2 负外部性

如图 5-3 所示，在完全竞争市场中，初始均衡的效率点在 Q_1。但当存在正外部性时，实体决策的条件发生了改变，此时边际社会收益既包括私人边际收益，同时也包括边际外部收益，社会的最优效率水平将在 Q_2 形成均衡。而此时对于产生正外部性的实体来说，它没有因此而得到相应的补偿，因此它仍然在 Q_1 点行动。此时，$Q_1 < Q_2$，同样表现为市场失效。

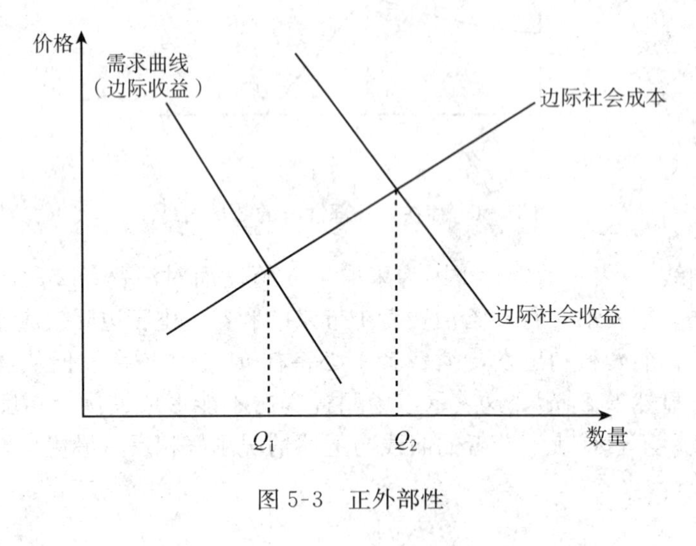

图 5-3 正外部性

5.2 外部性的经济影响

外部性是市场失灵的表现之一，其均衡点偏离了效率，改变了社会资源的配置效率，那么它是如何改变的呢？本节的主要任务就是对经济分析中最常用的正、负外部性所产生的效用或损害对社会资源的配置进行详细描述。

1. 负外部性对社会资源配置的影响

外部性的一个重要特点就是市场价格中未能包括的生产产品所耗的额外成本或收益被第三者享用但没有付费，前一种情况称为边际外部成本（MEC，Marginal External Cost），后者叫边际外部收益（MEB，Marginal External Benefit）。这里首先讨论负外部性导致的边际外部成本。

从理论上来分析，边际外部成本对其他实体造成的额外成本增加可以分为外部边际成本不变、外部边际成本递增和外部边际成本递减 3 种情况。但实际上如果出现递减现象，外部性也就不存在了。因此，在理论分析中，讨论的也仅是前两种情况。下面沿用经典的造纸厂污染河流事例来进行说明，如图 5-4 所示。

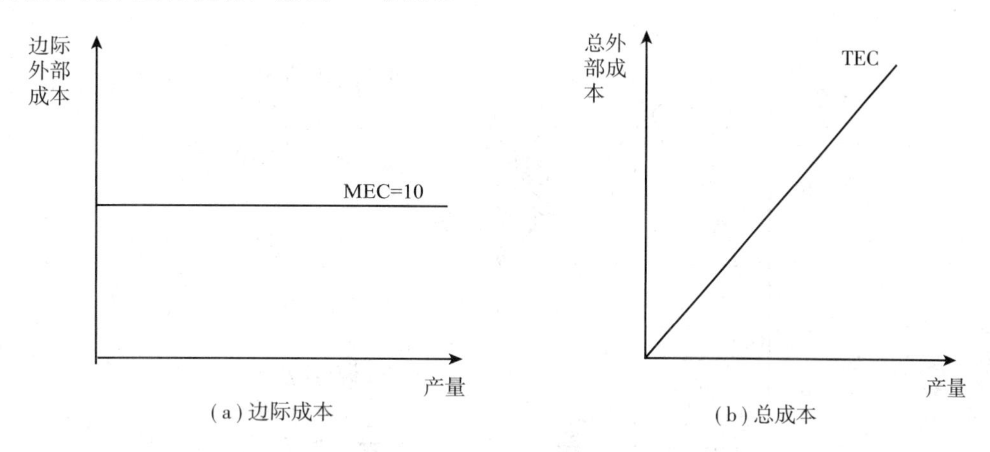

图 5-4　边际外部成本与总成本的关系——边际外部成本（MEC）不变情况

在图 5-4 中，假定外部边际成本固定不变，即 MEC 在图 5-4（a）中表现为一条直线，这说明外部性所导致的总成本以不变比率上升；在图 5-4（b）中表现为斜率为（ΔTEC/ΔQ）＝MEC＝10 的一条直线，外部总成本将随产量的变化而变化。而在图 5-5 中，MEC 是一条右上方倾斜的曲线，意味着高水平产量比低水平产量对第三者带来的边际损害更大，总外部成本（TEC）不仅随着产量的增加而增加，而且增加的速度是递增的。对于第三种外部成本递减情况，即追加的生产带来的边际损害呈递减下降趋势并最终趋于零，那么在等于零时，外部成本也就不存在了，现实中这种情况不太可能发生。

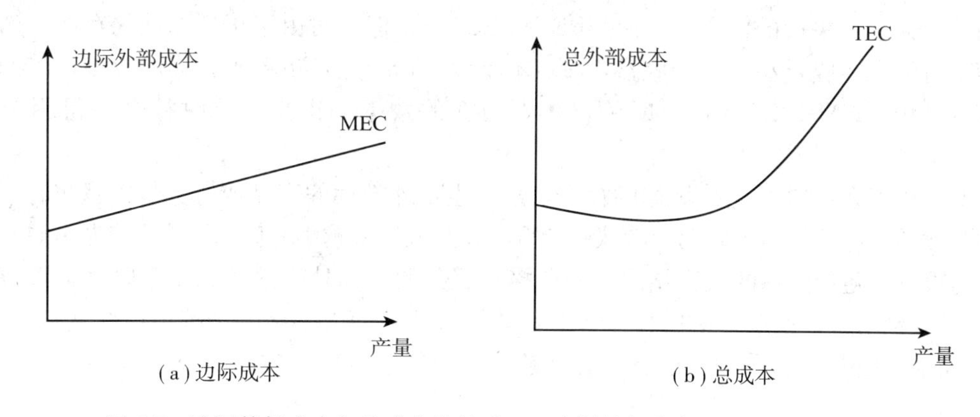

图 5-5　边际外部成本与总成本的关系——边际外部成本（MEC）递增情况

如图 5-6 所示，假定在完全竞争市场中，即价格不受操作，市场将自动在 A 点形成效率均衡点，它由需求曲线 MSB 与供给曲线 MPC 共同决定[①]，为讨论方便，进一步假定其外部边际成本不变。厂商的产量决策中并没有考虑外部边际成本，形成均衡点 A 的依据是 MSB＝MPC，但由于负外部性的存在，此时边际成本等于边际私人成本与边际外部成本之和，即 MSC＝MPC＋MEC。从全社会的角度看，效率均衡点应该在 B 点，因为要实现资源配置效率，厂商的生产必须满足均衡条件 MSC＝MPC＋MEC＝MSB。此时，避免了阴影部分△ABG 负外部净效应的发生。因此，相对于 B 而言，A 点所决定的产量是无效率的。

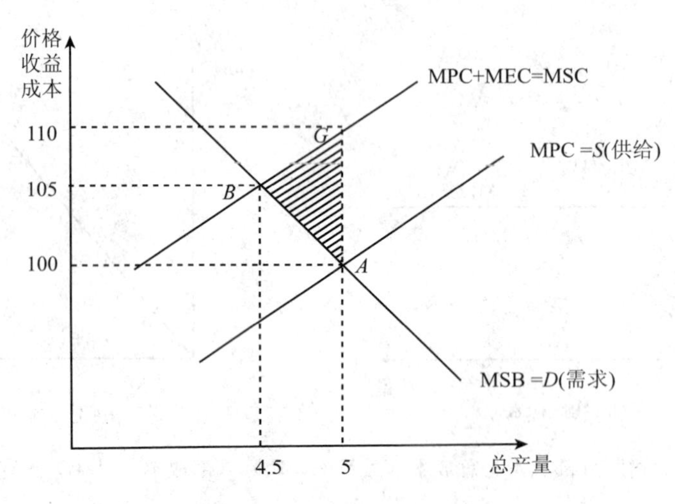

图 5-6　负外部性与资源配置

2. 正外部性对社会资源配置的影响

与负外部性导致的边际外部成本相反，正外部性给第三者带来的是收益，但是与负外部性相类似，市场价格并没有反映这部分外部收益。在经济学中一般用外部边际效益（MEB，Marginal External Benefit）来表示增加 1 单位的某种具有正外部性商品和劳务的生产或消费给第三方所带来的额外收益。

图 5-7 说明的就是正外部性与资源配置。在完全竞争性市场下，C 点是市场效率均衡点，消费者或厂商决策的依据是 D＝MPB＝MSC＝S，但此时由于正外部性的存在，消费者或厂商获得的私人收益小于社会收益，C 点不是效率均衡点，市场重新形成效率均衡的条件被改变为 MPB＋MEB＝MSB＝MSC，A 点为新的效率均衡点，此时社会获得阴影部分△ABC 的净收益。

但是，由于边际效益递减规律的存在，当产生正外部性的产品或劳务越来越多时，社会外部边际效益就趋于下降，即第三者从中获得的收益就越来越小。例如，接种疫苗就是一种正外部性的服务，随着接种的人数增多，疫苗接种服务的边际外部效益趋于下降并最终等于零（因为接种人数增多，疾病传染的概率降低，其他未接种的人感染的概率也因此变低）。如图 5-8 所示，假如边际外部收益逐步下降并能够最终在每年接种人数达到 16 万人时变为零，则

① 需求曲线 D 是消费者从商品中得到的边际效应，为简化起见，我们假定这条曲线所代表的也就是纸张的社会边际效应 MSB；而供给曲线代表的是厂商的私人边际成本，即 S＝MPC，未包括外部边际成本。

在接受数量达不到16万人时，MSB>MPB才可能出现。随着接种人数增加，MSB与MPB曲线间的距离变得很狭小并在16万人时重叠在一起，那么如图5-7所分析的那样，在完全竞争市场条件下，市场在A点形成均衡，此时均衡数量为10万人，价格为25元，但此时A点是无效率的均衡点，因为社会边际收益高于社会边际成本。按照MPB+MEB=MSB=MSC的均衡法则，新效率均衡点落在B点才被认为是效率均衡点，此时价格高于25元，均衡数量为12万人。

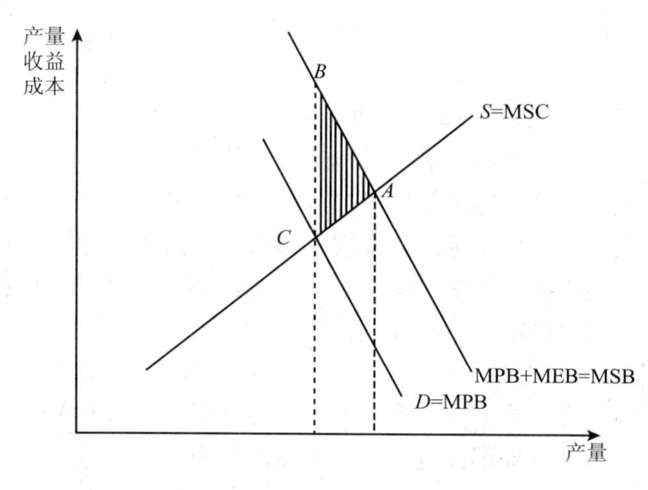

图5-7　正外部性与资源配置

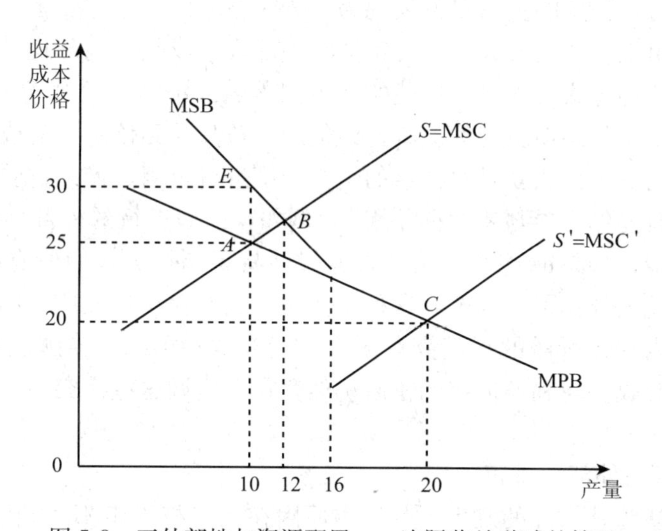

图5-8　正外部性与资源配置——边际收益递减的情况

可能有人会假定供给曲线发生改变，由此前S=MSC变为S'=MSC′，那么此时C点是效率均衡点还是无效率的均衡点呢？回到图5-8，均衡形成的条件为MPB+MEB=MSB=MSC，而此时MEB=0，C点也是在市场机制下形成的效率均衡点。但它与A点的区别就在于：在A点，MEB>0，社会边际收益大于私人边际收益，市场机制无效，存在市场失灵；而在C点，MEB=0，社会边际收益等于边际成本，市场机制有效，不存在市场失灵。

5.3 外部性矫正的现有手段及其比较

外部性的存在使得社会边际成本或社会边际收益与个人的边际成本或边际收益出现了非一致性，从而在供给—需求分析框架下，社会效率均衡点难以形成，导致了资源配置的低效。因此，对外部性进行矫正成了理论上和实践中的一个重要问题。从现有的研究结果来看，对商品或劳务的边际私人收益或成本进行调整，使实体决策者在进行决策时将其考虑在内，如在负外部性出现时，将边际外部成本加入私人成本进行决策，在出现正外部性时，将边际外部收益加入私人收益中加以考虑，实现外部效应内部化，这实际上是对外部性的边际价值进行定价。但是在内部化的过程中，出现了市场机制和政府机制两种不同的观点和做法。本节的任务就是阐述这些矫正手段并进行比较。

1. 市场机制对外部性的矫正

一些经济学家认为尽管市场存在失灵，但只要创造市场交易的条件，它本身存在克服外部性的机制。利用市场机制对外部性进行矫正主要表现为以下几种手段。

（1）一体化与外部性矫正

当存在外部性时，初始的交易双方表现为一方受益，而另一方受害，一体化的做法是通过扩大实体规模，组织一个足够大的经济实体将外部成本或收益内部化，从而纠正外部性带来的效率损失。对这种方式首先进行论述的是英国著名经济学家詹姆斯·E·米德。他认为外部性是指某个人未参与某项决定的决策，但他的利益却受到该决定的或好或坏的影响。因此，矫正的最明显的一个方法就是对社会的组织制度进行重组，使利益受到某项决定影响的人，在作出该决定时能作为参与者发挥作用[①]。例如，前面进行的外部性分类中苹果园主人与养蜂主人间的事情，如果能够使果园主人养蜂并将果园扩大，使所有的蜜蜂都在果园采蜜，那么外部收益就内部化了。当然，这种一体化机制要存在且发挥作用必也存在一定的难度：第一，外部性内在化所需的规模究竟多大才能有效？第二，为解决外部性而形成的组织，在形成之后，其收益与利益冲突的矛盾仍然存在，协调这些冲突与矛盾的成本与外部性相比，究竟孰大孰小？

（2）科斯定理[②]与外部性矫正

有些经济学家认为外部性的发生，其根本原因在于产权界定不明确或界定不当。因此，界定并保护产权就一定能够使市场交易达到效率均衡，纠正外部性，实现资源的帕累托最优配置。完整、系统地论述产权安排矫正外部性问题的是美国著名经济学家罗纳德·科斯

---

① 米德．效率、公平和产权．北京：北京经济学院出版社，1992：313.

② 以科斯的理解，产权是指某种资源的所有权、使用权及自由转让权等，是一系列权利的组合；在产权明确且交易成本为零的情况下，市场机制可以把外部性内在化。这就是后人所称的“科斯第一定理”。如果交易成本不为零或小得不是可以忽略不计，那么合理的制度可以减少交易费用，使外部性内在化。这就是“科斯第二定理”。交易成本（Transactions Costs）是指进行交易所增加的成本（购买价格之外），包括时间、努力和现金支出等。

(Ronald H. Coase)，后人将此概括为科斯定理。

利用惯用的河流污染的例子来对科斯定理进行简单阐述，如图 5-9 所示。现假定河流上游有造纸厂，下游有一家水产厂，效率均衡点是如何实现的呢？

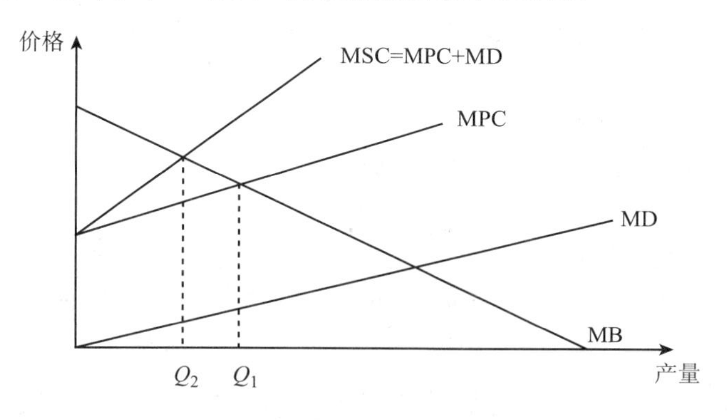

图 5-9 科斯定理图解

首先看看河流产权属于造纸厂的情况。如果造纸厂能得到一笔款项，而且这笔款项大于它生产边际单位产品带来的净收益（MB－MPC），那么它就愿意放弃对这一边际单位产品的生产。另一方面，只要水产厂付出的款项小于它的边际损害 MD，那么它就愿意为造纸厂放弃单位产量的生产而付款。第三，只要水产厂愿意支付的款项大于造纸厂放弃的生产导致的损失，双方交易的可能性就存在，用 MD＞（MB－MPC）来综合表示上述条件。图 5-9 中，产量为 Q_1 时，MB－MPC＝0，MD 为正数，因此满足条件 MD＞（MB－MPC），双方交易的可能性存在。因此，在效率均衡点 Q_2 右边的任一产量，水产厂愿意支付的款项大于（MB－MPC），而在 Q_2 左侧的任一产量，造纸厂愿意削减产量而向水产厂所要的钱财大于水产厂愿意付出的款项。因此，双方最后交易的结果就在 Q_2 形成效率均衡点。

换一种视角，假定河流的产权归属水产厂，那么此时造纸厂要排污水入河就必须向水产厂支付费用，而且只要水产厂得到的款项大于污水对其水厂造成的边际损害 MD，水产厂就愿意接受造纸厂的排污请求。当然，造纸厂认为支付的款项小于边际产量（MB－MPC）的价值时，它认为为生产权而付费是值得的。同理，双方也在 Q_2 点形成均衡。

按照科斯的理解，上述双方中，产权归属于谁并不重要，只要有人被授予产权，那么政府就没有必要再进行干预，市场中交易的双方将自动形成均衡。然而，科斯定理所阐述的解决外部性方法是有条件的，如交易双方的交易成本为零，资源所有者能够分清楚对其财产损害的来源且能合法地阻止损害。换句话说，科斯定理只适用于在外部交易成本为零的情况下的少数外部性（Small-Number Externalities）。

（3）社会道德约束与外部性矫正

在现实生活中，除了上述几种外部性内在化的手段外，还有一种就是道德约束或者称为社会习俗约束。例如，教育学龄儿童不要乱扔垃圾，乱扔垃圾是不“乖”的。如果这种教育是有效的话，那么小孩就不会乱扔垃圾了，因为他知道不扔垃圾尽管会给自己带来一点损失，但这种行为却造福他人，是合算的。还有在公共场所吸烟会被认为是不道德的表现，如果有人在公共场所吸烟而被他人看到并及时指出来的话，吸烟者马上会主动掐灭香烟。这就是社会道德对个人外部性行为的约束。

【资料链接】

世界无车日（欧洲无车日）

1998年法国绿党领导人、时任法国国土整治和环境部长的多米尼克·瓦内夫人倡议开展一项“今天我在城里不开车”活动，得到首都巴黎和其他34个外省城市的响应。当年9月22日，法国35个城市的市民自愿弃用私家车，使这一天成为“市内无汽车日”。“无车日”这天，参与活动的城市将主要通过限制机动车进入城区，设立步行区、自行车专用区和举行其他相关活动来增强民众的环保意识，了解空气污染的危害，并鼓励人们使用更为清洁的交通工具，以进一步提高生活质量。

资料来源：http：//news. xinhuanet. com/ziliao/2003—09/02/content _ 1058393. htm.

尽管市场中存在上述外部性矫正的几种手段，但是这些手段并非总是能够发挥作用。例如，一体化要求规模扩大，但是这很难做到，即使能够做到，也会因为垄断而产生新的市场失灵。再次，对于社会道德约束，其约束机制过于软弱，不遵守公共道德规范的大有人在，如在公共场所大声喧哗，在“禁止吸烟”招牌下公然吸烟等。至于科斯定理，尽管在现实中通过产权分配[①]有利于解决一些重大的环境问题，但它所受的约束条件也不能保证在所有场合科斯定理存在有效性。因此，概括来说，因为现实中存在大量的“免费搭车”者（例如，尽管我们都讨厌香烟的刺鼻味，但吸烟者很不面善，谁也不愿意冒风险张口规劝不面善者掐灭香烟）和交易成本不为零，市场矫正外部性也会招致失败。因此，多数人宁愿坐享他人成果也不愿自己行动。显然，问题最后将集中由公共组织或政府出面来协调或提供协调机制，以使外部性内在化。

2. 政府对外部性的矫正

与市场机制相比，目前各国都普遍重视政府在矫正外部性中的作用，其中既有直接的管制手段，同时也有基于市场的措施与手段。

（1）政府直接管制

政府管制是指政府通过适当的管制机构进行直接的管理和控制，违法者要受到相关法律的制裁，其基本要义是标准必须由政府立法制定，一旦制定后企业和个人一致遵守。从许多方面来说，政府管制直截了当并且易于大众理解和与其沟通。对环境可能形成的破坏，政府管制机制可以迅速介入并加以阻止，具有很高的权威性。同时政府管制也容易促使全社会良好意识的形成，更重要的是事先确定的、统一的标准和技术手段有利于企业和个人形成较为稳定的预期，促使采取与法律标准相一致的行动。但是政府管制也面临很多难题。第一，如果被管制的决策实体仅有一家，这种管制或许有效，但当被管制的对象超过一定数量时，管制也可能无效。假定有两家厂商X和Z，它们因为生产造成的外部性一致，为分析方便，进一步假定其边际成本也相等。如图5-10所示，MB_X和MB_Z分别为X和Z的边际收益曲线，依据各自的决策原则，它们在$X_1=Z_1$处形成均衡，实现了利润极大化。假定在社会总产出达到效率

① 在罗森的《财政学（第六版）》中，罗森引用Conda的例子说明在英格兰和苏格兰，因为河流和航道产权私有化才成功防止了过渡捕鱼并控制了水污染。为保护非洲象，有效的方法不是禁止狩猎，而是分配动物的产权。

总产量时，造成的边际损害为 d，政府要求削减产量，各自按照效率原则，X厂和Z厂分别在 X^* 与 Z^* 处形成效率均衡。显然，因为政府的要求，各自削减的数量Z厂大于X厂。一般地，政府削减产量的政策应该依据不同厂商的不同边际收益线和边际成本线，“一视同仁”的管制标准未必有效率。第二，政府在制定管制标准时，面临一个较艰苦的谈判和信息收集过程，业界和管制者间经常存在矛盾和冲突，必须有高昂的成本来保证标准的实现。正因为存在诸如此类的弊病，有学者建议政府管制应该基于市场来展开，这样更为有效和公平。

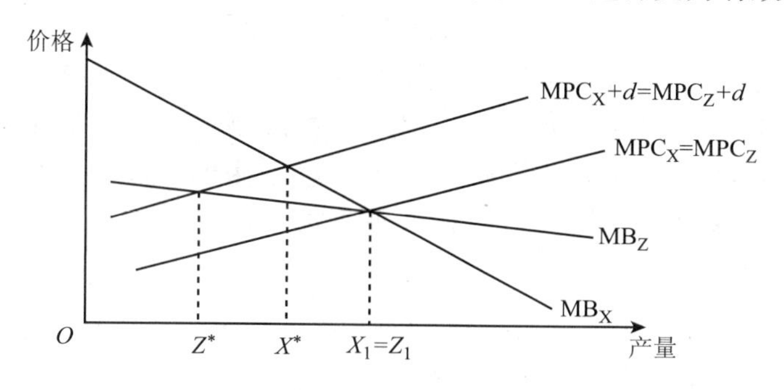

图5-10 两个厂商被管制情况下的图解

（2）矫正性税收

矫正性税收是实现外部性内在化的一种重要手段，其核心内容在于用税收来弥补私人成本和社会成本之间的差额。其思想最早可以追溯至著名经济学家庇古，因此也可称为“庇古税”。

仍以造纸厂的污染为例来进行说明，如图5-11所示。假定单位产出的边际外部成本MEC＝10，矫正性税收就为 $T=\text{MEC}=10$。因为税收的作用，生产者在生产决策时将面临边际成本上升的情况，因此供给曲线将由 $S=\text{MPC}$ 上升到 $S'=\text{MPC}+T=\text{MSC}$，市场效率均衡点也由 A 点移动至 C 点。此时，纸的市场价格为105，数量由此前的5降为4.5，图中阴影部分 $FCJH$ 即为税收总额，恰好等于外部总成本，即由于效率均衡产量下降到4.5，污染成本的价值也下降了，其总额恰好等于外部总成本，此时污染降为零，社会获得△ABC 的净收益。

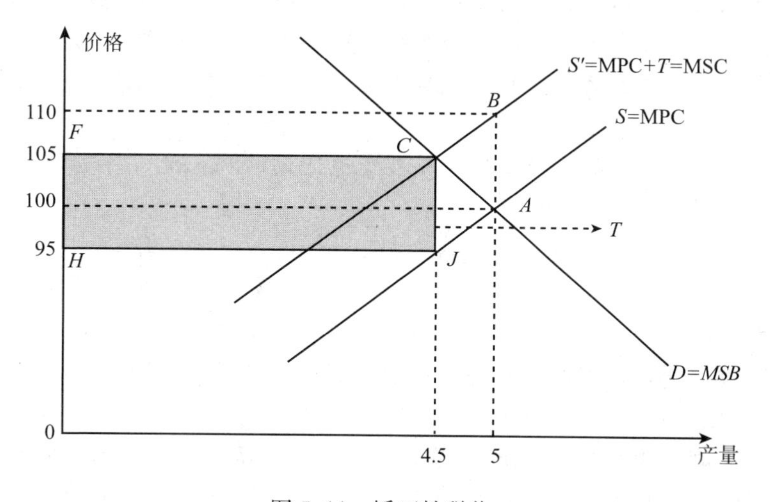

图5-11 矫正性税收

当前，以征税方式来矫正外部性还是主要集中在经济比较发达的国家。在欧洲，环保税有着较长的渊源，近年来各国围绕环保进行了力度较大的改革，有些国家（如“环保带头国”中的丹麦、瑞典、荷兰等）进行了较为全面的税收体系改革，而奥地利、比利时、法国、德国和瑞士等国也在此领域的改革中取得了重大进展。从这些国家的实践看来，环保税不仅可以为进一步的环保筹集相应的资金，为生产和消费者提供足够的经济诱因来改善某些扭曲性政策对经济所造成的损害，而且广泛进行的环保改革在全球容易对发展中国家形成示范效应。但是，在实施过程中，环保税也遇到了一些挑战，如政府在确定最优污染水平时往往面临信息不对称的困境，有时甚至花费高昂的代价去收集相关信息；其次，在制定合理税率上存在一定的技术困难，或高或低都很难对环境保护产生持续性的效果，在缺乏必要配套措施的前提下，环保税可能会对该国的国际竞争力造成损害，直接导致环保目标和财政目标在某种程度上的冲突。因此，实践中外部性的矫正手段也多是交替使用，互相补充。

【资料链接】

汽车与公共交通成本比较

在家庭预算中，日常旅行开支（包括各种开支）所占的比例大约在10%～20%。但是人们很少准确估计他们所使用的汽车的全部成本，因为这些费用是不定的：新车的购买、每年的保险费、维修费及燃油费用等。现在人们对汽车的实际成本估计太低，所有调查都表明，机动车驾驶人低估了汽车的实际成本，常常将它与使用成本相混淆（汽油费、养路费及停车费）。

然而，最新的研究成果表明，在欧洲，一辆车每年的平均成本大约在6 000～9 000欧元之间，每年的里程数为15 000千米（对于汽油燃料汽车）或25 000千米（对于柴油燃料汽车），也就是说，每个月的预算大约在500～660欧元之间，折合人民币大概5000～6000元。

与汽车的成本比较起来，公共交通的成本要便宜得多。在欧洲绝大多数的城镇中，公共交通十分发达，对于大城市的郊区，公共交通（RER、S-Bahn等）可以将郊区居民带到市中心，而且在高峰期会安排更多车次。

在欧洲，居民大多使用公共交通出行，行程为100千米的城际列车的花销在10～20欧元之间，具体多少取决于当地的情况，而地铁、有轨电车或公共汽车的花销大约是每人1.5欧元，平均一个月使用公共交通通勤的成本约为50欧元，折合人民币约500元，仅为小汽车成本的十分之一。

同时，对于乘车非常规律如经常使用公共交通通勤的人来说，月季票系统可以进一步降低乘车费用。

资料来源：http：//www. chinautc. com/gongjiaozhou.

（3）矫正性补贴

与矫正性税收不同，矫正性补贴是政府为使消费者在进行决策时将边际收益或外部边际成本考虑进来而采取的一种支付行为。

以疫苗接种为例，图5-12说明的就是对接种疫苗的矫正性补贴是如何实现效率均衡的。假设每个人接受疫苗接种的边际外部收益为20单位，政府宣称对此负责并进行财政补贴，这一行为使每支疫苗的边际私人收益增加了20单位，对疫苗的需求由$D=\mathrm{MPB}_i$移动到

D'＝MPB_i＋20＝MSB，市场均衡点由 U 点移至 V 点，价格变为 30 单位，但对于个人而言则降为 10 单位，12 单位的数量为效率均衡数量，阴影部分 $RVXY$ 是因为财政补贴而增加的福利。因此，政府财政补贴降低了厂商或个人的边际生产成本，从而使供给量在一定价格下扩大，达到提高资源配置效率的目的。现实生活中，政府通常对很多具有外部边际收益的产品进行补贴，甚至以低于边际成本的价格提供给居民。

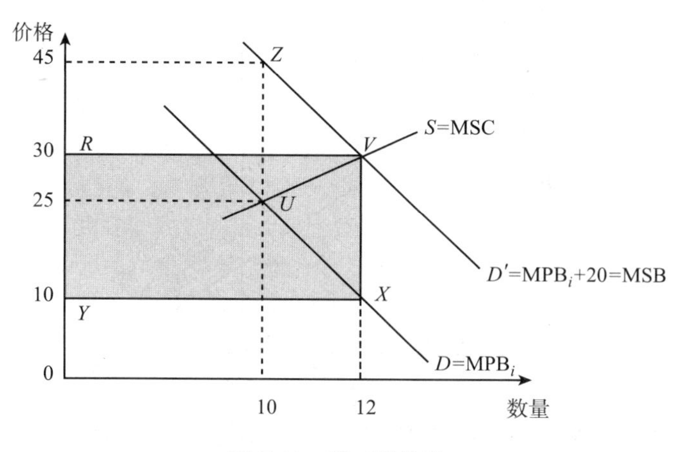

图 5-12　矫正性补贴

与矫正外部收益相比，财政补贴也可以矫正外部成本，如对污染产生的厂商削减生产数量进行补贴。但是这种补贴也可能会对社会产生不良影响，如财政压力增大、实际情况背离政策目标等。

上述矫正性税收和矫正性补贴尽管能在一定程度上起到内在化的作用，但是必须清楚，政府为此采取的所有措施并非一定能够将负外部性降为零或者完全将外部边际收益内在化，只是在某种程度上缓解社会成本、社会收益与私人边际成本与私人边际收益间的非一致性。

（4）法律措施

除了上述经济性措施之外，法律措施也是政府纠正外部性的重要手段。正如科斯所言，产权不清不是外部性产生的根源，但是政府明确地界定并保护产权就可以减少外部性的发生。在现代法制社会中，政府制定的法律、法规对经济运行会产生巨大的约束力，法律干预外部性的作用主要在于建立经济秩序和减少经济活动中的不确定性。

3. 政府与市场对外部性矫正的协同作用

经济理论证明市场也存在失灵，当外部性发生时，市场也不一定能够实现资源最优配置，它需要政府补充。同时，政府行为也可能存在失灵，而且有可能直接导致外部性的发生。因此，在对待外部性问题上，合理的策略是政府与市场协同作用，在以市场为基础的前提下，发挥政府的功能。

以环保为例对此作进一步的分析。产权理论认为，环境污染可以通过产权交易方式加以解决，尤其是现实中最为常见的排污者与排污权拥有者间的排污权交易，能够在交易成本较低的条件下实现保护环境的目标。许可证制度是产权交易中最为典型的一种制度安排，它的基本做法是通过控制许可证实施数量来栓紧要实现的目标。如图 5-13 所示，D_0 与 S_0 处于均衡状态（政府排污许可证的发放在一定时期内是不变的，因此供给几乎无弹性），Q_0 为均衡数量。假设有排污新企业进入，使得 D_0 外移至 D_1，则排污价格从 P_0 上升到 P_2，P_2P_0 是新企业必须支付的成本，如果政府进一步缩小许可证发放，则其成本越高（达到 P_3P_0）。显然，观测和确定区域内所能允许的污染总量是第一步，而这不管难易都得由政府出面来组织，之后才进入市场交易阶段。因此，对环境污染的控制是市场和政府共同作用的协调结果。

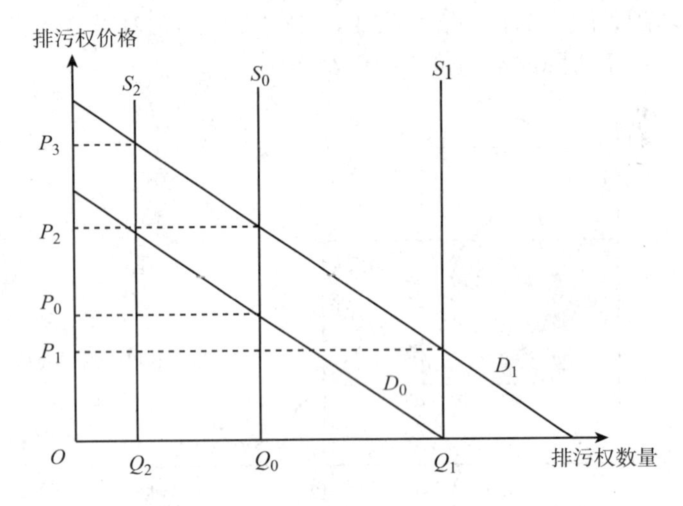

图 5-13 排污权供给和需求变动对价格的影响

【资料链接】

排污权交易太原先行

用排污权交易代替政府收费，使治理污染从政府的强制行为转变为企业自主的市场行为，这一以制度建设为直接目标的太原试点工程能广泛推行吗?

排污权交易是新制度经济学的一个经典案例。尽管国内外的理论家对此有很多讨论，但是，由于环境污染外部性很强，其内部化的困难很大，因而在现行的管理安排中，大都采取由政府征收排污费的办法来解决，很少使用市场交易的方式。

从国内的情况来看，将排污权的交易具体化为一项可以操作的制度安排，并加以实施，至今还未出现。亚洲开发银行资助的“二氧化硫排污交易制”，9 月份起在山西省太原市 26 家企业试点。这是首开国内排污权交易之先河，其意义和作用值得大书特书。

按照福利经济学家庇古和旧制度经济学家康芒斯的理论，凡出现外部性问题的领域，都需要由政府出面来解决，传统的由政府征收排污费的制度，就是这种理论在实践中的一个范例。而新制度经济学则为排污权交易代替政府收费奠定了理论基础。其基本出发点是：污染和被污染具有“交互的性质”，即禁止污染也会产生社会成本。问题的关键在于，如何减少禁止污染的社会成本和达到资源的有效配置。

按照科斯定理，污染权的交易之所以能够达到资源的最优配置，是由于无论权利的初始配置如何，只要能够自由地进行交易，就能够纠正错误的配置，条件是交易成本为零；而当交易成本为正时，只要能够进行市场交易，资源配置也会得到改善。

由政府征收排污费的制度安排是一种非市场化的配额交易，交易的一方是企业，另一方则是具有强制力的政府。在这种制度安排下，政府制定排放标准，并强制征收排污费，始终处于主动地位，但它却不是排污和治污的主体；企业虽是排污和治污的主体，但却处于被动的地位，只要达到政府规定的污染排放标准，就没有激励再进一步治理污染，减少污染物的排放。

与政府征收排污费不同，排污权交易制度可使企业真正成为排污和治污的主体，并对自己的污染排放行为作出选择。因为在这种制度安排下，政府不仅放弃了一些配额交易的权利，部分地退出了交易过程，而且也放弃了借此获得的交易利益。与此同时，企业取得了排污权交易的利益，就有了积极参与污染治理和排污权交易的巨大激励。治理污染就从一种政府的强制行为变成企业自主的市场行为，其交易也从一种政府间交易变成一种真正的市场交易。

由于超标准排污的代价包括排污费、罚款和其他费用，只要其不仅大于排污费，而且大于治理费，同时大到一定程度，就能够产生出排污权交易的供给方和需求方，形成排污权交易的市场。因为，大于治理费就会激励企业进行污染治理，而一旦治理的成果达到排放标准以下，企业就有了可以用来出售的排污权，于是就产生了排污权交易的供给者。与此同时，治理污染达不到排放标准的企业就成为排污权交易的需求者。这样一来，排污权交易的市场制度就形成了。通过供求双方的讨价还价，也会形成排污权的市场均衡价格。

当然，政府不仅要制定一套科学的环境监测标准和监测处罚办法，建设先进的监测设施和有效的监测队伍，而且要制定一套实施排污权交易的具体规则。这样一来，政府的角色和行为也就发生了转变，从排污（配额）交易的主体变成排污权（市场）交易的监督者和保护者，政府的职能也会发生根本的转变，专注于“立规则，当裁判”。

需要指出的是，排污权交易在发达国家也处于试验阶段。中国的市场和制度条件与发达国家还有很大差距，山西太原的试验能否成功，还要作进一步的观察，更需要试验者深入研究，认真设计，精心实施。

资料来源：张曙光．排污权交易太原先行．南方周末，2001-11-23.

从西方国家矫正外部性的实践来看，究竟应该采取何种政策工具才较为有利，实践并未提供现成的答案。事实上，政策出台不仅牵涉科技层面上的问题，还涉及产业发展的目标和策略、总体社会福利、社会安全制度设计及国内外政治气候等因素，有时甚至还与人们的价值观、生活方式及生活期望戚戚相关。因此，解决外部性问题不能单纯依赖其中的某一种手段，而必须对不同的问题采取不同的解决方法。具体哪一种政策工具适合，这有赖于对各种可能的政策工具进行评估和比较。在具体选择何种政策工具时，可从表 5-2 所示的 6 方面进行综合考察与评估。

表 5-2　外部性矫正的各种政策工具之比较（以污染环境为例）

比较指标	行动选择准则
效能	政策工具中的任何一种方法只要运用得当都能取得较好的效果，但是如果需要迅速制止伤害环境的行为，管制手段是最好的方法；而经济手段就缓不济急
动机	征税和许可证，可以提供持续的环保动机；而管制手段则缺乏
行政成本	管制成本高；经济手段相对成本较低
效率	政策工具效率是效能、动机和成本的函数，能够达到最大的效能，能实现成本最小化和防止对环境的有害伤害，这种政策工具就能实施
政治上的可接受性	理论上的方法必须与实际拥有环境污染权的团体相比较，有时他们的影响会改变决策
分布的影响	不同的政策工具对不同的实体会产生不同的影响，选择的标准是要避免矛盾和民怨

资料来源：JACOBS M.（1991）. The Green Economy. London：Macmillan.

当然，从表5-2中6个方面的内容来看，其涉及的范围非常广泛，既有政治上的可接受性，也有技术上的效率性等，但这仅是提供了一种可供参考的范式，现实中并不存在一套放之四海而皆准的环保政策工具。在面临具体外部性问题时，必须仔细考察当前的经济状况，在充分衡量各种不同政策工具的优缺点之后，才能确定某项政策工具的实际效能及应采用的政策。

课堂讨论

在小镇上，该镇的人从事的经济活动中最重要的一种是养羊。镇上的许多家庭都有自己的羊群，并以做衣服的羊毛来养家。大部分时间羊在镇周围土地的草场上吃草，这块地被称为镇共有地。没有一个家庭拥有土地。相反，镇里的居民集体拥有这块土地，所有的居民被允许在这块地的草场上放羊。集体所有权很好地发挥作用，因为土地很大。只要每个人都可以得到他们想要的有良好草场的土地，镇共有地就不是一种竞争性物品，而且允许居民在草场上免费放羊也没有引起问题。时光流逝，镇上的人口在增加，镇共有地草场上的羊也在增加。由于羊的数量日益增加而土地是固定的，土地开始失去自我养护的能力。最后，土地变得寸草不生。由于共有地上没有草，养羊不可能了，而且该镇曾经繁荣的羊毛业也消失了。许多家庭失去了生活的来源。请问是什么原因引起这种悲剧？现实生活中还存在其他的类似案例吗，请举例。

本章小结

外部性（Externality，又称外在性、外部效应）是公共品研究中的一个重要概念。现代经济学从两个角度给出了定义：第一种是效应角度，即只要某一个人的效用函数（或某一厂商的生产函数）所包含的变量是在另一个人（或厂商）的控制之下，即存在外部效应；第二种是直接描述角度，即外部性是指一实体（个人、家庭、企业或其他经济主体）的行为对其他实体的福利产生了影响，却没有为之付费或收费，则此时就产生了外部性。根据现实的观察和外部性的特点，总结了8类外部性。

外部性是市场失灵的表现之一，其均衡点偏离了效率，改变了社会资源的配置效率。在负外部性存在时，由于边际外部成本的存在，决策实体没有考虑这部分成本，因此均衡点是无效率，矫正的基本原理就是通过一定手段影响决策主体，使其决策时将边际外部成本纳入社会总成本中，最后使均衡点回到效率均衡点。而当正外部性存在的时候，由于边际外部收益的存在，均衡点也偏离了效率均衡点，导致了资源配置的低效，矫正的方法同样是通过一定手段影响决策主体，使其决策时将边际外部收益纳入私人总收益中，最后使均衡点回到效率均衡点。

市场机制和政府机制都可以矫正外部性，并且各自的手段不一。但从现实来看，单纯采取其中的一种或许效果不佳，也并不存在一套放之四海而皆准的政策，现实的选择是在充分衡量外部性的前提下，决定采取怎样的政策工具组合。

重要概念

外部性　边际外部成本　边际外部收益　矫正性税收
矫正性补贴　科斯定理　外部成本内在化

思　考　题

1. 我国是燃煤大国，煤炭占一次能源消费总量近70%，随之而来的燃煤二氧化硫大气污染也相对较为严重。二氧化硫排放又引发了酸雨，对居民健康和生态系统都造成了重大影响。据测算，每年我国由酸雨导致的经济损失高达1100亿元人民币。为此，我国政府一直在寻求有效的防止办法，在部分省市试行排污权交易。2002年9月30日，江苏省环保厅与省经贸委正式公布了国内出台的第一部排污权交易办法，2003年1月中旬，江苏完成了首笔一滴二氧化硫排污权交易。位于江苏省太仓市的太仓港环保发电机公司以340万元的价格，向南京市下关发电厂购买了为期两年的二氧化硫排污权。请对此事进行评述。

2. 请在供给-需求的框架内分析外部性的存在是如何影响资源配置。

3. 市场和政府在面对外部性的时候，各自会采取哪些措施？有何利弊？

4. 为什么一项好的保护环境的方案、政策或协议在实践中很难执行或通过？如《京都议定书》在世界各国通过时间不一，有些甚至没有通过？在我国，大家都清楚环境保护的重要性，但在经济发展过程中，仍存在很多牺牲环境、发展经济的事例？

进一步阅读材料

[1] 罗森．财政学．6版．北京：中国人民大学出版社，2003.

[2] 海曼．财政学：理论在政策中的当代应用．8版．北京：北京大学出版社，2006.

[3] 郭庆旺，鲁昕，赵志耘．公共经济学大辞典．北京：经济科学出版社，1999.

[4] COASE R H. The problem of social cost. Journal of Law and Economics，1960（10）：1-44.

[5] BARTHOLD T A. Issues in the design of environmental excise taxes. Journal of Economics Perspectives，1994（8）：133－151.

[6] STAVINS R N. Experience with market-based environmental policy instruments. Working Paper，John F. Kennedy of School of Government，Harvard University，1999.

第6章

公共选择理论

【本章概要】

本章介绍的内容主要是运用经济学方法研究政治主题的非市场决策方法的公共选择理论。5.1主要对公共选择理论作概要性介绍，以便从总体上把握；5.2主要介绍个人的公共品偏好及其显示机制，主要为后面的投票及其政治均衡等内容作铺垫；5.3和5.4节着重介绍直接民主下的投票机制与政治均衡和间接民主制下的政党、利益集团、官僚和寻租理论；最后安排的内容主要围绕公共选择的建设性作用与我国的财政民主化建设展开。

【学习目标】

◆ 公共选择理论的含义及其发展历程；
◆ 个人公共品偏好的影响因素、显示机制及显示难题；
◆ 一致同意规则和多数票规则下政治均衡；
◆ 政党、官僚、利益集团和寻租理论。

在现实生活中，您是否注意到很多政策是通过政治程序来决定的？您是否还注意到对于通过的政策或方案，不同的人所持观点不一，从中获得的利益也不一致？本章的内容主要介绍的是用经济学分析工具和方法来为政治决策提供一个可供分析的模型与理论解释。

6.1 公共选择理论概述

20世纪70年代以来，凯恩斯主义对经济陷入滞胀缺乏合理的解释，此时西方经济学界在对其批评的基础上兴起一股自由主义复兴的思潮，公共选择学派即是其中的一派。

1. 什么是公共选择理论

在英语文献检索中，公共选择理论（Public Choice Theory）有多种称谓，如“公共选择”（Public Choice）、“集体选择”（Collective Choice）、“公共选择经济学”（Economics of Public Choice）、“新政治经济学”（New Political Economy）、“政治的经济学”（Economics of Politics）、“政治的经济理论”（Economic Theory of Politics）①。尽管其称谓多种多样，但

① 方福前．公共选择理论：政治的经济学．北京：中国人民大学出版社，2000：1.

在西方经济理论中，其定义表现了一定的趋同性。美国马里兰大学教授丹尼斯·缪勒（Dennis C. Muller）给出了一个较为全面的定义，他认为："公共选择可以被定义为对非市场决策的经济研究，或者简单地说是经济学在政治学中的应用。公共选择的主题是政治学的主题：国家理论、选举规则、选民行为、党派政治、官僚体制等。然而，公共选择的方法是经济的方法，公共选择的基本行为假定是：人是一个自私的、理性的、效用最大者……[①]"1986年诺贝尔经济学奖得主、公共选择学派重要代表人物布坎南（James M. Buchanan）认为："公共选择是政治上的观点，它是把经济学的工具和方法大量运用于集体或非市场决策而产生的[②]。"著名经济学家萨缪尔森也在其广为流传的《经济学》中表达了其与合作者对公共选择理论的看法，他们共同认为公共选择理论"是一种研究政府决策方式的经济学和政治学[③]……"从上述定义中，可以总结关键的两点：第一，从研究对象来看，公共选择理论研究政治的主题，它直接打破了经济、政治间的隔墙，从两者相互影响、相互依从的角度来理解政治市场中的非市场决策；第二，从研究方法来分析，公共选择理论运用的是经济学的研究方法，它试图在一个统一的分析框架内，用经济学的基本假说和分析方法来统一分析人在经济、政治两方面的行为。因此，可以概括地认为公共选择理论是运用新古典经济学的基本假说和分析工具来研究政治主题的一门界于政治学和经济学之间的新学科分支，是名副其实的"政治经济学[④]"。

2. 公共选择理论产生的时代背景

伟大的理论总是与伟大的背景密不可分，公共选择理论的产生也与其存在的背景有很大关联。亚当·斯密（Adam Smith）开创了一个时代，他崇尚自由放任，相信自由竞争和自由企业制度能够自动实现并保持供求的基本平衡，使得以经济自由为核心思想的"自然秩序"观念深入人心。但自1825年世界爆发第一次经济危机后，经济动荡和危机像"恶魔"一样打破了自由经济的美梦，20世纪20年代末、30年代初爆发的席卷整个资本主义世界的经济危机彻底宣告了自由放任市场经济的终结。危机的爆发使市场的自组织能力受到限制，促使人们重新认识政府与市场的关系，科学判断政府在经济发展和社会管理中的应有地位和作用。国家干预主义从外部性、市场失灵、公共品提供、垄断等问题出发，论证了政府干预经济的必要性，从而提出了"全面干预"型政府。然而到了20世纪70年代初，经济环境又发生了很大的改变，普遍的"滞胀（Stagflation）"使得凯恩斯主义陷入了理论困境，人们开始重新审视和挑战凯恩斯主义的权威地位。理论界兴起一股自由主义复兴的热潮，公共选择理论即是其中之一，这点从其特征即可看出。公共选择学派的基本特征是"强调个人自由，鼓吹市场机制，推崇新古典学派的经济思想，坚持自由放任，反对国家干预"[⑤]。

如果说国家干预主义在经济干预方面的失败是公共选择理论产生的现实时代背景，那么受新福利经济学的影响及当时对政府行为分析的理论缺乏则是公共选择理论产生的现实理论背景。在福利经济学研究中，庇古（A. C. Pigou）等主要致力于揭示市场机制的缺陷；伯格

① 缪勒．公共选择．张军，译．上海：三联书店上海分店出版社，1983：1-2.
② 布坎南．自由、市场和国家．吴良健，译．北京：北京经济学院出版社，1988：18.
③ 萨缪尔森，诺德豪斯．经济学．16版．北京：华夏出版社，1999：232.
④ 缪勒．公共选择．张军，译．上海：三联书店上海分店出版社，1983.
⑤ 王志伟．现代西方经济学流派．北京：北京大学出版社，2002：258-259.

森（A. Bergson）1938年开始就社会福利方面的研究发表论文（其主要观点是只有从个人的偏好次序推导出社会偏好次序，才能确定社会最大化的福利），后经阿罗（A. J. Arrow）的鼓动（提出了著名的"阿罗不可能定理"），一大批经济学家沿着前人开创的道路继续前进，社会上出现了一批探索社会福利函数或社会选择函数的各种性质的文献。所有这些文献集中讨论了加总个人偏好使社会福利函数最大化、已知单个选民偏好的情况下选择什么样的社会状态、在不同选举规则下对给定的偏好应该选择什么样的结果等问题[①]。所有这些都构成了实证公共选择理论的内容，可以说公共选择学派沿袭了福利经济学的部分研究内容。然而，在传统的经济学研究中，政府是一个事先假定不变的外生变量，政府的决策等政治程序是一个不可分析的"黑匣子"，经济和政治事实上被割裂为互不联系的两个部分。但是随着政府干预的加强和干预失败的出现，对政府行为的分析需要作深入研究，"经济政策的制定过程或者说政治过程[②]"也许是其中需要特别关照的领域。

在上述时代背景和福利经济学的直接影响下，对政府行为的研究越来越受到重视，公共选择理论就是在这种背景下产生的并将非市场决策作为自己的研究主题。

3. 公共选择理论的思想溯源

公共选择理论是20世纪50年代开始形成和发展起来的，但其思想却源远流长，可从3个不同视角来展示其源远的历史。

（1）经济学研究角度

公共选择理论的思想渊源最早可以追溯至18世纪法国数学家、哲学家和经济学家孔多塞（Marquis De Condorcet），他最早对"投票悖论"或"投票循环"进行了研究，而这些构成了后来实证公共选择理论的重要内容。"大陆"学者对公共选择理论的贡献也很大，其中林达尔（Erik Lindahl）对公共品理论影响较大；维克赛尔则对公共选择和公共财政理论有较大贡献，他把"政府看作是公民之间交换的某种补偿"[③]，公共选择学派的主要代表人物布坎南甚至认为"公共选择学派的每一次发展，都是在反思和推敲维克赛尔的理论观点基础上实现的"[④]；而庞塔雷奥尼（Pantaleoni）、德·维蒂（De Viti）、德·马尔科（De Marco）、萨克斯（Sax）等意大利公共财政学派的垄断专制国家模型、民主的或合作的国家模型及用来说明公共行动结构的边际价值分析方法，都为现代公共选择理论所接受，尤其是民主的或合作的国家模型。就经济研究角度来看，还不能忽视以亚当·斯密为代表的古典经济学派及美国芝加哥学派创始人弗兰克·奈特（Frank Knignt）的经济自由主义对公共选择学派的影响，前者在强调自由放任的同时也给予了制度、国家一定的重视，而后者认为经济学就是一门研究经济制度、社会组织怎样为有关的集体、为社会而运行的学科，所有这些都对公共选择理论产生了重大影响。

（2）政治学研究角度

19世纪在欧洲大陆流行的霍布斯（T. Hobbles）、洛克（J. Locks）等人的政治学说，尤其是社会契约理论中的自然法思想及有限政府学说，构成了公共选择理论国家学说的潜在

---

① 缪勒．公共选择．张军，译．上海：三联书店上海分店出版社，1983：2.
② 黄新华．公共部门经济学．上海：上海人民出版社，2006：51.
③ 缪勒．公共选择．张军，译．上海：三联书店上海分店出版社，1983：3.
④ 王志伟．现代西方经济学流派．北京：北京大学出版社，2002：261.

基础。美国马里兰大学教授丹尼斯·缪勒（Dennis C. Muller）在给公共选择理论下定义的时候曾说过这样一段话："……这就把公共选择纳入了至少始于托马斯·霍布斯和本尼迪克特·斯宾诺萨的政治哲学源流及始于詹姆斯·麦迪逊和亚历克西斯·德·托克维尔的政治科学源流的范围之中。"[①] 后来布坎南自身也认为"现代公共选择理论……是和传统理论或政治哲学的重要思想，即社会契约理论，密切相关的"[②]。

4. 实践的角度

现代公共选择理论认为个人在社会活动中主要是通过货币选票来进行经济决策，通过民主选票来进行政治决策。两者都以产权的实施为条件，以自愿交换为特征，不存在本质上的区别。美国开国元勋汉密尔顿和麦迪逊等人的联邦主义观点和宪法观点就符合这类政治决策的特点。因此，美国治国实践中的思想对公共选择学派的宪制经济理论产生了重大影响。

5. 公共选择理论的主要学派及代表人物

1）公共选择理论形成和发展的几个重要时期

公共选择理论的形成和发展经历了以下几个重要时期。

第一时期是兴起阶段（20世纪40年代末至50年代末）。在对公共选择理论的研究过程中，大家一致尊奉英国北威尔士大学的经济学教授邓肯·布莱克（Duncan Black）是"公共选择理论之父"，但对这一理论的兴起出现了两种不同的时间界限：一是以布莱克1948年发表的《论集体决策原理》一文作为公共选择理论兴起的开端；另一种观点则是以他1958年发表的《委员会和选举理论》作为公共选择理论兴起的标志。无论作何区分，布莱克开创了公共选择理论研究的先河。

第二时期是形成和日益扩大影响阶段（20世纪60年代至70年代）。布坎南和图洛克在这一时期为公共选择理论的最终形成作出了突出性贡献。他们以弗吉尼亚大学的研究经济学和社会哲学的托马斯·杰斐逊中心为主要基地发表了一系列研究成果，主张在进行经济分析时将政治因素纳入其中考虑。1962年，两人合著出版的《一致同意的计算：宪法民主的逻辑基础》被认为是公共选择理论的经典著作，为公共选择理论的最终形成奠定了有力基础。1969年，布坎南和图洛克在弗吉尼亚理工学院成立"公共选择研究中心"，并创办了被列为全世界30个最重要的期刊之一的《公共选择》杂志，至此公共选择理论在形成之后不断扩大其在国际上的影响。

第三时期是鼎盛时期（20世纪80年代）。公共选择理论对社会产生了极大的影响，越来越多的学者和政治家受到公共选择理论的影响。1982年，布坎南在乔治·梅森大学任教，"公共选择研究中心"也随之迁往于此，使其成为当时甚至现代公共选择理论研究的学术大本营，大部分公共选择理论的追随者也都云集于此，布坎南和图洛克成了公认的学术领袖。尤其是布坎南，通过先后近40年的研究，成为公共选择理论和非市场决策的经济研究方法的奠基人，他本人也因此于1986年荣获诺贝尔经济学奖。这标志着公共选择理论发展达到了鼎盛时期，公共选择也成了现代各国学者分析政府决策等问题时不可缺少的理论和方法。

2）公共选择理论的主要学派及其代表人物

根据研究方法和主要理论观点上的差别，公共选择理论一般可以划分为以下3个学派。

---

① 缪勒．公共选择．张军，译．上海：三联书店上海分店出版社，1983：2.

② 方福前．公共选择理论：政治的经济学．北京：中国人民大学出版社，2000：10.

（1）罗切斯特学派

顾名思义，该学派的大多数成员生活和工作在美国罗彻斯特大学，其成员包括赖克（William Riker）、奥德舒克（P. C. Ordeshook）、布拉姆斯（S. J. Brams）、赫里奇（M. J. Hinich）、阿兰森（P. H. Aranson）等，赖克是其领军人物。他们共同的特点就是偏好于用数理方法来研究政治学问题，并把实证的政治理论与伦理学区分开来。因此，他们的多部分研究内容都是理论性和抽象的，都试图以中立的态度来讨论政治问题，并认为其中的奥秘可以通过使用精确的统计方法建立起来的数理政治科学（Mathematical Political Science）来加以分析，所有这些主张常被批评者指责远离现实。

（2）芝加哥学派

公共选择理论中的芝加哥学派又称芝加哥政治经济学，它是公共选择理论中起步较晚的一个学派。1971年斯蒂格勒（George Stigler）发表的《经济规则理论》标志该学派的诞生，其成员包括贝克尔（G. S. Becker）、兰德斯（W. E. Landes）、波斯纳（R. A. Posner）、巴罗（Robert Barro）等。他们的共同观点是：经济学家可以观察、解释和描述历史过程，但不能影响历史过程；政治市场只不过是满足起决定性作用的利益集团成员再分配偏好的、技术上有效率的机制；政治市场是出清的而且意识形态不在政治市场运行中不起作用。尽管该学派的思想对美国司法活动有着直接的影响，但其所提出的见解既与弗吉尼亚学派的观点不同，同时也远离了弗里德曼的观点。

（3）弗吉尼亚学派

布坎南和图洛克的主要研究基地从最初弗吉尼亚大学的托马斯·杰斐逊中心到后来乔治·梅森大学的"公共选择研究中心"，始终没有离开过弗吉尼亚，学派也就因此而得名。可以说，它与公共选择中的芝加哥学派有点同宗共源的味道，但它更多的是来源于奈特和西蒙斯的经济自由主义思想。然而，弗吉尼亚学派并没有沿袭前人的研究习惯，他们一开始就反对传统的新古典经济学，也反对传统的政治学，同时还对福利经济学、凯恩斯主义等提出挑战，从而将自己置于西方经济学和政治学的异端地位。但是在漫长的研究生涯中，布坎南和图洛克始终坚持用经济学的方法和原则来分析政治、法律问题，坚持在"法律和制度"的社会结构之中来研究经济，从而使得弗吉尼亚学派成为公共选择学派中最具有影响力的学派。

公共选择学派除了上述3个学派外，还有一个叫做印第安纳学派，其领袖人物是一对夫妇政治学家文森·奥斯特洛姆（Vincent Ostrom）和埃利诺·奥斯特洛姆（Elinor Ostrom），他们的研究主题是个人自我利益与公有社会文化之间、政府强制与自愿合作之间的紧张而有趣的协调；他们接受理性人假说，但还承认个人除了经济利益外还有其他利益；同时，他们也是方法论上的个人主义者，但是又强调文化和制度在形成个人需要、社会权力恶化社会习俗方面的作用[①]。

【资料链接】

布坎南（James M. Buchanan，1919—）简介

布坎南是美国著名经济学家，公共选择学说的创始人，美国弗吉尼亚大学公共选择研究

① 布坎南．自由、市场与国家．北京：北京经济学院出版社，1988：18.

中心的教授和总负责人。1919 年出生于美国田纳西，1940 年获田纳西大学理学学士学位，1941 年获该校文学硕士学位。1943 年获芝加哥大学哲学博士学位。1955 年赴意大利研究欧洲公共财政的传统，为公共选择理论奠定基础。1956—1968 年任弗吉尼亚大学托马斯·杰斐逊政治经济学中心麦金太尔讲座经济学教授、主任。1962 年与图洛克等共同创建了公共选择学会。1963—1969 年任洛杉矶加利福尼亚大学经济学教授、主任。1963 年任南方经济协会会长。1969 年先后任弗吉尼亚工艺研究所和乔治·梅森大学公共选择研究中心的教授和主任。1972 年任美国经济学会副会长。1980 年任蒙特·派勒林学会执行委员会会员。

布坎南的突出理论贡献是：把政治决策的分析和经济理论相结合，并将经济分析扩大和应用到社会——政治法规和制度的结构选择上，在分析政治决策结构的基础上批评了凯恩斯的宏观经济政策，同时澄清了机会成本理论，批评了后凯恩斯主义的公债理论。由于布坎南是公共选择理论最重要的创始人之一，以及公共选择理论的主要传播者和杰出贡献者，1986 年，他被瑞典皇家科学院授予诺贝尔经济学奖。

布坎南的著述主要有：《个人投票选择和市场》(1954)、《同意的计算：宪法中民主的逻辑基础》(1962)、《外在性》(1962)、《民主进程中的公共财政》(1966)、《公共品的需求与供给》(1968)、《成本与选择》(1969)、《公共选择论：经济学的政治性效应》(与托列逊合著，1972)、《自由的极限》(1975)、《宪法契约中的自由》(1977)、《赤字民主：凯恩斯爵士的政治遗产》(与魏格纳合著，1977)、《市场、国家和道德范围》(1978)、《征税的权力》(1980) 等。

资料来源：法学评论网 . http：//www. fatianxia. com/corpus _ author. asp.

6.2　个人公共品偏好的表露机制

政府的功能之一就是为居民提供公共品，但是提供什么样的公共品则必须事前了解居民的偏好。然而，在公共品提供过程中，不存在一个类似私人市场中通过价格表露个人对公共品偏好的机制。本节的主要任务就是总结和描述如何通过一定的办法促使居民表露自己对公共品的真正偏好。

1. 个人公共品偏好的影响因素[①]

在私人品的消费中，可以通过效用的无差异曲线来描述人们对它的偏好。尽管不能详细地刻画单个人的公共品偏好特点，但可类似地借用无差异曲线来简单总结影响个人公共品偏好的因素。

财产的分布状态可以初步反映个人对公共品的偏好特点，不过此时反映的是群体特点。一般情况下，根据财产的分布，可以将人群分为穷人、中产阶层和富人 3 个主要群体。在其他情况不变的情况下，其偏好情况可以用图 6-1 来表示，也就是说，如果对其排序的话，富人比中产阶层和穷人更偏好较高的公共品开支，即 $P_{\text{富人}} > P_{\text{中产阶层}} > P_{\text{穷人}}$（$P$ 表示偏好）。

① 斯蒂格利茨 . 公共部门经济学 . 北京：中国人民大学出版社，2005：134-138.

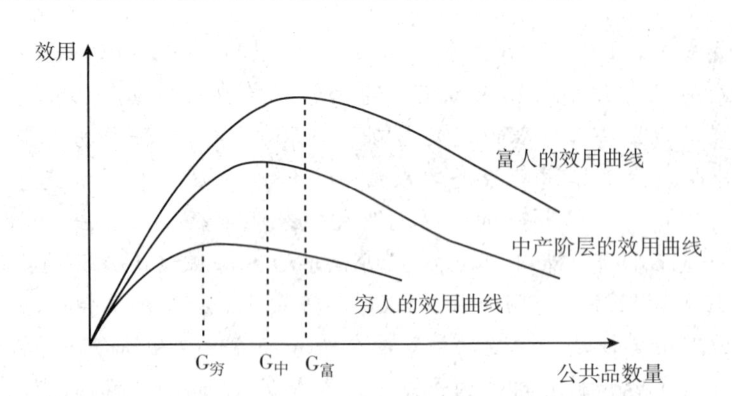

图 6-1　3 个阶层的公共品偏好

2. 税制因素

除了财产分布之外，个人对公共品的偏好还受税制的影响。政府如果用税收作为公共品融资，则不同的税制对上述 3 个群体的公共品偏好会产生不同的影响。在比例税制（Proportional Taxation）情况下，由于每个人都按相同比例纳税，收入越高其负担的税额可能越多，相反穷人所负担的税额就越少，甚至不用纳税而享用公共品。因此，出于自利，富人可能会偏好较低的公共品支出水平，而穷人则希望公共品的开支增加，如图 6-2（a）所示。但是，在统一税制（System of Uniform Taxation）情况下，由于每个人都面临同等的税收，因此这种税制对富人就可能具有累退性，然而对穷人则具有累进性的特点，在公共品偏好方面的表现自然是富人偏好高水平的公共品开支而穷人偏好低水平的公共品开支，即富人希望政府多增加公共开支来提供公共品，而穷人则恰好相反，如图 6-2（b）所示。

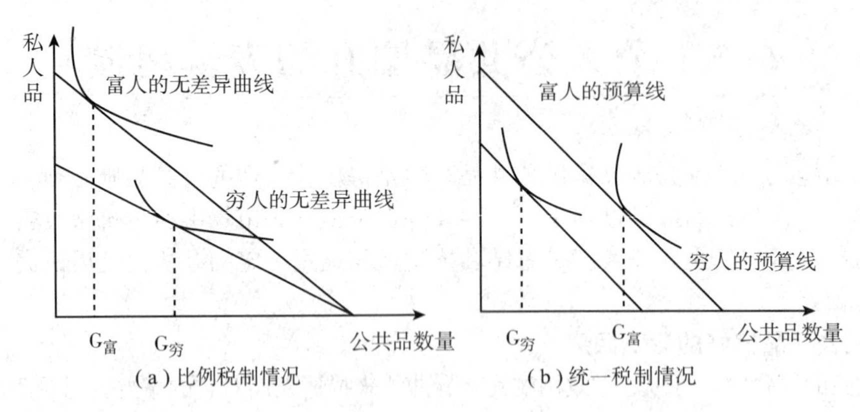

图 6-2　不同税制情况下穷人和富人的公共品偏好

3. 个人公共品偏好的显示难题

在私人品需求中，要形成需求必须同时具备偏好、价格和收入 3 个要素，其中偏好是指个人对物品的喜欢程度或者主观评价，通过价格机制个人对私人品的真实偏好就能准确无误地反映出来。同样地，要形成公共品的需求，事先也必须了解居民对公共品的真实偏好。然而，在公共品的供给中，理性的个人在真实表露自身偏好之前是会仔细斟酌的。

第一，公共品的两个重要特征使得居民会斟酌表露自己对公共品的真实偏好。按照萨缪尔森的定义，纯粹的公共品可定义为 $X_j=X_j^{i}$，即这类物品不仅具有消费上的非竞争性，同

时还具有消费上的非排他性。如果用非扭曲性税收为其融资的话，公共品的提供水平必须满足萨缪尔森条件，即

$$\sum_{i=1}^{n} \mathrm{MRS}_{g,x}^{i} = \mathrm{MRT}_{g,x} \tag{6-1}$$

其中，g 为公共品，x 为私用品；$\mathrm{MRS}_{g,x}^{i}$ 为 g 公共品与 x 私用品之间的边际替代率，$\mathrm{MRT}_{g,x}$ 为 g 公共品与 x 私用品之间的边际转换率。

要满足这一条件还需要两个基本条件：一是存在一个万能的管理当局；二是消费者表露自己对公共品的真实偏好。然而，由于是公共品，人们一般斟酌表露自己的偏好，因为大家都愿意成为"免费搭车者"，而管理当局又没有足够的信息甄别，从而使居民逃避了真正的税收负担，人们隐藏其真实偏好有利可图。

第二，公共品供给中不存在一个类似私人品供给中的价格机制来显示个人对公共品的真实偏好。在私人品供给中，通过价格可以反映人们的多样性偏好，但是在公共品供给中，人们一来会有隐瞒自己真实偏好的趋向，另一方面即使表露了自己的真实偏好，也面临着偏好加总的难题。社会中不仅要存在诱使人们显示其真实公共品偏好的机制，同时还必须存在对人们真实偏好加总的机制。

4. 个人公共品偏好的显示机制

个人公共品偏好显示缺乏激励将会导致公共选择结果偏离帕累托最优。因此，公共选择理论家也一直致力于探求如何设计可靠的机制来显示人们可靠、真实的公共品偏好，这里介绍 3 种个人公共品偏好显示机制。

（1）汤普森购买保险显示偏好

伊尔·汤普森①于 1966 年设计了一种显示偏好的机制，其基本做法是：为了防止最不赞成的方案获得通过，个人可以通过购买保险来显示其对公共品的偏好。如果他们偏好的方案获得通过，则他们从方案中受益；如果方案没有通过或者他们不偏好的方案获得通过，则他们可以从政府支付的保险费中获益。为更清楚这一程序的运作原理，下面直接引用伊尔·汤普森的例子②。

假定政府现宣布一项关于兴建新小学的提案 P，则相对于新提案 P，如果新提案 P 没有通过的方案被称为维持现状方案 S。基于民意调查，政府同时宣布提案 P 通过的概率为 p，并以美元 p 的价格出售防止新提案 P 通过的保险，以每美元 $1-p$ 的价格出售防止维持现状方案 S 通过的保险。

进一步，假定人们都是风险规避者，那么每个人都有动机去购买防止他自身偏好的提案失败的保险。所以，如果个体 J 预期新提案 P 通过将比维持现状方案 S 通过给他带来 W 的福利，并且他还相信政府公布的获胜概率分布，那么个体 J 就有足够的动力去购买 W 的保险来防止维持现状方案 S 获得通过。推而广之，如果所有选民都照此行动，则一项提案获胜所付出的保险赔偿额一定会等于另一项方案失败时所有选民放弃的收益总和。

政府选择提案的原则是支付最小保险赔偿，这样可保证政府从其保险出售业务中获得剩余。为更好理解这一点，再假定 $\sum V_i$ 为方案 P 获胜时的保险赔偿，而 $\sum W_j$ 则是 S 通过时

---

① THOMPSON E A. A pareto optimal group decision process//TULLOCK G. papers on non-market decision making. Charlottesville：University of Virginia，1966：133-140.

② 缪勒．公共选择．张军，译．上海：上海三联书店，1983：68.

的保险赔偿，政府出售保险的收益可以表示为

$$R = p\sum V_i + (1-p)\sum W_j \tag{6-2}$$

如果 $\sum V_i > \sum W_j$ ，意味着选择P失败的人数多于S失败的概率，也就是说选民赞同S获得通过，政府也就宣布S获胜并向赞同P通过的选民支付保险赔偿，此时政府净收益为

$$R_{净} = p\sum V_i + (1-p)\sum W_j - \sum W_j \tag{6-3}$$

反之，如果 $\sum V_i < \sum W_j$ ，意味着选择S失败的人数多于P失败的概率，也就是说选民赞同P获得通过，政府也就宣布P获胜并向赞同S通过的选民支付保险赔偿，此时政府净收益为

$$R_{净} = p\sum V_i + (1-p)\sum W_j - \sum V_i \tag{6-4}$$

综合上述两种情况，无论结果如何，在此决策规则下进行的选择结果都是帕累托最优，因为赞成获胜提案的人们得到的利益超过了他们为防止其他提案获胜所支出的保险金，当然，反对者也从政府支付的保险赔偿中获得了补偿，政府从中也获得了差额 $\left|\sum V_i - \sum W_j\right|$ 。凭借这笔盈余，政府可以一次性分配给全体选民，从而保证参与这一程序中的每个人的状况都得到改善。

显然，汤普森购买保险的公共品偏好显示机制事实上是为公共品建立了一个类似私人品的虚拟交换市场。在这种交换中，所有人都拥有同等的信息，而且政府被假定为诚实可靠的。

（2）需求—显示过程

借助于向人们征收某些税款来引诱他们显示对公共品的需求或者近似需求的思想最早在威廉·维克里的著作中描述过，但他并没有将这一程序应用到显示对公共品的偏好中去。对这一程序潜在含义作进一步发挥的是由克拉克（Edward Clarke）、格罗夫斯（Theodore Groves）等创立的需求显示方法。

要理解这一程序如何发挥作用，还需考察提案P与S间所进行的公共选择过程。现假定一个3人委员会（由A、B、C组成）对提案P与S进行选择，各自偏好由表6-1给出。

表6-1 3人委员会的偏好表①

方案 选民	P	S	税收
A	30		20
B		40	0
C	20		10
合 计	50	40	30

这一过程首先要求选民将他们从其偏好提案获胜中预期获取的利益用货币表现出来，然而对各方案的货币利益进行加总，货币量最大的即为最后公共选择的结果。如表6-1所示，A希望能够从获胜的提案P中获取30单位的利益，C也抱此希望并能获得20单位的利益，

① 资料来源：缪勒．公共选择．张军，译．上海：上海三联书店，1983.

但 B 却希望 S 获胜并为此获取 40 单位的利益。显然，方案 P 的预期利益大于 S 的预期利益，社会对 P 的偏好强于对 S 的偏好。为了实现这个选择结果，政府所设计的策略是：为完成方案所需要的税收取决于选民所做出的回答及他们投票对最终结果的影响，也就是说选民是否需要纳税决定于其投票是否能改变选择结果。在表 6-1 中，A 如果不参与投票，则最终结果会是 S 提案，它能给 B 带来 40 单位的收益，给 C 带来 20 单位的预期损失，则两者的净收益为 20 单位（40－20），A 必须承担这笔成本；如果 C 不参与投票，则最终结果会是 S 提案，它能给 B 带来 40 单位的收益，给 A 带来 30 单位的预期损失，差额 10 单位必须由 C 承担。但是如果变成 B 放弃投票，则 B 的行为不会改变投票结果，获胜的始终是提案 P。因此，B 就不必承担税收。因此，在这种机制中，投票人都面临着利益动机和风险约束，他们的最优策略就是真实显示自己对公共品的偏好。但是随着参与投票人数的增加，其管理成本也逐渐增加，同时这种机制中也存在合谋的情况。倘若如此，这个需求显示过程也可能无法准确地反映选民的公共品偏好。

（3）否决投票

否决投票的基本要义是每个投票人提出一个方案并且每个投票人对别的提案只享有单一否决权。其程序可分为两个基本步骤：一是每个人对所要讨论的问题提出一个提案，这样如果委员会有 n 个人组成，则加上原始提案，合计 $n+1$ 个提案；二是行使否决票，首先利用随机过程来决定投否决票的次序并向所有成员公布，其次按照投票次序每个人对其最不偏好的提案行使否决权，这样经过 n 轮投票之后，剩余的结果就是公共选择的提案。

为清楚这一过程，考察这样一个例题。现有一块公共地将要有某种用途，由 3 人委员会 A、B、C 来决定其最终用途。A 提议（P）建小学，B 提议（G）建花园，C 提议（F）建足球场，最后一种提案（S）是放弃使用该公共地。任何一个投票者要使其提案通过，他必须使其他两个投票者反对剩下的那个提案和现状提案。因此，他必须保证至少一个投票者得到比现状更大的收益，而且另一个投票者得到比剩下的提案更大的收益，假定其获益情况如表 6-2 所示。

表 6-2　提案的排列及其获益情况表①

提案 \ 选民 \ 净收益	投票者		
	A	B	C
F	10	10	50
G	15	25	15
P	25	20	20
S	0	0	0

进一步假定随机程序所确定的投票次序是 C、B、A。从表 5-2 可知，C 的偏好是 F，但他不能保证其不被否决，他现在最安全的策略是先否决 G，因为这个提案给他带来的收益最小。现在 B 开始行使否决投票权，他面临 3 种提案（F、P、S），其对应的收益是（10、20、0）。类似地，B 的安全策略是淘汰 S。最后将由 A 在提案（F、P）间进行投票，自然 A 将淘汰 F，剩余的 P 提案即为公共选择结果。遵照随机确定投票次序的方法，投票次序将有 6

① 资料来源：缪勒．公共选择．张军，译．上海：上海三联书店，1983.

种任意组合，其中提案P将有5次获胜的机会。按照缪勒的分析，如果3人委员会仅仅召开一次会议来决定提案，则投票人就可能尽量为自己提供尽量多的利益，同时正好超过其他提案为其他投票人所能保障的利益。如果委员会开多次会议，那么将会出现一组成员之间相互竞争去把为自己设计的获益让他人分享的趋势。积极考虑其他成员的利益并真实表达自己的公共品偏好，这就是否决投票法的优点。当然，当投票人数增加且存在勾结时，最优的集体选择结果可能就不是最优了。

6.3 政治均衡与投票规则

公共品偏好显示难题的出现迫切需要设计一些制度或机制来诱使人们说真话，5.2节介绍了3种偏好表露的方法。但是这些方法不具有普遍适应性，如果将范围无限放大，上述3种方法都不可避免地会带来应用上的困难。因此，如何最一般地反映和加总人们的偏好并据此作为公共品供给决策的主要依据，就成了理论和实践中需要着重解决的问题。

1. 政治均衡

在私人品供给中通过价格机制可以很方便地识别个体的物品偏好，然而公共品的供给不存在类似机制，研究表明投票是表露和加总个人公共品偏好的一种较为合理的方法。当然，不同的加总规则可能导致不同的均衡结果。所谓的政治均衡是指人们（投票单位）在一定的投票规则下就一种或多种公共品的供给及其成本分摊达成的一致协议。显然，能否取得令人满意的政治均衡结果是多种因素影响的结果，如个体（投票单位）对公共品收益及成本的对比（收益的分布状况）、参与者掌握的信息程度等。对于参与投票的个体（投票单位）而言，如果该项公共品给他带来的边际收益大于或等于他所承担的成本，那么他投赞同票是合理的。如图6-3所示，MB_i是投票个体对公共品给他本身带来的边际收益的主观评价，而t_i则是其必须为此公共品所承担的成本分摊（这里假定用税收来表示）。在A点，投票的净收益最大，均衡实现条件是$\mathrm{MB}_i=t_i$。而在Q^*左边，尽管投票人也投赞同票，但净收益小于Q^*时的净收益，但在Q^*右边，投票人境况明显变坏。因此，最优均衡点落在A处，即提供Q^*的公共品对个体投票者来说是最合算的。

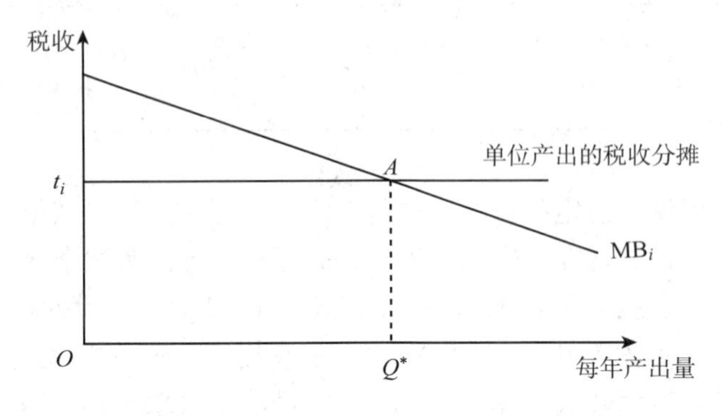

图6-3 投票个体（投票单位）理想的政治均衡结果

然而，在对图5-3投票过程分析时，事先假定投票人对公共品生产成本及收益拥有完全信息。但事实上，获取公共品生产成本的信息及依此评价自身的收益是很难的。因此，最令人满意的政治均衡结果还直接取决于公共选择过程中的投票规则。

2. 投票规则

投票规则不同导致的均衡结果也不相同。在现代民主制度下，公共选择的主要投票规则包括一致同意规则和多数票规则。

1）一致同意规则

一致同意规则是指一项决策或者议案，须经全体投票人一致赞同，没有任何一人反对，才能获得通过的一种投票规则，有时也可称为一票否决制。在多数学者设计的关于公共品提供与成本分摊的一致同意投票规则过程中，它是通过3种具体操作办法实施的。第一种方法是由主持人不断修改并叫出每一个当事人对每一笔公共品开支应分摊的成本（假定为税收，则其分摊的成本为税收价格）。在主持人叫出税价时，当事人将根据其收入和偏好给出自身的公共品需求并将其真实显示出来，通报主持人。显然，在不同的税价下，不同的人会有不同的公共品需求，主持人不断根据反映上来的需求调整税价，直到所有人都同意为止。此时，全社会必然出现一个税价结构对应相同的公共品需求，从而达到“林达尔均衡”。第二种方法是主持人不断修改并通报所提供公共品的数量，当事人根据自己的收入和偏好程度显示税价，过程中止于总税价与公共品总开支成本相等的点。第三种方法则由主持人确定税价结构和公共品数量结构议案，并将其提供给当事人投票，达不到一致同意则进行修改，直到一致同意通过为止。显然，它的均衡结果存在多种可能性，而前面的两种情况只有一种均衡结果。

无论是多种还是一种均衡结果，只要在一致同意规则下达到了均衡，那么这种均衡就必然符合帕累托最优。为进行具体说明，考察一个只有两个人（A、B）和一种公共品（G）的情况。假定个人的初始收入分别为Y_A、Y_B，t和（$1-t$）为A、B享用公共品而分摊的税价，其效用函数分别表示为$U_A(X_A, G)$和$U_B(X_B, G)$，则个人在其总预算约束下所能购买的私人品数量为

$$\begin{cases} X_A = Y_A - tG \\ X_B = Y_B - (1-t)G \end{cases} \tag{6-5}$$

将式（6-5）代入个人效用函数表达式，可以得到由G和t定义的关于A、B的效用函数

$$\begin{cases} U_A = U_A(Y_A - tG, G) \\ U_B = U_B(Y_B - (1-t)G, G) \end{cases} \tag{6-6}$$

对式（6-6）就G和t求全微分，得

$$\begin{cases} \Delta U_A = \frac{\partial U_A}{\partial X}(-t)\,dG + \frac{\partial U_A}{\partial G}dG + \frac{\partial U_A}{\partial X}(-G)\,dt \\ \Delta U_B = \frac{\partial U_B}{\partial X}(-1+t)\,dG + \frac{\partial U_B}{\partial G}dG\,\frac{\partial U_B}{\partial X}(-G)\,dt \end{cases} \tag{6-7}$$

再令A、B的效用变化等于零，则各自的效用无差异曲线的斜率为

$$\begin{cases}\left(\dfrac{\mathrm{d}t}{\mathrm{d}G}\right)^{A}=\dfrac{\partial U_{\mathrm{A}}/\partial G-t\partial U_{\mathrm{A}}/\partial X}{G(\partial U_{\mathrm{A}}/\partial X)}\\ \left(\dfrac{\mathrm{d}t}{\mathrm{d}G}\right)^{\mathrm{B}}=\dfrac{\partial U_{\mathrm{B}}/\partial G-(1-t)(\partial U_{B}/\partial X)}{G(\partial U_{\mathrm{B}}/\partial X)}\end{cases} \tag{6-8}$$

令式（6-8）相等，即其无差异曲线的斜率相等，经整理可得到

$$\frac{\partial A_{\mathrm{A}}/\partial G}{\partial U_{\mathrm{A}}/\partial X}+\frac{\partial U_{\mathrm{B}}/\partial G}{\partial U_{\mathrm{B}}/\partial X}=1 \tag{6-9}$$

式（6-9）符合萨缪尔森条件，说明在一致同意规则下它可以保证大家福利都不变坏的前提下至少使一个人的情况变好，从而实现资源配置上的帕累托效率。然而，就是这样一种看似最优的公共选择规则也不可避免地带来了缺陷：第一，一致同意规则将带来较高的决策成本或者政治交易成本，当决策单位较小时，这种规则可以实现萨缪尔森最优条件，但投票人如果无限扩大，则偏好的差异将使议案达到一致协议的成本和困难加大；第二，一致同意规则可能会导致投票人的策略性行为，在上述介绍的 3 种一致同意规则操作方法时，假定投票人真实地反映其偏好，但在现实生活中，投票人的心理往往是，即使自己的情况不能变好，那么别人的利益也不能增加。因此，它尽可能地反对于己不好而于他人较好的议案，这就是投票人的策略，尤其是当投票人意识到它将要投反对票时，他就可能会利用这种权利来敲诈和威胁希望通过议案的投票人，并从中牟取利益。

2）多数票规则

既然一致同意规则很难达成一致协议，那么在实际应用中一般采用多数票规则。所谓多数票规则，是指一项议案或决议须有半数或半数以上（大于等于 $N/2$）投票人支持才能通过的一种投票规则。它可以分为简单多数票规则和比例多数票规则，前者是指只要赞同票超过半数，议案就可通过；而后者一般是指赞同票必须高于半数以上的相当大的比例，议案才能通过，它又可分为 2/3 多数票规则、3/5 多数票规则、4/5 多数票规则等。

（1）投票悖论

在多数票投票规则下是否一定能选出最佳议案或方案，答案其实早在 18 世纪就有了。法国数学家、哲学家和经济学家孔多塞（Marquis De Condorcet）最早证明了在多数票规则下的多个备选议案是不可能达成均衡的，而是出现投票结果循环，后人称此为“孔多塞悖论”或“投票悖论”。下面用实例加以说明。

假定有 3 个议案 A、B、C，现在由 3 人甲、乙、丙对其进行投票，各自的偏好如表 6-3 所示。

表 6-3 投票者的偏好

投票者偏好	投票者		
	甲	乙	丙
第一	A	B	C
第二	B	C	A
第三	C	A	B

假定对议案 A、B 进行投票，甲的选择是 A，乙选择 B，丙尽管偏好 C，但在 A、B 之间，他会选择 A，这样 A 在多数票（2/3）规则下将以 2∶1 胜出。显然，在任意两两议案

间进行选择，将总会有一个结果。但是如果在3个方案中进行选择的话，结果则是循环的，因为在A、B之间投票，A胜出；在A、C间投票，C胜出；而在B、C间投票的话，结果却是B，各自胜出的比例都是2∶1。因此，要在3个方案中选择一个大家都认同的方案是不可能的，议案A、B、C三者已经陷入了循环状态。

（2）阿罗不可能定理

上述多数票规则下投票循环的结论是：如果将投票人和投票议案分别放宽到N、M时，均衡结果就不是唯一的。那么现在的问题是如果要取得唯一的均衡结果，是否存在一种政治机制或社会决策机制能够消除投票循环？阿罗的研究结论是：不可能存在一种能够把个人对N种备选议案的偏好次序转换成社会偏好次序并准确表达社会全体成员的多样性个人偏好的社会选择机制。简单地说，就是在一般的条件下，要将个人偏好转换为社会偏好是不太可能的，这就是著名的“阿罗不可能定理（Arrow's Impossibility Theory）”，也称“阿罗悖论（Arrow Paradox）”。为进行论述，阿罗在其著作《社会选择和个人价值》（1963第二版）给出了民主社会中公共选择必须满足的5大条件。

① 条件1：自由三选择原则，即如果社会给出一组议案（至少3个），个人可以依据自身的偏好对议案进行排序。

② 条件2：社会选择与个人价值正相关。社会福利函数能够使社会排序对个人价值观的改变作出正向的反应，至少不会是逆向反应。即如果存在n个人对X、Y议案进行选择，并且多数人选择X＞Y，少数人选择X＜Y，那么社会选择的结果必然是X＞Y。此时，如果少数人中的单个人改变偏好，也选择X＞Y，那么社会选择的结果仍然是X＞Y。

③ 条件3：不相关的对象具有独立性。在一组可选择的社会状态方面所进行的社会选择仅仅依赖于关于这些可选择对象的个人偏好次序，而不依赖于任何其他东西。例如，要在议案X、Y间进行选择，X与Z或Z与U间的关系不能改变对X、Y的偏好排序。

④ 条件4：自由选择。所有社会选择都应该由个人意愿来确定，社会不能强加或胁迫个人选择。

⑤ 条件5：非独裁性。社会选择不受某些个人偏好所左右，个人偏好不能强加变为社会偏好；尤其是权威人士的喜好趋向，不能强加作为整个社会公共选择的结果。

多数票规则的目的就在于通过这一规则将个人偏好转化为社会偏好，但阿罗不可能定理却令人困惑。社会需要公共品，但需要什么及需要多少公共品，阿罗认为没有一个合理的机制能够显示这种唯一的结果。这里需要强调的是，阿罗的意思是在多数票规则下并不是不能达成一致协议，而是指不能达成唯一均衡的协议。

（3）单峰偏好与多峰偏好

既然多数票规则不可能找出唯一的结果，那么究竟是什么原因阻止唯一均衡结果的产生呢？有人认为改变表决程序就可避免投票循环，也有批评者认为阿罗约束条件太严格导致了投票循环的发生。

从表决程序来说，只要对两两议案进行投票，选择票多者与下一个比较，依次相比，最后结果肯定是唯一的，这种结果被称为“孔多塞获胜者”；也有人认为由投票人对议案依据自己偏好进行排序，然后根据顺序计分（称为“博尔塔计数”），获点数最多的议案为最终获胜者；还有一种程序改变的方法是与第一种方法相反，它将两两议案进行对比，淘汰一个，将胜出者与下一个进行比较，依此下去，最后剩下的即为胜出者。表决程序的改变可以产生唯一的均衡结果，但是当表决程序被操纵时，社会选择的均衡结果就可能不是社会偏好的真实反映，这是其主要缺陷。

有经济学家认为投票悖论的发生是由于在一维空间内投票人偏好的多峰性，因此投票人偏好峰性的不同也可能导致均衡或不均衡。“公共选择之父”邓肯·布莱克认为对个人偏好施以某种限制，“孔多塞投票循环”就可避免，均衡结果也就可能出现。在这里，所称偏好限制，指的就是个人偏好的单峰性。所谓单峰偏好（Single-peaked Preferences）是指个人在一组按某种标准排列的备选议案中，对其中的一个议案偏好程度最高，对其他议案的偏好程度都低于对这个议案的偏好程度，即离开这个议案后，无论朝哪个方向运动，其偏好程度是递减的。而多峰偏好（Multi-peaked Preferences）指的是当个人偏离其最偏好的议案之后，开始时其偏好程度会下降，但当沿着同一方向持续移动下去时，其偏好程度会逐渐上升。为更好地理解其含义，继续采用表 6-3 的数据，并在一维空间内将其偏好用直线连接起来，其结果如图 6-4 所示。

图 5-4 中，甲、乙两个投票者的偏好为单峰偏好，它们的特点是在离开偏好程度最高的议案时，其偏好程度是一直下降的；但丙为多峰（双峰）偏好，因为在离开 A 后，其偏好程度下降，并在 B 后，其偏好程度开始加强，并在 C 达到最高（或在离开 C 后，其偏好程度下降，并在 B 后，其偏好程度开始加强，最终在 A 达到次高）。现在重新回到表 6-3 的投票结果，这是一个典型的投票循环，其原因就在于投票者丙存在多峰（双峰）偏好。显然，如果都为单峰偏好，投票循环或悖论就可避免了。如图 6-5 中，按照多数规则，议案 B 将以 2∶1 胜出。

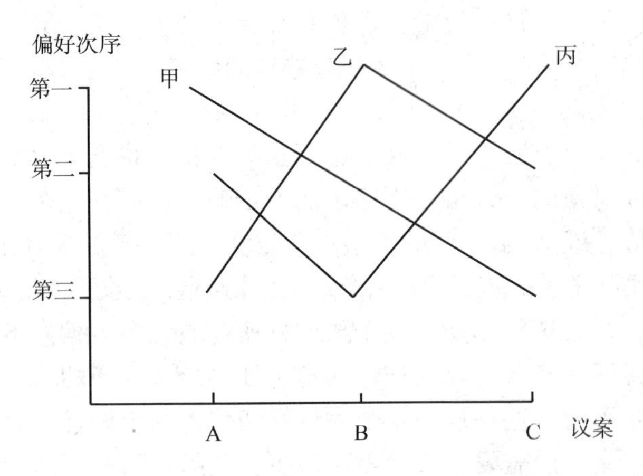

图 6-4　表 6-3 所示投票者偏好的一维空间几何表示（多峰偏好）

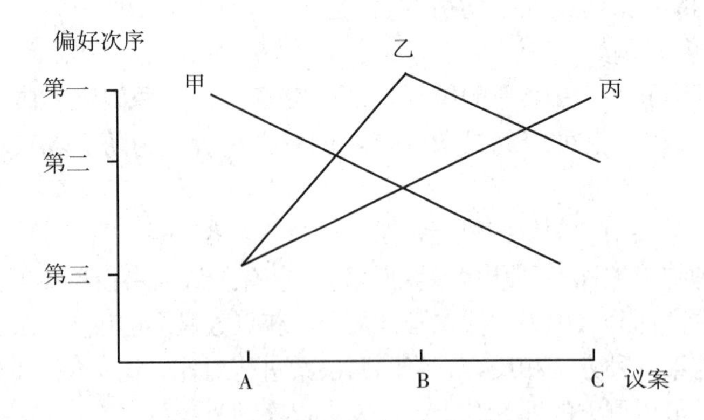

图 6-5　表 6-3 所示投票者偏好改变后的一维空间几何表示（单峰偏好）

现在，可能有人会产生这样的疑问：多峰偏好是如何产生的呢？经济学分析表明，由私人品替代公共品集体选择（如电影院票价如果定得太高，人们一般会在家里看电视或者影碟，从而不会偏好修建电影院）、议案不能在一维空间内进行排序等原因都可能导致多峰偏好。

（4）中间投票人定理

只要投票者的偏好是单峰的，那么在多数票规则下就必定会出现唯一的均衡结果，而且这个均衡结果与中间投票人的第一偏好正好相等，这就是中间投票人定理（The Median Voter Theory），也可以称为“布莱克定理①”。所谓的中间投票人是指其偏好位于所有选民偏好序列中间的选民。因此，当选民人数为偶数时，可能会出现两位中间投票人（究竟是谁的偏好会是公共选择的集体需要选择）。

如图 6-6 所示，5 位投票人的偏好都为单峰偏好且投票人数为奇数，因此投票人 V_3 偏好即为最终公共选择的结果。

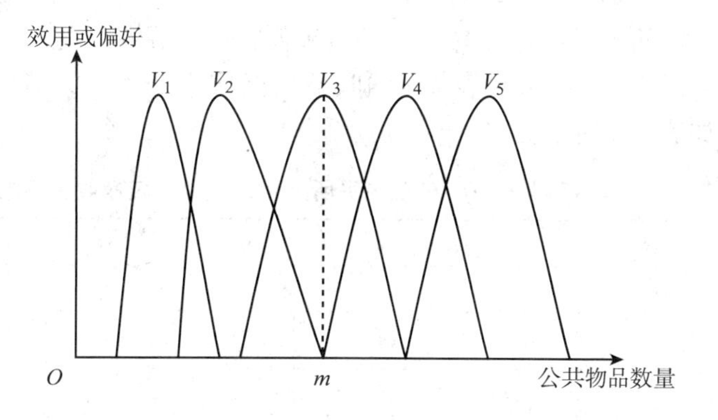

图 6-6 中间投票人偏好峰值等于选择结果的情况

（5）投票交易

多数票规则能够反映投票人的偏好次序，但无法反映投票人的偏好强度，弱偏好与强偏好可能最终排序一样，但事实上的偏好强度差异很大。互投赞同票的投票交易制度给人们提供了表达其偏好强度的机会，同时也照顾了少数人的利益。然而，对于这种投票交易制度，人们对其褒贬不一。支持者认为这种制度的存在能有效促进公共品的提供，也能通过投票交易建立一种稳定的均衡，因此隐藏于投票背后的妥协是民主社会中不可缺少的东西。反对者认为，互投赞同票的投票交易制度可能会导致特殊利益集体获利，而且获利不足抵消损失，同时还可能催生一些无效项目。为进行详细说明，以数字例子说明。

假定一社区正在筹建 3 个项目：医院、图书馆和游泳馆。该社区有 3 位选民：A、B、C。表 6-4 给出了各项目对每位选民所产生的效益。

① 中间投票人定理首先由布莱克提出，具体可参见：The Theory of Committees and Elections（Cambridge University Press，1958）. On the rational of group decision making. Journal of Political Economy，1948（12）：23-34.

表 6-4　3 项目对 A、B、C 三选民所产生的效益（正净收益情况）

项　目	选　民			净收益
	A	B	C	
医院	200	−50	−55	95
图书馆	−40	150	−30	80
游泳馆	−120	−60	400	220

如果不存在投票交易制度，在初始的投票过程中，A 会选择医院，但 B、C 反对，因为给他们带来的是负效益；同理，B 选择图书馆、C 选择游泳馆的情况下，其他两位选民都会投反对票。最后可能会没有结果。

现在针对上面的情况引入投票交易制度，假定 A 同意：如果 B 同意建医院，那么他也同意建图书馆，结果两人的福利都改善了，A 获利 160（200−40），B 获利 100（150−50）；同理，A 与 C、B 与 C 间也可以作交易，最终结果使得 3 项目都通过了，而这正是大家所期望的。“共赢”固然是好，但如果对表 6-4 的收益情况作一变动，其结果又会发生什么样的变化呢？变动结果如表 6-5 所示。

表 6-5　3 项目对 A、B、C 三选民所产生的效益（负净收益情况）

项　目	选　民			净收益
	A	B	C	
医院	200	−110	−105	−15
图书馆	−40	150	−120	−10
游泳馆	−270	−140	400	−10

在初始不存在投票交易制度的情况下，3 个项目都不可能会被通过。现在假设引入互投赞同票的投票交易制度，与正净收益情况相同，A、B、C 两两之间可作类似相同的投票交易，结果使得负净效益的项目全部获得通过。通过上述一个例子的两个方面，可以知道互投赞同票既能改进社会福利，同时也可能降低社会福利，其中项目的性质及其效益情况至关重要。

6.4 政党、利益集团、官僚及寻租

在现实生活中，由投票人直接对议案进行选择的场合是非常有限的。如果有较多的议案需要选择并且参与其中的选民也很多的话，直接民主制似乎变得不太可能，正如缪勒所说“即使政治组织小到足以使所有个人聚到一起来辩论和决定 500 个议案，对每个人来说，也不可能对每个议案都发表自己的哪怕是相当简单的观点。……当政治组织大到无法集中在一起时，就必须利用某些手段选出代表[①]”。在现代西方民主制度下，代议制就是与直接民主制不同的一种

① 缪勒．公共选择．张军，译．上海：上海三联书店，1983：97-98.

集体决策方式，它由投票人选出代表，再由代表对候选人、议案等决定选择行动。本节的主要内容就是对代议制下较核心的政党、利益集团、官僚及寻租理论进行梳理和分析。

1. 政党与选民

1）选民行为特点

选民参加选举，其直接的判断是计算成本和收益，因为在参与过程中，其必然有收集信息等成本，只有将来收益大于目前的成本，他投票才是合算的。在西方经济学中，选民行为得到了相当的重视，一般文献中都把选民的决策函数表示为

$$R=BP-C+D$$

其中，R 为选民的行为，B 为这一行为的潜在利益，P 为采取行动后利益自动增加的概率，C 为该行为的成本，D 为补偿该行为的私人利益。

选民的行为取决于 R 的大小及正、负情况，而 R 与 C 有着密切的关系，搜寻成本过大，边际收益太小，选民则无刺激进行投票。因此，现实中会出现大量投票方面的“免费搭车者”，因为他们认为选举不会对自己产生任何影响或者认为自己的投票不可能对选举产生任何影响，他们就没有足够动力去搜寻有关投票的信息并据此投票，从而拒绝此类政治参与活动。因此，为防止此类“理性无知选民”的投票“免费搭车”行为发生，很多国家以法律的形式来明确其政治参与的义务性。

2）政党目标

公共选择的基本假说是：人是理性的，是于醉心于效用极大化的经济人。政党是由相同政治主见的人组成的势力团体，基本假说也适用他们。在多数票规则下，政党的直接目标就是赢得选票，从而当选执政。安东尼·唐斯认为“各党制定政策是为了赢得大选而不是赢得大选为的是制定政策[①]”。因此，为了赢得选票，政党通常要对提交投票的议案施加影响，对实际均衡结果产生影响。因为对于个体投票者而言，他是否投票的依据是其自身的收益与公共品的成本分摊是否对称，但能否获得真实信息是很困难的，政党的作用就在于将公共品的利益巧妙地进行组合并将其成本分散到多数人身上，从而在赢得多数选民的同时也赢得少数选民，从而赢得大选。因此，有人认为从某种意义上说，“政党在投票中的作用，就像是促成投票者之间达成投票交易的经纪人”[②]。因此，按照前面的中间投票人定理，政党的政策只要符合中间人的意愿就可能赢得大选。当然，选民的选票是政党获胜的关键，但选票不是政党获胜的唯一因素，其他很多因素也可能左右最终选举结果。

3）两党竞争模型

两党制是西方国家中较为常见的一种民主制度，那么在这种制度下，两党是否存在竞争，其政策是如何形成的？由于这问题与选民的偏好有很大关系，因此政党政纲的形成还取决于选民偏好的分布状况（其前提是政党只能就一个问题发表自己的看法）。

（1）单峰偏好且分布对称下的竞争

所谓选民偏好单峰并且呈对称分布是指选民所偏好的政党分布中众数（代表最佳立场的投票人最多）与中位数（中间投票人）重合在一起。投票人在投票过程中，有可能会因为候

---

① 缪勒．公共选择．张军，译．上海：上海三联书店，1983：97-98.

② 谢秋朝，侯菁菁．公共财政学：上．北京：中国国际广播出版社，2002：64.

选人的立场与自己的立场差距太大而不投票，也有可能因为政党间的立场无差异也不去投票，前者叫做疏远效应，后者叫做无差异效应。如图 6-7 所示，这是典型的单峰偏好且分布对称下的两党竞争，若投票正常进行，不存在疏远效应和无差异效应，那么中间人立场必定是两党的政纲。现在如果考虑这两种效应，中间投票人定理是否成立呢？首先考虑政党 B，与 D 相比，它能获得 AC 区间的选票，因为比 A 更左的人会因为疏远效应不来投票，比 C 更右可能会去投 D 的票，也可能 B、D 的票都不投。当 B 向 C 靠近时，它将获得 BD 间的选票而丢失 AB，显然由于众数的原因，得到的票将比失去的票多。换句话说，如果 B 向右靠近 D 或者其他的政党从右向左靠近 D，它们获得的选票始终大于丢失的选票，并最终 D 实现选票最大化，中间人偏好最终成了两党竞争结果的折中方案。

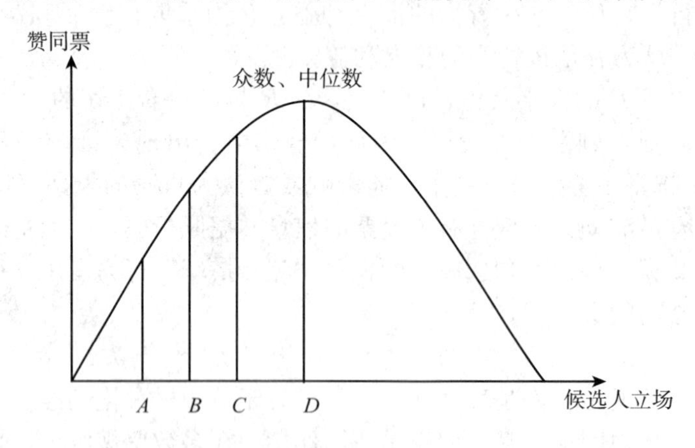

图 6-7 单峰偏好且分布对称下的两党竞争

（2）单峰偏好但分布不对称下的竞争

如图 6-8 所示，此时投票人偏好与图 6-7 不同的地方就在于其分布不对称，中数与众数不重合。假如 E 为众数，G 为中数，候选人在 G 点，那么它只能获得 FH 区间的选票，当候选人由 G 向 F 移动时，其得到的票将大于失去的票。按照政党目标选票最大化的假定，最终两党将在众数位置 E 处于均衡，中间投票人的结果不再存在。

（3）多峰偏好下的竞争

延续单峰下的假定，如果政党的观点仍是一维的，但此时选民的偏好变成双峰值的双众

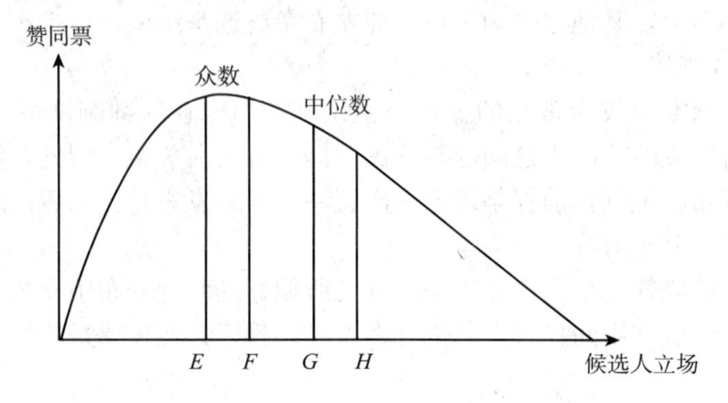

图 6-8 单峰偏好且分布不对称下的两党竞争

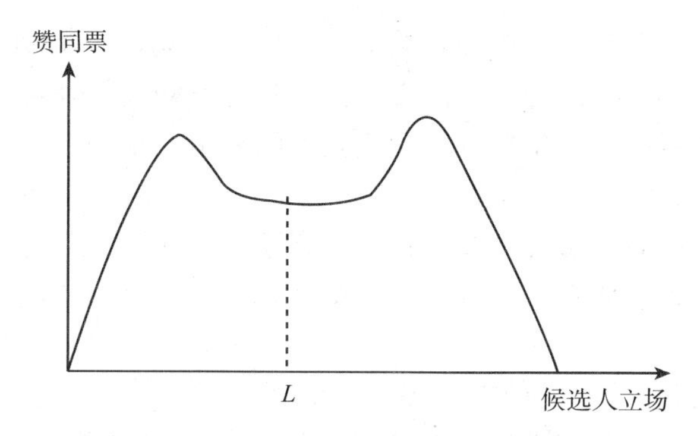

图 6-9 双峰偏好下的两党竞争

数分布状，如图 6-9 所示，那么政党是如何形成均衡的呢？如果起初两个政党各自在一个众数处取得最大的选民支持，现在其中一政党想获得更多的选民，它首先改变政策立场并向中数位置移动，但此时有两种情况发生：第一，如果没有疏远效应发生，即选民都来投票，那么政策改变的政党将获得多数选票，并且在中间位置 L 处形成均衡，中间投票人定理成立；第二，如果发生疏远效应，改变立场的政党可能在获得选票的同时丢失更多的选票，因此为获得竞选胜利，政党改变立场是很谨慎的，中间投票人定理在此就不能成立了。

与单峰对称分布相比，多峰偏好下的两党竞争不再会是政纲趋同的结果，大多数场合，两党竞争将使政局和社会更不稳定。

2. 利益集团

人们可以通过投票、选举等方式来满足自身在公共品和政治方面的需求，同时还可以集团、组织等来实现自身的利益。利益集团就是指任何一个力图影响公共政策的组织，它由共同经济利益的投票人组成。作为政治中的重要力量，利益集团与政党的最大区别在于其领袖不参与角逐政治职位，但他们通常进行政治游说活动，对政治家、官僚和选民施加适当的压力，力争通过对自己成员有利的政策。

利益集团的活动可以增进成员福利水平，那么究竟是什么原因促进了利益集团的形成，又是何种原因促成了集体的一致行动呢？利益集团的形成可以从共同收益来源、收入水平、行业、人口统计上的特征等寻找原因，但美国著名经济学家奥尔森认为利益集团可以分为特权集团、中级集团和潜在集团 3 类，类型不一样，其共同行动的逻辑基础也不尽相同。在特权集团内，每个成员或某些成员有足够的动机来保证和维持本集团内的公共品供给，即使自己承担成本也在所不辞，但这种集团一般规模较小；在中级集团内，集团成员不能确定自己将从集团公共品中得到的收益是否能弥补成本，也无法观察和确认集团内其他人是否为提供公共品而努力，因此其集体行动的逻辑在于合作，而且这是基于威胁、承诺等的有条件的合作；对于规模更大且表现更为普遍的潜在集团而言，成员“搭便车”行为更为普遍，因此要消除这种行为并使得成员按照集团导向方式运作，就必然要存在“选择性刺激”来对待成员和非成员及参与成员及非参与成员，当然这种刺激可以是正向的（激励）也可以是负向的（惩罚）。

利益集团的存在就像一把双刃剑，它既能够促进环保、少数民族、种族群体、野生动物保护、大气保护等有利政策的形成，同时也可以出台对社会有害的政策。但无论如何，就像从事零和博弈的双方，利益集团的存在影响了一国的政治均衡。加利·贝克尔[①]认为能够不断成功地从政府手中增加收益的利益集团必然会使其对手的成员利益遭受损失，因为对某一利益集团支出的增加，就必然会增加其他利益集团的成本或负担。

3. 官僚

政府的建立也就意味着官僚的建立。在此，官僚是一个被人格化了机构，尽管它不是微观的具体的个体官员，但它同个体一样具有动机和目标，其行为特征也会对社会经济运行产生重大影响。

在对官僚机构进行过经济分析的理论中，威廉姆·尼斯卡宁（William A. Niskanen）作出了重要贡献。他认为官员的直接目标是谋求在其任职内的预算最大化，在其效用函数中，薪金、职务津贴、公共声誉、权力、任免权、机构的产出、容易改变事物、容易管理机构等可能成为其目标而且与政府预算规模都可能呈正向单调关系。因此，作为效用最大化的官僚也是预算最大化者。尼斯卡宁的分析揭示，官僚实现预算最大化的企图将导致政府部门超过有效产出水平的总体上的过度扩张。

图 6-10（a）给出了一定年产量下公共品的边际成本（MSC）和边际收益（MSB）曲线，在 E 点两者相交，由此决定最佳年产量为 Q^*。但是官僚的目标是追求预算极大化，他（们）按照社会总成本（TSC）与社会总效益（TSB）来决定公共品的供给量，并设法说服投票者同意给予其动用资源的更大权力。如果按照 MSC＝MSB 来确定产量的话，图6-10（b）中的最佳产量应该也在 Q^*，因为此时社会总成本（TSC）与社会总效益（TSB）的切线斜率恰好等于 MSC、MSB。但是官僚的预算目标决定他们现在按照 TSC＝TSB 的原则来确定公共品数量，即 Q_B 为官僚偏好的产量。这个产量超过了社会最佳产量，社会因为官僚偏好预算规模扩大的实现，最终可能导致不规则三边形 EAB 面积的效益净损失。当然，作为社会管理机构，公共品的供给成本和社会收益考察和监督的信息极不对称，官僚在公共品供给中拥有垄断权的时候，也可能将夸大社会收益，将 TSB 上推至 TSB′。如果这种游说活动能够打动投票人的话，社会损失将会比三边形 EAB 的面积更大。因此，官僚的存在及其预算最大化目标将使社会公共品产量偏离社会最佳产量，在某种程度上导致资源配置浪费。

4. 寻租

"租"与"租金"是一个较为古老的概念，它是指超过资源所有者的机会成本的报酬，它既包括价格机制中自然产生的租，也包括人为创造的租。这里所指的租及寻租指的是后一种情况，即人为创造情况。可以说，在现实生活中，寻租无所不在，只要有垄断、特权和管制的地方就可能存在寻租。那么，什么是寻租呢？对此，经济学家从不同的角度给出了不同的定义[②]：托利森将寻租与政府干预经济联系起来，认为寻租是为了获得人为创造的收入转移支付而造成的稀缺资源的浪费；斯蒂格利茨认为寻租是个人或厂商投入精力以获得租金，或从政府那里获得其他特殊好处的行为；布坎南的观点是寻租是指那些本当可以用于价值生产活动的资源被用于只不过是为了决定分配结果的竞争。林林总总的定义对寻租表达了这样几层含义：第一，寻租是一种非生产性的活动，所耗资源是一种浪费，在寻租过程中，一个利益集团为了自身利益

① BECHER G S. A theory of competition among pressure groups for political influence. Quarterly Journal of Economics 98，1983（8）：371-400.

② 方福前．公共选择理论：政治的经济学．北京：中国人民大学出版社，2000：121.

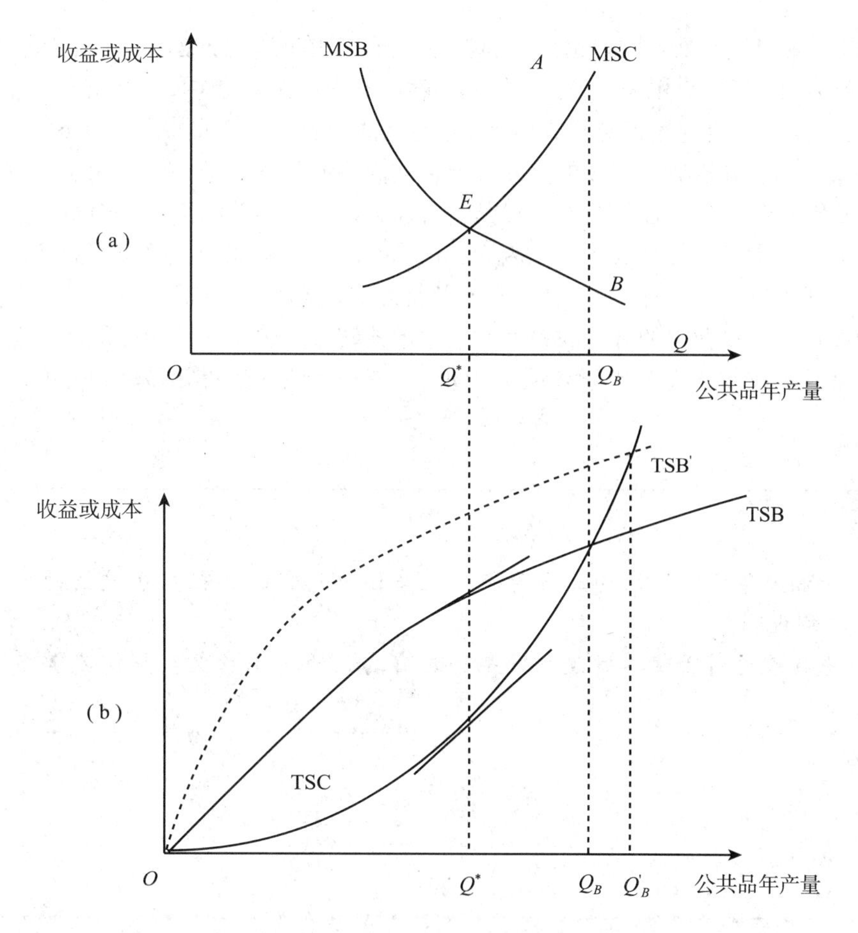

图6-10　官僚与公共品生产效率（超出最优水平的效率损失）

去开展游说活动，就必然会存在某个利益集团为避免自身受害而实施反限制的活动，这被称为“避租”活动，两种活动都消耗资源而且都表现为资源浪费；第二，寻租的目的是为了建立垄断或取得类似于垄断的地位以获取特殊利益；第三，寻租是一种收入分配转移活动。

寻租能够为成功寻租者带来收益是毫无疑问的，但为了获取这种收益，其本身也耗费不少。这种寻租支出一般包括3个层次的内容：一是指潜在的垄断者谋求垄断地位所付出的努力和支出；二是政府官员接受或抵制潜在的垄断者所付出的努力；三是垄断本身或政府政策作为寻租活动的一种结果而引起第三方的扭曲。在这里要注意，大部分寻租支出可以看成是一种收入转移，因为社会财富没有流出社会循环之外，只是改变流向而已。但是寻租活动的存在对整个社会就不同了，它使潜在的垄断者变成了现实的垄断者。在传统经济理论中，一般认为，与自由竞争相比，社会净损失是垄断带来的社会成本，因为生产者、劳动者等都未能获得这部分福利，而白白地浪费了。现在，寻租的结果造成了垄断，但它带来的浪费远不止这些，至少包括3方面的社会成本：第一是寻租活动中浪费的资源；第二是由经济寻租引起的政治寻租而浪费的资源；第三是寻租成功后形成垄断所损失掉的经济效率①。

① 谢秋朝，侯菁菁．公共财政学：上．北京：中国国际广播出版社，2002：71.

寻租既能引起社会浪费，同时也会引起参与各方之间的收入分配转移。对于寻租活动而言，受害的主要包括消费者、寻租失败者、直接受害的厂商等，受益的主要是指寻租成功者、政府官僚、特殊才能的人才（能够帮助寻租成功者从事寻租活动的人士，如律师、经济学家等）等。消费者受损主要是因为寻租成功建立的垄断所导致的高价使其丧失了一大块消费者剩余；寻租失败者耗费了资源却没有带来任何收益，对其自身而言是一种纯粹的浪费；而直接受害的厂商相当于替寻租成功者承担了部分成本（如因为其他利益团体寻租成功，部分厂商从现在开始需要缴纳一种新税或税负加重）。但对于寻租成功者而言，它的收益来源于上述3大利益受损团体；同时，寻租成功者会将获得的部分收益通过其他形式转移给政府和特殊才能者。总而言之，寻租活动会带来社会成本，浪费社会资源，但同时又能引起收入的重新转移和分配。

课堂讨论

1. 什么是利益集团？你认为我国存在利益集团吗？它的存在对于政策的出台究竟是利还是弊？请举例说明。

2. 公共选择理论对于改善财政决策是否具有真正的借鉴意义？如何完善我国的财政决策制度？

本章小结

公共选择理论是经济学研究方法在政治学研究中的应用所形成的理论，它的产生有着深刻的时代和理论背景，其代表人物是美国著名经济学家布坎南。从其研究内容和活动地点来看，公共选择学派可以分为罗切斯特学派、芝加哥学派和弗吉尼亚学派3个主要学派。

在公共选择中，偏好显示是一个重要议题。对于个体居民而言，个人的偏好要受到个人财产分布状况和税制两大主要因素的影响。对于公民偏好的显示和加总，一般存在3种主要方法：汤普森购买保险显示偏好、需求—显示过程和否决投票。

政治均衡是指人们（投票单位）在一定的投票规则下就一种或多种公共品的供给及其成本分摊达成的一致协议。投票规则不同所形成的政治均衡也不尽相同。一致同意规则尽管能够反映所有投票人的偏好，但它交易成本过大，很难形成均衡；多数票规则虽然比较容易取得一致意见，但会出现投票悖论。按照阿罗不可能定理，在一般的条件下，要将个人偏好转换为社会偏好是不太可能的。出现这种情况的原因与阿罗施加的约束条件有关。同时也与偏好是单峰还是双峰有关。在单峰条件下，投票悖论不仅可以避免，而且最终的公共选择结果是中间投票人的选择，这就是著名的中间投票人定理。

在现实生活中，尽管存在直接的民主制，但它没有间接民主制普遍。沿用经济学理性人假说，在间接民主制下，政党的目标是选票最大化、官僚的目标是预算最大化，同时现实中存在的利益集团及各种各样的寻租行为都可能对选举结果产生影响。在政党竞争中，如果政党的偏好是单峰的话，那么其竞争的结果会使得政纲趋同；而如果政党偏好是多峰的话，政党竞争则会使政局和社会更不稳定。作为政治中的重要力量，利益集团尽管不参与角逐政治职位，但他们通过政治游说活动，对政治家、官僚和选民施加适当的压力，争取对自身有利的政策。在经济人理性假说的前提下，官僚是一个被人格化了的机构，它的预算最大化目标将使社会公共品产量偏离社会最佳产量，在某种程度上导致资源配置浪费。通常所指的寻租是一种人为创造的情况，它的存在带来社会成本，浪费了社会资源，同时又引起收入的重新转移和分配。

重要概念

公共选择理论　偏好显示机制　阿罗不可能定理　投票悖论

一致同意规则　多数票规则　单峰偏好和双峰偏好　政治均衡

中间投票人定理　官僚　寻租　财政决策

思　考　题

1. 假定5个人1、2、3、4、5，他们对A、B、C、D、E这4个项目的排序如表6-6所示。

表6-6　思考题1

1	2	3	4	5
A	A	D	C	B
D	C	B	B	C
C	B	C	D	D
B	D	A	A	A

要求：

① 在坐标上画出其偏好。

② 能否按照多数票规则选出项目？如果能，哪个项目当选？如果不能，请说明理由。

2. 何谓中间投票人定理？它与单峰偏好有关吗？

3. 请说明选民、政治家和官僚在间接民主决策机制中的行为目标和特点。

4. 如何理解投票悖论？单峰偏好与投票悖论之间是什么关系？

5. 公共选择理论对我国改革和完善财政决策机制有什么借鉴意义？

进一步阅读材料

[1] 郭庆旺，鲁昕，赵志耘．公共经济学大辞典．北京：经济科学出版社，1999.

[2] 张馨，杨志勇，郝联峰，等．当代财政与财政学主流．大连：东北财经大学出版社，2000.
[3] 方福前．公共选择理论：政治的经济学．北京：中国人民大学出版社，2000.
[4] 缪勒．公共选择．张军，译．上海：三联书店，1983.
[5] 敦利威．民主、官僚与公共选择．张庆东，译．北京：中国青年出版社，2004.
[6] 奥尔森．集体行动的逻辑．陈郁，译．上海：三联书店，1995.
[7] 史蒂文斯．集体选择的经济学．杨晓维，译．上海：上海出版社，1999.
[8] BUCHANAN J M，GORDON T. The calculus of consent：logical foundations of a constitutional democracy. Ann Arbor：University of Michigan Press，1962.
[9] DONALD P G，SHAPIRO I. Pathologies of rational choice theory. New Haven：Yale University Press，1994.
[10] RUSSELL H. Collective action. Johns Hopkins University Press，1982.

第 7 章

财政支出一般理论

【本章概要】

本章主要介绍财政支出一般理论，共 3 节。7.1 节讨论财政支出的原则与分类。7.2 节分析财政支出的规模与结构。7.3 节对财政支出占 GDP 份额不断增长进行了理论解释。

【学习目标】

◆ 掌握财政支出的原则及分类；

◆ 了解世界各国财政支出规模的发展变化趋势及影响财政支出规模的主要因素；

◆ 掌握在不同经济发展阶段财政支出结构的变化趋势；

◆ 了解我国财政支出结构的基本特点；

◆ 掌握影响财政支出结构的主要因素；

◆ 掌握几种有代表性的关于财政支出不断增长的理论解释模型。

财政支出（Public Expenditure）也称公共支出或政府支出，是各级政府履行其必要职能所进行的各项活动的成本，包括为提供公共品及实现收入分配而进行的转移支出。

财政支出是政府经济活动的一个重要方面，这不仅是因为财政对社会经济的影响主要表现在财政支出上，而且政府干预、调节经济的职能也主要是通过财政支出来实现的。因此，财政支出的规模和结构既反映着政府介入经济生活的范围、领域和力度，同时也反映着财政在经济和社会生活中的地位。

7.1 财政支出的原则与分类

1. 财政支出的原则

任何经济活动的最终目的都是为了满足人们的需要，或者说增进社会的福利，财政支出也不例外。这包括两个方面：一是如何在现有的资源与技术约束下生产出尽可能多的产品或服务；二是社会产品如何在各社会成员之间恰当地进行分配。两者缺一不可。因此，社会经济福利是公平与效率的函数，由此产生了评价一切经济活动的两个主要原则：一是公平原则；二是效率原则。

（1）效率原则

财政支出效率与财政的资源配置职能紧密相关。财政学将国民经济分成公私两大部门，因而资源配置的关键问题是怎样在公私部门之间配置资源，保证双方都获得合理的供应，既不妨碍私人部门的发展，又能满足公共部门的需要，从而使社会效益最大化。

在市场经济条件下，私人部门通过价格机制提供私人产品满足个人需要，公共部门通过特定的预算安排或政治程序提供公共品满足社会公共需要。图 7-1 表示两部门在资源配置中的关系。用 Z 表示社会总资源，X 表示私人部门配置的资源，Y 表示公共部门配置的资源，则 $Z=X+Y$。从图 7-1 可知，资源配置存在着各种比例的组合（X/Z，Y/Z）。如果公众期望的组合点在 A，而实际的资源配置组合点又恰好落在 A 点，此时便达成了一项社会均衡的资源配置，公众的个人需求与社会公共需求在 A 点均可获得满足。如果公众期望的组合点在 A 点，实际资源配置组合点在 B 点或 C 点，则表示着公众的期望没有实现，社会资源的配置处在非均衡点上。

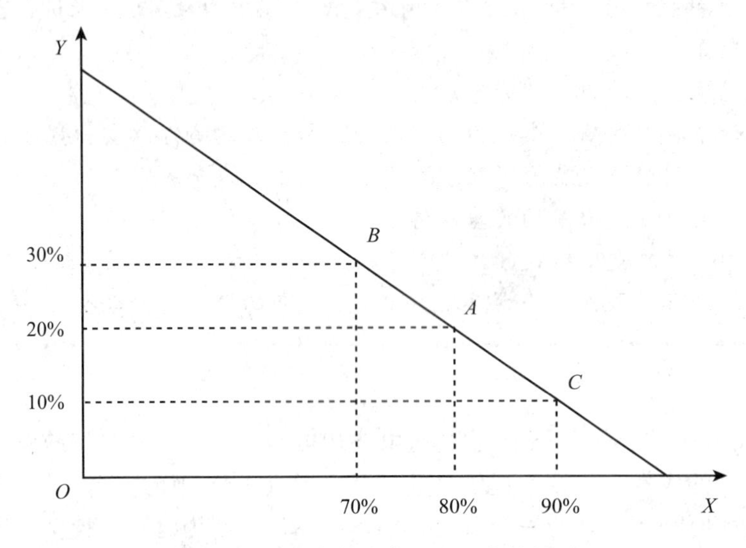

图 7-1 两类部门在资源配置中的关系

因此，若要财政决策符合公众意愿，必须选择在 A 点的社会资源配置组合。然而，现实的困难是，公众的愿望并不总是一致，人与人之间的偏好存在显著差异，因而决策如何科学化与民主化，就成为问题的关键。

从理论上讲，要实现社会资源在公共部门与私人部门的有效配置，就必然要求用于公共部门资源使用的边际效益等于该资源用于私人部门时取得的边际效益。若公共部门资源使用的边际效益大于该资源用于私人部门的边际效益，则表明可以增加对公共部门的资源使用，以求获得更大的社会效益；反之，则会减少对公共部门的资源使用。如图 7-2 所示，GG 表示公共部门的资源使用所带来的边际社会效益，TT 表示政府通过征税而减少私人部门资源使用时所产生的边际社会负效益或边际社会成本。E 点表示公共部门的最佳资源配置。此时，财政支出所形成的边际社会效益（EA 的距离）等于征税所形成的边际社会负效益（Ea 的距离）。因此，E 点是公共部门资源使用的最大临界点。在 E 点之前，边际社会效益大于成本，社会总效益增加，可以增加公共部门资源使用的数量；而在 E 点之后，边际社会效益小于边际社会成本，应减少公共部门的资源使用数量。由 E 点决定的支出规模，从理论上讲是最优的。

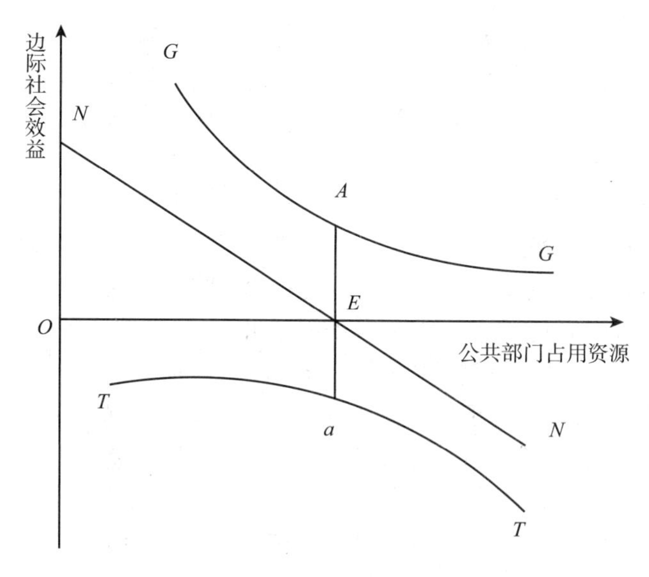

图 7-2 公共部门占用资源与边际社会效益关系

（2）公平原则

财政支出的公平原则主要体现于财政的收入再分配职能。谈到收入分配，要区分两个概念：一是初次分配；二是收入再分配。初次分配是市场的一种自发分配，每个人用自己拥有的生产要素去换取生产的成果，从而形成一种收入分配的格局。收入再分配是指政府通过其活动，对市场形成的收入分配格局进行的调整，它是政府在收入分配领域中所从事的活动。收入再分配往往与公共提供与公共生产结合在一起。

公平原则的基本含义是：同等情况同等对待，不同情况不同对待。前者是横向公平，即同等级别之间的公平；后者是纵向公平，即不同等级之间的公平。

财政支出的公平原则涉及受益能力。这一原则在各类财政支出中的应用有所不同。对于可以普遍享受利益的各种支出，如国防、司法、公政、社会教育、公共卫生等，政府无法根据各类居民的受益能力安排支出；对于可以直接享受具体利益的支出，如学校教育、个人医疗、社会保险和社会救济等，政府能较具体地实行公平原则。

根据受益能力原则，对于居民的生活状况有直接影响的支出，特别是各类补助支出，可以使社会收入和财富分配有所改变。这类支出的目标就是使社会获得最大利益，要对居民中收入不超过规定水平者给予补助，收入越少，补助越多。原因是居民收入越少，补助金对其产生的效用就越大，社会总效应也随之越大。因此，凡符合补助条件的都要给予补助，其中情况相同的应给予同等补助，情况不同的给予不同的补助。

（3）稳定原则

财政支出的稳定原则，是指财政支出应促进社会经济的稳定发展。在市场经济条件下，市场体系无法有效协调其自身的所有活动使之达到平衡，会出现经济周期的兴衰更迭、失业和通货膨胀等现象。政府可以利用财政措施进行调节，通过财政支出规模、结构的变化来调节经济，引导经济运行，使经济实现平稳的发展。例如，当政府认为总需求非常低，即出现经济衰退时，政府可以通过削减税收、降低税率、增加支出等措施以刺激总需求；反之，当政府认为总需求非常高，即出现通货膨胀时，政府可以通过增加税收或削减财政支出来抑制总需求。前者称为扩张性财政政策，后者称为紧缩性财政政策。这两种交替使用的扩张性财政政策和紧缩性财政政策，被称为补偿性财政政策。究竟什么时候采用扩张性财政政策，什么时候采用紧缩性财政政策，应当由政府根据经济形势加以权衡分析，斟酌使用，以求经济社会的稳定与发展。

2. 财政支出分类

（1）按支出功能和支出经济分类

按财政支出功能分类，简单地讲，就是按政府主要职能活动分类。我国现行支出分类采用了国际通行做法，即同时使用支出功能分类和支出经济分类两种方法对财政支出进行分类。按照财政支出功能的不同，可将财政支出分为以下类别。

① 一般公共服务。指政府用于提供基本公共管理与服务的支出。

② 外交。指政府外交事务支出，包括外交行政管理、驻外机构、对外援助、国际组织、对外合作与交流、边界勘界联检等方面的支出。

③ 国防。指政府用于国防方面的支出，包括用于现役部队、预备役部队、民兵、国防科研事业、专项工程、国防动员等方面的支出。

④ 公共安全。指政府用于维护社会公共安全方面的支出，包括武装警察、公安、国家安全、检察、法院、司法行政、监狱、劳教、国家保密、缉私警察等。

⑤ 教育。指政府教育事务支出，包括教育行政管理、学前教育、小学教育、初中教育、普通高中教育、普通高等教育、初等职业教育、中专教育、技校教育、职业高中教育、高等职业教育、广播电视教育、留学生教育、特殊教育、干部继续教育、教育机关服务等。

⑥ 科学技术。指用于科学技术方面的支出，包括科学技术管理事务、基础研究、应用研究、技术研究与开发、科技条件与服务、社会科学、科学技术普及、科技交流与合作等。

⑦ 文化教育与传媒。指政府在文化、文物、体育、广播影视、新闻出版等方面的支出。

⑧ 社会保障和就业。指政府在社会保障与就业方面的支出，包括社会保障和就业管理事务、民政管理事务、财政对社会保险基金的补助、补充全国社会保障基金、行政事业单位离退休、企业改革补助、就业补助、抚恤、退役安置、社会福利、残疾人事业、城市居民最低生活保障、其他城镇社会救济、农村社会救济、自然灾害生活救助、红十字事务等。

除上述类别之外，还包括医疗卫生、环境保护、城乡社区事务、农林水事务、交通运输、工业商业金融等事务等类别。

支出经济分类，是按支出的经济性质和具体用途所作的一种分类。在支出功能分类明确反映政府职能活动的基础上，支出经济分类明确反映政府的钱究竟是怎么花出去的。支出经济分类与支出功能分类从不同侧面、以不同方式反映政府支出活动。我国支出经济分类科目设工资福利支出、商品和服务支出等 12 类，具体包括：工资福利支出、商品和服务支出、对个人和家庭的补助、对企事业单位的补贴、转移性支出、赠与、债务利息支出、债务还本支出、基本建设支出、其他资本性支出、贷款转贷及产权参股和其他支出。

支出功能分类、支出经济分类与部门分类编码和基本支出预算、项目支出预算相配合，在财政信息管理系统的有力支持下，可对任何一项财政支出进行“多维”定位，清清楚楚地说明政府的钱是怎么来的，干了什么事，最终用到了什么地方，为预算管理、统计分析、宏观决算和财政监督等提供全面、真实、准确的经济信息。

（2）按支出的回报性分类

财政支出按其是否具有回报性分类可以分为购买性支出和转移性支出。

购买性支出（Purchase on Goods and Service）指政府购买商品和劳务的支出。这类支出主要包括两大部分：一是购买政府进行日常行政事务活动所需要的商品和劳务支出，如国防、教育、卫生、行政管理等；二是政府用于各种公共投资的支出。其主要特点体现在以下两个方面。

第一，有偿性。政府财政一手付出资金，另一手相应地收回商品和服务，并可以运用、消耗这些商品和服务用于履行政府的职能。政府如同企业和个人等其他市场经济主体一样，在购买性支出中从事的是等价交换的市场活动。

第二，直接性。在购买性支出活动中，政府直接以商品和服务的需求者、购买者的身份出现在市场上，通过支出使政府掌握的公共资金与微观经济主体提供的商品和服务相交换，直接增加当期的社会购买力，并由政府直接占有商品和劳务，直接影响就业、生产和社会总需求。

转移性支出（Transfer Payment）是政府单方面地将一部分资金的所有权转让给他人所形成的支出。它包括各项财政补贴支出、各种社会保障支出、国债的利息支出等。转移性支出不是对商品和劳务的直接购买，而主要是为实现公平而采取的资金转移。其主要特点体现在以下两个方面。

第一，无偿性。政府在将财政资金转移给居民和其他受益者时并未得到任何补偿，只是价值单方面的转移。所以，政府只起中介人的作用。这一特征体现了收入再分配的作用。

第二，间接性。从财政支出对资源配置的影响看，转移性支出与购买性支出不同，它并不形成新的社会产品价值，而只是把市场经济中形成的收入分配格局重新加以调整，不会增加经济总量，所以转移性支出对经济的影响是间接的。

由此可见，从经济分析的意义看，购买性支出和转移性支出对经济运行的影响是不同的。在财政支出规模一定的情况下，当购买性支出在财政支出总额中占有较大比例时，对经济运行的影响较大，执行资源配置的功能较强；当转移性支出在财政支出总额中占有较大比例时，对收入分配的影响较大，执行收入再分配的功能较强。因此，这种分类对研究财政支出对宏观经济运行的影响有重要意义。

（3）按照财政支出目的分类

按财政支出的目的不同可以将财政支出划分为预防性支出和创造性支出。

预防性支出（Precautionary Expenditure）是政府用于维持社会秩序和保卫国家安全，保证国家不受国内外敌对力量的破坏和侵犯，从而保障人民生命财产安全与生活稳定的支出。这类支出主要包括国防、警察、法庭、监狱、行政部门与国家权力机关等方面的支出。

创造性支出（Creative Expenditure）是政府用于改善人民生活，使社会的安全与秩序更为良好、经济更加稳定发展的支出。这类支出主要包括经济、文教、卫生、环保与社会福利等方面的支出。

按照这种标准对财政支出进行分类，可以揭示财政支出在保持社会稳定与促进经济发展和提高社会福利水平中的作用。财政作为一种以国家为主体的分配活动，其目的是为了实现国家职能。而现代国家职能主要体现在以下 3 个方面。

① 政治职能，即通过国家机器的正常运转，对外抵御外敌侵略，保卫国家领土主权的完整和安全；对内制定并执行有关法律，维持社会秩序的稳定。

② 社会职能，即通过举办文化、教育、科技、卫生、社会保障等事业来提高国民的文教科技水平、健康水平和精神文明水平，从而促进社会经济的稳定发展。

③ 经济职能，即通过经济的、法律的、行政的手段，从宏观到微观对国民经济进行调节与控制，保证经济的稳定与发展。

在这3个职能中，政治职能是国家最基本的职能，没有政治职能的实现，国家的社会职能和经济职能的实现都是没有保障的。与国家的3个职能相对应，财政支出也分为为了实现国家政治职能的支出，为了实现国家社会职能的支出和为了实现国家经济职能的支出。其中，第一项支出相当于预防性支出，第二、第三项支出相当于创造性支出。根据国家的经济发展水平和财政收入水平，如何在保证满足预防性支出需要的前提下合理地在预防性支出和创造性支出之间分配财政资金，是事关社会经济能否保持稳定和发展的一个重要的现实问题。

（4）按照财政支出的可控性分类

按财政支出的可控性可将其划分为可控制性支出和不可控制性支出。

这里所说的可控性，是指政府能否对财政支出的项目与数量进行调整与控制。不可控制性支出，是政府根据现行法律或契约必须安排的支出，即在法律或契约的有效期限内，必须按规定准时如数支付，不得任意停付或逾期支付，也不得随意削减其金额。这类支出主要包括国家以法律形式确定的社会保障方面的支出、国家公债的还本付息支出、中央政府承担的对地方政府的财政补助、政府订立的购买合同中的按期支付、政府已投资开工的公共工程的连续投资等。

可控制性支出是不受现行法律和契约的限制，由政府根据每个财政年度内国家社会经济形势的变化和财政收入的情况具体确定，然后再由立法机关审查批准的支出。

按照这种标准对财政支出进行分类，便于分析政府对其全部财政支出的控制程度，即哪些财政支出有伸缩的余地，可以由政府控制，哪些财政支出是已经确定的，政府无法控制。通过这样的分析，首先，有利于政府预算编制工作的顺利进行；其次，有利于认识压缩财政支出的可能性及其带来的各方面的影响；再次，有利于提醒政府在制定财政支出方案时应充分考虑该方案所包含的后期财政支出，防止做一些力所不能及的事情；最后，有利于政府根据中长期国民经济和社会发展规划，科学合理地确定中长期财政收支计划。

（5）按财政支出的受益范围分类

这种分类方法将财政支出划分为一般利益支出和特殊利益支出。

一般利益支出是全体社会成员均能享受其所提供的利益的支出。这类支出主要包括政府用于国防、外交、警察、司法、环境保护、行政管理方面的支出。由于这些支出具有共同消费或联合受益的特点，所以每个社会成员的受益量不能分别估计，受益的成本不能分别核算。

特殊利益支出是仅由社会中某些特定居民或企业能享受其所提供的利益的支出，主要包括政府用于教育、医疗卫生、居民补助、企业补助、公债等方面的支出。由于这些支出所提供的利益仅由一部分社会成员享受，所以每个社会成员受益的量可以分别估计，受益的成本可以分别核算。

按照这种标准对财政支出进行分类，便于分析不同社会成员对不同财政支出项目或同一财政支出项目的不同支出金额的偏好，从而有利于政府比较准确地把握财政支出决策过程中不同社会阶层或不同利益集团可能采取的态度，保证公共选择过程在充分展示社会成员个人偏好的前提下，尽可能符合公众利益。

(6) 按支出产生效益的时间分类

按支出产生效益的时间可以将财政支出分为经常性支出和资本性支出。

经常性支出(Current Expenditure)是维持政府部门的正常运转而进行的支出。这类支出所产生的效益只对本期产生影响，如行政机关和事业单位的工资奖金、办公经费和业务费支出等。这类支出支持着行政事业单位的日常活动，为社会提供公共服务，其价值一次性地转变为这些活动和服务带来的效益。它是消费性的，也就是说支出期之后其价值就不复存在，它所带来的效益仅限于本期。

另一类是资本性支出。公共部门中的有些支出只是价值形式的转换，支出的资金形成了某种形式的资产，这些资产会在未来的一段时期内发挥功能，这类支出被称为资本性支出，如各种基本建设支出、固定资产投资支出。资本支出的价值在资产的使用期内逐步地转变为社会效益，因此它对公共部门及整个社会的发展有十分重要的影响。

经常性支出与资本性支出的比例关系是公共部门支出结构的一个重要问题。经常性支出的不足会使得公共部门的正常运转发生困难，而忽视资本性支出又会使公共部门的发展和社会的长远利益受到影响。在公共部门收入既定的情况下，两者之间有此消彼长的关系，合理地安排经常性支出和资本性支出显得极为重要。

(7) 国际分类方法

在国际上，从现有的分类方法来看，大体可以归为两类：一类是用于理论和经验分析的理论分类方法，另一类是编制国家预算的统计分类。从统计分类法来看，国际货币基金组织将财政支出分为两大类，即职能分类法和经济分类法，这种分类方法是许多西方国家政府实行复式预算的重要理论依据。国际货币基金组织(IMF)采用的按政府职能的分类如表7-1所示。

表7-1 国际货币基金组织(IMF)的财政支出分类

职能分类	经济分类
1. 一般公共服务	1. 经济性支出
2. 国防	①商品和服务支出
3. 教育	a. 工资、薪金及其他有关项目
4. 保健	b. 商品和服务的其他购买
5. 社会保障和福利	②利息支付
6. 住房和社区生活设施	③补贴和其他经济性转让
7. 其他社区和社会服务	a. 对公共企业
8. 经济服务	b. 对下级政府
①农业	c. 对家庭
②采矿业	d. 对其他居民
③制造业	e. 国外转让
④电业	2. 资本性支出
⑤道路	①现存的和新的固定资产的购置
⑥水输送	②存货购买
⑦铁路	③土地和无形资产购买
⑧通信	④资本转让
⑨其他经济服务	3. 净贷款
9. 无法归类的其他支出	
①公债利息	
②其他	

7.2 财政支出的规模与结构

1. 财政支出规模分析

1）衡量财政支出规模的指标

财政支出规模是指财政支出总量的货币表现。它是衡量一个国家或地区政府财政活动规模的一个重要指标。

由于财政支出是政府从市场经济中聚集财力加以支配和使用，财政支出的规模大小体现了政府在市场经济中进行国民收入分配与再分配的规模，也反映了政府活动的范围和内容，以及政府介入经济运行的规模和程度。

为了说明政府对国民收入进行分配和再分配的规模及政府在市场经济中所起的作用，需要对财政支出进行数量分析，即采用一定的指标对财政支出的规模和增长趋势加以衡量。常见的衡量指标主要有以下两个。

（1）绝对量指标

绝对量指标用一定货币量来表示财政支出规模的大小。它要说明的是一个国家财政支出的绝对规模，也就是一个国家在一定时期内（通常为一个财政年度）财政支出的货币价值总额。度量绝对量的指标主要有按当期价格计算的财政支出和按不变价格计算的财政支出。

通过对财政支出规模绝对量的度量，可以直观、具体地反映一个国家一定时期内财政支出的规模，是政府编制财政预算和控制财政支出的重要指标之一。从财政支出规模的发展趋势来看，财政支出的绝对规模是不断增长的，但经济中的另一些因素也是不断增长的，如价格、居民收入、人口和总产量等。因此，只度量财政支出的绝对规模还不足以说明问题，更重要的是要测量财政支出的相对规模。

（2）相对量指标

相对量指标用财政支出/GDP（国内生产总值）或财政支出/GNP（国民生产总值）来表示财政支出规模的大小。它要说明的是一个国家财政支出的相对规模，也就是一个国家在一定时期内（通常为一个财政年度）财政支出占国内生产总值（GDP）或占国民生产总值（GNP）的比例。

运用相对量指标测量财政支出规模，最大的优点是便于进行纵向比较和横向比较，即可以对一个国家不同时期的财政支出规模进行比较分析或对不同国家的财政支出规模进行比较分析。通过比较分析，能够较好地反映一个国家财政支出对经济影响的重要程度。

需要说明的是，从衡量政府财政活动规模角度来说，财政收入/GDP 和财政支出/GDP 都可作为衡量指标。但财政支出/GDP 这一指标更能反映实际情况，主要有以下 3 方面的原因。

① 财政支出表现为财政对 GDP 的实际使用和支配的规模，而财政收入只是表示财政可能使用和支配的规模，它常常并不代表实际发生的规模。

② 财政收入反映的是财政参与 GDP 分配过程的活动，财政支出反映的则是财政参与 GDP 使用过程的活动。从社会再生产过程来看，是财政支出通过它的规模和结构实现对资源的配置，直接影响社会再生产的规模和结构。

③ 尽管财政收入和财政支出都体现了财政对宏观经济运行的调控，但后者更能全面准

确地反映财政对宏观经济运行的调控能力。因为财政的资源配置、收入分配和经济稳定与发展的职能，都是更直接地通过财政支出执行的。

2）衡量财政支出规模变化的指标

在实践中，人们经常用财政支出增长率、财政支出的弹性系数、财政支出边际倾向来反映财政支出的变化。

（1）财政支出增长率

财政支出增长率以 F 表示，表示当年财政支出比上年同期财政支出增长的百分比（%），即所谓“同比”增长率。用公式表示为

$$F=\frac{\Delta G}{G_{n-1}}\times 100\%=\frac{G_n-G_{n-1}}{G_{n-1}}\times 100\%$$

式中，F——财政支出增长率；

ΔG——与上年相比，当年财政支出的增（减）额；

G_n——当年财政支出；

G_{n-1}——上年度的财政支出。

（2）财政支出的弹性系数

财政支出弹性系数以 E_g 表示，指财政支出增长率与 GDP 增长率之比。弹性（系数）大于 1，表明财政支出增长速度快于 GDP 增长速度；弹性（系数）小于 1，表明财政支出增长速度慢于 GDP 增长速度；弹性（系数）等于 1，表明财政支出增长速度等于 GDP 增长速度。用公式可以表示为

$$E_g=\frac{\dfrac{G_n-G_{n-1}}{G_{n-1}}}{\dfrac{\mathrm{GDP}_n-\mathrm{GDP}_{n-1}}{\mathrm{GDP}_{n-1}}}$$

式中，GDP_n——当年财政支出；

GDP_{n-1}——上年度的财政支出。

（3）财政支出的边际倾向

财政支出的边际倾向以 M_g 表示，指财政支出增加额占 GDP 增加额的比例，即 GDP 每增加一个单位的同时财政支出增加多少。用公式可以表示为

$$M_g=\frac{\Delta G}{\Delta \mathrm{GDP}}$$

式中，ΔG——财政支出的增加额；

$\Delta\mathrm{GDP}$——GDP 的增加额。

3）影响财政支出规模的因素

一定时期财政支出规模的变动，涉及多种复杂因素，同当时的政治经济条件和国家的方针政策甚至国情都有密切的联系。概括起来，主要有以下几方面的因素。

（1）经济性因素

经济性因素对财政支出规模的影响是指经济发展的水平、经济体制的选择和政府的经济干预政策等。由于经济发展水平的提高引起了财政支出规模的增长，随着经济的发展，为支出增长提供了可能性。从总体上来说，随着经济的发展，社会财富不断增加，人们维持最低生活需要的部分在社会财富中所占比例下降，可以由政府集中更多的社会财富用于满足社会

公共需要的可能性不断提高。从具体情况来说，一是经济的发展，国内生产总值不断增加，从而使税基不断扩大，财政收入增加，为支出规模不断扩大提供了可能；二是由于作为政府取得财政收入主要手段的税收中的一些税种，尤其是所得税具有累进性，因此在其他条件保持不变的情况下，政府通过税收取得的财政收入增长具有累进性，即政府财政收入的增长速度要快于经济发展的增长速度，也使财政支出规模不断扩大成为可能；三是随着经济发展和社会财富的增加，私人财富增多，使政府通过发行国债方式筹资扩大支出成为可能。

不同体制国家对财政支出的影响集中表现在“计划经济”和“市场经济”国家的财政支出规模的不同上。计划经济国家向经济建设领域延伸过多，政府职能范围也比市场经济国家政府的职能范围宽，因而财政支出占GDP的比例也比较高。即使经济体制相同，但由于实行不同福利制度上的差异，也对财政支出规模产生影响。例如，同是市场经济体制国家的美国和瑞典，1985年美国政府财政支出占GDP的比例为37 %，而瑞典高达65%，一个重要的原因是瑞典实行高福利政策，扩大了政府支出的规模。

（2）政治性因素

政治性因素对财政支出规模的影响主要体现在以下几个方面。

① 政府职能的扩大。政府职能不断扩大是导致各国政府财政支出不断增长的重要原因。在自由市场经济条件下，政府只履行着“守夜人”的角色，政府职能主要集中在维持政权机器运转、维护国家安全、防御外来入侵和维护司法公正等方面，对私人生产和私营企业的经营活动不加干涉。随着资本主义基本矛盾的激化和经济危机的周期性爆发，人们认识到市场失灵的存在，认识到政府干预的重要性。20世纪30年代在资本主义世界普遍发生的经济危机更强化了人们关于政府应该干预经济的意识，政府逐渐加强了对经济的宏观调控。第二次世界大战后，为了防止社会动荡，缓解社会矛盾，政府又不得不设法提高人民的生活水平并提供基本的社会保障，政府职能的扩大导致了财政支出规模的扩大。随着社会的发展和人民生活水平的提高，社会对公共品的要求越来越多，对其质量要求也越来越高。公共品的社会需求不断提高，从而使政府提供的社会产品的范围扩大，又进一步推动了财政支出规模的不断增长。

② 政局是否稳定和是否存在非正常事件。当一国政府不稳定、出现内乱或外部冲突等突发性事件时，财政支出的规模必然会超乎寻常地扩大。例如，美国联邦政府的财政支出，在南北战争时期，第一次突破了10亿美元，在第一次世界大战期间的1919年则高达185亿美元，在第二次世界大战期间的1944、1945年超过了1 000亿美元。战后，联邦政府的财政支出在1947—1948年下降到360亿美元。

③ 政府机构设置及其工作效率的高低。政府工作的效率对公共支出规模也有很大影响。若政府工作效率高，设置较少的政府职能机构就能完成政府职能，用较少的支出就能办较多的事，因而财政支出的规模也就相对会小一些；如果政府工作效率低下，机构臃肿，人浮于事，则办同样的事就需较多的支出，因而会加大财政支出的规模。

（3）社会性因素

财政支出规模不断扩大的社会因素主要指人口状况和文化背景对财政支出规模产生的影响。人口状况又包括绝对人口规模和人口年龄结构两个方面。绝对人口规模对财政支出规模的影响主要表现在：当人均财政支出比例不变的情况下，绝对人口的增加速度快于GDP的增加速度，再加上伴随人口增加而来的教育、医疗卫生、社会保障、公共基础设施及国家行政管理、司法治安等成本的增加，必将会使财政支出的绝对规模随之增加。人口年龄结构的变化会使财政支出的结构发生相应的变化，例如，学龄前儿童占总人口比例的变动，影响到教育支出占财政支出的比例；老年人口比例的加大会使社会保障支出占财政总支出的比例加大，各国人口老龄化问题的出现已给各国政府带来巨大的社会保障支出压力就说明了这一点。因此，人口年龄结构也会对财政支出规模产生影响。总的看来，人口状况是公共支出规模的一个重要影响因素。

从文化背景上考虑，如果一个国家的居民文化水平较高，对教育的要求就高，那么教育支出的比例就比较大，反之，会较小；居民生活水平高的国家，对卫生保健的要求较高，那么国家用于这方面的支出就必然较大。所以，文化背景在一定程度上也影响着一个国家的财政支出规模。

4）财政支出规模发展变化的一般趋势

从各国财政支出的变化情况看，各国财政支出规模普遍呈现出一种不断增长的趋势。

在自由资本主义时期（早期资本主义时期），资产阶级提倡个人自由，主张国家采取放任政策，对私人生活和私营企业的活动不加干涉。国家的职能基本上限于“维护社会秩序”和“保卫国家安全”。但是，到19世纪末、20世纪初以后，特别是1929—1933年世界经济危机以后，资本主义国家为了维持经济增长和克服日益频繁的经济危机，政府加强了对经济的干预。同时，为了防止社会动荡，不得不为公众提供基本的社会保障，这一切都使得政府的活动范围不断扩大。再加上各国国民收入不断增长，筹集财政收入的措施不断加强，以及发行公债弥补支出不足的手段的运用成为可能，各国财政支出明显表现出日益增长的趋势。

据统计，在20世纪，无论是财政支出的绝对规模还是相对规模，各国的财政支出规模都是不断上升的。英国1900年的财政支出为2.8亿英镑，到1995年为2 927亿英镑；美国1890年的财政支出为8亿美元，到1995年为15 907亿美元。特别是20世纪50—80年代，主要发达国家财政支出的绝对规模和相对规模都大幅度上升。统计资料表明，在1950—1980年的31年间，美国财政支出由426亿美元增至6 018亿美元，增长了13倍；英国财政支出由32.79亿英镑，增至863.95亿英镑，增长了25倍；法国财政支出由274亿法国法郎，增至11 129亿法国法郎，增长了44倍；瑞典财政支出由53.4亿克郎，增至2 087.9亿克郎，增长了38倍；前苏联财政支出由413亿卢布，增至2 946亿卢布，增长了6倍；日本财政支出由1950年的6 000亿日元，增至1979年的30 920亿日元，30年间增长了50倍；德国（原联邦德国）财政支出由1955年的242亿马克，增至1980年的4 475亿马克，26年间增长了17倍[①]。从各国财政支出的相对规模来看，无论是发达国家还是发展中国家，其财政支出规模都呈现出一种不断扩大的发展趋势，如表6-2、表6-3、表6-4所示。

尽管发展中国家的财政支出与发达国家的财政支出都具有明显的不断增长的趋势。但两者相比，还是存在一些明显的差别，主要体现在以下几个方面。

① 在多数发展中国家，中央财政支出比例低于发达国家。不过，这种差别的很大部分是出于发达国家中央财政支出中社会保险和福利支出较多。如果扣除这些支出，发展中国家的中央财政支出占GDP的比例可能高于发达国家。

② 发展中国家的政府部门作为一个投资者，比发达国家发挥着更大的作用。抽样调查

① 杨艳琳．现代财政与金融教程．北京：首都经济贸易大学出版社，2003.

显示发展中国家政府投资（包括国有企业的投资）在社会总投资中所占比例要比工业国普遍高。其中的原因部分在于发展中国家在基础设施上需要比发达国家更多的投资，而在发展基础设施方面，政府投资能够发挥更大的作用。

③ 在多数发展中国家，社会保险和福利开支比例很小，主要的支出项目是补贴，如对食品消费的补贴，对城市公共交通的补贴等。

我国自改革开放以来，尽管财政支出的绝对规模显著增长，相对规模却出现了不同的趋势。1978 年至 1995 年，财政支出占 GDP 的比例从 30.78%下降至 11.22%；1995 年以后，财政支出占 GDP 的比例持续上升，到 2005 年上升到 18.53%。究其原因，主要在于我国政府在体制转轨时期不断“甩包袱”，财政职能范围缩小，而随着社会主义市场经济的建立和不断完善，财政支出比例下降的趋势得以终止，并转而趋于上升。表 7－2～表 7－3 是不同国家财政支出占 GDP 的比例情况。

表 7-2 若干发达国家财政支出占 GDP 的比例（%）

年 度	加拿大	瑞 士	英 国
1900	9.5	n.a*	14.4
1910	11.4	n.a*	12.7
1920	16.1	n.a*	26.2
1930	18.9	15.9	26.1
1940	23.1	19.2	30.0
1950	22.1	19.9	39.0
1960	29.7	17.7	31.9
1970	31.2	21.3	33.2
1980	37.8	29.3	41.8
1991	43.0	33.6	39.1
1998	42.1	n.a*	40.2

*：n.a 表示资料不详。

资料来源：罗森．财政学．赵志耘，译．北京：中国人民大学出版社，2003.

表 7-3 不同发展程度国家政府支出占国民生产总值（GNP）的比例（%）

年 份	低收入国家	中下等收入国家	中上等收入国家	发达工业国家
1972	19	15	25	28
1986	23	27	27	40

资料来源：世界银行．世界发展报告．北京：中国财政经济出版社，1991.

表 7-4 部分发展中国家财政支出占 GNP 的比例（%）

年 份	印 度	马来西亚	巴基斯坦	菲 律 宾	巴 西	韩 国
1979	13.9	22.2	18.6	11.7	17.4	16.7
1980	13.3	28.5	17.5	12.3	19.0	17.3

续表

年 份	印 度	马来西亚	巴基斯坦	菲律宾	巴 西	韩 国
1981	13.1	38.4	19.2	12.7	19.5	16.9
1982	13.8	36.1	17.1	12.0	20.8	18.6
1983	13.9	31.2	19.4	11.7	20.9	16.7
1984	15.2	27.6	19.7	9.8	20.3	16.4
1985	16.4	29.6	19.8	10.5	24.9	16.5
1986	17.7	34.6	23.3	13.1	27.5	16.0
1987	18.0	30.0	22.3	15.3	24.1	15.6
1988	17.9	27.1	21.2	15.6	29.5	15.2

资料来源：樊丽明．财政学．北京：高等教育出版社，2002.

【资料链接】

中国财政支出占GDP比重的V形翻转

作为衡量社会资源配置格局的一个重要指标，财政支出占GDP的比重一直牵动着人们的心弦。然而，在中国的市场化改革即将迎来30周年的今天，当我们试图用这个指标回头仔细地审视30年来发生在社会资源配置格局上的变化时，却不无惊讶地发现，财政支出占GDP比重数字所走出的基本轨迹极具戏剧性。

在改革开放刚刚启动的时候，为了加大市场配置社会资源的比重，我们曾将降低财政支出占GDP的比重作为改革的目标加以追求，并且为此推出了一系列以“减税让利”、“放权让利”为主调的改革举措。在这些举措的交互作用下，伴随着财政收入的减少及其占GDP比重的下降，财政支出占GDP的比重数字从1978年的31.0%一路下滑。至1994年，在短短15年内，这个比重数字已经退居到12.0%的低水平。下滑势头之大，速度之快，令人瞠目结舌。

面对着日渐削弱的宏观调控能力和日益严峻的财政运行困难，在加强政府的宏观调控能力、实现财政状况根本好转的目标下，便有了1994年的财税改革。作为那一次改革的重要成果，财政收入减少及其占GDP比重下降的势头得以扭转。并且，以此为转折点，财政支出及其占GDP的比重数字开始呈现上升的势头。13年间，年均增长19.94%。与之相对应，财政支出占GDP的比重数字，也一步步提升至2006年的19.73%。

以1994年划界，中国财政支出占GDP的比重数字，在以往的近30年间，前15年和后13年分别走出了一条迥然相异的轨迹，恰似一个不完全对称的V字形。

问题还有复杂之处，同改革开放之前的情形有所不同，准确地讲，现实中国的财政支出规模只是预算内的政府支出，并非是政府支出规模的全部。除了纳入预算内的政府支出外，游离于预算外的政府支出并未进入上述的统计范围。倘若换一种口径，以实际发生的政府支出计算，那么在2006年，还要在41326.16亿元财政支出规模的基础上，至少加上当年未列入预算的偿还到期国债支出、统筹层次不一的社会保障支出、预算外支出和制度外支出等几个类别的支出项目。而一旦如此，中国政府支出占GDP的比重数字，便可能由此叠加至30%以上。这个比重数字，已经相当于1978年的水平。到了这个时候，一个更具戏剧性的轨迹出现了：从1978年至2006年，在经过了近30年的市场化改革历程之后，以中国政府支出占GDP的口径而论，我们又回到了改革的起点。接着上面的话题，将前15年和后13

年分别走出的迥然相异的轨迹统统收入视野，它已经恰似一个完全对称的V字形了。

事情并没有到此结束。往前看，在税收收入强劲增长特别是巨额财政“超收”的带动下，中国政府支出占GDP比重数字的提升势头依旧十分强盛。也就是说，我们仍在沿着这个“V”字形右半部的一侧轨迹奔跑。并且，仍旧在主观层面上致力于提升这个比重数字。

再进一步看，在新中国历史上，政府支出占GDP比重数字的最高水平发生在1960年，为39.3%。这又告诉我们，在当前的中国，政府部门占用并处置的GDP份额，正处于由改革的起点向历史最高点的迈进过程中。

以政府支出占GDP的比重数字而论并以其作为衡量社会资源配置格局的指标，当前中国的社会资源配置格局已经走出了一条极具戏剧性的“体制复归”轨迹。我们已经到了重新审视社会资源配置格局及重新评估目标取向的时候。

注意到这一轨迹的形成，是以税收收入的持续高速增长和财政预算制度的不规范为基础，并在两者的交互作用下发生的。可以得到的又一个重要判断是：除非拟议中的新一轮税制改革得以全面启动，除非财政预算制度得以步入规范化的轨道，否则反映在社会资源配置格局上的这种“体制复归”势头，很可能继续蔓延下去，甚至带来与市场化改革初衷相悖的结果。

资料来源：海南日报，2011年6月2日。

2. 财政支出结构分析

1）财政支出结构的含义

财政支出结构是指在一定的经济体制和财政体制下，财政资金用于行政各部门、国民经济和社会生活各方面的数量、比例及其相互关系。它是按照不同的要求和分类标准对财政支出进行科学地归纳、综合所形成的财政支出类别构成及其比例关系。

从财政分配自身角度分析，财政支出结构反映了财政支出的基本内容及其各类支出的相对重要性，体现了一定时期内国家的财政经济政策取向和政府财政活动的范围、支出责任和重点。对财政支出结构进行全面、系统的分析，目的在于探索财政支出的内在联系及其规律性，分清主次和轻重缓急，合理安排财政资金，形成财政支出的最优结构，保证政府各部门、国民经济和社会发展各方面的资金需求，保证国家履行各项职能的资金需要，提高财政资金使用效率。

从宏观经济运行角度分析，财政支出涉及社会生活的方方面面，并对经济运行起着重要的作用，因此财政支出结构必然体现社会经济生活中各种比例关系的客观要求。更重要的是，在社会主义市场经济条件下，生产要素的配置和调整主要通过市场进行，而财政分配要从宏观上调控市场，则主要通过调整财政支出结构来发挥其宏观调控的作用，即通过调整财政支出结构，来协调、引导、控制经济结构、产业结构、消费结构、社会结构，实现国家宏观调控目标。这样，对财政支出结构的分析和调整，则是国家宏观调控的重要手段，是实现宏观调控目标的重要途径。

财政支出结构建立在一定的财政支出分类之上，只有在一定的支出分类基础上，才能对因此而形成的各项支出数额及其所形成的关系作出分析研究。财政支出结构的实质是各类财政支出的分类组合与配置比例。研究目的不同，分类组合的标准就不同，财政支出结构也就不同。

2）影响财政支出结构的因素

财政支出结构受多种因素的影响，其中主要有政府职能及财政资金供给范围、经济发展水平、政府在一定时期的社会经济发展政策、国际政治经济形势等。

（1）政府职能及财政资金供给范围

财政支出结构与政府职能及财政资金的供给范围有着直接的关系。在计划经济体制下，政府职能及财政资金的供给范围比较宽，既承担了社会共同需要方面的事务，也承担了大量竞争性、经营性等方面的事务。所以，在财政支出结构上必然体现出浓厚的计划经济体制的特点，如经济建设支出投入的比例较大，增加了一些本应由市场去办的事务性支出。而在市场经济体制下，政府将主要精力用于弥补市场缺陷，着力于经济的宏观调控。所以，在财政支出中经济建设支出的比例就相对较小，同时，在经济建设中用于基础设施、公用设施等投入的比例大，而几乎没有用于竞争性、盈利性领域的支出。

（2）经济发展水平

经济是财政的基础。一方面，经济发展的水平决定财政收入及其供给水平；另一方面，财政支出的结构受到经济发展水平的影响。因为，一定时期的经济发展水平决定着当时的社会需要水平及社会需要结构。人们首先要解决的是衣食住行这些人类生存的基本需要，而后才能考虑其他更高层次的需要。在经济发展水平不高的情况下，财政供给水平和保障能力必然不高，财政支出结构也会相应体现出这一时期的特点。以我国为例，我国要建立和发展市场经济迫切需要建立完备的社会保障制度，但限于国家财力，我国的社会保障程度和范围十分有限，国家的社会保障支出还不能做到如同西方国家那样在财政支出中占有那么大的比例。这只能随着国家的经济发展水平和财力水平的提高，逐步解决。因而，财政支出结构比较明显地反映出一个国家的经济发展水平。

（3）政府在一定时期的社会经济发展政策

财政支出反映着政府的活动范围和方向，反映着政府的政策取向。政府发展什么、控制什么、支持什么、限制什么，在财政支出结构中反映得十分清楚。因此，政府在一定时期的社会经济发展政策直接会影响到财政支出结构的状况。仍以我国为例。1998—2003年，国家连续实施积极的财政政策，仅1998年、1999年两年的国债投资就达2 100亿元，用于基础设施、公用设施的建设。为实施“科教兴国”战略，国家规定，每年财政对科技、教育投入的增幅要高于财政经常性收入的增幅；在中央级支出中规定，从1998年起连续7年中央级财政教育经费支出占中央本级支出比例要比上年提高1个百分点。这些政策的实施，使我国财政支出结构相应地变化，国家财政用于经济建设支出增长趋缓。

（4）国际政治经济形势

在当前世界政治多极化、经济一体化大趋势下，一国政治经济及其政策，受国际形势和环境的影响越来越大，几乎没有一个国家可以孤立地存在和发展，都必须通过不同形式与国际社会发生这样或那样的联系和交往。经济一体化既使各国经济形成了紧密联系，也形成了相互依赖。当今世界经济的发展已进入了一个新的历史阶段，发达国家和发展中国家的经济已经相互联系、相互融合。一个国家的经济状况对相关国家乃至整个世界都会产生影响。因此，各国经济发展不能不受到国际经济形势和政治形势的影响，各国制定本国经济政策、财政政策时也必须充分考虑到国际形势的因素，从而对财政支出的结构产生显著影响。

3）财政支出结构发展变化的一般趋势

在经济发展的早期阶段，由于公共品尤其是经济发展所必需的社会基础设施（如公路、铁路、桥梁等）供给不足，政府公共投资往往在社会总投资中占有较高的比例，因而此时经济建设支出在财政支出中占较高的比例。随着经济的发展，社会基础设施的供求趋于平衡，经济建设支出在财政支出中的比例逐渐下降。

表 7-5 可以说明，在发达国家的财政支出结构中，如法国、美国、英国、澳大利亚等，用于经济建设方面的支出所占比例一般较低；而发展中国家，如中国、印度尼西亚、菲律宾、泰国、墨西哥等，在经济建设方面的支出所占的比例要比发达国家高一些。

表 7-5 1993 年和 1994 年部分国家经济建设支出占财政支出的比例

比 例	国 家
5%以下	法国等
5%～10%	巴基斯坦、埃及、巴西、西班牙、英国、澳大利亚、加拿大、德国、美国等
10%～15%	肯尼亚、智利、新加坡等
15%～20%	印度、加纳、土耳其、马来西亚、韩国、瑞典等
20%～30%	印度尼西亚、菲律宾、泰国等
30%～35%	赞比亚（1980）、墨西哥（1980）
35%～40%	中国等

资料来源：根据《世界发展报告 1995、1996》数据整理.

购买性支出与转移性支出在总支出中的比例在各个国家也不相同。一般来说，在经济发达国家，政府较少直接参与社会生产活动，同时财政收入也比较宽裕，财政职能侧重于收入分配和经济稳定，因而转移性支出（或相当于转移性支出部分）占财政总支出的比例相对较大，而购买性支出所占比例相对小些。而在发展中国家，政府较多地直接参与社会生产活动，财政收入又相对匮乏，购买性支出（或相当于购买性支出部分）占总支出的比例明显较高，而转移性支出所占比例较低，如表 7-6 所示。

表 7-6 1997 年部分国家购买性支出和转移性支出在财政支出中的比例（%）

国 家	购买性支出	转移性支出
美国	40	60
英国	44	56
加拿大	40	60
澳大利亚	31	69
马来西亚	76	24
印度尼西亚	79	21
约旦	89	11
科威特	80	20

资料来源：根据《世界发展报告 1999、2000》数据整理.

7.3 财政支出不断增长的理论解释

一百多年来，各国财政学家针对财政支出的绝对规模和相对规模都在不断增长的事实进行了大量研究，并提出了各种理论来诠释这一现象。这些理论都有一定的道理，不过，它们一般都只是强调单一的或少数几个因素对财政支出的独立影响，而没有哪一种理论能够单独解释整个现象。事实上，即使将这些理论放在一起，也仍然有解释不清的地方。以下介绍几种有代表性的理论。

1. 瓦格纳法则

德国经济学家阿道夫·瓦格纳（Adolph Wagner）考察了当时几个工业先进国家18世纪至19世纪近百年的财政支出后，于1882年提出了“公共支出不断增长法则”，又称瓦格纳法则。他认为，在工业化的过程中，随着国家职能的扩大和经济的发展，国家的财政支出会不断地增加。但瓦格纳关于财政支出增长究竟是指财政支出占GDP的比例上升，还是指它的绝对数额增长，在当时并不清楚。根据R. A. 马斯格雷夫的解释，他认为是指财政支出占GDP的比例，于是瓦格纳法则可以表述为：随着人均国民生产总值的提高，财政支出的相对规模不断提高。他的解释可以归结以下几点。

① 一方面，随着社会的发展，完善国内外法律规章及维护社会秩序的要求随同增加，以保证市场机制发挥作用所必需的社会“环境条件”；另一方面，在经济工业化和随之而来的管理集中化、劳动力专门化的条件下，经济结构及当事人之间的关系越来越趋复杂化，所有这些，都有赖于公共部门活动的加强。

② 进入工业化发展阶段后，一些新行业要求大规模的投资。这些投资要么由于规模过大而使得私人难以有效融资，要么私人可以融资但却会导致私人垄断，因而不利于促进社会目标的达成。为了保障社会经济的有效运作和良性发展，政府有必要直接介入大规模的投资生产领域，其结果是政府参与直接生产活动日益增加。

③ 工业化的进程推动了城市化的进程，人口的居住将密集化，由此将产生拥挤等一系列外部性问题，这需要政府进行有效地干预和管理。

④ 瓦格纳把对教育、娱乐、文化、保健与福利服务的财政支出增长归因于需求的收入弹性。也就是说，随着GDP的增加，这些项目的财政支出增长将快于GDP的增长。

因此，随着经济与社会的发展，政府原有的职能不断扩大，新的职能陆续出现。于是随着国家职能的扩展，政府所从事的各项活动不断增加，所需的经费也就会相应上升。

瓦格纳法则虽然未能从根本上回答财政支出的增长速度为何会快于GDP的增长速度，但确实正确地预测了财政支出不断增长的百年趋势，而且为后人研究财政支出增长规律奠定了理论基础。但是，瓦格纳的理论也存在着许多明显的不足。

第一，瓦格纳的模型是在特定的历史背景下建立的，这一背景就是工业化。工业化既是经济增长的动力，也是财政支出扩张的源泉。可是，一旦经济发展到成熟阶段或处于滞胀时期，将又如何解释财政支出的膨胀趋势?

第二，该理论在解释财政支出的增长时没有考虑政治制度、文化背景，特别是公共选择等因素。如果公共选择的结果是充分私有化，财政支出不论是在绝对规模上还是在相对比率上都有可能随着人均收入的提高而下降。

第三，瓦格纳法则主要站在需求角度来解释财政支出的增长。也就是说，该法则只解释了公共品需求的扩张压力，但没有从供给的角度考察财政支出的增长。

2. 梯度渐进增长理论

英国经济学家皮科克（Alan T. Peacock）和魏斯曼（Jaok Wiseman）对财政支出的增长作了经典性的分析。在《英国财政支出的增长》一书中，他们研究了英国1890—1955年的财政支出增长史以后，发现英国财政支出的增长是“阶梯的”、“非连续的”，财政支出的水平在正常年份随税收收入的增长而呈逐渐上升趋势。当社会经历战争、危机或自然灾害等突发事件时，财政支出会急剧上升。但这些突发事件结束后，财政支出的水平虽有所下降，但并不会降到原来的水平上。为了解释这一现象，皮科克和魏斯曼提出了梯度渐进增长理论。

他们认为，通常情况下，财政支出的增长会受到公共选择的影响。尽管公众一般来说既希望多享用公共品，又不愿为此多纳税而承担其成本，但在不同的经济和社会现实条件下，他们会受到外部环境的影响，作出不同的选择。他们将财政支出不断增长的原因归结为两类因素：一是内在因素，二是外在因素。

(1) 内在因素

在税率不变的税收制度下，随着社会经济的发展，政府所征得的税收收入必然呈现不断增长的趋势。而追求政治权力最大化的政府是喜欢多支出的，于是随着税收收入的增加，财政支出规模也就不断地增加。但在正常情况下，公民即使认识到应由政府来做的事情日益增多，也不会赞同政府活动的增加，因为公民知道政府活动的增加是与税收的增加联系在一起的。因而在正常情况下，财政支出增长与 GDP 增长线性相关。

(2) 外在因素

在社会经济发展的动荡时期，如战争年代或战争突然爆发、连年遭受自然灾害或重大自然灾害突然降临时，正常的社会经济秩序难以维持，国家财政收入的增加会受到一定抑制。然而，财政支出却会被迫急剧增加，除满足正常的财政需要外，军事开支剧增，伤员救治药品、交通等方面的开支同时大幅度提升，于是政府被迫提高税率或增加新税种，不愿意多纳税的纳税人也会被迫接受提高的税率和新增的税种。例如，美国参议院在 2003 年 4 月 3 日一致通过了近 800 亿美元的增加预算案，用于伊拉克战争、奖励主要盟友、支持反恐，并帮助苦苦挣扎的美国航空业。众议院很快通过了这一议案。但在动荡时期结束后，税率水平并不会退回到原来的水平，一些新税还要继续存在。因而就形成了财政支出的“梯状”增加趋势。

皮科克和魏斯曼认为正是内在因素和外在因素的作用相互交替，才导致财政支出规模呈梯度渐进增长，如图 7-3 所示。

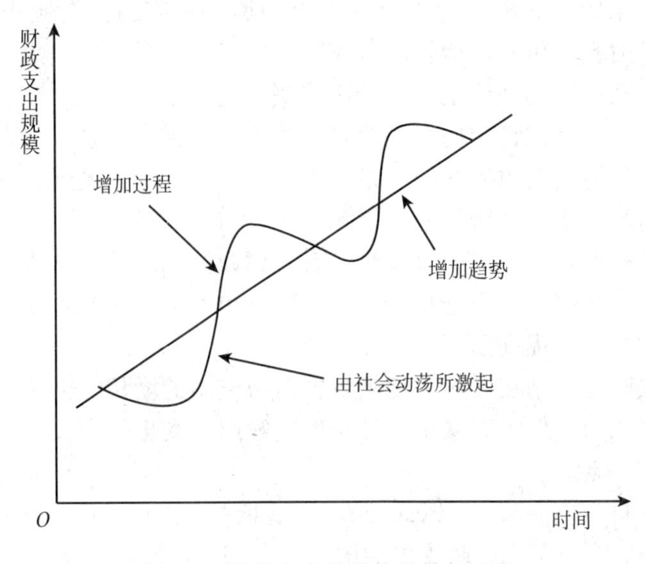

图 7-3 财政支出的增长趋势与过程

3. 经济发展阶段增长理论

马斯格雷夫（A. Musgrave）和罗斯托（W. Rostow）在对经济发展史进行实证分析和对整个经济发展过程中的财政支出增长形势进行深入研究的基础上，提出了财政支出增长的经济发展理论。这一理论强调作为社会基础设施提供者的政府在经济发展中的作用，强调在不同的经济发展阶段中政府作用发挥的不同强度。该理论根据经济发展不同阶段的不同需要，解释了财政支出增长的原因。

① 经济发展的早期阶段。在经济发展的早期阶段，政府投资往往要在社会总投资中占有较高的比例。因为在这一时期，公共部门须为经济发展提供必需的社会基础设施，如公路、铁路、桥梁、环境卫生、法律和秩序、电力、教育等。这些公共投资对于处于经济和社会发展早期阶段的国家步入“起飞”，并进入发展的中期阶段来说，是必不可少的前提条件。

② 经济发展的中期阶段。当经济发展进入中期阶段之后，政府的投资便开始转向对私人投资起补充作用的方面。公共投资的规模虽有可能减少，但由于这一时期，市场失灵的问题日趋突出，成为阻碍经济发展进入成熟阶段的关键因素，从而要求政府部门加强对经济的干预。对经济的干预显然要以财政支出的增加为前提。

③ 经济发展的成熟阶段。随着经济发展步入成熟阶段后，财政支出的结构会发生相应的变化。从以社会基础设施投资为主的支出阶段，逐步转向以教育、保健和社会福利为主的支出阶段。这些旨在进行福利再分配的政策性支出的增长会大大超过其他项目财政支出的增长，这又进一步使得财政支出的增长速度加快，甚至快于国民生产总值的增长速度。以美国为例，美国1902—1980年间财政支出结构中社会福利支出由7.1%上升为39.4 %，而经济发展和运输支出则由28%下降为13.5%；另外，一般行政支出由12%下降为3.5%①。

由上述可见，马斯格雷夫和罗斯托的模型，实际上是关于财政支出结构的长期变化模型，故将其称作“经济发展阶段的财政支出增长理论”。

马斯格雷夫和罗斯托的“发展型”公共支出理论，是对整个经济发展过程中财政支出增长态势的大致概括，是在对大量经济发展史料进行分析研究后得出的结论。因而，它对我们认识不同经济发展阶段上公共支出的增长变化趋势，提供了有益的参考和借鉴。

4. 鲍莫尔法则

美国经济学家鲍莫尔（Baumo，J）通过分析公共部门平均劳动生产率状况，对财政支出不断增长的原因进行了解释。他在1967年发表的《不均衡增长的宏观经济学》论文中指出，随着时间的推移，既定数量的公共品价格相对于既定数量的私人产品之间的价格会上升，如果对于公共部门活动的需要是无弹性的，就必然造成财政支出不断增长的趋势。

在《不均衡增长的宏观经济学》一文中，鲍莫尔按技术进步的程度将经济部门划分为两个部门：进步部门和非进步部门。由于技术进步的规模经济造成人均劳动生产率大幅提高的部门称为进步部门；劳动生产率提高缓慢的部门称为非进步部门。两个部门的差异源于技术和劳动发挥的作用不同。在进步部门中，劳动只是一种基本手段，它被用来生产最终产品，因而劳动可以由资本替代，如在生产中用机器来劳动，而这并不会影响到生产出来的产品的性能。而在非进步部门中，劳动往往就是最终产品，因而劳动投入的减少就可能引产品性能

① 穆斯格雷夫．美国财政理论与实践．邓子基，译．北京：中国财政经济出版社，1987.

的改变，如政府的服务、手工业等劳动密集型产业，这些部门的劳动生产率并不是没有可能提高，只是其提高的速度相对缓慢而已。

私人部门劳动生产率的提高，将引起部门工资水平的上升。而公共部门为了得到应有的劳动投入量以向社会提供足够的服务，其工资水平的提高必须与私人部门保持同步。这将使得公共部门提供服务的单位成本相对上升，从而导致既定数量的公共品相对于既定数量的私人产品之间的价格上升，于是就必然会形成财政支出不断增长的趋势。由于鲍莫尔是从公共部门和私人部门劳动生产率的差异所导致的产品单位成本的不同来分析财政支出增长的，因此其理论假说一般被称为非均衡增长理论或鲍莫尔法则。

应当说，从现实来看，鲍莫尔的分析是不无道理的。特别是在有些公共部门中，保持劳动密集型本身就是社会的要求。例如，在公共教育部门中，如果教师相对于学生的比例过小，那么教学质量一般说来是难以保证的；再如在社会医疗保障体系下，如果相对于病人来说，医生和护士的密集度过低的话，那么受损害的将是病人。当然，既然是理论分析，难免在分析中会有些简化的成分。例如，一方面，公共部门并非都是劳动密集型的，私人部门也不全是资本密集型的；另一方面，即使是对那些劳动密集型的公共部门来说，也完全可以在保证公共服务质量的前提下提高工作效率。

5. 收入再分配论

针对发达国家中转移性支出主要向中低层收入者倾斜的特征，有的经济学家认为，政府支出之所以增长，是因为低收入者利用政治制度进行有利于他们自己的收入再分配。具体地说，为了赢得更多的选票，政治家承诺给予那些收入在中位以下的选民提供利益，而让那些收入在中位水平以上的选民承担净成本。只要这种实现收入再分配的机制对工作积极性不会造成太大的损害，政治家就有扩大政府主办的再分配范围的动力。例如，假定有5个选民，他们的收入分别是5万元、4万元、2.5万元、1.5万元、0.5万元，中位收入为2.5万元，平均收入为2.7万元。支持政府将收入转移给低于4万元居民这一计划的政治家，将赢得多数票。与这一观点相一致的是，收入越集中于最高收入者时，平均收入与中位收入之间的差额逐渐增大，此时政府主办的收入再分配的潜在利益就越大。有证据表明，这的确是发达国家收入转移政策的合理特征。

收入再分配论的另一观点则认为，收入再分配主要有利于中等收入阶层，而非低收入阶层。经济学中的迪克拉特定律（Director's Law）指出，公共支出主要有益于中产阶级，而用于筹资的税收中的大部分却是由穷人和富人来承担的。不过，在发达国家中，也有一些使富人受益的政府转移支付计划，如老年保健医疗制度。在现实中，让不同收入阶层受益的转移支付计划是可以同时并存的，因此这些有关政府再分配的观点未必是相互排斥的。事实上，为了赢得更多的选票，政治家们有可能支持种类更多、规模更大的转移支持计划，而其结果则是财政支出规模不断扩张。

至此，本书已经考察了关于财政支出规模增长的几种不同的理论假说。遗憾的是，由于对一些重要变量加以测量还存在较大的困难（例如，如何测量人们的税收容忍度），因此还很难用合适的经济计量方法来检验这些假说的相对重要性。不过，可以明确的是，影响财政支出增长的因素是多方面的。其中既有经济因素，如人均收入增长、技术变化、公共服务相对成本提升、城市化等；也有政治和社会因素，如政局稳定、人口状态、观念变化等。

课堂讨论

我国财政支出结构中存在的问题及其优化。

本章小结

财政支出是各级政府履行其必要职能所进行的各项活动的成本。财政支出应遵循 3 个基本原则：一是效率原则，二是公平原则，三是稳定原则。

财政支出可以从不同的角度进行分类。按财政支出功能的不同，财政支出可分为一般公共服务、外交、国防、公共安全、教育、科学技术、文化教育与传媒、社会保障和就业等不同项目。按支出的回报性可以将其分为购买性支出和转移性支出；按财政支出的目的，可以将财政支出划分为预防性支出和创造性支出；按财政支出的可控性，可将其划分为可控制性支出和不可控制性支出；按财政支出的受益范围，可将其划分为一般利益支出和特殊利益支出；按支出产生效益的时间，可以将财政支出分为经常性支出和资本性支出。

从财政支出的结构来看，在发达国家的财政支出结构中用于经济建设方面的支出所占比例一般较低；而发展中国家用于经济建设方面的支出占财政支出的比例一般要比发达国家高一些。发达国家的行政管理支出占财政支出的比例多低于发展中国家行政管理支出占财政支出的比例。在发达国家的财政支出结构中，转移性支出占财政总支出的比例相对较大，而购买性支出所占比例相对小些。在发展中国家则呈现一种相反的格局。

通过对世界各国财政支出状况的变动趋势分析，可以看出几乎世界各国，特别是发达国家的财政支出规模呈现出一种不断扩大的发展趋势。对此现象学者们有不同的解释，本章介绍了瓦格纳法则、梯度渐进增长理论、经济发展阶段增长理论及鲍莫尔法则等。

重要概念

财政支出　转移性支出　购买性支出　经常性支出　资本性支出
预防性支出　创造性支出

思考题

1. 什么是瓦格纳法则？
2. 什么是梯度渐进增长理论？
3. 什么是经济发展阶段增长理论？
4. 什么是鲍莫尔法则？
5. 说明我国财政支出结构中存在的主要问题及其优化。

进一步阅读材料

[1] 张雷宝．中国财政支出绩效管理：从理念到实践．财政研究，2007（5）．
[2] 任晓珍．云南财政收支增长的政策建议．财政研究，2007（5）．
[3] 王玉华．我国中央与地方政府间财政收支稳定性比较研究．财政研究，2007（7）．
[4] 胡兴旺．财政科技支出绩效管理研究．财政研究，2007（7）．
[5] 冯晓菁．苏州市财政教育支出对收入分配影响的实证分析．地方财政研究，2007（7）．
[6] 段云飞．社会分工与公共财政支出管理绩效问题研究．财政研究，2007（2）．
[7] 曲振涛．地方财政支出与经济增长的相关性研究：以黑龙江省财政支出为例．财政研究，2007（1）．

第 8 章

购买性支出

【本章概要】

本章主要介绍作为政府支出重要组成部分的购买性支出及其所包含的几个重要支出项目。8.1 节介绍政府两个最基本职能行政管理和国防所涉及的支出；8.2、8.3 节分别介绍政府的 3 项主要公共事业支出，包括教育支出、科技支出及医疗卫生支出；8.4 节对政府的投资性支出作了简单介绍。

【学习目标】

◆ 我国行政管理支出和国防支出的变动趋势及原因；

◆ 我国教育、科技支出的现状及存在的问题；

◆ 我国医疗卫生支出情况；

◆ 政府投资性支出的一般概况。

政府的支出范围按支出的等价性与否可以分为购买性支出和转移性支出。其中购买性支出是政府为维持其职能运转和投资的需要，以普通消费者的身份在市场上购买日常政务活动所需或国家投资所需的商品和劳务，如采购办公用品、采购某部门信息系统、开发、投资兴建大型工程等。为维持职能运转而进行的支出称为消耗性支出或消费性支出，具体包括行政管理支出、国防支出、文化教育支出、科学研究支出、医疗卫生支出等。政府为进行投资而在市场上进行购买活动所需的支出称为投资性支出。本章分别从这两个角度对政府购买性支出逐一进行讲解。

8.1 行政管理支出和国防支出

1. 行政管理支出和国防支出的定义

行政管理支出是政府维持其各级职能机构运转所需要的经费，包括各级权力机关、行政管理机关、司法检察机关和外事机构运转过程中的支出①。每一类支出具体又由人员经费和日常办公所涉及的公用经费组成。国防支出是政府为了满足全体成员安全的需要，安排一部分财政资金用于国防建设和保卫国家安全的支出，主要内容包括国防费、国防科研事业费、

① 不经特别注明，本章讨论的各种支出及其数据均采用的是预算内口径．

民兵建设费和有关专项国防工程支出等。

2. 行政管理支出和国防支出的性质

表面上看，行政管理支出和国防支出似乎是两类互不相关的支出，但其实两者都是对政府最基本职能的反映。国防和行政管理历来被认为是政府存在的最基本的理由，连崇尚市场自由、反对政府干预的亚当·斯密也认为政府应保留的仅有的几个职能主要包括对外保护本国国民不受侵略、对内维持社会成员之间的公正关系等。对外保护本国国民不受侵略指出了国防建设的必要性，对内维持社会成员间的公正关系必然涉及司法、行政等基本管理职能。

从经济学角度来看，这两项服务具备公共品的典型特征，即消费过程中存在非排他性和非竞争性。一个国家拥有的国防力量使全体国民受到保护，个人不用通过特别付费也可以受到这种保护（正常缴纳的税收除外），而多增加一个国民人口也不会影响其他国民享受到的保护程度。而政府提供的公共管理服务，保障了社会秩序和市场机制的正常运行，其受益对象也是整个社会，某个人享受正常的社会秩序不会影响其他人也可以同样享受这种公共服务。鉴于这两种产品接近纯公共品的性质，因而由政府来组织提供比较合适。实际上，这也是世界上绝大多数国家的实践做法。当然，由政府提供并不必然意味着由政府生产。比如，在某些国家，其军事装备的生产实际上是由私人企业提供的。

3. 我国行政管理支出规模

不同流派经济学家对政府与市场的界定范围持有不同意见，但当人们讨论政府的范围时，需要一些客观指标来反映，如政府规模。一直以来，人们试图用各种指标来衡量政府规模，如财政支出总额，或者财政支出占经济总量的比值等。而如果对政府支出的性质进一步观察，则会对政府的规模有更进一步的了解。

相对于其他性质的支出，行政管理支出衡量的是政府行政管理部门直接涉及的费用，更能直接反映政府的规模。行政管理支出包括公用经费和人员经费，公用经费是政府实现其职能需要的经费支出，反映了政府提供公共服务的规模；而人员经费是为了提供公共服务所耗费的人力成本。在提供同等规模的公共服务条件下，耗费的行政管理支出越高，说明公共服务提供效率越低。

表 8-1 列示了改革开放后我国行政管理费用支出额及其占财政支出和 GDP 的相应比例，图 8-1 则直观反映了行政管理支出绝对值和占财政支出比例的变动趋势。

表 8-1 1978—2006 年行政管理支出绝对值及其占财政支出和 GDP 的比例①

项目 年份	行政管理支出 /亿元	财政支出 /亿元	占财政支出 的比例	GDP /亿元	占 GDP 的 比例
1978	52.9	1 122.09	4.71%	3 645.2	1.45%
1979	63.07	1 281.79	4.92%	4 062.6	1.55%
1980	75.53	1 228.83	6.15%	4 545.6	1.66%
1981	82.63	1 138.41	7.26%	4 891.6	1.69%
1982	90.84	1 229.98	7.39%	5 323.4	1.71%

① 由于我国 2007 年预算收支项目进行了重要调整，这里采用的是改革之前的按功能性值分类。2007 年后，行政管理类支出分散到一般公共服务等多项目中，前后口径不再具有可比性，故此项数据截止更新到 2006 年。

续表

项目 年份	行政管理支出 /亿元	财政支出 /亿元	占财政支出 的比例	GDP /亿元	占 GDP 的 比例
1983	103.08	1 409.52	7.31%	5 962.7	1.73%
1984	139.8	1 701.02	8.22%	7 208.1	1.94%
1985	171.06	2 004.25	8.53%	9 016	1.90%
1986	220.04	2 204.91	9.98%	10 275.2	2.14%
1987	228.2	2 262.18	10.09%	12 058.6	1.89%
1988	271.6	2 491.21	10.90%	15 042.8	1.81%
1989	386.26	2 823.78	13.68%	16 992.3	2.27%
1990	414.56	3 083.59	13.44%	18 667.8	2.22%
1991	414.01	3 386.62	12.22%	21 781.5	1.90%
1992	463.41	3 742.2	12.38%	26 923.5	1.72%
1993	634.26	4 642.3	13.66%	35 333.9	1.80%
1994	847.68	5 792.62	14.63%	48 197.9	1.76%
1995	996.54	6 823.72	14.60%	60 793.7	1.64%
1996	1 185.28	7 937.55	14.93%	71 176.6	1.67%
1997	1 358.85	9 233.56	14.72%	78 973	1.72%
1998	1 600.27	10 798.18	14.82%	84 402.3	1.90%
1999	2 020.6	13 187.67	15.32%	89 677.1	2.25%
2000	2 768.22	15 886.5	17.42%	99 214.6	2.79%
2001	3 512.49	18 902.58	18.58%	109 655.2	3.20%
2002	4 101.32	22 053.15	18.60%	120 332.7	3.41%
2003	4 691.26	24 649.95	19.03%	135 822.8	3.45%
2004	5 521.98	28 486.89	19.38%	159 878.3	3.45%
2005	6 512.34	33 930.28	19.19%	183 084.8	3.56%
2006	7 571.05	40 422.73	18.73%	210 871.0	3.59%

资料来源：《中国统计年鉴》相关年.

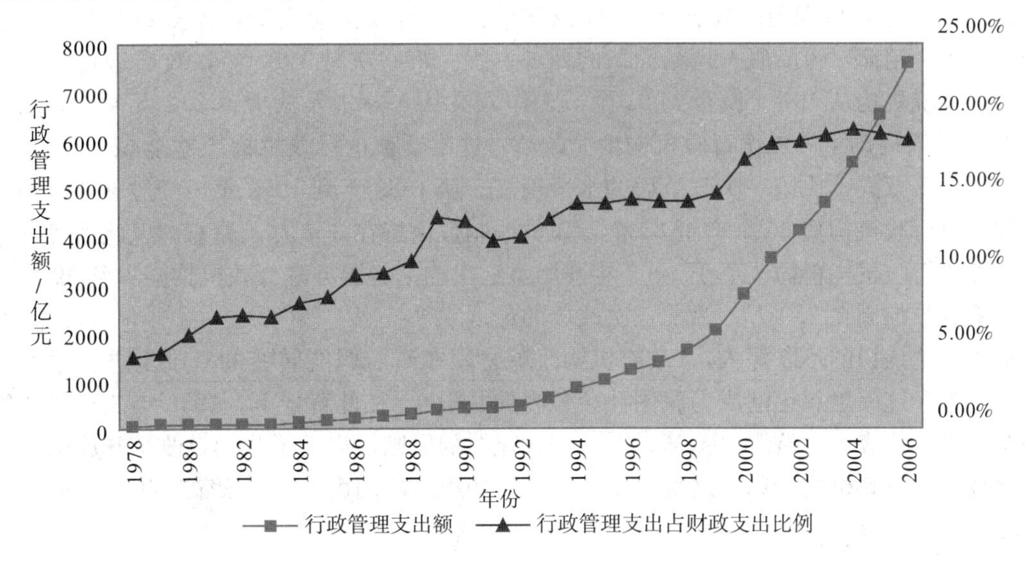

图 8-1 1978—2006 年我国行政管理支出占财政支出比例变动趋势

从表 8-1 中可以看出以下两种趋势。

(1) 行政管理费用的绝对值一直处于上升态势

从 1978 年的 52.9 亿元上升到 1996 年的 1185.28 亿元，到 2006 年的 7571.05 亿元，我国行政管理的支出持续增长。对这一点的解释，至少有几个因素要考虑进来。

首先是物价的上涨。由物价上涨而导致的行政管理费用支出增加并不能反映政府职能范围的扩大或政府机构工作效率的降低。但即便如此，扣除物价水平的影响，行政管理费用支出的增加也是绝对的。例如，2006 年的物价水平是 1978 年的 4.71 倍，但行政管理费用支出是 1978 年的 143 倍，后者的增长速度远超过物价水平的上涨。

其次是人口的增加。人口的增长要求公共部门提供的公共服务绝对数量也会增加，客观上导致公共部门规模的扩大，从而使得行政管理支出费用增加。当然，如果考虑随着经济发展水平的提高，人口对公共服务质量要求的提高，则这一数值也会必然增大。1978 年我国总人口数为 9.6 亿，人均行政管理支出为 5.49 元/人；到了 2006 年我国总人口为 13.1 亿，人均行政管理支出增加 575.97 元/人，是 1978 年的 105 倍，这个增长比例比起未考虑人口因素前的增长比例还是有所降低的。

第三是行政管理机构的扩张。有经济学家认为随着社会的发展和进步，包括行政管理费用在内的政府公共支出会有一直增长的压力。如德国经济学家阿道夫·瓦格纳（Adolph Wagner）认为政府对经济的干预范围会随着社会发展而逐渐增大，其结果必然是政府的经济管理职能得到强化。按照这种理论，随着政府经济管理职能的强化，政府管理机构将会增加，管理人员也会增加，那么行政管理费用也必然增加。联系我国实践，在经济改革过程中，随着市场经济的深化，社会经济主体及其之间的关系日益繁杂，经济运行中出现了许多计划经济时代未曾出现的矛盾和问题，如垄断、环境污染、证券业的监管要求等，这些都要求政府能及时承担责任，提供公共服务。在这样的背景下，政府根据实际需要设立新的行政管理机构；同时由于改革的阻力客观存在，旧有的职能机构还不能完全被撤销，这两方面的共同作用，势必造成一定时期内政府行政管理机构的臃肿，其费用支出表现为持续增加。

1978 年以来，我国前后共进行了五次规模较大的行政机构变革，大多数改革基本上遵循着“膨胀—精简—再膨胀—再精简”的循环过程。第一次是 1982 年，政府进行了机构撤并，将国务院机构从 100 个减少到 61 个，工作人员从 5 万多人减少到 3.2 万人。第二次是 1987 年，政府启动了第二次行政机构精简改革，这次改革把行政机构压缩至 65 个，工作人员减少到 4.5 万人，比第一次改革后的水平稍高。从 1989 年到 1993 年，经过五年时间的运转，国务院行政机构从 65 个增至 86 个，人员编制数保持在 3.7 万人左右。以此为背景，第三次国务院行政机构精简改革于 1993 年开始，这次改革将国务院行政机构减少到 59 个，机关人员编制数控制在 2.9 万，为前三次改革的最低水平。

随着理论认识的不断深入，“政府机构改革必须在政府职能转变的基础上进行才可能取得切实效果”这一思想逐渐成为我国社会各界的共识①。在此背景下，1998 年 3 月召开的第九届全国人民代表大会按照“精简、统一、效能”的原则，启动了我国自改革开放以来第四次规模较大的行政机构改革，这次改革将国务院的组成部门由 40 个压缩为 29 个。最近一次

① 丛树海．财政支出学．北京：中国人民大学出版社，2002：109，141

规模较大的行政机构改革是2008年3月15日第十一届全国人民代表大会第一次会议通过的国务院行政机构改革方案。这次改革区别于以往几次机构改革之处在于改革目的不是为了“减人”，而是为了更好地整合行政资源、协调行政部门职责与分工，提高行政效能，因而又被称为“大部制改革”。经过这次改革，国务院现有组成部门为27个。

尽管有这五次大规模的行政管理机构调整，但是从图8－1中可以看到行政管理的绝对经费除了1991年有细微的下探趋势外，大部分年份都是处于上升的趋势。行政管理机构的扩张除了反映在职能部门数目调整上，更多还体现为其中从业人员数量、工资费用标准及公用经费标准的提高。1978年我国国家机关、政党机关和社会团体的从业人员数为467万，占社会总人口的比例为1∶206；而2006年我国国家机关、政党机关和社会团体的从业人员数1265.6万人，占社会总人口的比例为1∶104，公共部门从业人口占比将近翻了一倍。从人员经费看，2006年我国公职人员平均年薪为2.25万元，而1978年全国公职人员的平均年薪不超过一千元，仅此一项就造成行政管理经费支出超过23倍的增长。而合理改善公务员工作条件，如购置电话、计算机和必要车辆等，虽然有利于工作效率的提高和服务质量的改善，但同时也确实对行政管理管理经费的开支造成增涨的压力。

（2）行政管理支出占财政支出和GDP的比例总体有上升趋势

行政管理支出占财政支出的比例从改革开放初的4.71%上升到2006年的18.73%。基本上可以认为，财政支出的五分之一用于维持政府机构的基本运转。从1978年至今，行政管理支出占GDP的比例虽有波动，但总体仍呈上升趋势。其比例从1978年1.45%上升到1990年的2.22%，然后下降到1995年的1.64%，再逐渐攀升到2006年的3.59%。在这里，由于数值取得都是同年的数据，因而比值摒除了物价水平的影响，能更为准确地反映出行政管理支出变动的趋势。由于行政管理支出属消耗性支出，它占财政支出的比例不应过高，才能保证政府把财政支出增长的大部分用于社会公共事业和经济建设。同样，行政管理支出占GDP的比例也应控制在一定水平之下。一般来说，其比例越低，说明政府的运作效率越高。反观我国的实际情况是，自改革开放以来，这两个比例总体上都保持着增长的趋势。在学术界和实践中，关于我国行政管理支出的水平高低的探讨也一直不绝于耳，焦点是行政管理经费的支出到底应控制在何种水平才较为合适。

【资料链接】

“行政成本之高世界少有”的反思

曾有专家撰文称：“我们拥有世界上最昂贵的公务和最昂贵的政府，中国公民承担因政府运行成本过高产生的赋税在很多地方达到了登峰造极的程度。”中国拥有“最昂贵”的公务和政府，贵的程度有多高呢？作为国务院参事的任玉岭提供的数据应该是可信的：我国行政管理费占财政总支出的比例，在1978年仅为4.71%，到2003年上升到19.03%，而且近年来行政管理费用增长率还在大幅度上升，平均每年增长23%。

任委员称，如今我国的财政收入每年以两位数的速度增长，2005年已经突破3万亿元。凭这样的财政实力，我们完全有可能逐步解决我国的教育和医疗难题，但由于行政成本的涨速更快，导致财政不管怎么增长都有可能被吃净、花光。据“两会”期间公布的一组数据：仅2005年，公车消费、公款吃喝、公款旅游3项之和就高达6 000亿元，占国家财政收入的20%，相当于全民义务教育投入的5倍。从改革开放初期的1978年至2003年行政成本在

25年间就涨了87倍——何其昂贵的公务!

这组数据令人触目惊心。当然，这些数据只源于具体个例的累积。2005年8月，新华社曾经披露过安徽北部一个规模不大的地级市书记和市长的“豪华办公”：每人独占6间办公室，内设高级办公用品、卫生间、会议室、会见室、装修精致的卧室，一应俱全，颇为气派。而就在这座壮观的党政办公大楼不远处，几十户原住房被拆迁数月的村民，因为没有得到及时安置，全家老少只得住在低矮闷热、蚊蝇乱飞的简陋土屋里。

这种鲜明的对比，正是行政管理费用持续上升的必然结果，因为行政管理费用的扩张吞噬了一部分公共支出。同比政府行政成本的逐年上升，一样令人震惊的是教育经费的逐年下降。在今年的两会上，全国政协委员殷鸿福透露，1985年世界各国教育投入占GDP比重的平均水平是5.2%，发达国家平均水平是5.5%，发展中国家平均水平是4.5%，而当年我国财政性教育投入只占2.3%。20年后，这个数字不升反降，到2005年已经下降到2.16%。

从现代行政学的角度看，政府征税的目的在于提供基础设施和公共品，重新分配收入(向低收入阶层转移)，调节资源配置和指导消费行为。政府的行政开支，应该是税收中的极少一部分，如果政府行政开支过大，就明显地违背了纳税人购买公共品的初衷了。事实上，正如代表委员们所说，在今天的中国，过高的行政成本已经挤占了我们的医疗、教育等公共福利，并带来了严重的社会问题，直接影响了我们构建“和谐社会”目标的实现。一句话，这个“最昂贵”的行政成本已成为社会的不承之重。

资料来源：周琪．“行政成本之高 世界少有”的反思．现代人才，2006（2）．

4. 国防开支的变动分析

我国1985年到2009年国防支出的变动趋势可参见表8-2。从绝对值上看，我国的国防费一直处于上升态势，从1985年的191.53亿元上涨到2009年的4 951.10亿元。需要指出的是，由于物价水平的上涨，国防费的实际水平并未一直处于上升状态，有些年度甚至出现了负增长①。

表8-2 1985—2009年国防支出及其占财政支出和GDP的比值

项目 年份	财政用于国防支出/亿元	财政支出/亿元	占财政支出的比值	GDP/亿元	占GDP的比值
1985	191.53	2 004.25	9.56%	9 016.0	2.12%
1986	200.75	2 204.91	9.10%	10 275.2	1.95%
1987	209.62	2 262.18	9.27%	12 058.6	1.74%
1988	218.00	2 491.21	8.75%	15 042.8	1.45%
1989	251.47	2 823.78	8.91%	16 992.3	1.48%
1990	290.31	3 083.59	9.41%	18 667.8	1.56%
1991	330.31	3 386.62	9.75%	21 781.5	1.52%
1992	377.86	3 742.20	10.10%	26 923.5	1.40%
1993	425.80	4 642.30	9.17%	35 333.9	1.21%
1994	550.71	5 792.62	9.51%	48 197.9	1.14%

① 从树海．财政支出学．北京：中国人民大学出版社，2000：124.

续表

年份＼项目	财政用于国防支出/亿元	财政支出/亿元	占财政支出的比值	GDP/亿元	占GDP的比值
1995	636.72	6 823.72	9.33%	60 793.7	1.05%
1996	720.06	7 937.55	9.07%	71 176.6	1.01%
1997	812.57	9 233.56	8.80%	78 973.0	1.03%
1998	934.70	10 798.18	8.66%	84 402.3	1.11%
1999	1 076.40	13 187.67	8.16%	89 677.1	1.20%
2000	1 207.54	15 886.50	7.60%	99 214.6	1.22%
2001	1 442.04	18 902.58	7.63%	109 655.2	1.32%
2002	1 707.78	22 053.15	7.74%	120 332.7	1.42%
2003	1 907.87	24 649.95	7.74%	135 822.8	1.40%
2004	2 200.01	28 486.89	7.72%	159 878.3	1.38%
2005	2 474.96	33 930.28	7.29%	183 084.8	1.35%
2006	2 979.38	40 422.73	7.37%	210 871.0	1.41%
2007	3 554.91	49 781.35	7.14%	265 810.3	1.34%
2008	4 178.76	62 592.66	6.68%	314 045.3	1.33%
2009	4 951.10	76 299.93	6.49%	340 506.9	1.45%

资料来源：《中国统计年鉴》相关年.

从相对值上看，国防支出占财政支出的比例及占GDP的比值一直处于下降态势，前者从1992年后就逐渐下降，从10.1%的水平下降到2009年的6.49%，反映了我国财政支出增长已经越来越少部分用于国防开支。从国际上看，2005年美国的国防支出占其财政支出的比例为20.04%，法国为11.41%，德国为9.2%，均高于我国的水平。自1986年来，我国国防支出占GDP的比值一直保持在2%的水平以下，特别是1992年后，其水平更是下降到1.5%以下，其中1996年为历史最低水平年度，只有1.01%。2005年该比值为1.35%，而同期美国该比值为4.03%，英国为2.71%，英国为1.93%。中国的国防费无论是绝对额还是其占国内生产总值的比例，与世界主要国家相比都是偏低的。中国年度国防费的增加，主要是在中国经济增长和人均收入增加的背景下，用于提高部队官兵的生活水平，改善生存条件，以及提高军事科技水平。从这个角度说，中国国防费绝对量的增长，仍属于弥补国防基础薄弱的补偿性增长，是与国家经济发展相协调的适度增长。

问题是多大的国防规模才是合理的，有的学者认为应根据侵犯之敌或可能的侵犯之敌位于何方，可能动员的侵犯力量有多大，有效的遏制这些侵犯所需的军事力量有多大，把这些因素准确地估计出来，量化为若干指标，可以作为国防力量发展的目标①。

实际上，围绕着发展经济建设的中心目标，我国自改革开放以来进行了多次“裁军”计划。1985年，时任中央军委主席的邓小平宣布裁减军队100万，使军队总员额减为319万人左右，引起了世界的普遍关注和强烈反响。1997年中国决定在3年内再裁减军队员额50

① 陈共．财政学．北京：中国人民大学出版社，1998：66.

万，使得中国军队规模降至250万的水平。2003年，中国又一次裁减军队员额20万。至此，中国军队总规模降至230万。和前几次裁军有所不同的是，此次裁军20万不仅主要考虑人员数量上的减少，更是在军队结构上做了很多调整，如裁减的20万人中，有17万是军官，这就使得这次裁军和以往相比有了更多鲜明的特色。虽然缺乏准确的数据，但历次裁军无疑为我国国防费用的降低作出了不小贡献，同时也是对国际上某些不友好的“中国军事威胁论”作出的强有力的回击。

8.2 教育支出和科技支出

教育支出和科技支出是指政府为发展教育和科技事业而安排的用于教育、科技方面的费用支出。财政用于教育方面的支出主要包括教育事业费和教育基建投资等具体项目；用于科技支出的项目包括科技3项费用（指新产品试制费、中间试验费、重要科学研究补助费）、科学支出、科研基建费和其他科研事业费。目前，我国的教育和科技支出的投资主体正日渐多元化，形成了以政府投资为主、各种社会团体和个人积极参与的局面。在本节中将主要选取政府的教育支出和科技支出作为研究对象。

1. 教育和科技产品的性质

教育和科技属于混合型公共品。一方面，它们为直接投资人带来收益；同时，它们又具有正的外部效应，能为整个社会带来收益。

拿教育产品来说，教育能使受教育的人，无论是从思想、学识还是技能方面都得到很大改善，从而为受教育者提升了人力资本，使得他们能在以后的就业中得到更多升迁的机会，直接增加了他们的投资收益。同时，这种好处还可能表现为会给个体所在的集体也带来收益。在古代，孟母择邻的故事就是个很好的说明。而教育产品本身所属的层次不同，它所具有的内部性收益程度和外部性收益程度也会有所区别。一般来说，初等教育会比高等教育的外部性收益程度更大，而就内部性收益程度来说，后者要比前者强。鉴于此，世界上很多国家包括中国都通过立法的形式保障初等教育的免费供给。

教育的外部性使得政府参与教育产品的提供显得很有必要，同时政府在提供教育产品上的介入还有另外一个重要的考虑，那就是公平因素。教育既然能提高受教育者的收益，使得他们能在未来的发展中相比未接受教育者更具有比较优势，那么这种投资的结果实际上就加剧了两者在这之前的收入分配差距。因为，一般来说，能接受教育的人在初始状态可能就比不能享受教育的人在收入方面具有优势。如果不能保证低收入者在新一轮的竞争中具有均等的机会，那么这种恶性循环将重复下去，社会分配不公的格局将逐渐被强化，直到社会不能承受的程度。从这个角度来说，教育机会的均等从长期来看有利于缓和社会收入分配差距。教育能有效提高中低收入阶层在新一轮竞争中的竞争力，因此确保教育机会均等实际就相当于保证竞争中的过程公平。如果说效率目标是由市场运作来实现的，那么公平目标就应是政府所努力追求的，而政府介入教育领域，确保教育机会的均等就是一个很重要的努力方向。

科学技术具有教育产品的某些性质。一方面，它能为直接投资人带来收益，因而在实践中会有企业或机构直接参与科技研发，这部分科研活动会带来明显的产出；另一方面，某些科学技术的研发活动并不能直接给从事者或投资人带来直接效益，但它的发展可能是其他科学技术发展的基础，是整个社会发展所必需的。在这种成本效益不具有直接对等关系的前提下，市场提供会出现缺失的现象，此时政府的介入显得非常有必要。

在各国的发展实践中，教育和科技的发展对一个国家来说至关重要。从资本主义工业革命到知识经济爆炸、信息技术充斥的新世纪，无处不显示着教育和科技发展的力量。日本在第二次世界大战后一堆废墟的基础上为发展国民经济进行了多项改革，其中很重要的一项就是坚持推行“教育先行”的政策。到20世纪50年代中期，日本全国25岁以上的人口中受教育率高达94%，20世纪70年代中期又基本普及了高中教育。其政府教育经费支出在国民收入中的比例逐步上升，20世纪50至60年代在5%左右，70年代上升到6%～7%，1980年达到7.2%。这种人才战略为日本的经济发展提供了强有力的保障，使其在第二次世界大战后20年不到的时间里，国民经济得到了极大发展。到1968年，日本的国民生产总值超过了联邦德国，成为仅次于美国的资本主义世界第二号经济大国。在进入20世纪90年代后，相对于美国经济的强劲增长，日本等发达国家的经济发展显得明显滞后，其中一个重要的原因就是美国拥有一大批诸如Microsoft、Intel等高科技企业，使得整个经济的发展出现了新的增长点。从我国的实践来看，20世纪80年代我国推行改革开放以来，教育事业和科技事业得到了明显的发展，为我国国力的增强和经济发展作出了不可估量的贡献。

2. 教育支出的变动趋势分析

1）我国教育收费模式的简要回顾

20世纪80年代以前，我国的教育支出一直是由政府免费提供。改革后，从中小学教育收费制度开始，起初义务教育阶段只收取杂费，非义务教育阶段收取学杂费。后来发展到实行将收费额与教育质量的好坏挂钩的做法，区分普通中学和重点中学，特别是在非义务教育阶段。而对高等教育的收费制度改革则始于20世纪80年代末，规定普通高校可以收取学杂费和住宿费，定额为100元。此后，根据招生方式的不同，分别对公费生和自费生收取不同数额的学费。到1997年，实施公费生和自费生并轨收费制度，重点学校一般收取学费为年均每人2 000元左右；到1999年，已过渡到普遍收费，收费额度进一步向成本靠拢。这种政府、个人和各种团体共同办学的模式一直持续到现在。

2）教育支出分析

改革开放以来，我国政府逐渐加大对教育的投入。表8-3列示了1991—2008政府对教育的投入及其占财政总支出的比例和占当年GDP的比例。从表8-3中可以看出，从绝对数量来看，财政教育拨款一直在增长，1991年财政支出额为617.83亿，2008年增长到10 449.62亿，增长了15.91倍。从图8-2可以看出，自从2001年后，这种增长势头呈现愈加快速的趋势。但从相对量看，财政对教育的支出占财政总支出的比值却不是一直增长的，从1991—1996年基本上处于上升态势，从18.24%上升到21.0%。但从1996年后，其占财政支出的比重有逐年下降趋势，直到2007年后才略有好转，但仍然低于财政支出五分之一的比例。这一变动趋势刚好与其占GDP的比值变动趋势相反，从1991—1995年，财政教育拨款占GDP的比值从2.84%逐渐下降到2.32%，但从这之后便基本上处于上升趋势，2008年该值达到3.48%。之所以出现这两种增长趋势不同方向的变动是因为在这段时期财政支出增速要快于GDP的增速。我国在上世纪提出在20世纪末使教育支出占GDP达到4%的水平的目标直到现在还没有完全实现。

表 8-3 1991—2008 年财政教育经费及其占财政总支出、GDP 的比例

项目 年份	财政教育经费支出/亿元	财政支出/亿元	占财政支出的比例	GDP/亿元	占 GDP 的比例
1991	617.83	30 386.62	18.24%	21 781.5	2.84%
1992	728.75	3 742.20	19.47%	26 923.5	2.71%
1993	867.76	4 642.30	18.69%	35 333.9	2.46%
1994	1 174.74	5 792.62	20.28%	48 197.9	2.44%
1995	1 411.52	6 823.72	20.69%	60 793.7	2.32%
1996	1 671.70	7 937.55	21.06%	71 176.6	2.35%
1997	1 862.54	9 233.56	20.17%	78 973.0	2.36%
1998	2 032.45	10 798.18	18.82%	84 402.3	2.41%
1999	2 287.18	13 187.67	17.34%	89 677.1	2.55%
2000	2 562.61	15 886.50	16.13%	99 214.6	2.58%
2001	3 057.01	18 902.58	16.17%	109 655.2	2.79%
2002	3 491.40	22 053.15	15.83%	120 332.7	2.90%
2003	3 850.62	24 649.95	15.62%	135 822.8	2.84%
2004	4 465.86	28 486.89	15.68%	159 878.3	2.79%
2005	5 161.08	33 930.28	15.21%	183 867.9	2.81%
2006	6 348.36	40 422.73	15.70%	211 923.5	3.00%
2007	8 280.21	49 781.35	16.63%	257 305.6	3.22%
2008	10 449.62	62 592.66	16.69%	300 670.0	3.48%

资料来源：根据《中国统计年鉴》相关年数据整理而得。

从教育支出的结构来看，一般认为一国的教育支出应倾向于初等教育和中等教育，高等教育由于个人受益程度较高，政府投入相对应较少。我国财政教育经费在二十世纪九十年代初等教育、中等教育和高等教育三级支出比为 1：1：1，2004 年为 1：1.91：0.69，2008 年为 1：1.18：0.63，财政对初等教育的拨款相对来说已经有所改善。但以各类教育在校生人口为分母的生均财政教育经费分别是小学 3121.54 元/人、中学 3818.91 元/人、高等学校 6667.30 元/人，三者之比为 1：1.22：2.14，意味着政府每投入 1 元钱给初等教育，同时投入 2 元以上给高等教育。因此，政府教育支出的改革方向之一应是进一步加大对义务教育的投入，确保初等教育机会均等。在这里，有一些问题值得注意，如新时期的义务教育不仅要求数量上人人能拥有受教育的机会；同时，义务教育的质量差别不能因地区财力的差异而过大。另外，偏远山区的义务教育出现的寄宿问题，政府的投入应该怎么改革，这些都属于新的问题。在高等教育阶段，政府应鼓励各种投资主体积极参与到办学中来以满足各种不同需要的教育消费者。另外，完善的助学金、奖学金及助学贷款体系的建立是非常亟须的，为有学习能力而无经济能力的学生提供完善的后勤保障是政府应尽的责任之一。

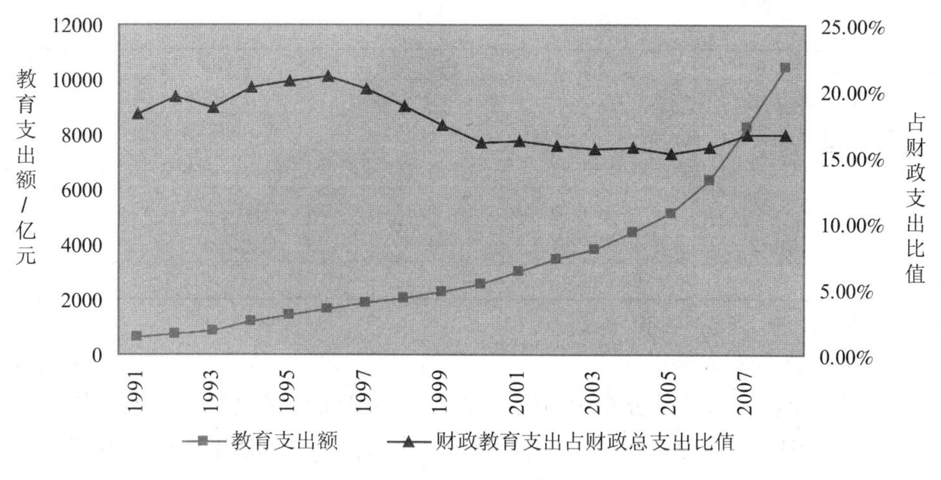

图 8-2　1991—2008 年教育支出变动趋势图

3. 科学研究支出的变动趋势分析

财政对科学研究的支出同样不容乐观。从表 8-4 和图 8-3 中可以看出，尽管科学研究支出的绝对值是逐年增长的，特别是从 1997 年后，增长速度加快，从 1997 年的 408.86 亿元上升到 2008 年的 2581.80 亿元，11 年间增长为原来的 6.31 倍，平均每年增长约 57.4%左右。

表 8-4　1985—2008 年财政科学研究经费支出及其占财政支出和 GDP 比值

项目 年份	财政用于科学研究支出/亿元	财政支出/亿元	占财政支出的比值	GDP/亿元	占 GDP 的比值
1985	102.59	2 004.25	5.12%	9016	1.14%
1986	112.57	2 204.91	5.11%	10 275.2	1.10%
1987	113.79	2 262.18	5.03%	12 058.6	0.94%
1988	121.12	2 491.21	4.86%	15 042.8	0.81%
1989	127.87	2 823.78	4.53%	16 992.3	0.75%
1990	139.12	3 083.59	4.51%	18 667.8	0.75%
1991	160.69	3 386.62	4.74%	21 781.5	0.74%
1992	189.26	3 742.2	5.06%	26 923.5	0.70%
1993	225.61	4 642.3	4.86%	35 333.9	0.64%
1994	268.25	5 792.62	4.63%	48 197.9	0.56%
1995	302.36	6 823.72	4.43%	60 793.7	0.50%
1996	348.63	7 937.55	4.39%	71 176.6	0.49%
1997	408.86	9 233.56	4.43%	78 973	0.52%
1998	438.6	10 798.18	4.06%	84 402.3	0.52%
1999	543.9	13 187.67	4.12%	89 677.1	0.61%
2000	575.6	15 886.5	3.62%	99 214.6	0.58%
2001	703.3	18 902.58	3.72%	109 655.2	0.64%
2002	816.22	22 053.15	3.70%	120 332.7	0.68%
2003	975.5	24 649.95	3.96%	135 822.8	0.72%

续表

项目 年份	财政用于科学研究支出/亿元	财政支出/亿元	占财政支出的比值	GDP/亿元	占 GDP 的比值
2004	1 095.34	28 486.89	3.85%	159 878.3	0.69%
2005	1 334.91	33 930.28	3.93%	183 084.8	0.73%
2006	1 688.50	40 422.73	4.18%	211 923.5	0.80%
2007	2 113.50	49 781.35	4.25%	257 305.6	0.82%
2008	2 581.80	62 592.66	4.12%	300 670.0	0.86%

资料来源：《中国科技统计年鉴》各年。

但是从相对量来看，科学研究支出占财政支出和 GDP 的比值虽然期间有波动，但总体仍处于下降趋势。从 1985 年到 2008 年，科学研究支出占财政支出的比值从 5.12%下降到 4.12%，而占 GDP 的比值则从 1.14%下降到 0.86%。科学研究支出占财政支出及 GDP 比值过低使得我国与发达国家的科技水平竞争日益拉大，结果是科研人员流失严重，创新教育不足。

另外，从全社会科学研究活动经费的来源和支出结构来看，财政拨款所占比例虽然逐渐下降，但仍占主体地位；而企业等市场主体的科技投入仍然有限。这一点和发达国家以企业投入为核心的健全的科技创新体系有所不同。

因此，今后继续增加科技投入并加大鼓励企业等其他市场主体增加科技投入是财政政策努力的一个方向。

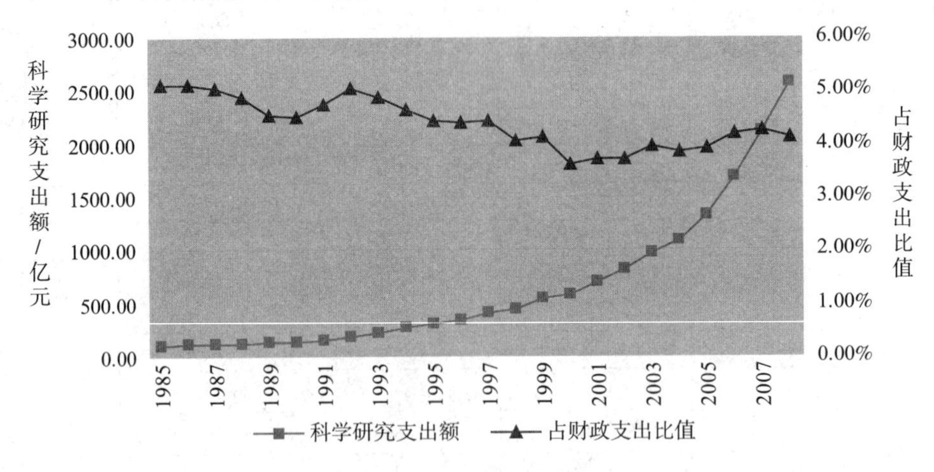

图 8-3 1985—2008 年科学研究支出变动趋势

【资料链接】

3 个城市家庭的 3 本教育支出账

新华网济南 12 月 18 日专电（记者张晓晶、赵华）年终岁末，记者在山东省济南市随机采访了高、中、低 3 个不同收入水平的家庭。尽管 3 个家庭的经济承受能力不同，但是教育消费都是家庭支出的主要项目。教育投资，已经成为城乡家庭最重要的一项支出。对于教育投资的巨大预期，成为制约我国城乡居民消费的一个瓶颈。

1. 低保户：希望孩子上得起学

在济南繁华的泉城路北侧，有一条古老的芙蓉街。记者在一个狭窄的小院里遇到了 47 岁的低保户马玉秋。提起上初中二年级的儿子，马玉秋说自己“愁得不得了”。她给记者算账说，丈夫患心肌梗塞，从工厂病休，一月300多元钱，光吃药都不够，更没法出去找活干；她靠在街上摆摊挣点钱，一个月收入二三百元；另外，全家享受低保金200多元，家庭月收入不足800元。

“我们家最大的开销是儿子的上学费用，实在负担不起。”马玉秋说，儿子初中一年级开学就交了1 000多元，初中二年级开学交了700多元，另外，还有班费、卷子费、书费、报纸费、资料费等，一个月最少有一半时间要交钱，今天8元，明天10元，学校要就得交，手里没钱只能找街坊四邻筹借。

马玉秋儿子所在的中学位于济南的老城区，班上同学家里吃低保的有一半。马玉秋说：“小学收费还可以承担，上初中就觉着困难，明年儿子考不上高中就不上了，让他早点出去打工也好贴补家里。”

2. 工薪阶层：不买房子也要让孩子上好点的学校

在山东省读大二的乐雯生长在一个典型的工薪家庭里。父亲在一家市级事业单位，月收入2 000多元，妈妈在药品企业当仓库保管员，月收入1 000元。说起上学的费用，乐雯跟记者算了一笔账。小学属于就近入学，没花择校费就上了一所质量不错的学校。上初中时，择校费花了4 000元。考高中时与自己理想的高中差50分，择校费交了2万元。目前，乐雯读大二，大学一年收学费3 600元，住宿费500元，学制3年。在乐雯的记忆里，从小学到高中，两笔共2.4万元的择校费几乎是最大的教育支出。为此，妈妈当年分的大房子都没有买，全家至今住在一套仅30多平方米的简易楼房里。46岁的妈妈王女士说，孩子能接受好的教育是我们最大的心愿，孩子成绩不是很好，宁愿拿钱也要让孩子上更好一点的学校。上高中拿择校费，也是没办法的事。“当时说要交2万元，我的心里打了个颤。2万元不是个小数目。现在社会没学历不行，我们的收入还拿得起，就供吧。”她说。王女士说她并不心疼孩子上学花钱，只是担心孩子大学毕业能不能找个好点的工作。

3. 高收入家庭：花高价买最优质的教育

王群在山东一家事业单位工作，丈夫是私营业主，家庭年收入几十万元，是城市里先富裕起来的那部分人。他们的女儿上小学二年级，在教育方面的花费却已不菲。王群对记者说，“我的想法是在经济条件允许的情况下，尽可能给孩子提供最好的教育环境。”从上幼儿园起，王群就不断给孩子“择校”，收费一个高于一个，最后选定的一家民办幼儿园月交费700元，当时是全市最高价。上小学前，王群为孩子考察了两三所学校，最后选定了一所离家很远的重点小学。要找关系不说，还交了1.8万元择校费，在当时也是全市最高价。她说：“中小学择校已经不是秘密，很平常。学校教学水平不同，我们只有一个孩子，当然愿意让孩子接受最优质的教育。”

与校内教育相比，王群对教育的投入还有相当一部分花在了校外。她给记者算账说，女儿从3岁多就开始上各种培训班。这些支出主要有：故事班，400元；美术班，500元；舞蹈班，2 010元；琵琶班，2 000多元；奥数班，600元；英语培训班，1 600元；钢琴班，买琴1.7万元，一小时收费100元，一周一次，刚开始学，还没有算总花费。另外，课外辅导书一年花费几百元，课外培训总花费近万元。王群说，“这么算起来，每年教育支出占全家总支出一半以上。就这一个孩子，不敢拿孩子上学的事马虎。多花点钱我们不在乎，只要能让孩子接受最好的教育。”

资料来源：新华网．http：//news. xinhuanet. com/fortune/2005—12/19/content _ 3939225. htm.

8.3 医疗卫生支出

1. 医疗卫生支出的定义及性质

如同教育和科技活动一样，医疗卫生也是政府的一项重要公共事业活动，需要政府提供公共资金予以支持。医疗卫生支出是指政府安排一部分财政资金用于社会成员卫生事业方面的经费。卫生事业按其支出所获得的利益能否私人化分为两大部分：一是医疗服务，这部分支出的利益主要由个人获得；另一块是公共卫生服务，这部分服务体现的利益主要是社会化的，很难区分受益人而进行费用补偿，具有较强的公共属性，如防疫、传染病的防治等。

政府介入医疗卫生产品提供的理由主要包括以下几点。

① 医疗卫生产品的混合性。一方面，公民个人享用医疗卫生产品可以免除疾病之苦，这是个人受益部分，这部分产品如果价格合适，可以由消费者自己直接从市场购买。另一方面，对于某些具有传染性的疾病，其治愈效果可能不仅是个人获得的收益，还有使整个社会免于受传染的机会收益。这部分收益使得政府在这方面进行干预显得很有必要。

② 医疗卫生产品价格的特殊性。如果个人接受医疗服务的价格合适，个人可以自己从市场上购买。但如果某些重大疾病的治疗价格超过了个人具有的支付能力，作为个人生存其间的政府应该通过某种制度来保证它的公民有足够的能力来接受治疗。另一方面，针对传染性疾病的防疫和治疗，往往需要耗费巨大资金进行科研投入，这些是市场和个人不可能提供的，政府也应该担负起责任，保证这些具有正外部性的准公共品的有效供给，确保社会健康发展。

③ 疾病的缺陷。疾病的风险性具有极大的不确定性，市场无法有效解决疾病风险问题。私人市场上的商业保险在针对疾病保险时出现了“逆向选择”，即选择低风险的保险对象，不能为真正需要它的高风险的保险对象提供保障。而政府的医疗卫生服务带有社会保险的性质，让疾病的社会风险在更大的范围内由政府承担，高风险不受排斥，为每个医疗卫生消费者提供了可靠的后盾。

2. 我国医疗卫生支出的变动分析

1）从政府预算卫生支出内部构成看

政府用在医疗卫生方面的支出即政府预算卫生支出，是指各级政府用于卫生事业的财政预算拨款，主要包括两大块：公共卫生服务经费和公费医疗经费。前者主要是对全体国民受益的公共卫生保健服务支出，后者是提供给部分人包括行政和全额拨款的事业单位职工、在乡二等乙级以上的革命伤残军人和大学生等实行的国家医疗保险制度。在20世纪末这两者占政府预算卫生支出的比值发生了一些变化，公共卫生服务经费占政府预算卫生支出的比例逐步下降，而公费医疗费占政府预算卫生支出的比例正在逐渐上升[①]。这一现象反映了用于全体社会成员的卫生费用降低了，而用于某一部分特殊人群的卫生费用却提高了。导致这一情况的因素有以下几方面。一是社会上存在“重治轻防”的倾向，反映了人们对于医疗预防和保健重要性的认识不够。正是这种意识的缺乏，使得脆弱的医疗保健体系在2003年全面爆发的非典危机面前凸现缺陷。二是随着国家行政和事业单位人员的不断增加，享受公费医

① 丛树海．财政支出学．北京：中国人民大学出版社，2002：151.

疗的人员也逐渐增加，势必会造成公费医疗经费的增长。三是这一结果还映射了在公费医疗领域内，存在着资源配置不合理、使用效率不高的可能性。

2）从政府预算卫生支出的总量来看

1998年以来我国财政用于卫生支出的预算安排可以从表8-5得到反映。虽然财政用于卫生支出的总量一直处于上升趋势，其占财政总支出的比重在1998—2002年间有下降趋势，但从2003年后又开始逐渐上升。财政预算卫生支出占GDP的比值一直处于增长趋势，2007年后增长到1%以上，说明近些年政府对卫生事业支出的力度一直在逐渐增强。

表8-5 1998—2008年财政预算卫生支出及其占财政支出和GDP比值

项目 年份	财政用于卫生支出/亿元	财政支出/亿元	占财政支出的比值	GDP/亿元	占GDP的比值
1998	587.2	10798.18	5.44%	84402.3	0.70%
1999	640.9	13187.67	4.86%	89677.1	0.71%
2000	709.5	15886.5	4.47%	99214.6	0.72%
2001	800.6	18902.58	4.24%	109655.2	0.73%
2002	908.5	22053.15	4.12%	120332.7	0.75%
2003	1116.9	24649.95	4.53%	135822.8	0.82%
2004	1293.6	28486.89	4.54%	159878.3	0.81%
2005	1552.53	33930.28	4.58%	183867.9	0.84%
2006	1778.86	40422.73	4.40%	211923.5	0.84%
2007	2581.58	49781.35	5.19%	257305.6	1.00%
2008	3593.94	62592.66	5.74%	300670.0	1.20%

资料来源：《中国统计年鉴》各年。

3. 从卫生总费用的构成上来看

全社会的卫生总费用包括政府预算卫生支出、社会卫生支出和居民卫生支出。其中，社会卫生支出是指来源于政府预算外的卫生资金投入，主要表现为社会医疗保险，包括企事业单位和乡村集体经济单位举办医疗卫生机构设施建设费、企业职工医疗卫生费、行政事业单位负担的职工公费医疗超支部分等。居民个人卫生支出是指城乡居民用自己可支配的经济收入支付的各项医疗卫生费用和医疗保险费用。从表8-6可以看出，从1998年以来，财政拨款的政府预算卫生支出占全社会卫生总费用的比值一直未超过25%，而社会卫生支出和居民个人卫生支出之和则占到了总费用的75%之多，特别是居民个人卫生支出占卫生总费用支出的比值在最高年度2001年则达到了60%。政府支出在卫生总费用中的比例较低也从另一个侧面说明了政府对卫生事业的支持力度还有待提高。

表8-6 1998—2008年全社会卫生总费用及其构成

项目 年份	卫生总费用/亿元			卫生总费用构成/%		
	政府预算卫生支出	社会卫生支出	居民卫生支出	政府预算卫生支出	社会卫生支出	居民卫生支出
1998	587.2	1 006	2 183.3	16.0%	29.1%	54.8%
1999	640.9	1 064.6	2 473.1	15.8%	28.3%	55.9%

续表

年份＼项目	卫生总费用/亿元			卫生总费用构成/%		
	政府预算卫生支出	社会卫生支出	居民卫生支出	政府预算卫生支出	社会卫生支出	居民卫生支出
2000	709.5	1 171.9	2 705.2	15.5%	25.5%	59.0%
2001	800.6	1 211.4	3 013.9	15.9%	24.1%	60.0%
2002	908.5	1 539.4	3 342.1	15.7%	26.6%	57.7%
2003	1 116.9	1 788.5	3 678.7	17.0%	27.2%	55.8%
2004	1 293.6	2 225.4	4 071.4	17.0%	29.3%	53.6%
2005	1 552.53	2 586.41	4 520.98	17.93%	29.87%	52.21%
2006	1 778.86	3 210.92	4 853.56	18.07%	32.62%	49.31%
2007	2 581.58	3 893.72	5 098.66	22.31%	33.64%	44.05%
2008	3 593.94	5 065.60	5 875.86	24.73%	34.85%	40.42%

资料来源：《中国统计年鉴 2010》。

总体上看，我国卫生事业的发展水平在世界上处于较低水平。按照世界卫生组织 2000 年的《世界卫生报告》，中国的卫生系统在 191 个国家中排名第 188 位。以 2008 年的数据来看，我国卫生费用总支出为 14 535.4 亿元，占当年 GDP 水平的 4.8%，远低于经济发达国家在 1992 年就已达到的 9.2%的水平。

【资料链接】

卫生部部长：中国医疗卫生的支出还远远不够

2007 年，中央财政安排医疗卫生支出 312.76 亿元，比 2006 年增加了 145.36 亿元，增长 86.8%，增幅列各项事业之首。对此，中国卫生部部长高强的评价是："我非常高兴，但是还远远不够！要想解决老百姓的就医难题还需要一个逐步增加投入的过程。"

在今年的政府工作报告中，温家宝总理表示，今年卫生事业改革发展重点抓好四件事，其中包括中央财政安排补助资金扩大新型农村合作医疗、落实经费保障城市卫生服务体系、政府给予必要的资助启动以大病统筹为主的城镇居民基本医疗保险试点及中央财政增加支出做好重大传染病防治工作。

此前，社会各界对医改的争论很多，意见也是众说不一。不过，在政府应该增加医疗卫生支出上几乎没有反对的声音。一项数据显示，1978—2003 年，中国居民个人现金卫生支出占卫生筹资总额比例由 20%上升到 56%，而政府投入的比例仅为 16%强。中国有 13 亿人口，占世界总人口的 22%，而卫生总费用仅占世界卫生总费用的 2%。正因为如此，许多人认为，财政投入不足是造成我国看病贵、看病难的重要原因之一。

资料来源：中国青年报 . 2007-03-06.

谁的医改?

医改新方案即将出台，3 年共 8500 亿元的投入也颇让人心动。然而，几年来国务院相关部门委托进行的 10 套医改研究方案下落如何？究竟是哪家主导了即将公布的新医改方案？

"以前有项目经费，我们跑了全国很多地方。现在没经费，我就自己出钱，依然和学生利用假期搞社会实践，继续关注医改的问题。”3月9日，北京大学医学人文研究院的王红漫教授接受《科学新闻》采访时表示。

在王红漫接受采访的同时，两会代表们也在热议着即将出台的医改方案。全国政协委员、卫生部部长陈竺表示，两会后医改新方案计划三年投入8500亿元（中央财政投入3318亿元），将投向保障体系和服务体系两方面建设。

陈竺透露，新方案将强调基本公共卫生服务均等化，新农合、县乡村三级医疗建设都将是投入的重点，而在县级医院，3年将投入370多亿元人民币进行扩建。不过，同为全国政协委员的卫生部副部长黄洁夫则有“很多保留意见”，因为在很多具体问题上，目前参与制定医改方案的相关部门，还未形成一致的意见和共识。在接受媒体采访时黄洁夫表示，“如果都用收支两条线去统筹公立医院改革，那意味着改革走回头路了”，将不能保证医疗行业的积极性、创造性和竞争性，这样的改革将走入死胡同。

不完全一致的表态，并不局限于卫生部高官之间。

沉默的方案

此前国务院的相关部门曾经征集了10套医改方案，分别由北京大学、清华大学、北京师范大学、中国人民大学、复旦大学、中山大学、国务院发展研究中心、世界银行、世界卫生组织、麦肯锡公司10个单位完成。

记者联系相关方案的参与者或主笔人，得到的多数回复都是不方便或者不愿意再谈自己的方案。主持中国人民大学医改方案制定的王虎峰教授表示自己参与了医改方案制定，其中一些观点确实是与最终决策不谋而合的。

作为复旦大学医改方案的专家组成员，该校经济学院公共经济学系主任蔡江南教授在给《科学新闻》回信时表示，自己有系统的想法，在媒体上也公开发表过，但并没有在目前的方案中体现出来。

10套方案都各自提出了相应的改革模式。

中山大学的方案主张属于低收入群体的8亿人口的医保费用由政府负担。北京大学中国经济研究中心李玲主持的方案主张政府主导，即政府承担对全民的健康保障责任。复旦大学提交的方案主张，中国下一步医改可以走“社会主导模式”的第三条道路。国务院发展研究中心的方案则主张在现有体制中嵌入一个覆盖全民的公共卫生和基本医疗保障制度。北京师范大学的方案主张政府为参保人购买医疗服务。中国人民大学的方案主张政府主导与市场机制要合理搭配，财政补供方与补需方要并重，对医疗单位和医疗保险都要有拨款。清华大学的方案不主张全国统一的模式，应根据各地情况实行差异化改革。世界银行、麦肯锡版本则处于保密状态。

对于自己的方案如何，一位曾参与制定某版本医改方案的学者甚至这样表示：“很抱歉，这个话题无法接受采访，里面有很多很多内幕，恐怕要在十年后才能说。”

资料来源：科学新闻．2009-03-25.

8.4 投资性支出

1. 政府投资的必要性及特点

政府投资性支出是指政府根据一段时期内的宏观经济政策目标，结合非政府部门投资的状态，安排一部分财政资金用于自身投资。相对于消耗性购买支出而言，政府投资性购买支出所能带来的效益并不仅是一次性地发生在购买环节，更重要的是它能在以后的年限里为政府或社会带来收益。

一般认为，市场与政府的分工范围是：凡是市场能发挥作用的地方都让市场运作；市场发挥作用失灵的范围政府可以考虑进入①。根据成熟的市场经济理论，市场天然具有的缺陷导致它不能有效提供某些具有正外部效应的准公共品。私人如果对准公共品进行投资，在未来产生的收益由于准公共品的外部性使得对效用的享用难以具有可分割性和排他性，因而很难对享受效用者进行确认或确定成本。而某些准公共品对于一国经济和社会的发展可能具有重要的支撑作用；同时，某些具有自然垄断性质的行业不适合由私人企业来提供。在实践中这两种情况下，各国政府一般都会采取介入，由政府来完全或部分提供这些产品，如对基础设施的提供。

与私人投资不同，政府投资具有自己本身的特点。

① 政府投资追求的效益不同于私人投资。私人投资追求微观的资金盈利，政府投资追求的效益是社会总体效益，包括物质效益和非物质效益。政府投资可能在资金上不符合成本—效益原则，但如果效益的范围包括非物质考量，如自然环境的改善、交通运输效率的提高、生态气候的改善、经济和政治战略目标的实现等，则最终还是符合成本—效益原则的。例如，政府用于沙漠绿化等林业方面的投资，更多地是从追求良好的自然和气象环境的角度出发，而不是一定要考虑资金的回报率。

② 政府资金实力雄厚，投资范围是一些特定的行业。如上所述，有一些正外部效应较强的项目或工程，是私人投资不愿投资的。例如，城市街道的美化工程，私人企业无法通过有效的手段将受益者的受益和其应承担的成本对应起来，因而这类工程是私人投资不愿涉及的。但这些工程的投入产出效果也是明显的，可以让普通公众受益，因而需要被提供。另一种情况是，某些工程耗资大，建成时间长，且投产建成后具有自然垄断性质，由私人投资不合适，如铁路、煤气管道的铺设等。各国实践证明，自然垄断行业由政府来提供，虽然在效率方面不尽如人意，但在公平性方面则是相对令人满意的。而相反，如果这些行业由私人投资，在效率方面虽然能有所改进，但是公平性却难以保证。鉴于此，目前各国倾向于由政府来投资某些基础性行业的大型工程。

③ 政府投资具有的乘数效应使得政府投资的政策调节性愈加明显。凯恩斯在论及政府支出时指出，政府支出会通过一个投资—收入—消费的循环机制创造出比政府支出额大得多的乘数效应，这个乘数效应使得政府出台的相关政策效果可能会被扩大化。在经济不景气时，私人投资和消费需求都不足时，政府一般会增大支出，启动某些投资项目，以此来带动私人相关部门的消费和投资需求；而在经济发展较热时期，政府会通过有意减少公共支出和投资，起到一个尽量不对“热度”推波助澜的作用。我国在1998年后启动了某些大型项目的建设就是为了应对当时的通货紧缩。

2. 基础设施的政府投资

基础设施一般是指永久性工程建筑、设备、设施和它们提供的为居民所用和用于经济生

---

① 关于市场与政府分工范围的界定，也有学者认为市场失灵并不总是政府介入的理由。具体可参见：毛程连．中高级公共经济学．上海：复旦大学出版社，2006：10.

产的服务，包括公有事业如电力、管道煤气、电信、供水、环境卫生设施和排污系统、固体废弃物的收集和处理系统，公共工程如大坝、灌渠和道路及其他交通部门如铁路、城市交通、海港、水运和机场等。

我国建国以来政府投资对社会基础设施重视不够，导致我国社会基础设施长期处于瓶颈状态，制约了国民经济协调和稳定的增长。在20世纪末，这种倾向得到重视并逐步扭转。

基础设施投资一般以政府投资为主，按资金的来源又可分为预算内基础设施投资和预算外基础设施投资。通常用财政基本建设支出来反映政府预算内基础设施投资状况，如表8-7所示。

表8-7 1989—2006年财政基本建设支出及其占财政支出和GDP比值①

项目 / 年份	财政用于基本建设支出/亿元	财政支出/亿元	占财政支出的比值	GDP/亿元	占GDP的比值
1989	481.70	2 823.78	17.06%	16 992.3	2.83%
1990	547.39	3 083.59	17.75%	18 667.8	2.93%
1991	559.62	3 386.62	16.52%	21 781.5	2.57%
1992	555.90	3 742.20	14.85%	26 923.5	2.06%
1993	591.93	4 642.30	12.75%	35 333.9	1.68%
1994	639.72	5 792.62	11.04%	48 197.9	1.33%
1995	789.22	6 823.72	11.57%	60 793.7	1.30%
1996	907.44	7 937.55	11.43%	71 176.6	1.27%
1997	1 019.50	9 233.56	11.04%	78 973.0	1.29%
1998	1 387.74	10 798.18	12.85%	84 402.3	1.64%
1999	2 116.57	13 187.67	16.05%	89 677.1	2.36%
2000	2 094.89	15 886.50	13.19%	99 214.6	2.11%
2001	2 510.64	18 902.58	13.28%	109 655.2	2.29%
2002	3 142.98	22 053.15	14.25%	120 332.7	2.61%
2003	3 429.30	24 649.95	13.91%	135 822.8	2.52%
2004	3 437.50	28 486.89	12.07%	159 878.3	2.15%
2005	4 041.34	33 930.28	11.91%	183 084.8	2.21%
2006	4 390.38	40 422.73	10.86%	211 923.5	2.07%

资料来源：《中国统计年鉴》相关年度数据。

表8-7列示了我国财政用于基础建设支出额的变动，基本上可以反映基础设施财政投资额的变动。财政用于基本建设支出额在20世纪90年代后增速缓慢，其占财政支出的比值一直趋于下降，1997年只达到11.04%的水平；在1998年后又陆续增长，特别是1999年达到了16.05%的水平，此后比值又开始下降。其占GDP的比值在1990年达到最高水平为2.93%，近些年来有下降趋势，2006年的水平为2.01%。下面联系实践进行分析。在1998

① 同样，基本建设支出作为一项按传统功能性质的分类，在2007年预算收支科目改革后已不再存在，该项数据因此只能更新到2006年。

年后，政府启动了拉动内需的政策，其中一个重要的手段就是通过用发行国债募集到的资金安排一些重大工程项目上马，这些工程的启动一方面创造了许多就业岗位，更重要的是拉动了上下游相关行业的发展，为刺激经济的复苏起到了重要的作用。但同时不可否认的是，由于某些国债资金的使用缺乏严格的管理，导致这一期间也出现了不少没有效益的国债项目。因此，财政投资支出管理的一个重要方面就是严格监督使用财政投资资金。

虽然财政安排基础设施的投资支出在加大，在过去的三十年中，基础设施的建设得到了前所未有的发展。但是仍然存在不少问题，如城市的交通拥堵问题、城际之间的交通运力不足问题、城际之间的交通发展水平差异大的问题、技术瓶颈约束导致电力行业资源浪费和污染问题等。在今后的经济发展中，基础设施建设问题恐怕还是要得到更多重视，基础设施建设的不足某种程度上会约束经济的发展。

3. 基础设施投资的改革

随着经济的发展，在实践中出现了越来越多的非国有经济参与到基础设施建设中来的形式，基础设施的建设由过去主要依靠政府投资正积极向多元化投资转变。

目前，从国际范围看，基础设施的一个重要融资手段就是项目融资。通过项目融资，可以吸引民间资本的参与。通常的做法是，在某一项目通过决议后，先由政府机关拨出一定的款项作为资本金组成“项目公司”即项目法人，由该法人以政府的名义融资，然后统筹项目投资建设和经营还贷的全过程。

几种主要的项目融资方式有：BOT 方式、TOT 方式和 ABS 方式。

BOT 方式（Built-Operate-Transfer）是指由政府与私人资本签订项目特许经营协议，授权签约方的私人企业承担该基础设施的融资、建设和经营。在协议规定的特许期内，项目公司向基础设施的使用者收取费用，用于收回投资成本，并取得合理的收益。特许期结束后，该项目无偿转让给政府。我国首个 BOT 项目是 1984 年深圳沙角 B 电厂的建设，现已结束经营期并正式移交中方。目前，BOT 方式在我国城市污水处理系统和电厂建设等方面有较为广泛的应用，如北京经济技术开发区污水处理厂和广西来宾 B 电厂的项目建设和运营。

TOT（Transfer-Operate-Transfer）方式是指通过出售现有投产项目在一定期限内的产权，获得资金来建设新项目的一种融资方式。通常由委托方（政府）把已经投产运营的项目在一定期限内的特许经营权交给被委托方（外商或私人企业），委托方凭借所移交的基础设施项目的未来若干年的收益（现金流量），一次性地从被委托方那里融到一笔资金，再将这笔资金用于新基础设施项目的建设。经营期满后，被委托方再将项目移交给委托方。山东省交通投资开发公司曾在 1994 年将烟台到威海路段的全封闭四车道一级汽车专用公路的 30 年经营权出让给某外资公司，一次性融得了 12 亿元的资金，这笔资金又被用来继续进行公路等其他基础设施的投资。

ABS（Asset-Backed Securitization）方式即以资产为支持的证券化，它是以项目所属的资产为基础，以该项目资产所能带来的预期收益为保证，通过在资本市场上发行高档证券来募集资金的一种项目融资方式，它一般需要银行及证券公司的合作。目前，资产证券化方式在我国仍处于试点阶段。较典型的案例是 1996 年珠海高速公路的资产证券化融资。珠海市人民政府通过在开曼群岛注册的珠海市高速公路有限公司，以当地机动车的管理费及外地过境机动车所缴纳的过路费作为支撑，发行了总额为 2 亿美元的债券，用于广州至珠海的铁路及高速公路建设。

通过不同的方式引入民营资本到基础设施的投资建设中来，财政基本建设投资的比例开始由总量控制转向结构调整、资金引导和政策管理相结合的新模式。财政投资正逐步退出了经营性和竞争性领域，加大对基础性项目和公益性项目的投资，重点支持农、林、水、能源、交通、通信、原材料、高科技等国民经济重点行业。

课堂讨论

1. 你认为我国行政管理经费的支出情况如何？应该如何进行控制？

2. 你了解在新时期义务教育中出现的问题有哪些吗？财政教育支出如何改革才能确保义务教育的公平性？

3. 你了解在我国医疗卫生领域发生的一些新改革吗？你认为如何？

本章小结

购买性支出是政府支出的最主要部分，本章按照支出性质的不同分别介绍了行政支出和国防支出、教育支出和科技支出、医疗卫生支出和投资性支出。其中，行政支出和国防支出是政府购买性支出中最基础的支出，是政府为维持最基础、最重要的职能即国防和行政管理所安排的费用支出。行政管理支出的高低某种程度上反映了政府规模的大小，政府机构的改革一直影响着行政管理支出。国防支出的多少则反映了国防力量的强弱。我国进入经济改革时代，国防支出占GDP比值较小。教育支出、科技支出和医疗卫生支出是政府的三个重要职能支出，关系着政府对教育、科技和医疗三大公共事业的支持。目前，政府对这三大公共事业的支持力度还不够，在方向上也要有所调整。投资性支出主要介绍了政府对基础设施的投资支出，目前政府对公共基础设施的投资正在由总量控制转向相对量控制，并且积极吸收多种投资主体参与到基础设施的投资建设中来。

重要概念

购买性支出　消耗性支出　投资性支出　行政管理支出　国防支出
教育支出　科技支出　医疗卫生支出　BOT　TOT　ABS

思考题

1. 你如何看待我国的行政管理机构的改革与行政管理支出的关系？
2. 谈谈你对教育产品性质、支出必要性和改革方向的看法。
3. 我国教育支出的改革方向是什么？

4. 政府为什么要介入医疗卫生服务?
5. 政府应该介入哪些投资领域?

进一步阅读材料

[1] DAVID N H. Government and health care，public finance：a contemporary application of theory to policy. 8th ed. 北京大学出版社，2005.
[2] 陈工，袁星候．财政支出管理与绩效评价．北京：中国财政经济出版社，2007.
[3] 杨克瑞，谢作诗．教育经济学新论．北京：人民出版社，2007.
[4] 范恒山．行政管理体制改革．北京：经济科学出版社，2007.

第9章

转移性支出

【本章概要】

本章主要学习有关财政转移性支出的基础知识，主要包括三方面的内容：社会保障支出、财政补贴和税收支出。

【学习目标】

◆ 社会保障支出基本概念、各国社会保障制度的类型、筹资模式和资金来源及我国社会保障制度建设和改革情况；

◆ 财政补贴基本概念、主要分类、正面和负面的经济效应，以及我国在此方面所面临的主要问题和解决这些问题的初步设想；

◆ 税收支出的基本概念和主要分类。

9.1 社会保障支出

社会保障的需要是随生产的社会化产生和发展的。在自给自足的自然经济中，人们在一家一户的土地上劳动，劳动时间没有严格的限定，劳动的组织不严密，劳动的成果也基本上属劳动者自己所有。那时人们尚未组织成相互密切联系的社会，因而没有实行社会保障的需要。随着生产力的发展，劳动者之间形成了分工，“社会”作为一个现实的实体出现在人们之间，并制约着人们的活动，这时便有了实行社会保障的需要。儒家思想是我国古代占统治地位的意识形态，其倡导的大同思想是中国人民美好的精神追求，其中也包含了丰富的社会保障思想。孔子曾对其弟子说过一段有名的话：“大道之行也，天下为公，选贤与能，讲信修睦。故人不独亲其亲，不独子其子；使老有所终，壮有所用，幼有所长，矜寡、孤独、废疾者皆有所养。……是谓大同。”就是说，在理想的大同社会中，人们不仅要关心自己的亲人，还要为社会上的弱者提供帮助，使老年人得到赡养安度晚年，使儿童得到照顾教养而健康成长，使鳏、寡、孤、独、残者都得到社会的救济安置。孟子继承了孔子的大同仁爱思想，从巩固统治者地位的角度提出“善养老”的重要意义。现代意义的社会保障是指政府通过专款专用的征税或收费方式筹措资金，向老年人、无工作能力的人、失去工作机会的人、病人等提供基本生活保障的计划。西方国家的社会保障制度也并不是进入资本主义社会之始就有的，而是伴随近代大工业产生的，最早可以追溯到19世纪70年代末德国俾斯麦政府推行的“普鲁士计划”，向德国工人提供退休养老金和其他救济金。俾斯麦政府通过了历史上第一个社会保障法，但并未立即被世界各国所效法。到了20世纪30年代，经济大危机已经威胁到资本主义制度的时候，各国才纷纷建立社会保障制度。在美国，1934年罗斯福总统向国会建议，建立国民社会保险计划，并于1935年8月14日签署了《社会保障法》。如今，发达国家的社会保障制度已形成相当大的规模，且十分完整和稳定。从财政收入一方看，社会保障税也已成为仅次于所得税的第二大税类；从财政支出一方看，社会保障支出也已超过其他一切项目而独占鳌头。

1. 社会保障制度的主要内容

社会保障活动是在特定的历史条件下，由各国自行开展的，因而其内容无论在理论上还是在实践上，都经历了一个不断发展变化的过程。国际上一般认为，一个国家的社会保障制度至少应包括8项内容：医疗补助、疾病补助、失业补助、老年补助、工伤补助、家庭补助、残疾补助和遗属补助等。上述内容可概括为两大类型：一是社会保险，二是社会福利。

1）社会保险

所谓社会保险，是指以立法形式由国家、集体和个人共同筹集基金，以确保社会成员在遇到生、老、病、死、伤、残、失业等风险时获得基本生活需要和健康保障的一种社会保障制度，它是整个社会保障制度的核心部分。

社会保险与商业保险既有共同点，又有根本的区别。政府统筹的社会保险与作为企业的保险公司经营的商业保险，两者的共性在于都是一种保险活动，都表现为受保人需交纳一定的保险费。而二者的根本区别在于：第一，社会保险的社会性决定了其保险基金除来自受保人或其就业单位缴纳的保费以外，还以政府的预算为根本的财力后盾，一旦该基金收不抵支时，政府就以财力进行干预和支持，相反，商业保险企业完全靠收取保费筹集资金，盈亏自负；第二，社会性决定了社会保险的受保人领取保险金的权利，与交纳保险费的义务在数量上有一定的对应关系，但并不要求必然相等，而商业保险的营利性则要求受保人权利与义务的对等性；第三，社会保险是强制性的，它由国家根据立法采取强制的法律手段来实施，而商业保险则一般是自愿的。

社会保险具体分为以下几种。

（1）社会养老保险

它是指由政府以立法形式确定的，劳动者在年老失去劳动能力或退出就业领域时享有的退休养老权利，除企业和劳动者在就业时缴纳的税或费外，还可依靠政府和社会提供的帮助以维持基本生活水平。

（2）社会失业保险

它是指由政府以立法形式确定的，劳动者在失业时所应享有的权利，是维持基本生活需要的一种社会保险制度。

（3）社会医疗保险

它是指由政府以立法形式确定的，对被保险人因疾病造成的经济损失及医疗费用予以补偿的一种社会保险制度。

（4）工伤保险

它是指政府以立法形式确定的，在劳动者因工作而负伤、致残、死亡时，给劳动者本人及其供养的直系亲属提供医疗救治、生活保障、经济补偿、医疗和职业康复等物质帮助的一种社会保险制度。

（5）女工生育保险

它是指政府以立法形式规定的，女工在生育期间中断劳动或工作时给予帮助的一种社会保险制度。其主要内容是在女职工生育期间对她们提供医疗服务和产假工资或生活补贴待遇。

2）社会福利

社会福利是政府在法律和政策范围内，对社会成员提供的除了社会保险以外的社会保障，如救济、抚恤等。它具体包括以下内容。

（1）小范围的社会福利

它是指由政府出资兴办的，以低费或免费形式向一部分需要特殊照顾的社会成员提供货币或实物帮助和服务的一种社会保障制度。

（2）社会救济

它是指政府对收入在贫困线以下的公民，因自然灾害遭受损失或发生其他不幸事故，而生活暂时处于困难中的公民提供的货币或实物帮助。主要包括自然灾害救济、失业救济、孤寡病残救济、和城乡困难户救济等。国家和社会以多种形式对因自然灾害、意外事故和残疾等原因而无力维持基本生活的灾民、贫民提供救助。包括提供必要的生活资助、福利设施，急需的生产资料、劳务、技术、信息服务等。

（3）社会抚恤

它是指政府或社会对现役、退伍、复员、残废军人及军烈属给予抚恤和优待的一种社会保障制度。

2. 各国社会保障制度的类型、筹资模式和资金来源

1）各国社会保障制度的类型

迄今为止，世界上已有将近150个国家建立了社会保障制度。各国社会保障制度在政策取向、制度设计、项目多寡、具体标准及实施办法等方面既有共同点，也有差异之处。世界各国社会保障制度大致可以分为救助型、保险型、福利型、国家保障型和自助型五种模式。

（1）救助型社会保障制度

救助型社会保障制度是指国家通过建立健全社会保障的有关规章制度，保证每个公民在遇到各种不测事故时能得到救助。对于已经处于贫困境遇的人们，则发给社会保障津贴，以维持其基本生活。其特征是：政府通过相应的立法作为实施救助的依据，公民申请和享受社会救助是其依法应享受的权利，不附带屈辱条件，不同于慈善机构的“施善”或“恩赐”，也不同于资本主义初期的济贫和赈济；社会救助的费用列入政府的财政支出，其资金来源于国家税收，个人不交纳保险费；救助的对象为因失业或天灾人祸而陷入贫困的公民、弃婴、孤儿、残疾人、老年人；救助的标准为低水平，以维持生存为限。

这种救助型社会保障制度是工业化开始前后所实行的单项或多项救助制度。按社会保障的标准来衡量，只能说它处于起步阶段，是社会保障制度中的一种初级的、不成熟的、不完备的形式。这种制度目前主要在一些发展较为迟缓的国家实行。

（2）保险型社会保障制度

保险型社会保障制度是在工业化取得一定成效，经济有雄厚基础的情况下实行的。其目标是国家为公民提供一系列的基本生活保障，使公民的失业、年老、伤残及由于婚姻关系、生育或死亡而需要特别支出的情况下，得到经济补偿和保障。它起源于德国，随后为西欧、美国、日本所仿效。

这种保障制度具有以下特征：政府通过有关社会保障的立法，作为实施的依据；这种保险为强制性保险，企业主及雇员分别缴纳一定比例的社会保障金，各国政府以不同标准拨款资助，公民只在履行交费义务后，才能依法领取各种社会保障金；保障的覆盖面大，几乎包容了社会全体成员；保险的项目基本涵盖人们生、老、病、死、失业、伤残等各方面，有多寡之别；资金来源多元化。

（3）福利型社会保障制度

福利型社会保障制度是在经济比较发达、整个社会物质生活水平提高的情况下实行的一种比较全面的保障形式，其目标在于“对于每个公民，由生到死的一切生活及危险，诸如疾病、灾害、老年、生育、死亡，及鳏、寡、孤、独、残疾人都给与安全保障”。这项制度来源于福利国家的福利政策，由英国初创，接着在北欧各国流行。

福利型社会保障制度的主要特征是：社会保障政策是福利国家的一项主要政策，依法实施，并设有多层次的社会保障法院监督执行；强调福利的普遍性和人道主义、人权观念，服务对象为社会全体成员；个人不交纳或低标准交纳社会保障费，福利开支基本上由企业和政府负担；保障项目齐全，一般包括“从摇篮到坟墓”的一切福利保障，标准也比较高；保障的目的已不完全是预防贫困和消灭贫困，而在于维持社会成员一定标准的生活质量，加强个人安全感。

（4）国家保障型社会保障制度

国家保障型社会保障制度是传统的社会主义国家以公有制为基础的社会保障制度，属于国家保障性质。其宗旨是“最充分地满足无劳动能力者的需要，保护劳动者的健康并维持其工作能力”。保障对象为全体公民。宪法规定，每一个有劳动能力的人都必须积极参加社会生产，对无劳动能力的一切社会成员提供物质保障。保障的经济来源靠全社会的公共资金无偿提供。前苏联是这一类型的首创与代表。

（5）自助型社会保障制度

在这种模式下，雇主和雇员都必须依法按照职工工资的一定比例向雇员的个人账户缴费，由政府集中统一管理，投资收益归职工个人所有。此种制度不具有互助互济的保险功能，它实质上是政府举办的强制储蓄计划。目前新加坡、马来西亚、印度等二十多个发展中国家采取的都是这种形式。

2）社会保障基金的筹资模式

从世界各国社会保障制度的实施情况看，各国对社会保障基金的筹集模式主要有 3 种：现收现付模式、完全基金模式、部分基金模式。

（1）现收现付模式

这是一种以近期横向收支平衡原则为依据的基金筹集模式，要求当年或近期内所有参保单位按照统一的比例提取社会保险基金，在收支过程中实现基本平衡。其做法是：首先，对当年或近期内各项社会保险所需支付的费用进行测算；然后，按照需要分摊到参保的单位和个人，按统一比例提取，当年支付，不为以后年份提供储备基金。现收现付模式情况下，当代人经费劳动者负担——医疗保障，上代人经费当代人负担——养老保障，非劳动者经费劳动者负担——失业保险。其优点是操作简便易行，每年均可根据保障费用需求的增长情况及时调整缴费比例，以保持费用收入的平衡。这种模式体现了社会保险互助互济的调剂职能，也可避免物价上涨后基金贬值的危险。现收现付模式是根据当年保障支出的需要来筹措保障资金，因而是一种“量出为入”、“以支定收”的方式。但是，由于现收现付模式没有长远的规划，事先也没有必要的储备积累，因而在未来社会保障费用支出需求急剧增长的情况下，为了保证费用支出之需，不得不大幅度提高收费率，从而引起筹资对象负担加重。这种情况达到一定程度时，甚至会出现费用征集与支付的危机，特别是从长期看，经济波动和人口老龄化的出现，使得保障支出和筹资规模不稳定，青年一代对老年人承担的责任较大，影响经济稳定运行。

（2）完全基金模式

这是一种以长期纵向收支平衡原则为依据的基金筹集模式，要求劳动者在整个就业或投保期间，采取储蓄积累方式筹集社会保障基金。其办法是：首先，对社会经济发展水平、人口状况、失业率、退休比率、指数化工资率、预期平均寿命、利息率等相关指标进行预测，综合测算出参加社会保险的成员在整个投保或退休期享受各种社会保障待遇所需的基金总额；然后，采取先提后用的办法，将其按一定的提取比例分摊到整个投保期间，由投保人按期提取；与此同时，对已提取而尚未支付的保险基金进行有计划的管理和运营。完全基金模式寻求今天基金的积累与未来的支付相适应，一开始启动就要收取较高的费率，筹资速度快，可以在短期内筹到大笔资金。这实际上是一种强制性的长期储蓄制度，其最大优点是不受老龄化的影响。但从另一面看，首先，完全基金模式积累的货币基金受货币贬值的影响，几十年后达不到应有的购买力；其次，完全基金模式几乎不具有社会保险的社会互济功能，不能积累足够养老费用的一部分人最终还要由社会来负担；再次，完全基金模式要求很高的积累率，不可避免地要加大企业成本。这种筹资方式要求在初期，筹资对象既要负担当前正进入老年人行列的社会成员所需的社会保障费用，又要负担他们自己在进入老年人行列时所需的社会保障费用，这是他们难以承受的。并且，积累的储备基金只有在保持较低通货膨胀的情况下才能取得保值增值的效果，而这又将是十分困难的。

（3）部分基金模式

这种方式将近期横向收支平衡与远期纵向收支平衡相结合，在满足一定时期支出需要的前提下，留有一定的储备基金，据此确定收费率。部分基金模式是建立社会保障基金较灵活的模式，一方面，它可避免收费率的频繁调整，使企业和财政的社会保障支出负担均衡；另一方面，由于储备数量少，因此受通货膨胀的影响较小，能较好地保证社会保障基金受益者的生活水平不致下降。由于兼容了以上两种筹资模式的优点，部分基金模式被许多国家采用。部分基金模式在初期的收费率高于现收现付模式，低于完全基金模式，相对较稳定，作用力度较温和，既易于被筹资对象接受，又能在一定程度上满足社会保障支出的需要。但部分基金模式收费率的确定有一定的难度，筹集到的资金在满足现时需要之后，究竟留出多少以适应未来需要将很难确定。如果收费率过高，筹资对象承受不了；收费率过低，又满足不了支出需要。

一个国家或地区究竟采取哪种模式筹集社会保障资金，取决于当时的社会经济发展情况、人口结构和历史传统。

3）社会保障基金的来源途径及征收办法

建立社会保障基金，既要选择合理的筹资模式，还要确定适当的基金来源途径和有效的征收方式。从目前世界上实行社会保障制度国家的实际情况来分析，社会保障基金主要来自于企业负担、个人缴费、国家资助三个方面。其中企业、个人、国家在基金中各占多少份额，完全由各国的具体情况决定。即使一个国家，在不同时期，国家会因经济社会条件和政策的变动而改变基金中三者的负担比例。其具体的征收方式如下。

（1）社会保障税

社会保障税是强制征集社会保障基金普遍而有效的方式，目前世界上建立了社会保障制度的国家中，60%左右的国家采用了这种税收方式，一些经济发达国家社会保障税占全部税收的将近一半。之所以如此，一方面取决于现代社会经济的稳定发展日益表现出对社会保障制度的依赖性；另一方面是因为社会保障基金的筹集与税收课征技术明显接近，无论是计算基础、计算方法还是征收对象，都存在着类似与趋同。换言之，社会保障基金筹集方式倾向于税收化，是为了保证筹资的顺利进行与征收的固化。

从各国社会保障税的实践来看，其税基主要是工薪收入，设立的项目大致有医疗保险、老年保险、疾病保险、生育保险、失业保险、伤残保险及遗嘱保险等。一国的经济条件不同，所设立的社会保障税的项目也不同。一般情况下，经济发达国家社会保障税的项目较多，欠发达国家的社会保障税项目较少。社会保障税的纳税人一般为雇员和雇主，税款由双方共同分担，但在某些情况下，也有雇主单方缴纳的。社会保障税税率的高低主要取决于社会保障的覆盖面和受益人的受益程度。不同的税目设计不同的税率，通常采用的税率有两种：一是比例税率，在规定的税基限额下适用，超过税基限额的部分不征税；二是累进税率，即根据工薪收入的不同等级确定税率。两种税率相比，比例税率的累退性较为突出，低收入者所负担的税收比高收入者更高；累进税率更能体现公平税负的原则。

（2）社会统筹

社会保障基金的社会统筹，指的是由企业、事业单位和社会团体及职工个人按照一定标准提取各种社会保障基金，如养老保险基金、失业保险基金、医疗保险基金等，交由社会保障统筹机构管理，实行一定范围内的社会统筹。社会保障由社会统筹负担，对个人而言，有利于消除职工的后顾之忧，使其生产的积极性和生活的质量得到更好的保护；对企业而言，按企业工资总额的一定比例缴纳社会保障基金，使基金成为劳动力成本的一个组成部分，会增强企业控制劳动力成本与优化人力资源的配置意识，促使企业提高经济效益；对国家而言，社会保障基金在全社会范围内调剂使用，集中管理，不仅可以有效地保证基金的专款专用，加速资金周转，提高资金的使用效益，而且可以通过不同时期净基金余额的增减自发地对经济运行逆向调节，缓解经济波动幅度。基金统筹方式较之于征收社会保障税，更接近于中国目前的实际情况，更有利于因地、因时制宜，灵活掌握，是现阶段我国筹集社会保障基金的可行方式。

（3）财政预算拨付

财政预算拨款是指国家在预算中设立社会保障基金，参与国民收入的分配和再分配，形成预算收入，将其中一部分用于各种抚恤费、社会福利救济费、自然灾害救济费、预算内行政事业单位离退休费用等拨款支出，这是目前中国社会保障基金的重要筹集和分配方式。社会保障是社会各方共同兴办的事业，国家责无旁贷，理应发挥重要作用，因此财政预算拨款是社会保障基金正常运转的可靠保证。国家如何在社会保障事业中发挥作用，发挥到何种程度，或者说在社会保障基金的筹集中占多大份额，这已经成为世界各国普遍面临并亟待解决的现实问题。从发展中国家对加强政府保障力度的呼唤，到“福利制国家”出现的经济及财政危机，都证明了这一点。一些国家的社会保障专家曾经指出，在社会保障事业中，国家应“扮演最后出台的角色”，即在企业和个人负担的基础上，保障基金收不抵支的部分由国家财政来承担。国家负担的份额可以是固定的，也可以是变动的，即能够根据基金的收支情况逐年调整。

除了上述三种社会保障基金的筹资方式以外，私人和社会团体的捐助也是一种辅助方式，以此可以动员一部分资金用于社会保障事业，如社会福利事业的有奖募捐等。

4）社会保障的经济功能

（1）调节投融资功能

社会保障的资金是直接来自于保险费、财政预算及资金运用增值的收入，具有较高的稳定性。社会保障基金在许多国家的财政运用中，作用不可忽视。例如，庞大的养老金基金在财政投融资上发挥了重要的作用，这虽然是增值保障基金的行为，但客观上已成为国家调节投资的一大支柱。在发达国家，由于向全体国民征收年金保险费的积累额十分庞大，客观上有利于这些国家把这部分巨大的积累用作基础产业的投资，成为对本国经济实行计划和合理控制的有效手段。一些发展中国家，社会保障调节投融资的功能也很明显，这些国家社会保障基金往往通过向国家基础设施和重点项目投融资，不仅支持了国家建设，而且也有利于保障基金自身迅速增值。此外，许多发展中国家还利用社会保障基金向社会成员个人融资，既有效地利用了基金，又解决了社会成员个人购入住宅资金不足的困难。

（2）平衡需求功能

社会保障通常还被称为调节经济的蓄水池，具有非常有效的平衡需求的作用。当经济衰退而失业增大时，失业补助和社会救济给失业和生活困难的人们以购买力，客观上扩张了社会有效需求；另外，把一部分高收入社会成员的收入转移到另一部分生活陷入困境的社会成员手中，也可以达到促进社会公平的目标。在市场经济条件下，受竞争规律的支配，优胜劣汰在所难免。市场机制给予每个社会成员平等参与竞争的条件和机会，它自动地向效率倾斜，但并不自动向公平倾斜，在竞争中，弱者贫困也在所难免。国家以社会保障的形式对弱者、失业者乃至贫困者给予保护，从而实现社会公平目标。

3. 我国社会保障制度的建设与改革

我国社会保障制度由四个方面的内容构成：社会保险、社会救济、社会福利和社会优抚。

1）社会保险

社会保险是我国社会保障制度的核心，由五项组成，即养老保险、失业保险、医疗保险、工伤保险和生育保险。

（1）养老保险

在社会保险制度中，养老保险是最重要的。1997年7月国务院下发了《关于建立统一的企业职工基本养老保险制度的决定》，确立了我国现行的“统账结合”的养老保险制度。统账结合是社会统筹与个人账户相结合的简称，即社会统筹部分和个人账户部分共同组成我国城镇职工的基本养老保险制度。这项制度的基本内容如下。

① 每个企业为职工向社会统筹基金缴纳养老保险费，同时还向职工的个人退休账户缴纳保险费，职工个人在就业期间向自己的个人退休账户缴纳保险费。

② 企业总的缴费比例最高不得超过工资总额的20%，职工自己向个人账户的缴费比例1997年不得低于本人缴费工资的4%，1998年起每2年提高1个百分点，最终达到本人缴费工资的8%；企业向职工个人账户的缴费比例应随着职工个人缴费比例的提高而相应下降，即由最初的7%下降到最终的3%，企业和个人向个人账户的缴费比例之和应达到职工

个人缴费工资的11%，企业缴费除去划入个人账户的部分，其余部分进入社会统筹基金，用于向已经退休的职工发放各种退休费用。

③ 职工退休后其养老金由两部分组成，一是从养老统筹基金领取的基础养老金；二是从个人账户领取的个人账户养老金。个人缴费年限累计满15年的退休职工，其基础养老金数额是所在省、自治区、直辖市或地（市）上年度职工月平均工资的20%，个人账户养老金的月标准按本人退休时个人账户存储余额除以120的方法确定。个人缴费年限不满15年的，退休后不能享受基础养老金，其个人账户中的存储额一次性地支付给本人。新的养老保险制度实施前已经退休的职工，仍按国家以前的规定发放养老金，同时执行养老金的调整办法。而对于在新的养老保险制度实施前参加工作、实施后退休而且个人缴费和视同缴费年限累计满15年的退休人员，则要按照"新老办法平稳衔接、待遇水平基本平衡"的原则，在发放基础养老金和个人账户养老金的同时，还要发放一定的过渡性养老金。

从制度设计的基本结构来看，我国统账结合养老保险制度类似于许多国家正在实行的部分基金制。但是，在具体内容上，我国的统账结合制与部分基金制又有所不同。一是现收现付（社会统筹）部分的资金筹措方式不同。部分基金制用征税方式，我国的统账结合制用的是收费方式。二是基金（个人账户）部分的资金来源和运作方式不同。在资金来源上，部分基金制的基金部分的资金来源是个人的直接缴费；在资金的运作上，部分基金制的基金部分的资金是以信托基金方式运作，而我国的个人账户部分的资金目前也用于现付养老金，个人账户基本上属于"空账"。

1998年以来，我国不断完善基本养老保险金制度，扩大基本养老保险的覆盖范围，千方百计提高基金征缴率。2006年末全国参加城镇基本养老保险人数为18766万人，其中参保职工14131万人，参保离退休人员4635万人。2006年末企业参加基本养老保险人数为16857万人，2006年末参加基本养老保险的农民工人数为1417万人。2006年末纳入社区管理的企业退休人员共2833万人，占企业退休人员总数的68.8%。2006全年城镇基本养老保险基金总收入6310亿元，其中征缴收入5215亿元，增长20.9%。各级财政补贴基本养老保险基金971亿元，中央财政预算安排774亿元。全年基金总支出4897亿元。2006年末基本养老保险基金累计结存5489亿元。2006年末全国参加农村养老保险人数为5374万人，全年共有355万农民领取了养老金，全年共支付养老金30亿元。2006年末农村养老保险基金累计结存354亿元。

（2）失业保险制度

失业保险制度在我国起步于1986年发布的《国营企业职工实行待业保险暂行规定》，1993年国务院颁布的《国有企业待业保险规定》进一步完善了失业保险制度。1999年1月，国务院正式颁布了《失业保险条例》，将失业保险的实施范围进一步扩大，从而创立了现行的失业保险制度。我国现行失业保险制度的基本规定有以下几方面内容。

① 企业缴纳失业保险费，从1998年开始，企业按本单位职工工资总额的2%向社会保险机构缴纳失业保险费，职工个人要按照本人工资的1%缴纳失业保险费。

② 失业保险金应按照低于当地最低工资标准、高于城市居民最低生活保障标准的水平发放，具体标准由省、自治区、直辖市政府确定。失业者从社会保险机构领取失业保险金的最长期限为2年，超过2年仍然没有重新就业的，可根据当地的具体规定转入社会救济。据统计，2006年末全国参加失业保险人数为11187万人，比上年末增加539万人。全国领取失

业保险金人数为327万人。2006年全年失业保险基金收入385亿元，全年基金支出193亿元。2006年末失业保险基金累计结存708亿元。

（3）医疗保险制度

首先介绍城镇职工基本医疗保险制度。1994年国务院确定了“社会统筹医疗基金和个人医疗账户相结合”的医疗保险制度，1998年12月，国务院下发《关于建立城镇职工基本医疗保险制度的决定》，明确了基本医疗保险制度改革的任务和主要政策，从而创立了我国现行的医疗社会保险制度。主要内容如下。

① 基本原则：一是统账结合，实行社会统筹和个人账户相结合的原则；二是属地管理，所有单位及其职工都要按属地管理原则参加所在统筹地区的基本医疗保险，铁路、电力、远洋运输等跨地区生产流动性较大的企业及其职工，可以相对集中的方式异地参加统筹地区的基本医疗保险。

② 覆盖范围。城镇所有用人单位，包括企业（国有企业、集体企业、外商投资企业、私营企业等）、机关、事业单位、社会团体、民办非企业单位及其职工（包括在职职工和退休人员），都要参加城镇职工基本医疗保险。灵活就业人员、农民工等也要参加城镇职工基本医疗保险，并可根据有关政策采取一定的激励措施，鼓励灵活就业人员、农民工参保。据统计，全国城镇职工约2.7亿人。

③ 筹资标准。医疗保险费由用人单位和职工共同缴纳。用人单位缴费率控制在职工工资总额的6%左右，在职职工缴费率为本人工资的2%。退休人员个人不缴费，具体缴费比例由各统筹地区根据实际情况确定。目前，用人单位缴费率全国平均为7.43%，最低的为3%，较高的如上海、北京分别达到10%和9%；个人缴费全国平均为2%。

④ 统筹层次。原则上以地级以上行政区为统筹单位，也可以县（市）为统筹单位，京津沪原则上在全市范围内实行统筹。目前，全国共有统筹区域2200多个，其中县级统筹的约1900个。

⑤ 支付政策。城镇职工基本医疗保险基金由统筹基金和个人账户构成。职工个人缴费全部计入个人账户；用人单位缴费，30%左右划入个人账户，其余部分作为社会医疗统筹基金。目前，全国年人均个人账户收入约为400元，主要支付门诊费用、住院费用中个人自负部分及在定点药店购药费用。个人账户归个人使用，可以结转和继承。统筹基金用于支付住院医疗和部分门诊大病费用。参保人员发生的符合规定的医疗费用超过起付标准（一般为当地职工年平均工资的10%，即起付线）、在最高支付限额（一般为当地职工年平均工资的4倍左右，即封顶线）之内的部分，主要由统筹基金支付，目前全国平均支付比例为80%左右。统筹基金和个人账户资金分开管理，区分使用范围，不得相互挤占。现在从全国总体情况看，两项基金都有结余。据初步统计，截止到2007年年底，统筹基金结余1517亿元，个人账户资金结余862亿元。

⑥ 基金管理。城镇职工基本医疗保险基金纳入社会保障基金财政专户统一管理，专款专用，不得挤占挪用。劳动保障部门所属的社会保险经办机构负责基本医疗保险金的筹集、管理和支付。社会保险经办机构的事业经费由各级财政预算安排，不得从基金中提取。

⑦ 医疗服务管理。包括三个方面，第一，服务项目管理。城镇职工基本医疗保险可以支付的医疗服务项目范围，由劳动保障部门会同其他部门制定相关标准和办法。主要包括基本医疗保险药品目录、诊疗项目、医疗服务设施标准，简称三个目录。参保人员在三个目录

规定的医疗服务项目范围内发生的医疗费用，由基本医疗保险基金按规定支付。第二，就医管理。城镇职工基本医疗保险实行定点医疗机构和定点药店管理。劳动保障行政部门确定定点资格，由社会保险经办机构同定点机构签订协议，明确各自的责任、权利和义务。职工在定点医疗机构就医发生的费用，可以按基本医疗保险的规定支付。职工可以选择若干包括社区、基层医疗机构在内的定点医疗机构就医、购药，也可以持处方在若干定点药店购药。第三，结算管理。统筹基金支付的费用一般由社会保险经办机构与医疗服务机构直接结算，具体结算办法由各统筹地区确定。目前，各地实行有按服务项目付费、按服务单元付费、按人头付费、总额预付制、按病种付费等多种结算方式。

⑧ 补充医疗保障的政策措施。包括公务员医疗补助、大额医疗费用补助和企业补充医疗保险。

其次是新型农村合作医疗制度。2002 年 10 月，《中共中央、国务院关于进一步加强农村卫生工作的决定》明确指出：要“逐步建立以大病统筹为主的新型农村合作医疗制度”，“到 2010 年，新型农村合作医疗制度要基本覆盖农村居民”。

① 覆盖范围。所有农村居民都可以家庭为单位自愿参加新型农村合作医疗，按时足额缴纳合作医疗经费。

② 筹资标准。从 2003 年开始，本着多方筹资、农民自愿参加的原则，新农合筹资水平从试点初期的年人均 30 元起步，目前，新型农村合作医疗的筹资水平约为年人均 55 元，原则上农民个人每年每人缴费不低于 10 元，经济发达地区可在农民自愿的基础上相应提高缴费标准。鼓励有条件的乡村集体经济组织对本地新型农村合作医疗给予适当扶持。从 2010 年开始，我国将用一到两年的时间将新农合筹资水平提高到每人每年 150 元。其中，中央财政对中西部地区参合农民按 60 元的标准补助，对东部省份按照中西部地区一定比例给予补助；地方财政补助标准相应提高到 60 元。农民个人缴费由每人每年 20 元增加到 30 元。

③ 统筹层次。新型农村合作医疗一般采取以县（市）为单位进行统筹。条件不具备的地方，起步阶段可采取以乡（镇）为单位进行统筹，逐步向县（市）统筹过渡。

④ 管理制度。新型农村合作医疗主要补助参合农民的大额医疗费用或住院医疗费用。其中，住院费用的支付水平约为 35%。有条件的地方，可实行大额医疗费用补助与小额医疗费用补助结合的办法。各县（市）确定支付范围、支付标准和额度。鼓励参合农民充分利用乡镇以下医疗机构的服务。新农合现由卫生行政部门所属的“农合办”管理资金的筹集和支付。

截至 2009 年年底，全国开展新农合的县（市、区）达到 2716 个，参加新农合人口 8.33 亿人。全国累计有 16.5 亿人次享受到新农合补偿。参合农民次均住院补偿金额从试点初期的 690 元提高到 1 180 元，实际住院补偿比从 25%提高到 41%。2009 年，新农合政策范围内住院费用报销比例已经达到 55%，统筹基金最高支付限额提高到当地农民人均纯收入的 6 倍左右，超过 1/3 的地区开展了门诊统筹工作。

最后是城镇居民基本医疗保险制度。是以大病统筹为主，针对城镇非从业居民的一项基本医疗保险制度。

① 基本原则。城镇居民基本医疗保险试点遵循的几个原则：一是低水平起步。随着经济发展和群众收入水平的提高，可以逐步提高筹资水平、保障标准和财政补助标准。二是坚持群众自愿。不搞强制，而是在制度设计上注重政策的吸引力，引导群众参保，并鼓励连续缴费。三是明确中央和地方政府责任。中央定原则和大的政策，保证全国社会保障体系的统一。

四是坚持统筹协调。统筹考虑各种保障制度和政策的衔接，统筹考虑地区之间的平衡，统筹考虑新制度的出台对其他人群的影响，统筹考虑医疗保障体制和医药卫生体制的配套改革。

② 覆盖范围。城镇中不属于城镇职工基本医疗保险制度覆盖范围的中小学阶段的学生（包括职业高中、中专、技校学生）、少年儿童和其他非从业城镇居民，都可自愿参加城镇居民基本医疗保险。大学生的医疗保障问题教育部、劳动保障部、财政部进行了专题研究，基本思路是参加城镇居民基本医疗保险，具体政策待进一步调研后报国务院批准。

③ 筹资标准。对城镇居民基本医疗保险，没有规定全国统一的筹资标准。由各地根据低水平起步的原则和本地经济发展水平，并考虑居民家庭和财政负担的能力合理确定。从许多地区实践和测算的平均数值看，要保证基金支付比例在50%以上，筹资水平大体在城镇居民家庭人均可支配收入的2%左右。由于未成年人和成年人医疗消费需求的差异很大，因而筹资水平也不同。

④ 政府补助。为了引导和帮助广大城镇居民缴费参保，借鉴新农合的成功经验，城镇居民基本医疗保险实行了政府补助的政策。政府对所有参保居民给予不少于人均40元/年的补助，并对城镇低保家庭的未成年人再给予不少于人均10元/年的补助，对城镇低保对象（成年人）、低收入家庭60岁以上老年人和丧失劳动能力的重度残疾等特殊困难群体的参保缴费再给予不少于人均60元/年的补助。补助资金由中央财政和地方财政分担：中央财政对中西部地区所有参保居民普遍补助20元，对未成年的困难城镇居民再补助5元，对成年困难城镇居民再补助30元；对东部地区，中央财政参照新型农村合作医疗的补助办法给予适当补助。从2008年起，政府对参保居民的人均补助标准将由40元提高到80元，其中中央财政对中西部地区的人均补助标准由20元提高到40元，对东部地区的补助标准也参照新农合的补助办法相应提高。

⑤ 管理制度。原则上与城镇职工基本医疗保险的规定一致，由劳动保障部门所属的医疗保险经办机构统一管理，居民参保实行属地管理。但有一些区别：在支付政策上，城镇居民基本医疗保险只建立统筹基金，不建立个人账户，基金主要用于支付住院医疗和部分门诊大病费用。基金支付比例原则上低于城镇职工医保而高于新农合，一般可以在50%～60%。有条件的地方，也可以探索门诊普通疾病医疗费用统筹的保障办法，即划出部分资金，专项用于支付一般门诊费用。在基金管理上，城镇居民基本医疗保险基金同样要纳入社会保障基金财政专户统一管理，但要单独列账。在医疗服务管理上，与城镇职工基本医疗保险基本相同，但在服务项目管理上要补充少儿特殊用药，在就医管理上要增加儿童医院为定点医疗机构。

2）我国的辅助社会保险项目

（1）工伤保险

2003年4月16日，国务院讨论通过了《工伤保险条例》，该条例从2004年1月1日起施行。按照该条例规定，境内各类企业及有雇工的个体工商户均应参加工伤保险计划，境内各类企业的职工和个体工商户的雇工有权享受工伤保险待遇。工伤保险基金的收入全部由用人单位缴纳的工伤保险费及工伤保险基金的利息和依法纳入工伤保险基金的其他资金构成，职工个人不缴纳工伤保险费。工伤保险基金在直辖市和设区市实行全市统筹，其他地区的统筹层次由省、自治区人民政府确定。

（2）生育保险

1994年12月，劳动部颁发《企业职工生育保险试行办法》，要求城镇企业及其职工都要参加生育保险。生育保险费由企业按照工资总额的一定比例（不超过1%）向社会保险机构缴纳，职工个人不缴费；生育保险费用实行社会统筹。女职工产假期间的生育津贴按照本企业上年度职工月平均工资计发，由生育保险基金支付，女职工生育的检查费、接生费、手术费、住院费和药费由生育保险基金支付，超出规定的医疗服务费和药费由职工个人负担。

（3）社会救济和社会福利项目

① 社会救济是政府通过财政拨款，向城乡贫困人口提供资助的社会保障计划。我国的社会救济由民政部门进行管理，我国目前社会救济体系主要由以下4部分构成。一是城镇居民最低生活保障。我国已普遍建立城市居民最低生活保障制度，制度的目的在于确保城镇居民基本生活，该项计划所需资金全部是各级财政的拨款。至2005年底，全国的低保对象约为2 234.2万人。二是下岗职工生活补贴。为有效解决国有企业下岗职工基本生活保障问题，国务院要求各地区和各有关部门在有下岗职工的国有企业建立再就业服务中心，并按照“二三制”（企业自筹、社会筹集和财政各承担一部分）筹资原则，确保下岗职工的基本生活。国有企业职工下岗以后，安排进入再就业服务中心，他们每月可以享受一定的基本生活费。实际上，该项补贴的资金来源基本上是由各级政府和当地的失业保险计划出资解决。三是农村“五保户”救济，即政府向农村中的“五保户”（保吃、穿、住、医、葬的孤寡老人和残疾人）提供的资助。四是灾民救济，即政府向遭受严重自然灾害而陷入生活困境的城乡居民提供的资助。

② 社会福利在此是狭义的社会福利，指对特定的社会成员的优待和提供的福利。社会福利体系主要包括社会福利事业（如政府举办社会福利院、精神病院、儿童福利院等）、残疾人劳动就业和社区服务等，主要是对孤老残幼等有特殊困难的社会成员进行基本生活保障。

③ 社会优抚是一种特殊的保障体系，保障对象是现役军人和退役人员及其有关人员。具体包括现役军人、革命伤残军人、复员退伍军人、军属和革命烈士家属、志愿兵、军队离退休和复员干部等。

3）我国现行社会保障制度的缺陷

① 社会保险覆盖面狭窄，社会性体现得不够。现行社会保险制度的覆盖面，在多数地区仅限于城镇大中型企业相当部分非公有经济社会保险费用的缴纳未受到严格监督，广大农村则基本处于家庭自保状态。这显然有违于“社会保障”本身的性质，也不符合市场经济公平竞争的要求。

② 社会保险保障程度低。我国的养老保险、失业保险、医疗保险等都是刚刚起步，保险金的给付水平偏低。

③ 企业与个人缴费负担畸重畸轻。目前，无论是养老保险、失业保险还是医疗保险，其负担仍高度集中于企业和政府身上，被保险人承担的保险费用微乎其微。目前，大多数地区企业养老保险与失业保险统筹的比例，基本达到职工工资总额的20%左右，而个人缴纳的部分却只占其标准工资的1%～3%。个人保费负担过轻，一方面造成社会保障费的管理入不敷出，另一方面也削弱了被保险人的自我保险意识，同时也大大加重了企业与政府的负担。

④ 社会保险管理体制不健全。目前，社会保险统筹由各地分散进行，少数省实现了省级统筹，大多数地区由市县统筹，分别由各市县劳动人事部门管理。社会保险金的筹资标准不统一，低的地区，统筹金占工资总额的比例还不到10%，高的地区达30%左右。保险金的给付条件和标准也有差别，保险基金在使用中存在严重的被挪用、挤占甚至浪费的现象。

⑤ 社会保险基金筹资模式落后。我国“统账结合”的社会保险基金实际运行效果只相当于筹资水平较低、满足当期需要的“现收现付”模式。在这种制度下，资金运筹缺乏明确的计划，与我国目前存在的人口老龄化现象极不适应。

总的来看，我国的社会保障制度虽然实施多年，保障范围也较广泛，但是存在的问题也较多，建立一个完善的、社会化的社会保障体系是当前改革的一项十分迫切的任务。

9.2 财政补贴

1. 财政补贴的概念和特征

20世纪以来，随着政府干预社会经济生活程度的加深，财政补贴开始成为一种全球性的财政经济现象。它作为一种特殊的公共支出手段被世界各国政府普遍重视，成为各国政府管理和调节社会经济的重要工具。

财政补贴是国家根据一定时期政治和经济发展需要，为执行某些政策，对特定的产业、部门、地区、企事业单位、个人或项目给予特定补助和津贴。

财政补贴是国家财政给予的补贴，其行为主体是国家；其依据是国家在一定时期的社会、政治、经济的有关政策；其对象是一些特定的行业、地区、企事业单位和特定的事项；目的是使生产、流通、消费等环节协调一致。财政补贴是财政分配中的一种特殊形式，是国家在经济管理中的一个重要经济杠杆，它通过物质利益在国家、企业、个人之间的再分配来调节社会生产和生活，它对于促进经济发展、引导人们的消费起着重要的作用。

财政补贴与社会保障支出同属财政的转移性支出，它们之间有很多相似之处。从政府的角度来看，无论是以补贴形式还是以社会保障形式拨付支出，都不能换回任何东西，都属于无偿的支付。从受益者的角度来看，无论以什么名义获得政府的补贴，都意味着实际收入的增加，因而经济状况都较以前有所改变。

然而，财政补贴与社会保障支出作为转移性支出的两种形式，又有明显差别。这种差别主要表现在与相对价格的关系上。财政补贴总是与相对价格的变动联系在一起的，或是补贴引起价格变动；或是价格变动导致财政补贴。因为有这种关系，很多人索性就把财政补贴称为价格补贴或财政价格补贴。社会保障支出则与产品和劳务的价格不发生直接联系，人们获得社会保障收入后若用于购买，可能会使购买商品的价格发生变动，但这种变动既不确定，又是间接的。因为与相对价格结构有直接联系，财政补贴便具有改变资源配置结构、供给结构与需求结构的影响，而社会保障支出则很少有这种影响。

财政补贴的历史并不长，从世界范围来看，它形成于第二次世界大战期间，发展于第二次世界大战之后，真正大规模使用只是最近几十年的事情。目前，财政补贴在大多数国家财政中占有重要地位，各国都利用它实现一定的政治和经济目的，财政补贴因此成为一个影响政治、经济生活的重要因素。

财政补贴较之其他财政分配形式和经济杠杆有如下特征。

① 政策性。由于财政补贴的依据是政府在一定时期的政策目标，财政补贴由财政部门统一管理，并随着国家政治经济形势的变化而修正、调整和更新。因此，财政补贴具有很强

的政策性。

② 可控性。财政补贴补给谁、补贴多少、在哪个环节补、何时取消补贴等具体内容，都是由财政部门根据政府政策的需要来决定的。因此，财政补贴是政府可以直接控制的经济杠杆，具有可控性。

③ 灵活性。财政补贴杠杆作用的对象和范围、作用的效果及要达到的目标，都由财政部门根据形势的变化和政府政策的需要，适时地修正、调整和更新。因此它在调节经济、协调各方面经济关系时，比价格、税收等经济杠杆的作用来得直接、迅速。

2. 财政补贴的种类

财政补贴是世界各国政府财政活动的重要内容之一，其项目和种类繁多。根据不同需要，按照不同的标准，可以进行不同的分类。

1）按照财政补贴的项目划分

（1）价格补贴

价格补贴是指由于国家价格政策造成的价格扭曲给生产经营者带来损失而给予的财政补贴。它是我国财政补贴的主要内容，价格补贴政策的实施目的在于稳定价格、调节供求关系、平衡生产者和消费者利益。价格补贴在财政补贴中所占的比例最大，而在价格补贴中，最主要的内容通常是农副产品的价格补贴。

（2）企业亏损补贴

企业亏损补贴是指国家财政在国有企业发生亏损时，为了维持企业的生存而给予的补贴。这种补贴要列入国家计划，并且仅限于国有企业。企业亏损补贴分为政策性亏损补贴和经营性亏损补贴。政策性亏损补贴是指国家给予因贯彻国家政策而造成亏损的国有企业的补贴。经营性亏损补贴是指国家给予因经营管理不善而造成亏损的国有企业的补贴。一般来说，国家对经营性亏损原则上不予补贴，只对政策性亏损进行补贴。但对一些生产急需产品和重要产品的国有企业，经国家财政部门审批后，可给予暂时性的补贴。

（3）财政贴息

财政贴息是国家对企业的某些用于规定用途的银行贷款，就其支付的贷款利息提供的补贴。实质上是财政替企业向银行支付利息，是国家财政应用金融手段对重点企业或项目给予的扶持。它包括全额补贴和差额补贴。财政贴息的目的是为了促进企业进行技术改造、发展优质名牌产品、新技术的推广等。

（4）进出口补贴

进口补贴是国家为体现产业政策，给予进口急需产品进口商的一种补贴；出口补贴是国家为降低出口商品的成本和价格，提高商品在国际市场上的竞争力，给予出口商和出口商品生产者的补贴。

（5）公用事业补贴

公用事业补贴是指包括公共交通、燃气、自来水等在内的公益事业，当国家规定的收费标准低于成本时给予的财政补贴。这类补贴由地方财政管理，其补贴的数额没有包括在国家统计局的价格补贴数额内。

2）按照财政补贴的透明度划分

（1）明补

所谓明补，就是指政府以现金形式直接将财政补贴给予最终接受补贴者的经济行为。其直接效果是增加受补贴者的收入。明补一般有两种标准：一种是希克斯标准，即在价格发生变动后，补贴将使价格变动前后消费者的效用水平不变；另一种是斯拉茨基标准，即价格发生变动后，补贴使消费者能够买到原有的商品组合。

不论是何种标准，实行明补的直接效应都是使受补贴者收入增加，表现在预算曲线上就是预算曲线的平等上移。如图 9-1 和 9-2 所示，在以 X、Y 两种商品数量为横、纵轴的坐标系内，AB 线为补贴前的预算曲线；A 点代表全部收入都用作购买 Y 商品时，能购得的 Y 商品的数量（收入/Y 商品价格）；B 点则表示全部收入用于购买 X 商品的数量（收入/X 商品价格）。预算曲线的斜率为

$$\frac{OA}{OB}=\frac{（收入/\text{Y 商品价格}）}{（收入/\text{X 商品的价格}）}=P_X/P_Y$$

即 X、Y 商品的相对价格。实行明补后，两商品相对价格不变，即斜率不变，但全部收入用作购买 X 或 Y 商品时，数量均增加了。因此，补贴后的预算曲线 CD 是与 AB 线平行的、更远离原点的直线。在坐标系中加上效用曲线可以粗略地看到，由于补贴的作用，受补贴者的效用水平提高。

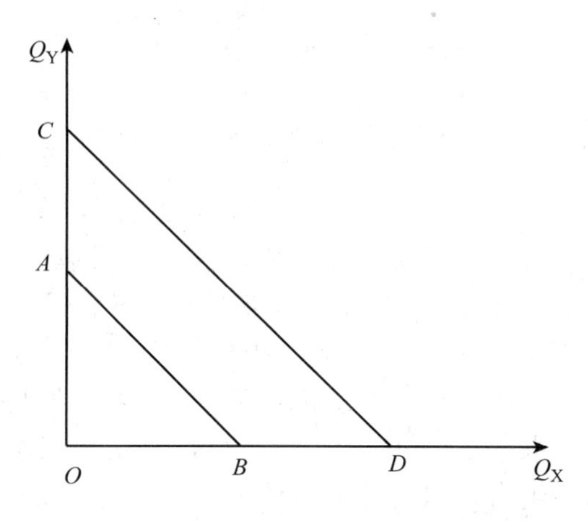

图 9-1　明补对受补者预算曲线的影响

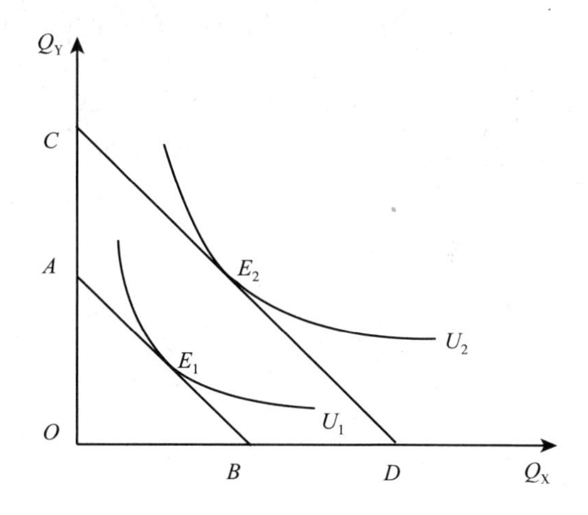

图 9-2　明补对受补者效用的提高

希克斯标准和斯拉茨基标准不仅将明补标准与补贴前（价格变动后）比较，而且将价格变动前的受补贴者效用也考虑在内。采取不同的明补标准将会有不同的结果。

① 采用希克斯标准。如图 9-3 所示，假定补贴前的预算曲线为 AB，与效用曲线 U_1 相切于均衡点 E_1。若 Y 商品价格由于某种原因而提高，预算曲线向内侧旋转为 AC，均衡点变为 E_2，效用水平下降为 U_2。为了不使人们福利下降，政府在 Y 商品提价后实行明补，以希克斯标准，预算曲线将以 AC 为基准向外平移，直至与 U_1（价格变动前效用水平）相切，均衡点为 E_3，DF 为新的预算曲线。

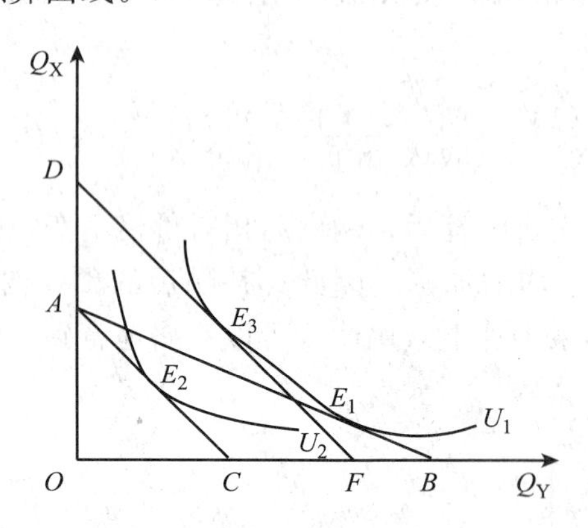

图 9-3 受补贴者效用提高：希克斯标准

② 采用斯拉茨基标准。如图 9-4 所示，与上述假定相同，AB 为原预算曲线，AC 为 Y 商品提价后的预算曲线，价格上升使人们的效用水平从 U_1 下降到 U_2。在斯拉茨基标准下，预算曲线从 AC 平行外移直至通过原有商品组合点 E_1，新的预算曲线为 $D'F'$。由于 $D'F'$ 平行于 AC，而 AC 与 AB 相交，因此 $D'F'$ 与 AB 相交，又 AB 与 U_1 相切，$D'F'$ 必然与 U_1 相交，由此可以得出两个具有经济学意义的结论：第一，U_1 与预算曲线 $D'F'$ 相交，则 U_1 并非最高效用水平，存在效用水平 U_3（大于 U_1）与 $D'F'$ 相切，即采用斯拉茨基标准，尽管受补贴者可以购买到原有商品组合，但他会进行调整（至 E_3），以实现更高效用水平；第二，比较 AB 与 $D'F'$，AB 与 U_1 相切，$D'F'$ 与 U_1 相交，由效用曲线凸向原点的性质可知，AB 代表的收入水平必然低于 $D'F'$，即采用斯拉茨基标准，政府的财政补贴支出将更高。

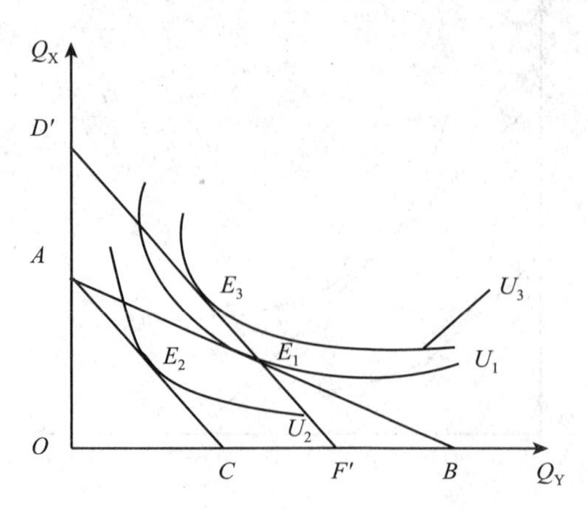

图 9-4 受补贴者效用提高：斯拉茨基标准

在实践中，斯拉茨基标准应用更为广泛。虽然它意味着较高的补贴支出，但希克斯标准涉及的效用曲线，过于抽象，难以确定补贴的量。从另一角度看，政府采用斯拉茨标准所提高的财政补贴支出，并非完全的效率损失。

（2）暗补

这是与明补相对的另一种补贴形式。所谓暗补，就是政府将补贴给予向最终消费者提供商品或劳务的经营者，从而降低商品和劳务的价格，提高最终消费者的福利水平。暗补的直接结果是降低商品和劳务的价格。在图9-5中，假定最终受补贴者的预算曲线AB，与效用曲线U_1相切于E_1，政府给予X产品的提供者财政补贴，则X产品的价格下降，同样的收入用于购买产品，补贴后可以购买的数量增加了，预算曲线变为AC，AC与效用曲线相切于E_2。比较U_1与U_2可见，政府补贴提高了人们福利。

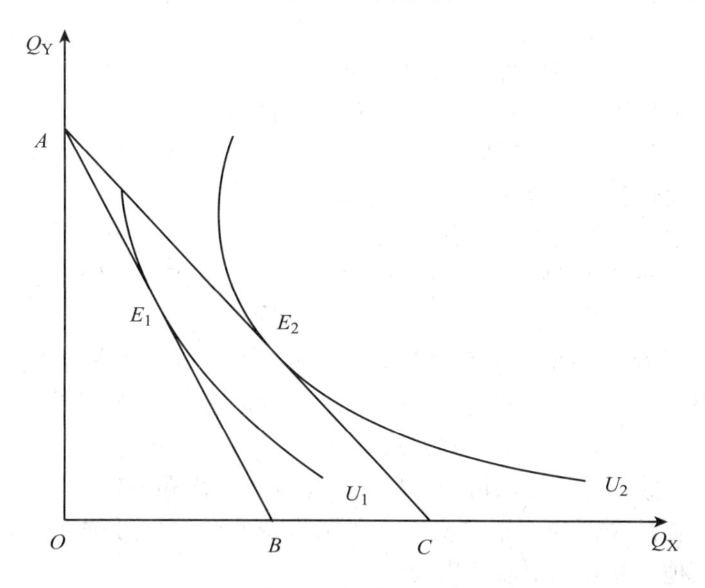

图9-5 暗补对受补贴者效用的提高

与明补相比，暗补有以下几个特点。

第一，暗补改变了市场相对价格。明补是通过提高补贴者收入而不改变相对价格的基础上实现，而暗补是通过降低商品和劳务的价格，改变相对价格来实现的。虽然暗补和明补都表现为受补贴者福利水平的提高，但是一般说来相对价格变动会产生效率损失。

第二，暗补比明补显示更多的分配不公平。明补表现为受补贴者现金收入的提高，在相对价格不变和消费者偏好相同的条件下，同等现金补贴收入，表现为同等的购买力，体现在数量相同的商品量上，显示了公平的一面。但暗补表现为市场价格的相对变动，同一商品得到的暗补越多，其相对价格表现为越低，受补贴者消费该商品的数量越多，其享受的补贴就越多，体现了补贴者最终取得补贴好处的差异，显示了非公平的一面。

第三，暗补的针对性强。人们消费的商品五花八门，明补增加了人们的收入，根据不同的偏好，有可能人们增加消费量的商品并非政府想补贴的商品，补贴易流失。暗补则是针对某一商品或劳务的经营者，不易流失到其他商品。

由此可见，暗补的关键是影响相对价格，使暗补较明补会产生价格扭曲、效率损失，但这并不能说明暗补劣于明补，它在针对性与操作难易程度方面仍优于明补，因此这两种基本补贴方式应当因地制宜地使用，才能取得良好的效果。

3）其他划分方式

（1）按照财政补贴的对象划分

① 对生产者的补贴。对生产者的补贴是指在自然资源条件变化和生产资料提价使生产企业盈利减少或出现亏损时，国家给予受影响企业的补贴。这种补贴的目的是为了既保证企业的合理盈利水平，又保持物价的稳定。

② 对商业企业的补贴。对商业企业的补贴是指为了促进工农业生产的发展，国家提高了部分工业品的出厂价和部分农产品的收购价格，但为了稳定生产和物价，安定人民生活，其销售价格不变。这样，进价大于销价的差价亏损由国家给予补贴。这些补贴有的给予了批发企业，有的给予了零售企业。

③ 对消费者的补贴。对消费者的补贴是指由于商品价格发生变动，国家给予消费者的补贴。这种补贴有两种形式：一种是由于消费品价格提高，职工工资未动，国家为了保证职工实际生活水平不下降，定期给予职工生活补贴；另一种是当价格变动时，国家不直接将补贴发给职工，而是通过补贴经营企业，来控制物价的上涨。

（2）推动按照财政补贴的内容划分

① 现金补贴。现金补贴是指国家以发放现金的形式直接支付给接受补贴者，使接受补贴者得到工资以外的额外收入。

② 实物补贴。实物补贴是指国家按低于产品成本或微利的价格向企业和个人提供产品，而企业的亏损由财政给予补贴。购买低价产品的企业和个人是补贴的受益者。

（3）按照财政补贴列收列支的不同方法划分

按照财政补贴外收列支的方法可分为财政直接列入支出和冲减财政收入两种方法。世界大多数国家将财政补贴全部列入财政支出，我国将企业政策性亏损补贴以冲减收入方法处理，除此以外的其他补贴才在财政支出列支。

3. 财政补贴的经济影响

1）财政补贴的积极作用

财政补贴作为政府调控经济的重要手段之一，在各个方面影响着整个经济的发展。

（1）促进产业结构调整，优化资源配置

市场经济的首要功能是有效地进行资源配置，即对资源配置起着基础性的作用。但市场经济天然存在着重市场公平、轻社会公平，重经济效益、轻社会效益等固有缺陷。如果这种缺陷不能得到有效的抑制，将可能引起严重的社会经济问题。因此，作为宏观调控主体的国家，有必要运用调节手段，对资源配置发挥调节作用，以纠正市场经济的缺陷。财政补贴是国家调节经济活动的杠杆之一，通过是否补贴、补贴方式的选择、补贴数量的多少来改变相对价格体系，充分发挥其收入效应和替代效应，以引导生产和消费。这可以弥补市场缺陷，优化资源配置。

在现实经济生活中，企业生产和经营关系到国计民生的产品，有些只能采取保本微利的经营方针，企业由此会产生亏损。但从全局出发，又必须允许这类企业亏损存在，并对亏损进行补偿，以保证企业利益不致损害，这就是财政的政策性亏损补贴。另外，为鼓励企业投资国家急需发展的产业，如交通、能源、基础设施、高新技术等，国家通过向其提供财政贴息和各种税收优惠，则能引导资源向符合国家产业政策的方向流动，贯彻国家的产业政策和技术政策，促进产业结构调整和技术进步，从而有利于资源的优化配置。例如，1998年至今，各级政府共对880个民品技术改造项目进行了财政贴息，带动了更多的银行配套贷款，实施了一大批技术改造、高科技产业化和装备的进口替代，有力地推动了国有大中型企业的技术改造和产业结构升级。

（2）对外贸易增长，增进技术交流和合作

一个国家的进出口贸易离不开财政补贴的大力扶持。许多国家为了提高本国产品的竞争能力，占领国际市场，纷纷采用财政补贴方式，如出口补贴、低息贷款、提供低价运输条件以促进出口的同时，对本国急需的产品和先进技术采用进口补贴、税收支出等方式加以引导，以促进本国经济的发展。财政补贴对国际价格分配的调整由汇率政策也能实现，但汇率政策“牵一发而动全身”，将影响所有进出口商品以至资本项目等各个方面，财政补贴则可针对部分商品，更适合于日常的微调。

例如前几年，为减轻东南亚金融危机对我国出口的不利影响，我国政府采用了连续提高主要出口产品（如机械、电子、纺织品等）的增值税退税率的补贴措施，最高退税率由9%、14%提高至17%，降低了出口的成本，极大地提高了出口企业的积极性，这对带动国内经济的发展起到了重要的作用。

（3）财政补贴对总需求的影响

在经典的西方经济学理论中，总需求的扩张对于社会经济的发展有着巨大的推动力，它由四部分组成：消费、投资、政府支出和净出口。财政补贴给予消费者，将转化为消费和储蓄，由于财政补贴的项目与基本生活需要关系密切，因此转化为消费的部分不容忽视；财政补贴给予生产者，一般都会引起投资的增加，若针对出口企业，则有利于净出口的增加；财政补贴对政府购买支出的效应与以上三者相反，它将引起对政府购买支出的挤出，特别是在政府可以运用的资金总量一定的情况下。总的说来，财政补贴对于总需求的影响是刺激总需求的扩张。

（4）财政补贴对社会公平与稳定的影响

财政补贴一般针对扭曲的社会价格体系。这种价格体系往往会造成社会财富在市场交易者之间的不公平分配，一方取得了额外收益，另一方则受到了损害。财政补贴通过对某些特定的社会成员和产品提供补助，充分发挥其收入效应和替代效应，增加社会成员的收入或降低某些产品的价格，以达到提高人民生活水平的目的。特别是物价补贴中的粮油价格补贴、肉食品价格补贴和平抑物价补贴，对保证人民生活安定起到了积极的作用。值得一提的是，在2003年的SARS危机中，为了稳定市场，中央政府和地方政府对交通业、餐饮业、旅游业等受严重冲击的行业实施了相应的补贴和优惠政策，这些措施对稳定社会和经济秩序发挥了积极作用。

从以上分析可见，合理的财政补贴将有利于完善的价格体系的形成，协调社会收入分配，刺激社会总需求，维持社会稳定。但值得注意的是，运用财政补贴必须控制好“度”，才能对经济产生有利的影响。

2）财政补贴的负面效应

值得注意的是，既然财政补贴是调节手段，那么它在市场经济条件下对资源配置应起辅助性作用。也就是说，财政补贴功能的发挥，不应扭曲价格，破坏市场配置资源的基础作用，否则也会对国民经济造成消极影响，其表现如下。

（1）扭曲价格体系，影响价格调节作用的发挥

价格作为经济杠杆在经济活动中起着不可忽视的作用。合理的价格是通过市场化价格机制来实现的。财政补贴改变了相对价格体系，掩盖了商品的真实价值。价格背离价值，使价格杠杆固有的调节经济、引导竞争、资源配置等功能受到了一定程度的限制，这就违背了市场经济的运行机制。由于补贴是在价格之外对商品价格低于价值的部分进行补偿，这样就掩盖了补贴商品的真实成本、价值及其相关商品的比价关系。如果长期、过度的补贴，将造成不合理价格体系的进一步扭曲，使价格信号失真，并造成整个价格体系的紊乱和商品供求关系的结构性矛盾。

（2）企业的预算约束软化

大量的企业亏损补贴使企业的预算约束软化，甚至还可能造成以政策性亏损掩盖经营性亏损，使经营管理不善合法化，这不利于准确考核企业的经济效益，不利于改善企业经营管理，也不利于市场条件下优胜劣汰机制作用的发挥。另外，财政补贴在很大程度上扭曲了成本、销售和利润的相互关系，导致企业经营成果无法反映企业的主观努力，影响企业间的公平竞争。

（3）加重了财政负担

适当的财政补贴是必要的，但若超过财政承受能力，会影响到国民经济健康、稳定的发展。财政补贴过多过滥，首先削弱了财力，降低了国家宏观调控能力；其次，挤占经济建设支出和其他支出；再者，财政补贴刚性强，难以压缩，会导致赤字增加，引发通货膨胀。

鉴于上述消极作用，世界各国都对财政补贴采取谨慎的态度，尽量避免和减少其负面效应。财政补贴是一种特殊的分配形式，同时又是政府进行经济调节的杠杆。目前，世界上80％以上的国家都利用财政补贴来实现一定的政治、经济目标，财政补贴成为一种世界性的经济现象。

4. 我国财政补贴改革

1）我国财政补贴的发展过程

我国从1953年开始实行财政补贴，当时只对棉絮一种商品经营补贴5 000万元，以促进生产和商品流通，稳定物价，避免调价引起连锁反应。从1958年起，财政对各地“五小企业”的生产经营亏损给予补贴。这是企业亏损补贴的开端。20世纪60年代初期，由于连续几年的自然灾害和经济建设指导思想出现的某些失误，我国粮食生产受到很大影响。为了调动农民生产的积极性，1961年全国农副产品收购价格提高了27％，而销售价格基本未动。为此，财政给予国营商业企业20亿元的价格补贴。1966年国家为了缩小工农业产品价格剪刀差，再次提高粮食收购价格，也相应提高了销售价格，财政同时给每个职工发放了粮食补贴。这段时期内，财政补贴广泛推行，补贴的范围由最初的流通领域扩大到生产领域，由消费资料扩大到生产资料，补贴数额也大幅度增加。改革开放以后，由于进行了价格体制的改革，国家为了不影响城乡居民的实际生活水平和配套改革的顺利进行，采取了增加财政补贴的政策，每年财政补贴数额高达近千亿元。它对价格的形成、资源的配置、社会总供给和总需求的平衡影响很大。其中，在1978—1989年这一阶段，财政补贴属于暴涨期，不仅补贴总额由1978年的11.14亿元上涨到1989年的972.43亿元，增速惊人，而且财政补贴占财政支出的比例也由1978年的0.99％增至1989年的28.41％。1990年以后，国家认识到财政补贴问题的严重性，理论界和实际部门都加强了对财政补贴问题的研究，财政补贴猛涨的势

头得到了控制，但仍然保持在很高的水平，成为财政的一个沉重包袱。从1990年到2005年，财政补贴的相对规模逐渐下降并日趋稳定，2005年这一比例降至3.49%，与1990年相比，下降了22.71个百分点，但是我国财政补贴总体规模仍然过大，已经成为国家财政的负担，严重束缚了财政支出结构的优化。表8-1为我国近年的财政补贴情况。

表8-1 我国近年的财政补贴情况

亿元

年份	物价补贴	同比增长/%	企业亏损补贴	同比增长/%	补贴合计	财政支出	补贴合计占财政总支出的比例/%
1978	11.14				11.14	1 122.09	0.99
1980	117.71	956.64			117.71	1 228.83	9.58
1985	261.79	122.40	507.02		768.81	2 004.25	30.61
1989	373.55	42.69	598.88	18.12	972.43	2 823.78	28.41
1990	380.8	1.94	578.88	−3.34	959.68	3 083.59	26.20
1991	373.77	−1.85	510.24	−11.86	884.01	3 386.62	22.69
1992	321.64	−13.95	444.96	−12.79	766.60	3 742.20	18.31
1993	299.3	−6.95	411.29	−7.57	710.59	4 642.30	14.06
1994	314.47	5.07	366.22	−10.96	680.69	5 792.62	11.05
1995	364.89	16.03	327.77	−10.50	692.66	6 823.72	9.69
1996	453.91	24.40	337.4	2.94	791.31	7 937.55	9.56
1997	551.96	21.60	368.49	9.21	920.45	9 233.56	9.59
1998	712.12	29.02	333.49	−9.50	1045.61	10 798.18	9.39
1999	697.64	−2.03	290.03	−13.03	987.67	13 187.67	7.33
2000	1042.28	49.40	278.78	−3.88	1321.06	15 886.50	8.17
2001	741.51	−28.86	300.04	7.63	1041.55	18 902.58	5.42
2002	645.07	−13.01	259.6	−13.48	904.67	22 053.15	4.05
2003	617.28	−4.31	226.38	−12.80	843.66	24 649.95	3.39
2004	795.8	28.92	217.93	−3.73	1013.73	28 486.89	3.53
2005	998.47	25.47	193.26	−11.32	1191.73	33 930.28	3.49

注：由于企业亏损补贴作冲减财政收入处理，所以补贴合计占财政总支出百分比根据以下公式计算：补贴合计占财政总支出百分比=补贴合计/（财政支出+企业亏损补贴）。

资料来源：国家统计局网站.

2）我国财政补贴出现的问题

我国财政补贴出现的问题主要表现在以下几个方面。

（1）财政补贴总体规模过大

1978年，我国的财政补贴总额为11.14亿元，2000年则上升到1 321.06亿元，22年间增加了117.59倍。从价格补贴来看，1978年只有11.14亿元，占全国财政总支出的比例为0.99%。在这之后，价格补贴逐年增加，2000年价格补贴的绝对值达到最高，为1 042.28亿元，占全国财政总支出的比例高达8.17%。虽然我国政府自1990年开始主动压缩价格补贴，占全国财政总支出的比例在逐步下降，但价格补贴绝对规模仍然居高不下。与此同时，企业亏损补贴则经历了一个先增后减的过程，从 1985 年的 507.02 亿元到 1989 年达到了最高值 598.88 亿元，此后逐步减少至 2005 年的 193.26 亿元，这实际上也反映了我国市场化取向的企业改革取得了很大的成功，企业基本成为自主经营、自负盈亏的市场主体。全国财政补贴居高不下，一定程度上使得财政收支失衡，财政赤字难以减少，财政补贴成为财政的沉重包袱，在一定程度上影响了经济的发展。

（2）财政补贴范围过宽、渠道过多

在我国，无论是生产、流通还是消费，各个环节都存在大量名目繁多的财政补贴，光是价格补贴，列入国家预算的就有 27 项之多。除了中央规定的财政补贴之外，各级地方政府还自行出台了许多补贴项目。这样，企业和个人可以同时获得多种补贴，而财政因此背上了沉重的包袱。

（3）财政补贴福利化、刚性化

我国的财政补贴大多数适用于城镇，只有城镇居民才能享受，是城镇居民福利的重要组成部分，由此使城乡之间的利益差别扩大。另外，我国财政补贴的刚性特征显著，主要表现在补贴项目有增无减、补贴标准只升不降等方面。刚性化使得财政补贴削减难度加大，政府的宏观调控能力也受到影响。

（4）财政补贴监督管理不力

我国财政补贴监督管理较为混乱，挤占、挪用补贴的情况屡见不鲜，降低了财政补贴的使用效率。随着经济体制改革的逐步深化，尤其是市场价格体系的日臻完善，现行财政补贴制度已不能适应市场经济发展的需要，必须进行改革和整顿。

3）我国现阶段财政补贴的改革

针对现行补贴制度中存在的诸多问题，根据市场经济应遵循的基本原则，改革财政补贴的基本思路是：减少补贴项目，压缩补贴规模，规范补贴方式，提高补贴效益。

财政补贴的范围应限定在市场机制不能充分发挥作用的领域，其中包括：社会效益大而自身微观经济效益小的项目和产品，如军工、航天、节能、节水、环境治理与保护等；仍由国家价格管制的关系国计民生的重要产品和劳务，如石油、煤炭和城市供水、供电、供气、公共交通等；在市场竞争中处于不利地位的弱势产业和市场风险程度较高的高新技术产业，等等。财政补贴的规模控制应遵循 3 条原则：一是要以不影响市场机制在全社会资源配置中发挥基础性作用为限度；二是要以不影响财政收支平衡、不加剧财政困难为限度；三是要以不挤占其他财政支出、不妨碍财政整体职能的发挥为限度。

我国现阶段财政补贴的具体改革措施如下。

第一，改变农业补贴的环节与方式，真正建立起有利于促进农产品供给增长的农业补贴政策。农业是自然风险和市场风险都很大的产业部门，农产品具有不可替代的特征，但是其生产和消费的价格弹性很小，所以农产品是一种特殊的商品。政府运用财政补贴调节农业生产和流通，可以提高农业筹资能力，降低农业生产成本，保持农产品供给的稳定性，并使价格水平保持合理。但是要取消粮食和相关商业企业的亏损补贴，取消粮食“三挂钩”补贴及各种农产品加价补贴，使农业补贴由现行的流通环节和消费环节重点转移到生产环节。将实施上述措施节省下来的补贴款建立起一种新的补贴制度，通过粮食直补、农业贷款贴息、最低保护价、国家储备等方式，更加直接、有效地扶持农业生产。

第二，削弱、归并对城市居民的有关福利性补贴，规范职工收入分配。为配合价格改革，1985年以后，财政先后对城镇居民或职工个人发放了肉食、副食品、粮食等价格补贴。这类补贴基本上都随工资直接发放给个人，已成为职工收入的重要组成部分。为了理顺分配关系，更好地贯彻按劳分配原则，应将这部分“明补”改为工资。今后农产品销售价格提高一般不再对居民普遍补贴，而重点放在对城市低收入者的生活补助上。

第三，改进公用事业补贴方式，提高补贴的效率。我国现有大多数城市公用事业都是靠财政补贴维持，每年补贴额高达数十亿元，既不利于公用事业的健康发展，又给财政带来了沉重的负担。在今后的改革中，一方面，公共事业应坚持保本微利的原则，以向社会收取适当服务费的方式，满足其经营开支需要；另一方面，政府要加强对其收费标准和收费使用情况的监督，切实维护公共的权益。对少数难以靠收费维持收支平衡的公用事业，如环保、公共交通等，财政仍予以适当的补贴，但补贴的提供不能沿用由财政全部包下来的老办法，而改用招标的方式。例如，城市公共交通可由财政提出一个固定补贴数额向社会招标，中标者在固定的补贴数额内承包该项服务。这既有利于控制补贴规模，又有利于提高补贴的效益。

第四，取消大部分国有企业的亏损补贴，推进企业改革的进程。工业企业政策性亏损补贴基本上都是由于产品价格不合理、销售收入不足以抵补生产成本造成的。目前，工业产品的价格绝大部分都已放开，价格关系基本理顺，因此今后财政只应对军工、航天等负有特殊使命的国有企业及因执行国家有关政策而导致亏损的企业给予适当补贴，其他工业企业的亏损补贴都应予以取消。与此同时，随着国内市场价格体系的进一步完善和人民币汇率逐步实行市场化，以及全面推行进口代理制，外贸企业进口商品的亏损补贴原则上也可以取消。

第五，增加财政对科研的补贴，调动企业研究开发的积极性。由于知识的外部性和研究开发投资存在巨大风险，企业的研究开发热情不高，在我国这一情况尤其严重，国家有必要增加财政补贴，引导企业从事研究开发。可以采取的措施有：加大企业所得税扣除比例，加大对企业技术改造贷款的贴息力度，由政府出资对部分项目进行前期开发等。

第六，运用财政补贴加强环境保护。环境问题是当今世界全人类面临的挑战性问题，它关系到人类的生存和发展。欧盟针对环境保护专门调整了财政补贴政策。我国在经济高速发展的同时，也应加强环境保护的工作力度，近年相继发生在松花江、四川沱江和无锡太湖的重特大环境污染事件，就是对我国的环境保护工作敲响了警钟。环保工作极强的外部性决定了财政政策的有效性，而财政补贴是各项财政手段中的首选政策。

9.3　税收支出

除前文讲述的直接的转移性公共支出之外，还有一种间接的公共支出越来越引起人们的关注，这就是税收支出（Tax Expenditure），即政府不通过预算对当事人进行转移支付，而是通过税收的扣除、抵免或不予计列等方式来减少当事人的税收负担，达到与转移支付同样的目的。迄今为止，大多数对于公共支出的研究是在传统的或直接的意义上进行的，但这完全不能说明税收支出的研究并不重要。而且，随着最优税收理论的新发展，把公共支出和税收结合起来分析公共财政政策的效果已成为一个新的研究方向。

1. 税收支出的性质

1973年，美国财政部部长助理、哈佛大学教授萨里（S. Surrey）在其所著的《税收改革之途径》一书中，正式使用“税收支出”一词。在萨里等学者看来，美国的所得税制，实际上是由不同的甚至是矛盾的两部分构成：一部分称为正规的（或基本的、广为接受的）税制结构，包括完善和严密的对净所得进行课税的各项法规，它们明确了税基、税率、纳税人、纳税期限及对各类经济实体的税收待遇等，以便有效地取得收入；另一部分则是一些特殊的条款，它们是政府出于引导、扶持某些经济活动，刺激投资意愿或补助某些财务困难的集团而制定的各种税收优待措施。其目的不在于取得收入而是为了实现上述目标。这些与正规税制结构相背离的特殊减免条款项目，就构成了“税收支出体系”。

此后，西方各国在官方文件中相继引进了这一概念。当然，在不同的国家和同一国家的不同时期，税收支出概念的表达方式不尽相同。美国和前联邦德国从税收收入的损失这一角度出发，把税收支出定义为：联邦税法条款所允许的从毛收入中不予计列、豁免、扣除、特别抵免、优惠税率、纳税义务延期等形成的收入损失。有的国家则强调以是否减轻了纳税人的税负来定义税收支出，法国将税收支出定义为：税收制度的任何立法或行政措施所规定的优惠项目，只要减少了国家的税收收入，并减轻了纳税人税收负担（与法国税法一般原则所规定的税负相比），就可以视其为税收支出。有的国家则是与直接支出相比较来定义，澳大利亚把税收支出定义为：原则上可以由直接支出代替的那些特殊的税收立法。纵观世界各国对税收支出的定义可以看出，税收支出无非是政府以特殊的法律条款规定的、给予特定类型的活动或纳税人以各种税收优惠待遇而形成的收入损失或放弃的收入。可见，税收支出是政府的一种间接性支出，属于财政补贴性支出。

从税收支出发挥的作用来看，它可以分为照顾性税收支出和刺激性税收支出。或者说，尽管它们都具有财政补贴性质，但所发挥的作用有所不同。

照顾性税收支出主要是针对纳税人由于客观原因在生产经营上发生临时困难而无力纳税所采取的照顾性措施。例如，企业由于受到扭曲价格等因素的干扰，造成政策性亏损，或纳税人由于自然灾害造成暂时性的财务困难，政府除了用预算手段直接给予财政补贴外，还可以采取税收支出的办法，减少或免除这类纳税人的纳税义务。由此可见，这类税收支出明显带有财政补贴性质，目的在于扶植国家希望发展的亏损或微利企业，以求国民经济各部门的发展保持基本平衡。

刺激性税收支出主要是指用来改善资源配置、提高经济效率的特殊减免规定，主要目的在于正确引导产业结构、产品结构、进出口结构及市场供求，促进纳税人开发新产品、新技术，以及积极安排劳动就业等。这类税收支出是税收优惠政策的主要方面，税收调节经济的杠杆作用也主要表现于此。刺激性税收支出又可以分为两类：一是针对特定纳税人的税收支出；二是针对特定课税对象的税收支出。前者主要是那些享受税收支出的特定纳税人，不论其经营业务的性质如何，都可以依法得到优惠照顾；而后者则主要是从行业产品的性质来考虑，不论经营者是什么性质的纳税人，都可以享受优惠待遇。

2. 税收支出的主要工具

尽管各国对税收支出已规定出明确的定义，但在实践中，真正把税收支出项目与正规的税制结构截然区别开来，并非易事。许多国家一般把直接支出作为区分标准：如果能用直接支出替代的减免项目就列为税收支出；否则，就不能算作税收支出。例如，根据所得税制的构成原则，本不属于课税范围的一些扣除和减免项目，如个人生活费用的扣除、为取得所得而支出的成本扣除等，就不能列为税收支出的范围。

具体确定税收支出项目虽然困难重重，但还是有一定规律可循。就刺激经济活动和调节社会生活的税收支出而言，其一般形式大致有：税收豁免、税收扣除、税收抵免、优惠税率、延期纳税、盈亏相抵等。

(1) 税收豁免

税收豁免是指在一定期间内，对纳税人的某些所得项目或所得来源不予课税，或对某些活动不列入课税范围等，以豁免其税收负担。至于豁免期和豁免税收项目，应视当时的经济环境和政策而定。最常见的税收豁免项目有两类：一类是免除关税和货物税；另一类是免除所得税。免除关税和货物税，可使企业降低固定成本，增强企业在国内外市场的竞争力。至于免除所得税，一方面可以增加新投资的利润，使企业更快地收回所投资本，减少投资风险，以刺激投资；另一方面可以促进社会政策的顺利实施，以稳定社会正常生活秩序，如对慈善机构、宗教团体等的收入不予课税。

(2) 税收扣除

税收扣除是指准许企业把一些合乎规定的特殊支出，以一定的比例从应税所得中扣除，以减轻其税负。换言之，税收扣除是指在计算应课税所得时，从毛所得额中扣除一定数额或以一定比例扣除，以减少纳税人的应课税所得额。在累进税制下，纳税人的所得额越高，这种扣除的实际价值就越大。因为一方面，这些国家的纳税扣除是按照纳税人的总所得以一定百分比扣除，这样在扣除比例一定的情况下，纳税人的所得额越大其扣除金额越多；另一方面，就某些纳税人来说，由于在其总所得中扣除了一部分数额，使得原较高税率档次降低到低一级或低几级的税率档次，这等于降低了这部分纳税人的课征税率。

(3) 税收抵免

税收抵免是指允许纳税人从其某种合乎奖励规定的支出中，以一定比例从其应纳税额中扣除，以减轻其税负。对于这种从应纳税额中扣除的数额，税务当局可能允许也可能不允许超过应纳税额。在后一种情况下，它被称为“有剩余的抵免”；在前一种场合，就称为“没有剩余的抵免”。在西方国家，税收抵免的形式多种多样，其中最主要的有两种形式，即投资抵免和国外税收抵免。

投资抵免因其性质类似于政府对私人投资的一种补助，故也称为投资津贴。其大概意义是指，政府规定凡对可折旧性资产投资者，可由当年应付公司所得税税额中，扣除相当于新投资设备某一比例的税额，以减轻其税负，借以促进资本形成并增强经济增长的潜力。投资抵免是鼓励投资以刺激经济增长的行之有效的短期税收措施。

国外税收抵免是指常见国际税收业务中，即纳税人在居住国汇总计算国外的收入所得税时，准予扣除其在国外的已纳税款。

国外税收抵免与投资抵免的主要区别在于：前者是为了避免国际双重征税，使纳税人的税收负担公平；后者是为了刺激投资，促进国民经济增长与发展。

(4) 优惠税率

优惠税率是指对合乎规定的企业课以比一般低的税率。其适用的范围可视实际需要而予以伸缩。这种方法既可以是有限期的限制，也可以是长期优待。一般来说，长期优惠税率的鼓励程度大于有限期的优惠税率，尤其是那些需要巨额投资且获利较迟的企业，常可从长期优惠税率中得到较大的利益。在实践中，优惠税率的表现形式很多，如纳税限额即规定总税负的最高限额，事实上就是优惠税率的方式之一。

（5）延期纳税

这种方式也称“税负延迟缴纳”，是允许纳税人对那些合乎规定的税收，延迟缴纳或分期缴纳其应负担的税额。这种方式一般可适用于各种税，且通常都应用于税额较大的税收上。因可延期纳税，纳税人等于得到一笔无息贷款，能在一定程度上帮助纳税人解除财务上的困难。采取这种方法，政府的负担也较轻微，因为政府只是延后收款而已，充其量只是损失一些利息。

（6）盈亏相抵

这种方式是指准许企业以某一年度的亏损，抵消以后年度已纳的部分税款；或是冲抵以前年度的盈余，申请退还其以前年度已缴纳的部分税款。一般而论，抵消或冲抵前后年度的盈余，都有一定的时间限制。例如，美国税法曾规定，前后可以冲抵的时间是前 3 年、后 7 年内。这种方式对具有高度风险的投资有相当大的刺激效果，因为在这种方式下，如果企业发生亏损，按照规定就可以从以前或以后年度的盈余中得到补偿。当然，正因为这种方式是以企业发生亏损为前提，它对于一个从未发生过亏损但利润确实很小的企业来说，没有丝毫鼓励效果；而且，就其应用范围来看，盈亏相抵办法通常只能适用于所得税方面。

（7）加速折旧

加速折旧是指在固定资产使用年限的初期提列较多的折旧。采用这种折旧方法，可以在固定资产的使用年限内早一些得到折旧费和减免税的税款。例如，1954 年美国税法规定，企业可按放宽了的条款来计算折旧费，使企业在一项新的固定资产使用年限的前一半时间内收回的投资，要比按直线法计提折旧时能收回的投资多出近 50%。加速折旧是一种特殊的税收支出形式。虽然它可在固定资产使用年限的初期提列较大的折旧，但由于折旧累计的总额不能超过固定资产的可折旧成本，所以其总折旧额并不会比一般折旧高。折旧是企业的一项费用，折旧额越大，企业的应课税所得越小，税负就越轻。从总数上看，加速折旧并不能减轻企业的税负，政府在税收上似乎也没有损失什么。但是，由于后期企业所提的折旧额大大小于前期，故后期税负较重。对企业来说，虽然总税负未变，但税负前轻后重，有税收递延缴纳之利，与政府给予一笔无息贷款的效果相同；对政府而言，在一定时期内，虽然来自这方面的总税收收入未变，但税收收入前少后多，有收入迟滞之弊，政府损失了一部分收入的“时间价值”。因此，这种方式同延期纳税方式一样，都是税收支出的特殊形式。

（8）退税

退税是指国家按规定对纳税人已纳税款的退还。退税的情况有许多，如多征误征的税款、按规定提取的地方附加、按规定提取代征手续费等方面的退税。这些退税都属于“正规税制结构”范围。作为税收支出形式的退税是指优惠退税，是国家为鼓励纳税人从事或扩大某种经济活动而给予的税款退还。其中包括两种形式：出口退税和再投资退税。出口退税是指为鼓励出口而给予纳税人的税款退还，包括两种：一是退还进口税，即用进口原料或半制成品，加工制成成品后，出口时退还其已缴纳的进口税；二是退还已纳的国内销售税、消费税、增值税等。再投资退税是指为鼓励投资者将分得的利润进行再投资，而退还纳税人再投资部分已纳税款。

【资料链接】

财政部、国家税务总局关于对油（气）田企业生产自用成品油先征后返消费税的通知

各省、自治区、直辖市、计划单列市财政厅（局）、国家税务局，新疆生产建设兵团财务局：

经国务院批准，现对油（气）田企业生产自用成品油先征后返消费税问题通知如下。

一、自2009年1月1日起，对油（气）田企业在开采原油过程中耗用的内购成品油，暂按实际缴纳成品油消费税的税额，全额返还所含消费税。

二、享受税收返还政策的成品油必须同时符合以下三个条件：

（一）由油（气）田企业所隶属的集团公司（总厂）内部的成品油生产企业生产；

（二）从集团公司（总厂）内部购买；

（三）油（气）田企业在地质勘探、钻井作业和开采作业过程中，作为燃料、动力（不含运输）耗用。

三、油（气）田企业所隶属的集团公司（总厂）向财政部驻当地财政监察专员办事处统一申请税收返还。具体退税办法由财政部另行制定。

财政部、国家税务总局关于继续实施小型微利企业所得税优惠政策的通知

各省、自治区、直辖市、计划单列市财政厅（局）、国家税务局、地方税务局，新疆生产建设兵团财务局：

为巩固和扩大应对国际金融危机冲击的成果，发挥小企业在促进经济发展、增加就业等方面的积极作用，经国务院批准，2011年继续实施小型微利企业所得税优惠政策。现将有关政策通知如下。

一、自2011年1月1日至2011年12月31日，对年应纳税所得额低于3万元（含3万元）的小型微利企业，其所得减按50%计入应纳税所得额，按20%的税率缴纳企业所得税。

二、本通知所称小型微利企业，是指符合《中华人民共和国企业所得税法》及其实施条例以及相关税收政策规定的小型微利企业。

财政部、工业和信息化部、海关总署、国家税务总局关于调整大型环保及资源综合利用设备等重大技术装备进口税收政策的通知

各省、自治区、直辖市、计划单列市财政厅（局）、工业和信息化主管部门、国家税务局，新疆生产建设兵团财务局，海关总署广东分署、各直属海关：

按照《财政部 国家发展改革委 工业和信息化部 海关总署 国家税务总局 国家能源局关于调整重大技术装备进口税收政策的通知》（财关税［2009］55号）规定，根据国内相关产业发展情况，在广泛听取有关主管部门、行业协会及企业意见的基础上，经研究决定，对大型环保和资源综合利用设备、应急柴油发电机组、机场行李自动分拣系统、重型模锻液压机及其关键零部件、原材料进口税收政策予以调整，现通知如下：

一、自2010年6月1日起，对符合规定条件的国内企业为生产国家支持发展的大型环保和资源综合利用设备、应急柴油发电机组、机场行李自动分拣系统、重型模锻液压机（见附件1）而确有必要进口部分关键零部件、原材料（见附件2），免征关税和进口环节增值税。

二、自2011年1月1日起，对财关税［2009］55号文件附件《重大技术装备进口税收

政策暂行规定》第三条所列项目和企业进口本通知附件3所列自用设备以及按照合同随上述设备进口的技术及配套件、备件，一律征收进口税收。

三、国内企业申请享受本通知附件1有关领域进口税收优惠政策的，具体申请要求和程序应按照财关税［2009］55号文件有关规定执行。其中，企业在2010年6月1日至12月31日、2011年1月1日至12月31日期间进口规定范围内的零部件、原材料申请享受本进口税收政策的，分别应在2010年10月15日至11月15日、2011年3月1日至3月31日期间按照财关税［2009］55号文件规定的程序提交申请文件。

工业和信息化部或省级工业和信息化主管部门应按照财关税［2009］55号文件规定审查企业的申请文件，申请文件符合规定的，应当予以受理，并向申请企业出具受理证明文件。申请企业凭受理部门出具的证明文件，可向海关申请凭税款担保先予办理有关零部件及原材料放行手续。省级工业和信息化主管部门在2010年10—11月和2011年3月期间受理的申请企业，应在2011年4月15日前一并将申请文件及初审意见汇总上报工业和信息化部。

四、《财政部海关总署国家税务总局关于调整重大技术装备进口税收政策暂行规定有关清单的通知》（财关税［2010］17号）附件1、2、3中“大型高炉余压透平发电装置”更名为“大型高炉煤气余压透平能量回收利用装置”，国内企业申请享受该装备进口税收优惠政策的，具体申请要求和程序比照本通知第三条执行。

财关税［2010］17号文件附件3第十三类“输变电设备”项下“直流输变电设备”包括第1、2、4、5、9条商品；“交流输变电设备”包括第10、11、13、14、15、17、18条商品；“交直流通用输变电设备”包括第3、6、7、8、12、16、19、20、21、22、23、24、26条商品。

附件：1. 大型环保及资源综合利用设备等重大技术装备目录

2. 大型环保及资源综合利用设备等重大技术装备进口关键零部件、原材料商品清单

3. 进口不予免税的部分重大技术装备目录

资料来源：财政部、国税总局网站。

课堂讨论

谈谈对我国当前社会保障体系的看法及改良措施。

本章小结

本章共分3节，8.1节讲述社会保障支出的相关内容。社会保障的需要是随生产的社会化产生和发展的，西方国家的社会保障制度是伴随近代大工业而产生的，最早可以追溯到19世纪70年代末德国俾斯麦政府推行的“普鲁士计划”，到了20世纪30年代，经济大危机已经威胁到资本主义制度的时候，各国纷纷建立社会保障制度。改革开放以后，因为经济发展的需要，我国逐步建立起了以养老保险为核心的社会综合保障体系。社会保障活动内容无论在理论上还是在实践上，都经历了一个不断发展变

化的过程。国际上一般认为，一个国家的社会保障制度至少应包括8项内容：医疗补助、疾病补助、失业补助、老年补助、工伤补助、家庭补助、残疾补助和遗属补助等。上述内容可概括为两大类型：一是社会保险，二是社会福利。从世界各国社会保障的资金来源看，主要是来自两个方面：一是社会保障税；二是财政收入中的转移性支出资金。但对两者的侧重点又有所区别。从总体来看，世界各国多采用征收社会保障税的方式。社会保障的筹资模式大体上有3种：现收现付模式、完全基金模式、部分基金模式。养老保险究竟采取哪一种筹资模式，要根据人口结构、历史情况等因素来确定。我国的养老保险过去一直采用现收现付制，但我国人口结构的老龄化问题迫使我们必须进行改革，以部分基金制为宜。我国的社会保障制度虽然实施多年，保障范围也较广泛，但是存在的问题也较多，建立一个完善的、社会化的社会保障体系是当前改革中一项十分迫切的任务。

8.2节讲述财政补贴的相关内容。20世纪以来，随着政府干预社会经济生活程度的加深，财政补贴开始成为一种全球性的财政经济现象。财政补贴是国家根据一定时期政治和经济发展需要，为执行某些政策对特定的产业、部门、地区、企事业单位、个人或项目给予的特定补助和津贴。财政补贴是财政分配中的一种特殊形式，是国家在经济管理中的一个重要经济杠杆。它通过改变现有产品和生产要素相对价格，可以改变资源配置结构、供给结构和需求结构。财政补贴的内容根据不同需要，可以进行各种不同的分类。我国从1953年开始实行财政补贴，财政补贴以价格补贴和企业亏损补贴为主要项目，且每年反映在国家预算上仅有这两项内容。改革开放以来，我国的财政补贴不断增长和膨胀，已经形成国家财政的沉重负担，因此必须对财政补贴进行改革。改革的基本思路是：减少补贴项目，明确补贴重点，规范补贴方式，提高补贴效率。

8.3节讲述税收支出的主要内容。纵观世界各国对税收支出的定义可以看出，税收支出无非是以特殊的法律条款规定的、给予特定类型的活动或纳税人以各种税收优惠待遇而形成的收入损失或放弃的收入。税收支出的一般形式大致有：税收豁免、纳税扣除、税收抵免、优惠税率、延期纳税、盈亏相抵等。

重要概念

社会保障支出	社会保险	社会福利	社会保险型
社会福利型	普遍津贴型	节俭基金型	现收现付模式
完全基金模式	部分基金模式	财政补贴	明补
暗补	税收支出	税收豁免	纳税扣除
税收抵免	优惠税率	延期纳税	盈亏相抵

思 考 题

1. 社会保障的筹资模式有哪几种？我国养老保险应采取哪种方式？

2. 你认为做实养老保险基金个人账户的意义何在？如何做实？

3. 我国医疗体制改革方案甚多，收效甚微，你认为如何通过完善医疗保险制度来促进医疗体制改革？

4. 什么是财政补贴？试分析财政补贴的经济效应。

5. 分析我国财政补贴的发展状况。我国财政补贴的改革应从哪些方面着手？

6. 当前我国提出“工业反哺农业”的发展战略，着手以财政手段，尤其是财政补贴和税收优惠（税收支出）来解决长期困扰我国的“三农”问题，你认为这项政策是可持续的吗？为什么？

进一步阅读材料

[1] 罗森．财政学．6版．赵志耘，译．北京：中国人民大学出版社，2002.

[2] 郭庆旺，赵志耘．财政学．北京：中国人民大学出版社，2002.

[3] 张馨．构建公共财政框架问题研究．北京：经济科学出版社，2004.

[4] 安秀梅．政府公共支出管理．北京：对外经济贸易大学出版社，2005.

第 10 章

财政收入一般理论

【本章概要】

本章主要对财政收入一般理论作概括性介绍，作为政府干预经济的手段之一，在组织财政收入过程中，它必然要遵循一定的规则，同时也肯定会产生一定的效应。10.1 节的内容就是在介绍这些内容的同时，给出了划分财政收入类别的几种方法；10.2 节的内容主要对财政收入的规模、结构及影响财政收入的因素进行分析。

【学习目标】

◆ 财政收入的含义、财政收入的效应及财政收入的类别；

◆ 财政收入规模的衡量方法；

◆ 财政收入的结构；

◆ 影响财政收入规模的因素。

无论是提供公共品，还是弥补市场经济失灵或者政府失灵，政府在活动过程中必然会消耗一定物质财富。然而，政府不是价值创造者，其完成任务所耗费的价值是通过强制力对社会集中部分财物取得的。本章的主要任务就是简要介绍政府取得这些价值物的一般理论。

10.1 财政收入的原则与类别

1. 财政收入的含义

财政总是与国家和政府联系在一起的。在西方国家，财政收入等同于政府收入，政府运用国家强制力取得的所有收入，都可归入财政收入的范围内。在我国，一般将财政收入定义为政府为履行其职能，提供公共品，依法从国内总收入中提取和集中的一部分价值物。显然，生产力水平的高低及商品经济的活跃程度决定着这部分价值是实物还是货币。在高度发达的商品经济时代，一般国家所取得的价值物都表现为货币收入。

对于财政收入概念的理解，如果从静态的角度来看，它就是货币的集合，是社会总价值中的一部分，表示这部分价值占有权通过国家强制力的作用已经归政府收入拥有和支配。如果对政府收入作进一步分析，从动态角度来看，它与国家观（政府观）有关，毕竟政府所拥有的这部分收入与个人通过合法劳动赚取的收入有着本质的区别，政府取得收入实际上可以理解为是政府与价值让渡主体间的一个分配过程。因此，国家观（政府观）的不同将决定着价值让渡主体在让渡价值时所表现的态度及行为。

在我国，政府收入可分为预算内收入、预算外收入和制度外收入 3 部分。一般所称财政收入指的是预算内收入，零散的政府收入破坏了财政预算的权威性，更扰乱了整个国民经济的正常分配秩序。

2. 财政收入的效应

财政职能是财政本身固有的功能，它是通过收、支活动来实现的。财政收入作为财政活动中的重要一方面，政府在参与整个国民经济分配的过程中，自然也就体现了财政职能，或者也可把其产生的实际效应看成是取得财政收入过程中产生的外部效应。

（1）资源配置

由于资源的有限性、多用途性和人类需求的无限性，因此必须对资源的用途进行选择组合，以期达到最大效应。然而，价格作为其中的一种重要导向机制，由于市场失灵等原因而存在缺陷。因此，收入作为政府活动的一个重要手段，在取得收入的过程中会对整个社会资源的流动产生自觉或不自觉的影响，促使决策主体采取符合政策导向的措施，最终使得社会资源配置趋于合理。例如，对不可再生资源征税，政府在取得收入的同时也约束了人们使用不可再生资源的行为；对能源高耗产业征税将促使人们进行技术更新，将能源用于效益更高的行业。

（2）公平收入分配

在初始国民收入分配过程中，可能会存在不公平现象，有时这种不公平程度超出了社会所能承受的临界值。那么，此时政府就有必要对此进行调节，而收入手段是其惯用的手段之一。在现实生活中，个人间的收入差距、行业间的收入差距、区域间的收入差距等都需要政府出面调解。例如，通过征收累进制的个人所得税来缩小个人间的差距，通过差别比例税率来调整行业间的收入差距，通过财政转移支付制度来平抑地区间的差距。

（3）调节和稳定经济

如何说资源配置具有半主动特征的话，那么调节和稳定经济则完全是政府出于特定目的而采用收入手段进行的宏观调控活动。当然，在组织收入的过程中，组织收入手段本身可能具有自动的稳定和调节功能，如累进所得税制具有自动“爬升”或“降低”档次的自动稳定器功能，更多的政策则是来源于相机抉择的财政政策。例如，征收利息税是为了限制过多的银行存款；开征固定资产投资方向调节税是为了抑制人们的炒房、炒地皮行为等，政府的目的就是减少经济波动，尽量使经济在一个较为平稳的态势下运行，所有这些目标都可能在组织财政收入的过程中得以实现。

3. 财政收入的原则

财政收入是政府运用国家强制力在参与社会总价值分配过程中所形成的资金，在筹集的整个过程中，政府不能滥取无度，也不能因噎废食，而应该遵守一定的客观原则。

1）取得财政收入面临的困境

有人曾形象地比喻筹集财政收入或者征税是一门类似拔鹅毛的艺术，既要拔到鹅毛，同时又要鹅不叫。之所以会出现如此比喻，是因为在实际筹集过程中存在两大主要矛盾。一是经济发展与取得财政收入之间的矛盾。经济发展与财政收入之间是源与水的关系，是“放水养鱼”还是“涸泽而渔”，其间的“度”是关键所在。过度筹集会损坏经济发展的基础，但如果筹集不足则不能满足财政支出的需要，甚至会诱发其他很多问题。二是如何平衡各个主体间的负担。财政收入取之于民，用之于民，但是否对全部的筹集对象适用统一的标准呢?答案显然不尽然，不同的收入负担者其能力不一，享受政府提供公共品的程度也不一样，适用统一的标准有悖公平原则。因此，财政收入筹集过程中如何平衡各收入负担主体间的负担也是制度设计者需要考虑的重要问题。

2）组织财政收入的现代原则

组织财政收入活动也可以看成是公共品成本的一种分摊活动，那么应如何恰当地分摊呢？在现代经济条件下，经济学家为这种成本分摊提供了两大基本原则。

（1）效率原则

所谓效率，简单地说就是所得和所费之间的一种对比关系。组织财政收入的效率原则实际包含两个基本层面的含义：一是指在筹集财政收入的过程中，这种筹集活动对整个国民经济是有效率的，即通过组织财政收入活动，整体资源配置得到了改善，国民经济结构得到了优化，地区间经济的发展也较为均衡；二是指筹集活动本身是有效率的，即组织财政收入的耗费是最小的。总而言之，组织财政收入活动效率原则不仅要求提高国民经济的整体运行效率，而且这种活动本身所耗费的成本最小。

（2）公平原则

公平是一个带有价值判断的概念，经济学家在运用公平概念时，一般撇开了伦理因素，而将受益和支付能力标准引入经济学的公平概念之中。一般认为，在分摊公共品成本或组织财政收入的过程中，将公共品的供给成本与从中获益的社会成员及其获益程度联系起来，是一种较为公平的做法，受益较多的人比受益较少的人多承担公共品的提供成本是合理的，要求其他社区的居民为本社区的公共品买单是没有依据的。当然，由于公共品本身的特点，要判断具体的受益大小存在技术上的障碍，但第5章介绍的公共选择理论可以部分消除技术上的限制。当然，绝对的公平是难以取得的，在现实生活中要穷人与富人就某项公共品承担同等的成本也是不公平的。因此，支付能力原则（Ability-to-pay Principle）也构成了公平原则的内容之一。现代社会中，一般认为赚取能力强的人比赚取能力弱的人负担更多的公共品供给成本是一种较为合理的制度安排。显然，出于自利，一般人都可能会隐瞒自己是富人的信息，从而给判定究竟是赚取能力的强弱带来一定的困难。现代经济学理论一般将收入、财产和消费支出的多少来作为测度支付能力强弱的标准。

3）我国财政收入的具体原则

组织财政收入也好，分摊公共品成本也罢，其本质是国家参与社会总价值的分配，表现为价值的转移。因此，这种活动不仅与经济发展水平相关，同时也与各利益相关主体的利益相关。在我国，组织财政收入一般遵循以下几项原则。

（1）发展经济，广开财源

发展经济、广开财源是我国组织财政收入的首要原则。从马克思理论来说，财政与经济的哲学辩证关系表现为经济决定财政，财政影响经济。在社会再生产的四个环节即生产、交换、分配和消费中，财政作为一种分配关系，能分配多少首先是由生产状况决定的。所以，财政收入的取得要以国民经济发展为前提，同时取得财政收入要有利于促进国民经济的发展。

（2）合理负担，兼顾各利益相关者的利益

在既定的国民经济发展水平下，组织财政收入或分摊公共品成本必须充分考虑各利益相关主体的利益。首先要考虑中央与地方之间的关系，在具体的国民收入分配过程中，没有统一的标准来定量分析中央与地方财政收入的比例关系。从理论上来分析，中央掌控太多，则不利于对地方理财和发展经济形成正向激励，然而地方掌控太多，则不利于全国经济宏观调控。因此，中央与地方的财政关系究竟如何处理，总体上并没有一个固定的模式。其次，要考虑国家与各收入负担主体间的关系，依靠收入负担主体通过自愿行动在公共品成本分摊上形成所谓的“林达尔均衡”是不太现实的。这就是说在分摊过程中，充任利益调和任务的必然是政府，它不仅要解决政府与收入主体间的矛盾，同时也要解决各收入负担主体间的矛盾。对于前类问题，从制度上可以通过公共选择来解决，借此可避免政府在利益调解中的双重角色带来的不公平现象；对于后类问题，现代国家一般都偏好采用受益原则（Benefit Principle）和支付能力原则（Ability-to-pay Principle）来作为处理收入负担主体间矛盾的原则。

尽管我国在组织财政收入上表现出了不同的处理原则，但从根本上还是未能脱离公平和效率这一对主体。

4. 财政收入分类

为了更好地分析和研究财政收入，财政经济学家历来很重视对财政收入进行分类。从实际分析来看，常用的分类方法有：收入形式分类法、价值来源分类法和产业部门分类法等。

（1）按照收入形式分类

按照取得收入的基本形式进行分类是一种最基本的分类方法，以此为标准，它包括税收、费、债务、铸币税、国有企业分红、基金、捐赠收入等，特殊时期还包括通货膨胀税等。我国与其他国家不同的地方还在于，在政府收入体系中，除了税收之外，非税收入占有相当的比重。因此，一般也把费、债务、铸币税、国有企业分红、基金等统称为非税收入。此种分类的目的在于掌握各类收入在政府收入体系中的比例。

来自国有企业的收入，在不同的教科书中对其称呼并不一致。我国在1994年财政分税分级预算管理体制改革以来，多数国有企业不向政府分红，但我国国有企业在1990年资本市场建立后，经济效益大为改观，然而由于机制设计上的问题，经济效益好转的国有企业将税后利润留在自己企业内部。从理论上说，政府作为国有企业的唯一所有者有权获得全部税后利润，但是这部分红利交给谁也是一个需要明确的问题。2003—2004年期间，我国从地方（省、市）到中央都建立了相应的国有资产监督管理机构，一种观点认为国资委是国有企业分红的直接接受者，应由它上缴财政部门；另一种观点认为，国资委仅是管理部门，分红收益应直接上缴财政部门。但从财政收入形式来看，无论分红收入交给谁，都必须纳入预算，按统一标准来分配所有的财政资源。

（2）按照产业部门分类

国民经济具体是由各经济部门构成，同时它们也是财政收入的主要来源。以此分类可以划分各经济部门对财政收入的贡献，为财政政策出台提供直接的依据。在国际上，一般采用三次产业分类法[①]来研究国民经济的部门构成。因此，财政收入也可分为第一产业收入、第二产业收入和第三产业收入。如果继续细分，还可以对三次产业分类加以扩展和具体化，联合国制定和颁布了标准产业分类。我国在标准分类基础上，把整个国民经济划分为 16 个门类，具体包括：

① 农业、狩猎业、林业和渔业；

② 采掘业；

③ 制造业；

④ 电力、燃气及水的生产和供应业；

⑤ 建筑业；

⑥ 地质勘查业、水利管理业；

⑦ 交通运输、仓储及邮电通信业；

⑧ 批发和零售贸易、餐饮业；

⑨ 金融、保险业；

⑩ 房地产业；

⑪ 社会服务业；

⑫ 卫生、体育和社会福利业；

⑬ 教育、文化艺术及广播电影电视业；

⑭ 科学研究和综合技术服务业；

⑮ 国家机关、政党机关和社会团体；

⑯ 其他行业。

财政收入来源于所有这 16 大产业部门，以此可以清楚地观察各产业部门在国民经济中的地位。

（3）按照价值来源分类

财政收入是社会总价值的一部分，按照马克思的产品价值理论，社会总产品的价值可以表示为 $C+V+M$，其中 C 为生产资料价值的补偿部分，V 为活劳动的价值补偿部分，而 M 为剩余产品的价值，财政收入可以来源于 3 个部分中的任何一个部分。例如，我国在计划经济体制下，企业的折旧基金 C 一般集中起来作为财政收入由国家统一调配使用，但在市场经济条件下，C 一般留在企业，使用和提取由企业财务制度和会计制度安排；V 主要用于维持劳动者的再生产，在计划经济体制下，劳动者收入一般较低，V 作为财政收入的一部分还不是很普遍，但随着改革开放的深入和劳动者收入的提高，V 作为财政收入的部分越来越大；M 作为劳动者创造的剩余产品价值，它既是社会扩大再生产的重要来源，同时也是财

---

① 三次产业分类方法是目前研究产业结构的一种重要的分类方法，也是大多数国家进行国民经济统计的一种主要依据。它首先是由新西兰教授费希尔（Fisher）提出，后经克拉克、库兹涅茨等论证和深化。不同国家对三次产业分类并不完全一致，国别间可能存在些细小差异。目前，我国对三次产业的划分如下：第一产业包括农业、林业、畜牧业和渔业；第二产业包括采矿业、制造业、电力、燃气及水的生产和供应业、建筑业；第三产业指除上述第一产业、第二产业以外的其他各产业，包括交通运输、仓储和邮政业，信息传输、计算机服务和软件业，批发和零售业，住宿和餐饮业，金融业，房地产业，租赁和商务服务业，科学研究、技术服务和地质勘查业，水利、环境和公共设施管理业，居民服务和其他服务业，教育，卫生、社会保障和社会福利业，文化、体育和娱乐业，公共管理和社会组织，国际组织。

政收入的主要来源。

【资料链接】

中国个人所得税的发展史

1950年，政务院发布了新中国税制建设的纲领性文件《全国税政实施要则》，其中涉及对个人所得征税的主要是薪给报酬所得税和存款利息所得税，但由于种种原因，一直没有开征。1980年9月，个人所得税法正式颁布，该法的征税对象包括中国公民和中国境内的外籍人员，但由于规定的免征额较高（每月或每次800元），而国内居民工资收入普遍很低，因此绝大多数国内居民不在征税范围之内。

为了有效调节社会成员收入水平的差距，1986年1月，国务院发布了城乡个体工商业户所得税暂行条例，同年9月颁布了个人收入调节税暂行条例，上述规定仅适用于本国居民。1994年我国颁布实施了新的个人所得税法，初步建立起内外统一的个人所得税制度。其后，随着经济社会形势的发展变化，国家对个人所得税进行了几次重大调整：1999年恢复征收储蓄存款利息个人所得税；2006年和2008年两度提高工资、薪金所得项目减除费用标准；2007年将储蓄存款利息所得个人所得税税率由20%调减为5%；2008年暂免征收储蓄存款利息所得个人所得税；2010年对个人转让上市公司限售股取得的所得征收个人所得税。

资料来源：新华网：http：//news. xinhuanet. com/politics/2011—04/20/c_121326 006. htm.

（4）按照预算管理方法分类

从预算角度来分类，财政收入可以分为预算内收入和预算外收入。预算内收入指按照国家预算程序实行规范管理，由各级政府统筹安排使用的资金，它包括经常性收入和非经常收入，前者包括一般的工商税收和费，后者则包括债务收入和其他收入；而预算外收入则是由各地方和各部门自收自支、自行管理的收入。这种收入分类法是我国体制转轨的产物，近年来我国财政部门加强了预算外资金和非税收入的管理，可以预计将来越来越多的资金将纳入正式的预算管理范畴。

土地出让金是一项重要的非税收入，同时也是地方政府的主要收入来源，目前多数地方没有将其纳入到统一的预算内进行管理，已成为地方政府预算外收入的主要来源。

【资料链接】

2010年土地出让金总额达2.7万亿元

出让金总额达2.7万亿元，同比增幅达70.4%——国土资源部负责人7日在全国国土资源工作会议上披露的数据，揭示出2010年国内土地市场的一场“盛宴”。对此，有三个问题值得探究：土地出让金缘何能在“最严调控年”里创下新高？

中国指数研究院的监测数据显示，2010年全国120个城市土地出让金总额为18 814.4亿元，同比增加50%。其中3个城市土地出让金收入突破1 000亿元。

“价量齐涨”是去年地市“成绩单”如此“靓丽”的主要原因。增加土地供应是去年楼市调控的重要举措。数据显示，去年1—11月，全国120个城市累计供应、成交住宅用地分别为39591万平方米、30216万平方米，同比增幅分别达到43%、40%。在其中的10个重点城市中，有9个城市土地成交面积实现增长。

价格方面，去年 120 个城市住宅用地楼面地价波动频繁，并在 7 月以后震荡上行；至当年 11 月，全国 120 个城市住宅用地楼面地价为 2134 元/平方米，环比上涨 29%，同比上涨 10%。自 11 月起，随着优质地块入市，杭州、广州、温州等城市又重新冒出“地王”。价格因素对一些城市土地出让金的贡献率十分突出。比如，武汉、南京等城市 2010 年住宅用地出让面积同比增幅不到 20%，但出让金的收入增幅却超过 125%，地价之高可见一斑。

复旦大学住房政策研究中心执行主任陈杰说，与购房者动辄因调控而陷入观望不同，开发商更看重市场中长期的发展态势，只要长期看好，其购地、投资行为不会因调控政策波动而轻易变化。供地增加、流动性宽裕、销售形势良好，诸多因素共同造就了一个繁荣的土地市场。

资料来源：http：//www. sina. com. cn 2011 年 01 月 10 日 03：29 中国青年报 .

10.2　财政收入规模、结构及其影响因素

有实力的财政是实现国家可持续和稳定发展的必要条件。那么，如何度量和比较一国的财政是否具有实力呢？本节主要从规模和结构及其影响因素进行分析。

1. 财政收入规模

一国财政实力的强弱一般可以从财政收入规模加以考察。在我国现实工作中，分析和考察财政收入规模，存在以下两种基本的方法。

1）价值分析法

从社会总产品的价值构成来分析，财政收入实际上是来源于社会总产品中的 $V+M$ 部分，它代表国民收入的一部分，是财政收入的最高数量限制，即国民收入不可能全部转化为财政收入。如果用 F 表示财政收入，N 表示国民收入，那么它们之间的关系可以表示为

$$\frac{F}{N}=\frac{M}{N}\times\frac{F}{M}$$

其中 F/M 为财政集中率，它与 M/N 共同决定着财政收入规模的上限。当然，从间接角度来说，劳动生产率的高低与劳动者再生产的费用多寡将直接决定着 V、M 间的关系，从而间接决定着财政集中率。同时，价值分析中还存在最低数量限制，即财政收入的组织必须保证基本公共品供给，如政府职能的正常履行和基本的财政服务等。

2）现代总量和相对指标分析法

在现代统计分析中，多数国家采用的是 SAN 体系，而非 MPS 体系。因此，在衡量财政收入规模上，与价值分析方法不同的是，现代统计方法在相对指标分析中采用的是考察财政收入与 GDP 间的比例关系。我国的核算体系也由 MPS 转向 SNA，在财政收入规模分析上，我国也慢慢采用国际标准。一般而言，用财政收入总额来考察财政收入的绝对规模，而用财政收入总额与 GDP 间的比例关系来分析相对规模。鉴于我国政府收入被肢解的现实情况，要真实确定财政收入规模，取决于所采用的口径。目前，一般存在两种口径：一是小口径的财政收入规模，即财政收入占 GDP 的比例，所指财政收入仅包括税收收入和纳入预算的各项收入；二是大口径的财政收入规模，即政府收入占 GDP 的比

例，所称政府收入包括财政收入和不纳入预算管理的预算外收入，还包括既不纳入预算内也不纳入预算外的制度外收入，同时还包括其他未纳入预算的收入。一言以蔽之，政府收入包括政府的所有收入。

客观地说，大口径的财政收入规模能真实地反映政府对整个社会财富的占有和集中程度，但是其中很多收入不能形成政府的可支配财力，而是散落于各地方、各部门，由其自行管理。因此，要客观评价我国居民或企业的财政负担能力和政府的可支配财力，需要综合两种口径，才可能得出较为符合现实的结论。

3）其他指标

由于财政收入与 GDP 间的密切关系，在实际分析中，还可能会运用其他指标来作进一步的分析，如政府边际收入率和政府收入弹性（这里所称政府收入是指小口径的财政收入）。

所谓政府边际收入率是指新增政府收入占新增 GDP 的比例，反映的是政府集中财政收入的强度；而政府收入弹性是指政府收入增长率与 GDP 增长率间的比例关系，反映的是财政收入与 GDP 间的相互关系。

【资料链接】

我国的政府边际收入率和政府收入弹性（1978—2003 年）如表（10-1）所示。

表 10-1　我国的政府边际收入率（A）和政府收入弹性（B）（1978—2003 年）

年　份	1978	1979	1980	1981	1982	1983	1984	1985	1986	1987	1988	1989	1990
A/%	61.0	−4.3	−3.8	1.0	8.1	19.5	20.0	20.3	32.0	6.1	8.7	1.0	1.7
B/%	0.93	−0.14	0.10	0.05	0.36	0.92	0.97	0.88	1.51	0.28	0.44	0.98	1.05
年　份	1991	1992	1993	1994	1995	1996	1997	1998	1999	2000	2001	2002	2003
A/%	6.9	6.7	10.9	7.1	8.7	12.3	18.9	31.5	42.0	26.4	38.1	32.0	23.3
B/%	0.43	0.46	0.83	0.57	0.78	1.16	1.73	2.73	3.36	1.89	2.56	1.90	1.30

资料来源：曾康华．中国政府收支均衡论．北京：中国财政经济出版社，2005.

4）财政收入规模的比较

（1）横向比较

横向比较的目的是为了更清楚地观察我国财政收入规模在世界中所处的位置，表 10-2 给出的是部分国家财政收入占 GDP 的相对比例数据。从中可以发现，经济发展水平高低是财政收入规模的主要影响因素，表中所列的经济发达国家比例基本都在 30%以上，而发展中国家比例基本维持在 20%上下。此外，财政收入规模还深受政府职能的影响，如表中发达国家中的北欧高福利国家，其财政收入规模一般较高，财政占 GDP 的比例基本在 50%。其中引起我们注意的可能是中国的指标，在财税体制改革前的 1993 年仅为 12%，这主要与我国政府收入不规范有关，部分与统计因素相关。

表 10-2　部分国家财政收入与 GDP 间的比例关系（%）

国　别	比例（年份）	国　别	比例（年份）
美　国	33.1（1995）	意 大 利	45.0（1995）

续表

国　别	比例（年份）	国　别	比例（年份）
加拿大	41.9（1995）	西班牙	38.1（1995）
澳大利亚	31.7（1995）	日　本	32.0（1995）
奥地利	47.5（1995）	葡萄牙	38.8（1995）
比利时	49.6（1995）	中　国	12.0（1993）
丹　麦	56.9（1995）	印　度	21.0（1992）
芬　兰	50.0（1995）	南　非	27.0（1993）
法　国	48.9（1995）	马来西亚	28.01（1993）
德　国	46.3（1995）	泰　国	19.6（1993）
爱尔兰	35.5（1995）	巴　西	29.85（1992）
荷　兰	52.7（1995）	肯尼亚	24.9（1992）
挪　威	51.1（1995）	玻利维亚	18.0（1992）
英　国	38.6（1995）	韩　国	23.5（1992）
瑞　士	52.7（1995）	土耳其	18.7（1992）

资料来源：梁朋．公共财政学．北京：中共中央党校出版社，2006.

（2）纵向比较

图 10-2 给出的是我国自改革开放后财政收入占 GDP 的变化趋势图。从中可发现，在改革开放前，这一比例一直较高，其原因与政府的统收统支有关。但之后这一比例呈现下降趋势，这与我国的放权让利改革有关，地方在中央放权的过程中财力逐步增大并最终导致了所谓的“两个比例下降（财政收入占 GDP 的比例，中央财政收入占全国财政总收入的比例）”。1994 年我国为扭转这种不利局面，实行了分级分税的财政预算管理体制改革，中央财政在这次改革中得到了加强，政府聚财的能力也稳步提升。尤其是近年来，政府加强了预算外等非税收入的改革，财政占 GDP 的比例逐步提高，但与西方发达国家甚至与发展中的某些国家相比，我国的这一比例仍然偏低。但需要警惕的是，这并不意味着可以加大财政收入的筹集力度，因为从大口径的财政收入占 GDP 的比例来看，我国这一比例已接近美国等某些发达国家 30％的水平。尽管这种数据带有浓厚的估算色彩，但至少为我们逼近现实提供了一种参考。

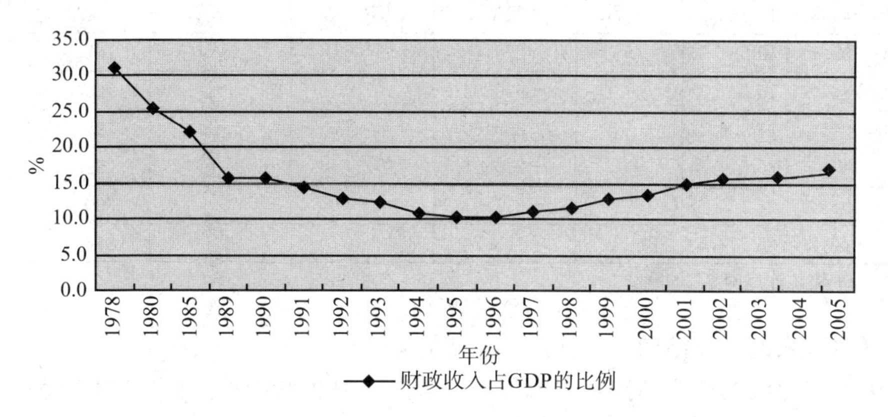

图 10-2　我国财政收入占 GDP 的比例（1978—2005）

资料来源：中国统计年鉴（2006）。

2. 财政收入结构

对财政收入的组成结构进行分析，有助于了解财政收入构成项目的变化规模和趋势，更好地适应经济结构的变化，组织好财政收入。

（1）财政收入的形式结构

财政收入的形式结构是按照财政收入的形式分类，由不同形式的财政收入在财政总收入中的占比所形成的结构，它往往与一国的政治体制、经济发展所处的阶段等因素有关。在现代市场经济条件下，一般国家的财政收入结构以税收为主，基本占比在90%以上，是政府收入中最重要的收入来源。在我国过去计划经济体制下，企业上缴利润和税收是财政收入的重要组成部分，两者基本平起平坐，在1983和1984年两步“利改税”之后，税收在财政收入中的重要地位才慢慢显现，所占比例逐步提高，直至1994年后的财税体制改革后，税收才最终在财政收入中占据主导地位，表10-3基本反映了我国财政收入形式结构的这种变迁历程。

表10-3 1978—2005年我国财政收入分项收入构成

亿元

年份	收入总额	税收	企业收入	企业亏损补贴	能源交通基金	预算调节基金	教育费附加	其他收入
1978	1 132.26	519.28	571.99					40.99
1980	1 159.93	571.70	435.24					152.99
1985	2 004.82	2 040.79	43.75	−507.02	146.79			280.51
1989	2 664.90	2 727.40	63.60	−598.88	202.18	91.19		179.41
1990	2 937.10	2 821.86	78.30	−578.88	185.08	131.21		299.53
1991	3 149.48	2 990.17	74.69	−510.24	188.22	138.53	28.01	240.10
1992	3 483.37	3 296.91	59.97	−444.96	157.11	117.47	31.72	265.15
1993	4 348.95	4 255.30	49.49	−411.29	117.72	102.46	44.23	191.04
1994	5 218.10	5 126.88		−366.22	53.96	59.10	64.20	280.18
1995	6 242.20	6 038.04		−327.77	17.42	34.92	83.40	396.19
1996	7 407.99	6 909.82		−337.40	3.78	11.09	96.04	724.66
1997	8 651.14	8 234.04		−368.49			103.29	682.30
1998	9 875.95	9 262.80		−333.49			113.34	833.30
1999	11 444.08	10 682.58		−290.03			126.10	925.43
2000	13 395.23	12 581.51		−278.78			147.52	944.98
2001	16 386.04	15 301.38		−300.04			166.60	1 218.10
2002	18 903.64	17 636.45		−259.60			198.05	1 328.74
2003	21 715.25	20 017.31		−226.38			232.39	1 691.93
2004	26 396.47	24 165.68		−217.93			300.40	2 148.32
2005	31 649.29	28 778.54		−193.26			356.18	2 707.83

资料来源：国家统计局网站。

（2）财政收入的产业结构

一个国家或地区的产业结构在很大程度上决定了其税收结构，而税收作为财政收入的主体部分，自然影响和决定着财政收入的结构。通过研究产业的税收贡献率，可以反映不同行业经济资源的利用价值，揭示税收政策对不同行业的影响程度，同时还可以反映不同行业的税收征管水平。从三次产业的构成来分析，由于不同产业的税收收入贡献率不同，产业结构的状况决定着税源分布结构，进而影响财政收入的大小。一般而言，三次产业中第一产业的贡献率最低，第二和第三产业的税收贡献率相当。改革开放以来，随着产业结构的调整，三次产业对税收收入的贡献各不相同。以“十五”期间为例，全国来自第一、二、三产业的税收收入（不含车辆购置税）分别为 36.90 亿元、63 160.08 亿元、43 836.02 亿元，其中第二、第三产业分别保持了年均 20.6%、17.8%的递增速度，占总收入比例分别为 59%和 40.9%，第二产业的税收贡献最大。从具体的行业来看，“十五”期间，采矿业、制造业、电力、燃气及水的生产和供应业、建筑业税收收入分别为 6 501.18 亿元、45 905.74 亿元、6 146.74 亿元、4 606.42 亿元，占全部税收收入的比例为 6.1%、42.9%、5.7%和 4.3%，年均分别增长 27.7%、20.4%、12.1%、24.8%。制造业在各行业中占据了主导地位，说明我国仍然是一个制造业为主的国家，服务业等第三产业仍有较大的发展潜力①。

（3）财政收入的区域结构

从财政收入的区域结构来看，在其他条件不变的前提下，财政收入与区域经济发展水平呈正相关关系，反过来，促进区域经济协调发展的政策也能带来财政收入的增长。研究分析财政收入的区域结构可以更清楚地判断国家在不同区域所采取政策的效果、各省对全国财政收入的共享及未来政策改进的方向。当然，在市场经济条件下，地方政府在财政方面可能会展开激励的竞争，而且这种竞争有可能驱使财政收入结构向相同方向收敛，但同时也有可能进一步拉大省际间的差距。究竟是趋同优于差异，还是反之？目前理论界并没有定论。仍然以“十五”期间为例对我国财政收入的区域结构进行描述。“十五”期间，在国家的驱动下，东、中、西部地区向着税收与经济良性互动的方向发展，分别完成税收收入 77 293.53 亿元、16 980.50 亿元、14 944.57 亿元，年均增长 20.1%、18.3%、17.9%，与“九五”期间 18.8%、11.5%、11.3%的增幅相比，分别提高 1.3、6.8、6.6 个百分点，中、西部与东部的增幅差距分别由 7.3、7.5 个百分点缩小到 1.8、2.2 个百分点。尤其是“十五”后期，中、西部增长速度快于东部地区，呈现良好的发展趋势。2004 年中、西部地区税收分别增长 26.9%和 26.5%，快于东部地区 1.6、1.2 个百分点，2005 年分别增长 22.3%和 21.7%，快于东部地区 3.1、2.5 个百分点②。

【资料链接】

广东财政收入总量连续 20 年全国居首

统计资料显示广东省地方财政收入从 1991 年起跃升至全国第一，迄今已连续 15 年保持全国领先地位。2005 年，广东省地方一般预算收入达 1 807 亿元，超过全国第二位省份 390 亿元、第三位 485 亿元。广东省财政收入在全国日益占据举足轻重的地位，来源于广东的财政收入从 2005 年的 4 432 亿元增加到 2010 年的 11 842 亿元，年均递增 21.7%。财政部部长谢旭人对广东财政在“十一五”期间取得的巨大成绩给予充分肯定，指出广东经济社会发展取得举世瞩目的辉煌成就，财政收入总量连续 20 年居全国首位，特别是 2008 年以来，广东

① 舒启明，王道树，梁青．“十五”税收铸辉煌，和谐发展谱新章．国家税务总局网站．

② 舒启明，王道树，梁青．“十五”税收铸辉煌，和谐发展谱新章．国家税务总局网站．

在应对国际金融危机中既保持了经济平稳较快增长又促进了经济结构调整，2010年来源于广东的中央财政收入5 187亿元，为全国的改革发展大局作出不可替代的重要贡献。

来源：中国日报，http：//www.chinadaily.com.cn，2011—03—29。

3. 影响财政收入的因素

财政收入结构的变化既能反映国家政策的变化，同时也能反映社会经济结构的变化，而且这种变化是相互影响的。现在所讨论的影响财政收入的因素主要是基于财政收入总量上的考虑。

（1）经济因素

第一，经济发展水平是国家财政收入的决定性因素。经济发展水平提高了，社会产品增多，财政选择的空间更大，财政收入自然水涨船高，即所谓将“蛋糕”做大，财政得到的一份在既定的规则下自然也会增大。如果用GDP来表示经济发展水平的话，那么它与财政收入间存在一种长期的正相关关系，经济发展过程中的兴衰波动带动着财政收入的波动。在计量经济学上，它们之间可以表示为线性关系

$$Y = a + b \cdot \mathrm{GDP}$$

其中，Y是财政收入，意味着在GDP每增长1个百分点，将带来财政收入b个百分点的增长。

第二，技术水平也是影响财政收入规模的重要因素。从价值角度来理解，如果技术水平促进了社会生产力的改善，那么毫无疑问社会产品的丰富将带来财政收入的增长。如果进一步假定在现有社会产品既定的情况下，技术水平提高了，那么它将改变C、V、M间的比例关系，直接增加M部分，从而带来财政收入的提高。当然，技术水平是内在于一国经济发展之中的，这里分别论之，目的在于说明经济发展中的技术因素。

第三，作为经济因素，价格将是影响财政收入的一种重要因素。在现代社会中，财政收入的取得一般表现为货币形态，而且以当年的现行价格水平计算。这样，某个财政年度财政收入的提高是否一定意味着政府实际可支配收入的增加是值得考虑的。以各自增长率作为对比，它存在3种情况：一是价格水平的增长率超过名义财政收入的增长率，实际财政收入水平下降（称为“虚增”现象）；二是价格水平的增长率低于名义财政收入的增长率，实际财政收入水平上升；三是两者相等，实际财政收入水平没有变化。

（2）制度因素

制度是一个国家社会中的基本政治经济制度，在经济因素既定的条件下，财政收入的规模取决于既定的制度，它既与政治体制有关，同时也与具体的分配政策、分配制度和财税制度有关。政治体制的差异将决定着政府职能范围的大小，从而间接决定着财政收入的规模，如我国在计划体制下，国家统揽一切，财政收入的规模自然较大；此外，分配政策和分配制度的差异将改变三次产业的财政负担状况，而且由于三次产业中各产业的税收贡献并不一致，因此分配政策的变化自然引起财政收入的变化，如我国现阶段，三次产业中的第二产业成为社会的主导产业，其税收贡献率相应为最高。

（3）社会文化因素

社会文化因素是影响财政收入规模中的最复杂的一个因素。它是通过影响和改变人的行为方式来影响财政收入。现实中在不同的文化条件下存在不同的管理理念，而这种理念差异决定着财政收入的规模。例如，税收收入的管理，在经济发展水平既定的条件下，纳税人的

纳税意识、守法程度、征管水平、税务征管人员的廉洁自律性、公共品的供给程度等都可能影响税收收入的规模，而所有这些在某种程度上的差异与社会文化因素有较大的关联。

【资料链接】

我国税收流失的非正式制度约束原因解析

非正式约束是人们在长期交往中逐步形成的，是传统文化的一部分，指的是社会公认的行为准则和内部实施的行为规则。与正式约束相比，非正式约束缺乏强制性但是交易成本却很低，因此长期以来非正式制度约束在人们的相处及社会的运行中都占据着重要地位。近年来，人们在探讨我国税收流失原因时就对此进行过分析。多数学者认为我国属于低信任度社会，因为在我国目前社会体系中，人们缺乏诚实守信的美德，社会信任程度很低。人们认为诚实守信是一种美德，但是对于那些不诚实守信的人也不会表示不耻或厌恶，相比维护自己“诚实守信”的名声，人们更愿意“要面子”，在我国一个人没有面子就会比没有钱更加难过。我国现行文化体系缺少诚实信用的价值观是导致我国税收流失的重要原因。同时，公民纳税意识薄弱是导致我国税收流失的又一原因。长期以来，我国以“人治”为主，公民普遍缺乏“法治”的观念。在漫长的封建社会里，人们只知要交“皇粮”，没有很强的赋税观念，至今还有不少人对“缴税”认识很模糊，他们不知道政府征税是用来为社会提供公共品、公共服务，认识不到纳税的必要性。而在西方社会，大家普遍接受“纳税和死亡一样不可避免”这一观念。

资料来源：董根泰．从新制度经济学看我国税收征管的优化．税务研究，2003（4）．

课堂讨论

据统计，2004年国家财政收入为2.5万亿元，2005年突破3万亿元，而2006年仅上半年，全国财政收入就已超过2万亿元。这几年来，国家财政收入增幅之大、增量之多为世所罕见。据专家估算，我国税费总负担占GDP比例已达25.1%，如果再加上体制外征收，将达30%左右。美国《福布斯》做过一项统计，中国内地的“税负痛苦指数”位居全球第二。这对于一个发展中国家来说，是无法想像的。我国GDP的增长速度始终低于财政收入的增长速度。针对上述材料请分析：

① 我国财政收入超常增长的原因是什么？

② 我国政府应该采取什么应对措施，是减税还是规范政府收入或者其他？

本章小结

财政收入既是一种资金集合，同时也是一个过程。在这一过程中，它将对资源配置、公平收入分配、稳定与发展经济发生作用。因此，在组织财政收入的过程中，既要遵循现代的公平和效率原则，同时也要注意发展经济，广开财源，合理分摊各收入负担主体的负担。

财政收入的分类源于研究目的的不一致。一般而言，现实中主要存在按照收入形式分类、按照产业结构分类、按照价值来源分类、按照预算管理方式分类等几种分类方法。

财政收入的规模是指财政收入的数量限制。从价值来源上看，F/M（财政集中率）和 M/N 共同决定着财政收入规模的上限；而现代统计分析一般用财政收入的绝对额和相对指标（财政收入占 GDP 的比例）来考察财政收入的规模。

财政收入结构考察的是收入的来源形式，本文主要考察了财政收入的形式结构、产业结构和区域结构。

财政收入的影响因素很多，以总量为例，它的影响因素主要有经济、制度和社会文化等。

重要概念

财政收入　财政集中率　财政收入规模　财政收入结构

政府边际收入　政府收入弹性　受益原则　支付能力原则

思 考 题

1. 如何衡量财政收入?
2. 如何理解影响财政收入规模的因素?
3. 如何理解我国的财政收入与政府收入?

进一步阅读材料

[1] 陈共．财政学．4 版．北京：中国人民大学出版社，2003.

[2] 马斯歌雷夫，马斯歌雷夫．财政理论与实践．邓子基，邓力平，译．5 版．北京：中国财政经济出版社，2003.

[3] FISHER R C. State and Local Public Finance. 3rd ed. Thomson south-western，2007.

[4] BAILEY S J. Local government economics：principles and practice. Macmillan Press Ltd，1999.

第 11 章

税收原理[1]

【本章概要】

本章首先介绍了税收的含义、税收的起源与发展等税收的基本概念，继而从古典与现代两个角度对税收的课税原则进行了详细的讲解，并初步性地介绍了最适课税理论的部分内容。最后阐述了税收制度构成要素及税收制度的发展情况。本章的重点内容是税收的经济效应及税负转嫁与归宿的均衡分析。

【学习目标】

◆ 了解税收的定义、起源及其发展；

◆ 了解课税原则及最适课税理论；

◆ 会借助无差异曲线等工具分析税收对经济的影响效应；

◆ 掌握税负转嫁与归宿的含义，会应用局部均衡法分析税负归宿。

财政收入是政府参与国民产出分配，从私人部门处强制取得的。在现代社会中，政府的财政收入主要来源于税收、收费、公债及国有资产收益等。对世界上很多国家来说，税收收入已经占到了政府收入的90%以上，因而有人戏侃为“死亡和纳税是人生中必须要做的两件事”。那么究竟什么是税收，税收是如何产生和发展的，税收对我们的日常生活产生了怎样的影响及政府如何制定合理的税收政策等问题，通过本章的学习将会得到回答和了解。

11.1 税收的基本概念

1. 税收的定义与特征

税收在历史上也称为税、租税、赋税或捐税，它是国家为向社会提供公共品，凭借行政权力，按照法定标准，向居民和经济组织强制地、无偿地征收而取得的财政收入[2]。从税收定义中可知，国家是行使征税权的主体，征税的目的是为社会提供公共品，征税实现靠法律保障并借助行政权力完成。与其他类型的财政收入相比，税收具有强制性、无偿性和固定

---

① 本章写作过程中借鉴了众多专家学者的科研成果，可能由于笔者疏漏，没有一一列出，谨在此对他们表示衷心的感谢。对于由于文章引起的文责均由笔者承担。

② 胡怡建．税收学．上海：上海财经大学出版社，2004：1.

性①三大形式特征。

税收的强制性指税收是政府凭借行政权力，以税收法律、法令为依据强制课征的。任何单位和个人只要符合税法标准，就必须依法纳税，否则就要受到法律的制裁。强制性是税收同公债、收费等其他财政收入的最显著区别。市场经济下，公共品效用的非排他性决定了无法避免“搭便车”行为，如果交由社会公众自愿付费提供，将无法满足公共需求，因此必须依靠国家的政治权威，通过税收强制补偿其成本。但是，强制性只是税收的形式特征，因为税收法律最终还是按照公众的意愿制定的，所以从根本上看税收又是自愿的。

税收的无偿性指国家在课税之后取得的税款即为国家所有，由国家自主支配和使用，与纳税人之间不构成债权债务关系，国家不承担任何必须向纳税人直接提供等值公共品或向纳税人支付任何报酬的义务，纳税人对公共品的消费也是无偿的，而其他形式的财政收入均具有有偿的特征。当然，在市场经济下，无偿只是税收的形式特征。税收作为公共品提供的成本补偿，最终还是靠纳税人支付，因而税收实质上是有偿的。这也符合“取之于民，用之于民”的俗语。

税收的固定性是指国家按事先以法律形式确定的征税对象、征收标准、课征办法等实施征税。一般来说，纳税人只要发生了应税行为，如取得了应税收入或拥有应税财产，就必须按税法规定缴纳税款。同样，国家也必须按税法规定征税，不得随意擅自增减税额或超越法律权限行事，税法必须通过政治程序，由立法部门（如全国人民代表大会及其常务委员会）制定。当然，税收的固定性并不意味着税收制度及征收标准是一成不变的，随着社会经济条件的变化，税制体系也在不断的调整变化。税收的固定性只是确保了税收制度及征收标准的相对稳定，便捷了征纳双方的具体操作，同时保证政府财政收入的稳定。

税收的上述特征是衡量一种财政收入是否为税的标准。若一种财政收入同时具备了这三个特征，即无论其是否以税的形式出现，均具有税的性质；反之，即使称为税，也不具有税的性质。熟悉税收特征对我国“清费正税”工作具有重要的指导意义。

2. 税收的起源与发展

税收是一个历史范畴，是人类社会发展到一定历史阶段的产物，它随着国家的产生、发展而产生、发展，并将随着国家的消亡而消亡。

1）税收的起源

税收不是从来就有的，税收的产生经历了一个漫长复杂的历史过程。原始社会里，生产力水平十分低下，人类为了生存，必须联合起来同自然界作斗争，共同劳动，平均分配劳动成果，没有剩余产品、阶级和国家，因而也就没有税收。到了原始社会末期，随着生产工具的改进和生产力的发展，社会产出在维持成员的基本生活需要以外出现了剩余，为私有制的产生与发展奠定了物质基础。私有制的发展使人类社会从无阶级的原始社会过渡到了有阶级的奴隶社会，国家随之产生，以国家权力为依据的税收也因此应运而生。

为什么国家的产生会带来税收的产生呢？这可以从国家的本质找到答案。国家的本质是提供公共品满足社会公共需要，履行公共职能的机构如军队、警察、法庭、监狱及行政机关等的存在和正常运转需要耗费一定的人力和物力，国家不直接从事物质资料的生产，但又要

① 税收的固定性又称为税收的规范性，见：胡怡建．税收学．上海财经大学出版社，2004：3.

消耗社会产品，因此只能依靠政治权力强制地、无偿地占有一部分社会产品。可见，政治权力的建立是税收产生的前提条件。另外，税收的产生和发展还与私有产权的确立相关。在公有制社会里，生产资料和产出都归国家所有，国家在满足公共需要后，才将余下的产品分配给个人，因而不存在税收这种强制冒犯私人利益的工具。私有制下，国家不能直接支配使用私人的财产或产品，只能凭借政治权力以税收方式对私有品强制征收。

可见，税收是人类社会发展的必然产物，它的产生必须具备两个前提条件：一是国家行政强权的建立；二是私有产权的存在。

2）税收的发展

税收产生以后，经历了奴隶社会、封建社会、资本主义社会和社会主义社会四个社会发展阶段，随着生产力的发展和各阶段社会政治经济的发展变化，税收从形式到内容都处于不断发展变化的过程中。税收的发展大体可分为以下四个阶段。

（1）自由贡献时期[1]

这一时期的特点是人民自由地向国家贡献财物。所谓自由贡献，是指贡献与否、贡献何物、贡献多少及何时贡献，都具有较大的随意性。在我国，自由贡献主要存在于夏代，具体表现为“贡”的形式。夏代的“贡”有两种：一种是“土贡”，是国王对其部属的一种强制课征。《尚书·禹贡》中记载“禹别九州，随山浚川，任土作贡”，这里“任土作贡”是指禹建立的各地奴隶主庄园必须向国家缴纳贡品的制度，贡品一般都是当地的土特产。另一种是平民对国王的贡纳，是国王对平民的强制课征，贡纳的主要是农产品，并有一定的征收比例。

不少学者认为，这种自由贡献不属于严格意义的税收，可视为税收产生之前的财政收入形式。

（2）请求援助时期

这一时期的特点是国家向人民提出请求，人民根据国家的请求给国家提供帮助。它与自由贡献相比，有确定的内容、数量和时间要求，不再由人民随意确定。在我国，请求援助时期主要存在于商代，具体表现为“助”的形式。商代的“助”是一种力役形式的课征，就是借助平民之力耕种公田，公田的收获全部归国王所有。最典型的是当时的“井田制”，即所谓“方里而井，井九百亩，其中为公田，八家皆私百田，同养公田。公事毕，然后敢治私事”。就是说将田地划分为“井”字状，中间一块为公田，其余八块分给八家，为私田。公田由八家合力耕种，先耕种公田，然后才能耕种私田，公田的收获物归国家所有。所以，“助”实质上是一种力役形式的税收。

一般认为，这种请求援助已经具有税收的性质，可视为税收的不成熟形态。

（3）专制课征时期

这一时期的特点是国家征税无须征得任何民间组织的同意，而是单纯凭借其至高无上的专制力量，强制地向人民课征。这种专制课征在我国萌发于周代的“彻”法和春秋时期的“初税亩”。对于周代的“彻”法，学术界存在较大分歧。《孟子》：“周人百亩而彻”。又谓：“彻者，彻也”。一般认为，“彻”有强制和共通的含义，可视为现代税收的成熟形态。也有人认为，孟子所说的“周人百亩而彻”很可能指春秋中叶从“初税亩”开始的税法。所谓

① 傅道忠，姚凤民．财政学．北京：中国财政经济出版社，2004：285-287.

"初税亩"，是指在春秋时期鲁宣公十五年（公元前594年）所发生的最早按私人占有田亩实数征税的制度。它标志着中国古代土地私有制的确立，同时也是税收由不成熟形态走向成熟形态的象征。专制课征时期贯穿于整个封建社会。

（4）立宪协赞时期

这一时期的特点是国家征税必须经过议会的同意，非经议会同意，国家不得征税。在我国，立宪协赞制度始于1911年，伴随着清王朝的封建君主专制制度的结束而开始。这一时期，税收立宪课征的重要标志是具有资产阶级民主共和国性质的南京临时政府在其《临时政府组织大纲》中的明确规定：参议院是行使立法权的机关，有权决定税法。

3. 税收产生和存在的理论观点

西方学者对税收产生和存在问题的探讨始于17世纪，有关政府为什么征税、公众为什么要缴税问题的研究，对深入了解税收的本质和特性具有重要意义。比较具有代表性的学说主要有以下几种。

（1）公需说

这一学说起源甚早，17世纪受到德国旧官方学派柯劳克等人的倡导，到19世纪，因为得到庸俗经学家的鼓吹而被发扬，时至今日，仍为不少西方学者信奉遵守。这种学说认为国家的职责在于增进社会福利，而履行这一职责需要经费开支，因此政府必须通过征税确保公共利益的实现，而社会成员则有义务为公共支出分担费用。用柯劳克的话来说就是："租税如不是出于公共需要和公共福利，即不得征收，如果征收，则不称之为正当的租税。所以征税必须以公共福利及公共需要为征税的理由。"总之，税收的产生与存在的条件是公共需要，税收是满足"公共需要"的代价，没有公共需要的产生，就不会有税收的出现。

（2）利益说

这一学说的核心在于认为人民从国家的活动中获得了利益，因此人民为了回报国家就有义务缴纳税收。法国思想家卢梭提出"国家的各种活动都对人民有利，人民应按各人所享利益多寡来交纳赋税"。该学说的另一位代表人物——法国的孟德斯鸠则认为，"租税是市民欲求财产安全或欲求由财产而享安乐，乃分割其一部分供给国家"。

（3）交换说

交换说把国家和人民看作是相互独立的个体，把个人对政府纳税看作是契约上的一种等额交换。19世纪初，法国蒲鲁东提出"税收是国家勤劳的代价"，认为"赋税是交换的代价，国家以一定成本产生勤劳，卖之于人民，故人民应用交税来偿付代价"。实际上，人民缴纳的赋税往往与他们从国家所得到的并不相等，因而很难达到一种等价交易，只是理论上的一种理想状态。这种学说的实质是把国家生产看成是税收产生的条件。

（4）义务说

又称为"分担说"、"牺牲说"等，19世纪后期流行于西方社会。19世纪德国的劳吾提出"租税是根据一般市民的义务，按一定标准向市民征收的公课"。20世纪初美国的裴伦认为"所谓赋税，乃是用强迫方法征收人民的财富，以供全国居民谋普通利益之用"。义务说认为纳税为人民应尽的义务，谁也不得例外，认为国家是万能的主宰，人民为国家而存生，国家和人民之间是一种主从关系，是集体与个人的关系。国家可以强制公民纳税，纳税是人民应尽的一份义务，与个人享受多少或能否享受到某种利益并无关系。这一学说是建立在以社会契约论为基础的"交换说"基础上的。

(5) 经济调节说

又称为“市场失灵论”，产生于20世纪30年代资本主义大危机时期，是凯恩斯宏观经济理论的伴生物。这一学说认为市场机制存在失灵领域，如不能提供公共品、无法解决外部效应问题、难以公平社会产品的分配及实现充分就业等，市场的周期性波动成为本身难以克服的顽疾，这些都需要政府进行宏观调控予以克服，因此税收成为政府反周期调节经济的最为常用的手段之一。

11.2 课税原则与最适课税

11.2.1 课税原则

课税原则又称为税收原则，是制定税收政策、设计税收制度的指导思想，也是评价税收政策好坏、鉴别税制优劣的准绳。课税原则制定的合理与否主要看两方面：一是是否有利于实现国民经济长期高效稳定增长；二是是否有利于提高人民群众的生活水平。不同的经济发展阶段，课税原则也不同。下面按课税原则的历史沿革对课税原则进行简单地介绍。

1. 古典课税原则

早在资本主义初期，资产阶级经济学家们就开始进行课税原则问题的探讨，代表人物为威廉·配第（William Petty，1623—1687）。随着资本主义自由化的开始，税收原则得到了更为深入系统地研究，亚当·斯密（Adam Smith，1723—1790）、让·巴蒂斯特·萨伊（J. B. Say，1761—1832）、阿道夫·瓦格纳（Adolf Wagner，1835—1917）等纷纷提出自己的观点，其中以斯密的“税收四原则”和瓦格纳的“四项九端原则（四大项九小点）”最为著名。

1) 配第的课税原则

按照西方经济学家的说法，课税原则的最早提出者是英国古典政治经济学创始人威廉·配第。威廉·配第在其最著名的代表作《赋税论》与《政治算术》中比较深入地研究了税收问题，第一次提出了课税原则（当时称之为“税收标准”）的理论。配第的课税原则是围绕公平税负这一基本观点来论述的。当时，英国处在资本主义早期阶段，税制紊乱复杂，税负重且分配不公平，税收“并不是依据一种公平而无所偏袒的标准来课征的，而是听凭某些政党或是派系的掌权者来决定。不仅如此，赋税的征税手续既不简便，费用也不节省。”由此，配第提出税收应当“公平（税负）”、“简便（手续）”、“节省（费用）”的标准，强调税收的经济效果，反对重税负。

2) 斯密的课税原则

斯密是历史上将课税原则上升到理论高度，明确且系统地进行阐述的第一人。斯密处于自由竞争资本主义时期，他创立了著名的“看不见的手”理论，极力主张经济自由化。以此为指导，斯密在其经济学名著《国民财富的性质和原因的研究》一书中提出了“税收四原则论”。

(1) 平等原则

平等原则是指“全体公民都须在可能范围内，按照各自能力的比例，即按照各自在国家保护下享得的收入的比例，缴纳国赋，维持政府”。斯密主张取消一切贵族僧侣的免税特权，全体民众按在国家保护下的受益额缴纳税收，税收应尽量保持“中立”，不能改变市场初次分配形成的利益格局。

（2）确实原则

确实原则是指“各公民应当完纳的赋税必须是确定的，不得随意变更，完纳的日期、完纳的方法及完纳的数额都应当让一切纳税人及其他人了解清楚。如果不然，每个纳税人就多少不免为税吏的权力所左右。”这一原则主要为了保护纳税人的利益，防止和杜绝税务官员的任意专断征税及恐吓、勒索纳税人等行为。

（3）便利原则

便利原则是指“各种赋税完纳的日期及完纳的方法，须予纳税人以最大便利”，即征税时间应选择在纳税人收入丰裕时，纳税方法和手续要尽可能简化，纳税地点应设在交通便利的场所，税收尽量采用货币形式，以免纳税人为运输实物而增加额外费用等。

（4）最少征收原则

最少征收原则是指“一切赋税的征收，须设法使人民所付出的尽可能等于国家所得到的收入”。斯密强调，在征税过程中，应尽量减少不必要的费用开支，所征税收应该尽量归入国库，使国库收入同人民实际缴纳的税额间的差额最小。

3）瓦格纳的课税原则

19世纪下半叶，德国处于自由资本主义向垄断资本主义过渡时期，社会资本日趋集中，财富分配差距悬殊，社会矛盾尖锐。为了缓解社会矛盾，瓦格纳主张国家运用包括税收在内的一切政治权力调节经济生活。在这种思想指导下，瓦格纳集前人课税原则理论之大成，提出了相对较为完备的课税理论，可以归纳为四大项九小点（亦称“四项九端”原则）。

（1）财政收入原则

一是充分原则，指税收应充分满足政府财政支出的需要，以避免产生赤字。二是弹性原则，指税收要能灵活地随财政支出的变动而相应增减。

（2）国民经济原则

一是慎选税源原则，指税源的选择要有利于保护税本，发展国民经济。应以国民所得为税源，尽可能不以资本或财产为税源，否则可能伤害税本。但他同时也强调，不宜单一地选择所得为税源。二是慎选税种原则，指税种的选择要考虑税负转嫁问题，尽量选择难以转嫁或转嫁方向明确的税种。

（3）社会正义原则

一是普遍原则，指每个公民都应承担纳税义务，税负公平地分配给社会每个成员。二是平等原则，指应根据纳税能力大小征税，采用累进税、减免税等措施达到社会正义目标。

（4）税务行政原则

一是确实原则，指税收法令必须简明确实，纳税的时间、地点、方式、税额的计算等须预先规定清楚。二是便利原则，纳税手续要简便，纳税时间、地点、方式等要尽量方便纳税人。三是节省原则，指应节省税收征管费用，尽量增加国库的实际收入，减少纳税人因纳税产生的直接或间接负担的费用开支。

2. 现代课税原则

现代课税原则是在古典原则的基础上发展起来的，主要渊源于凯恩斯经济学及福利经济学的思想。虽然很多经济学家出于不同角度提出了各自的观点，但是基本上都是依据税收在现代经济生活中的职能作用加以概括的，综合起来可以归为税收效率原则和税收公平原则两类。

1）税收效率原则

（1）税收效率原则的含义

税收效率原则要求政府征税活动有利于实现资源的有效配置和经济机制的有效运行，尽可能地使征税的成本等于纳税人所纳税额，减少其他非税款形式引致的额外负担。这部分负担主要包括征税扭曲资源配置带来的超额负担及征税过程中所耗费的征纳费用等，前者属于税收经济效率的内容，后者则构成税收的行政效率原则。

（2）税收效率原则分类

① 税收经济效率原则。经济学中常用“帕累托标准”来判断经济效率实现与否，即如果现在的资源配置状态已经达到了改变状态就会有人受损而无人受益时，即可以认为已经实现了资源的最佳配置。这一概念同样可以适用于税收。征税的负效应如果仅限于税额本身，则这种影响是正常的，如果超过了税额，表明征税活动干扰或阻碍了经济活动，资源配置失效。税收的经济效率原则就是考察如何实现资源的最优配置和经济机制的有效运行，使社会以最小的额外负担获得最大的经济效益，即税收的额外成本最小化和额外收益的最大化。

税收的额外负担指因政府征税活动带来的大于税收收入部分的费用损失，这是由于征税改变了商品的相对价格，从而干扰了由市场决定的纳税人消费、生产等方面的选择行为，进而使得资源配置偏离了最优状态引起的。经济学家们认为要减少税收的额外负担，就应该使税收保持“中性”。税收中性是指政府课税不应干扰或扭曲市场机制的正常运行，也就是不能影响私人部门原有的资源配置状况。税收的中性只是一种理想说法，现实中是很难实现的，所以只能是税收政策制定的指导标准。

税收的额外收益主要是针对税收的经济调节作用而言的，政府通过税收掌控资源，一方面提供公共品满足公众需要，增进社会福利；另一方面弥补市场失灵，实现宏观经济的稳定和增长。

② 税收行政效率原则。税收的行政效率指的是以尽可能小的税收成本取得尽可能大的税收收入，用税收成本占税收收入的比例来衡量。税收成本指税收征纳过程中发生的各类费用支出总和，由税务机关的征税费用和纳税人的奉行费用两部分构成。

税务机关的征税费用具体包括税务机关日常行政事务所需的费用、购置固定资产支出及税务人员的工薪支出等。税务机关的征税费用占所征税额的比重，即为征税效率。征税效率的高低与税务机关本身的工作效率是密切相关的。

纳税人的纳税奉行费用是纳税人履行纳税义务过程中所发生的费用，包括纳税人申报纳税和偷逃避纳税过程中所耗费的时间、精力和金钱；雇用税务顾问和会计师等的费用；公司为个人代扣代缴税款所花费的费用等。相比税务机关的征税费用，纳税人纳税奉行费用较为隐蔽，计算起来也比较困难。从数量方面看，纳税人的奉行费用可能会大于征税费用，这是一项不容忽视的税收成本。

要提高税收的行政效率，应该采用科学的征管手段，改进税务工作方法，以节约征管方面的人力和物力耗费。同时，简化税制和税收征纳程序，使纳税人容易理解掌握。

2）税收公平原则

（1）税收公平原则的含义

税收公平就是指纳税人所承担的税负要与其经济状况相适应，并使各个纳税人之间的税负水平保持均衡，其含义可以从横向公平和纵向公平两方面把握。横向公平指经济能力或纳税能力相同的人应当缴纳数额相同的税收。纵向公平是指经济能力或纳税能力不同的人应当缴纳不同的税额，即高收入者多缴税，低收入者少缴甚至不缴税。可见，衡量税收公平与否不能孤立地看纳税人缴纳的税额多少，而是要与纳税人的经济能力相联系。

（2）衡量税收公平的标准

根据税收公平的含义，要实现税收公平，关键在于准确评定纳税人的纳税能力，这实质上是如何确定税收公平标准的问题。目前，对这一问题的解释大体上可以概括为受益原则和纳税能力原则两种。

① 受益原则。又称“利益说”，要求每个人所承担的税负应当与他从公共品享用中获得的利益相一致，即获益多者多纳税，获益少者少纳税，不获益者不纳税，同等获益者纳同等税。这一过程与市场交易很类似，税收被看作政府提供的公共品的价格，纳税人根据自身的偏好，用与从公共品消费中获得的边际效用大小相等的税额，支付公共品的供应成本。如果政府能够清楚地了解每个社会成员对公共品的偏好，它就能够按照边际效用的大小向各成员收税。由此，政府不仅可以确定公共品的最优供应规模，而且也能充分满足公共欲望。

由上可见，理论上受益原则最能体现公平纳税宗旨，但是由于公共品的效用非排他性，要准确测定每个人的获益是很难的。例如，政府用于国防、教育、治安等方面的支出，要具体衡量个人的收益程度，进而决定纳税额是很困难的。个别税种，如车辆牌照税、燃油税等，是依照收益原则，根据纳税人从政府提供的公路建设支出中的获益量来纳税的。另外，穷人和残疾人从政府的转移性支出中受益，如果按照受益原则对其征税，显然是不公平的，因为他们的纳税能力很小或者根本没有纳税能力。可见，受益原则的实际应用是很有限的，它只能解决税收公平中的部分问题而不是全部。

② 纳税能力原则。又称为“支付能力说”，是指根据纳税人纳税能力的强弱来确定其应当承担的税赋，纳税能力强者多纳税；反之，少纳税或不纳税。纳税能力原则是公认的比较合理且易于实行的标准。同样，在这一原则下也涉及如何测度个人纳税能力的问题，目前理论界存在客观说和主观说两种观点。

客观说主张以纳税人拥有的财富量作为测量其纳税能力的标准。财富可以用收入、财产和消费额来表示，下面将以此为顺序介绍客观说是如何测量纳税人的纳税能力的。

第一，收入尺度。收入通常被认为是衡量纳税人纳税能力的最好标准。因为收入体现了一定时期内纳税人对经济资源的支配权，最能反映纳税人在特定时期内的消费或增添财富的能力。高收入者纳税能力强，应多纳税；反之，则纳税能力弱，少纳税。发达国家以所得税为主的税制模式充分表明收入作为纳税能力衡量标准的观点，已被很多国家接受并实践。

但是，以收入衡量纳税能力涉及收入如何计算，即收入统计口径问题。不同的计算口径，得到的收入规模是不一样的。例如，是以单个人的收入还是以家庭平均收入为标准？家庭人口数、成员的收入能力、年龄分布等因素都会对个人的纳税能力产生很大的影响。是以货币收入为准还是以实物收入为准？是将勤劳所得的收入与不劳而获的意外收入都纳入收入统计中，还是将其区分开来？

第二，消费尺度。这种观点主张将消费作为衡量纳税能力的标准，认为多消费者使用了较多的社会资源，获得的利益也大，应该多纳税。其反对收入衡量标准，理由是收入是个人对生产贡献所得，收入越多表明个人对生产所做的贡献越大。收入标准下，多收入者多纳税，这是不公平的，而且高收入带来了高储蓄，高储蓄引致的高投资，促进了经济增长。此外，按收入标准设计的所得税，扭曲了人们在当前消费和未来消费之间的选择，导致了税收的超额负担。以消费作为衡量纳税能力的标准，有助于抑制消费，鼓励投资，从而促进经济增长。不过，单一地以消费作为衡量纳税能力的标准，其不足之处在于每个人的消费倾向可能不同。例如张三和李四的月收入分别为 10 000 元和 1 000 元，他们的消费支出都为 1 000 元，假如都以消费支出来确定纳税能力，显然也是不公平的。

第三，财产尺度。财产代表着纳税人对其所拥有的经济资源的独立支配权，反映个人的经济支出能力。但是，以财产作为纳税能力的衡量标准，也存在一些缺陷：一是数额相等的财产未必会给纳税人带来相同的收益；二是拥有财产的纳税人中，负债者与无债者情况不同，财产中的不动产与动产情况也不同；三是财产种类繁多，实践上难以查实和估值。因此，仅以财产作为纳税能力的标准也是不公平的。

总之，上述三种衡量纳税能力的标准都存在片面性，绝对公平的标准是不存在的，一般应以一种标准为主，同时兼顾其他标准。

主观说主张以纳税人因纳税而感受的牺牲程度大小作为测定其纳税能力的尺度。牺牲程度的测定以纳税人纳税前后从其财富中得到的效用差为准。如果税收能使每一个纳税人所感受的牺牲程度相同，税制就是公平的，否则就不公平，具体又可分为均等牺牲、比例牺牲和最小牺牲三种尺度。

均等牺牲又称等量绝对牺牲，要求每个纳税人因纳税而牺牲的总效用相等。按照边际效用递减规律，收入越高者，每增加一元收入所带来的边际效用越小，相同纳税额下感受的牺牲程度也就越小。同理，对穷人和富人课征相同的税收，前者感受的牺牲程度远大于后者。所以为了使每个纳税人牺牲的总效用相等，就须对边际效用小的收入部分征高税，对边际效用大的收入部分征低税。

比例牺牲又称等量比例牺牲，要求每个纳税人因纳税而牺牲的效用与其收入成相同比例。虽然纳税人收入增加会减少边际效用，但高收入者的总效用总是要比低收入者的总效用大，可对所获总效用大者（即高收入者）多征税，对所获总效用小者（即低收入者）少征税，从而使各纳税人所牺牲的效用与其收入成相同比例，以实现税收的公平。

最小牺牲又称等量边际牺牲，要求每个纳税人因纳税而牺牲的最后一单位货币收入的效用相等。根据边际原理可知，此时社会因纳税而损失的效用总和最小。例如，如果甲某纳税的最后一单位货币的效用大于乙某纳税的最后一单位货币的效用，那么就应该对甲某减税（货币的边际效用降低），对乙某增税（货币的边际效用增加），使二者因纳税而牺牲的最后一单位货币的边际效用相等。最小牺牲也要求对高收入者征税，对低收入者减免税。

11.2.2　最适课税理论

最适课税理论是用来研究税制优化和税率有效设计问题的，其中主要集中于最适商品课税、最适所得课税及商品税（直接税）和所得税（间接税）之间的配合，即税收公平与效率的权衡等问题。对最适课税理论的研究由来已久，现代的最适课税理论建立在英国经济学家拉姆赛 1927 年发表的经典性论文《对税收理论的贡献》的基础上，使用数学的最优化方法和福利经济学等理论进行的再研究。目前，从最适课税理论的内容及发展看，它侧重于规范性研究，指出最优税制应具备的特征包含人们的价值判断。但是，在学习最适课税理论时也应注意到，该理论建立在严密的假设条件基础上，放松假设条件后，不一定适用于现实。所以，增强最适课税理论的实用性也是亟待解决的一个重要问题。

1. 最适课税的含义

最适课税理论也称为最优课税理论或最优税收理论，用于研究税制设计应当满足什么样的条件，才能在达到一定的公平目标并取得一定的税收收入的情况下，使得税收的额外负担最小。最适课税理论从纳税者的福利变化和政府税收收入角度入手，核心是寻找公平和效率两者之间的平衡，以最大化社会福利。

在经济学中，“最优”通常指的是帕累托最优状态，通俗地说就是使某个人的境况变好的唯一办法就是使其他人的境况变坏，如果经济运行达到了上述所说的状态，我们就说资源配置状态实现了帕累托最优。最优课税理论中的“最优”概念与帕累托最优不一样，但二者又存在着联系。最优课税理论中的“最优”实际上是一种次优选择。首先，政府为了维持其本身运转和提供公共品，必须通过税收来筹措所需要的资金，从而征税活动是不可避免的；其次，政府征税不管是为了公平收入分配还是为了筹措财政收入，都会影响到消费者和生产者的决策，打破完全竞争条件下的均衡，造成效率损失（即额外负担），使经济无法达到帕累托效率状态。所以，为了解决课税与效率损失之间的矛盾，西方经济学家将次优原则应用到税制设计理论分析中，研究如何从多种可供选择的方案中找出使社会福利最大化的一种或一组方案。

在税收思想史上，亚当·斯密的平等、确实、便利和最小征收费用四原则是最早衡量税制优劣的主要标准，在最适税收理论中被简化成如下三种要求：税收公平的要求；减少征收费用的要求；减少抑制性效应的要求。第一个要求反映的是税制公平的思想，第二、三个要求反映的是税收效率的思想。

亚当·斯密之后，经济学家用额外负担作为评判效率的标准，认为有效率的税制应当使课税所造成的额外负担最小。所谓额外负担，是指因政府征税引起的超过政府所筹措到的税收收入的福利损失部分。对于如何度量额外负担有着若干不同的方法。马歇尔式的消费者剩余是度量额外负担的基本工具，利用这一工具，额外负担的度量如图 11-1 所示。政府征税打破了原有的供给均衡 E_0，税额为 t（用 P_dP_s 表示），需求价格从 P_0 上升到 P_d，税收减少的消费者剩余用 $A+B$ 面积来表示。生产者价格从 P_0 降低到 P_s，减少的生产者剩余用面积 $C+D$ 来表示。政府获得的税收为 $A+C$，$B+D$ 部分是一种净损失，即超额负担（亦称为哈伯格面积），因为生产者、消费者和政府都没有得到，近似地等于 $1/2\ [t\ (Q_0-Q^*)]$，这种度量额外负担的方法是以马歇尔的效用理论为基础的，因此称之为马歇尔式的额外负担。度量额外负担的另一种方法是希克斯式度量。希克斯把等价变量和补偿变量概念引入额外负担的度量中，提出了度量额外负担的新方法。等价变量指的是由于收入减少而导致的福利损失，由于课税改变了商品的相对价格，从而相当于减少了消费者的收入，造成消费者福利损失。补偿变量是指要使消费者维持在最初的效用水平而必须对其进行补偿的数量。根据这一定义，税收的额外负担等于政府所筹措的税收加上对消费者的补偿。

不管哪一种度量方法，其目的都是对额外负担进行度量，以衡量课税所造成的福利损失，最终作为衡量效率损失的标准，也是公平和效率之间应如何合理安排的标准。公平目标的实现是以效率损失为代价的，问题在于应如何设计税制，在达到公平目标的同时使效率损失最小。

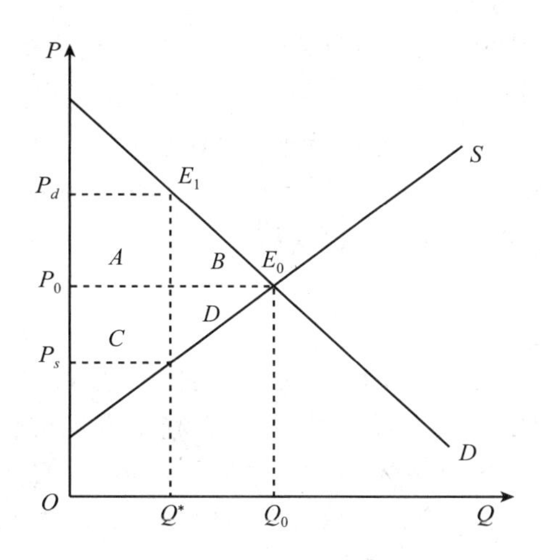

图 11-1 政府课税的额外负担

2. 最适课税理论的主要内容

最适课税理论发展至今，虽然理论体系在进一步完善，研究范围得到了拓宽，但是大致还是沿着两条主线进行的：一条是最适商品课税；一条是最适所得课税。下面将从最适商品课税、最适所得课税、直接税与间接税的配合和最适税收征管这四个方面进行简要的介绍。

（1）最适商品课税理论

最适商品课税研究当政府以商品税来筹集财政收入时，应当如何设计商品税的课税范围和税率，以使税收的额外负担最小。

从直观上看，似乎对所有商品课征同一税率的商品税不会产生扭曲效应，因为这样不会改变商品间的相对价格体系，更符合效率原则。然而，经济研究表明，从效率的角度看，对全部商品实行统一税率并不一定是最优的。这是因为商品的性质、用途及人们的偏好程度（即需求弹性）等的不同，如果按照同一税率课税，对商品价格和人们经济选择行为造成的影响也会不同。为了使税收的额外负担最小，拉姆塞在 1927 年提出了著名的“逆弹性法则”，认为在最优的商品税体系中，税率应与应税商品的需求弹性成反比，即对需求弹性较小的商品课以较高的税率，对需求弹性较大的商品课以较低的税率。“逆弹性法则”与拉姆塞的另一个法则“等比例减少法则①”共同构成了“拉姆塞法则”的主体，该法则为实行差别商品课税提供了理论依据。

但是，“拉姆塞法则”是建立在一系列脱离客观现实的假设条件上的，研究局限于完全竞争的封闭经济，也就是说在政府征税前经济处于帕累托最优状态，税制所需要做的就是保持这种状态。但客观实际中，由于垄断、信息不完全等的影响，经济往往无法保持在帕累托最优状态，因此理论上得到的税制方案可能不适用于现实。另外，拉姆塞还假设商品之间不存在交叉影响，货币的边际效用对每个消费者都是一样的，也就是不考虑分配状况和收入状况，这显然是不合理的。如果考虑公平问题，根据拉姆塞法则设计的税制将是非常不公平的，因为需求弹性较小的商品往往是生活必需品，若课以较高的税率，低收入者用于购买生活必需品开支占收入的比重将远大于高收入者，即低收入者的税负将重于高收入者。

---

① 要使税收的额外负担最小，税率的设置应使各种应税商品的生产以相同的百分比减少。

拉姆塞之后，众多经济学家，如科利特、黑格、米尔利斯等都进行了较为深入的研究，假设条件也逐渐放松，越来越贴近社会现实。目前，达成的主要共识有：一是商品的需求弹性越大，征税的潜在扭曲效应越大，因此最适商品课税要求对无弹性或缺乏弹性的商品采用高税率、对高弹性或富于弹性的商品采用低税率；二是为了保证生产的高效率，要求开征扭曲性税收，即实行差别商品税制，对生活必需品实行低税或免税，对奢侈品实行高税率，使商品税具有再分配功能。

(2) 最适所得课税理论

所得税是政府调节收入分配和筹集财政收入的主要工具，因此最适所得课税所涉及的主要问题就是如何设计所得税率（累进或累退），才有利于实现税收的公平目标。目前，最适所得课税尚没有形成一套完整的理论体系，而主要是以模型的形式存在，如埃奇沃斯模型、斯特恩模型、米尔利斯模型、戴蒙德模型等，其中以米尔利斯模型最具有代表性（实质是一种倒“U”形模式）。由于模型的推导和分析过程相当复杂，鉴于篇幅有限，在此予以省略，只简单介绍现在所得到的一些结论。

最适所得税的设计关键是确定税率的累进程度，即不同的收入水平段所对应的边际税率。一般认为，累进税率的税制比单一税率的税制更能促进社会公平目标的实现，主要是因为富人的收入边际效用比穷人小，在相同纳税额的情况下穷人对收入损失的痛苦程度大于富人，所以应该对富人征高税。但是边际税率的设置不能过高，因为税收对消费选择的影响，累进程度较高的所得税制会扭曲人们在工作与闲暇之间的选择，削弱工作、劳动的积极性，带来税收的额外负担，降低效率。而且，累进的所得税制与政府的转移性支出相结合更符合公平原则。

如何才能实现所得税率结构在公平与效率两者间的最佳平衡呢？理论上说，最优的税率结构应处于使收入再分配带来的福利（效用）与累进税制削弱激励机制造成的效率损失相等的边际点上。对此，一种呈倒“U”形的所得税税率模式是较为合理的选择。其具体内容是：从公平与效率的总体角度来说，对中等收入阶层的边际税率可以适当提高，因为提高这一阶层的税率带来的税收收入大于提高高收入阶层的税率带来的税收收入，并能使对这两个阶层的征税所造成的效率损失保持在同等程度上。相反，对低收入阶层和高收入阶层应实行较低的边际税率，因为降低低收入阶层的边际税率，有利于增进低收者的福利，促进收入分配的公平；而降低高收入阶层的边际税率，则可以强化税收对经济主体的刺激，促进效率的提高，增进社会总福利。

倒“U”形的所得税分析也是建立在一系列苛刻的假设条件上的，如个人的效用函数都相同、确切了解收入与闲暇的边际替代率、政府对纳税个体行为具有完备的信息，不考虑税制实施的管理成本等，从而使得模型的实用性大打折扣，基本没有哪个国家完全按照最适所得税理论来设计本国的税收制度。但值得注意的是，20 世纪 80 年代中期西方国家进行的所得税制改革，不少政策举措是符合最适所得课税理论要求的，如大幅度降低了个人所得税的边际税率，其边际税率曲线也略呈倒“U”形。

(3) 直接税与间接税的相互配合

通过上述内容的学习可以知道，所得税对商品相对价格的扭曲性较小，最能体现税收公平原则，而差别商品税对资源配置效率的改善也是所得税所不能代替的，两者都是最适课税理论研究的重要内容，所以所得税和商品税是税制结构设置的必然组成。所得税因为税负难以转嫁或转嫁方向明确而被归入直接税。商品税的税负易于通过价格转嫁出去所以属于间接税。因此，最适课税对所得税与间接税间的关系研究演变为如何完善直接税与间接税的功能互补性，更好地实现公平与效率的权衡。

在一国税制中，直接税和间接税都有存在的必要，究竟以何者为主体，取决于政府宏观调控目标、税收征管能力、财力需要及社会现实等因素。例如，在既定的税收征管能力下，为了实现一定的政府收入目标，实行以设计良好的商品税为主的税制是有效率的，并易于发挥政府对市场的积极干预作用。但如果是为了更有利于社会和谐，促进公平分配，实行以所得税为主的税制则更为有利。

（4）最适税收征管

最适税收征管将税收征管的难易程度和征税成本的高低引入到最适课税的分析中，并将征管因素作为衡量一个税种乃至一套税制是否优化的标准之一。虽然某一税种或税制理论分析认为是最优的，但如果实践中征管难度较大或征税成本较高也不能算是最优的。相反，一种扭曲性较大但易于管理的税种或税制有可能成为政府组织收入的重要工具，这表明只有将征税成本、征管可行性等因素与效率、公平等原则并列加以考虑，才能设计出一个真正可行的优化税制。现阶段的最适课税理论未充分考虑税收征管问题，而只是简单地假定哪些税收工具是政府可用的，随着有关研究的逐步开展和深入，如税收的操作和整体效应的量化研究、不同税种征税成本的比较估算等，将对未来的税收实践提供更为有力的指导。

目前，最优课税理论的发展还不完善，即使是在经济高度发达的西方国家，最优课税理论也还难以完全应用到具体的税收制度建设上去，但这不能否认它对税收制度建设实践具有的指导和借鉴意义。

11.3 税收的经济效应

税收是政府凭借政治权力，参与国民产出分配的工具。当资源从私人部门转移到政府手中时，不可避免地要对纳税人的经济活动和选择决定产生影响，这种影响就是税收的经济效应，简称为税收效应。如何分析了解税收对国民经济的影响，尽量使税收不干扰市场机制的运行（即税收的额外负担最小），保证国家宏观调控的实现和获取稳定的财政收入是对税收政策制定的基本要求。下面将从生产、投资、消费、储蓄与劳动供给五个角度，运用无差异曲线等分析工具来探讨税收效应。

1. 税收与生产活动

政府征税会引起商品相对价格体系和厂商可支配资源数量的变化，从而影响厂商的生产行为，这种影响可归为税收对生产活动的替代效应和收入效应。

首先解释一下税收是如何影响厂商的生产替代选择行为的。假定点 E_0（如图 11-2 所示）为政府未课税前完全市场的供求均衡点，政府征税将打破这一均衡状态，形成新的均衡点 E_1。在新的均衡产量 Q^* 处，税收楔子（用 P_dP_s 表示）的进入使消费者和厂商各自面对不同的价格，消费者的需求价格从 P_0 上升为 P_d，厂商的产品价格从 P_0 下降为 P_s，这就意味着政府征税使厂商获得的某种商品的生产价格下跌，厂商的生产利润空间缩小，转向生产其他产品将更为有利。因此，厂商将减少课税商品的生产，增加其他无税或轻税商品的生产，即用无税或税负轻的商品替代课税或税负重的商品。

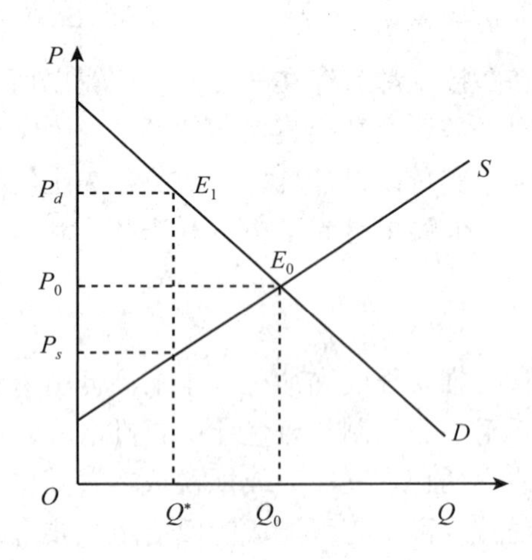

图 11-2　税收对市场价格的影响

下面用图 11-3 来分析税收对厂商生产行为的替代效应。假设某厂商的生产条件和成本既定，并且只生产 1 和 2 两种商品，生产可能性曲线 TT 代表了两商品可能的全部生产组合方式。在政府课税之前，TT 线与无差异曲线 I_1 相切于点 E_1，对应的商品组合（G_1，G_2）为最优，切点处的斜率为商品 1 与商品 2 的税前边际成本之比。现假定政府对商品 1 开征消费税，对商品 2 不征税，消费者为商品 1 支付的价格随之上升，生产者实际得到的价格下降，两者间的边际成本之比变大。生产者纳税后的最高无差异曲线变为 I_2，新的均衡点为 E_2，此时的最优商品组合变为（G_1^*，G_2^*）。从图中可以看出，政府征税改变了生产者的生产决策，厂商减少了商品 1 的产量 $G_1G_1^*$，相对增加了商品 2 的产量 $G_2G_2^*$，即以商品 2 的生产替代了一部分商品 1 的生产。

税收对生产者行为的收入效应表现为政府开征某种税后，会使生产者可支配的生产要素减少，从而降低产品的生产能力。在图 11-4 中，假定某生产者在政府课税前的均衡点为 E_1，政府向生产者征收所得税后，生产者的一部分购买力腾出转交政府支配，但商品间的相对价格不发生变化。政府征税的直接结果是减弱了厂商的生产能力，即生产可能性曲线 TT 向内移

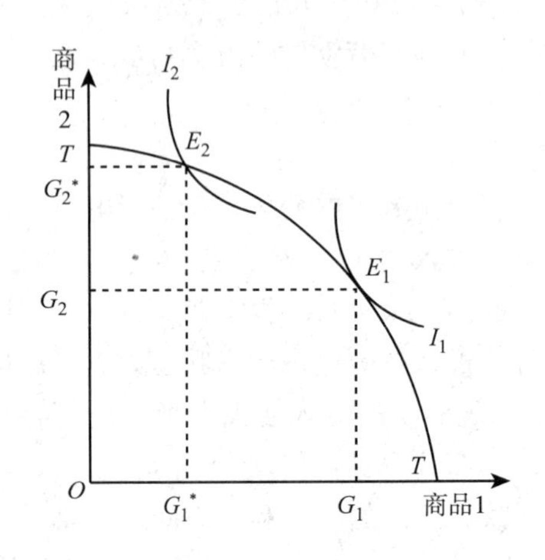

图 11-3　税收对生产行为的替代效应

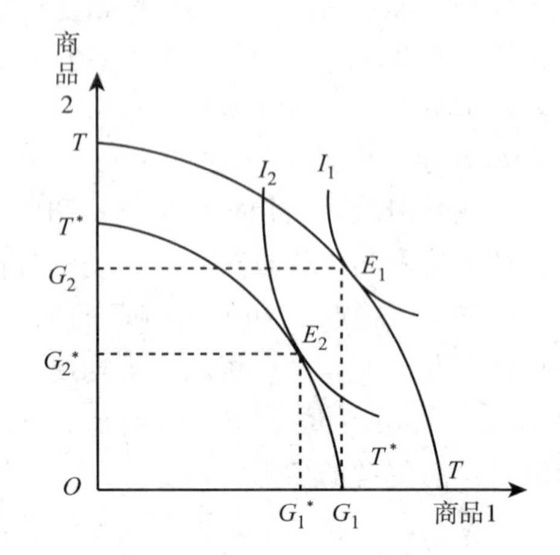

图 11-4　税收对生产行为的收入效应

动，由原来的 TT 线移至 T^*T^* 线，新的生产可能性曲线 T^*T^* 与其所能达到的最高无差异曲线 I_2 在 E_2 点相切，形成税后的厂商均衡点。图 11-4 清晰地表明，生产者的生产能力较政府征税前下降，最佳商品组合由（G_1，G_2）变为（G_1^*，G_2^*），商品 1 和商品 2 的产量都减少了。

2. **税收与消费选择**

政府征税会影响消费者的可支配收入和商品的相对价格水平，进而影响消费者的消费选择，税收对消费者的这种影响可以分为替代效应和收入效应。

税收对消费选择的替代效应表现为政府对商品课税之后，课税商品价格相对于其他商品上涨，导致消费者减少该商品的购买，相应增加无税或轻税商品的购买，即以无税或轻税商品替代课税或重税商品。税收对消费者的替代效应可以用图 11-5 来解释。政府征税前的均衡点为 E_1，如果政府对商品 1 征收消费税，商品 2 不征税，预算约束线 AB 围绕点 A 顺时针旋转至 AC 处，与新的无差异曲线 I_2 相切于 E_2 点，此时商品的最优组合为（G_1^*，G_2^*）。与征税前的最优组合（G_1，G_2）相比，商品 1 的消费减少，商品 2 的消费增加，即对商品 1 的征税使人们转向其替代品商品 2 的消费。

税收对消费者选择的收入效应表现为政府课税后，会使消费者可支配收入下降，从而减少商品的购买量，降低消费效用水平。如图 11-6 所示，假定在政府不征税的情况下，直线

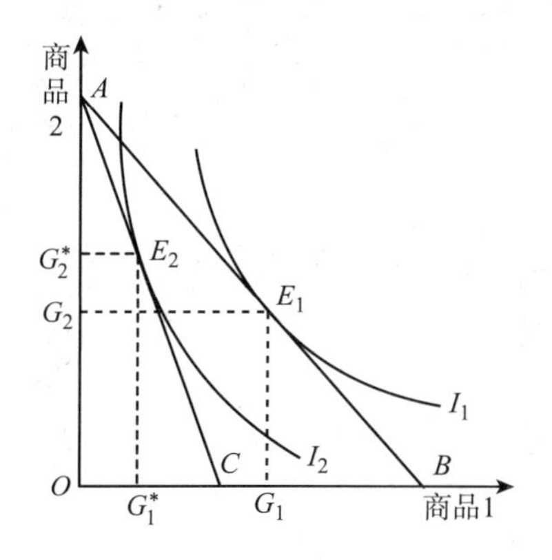

图 11-5　税收对消费选择的替代效应

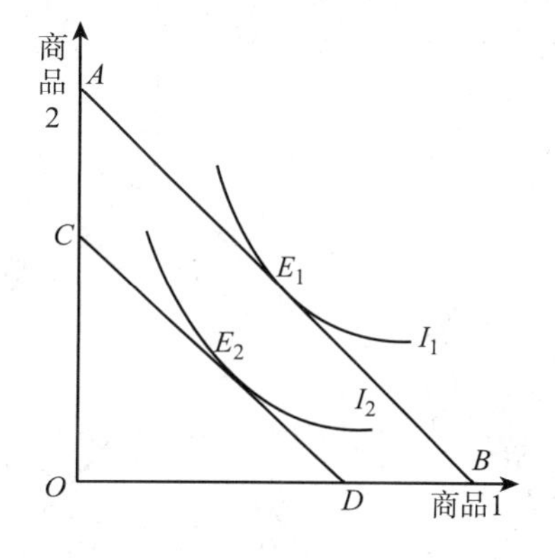

图 11-6　税收对消费选择的收入效应

AB 为消费者的预算约束线，商品 1 和商品 2 的价格既定，I_1、I_2 为消费者的无差异曲线簇。无差异曲线 I_1 与预算线 AB 的切点 E_1 是消费效用最大化的均衡点。如果政府对消费者征收所得税，消费者的可支配收入将下降，预算约束线左移至 CD，与无差异曲线 I_2 相切于 E_2 点，消费者对两商品的消费数量都减少。

3. **税收与私人储蓄**

储蓄是经济主体为满足未来消费而放弃即期消费的一种资金安排。由于储蓄是投资的资金来源，因而储蓄规模对投资数量有很大的制约作用，并影响经济增长。税收的储蓄效应就是税收对纳税人储蓄行为的影响，税收的储蓄同样可区分为收入效应和替代效应。

税收对私人储蓄的收入效应表现为政府课税一方面使纳税人的收入水平下降，当期消费和未来消费都减少，而当期消费的减少则意味着当期储蓄的相对增加；另一方面，在对储蓄利息所得征税的情况下，会减少纳税人的实际利息收入，减少未来消费，为了实现既定的储蓄目标，纳税人将减少当期消费而增加当期储蓄。如图 11-7 所示，纵轴代表纳税人对储蓄的选择，

横轴代表消费。政府征税前，储蓄方在既定收入下选择 C_1^* 为消费数额，其余作为储蓄，以达到既定的储蓄水平 S^*。如果政府对利息所得征税，该纳税人对储蓄和消费的选择组合无疑会发生变动。假定储蓄目标是既定的（为将来购置一定的商品而储蓄，或者为老年的生活开支做准备而储蓄），而且储蓄必须维持在 S^* 水平上才能实现该目标，则该纳税人对储蓄和消费的选择组合线 AB 将以 A 点为轴心旋转至 AC。AC 与新的无差异曲线 I_2 在 E_2 点相切，E_2 即为纳税人税后对储蓄和消费选择的最佳组合点，即他选择 C_2^* 为消费数额，S^* 为储蓄数额。C_2^* 小于税前的 C_1^*，而 S^* 与税前相等。这表明，纳税人可支配收入因政府征税导致减少后，纳税人将压低现期的消费，相对提高储蓄水平，此时税收对私人储蓄的影响表现为收入效应。

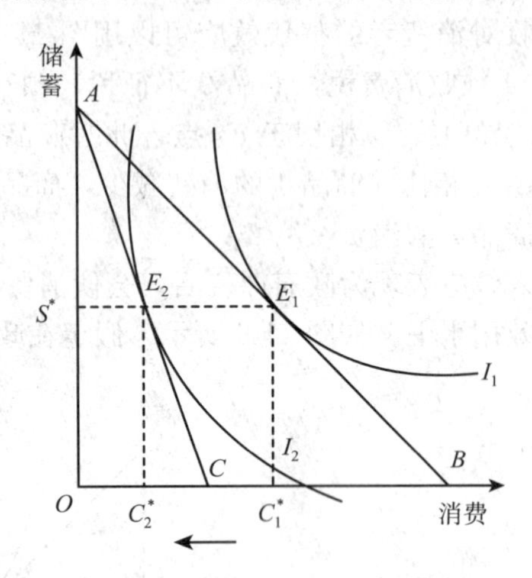

图 11-7　税收对私人储蓄的收入效应

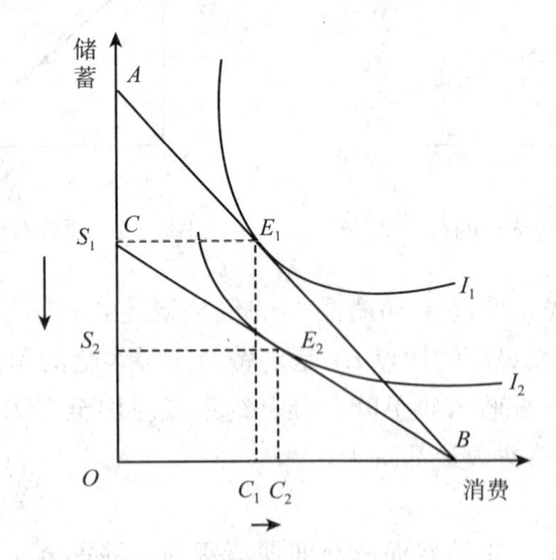

图 11-8　税收对私人储蓄的替代效应

税收对储蓄的替代效应表现为政府课税一方面使纳税人实际可支配收入下降，为了保持当期消费的必要水平，纳税人会减少当期储蓄而相对增加当期消费支出；另一方面，在对储蓄利息所得课税的情况下，会降低储蓄的实际收益水平，即提高未来消费相对于当期消费的“价格”，从而使纳税人以扩大当期消费来替代储蓄。图 11-8 显示了税收对私人储蓄的替代效应。现假定政府对利息所得征税，纳税人的储蓄收益下降（即实际得到的税后利息所得较税前减少)，储蓄和消费之间的相对价格发生变化。纳税人对储蓄和消费的选择组合线从 AB 向内旋至 CB。CB 与新的无差异曲线 I_2 在 E_2 点相切，此切点消费和储蓄组合为（C_2，S_2），此时纳税人获得最大程度满足，储蓄额减少，消费额增加，即纳税人以现期消费替代将来消费。

由此可以看出，政府征税对私人储蓄会带来两种效应一种是收入效应，另一种是替代效应。两种效应对私人储蓄的作用方向相反。这同下面要分析的税收与纳税人的劳动投入之间的关系类似。因此，西方经济学家提出，要搞清税收对私人储蓄的总效应究竟是怎样的，还应当比照税收对劳动投入的总效应分析，将税收对私人储蓄的收入效应和替代效应综合起来，运用无差异曲线法进行分析。

根据无差异曲线分析及对若干西方国家税收制度与私人储蓄水平之间关系所作的实证研究，西方经济学家就税收对私人储蓄的效应问题作出了如下结论：由于高收入者的边际储蓄倾向相对较高，征自高收入者的税比征自低收入者的税对私人储蓄有更大的妨碍作用；由于替代效应与边际税率的变动方向相同，累进程度较高的所得税较之累进程度较低的所得税，对私人储蓄有更大的妨碍作用；累进所得税较之比例所得税，对私人储蓄有更大的妨碍作用。

4. **税收与私人投资**

储蓄为投资提供资金，但是两者不一定相等，储蓄主要取决于家庭，投资则取决于产商，因而在分析完税收的私人储蓄效应后，有必要再分析税收对私人投资行为的影响。一般地，影响纳税人投资行为的因素有：投资的预期收益（指税后投资收益）、投资成本及投资的意外风险等，税收主要是通过影响前两项因素来影响纳税人的投资行为。

首先来看投资的税后预期收益是如何影响私人投资的。政府课税（主要指所得税）减少纳税人的投资收益，并影响投资收益与投资成本的比率，从而对纳税人的投资行为产生方向相反的两种效应：一是因税收减少纳税人可支配收入，使纳税人为了实现既定的收益目标而增加投资，即发生所谓收入效应；二是税收使投资减少而降低了投资对纳税人的吸引力，造成纳税人以消费替代投资，即发生所谓的替代效应。图 11-9 清楚地描述了税收对私人投资的效应，感兴趣者可参见税收的储蓄效应分析。应该注意的是，税收对投资的两种效应方向相反，总效应如何取决于替代效应和收入效应较大一方。

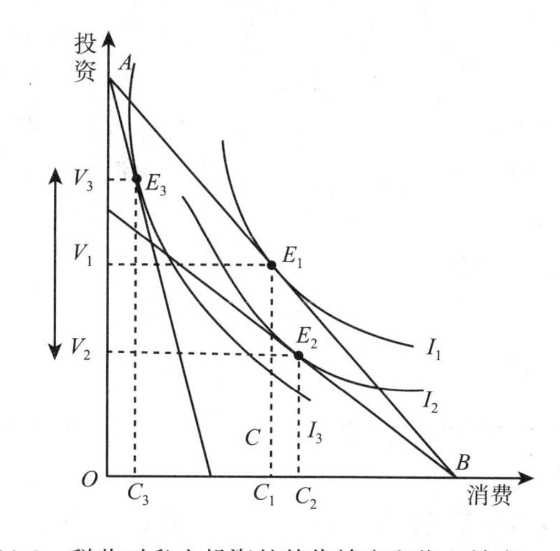

图 11-9 税收对私人投资的替代效应和收入效应

其次国家为了鼓励投资，通常会采用一些税收优惠措施。例如，在企业所得税的征收中，往往会允许企业在税前提取折旧冲减利润或投资税抵免等，这些都会影响企业投资成本和税后预期收益率。就折旧扣除而言，若课税时允许的折旧扣除与实际发生的折旧扣除一致，则税收对企业的投资成本和税后收益不发生影响，对投资的影响是中性的；若允许的折旧扣除大于实际发生的折旧扣除，即实行所谓加速折旧，则税收降低了企业投资成本，增加了税后收益，这会对投资产生刺激作用。投资税收抵免的规定（即对企业收益中用于再投资的部分减征或免征所得税）降低了企业投资的资本使用成本，实际上是鼓励投资的税收政策。允许纳税人用某一时期或某一资产项目发生的投资亏损冲减另一时期或另一资产项目取得的应税投资收益，实质上是应用税收激励风险投资，将企业的经营风险转嫁到政府头上，是以牺牲税收收入为代价的，反之则抑制纳税人的风险投资行为。

由此可见，政府课税既可能减少纳税人的投资，也可能促进纳税人的投资。至于税收对纳税人投资行为的最终影响，则取决于不同因素的相对影响力度。

5. 税收与劳动供给

西方经济学家很重视税收对劳动供给的影响。现代社会中，人们不再一味地投入劳动追求产出的最大化，而是更加注重闲暇等精神产品的享受，因而税收对劳动供给的影响也表现为替代效应和收入效应两方面。

税收对劳动供给的替代效应是指政府对劳动收入课税后，实际工资率降低（工资率是劳动的单位时间价格，即闲暇的机会成本），劳动与闲暇之间的相对价格发生改变，闲暇商品较劳动变得更便宜了，劳动者将减少劳动的供给，以更多的闲暇来替代劳动。如图 11-10 所示，劳动的供给曲线 S 向右上方倾斜，工资率 W 是劳动供给的价格。政府征税前的工资率为 W_1，劳动时数为 L_1。现假定政府决定对劳动者的单位时间工资征收所得税 t[①]（用 W_1W_2 表示），纳税人的工资率将下降为 W_2，劳动时数减少为 L_2，纳税人将把更多的时间（L_1L_2 部分）用于闲暇，即税收使纳税人用闲暇代替劳动。

税收对劳动供给的收入效应表现为，当政府对工资收入课税时，劳动者实际可支配收入减少，为了维持税前的收入和生活水准，必须减少闲暇时间，更加积极努力地工作，从而使

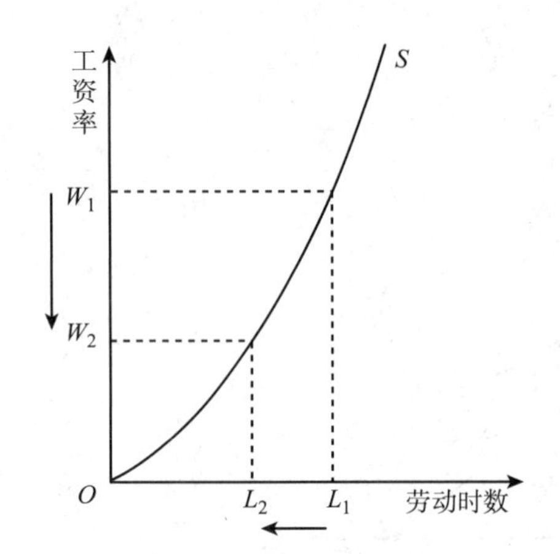

图 11-10 税收对劳动供给的替代效应

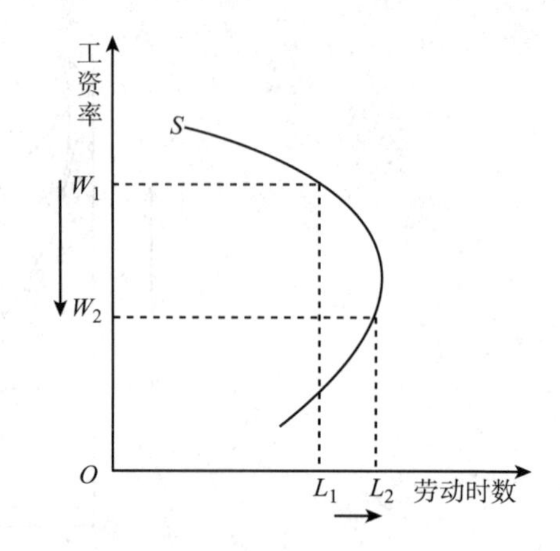

图 11-11 税收对劳动供给的收入效应

① t 既可以是比例税率，也可以是定额税率。

劳动供给增加。在图 11-11 中，劳动的供给曲线 S 向后弯曲，出现这种形状的原因是当工资水平上升到一定限度后，人们对收入的需要不再那么迫切了，此时如果工资率再提高，劳动的供给也不会增加，反而趋于减少。如果假定政府对劳动者工资收入征收所得税 t（用 W_1W_2 表示），劳动者的工资收入将减少，随着税后可支配收入的下降，劳动供给将增加 L_1L_2，这就是政府征税的收入效应。

由上可知，税收对劳动供给的两种效应的方向是相反的，收入效应激励纳税人为增加收入而努力工作，替代效应抑制纳税人的工作积极性。两种效应相抵消后的净效应如何呢？净效应的值一定程度上影响着政府税收决策。下面将税收对劳动供给的收入效应和替代效应综合起来，用无差异曲线进行分析（见图 11-12）。

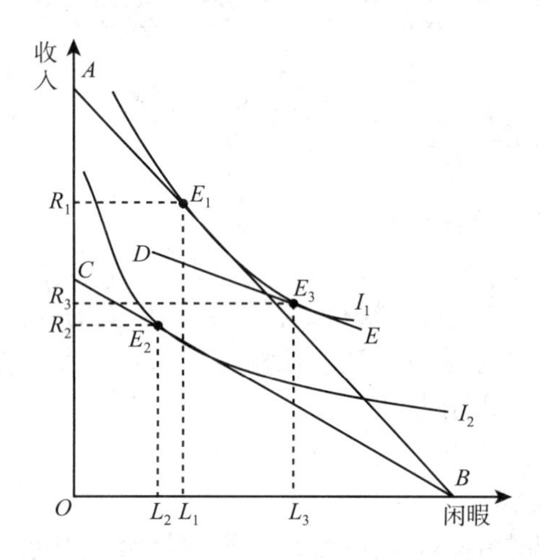

图 11-12　税收对劳动供给的总效应分析

横轴表示闲暇，纵轴表示收入（代替劳动供给时数），假定 I_1、I_2 为劳动者的无差异曲线簇，直线 AB 为既定时间约束下劳动和闲暇的选择组合轨迹。政府征税前，直线 AB 与无差异曲线 I_1 相切于 E_1 点，这一点代表闲暇和收入的组合（L_1，R_1）使纳税人获得的满足程度最大。如果政府对劳动者征收所得税，收入与闲暇的组合线就会从 AB 绕 B 点逆时针旋转至 CB 处。

现在先来分析税收对劳动供给的替代效应。替代效应不改变纳税者的效用水平，因此为了分析替代效应，应该先剔除收入效应的影响，即作补偿预算线 DE（直线 CB 的平行线）与 I_1 相切于点 E_3，E_3 点对应的闲暇与收入的最优组合（L_3，R_3）是在效用水平不变的情况下，由政府征税使闲暇与收入间的相对价格变化引起的。替代效应使劳动者现在选择的闲暇时间为 L_3，比征税前增加 L_1L_3，即纳税人用更多的闲暇代替劳动。再来看税收对劳动供给的收入效应。由于政府征税，劳动者的税后可支配收入将减少，生活水准下降，税后的收入与闲暇的选择组合线只能是 CB，CB 与效用水平较低的 I_2 相切于 E_2，闲暇时间为 L_2，较征税前大幅度减少，说明现在纳税人更倾向于勤奋工作，增加劳动供给以维持以往的消费水平。由于收入效应与替代效应反方向运动，两者效应相抵的净值即为税收对劳动供给的综合效应，劳动者最终用于闲暇的时间是 L_2。

上面分析中收入效应大于替代效应，但实践中替代效应大于收入效应的情况也是很常见的，这就需要根据客观实际来分析税收对劳动的总效应。一般来说，征收定额税（人头税）

不影响劳动者的边际收入，从而也不影响其对劳动和闲暇的经济评价，因此只具有收入效应而不产生替代效应。征收比例所得税对劳动者的边际收入有一定影响，会产生一定的替代效应，在某种程度上会减少劳动供给。累进所得税对劳动者的边际收入影响较大，其替代效应较为明显，会在较大程度上减少劳动供给。就纳税人的经济状况而言，收入水平较低的人为了在纳税后能达到起码的或所期望的生活水平，只能更勤奋地工作，征税更多体现为收入效应。而收入水平较高的人对实际收入减少的承受能力较强，在面临课税时更有可能以更多的闲暇来代替工作，税收的替代效应更显著。

11.4 税负转嫁与税收归宿的均衡分析

11.4.1 税负转嫁与归宿

1. 税收负担的概念与衡量指标

1）税收负担的概念

税收负担简称“税负”，是纳税人履行纳税义务所承受的经济负担，通常用税收收入与可供征税的税基之间的比例关系表示。政府征税是对私人经济部门利益的侵犯，所以税负是国家征税给纳税人造成的经济利益损失。

可以从以下三方面对税收负担的含义进行认识。

（1）绝对税负与相对税负

绝对税负是在一定时期内纳税人实际缴纳的税款总额，用绝对数表示税负水平，一般用负担额来表示。相对税负是指纳税人在一定时期内所缴纳的税款总额与税源之间的比率，即税收负担率，以相对额表示的税收负担水平，一般称之为负担率。

（2）名义税负与实际税负

名义税负是指纳税人在一定时期内按照税法规定的税种、税率向国家缴纳的税额。纳税人的应纳税额与税源之间的比率称为名义负担率，表示纳税人的名义负担水平。例如，我国税法规定，公司所得税的标准税率为25%，25%即为公司所得税的名义税负。实际税负是在税收征管过程中，考虑影响纳税人向政府实际缴纳税款的各种因素后，纳税人实际承受的税负水平，一般表现为纳税人实纳税额与课税对象的比值。实际中，名义税负与实际税负往往是不一致的。

（3）宏观税负与微观税负

宏观税负是从国民经济总体来看的税负水平，反映一国社会成员税收负担的整体状况。衡量宏观税负的指标主要是宏观税率，指一定时期内（通常为一年）一国税收收入总额与同期国民生产总值的比率，表明一定时期内政府以税收方式从经济总量中抽取的份额。微观税负是指纳税人个体承担的税收负担水平，反映纳税人因国家课税而做出的牺牲。微观税负可以以纳税人缴纳的某一税种来衡量，如公司所得税负担率，也可以是纳税人缴纳的各种税收的综合衡量，如企业综合税收负担率。微观税负是宏观税负的基础，宏观税负是微观税负的综合反映。

2）税收负担的衡量指标

衡量税负的指标体系主要有社会税收负担率、企业税收负担率及个人税收负担率三个层次的指标组成。

（1）全社会税收负担率

通常包括税收占国民生产总值的比率和税收占国民收入的比率两个具体指标，其计算公式如下。

$$税收占国发生产总值的比率 = \frac{税收总额}{同期国民生产总值} \times 100\%$$

$$税收占国民收入的比率 = \frac{税收总额}{同期国民收入} \times 100\%$$

（2）企业税收负担率

通常用以下指标来表示。

$$企业税收总负担率 = \frac{纳税总额}{同期销售收入} \times 100\%$$

$$企业流转税负担率 = \frac{流转税总额}{同期销售收入} \times 100\%$$

$$企业所得税负担率 = \frac{实纳所得税额}{同期利润总额} \times 100\%$$

（3）个人税收负担率

计算公式如下。

$$个人税收负担率 = \frac{个人实际缴纳的税款}{个人收入总额} \times 100\%$$

2. 税负转嫁与归宿的含义

市场经济中，政府征税将会影响物品和劳务的相对市场价格，使得税法规定的纳税人不一定是最终承担税负的人，研究税负转嫁与归宿就是要对税收负担的运动过程及其结果进行分析。税负转嫁指纳税人利用市场供求关系，通过提高商品销售价格或压低商品购进价格等办法，将应纳税款转给他人负担的一种经济行为。只要某种税收的纳税人与负税人不是同一人，便认为发生了税负转嫁，转嫁可以进行多次。税负转嫁出去后，并不会凭空消亡，最终还是要由一定的人来负担，这就是税收归宿。税收归宿就是指税收负担的最终落脚点或税负转嫁的最终结果。

税负转嫁与归宿依据不同的标准可以分为不同的种类，比较常见的有以下两类。

（1）全部转嫁和部分转嫁

依据税负转嫁的程度大小，可分为全部转嫁和部分转嫁。前者是指纳税人通过税负转嫁程序，把全部税负转移给其他人（不一定是负税人）；后者指纳税人通过税负转移程序，只把部分税收负担转移给其他人。

（2）法定归宿和经济归宿

依据税收的实际负担情况，税负归宿可分为法定归宿和经济归宿。法定归宿是指立法机关在税法中规定的税收负担人，是最初的税收义务分配。法定归宿的确定有时是出于税收征管的便利性考虑的，如增值税的法定归宿。经济归宿是指课税后经过各种经济调整或经过税收转嫁后的最终归宿。税收政策制定者最终关心的不是纳税人而是转嫁后的负税人，不是法定归宿而是经济归宿。法定归宿与经济归宿之间的差异就是税负转嫁的程度。

3. 税负转嫁的方式

（1）前转

前转也称顺转，是指纳税人通过提高商品销售价格将税负向前转嫁给购买者。例如，对商品的制造商征税，制造商通过提高商品价格把税负转嫁给销售商，销售商又通过进一步提高价格把税负转嫁给消费者。从这一过程看，商品制造商是名义上的税收负担者，而经过税负转嫁后，商品消费者成为实际上的税收负担者。前转是税负转嫁中最为普遍的一种形式。

（2）后转

后转又称逆转，指纳税人通过压低生产要素的购进价格将税负向后转嫁给供应者。例如，对商品的制造商征税，制造商不是通过提高商品销售价格将税负向前转移，而是通过压低生产要素（原料采购价、降低工人工资、延长工时等）的购入价格将税负转嫁给要素出售者。

（3）税收资本化

税收资本化也称税收还原，指要素购买者将所购资本品（主要是房屋、土地、设备等固定资产）的未来应纳税款在购入价中预先扣除，由要素出售者实际承担税负。税收资本化与一般意义上的税负转嫁不同的是：前者是“未来”税负的预先转嫁，后者是“现时”税负的即时转嫁。税收资本化实际上是税负后转的一种特殊形式。

（4）消转

消转也称为“税收转化”，即纳税人通过改善经营管理或改进生产技术等方法，补偿其纳税损失，使支付税款之后的利润水平不低于纳税前的，自行消化税收负担。消转与一般的税负转嫁方式不同，它没有把税负转嫁给他人，因而没有特定的负税人，是一种特殊的转嫁方式。

在实际活动中，各种税负转嫁方式往往是同时并行的，即对一种商品课税后，其税负可向前转嫁一部分，向后转嫁一部分，这种现象称为“混转”。

11.4.2 税收归宿的局部均衡分析

现实中，税负转嫁受到许多客观因素的影响，商品属性、税负转嫁的难易程度及转嫁方式的不同，税负转嫁与归宿往往也不同。如果综合考虑分析，将会使问题变得非常复杂。因此，为了简化问题，经济学上往往采用局部均衡分析的方法，先考察某种课税商品或课税要素的市场，然后再联系其他更多商品和要素市场进行一般均衡的分析（一般均衡分析略）。

1. 局部均衡分析的概念

局部均衡分析是指在其他条件保持不变的情况下，分析一种商品或一种生产要素的供给和需求达到均衡时的价格决定。也就是说，仅孤立地分析单一商品或要素的市场，该商品和要素的价格仅取决于它本身的供求，而与其他商品或要素的价格或供求无关。

2. 税负归宿的局部均衡分析原理

西方经济学界把供求弹性原理应用到税收转嫁与归宿的分析中，认为课税商品或生产要素的供求弹性是决定税负能否转嫁及转嫁程度的关键因素。

1）需求弹性与税负转嫁和税负归宿

需求弹性是指需求的价格弹性，反映了需求量变动对价格变动的敏感程度，用需求量变动的百分比与价格变动的百分比之间的比率来表示。根据需求弹性的大小，可以分为完全无弹性、完全弹性、富于弹性和缺乏弹性四种情况来考察税收转嫁与归宿。

（1）需求完全无弹性（即 $E_d=0$）

需求完全无弹性是指商品需求不受价格影响。当税收使商品价格上升时，不会影响纳税人的购买量，在这种情况下，新征税收就会全部向前转嫁，由购买方来承担。如图 11-13 所示，完全无弹性的需求曲线 D 是一条垂直线，E 点为征税前的供求均衡点。政府征税后（T 为税额），厂商为了保证利润不受影响，将提高商品的价格，供给曲线 S 向上垂直移动 T 至 $S+T$，新的均衡点 E'的需求量仍然为 Q，税负完全通过提价转嫁给了买者。

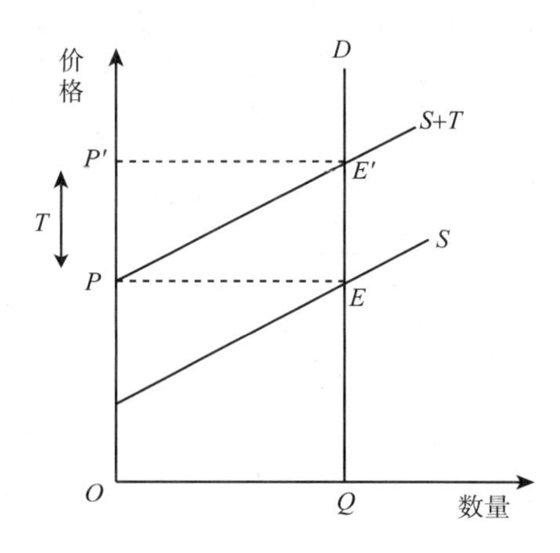

图 11-13　$E_d=0$ 的税负转嫁与归宿

（2）需求完全弹性（即 $E_d\to\infty$）

需求完全弹性是指需求对价格的变动极端敏感，价格的轻微变动，就能使需求量变为零。在这种情况下，新征税收就不能通过提高价格将税负向前转嫁给需求者，只能向后转嫁或不能转嫁，由要素供给者或生产者自己承担。如图 11-14 所示，完全弹性需求曲线 D 与纵轴平行，E 点仍然表示征税前的均衡点。征税不能改变价格 P，否则需求量将降为零，因此商品的单位供给成本增加 T，供给曲线 S 向左垂直移动 T 至 $S+T$，新的供求均衡点为 E'，均衡产量由征税前的 Q 减少到 Q'，税负由要素供给者或生产者自行承担。

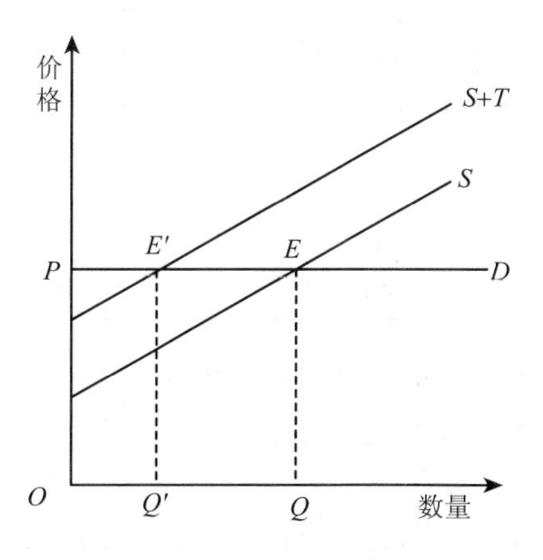

图 11-14　$E_d\to\infty$的税负转嫁与归宿

（3）需求富于弹性（即 $1<E_d<\infty$）

需求富于弹性说明商品或生产要素的价格提高时，需求量会大幅下降，但不会减为零（完全弹性是富于弹性的一种极端情况）。在这种情况下，税收向前转嫁较困难，只能较多地向要素供给者转嫁或由生产者自己承担。如图 11-15 所示，政府征税后，供给均衡由 E 点移至 E' 点，新的均衡点的数量、价格组合为（Q'，P'），税前与税后的销售量差额为 QQ'，价格差额为 PP'。因为 $1<E_d<\infty$，根据需求弹性的定义式 $E_d=(QQ'/Q)/(PP'/P)$ 可得 $QQ'/Q>PP'/P$，即征税条件下，销售量减少的幅度大于价格提高的幅度，生产者的销售收入趋于下降（$P'\times Q'<P\times Q$），所以税负难以向前转嫁，只能更多地向后转嫁。

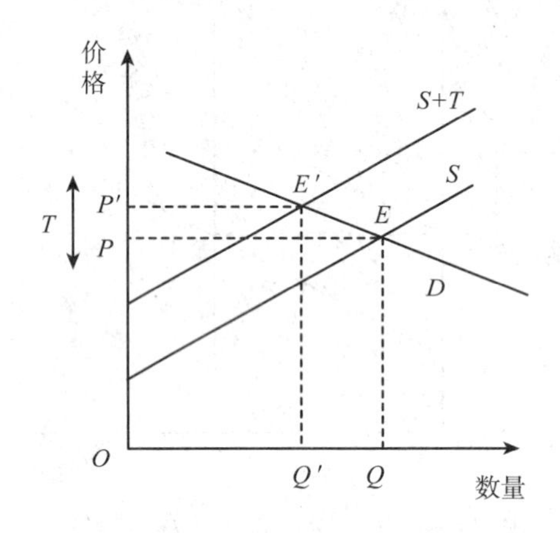

图 11-15 $1<E_d<\infty$的税收转嫁与归宿

（4）需求缺乏弹性（即 $0<E_d<1$）

需求缺乏弹性说明商品或生产要素的价格提高时，对需求量的影响不大，也就是说需求量会减少，但幅度不大（需求完全无弹性是缺乏弹性的特例）。在这种情况下，由于需求者对价格变动不太敏感，税收向前转嫁较容易，所以绝大部分税负将向前转嫁给购买者。如图 11-16 所示，由于需求缺乏弹性，所以需求曲线 D 较陡峭，征税前供给曲线 S 与需求曲线 D 相交于 E 点；征税后，价格上升至 P'，供给曲线向上移动至 $S+T$，在 E'点市场出清。税前与税后的销售量差额为 QQ'，价格差额为 PP'。因为 $0<E_d<1$，根据需求弹性的定义式 $E_d=(QQ'/Q)/(PP'/PP)$ 可得 $QQ'/Q<PP'/P$，即征税条件下，销售量减少的幅度小于价格提高的幅度，生产者的销售收入趋于增加（$P'\cdot Q'>P\cdot Q$），所以税负易于向前转嫁，更多地由购买者承担。

2）供给弹性和税负转嫁

供给弹性即为供给的价格弹性，是指商品或生产要素的供给量对价格变动的敏感程度，用供给量变动的百分比与价格变动的百分比之间的比率来表示。供给弹性与税负转嫁之间的关系，也可以分为完全无弹性、完全弹性、富于弹性和缺乏弹性四种情况来考察。当 $E_s=0$ 时，税负全部向后转嫁或不能转嫁，由要素供应商承担或生产者自行承担；当 $E_s\rightarrow\infty$时，税收全部向前转嫁给购买者承担；当 $1<E_s<\infty$时，税收由供求双方共同承担，但是供给方对价格的变动较为敏感，所以大部分税负通过提高价格向前转嫁给了购买者；当 $0<E_s<1$ 时，税收不容易全部向前转嫁给买者，只能更多地向后转嫁或不能转嫁。具体分析过程可参照需求弹性与税负转嫁的分析过程。

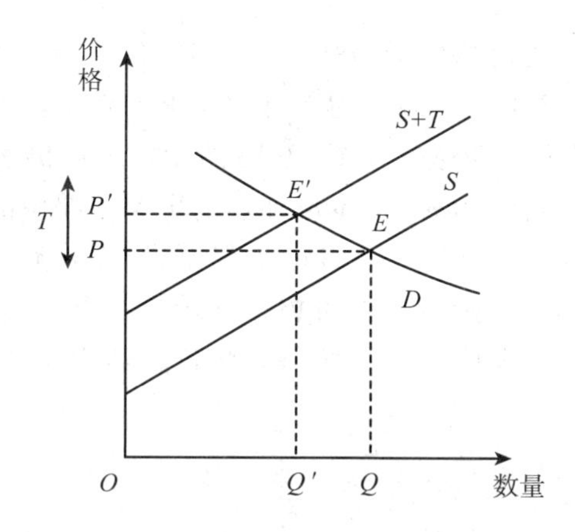

图 11-16 $0<E_d<1$ 的税收转嫁与归宿

3）税负转嫁与归宿最终取决于供求弹性的力量对比

从税负转嫁与供求弹性的相互关系可看出，现实中税负完全不能转嫁或完全可以转嫁的情况基本上不存在，常见的都是部分转嫁的情况，至于转嫁多少则由供求双方对价格变动的敏感度决定，即供求弹性决定。一般地，如果需求弹性大于供给弹性，税负向后转嫁或不能转嫁的部分较大，税收会更多地落在生产者或要素提供者的身上；如果需求弹性小于供给弹性，则税负更大部分将向前转嫁，税收会更多地落在购买者一方。

3. 局部均衡分析在税负转嫁与归宿中的具体应用

1）商品税转嫁与归宿的局部均衡分析

（1）从量税的税负转嫁与归宿分析

从量税指的是按照商品的销售数量计征税额的税种。首先考虑从量计征下需求者为纳税人（法定归宿）的情形。如图 11-17 所示，E 点为税前的市场均衡点。对消费者来说，政府征税不会改变消费者对既定数量商品的意愿支付价格。例如征税前，消费者为消费 Q 商品愿意支付的价格为 P，征税后，需求价格仍然为 P。但是对厂商而言，由于税收楔子的作用，它所能得到的价格下降为（$P-T$），这对其他的数量水平都成立。因此，厂商因征税所面对的需求曲线将由 D 垂直下移 T 至 D'。新的均衡点为 E'，P_d 为税后消费者支付的价格，

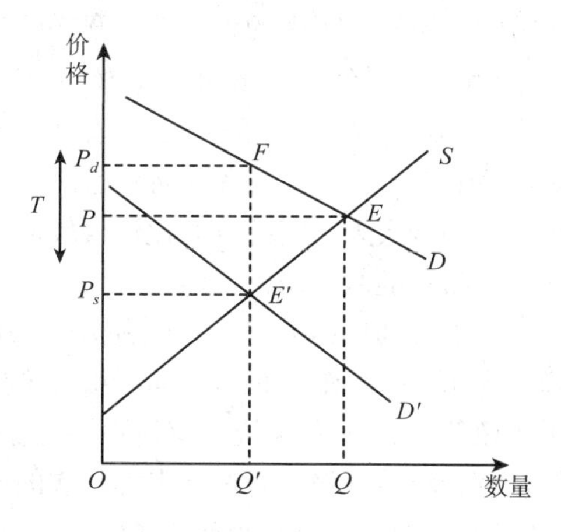

图 11-17 课于需求方的从量税的转嫁与归宿

P_s 为厂商实际得到的价格，两价格的差额等于 T，政府征得的税收收入为 P_sP_dFE'，税负由消费者和厂商共同负担，P 价格线以上的部分由需求方承担，以下由厂商承担。

下面考虑供给方为纳税人的情形。如图 11-18 所示，E 点仍然为税前的市场均衡点。政府对单位商品征收税额 T，导致厂商的成本增加，为了保证课税前的盈利水平，厂商每单位商品向买者多收 T 的价格，因此供给曲线 S 向上移至 $S+T$，新的均衡点为 E'。P_d 为税后消费者支付的价格，P_s 为厂商实际得到的价格，两价格的差额等于 T，政府征得的税收收入为 $P_sP_dE'F$，税负由消费者和厂商共同负担，P 价格线以上的部分由需求方承担，以下由厂商承担。

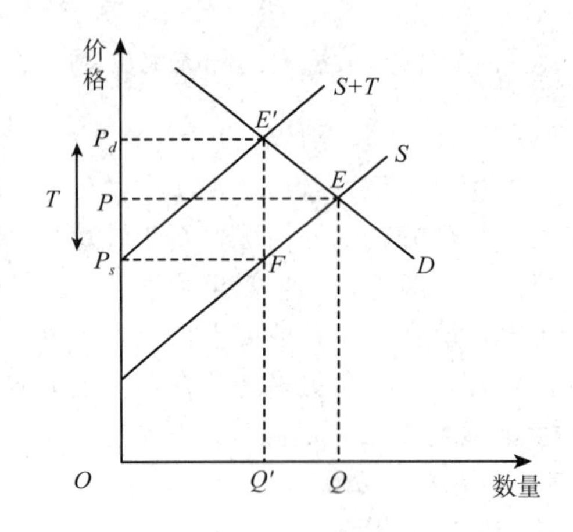

图 11-18 课于供给方的从量税的转嫁与归宿

(2) 从价税的税负转嫁与归宿分析

从价税是指以商品价格为税基，按一定比例征税。与从量税相比，从价税在商品课税中更为常见。在实行从价计征的情况下，所征税额 T 同样成为购买者支付的价格（市场价格）与生产者实际得到的价格之间的楔子。与从量税不同的是，从价税商品的价格是决定征收税额大小的一个因素，价格越高，纳税越多。因而征税后需求曲线的斜率会较税前发生变化，而由 D 转向 D'，商品价格越高，D 与 D' 间的距离就越开。E' 为征税后的新均衡点，此时购买者支付的价格为 P_d，生产者实际得到的价格为 P_s，P_s 和 P_d 之间的差额，亦为政府的税收为 T（税率为 FE'/FQ'）。从图 11-19 中也可以直观地看出，政府征得的税收为 P_sP_dFE'，这部分税收同样是由生产者和购买者共同负担的。只不过因为从价计征会改变需求曲线的斜率，税负在生产者和购买者之间的分配比例会较从量计征有所变化。

(3) 关于商品课税转嫁与归宿的基本结论

由上可知，税负转嫁与需求方和供给方何者为纳税人及采用什么形式的计征方式无关，税负的分担主要受供求弹性影响。一般地，税负倾向于由对价格变动不敏感（即弹性小）的一方承担。因此，对于税收政策的制定者来说，应该更多地关注课税商品的性质和供求弹性，从而能更清楚地把握税负的转嫁脉络，更好地发挥税收的调节作用。

2) 生产要素收入税负转嫁与归宿的局部均衡分析

税收转嫁与供求弹性的关系原理，也可以应用于生产要素收入课税的局部均衡分析。一般地，生产要素的收入分为工资、利息、利润及地租四类。由于前三类课税的分析过程类似，因而利息和利润的分析省略，仅分析工资收入和地租两类。

（1）工资收入课税的归宿

个人所得税以劳动者的工资收入为课税对象，税负的转嫁与归宿取决于劳动这一生产要素的供给弹性和需求弹性的力量对比。

首先，分析劳动的供给弹性大于需求弹性的工资收入的税负归宿情况。在图11-20中，劳动的供给曲线较需求曲线平坦，表示前者的弹性大于后者。政府征税前的均衡点为E，税前工资率为W，劳动时数为L。政府对工资收入征税T后，由于劳动的供给弹性较大，劳动者对工资率的下降反应敏感，劳动时数的减少幅度大于净工资率下降的幅度。劳动的供给曲线S绕原点O逆时针旋转至S'，与D相交于新的均衡点E'。此时，生产者支付的工资率由W增加到W_d，劳动者实际得到的净工资率从W减少至W_s，W_d与W_s之间的差额为政府的税收T，但是WW_d大于WW_s。也就是说，在劳动的供给弹性大于需求弹性的情况下，政府对工资收入的课税将大部分由生产者承担。

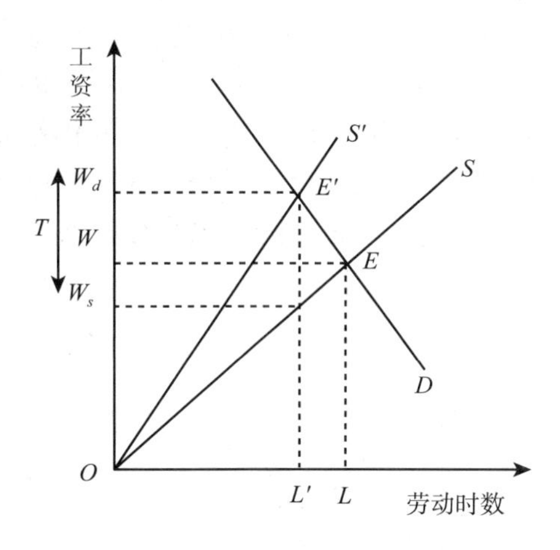

图11-20 劳动的$E_s>E_d$时工资课税的归宿

其次，再来分析劳动的供给弹性小于需求弹性的工资收入的税负归宿情况。如图11-21，劳动的供给曲线S比需求曲线D陡峭，表示其弹性较小。政府征税之前，E点为D和S的相交点，由此决定的税前工资率为W，劳动时数为L。政府对工资收入征税后，劳动者对净工资率的下降反应较弱，其劳动时数减少的幅度小于净工资率下降的幅度。相反，生产者对劳动者通过减少劳动时数而施加的增加工资的压力反应强烈，劳动的需求曲线从D向内旋至D'。D'与S相交于新的均衡点E'，税后生产者支付的工资率由W增加至W_d，劳动者实际得到的净工资率由W减少至W_s，劳动时数由L减少至L'。W_d和W_s之间的差额即为政府的税收T（$T=FE'$），但$WW_d<WW_s$。这说明，在劳动力的供给弹性小于劳动力的需求弹性的情况下，政府对劳动者工资收入的课税将大部分不能转嫁，而由劳动者自己负担。

（2）地租收入课税的归宿

以土地所有者的地租收入为课税对象的所得税，其税负的转嫁与归宿情形完全取决于土地的需求弹性。这是因为无论地租率怎样变化，土地的数量基本上是固定的，土地的供给曲线基本上是无弹性的（$E_s=0$）。在土地的供给弹性等于零的假定下，土地所有者在税收的转

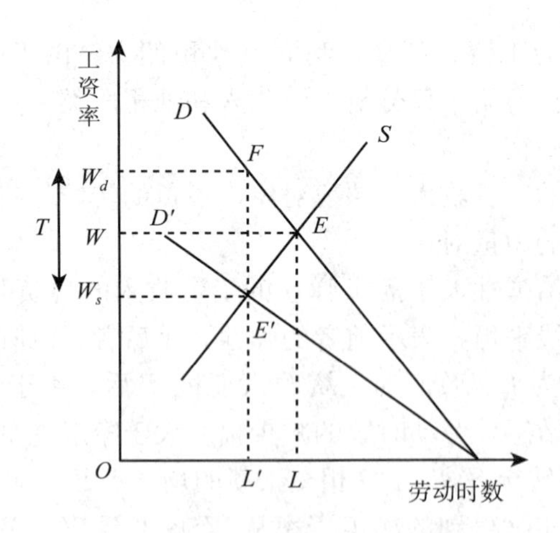

图 11-21 劳动的 $E_s < E_d$ 时工资课税的归宿

嫁中将处于不利地位，政府所征税收将完全不能转嫁，而落在土地所有者的身上。图 11-22 揭示了地租收入课税的转嫁与归宿情况。在图中，横轴为土地供给量，纵轴为地租率。土地的供给曲线 S 与横轴垂直，征税前的均衡点为 E 点，税前的地租率为 R_d，土地供给量为 N。政府对地租收入课税（税率$=EF/EN$）后，土地的供给量 N 仍然不变，土地使用者（生产者）支付的地租率提高为 R_d，土地所有者获得的净地租率相对下降至 R_s，R_d 和 R_s 之间的差额即为政府的税收 t（$t=EF$），完全由土地所有者承担。

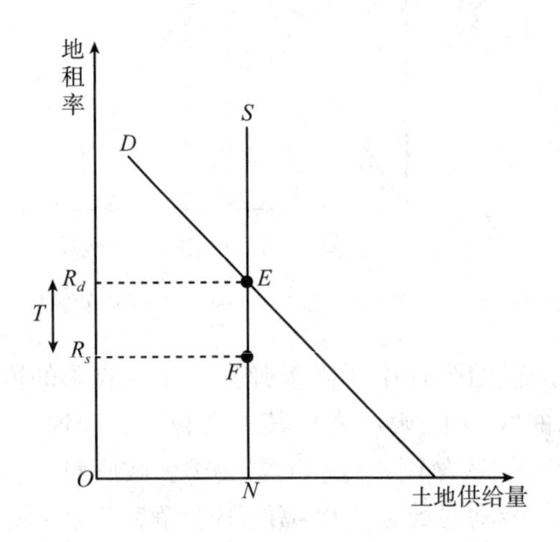

图 11-22 地租收入课税的转嫁与归宿

（3）关于生产要素收入课税转嫁与归宿的基本结论

由上可得，政府对生产要素收入课税的归宿决定于该生产要素的供求弹性的力量对比。如果课税要素的供给弹性大于需求弹性，那么劳动者、资本所有者和土地所有者将在税收的转嫁中处于有利地位，政府所征税收会更多地向前转嫁，而落在生产要素购买者和生产者的身上。如果课税要素的供给弹性小于需求弹性，那么生产要素的购买者即生产者将在税收的转嫁中处于有利地位，税负将会更多地向后转嫁，而由劳动者、资本所有者和土地所有者自行承担。

11.5 税收制度构成要素与税收分类

税收制度，简称“税制”，是一国有关税收的法律、法规和办法的总称。税收制度是规范纳税人与政府之间有关税收权利与义务关系的准绳。狭义的税收制度包括税法、税收暂行条例、税收实施细则等某一具体税种的课征制度，即税收实体法，如企业所得税法、个人所得税法、增值税暂行条例、营业税暂行条例、房产税实施细则、城市维护建设税实施细则等。广义的税收制度内容除了税收实体法外，还包括税收管理体制、税收征管法、税务机构和税务人员制度、税收计划、税收会计、税收统计制度等税收基本法、税收程序法。税收程序法主要是《中华人民共和国税收征收管理法》。

11.5.1 税收制度的构成要素

税收制度的构成要素是指一个税种的组成部分，一般包括：纳税人、课税对象、税率、纳税环节、纳税期限、减税免税、违章处理等。

1. 纳税人

纳税人即纳税主体，也称纳税义务人，是指税法中规定的直接负有纳税义务的单位和个人。纳税人可分为自然人和法人。自然人是指在法律上独立享有民事权利和承担民事义务的个人。法人是指依法成立并以自己的名义行使民事权利和承担民事义务的组织，如事业单位、社会团体、企业等。

与纳税人相关的概念有扣缴义务人和负税人。扣缴义务人，是指税法中规定负有代扣代缴、代收代缴义务的单位和个人，如营业税、个人所得税。除规定纳税人外，还规定了代扣代缴义务人。负税人，是指最终负担税款的单位和个人。一般流转税的纳税人与负税人可能不是同一人，而所得税的纳税人与负税人可能是同一人，具体要看税负能否转嫁。

2. 课税对象

课税对象也称征税对象，是征税的标的物，是国家据以征税的依据。课税对象是区别不同税种的主要标志，不同的税种有着不同的课税对象，也是决定税种性质和税种名称的主要依据。一般课税对象主要是所得、商品和财产三大类，并对应把税种划分为所得税、商品税和财产税三类。我国现行的课税对象包括商品劳务、所得、资源、财产和行为。因此，根据课税对象，我国的税种可划分为商品税类、所得税类、资源税类、财产税类和行为税类五类。

与课税对象有关的概念包括课税范围、税目、计税依据和税源。课税范围是课税对象的具体化，体现征税的广度。各种税的课税范围各不相同。税目即课税对象的品目，是课税对象的进一步具体化。在课税范围内，不同的品目适用的税率或征收方式不同时，有必要设置税目。税目的设置一般有两种方法：一是列举法，二是概括法。列举法是对课税对象按商品品种或经营项目进行分类，设计税目；而概括法则是对课税对象按商品大类或行业进行分类，规定不同的税目。计税依据即课税基础，也称税基，是计算应纳税额的根据，是税务机关开征某种税时规定的应纳税范围。计税依据与课税对象不完全一致，有的税种在征税时允许对课税对象给予一定的扣除标准和扣除项目，如个人所得税、企业所得税等税种有扣除标准与扣除项目。计税依据的计量单位有两种：一是以货币单位为标准的，又叫从量计征；二是以实物单位为标准的，又叫从价计征。税源即税收收入的来源或最终出处，概括地讲，税收收入的最终来源都是国民收入。税基与税源可以不同，税基可以是支出、收益、财产等，而税源一般是收入。一般来说，税基宽则税源厚，税款多。

3. 税率

税率是指对计税依据的征收比例和征收额度，或称税额与税基之间的比例。在计税依据确定的情况下，税率决定了税额的大小。税率的高低直接决定了财政收入占国民收入的比例及纳税人的负担程度。税率是税收制度的核心，是税制的中心环节。根据税率与税收的关系，税率可分为名义税率和实际税率。名义税率是税法上规定的税率，实际税率是纳税人实际缴纳的税额与税基的比值。从经济分析的角度来看，税率又可分为平均税率与边际税率。平均税率是指全部应纳税额与全部税基的比值。边际税率是指应纳税额的增量与税基增量的比值。根据边际税率的变动情况，税率一般可分为三种形式：比例税率、定额税率和累进税率。

比例税率是指对同一征税对象，不论数额大小，都按照同一比例征税的税率，其边际税率是常数。比例税率还可分为统一比例税率、差别比例税率和幅度比例税率。统一比例税率是指一个税种只有一个征税比例，所有的纳税人均按该税率计税；差别比例税率是指一个税种有两个或两个以上的征税比例，不同的纳税人或不同的税目采用不同的征税比例；幅度比例税率是指国家只规定税率的上限和下限，各地税务机关在幅度内因地制宜自定一个比例税率。例如，现行营业税税目中的娱乐业税率就是5%～20%。比例税率具有计算简便、便于征收和缴纳等优点，不足之处是具有累退性，不能满足纵向公平的要求。

定额税率又称固定税额，是指按计税依据的计量单位直接规定应纳税额的税率，其边际税率为零。定额税率与征税对象的价格没有关系，一般用于从量税的征收。依照课征对象的特点和税额计算方式的不同，定额税率可分为：地区差别定额税率、幅度定额税率、分类分级定额税率等。定额税率计税简便，但当存在通货膨胀时实际税负下降，当存在通货紧缩时实际税负上升。

累进税率是指将税基划分为若干等级，随着税基的增大，从低到高分别规定逐级递增的税率，即边际税率递增。按照累进税率结构的不同，累进税率又可分为全额累进税率和超额累进税率两种。全额累进税率是指全部税基都按照与之对应的那一档税率计税，随着税基的增大，税率相应提高。在全额累进税率下，一个纳税人只适用一个税率，实际上相当于差别比例税率。超额累进税率是指将税基分成不同等级，不同等级的税率不同，并分别计算税额，累加后即为应征税额。在超额累进税率下，一个纳税人适用多个税率，当税基超过某一等级时，就超过部分采用更高一级税率。全额累进税率计算简便，但累进速度快，在两个级距的临界部分可能出现税收增长数量超过税基增长数的不合理现象。超额累进税率计算繁杂，累进速度慢。两者之间的区别如表 11-1 所示。

表11-1 全额累进税率和超额累进税率的比较

元

税　　级	税　　率	应税所得	全额累进税额	超额累进税额
1	5%	5 000	5 000×5%=250	5 000×5%=250
2	10%	10 000	10 000×10%=1 000	250+5 000×10%=750
3	20%	30 000	30 000×20%=6 000	250+500+20 000×20%=4 750
4	30%	50 000	50 000×30%=15 000	250+500+4 000+20 000×30%=10 750
5	35%	100 000	100 000×35%=3 5000	250+500+4 000+6 000+50 000×35%=28 250

资料来源：陈共．财政学．4版．经整理而成。

另外，在中国现行税制中还存在一种超率累进税率，如土地增值税，以课税对象数额的相对率划分为若干等级，分别规定每个等级的税率，从低到高，相对率每超过一个等级，其相对应的超额数就按更高一级的税率计税。税率具体规定如表11-2所示。

表11-2 土地增值税税率表

级　　数	应税增值额	税率/%
1	增值额的扣除项目金额50%以内	30%
2	增值额的扣除项目金额50%～100%	40%
3	增值额的扣除项目金额100%～200%	50%
4	增值额的扣除项目金额200%以上	60%

4. 纳税环节与纳税期限

纳税环节又称课税环节，是指税法规定的商品从生产到消费的流转过程中缴纳税款的环节。根据课税环节的分布数量，税收又可划分为单一环节课税的税收和多环节课税的税收。单一环节课税的税收是指在商品和收入的循环中，只在某一个课税环节上进行课征的税收。多个环节课税的税收是指在商品和收入的循环过程中，对两个或两个以上的环节进行课征的税收。纳税环节的确定要有利于征管，有利于保证财政收入，有利于经济发展等。在中国现行税制中，增值税是在可税商品和劳务的生产、批发、零售、进口四个环节征税，而消费税主要是在生产和进口（部分也在零售环节征税，如金银首饰及钻石饰品等）两个环节征税。

纳税期限是指纳税人单位和个人按照税法规定缴纳税款的期限。每个税种都明确规定了税款的纳税期限，它在时间上体现了税收的固定性与强制性。规定纳税期限要考虑纳税人的生产经营特点、课税对象的性质等，既要有利于保证国家财政收入的及时与稳定，又要有利于降低纳税成本和征税成本，一般可分为按期纳税和按次纳税两种。我国现行税制的纳税期限有按次缴纳、按天缴纳、按月缴纳、按年缴纳等几种形式。纳税期限为一年的，还采用分月或分季预缴，年终汇算清缴的方式。例如，企业所得税便是采用分期预缴，年终汇算清缴的方式。确定纳税期限，还包含两方面的含义：一是确定结算应纳税款的期限，这由税务机关根据纳税人的情况来确定，大致有1天、3天、5天、10天、15天、1个月等几种情形；二是确定缴纳税款的期限，即纳税人在结算期限后，计算税款和办理缴款手续的时间。按月结算纳税的，一般在期满7天之内缴纳税款，大多数是在结算满5天内缴纳。企业所得税的年终汇算清缴在纳税年度末的4个月内。

5. 税收的减免与附加、加成

减税或免税是国家对某些特殊情况给予鼓励和照顾的一种税收优惠措施和特殊调节手段。减税是对纳税人应纳的税款减少征收一部分，而免税是对纳税人的全部应纳税款免予征收。减税、免税一般包括三个方面的内容：第一，起征点。起征点是指对课税对象开始征税的数量界限，课税对象的数额没有达到起征点的就不征税，但达到或超过起征点的就全部应税所得征税。这是一种对低收入者的照顾。第二，免征额。免征额是指对课税对象全部数额中免予征税的数额，它是按照一定的标准从课税对象全部数额中的扣除数，免征额部分的应税所得不征税，超过免征额的部分要征税。这是一种对所有纳税人的照顾。第三，减免税规定。这是对特定纳税人和特定课税对象所作的某种程度的减征免征税款的规定，又可分为法定减免、特定减免和临时减免等。法定减免是指税法、税收条例中规定的减税和免税，如《中华人民共和国进出口关税条例》和《中华人民共和国进出口税则》中明确规定的减免税。特定减免是指在法定减免以外，由国务院或国务院授权的机关颁布法规、规章特别规定的关税减免，具体包括：对特定地区、特定行业、特定企业和特定用途的货物的减税、免税等。临时减免是指在以上两项减免税以外，对某个纳税人由于特殊原因临时给予的减免。

税收的附加和加成是属于加重纳税人税收负担的措施。附加一般是指地方附加的简称，是地方政府在正税以外附加征收的一部分税款。加成征收是对一些纳税人按纳税额加征一定的成数。1 成就是 10%，加征 1 成就是加征应纳税额的 10%，加征 10 成为 100%，即为加倍征收。加成加倍征收的目的是限制某些生产经营或调节纳税人取得过多利润而采取的加重征税的一种措施，这实际上是税率的一种延伸。例如个人一次取得劳务报酬，应税所得额超过 2～5 万元的部分，依据税法规定按 20%计算应纳税额后，再按照应纳税额加征 5 成，即这部分实行 25%的税率；超过 5 万元的应纳税额再加征 10 成，即这部分实行 40%的税率。

6. 违章处理

违章处理是指对纳税人违反税收法律法规的行为所采取的处罚措施，它体现了税收制度的强制性和严肃性，是完成税收任务、严肃财经纪律的保证。对税收违章行为严肃处理也是实现依法治税的必由之路。当前我国的税收征纳行为不规范，税法遵从度低的一个重要原因就是税务机关对纳税人违章处理不严，税法中给予税务机关的行政自由裁量权过大，造成税收违章处理有法难依、违法难究，因此研究与改进中国税收中违章处理部分的内容具有一定的现实意义。

纳税人的违章行为包括纳税人违反税收征收管理法的有关规定及偷税、欠税、抗税、骗税等行为。违反税收征收管理法是指纳税人不按规定办理税务登记、纳税鉴定、纳税申报、提供企业财务报告、保存账册、拒绝接受税务机关检查等行为。偷税行为是指纳税人违反税收法规规定，使用欺骗、隐瞒等手段逃避纳税的行为，如采用伪造、涂改、销毁账册、票证或记账凭证等手段，少报或隐瞒收入，多列成本。欠税是指纳税人超过税务机关核定的纳税期限，未缴或少缴税款的行为。抗税是指纳税人以暴力、威胁方法拒不缴纳税款的行为。骗税是指企事业单位利用对所生产或经营的商品假报出口等欺骗手段，骗取国家出口退税款的行为。对这些税收违章行为，国家规定了一系列的处罚措施，分别规定罚款、补税并加收滞纳金、强制执行等，对构成犯罪的，还要提请司法机关追究刑事责任等。

11.5.2 税收的分类

根据一个国家是征一种税还是多种税，税收制度可分为单一税制和复合税制两种类型。复合税制是指一个国家在税收管辖权范围内，征收两种以上税种的税收制度。也只有在复合税制下，才有所谓的税收分类问题。

① 按课税对象不同，税收可分为商品税、所得税、财产税、资源税、行为税。根据课税对象的性质不同进行的分类是各国常用的主要分类方法，也是最能反映现代税制结构的分类方法。商品税也称流转税或商品劳务税，是以商品和劳务的交易额为课税对象的一类税，其计税依据是销售额、增值额、营业收入，从而形成了不同的税种，如增值税、消费税、营业税和关税等。所得税也称收益税，是以纳税人获得的各种所得或收益额为课税对象的一类税，其计税依据是纳税人的净所得或纯收益。既得税根据主体不同形成不同的税种，如个人所得税、企业所得税等。财产税是以动产与不动产为课税对象的一类税，其计税依据是财产的价值、财产的收益、财产的数量，包括的税种有房产税、车船使用税、契税、土地增值税、城镇土地使用税等。资源税是以纳税人利用各种自然资源获得的收入为课征对象的一类税，其计税依据主要是级差收入。行为税是以某些特定行为及为实现国家特定的政策目的为课税对象的一类税。现行税制中包括印花税、证券交易税、城市维护建设税、车辆购置税、固定资产投资方向调节税、筵席税、耕地占用税等。另外，烟叶税作为工商税应属于商品税。

② 按税负是否转嫁，税收可分为直接税和间接税。直接税是由纳税人直接负担，不易转嫁的一类税，一般认为个人所得税、企业所得税等所得税，房产税、契税等财产税属于直接税。间接税是指纳税人能够通过改变价格的方式将税负转嫁给他人的一类税，一般认为增值税、营业税、消费税、关税等商品税属于间接税。实际上，税负能否转嫁不仅取决于课税对象的性质，还要考虑课税对象的供求弹性、物价与成本的变动及税率等一系列因素。因此，同样一种税，不同的纳税主体因其课税对象的弹性不同，其表现也不同。例如，供给弹性小、需求弹性大的家用电器，其增值税表现为直接税，而供给弹性大、需求弹性小的粮食，其增值税表现为间接税。

③ 按税收与价格的关系，税收可分为价内税与价外税。价内税是指商品价格内包含税款，或者说税款是商品价格的组成部分，而不是价外附加，即价内税的计税依据为含税价格。现行税制中营业税与消费税都属于价内税。价外税是指税款是商品价格之外的附加，不构成商品价格的组成部分，即价外税的计税依据为不含税价格。西方国家的消费税大都采用价外税的方式征收。我国的增值税采用价外税，但是在消费品零售环节其报价往往是含税价。一般来说，价外税比价内税更容易转嫁税收负担。价内税课征的重点是生产者，而价外税课征的重点是消费者。实际上最终能否转嫁要看供给与需求的弹性比较，供给弹性大于需求弹性则能较多地转嫁税负，否则相反。

④ 按税收收入的归属权，税收可分为中央税、地方税和中央地方共享税。中央税是指税收的管理权与使用权归属中央政府的一类税。地方税是指税收的管理权与使用权归属地方政府的一类税。中央地方共享税是指税收收入按一定比例分配给中央政府与地方政府的一类税。中央税主要有关税、消费税、进口环节的增值税与消费税等，地方税主要是营业税（不含铁道部门、各银行总行、各保险总公司集中缴纳的营业税）、城镇土地使用税、城市维护

建设税（不含铁道部门、各银行总行、各保险总公司集中缴纳的部分）房产税等。增值税、资源税、证券交易印花税等属于中央地方共享税。

⑤ 按计税依据不同，税收可分为从价税和从量税。从价税是指以课税对象的价格为计税依据，按一定比例计征的一类税，包括增值税、营业税、关税等商品税。从价税随商品的价格变化而变化，价高则税高，价低则税低。从量税是指以课税对象的数量（重量、体积、件数等）为计税依据，按单位固定税额课征的一类税，包括资源税、车船使用税和城镇土地使用税等。从量税计算比较简单，税收负担与价格无关。

11.6 税收制度的发展

任何国家或地区的现行税收制度都有其发展的过程。概括地说，税收制度大致经过了由简单的直接税制到以间接税为主的税制，再发展到现代直接税为主的税制或以间接税和直接税为主体的双主体税制。

11.6.1 简单的直接税税制

税收制度最早实行的是简单的直接税税制，并且是十分简陋的。自从国家产生之后，许多国家的税收主要来源于对人和对财产的课税，可以说是典型的直接税，如我国早期实行的人头税、户税、土地税、房屋税、车马税等。虽然不同国家或地区，其税制的名称或形式在不同时期有些变化，但其实质内容一直沿袭了较长时间。

由于早期的直接税是以课税对象的某些外部标准（如人口多少、土地面积大小、房屋数量等）规定税额，而不考虑纳税人实际支付能力，也不存在任何扣除，所以早期的直接税是极不公平的。同时，由于直接税的税率一般固定不变，因而不具有灵活性和弹性，不具备调节经济和满足政府财政收入的需要等作用。

11.6.2 以间接税为主的税制

早期的间接税也是非常简单的，在封建社会就已被许多国家采用。由于当时商品经济极不发达，间接税的课税范围窄，一般只有在市场活动的地点或对参与交换的产品开征，并且在政府财政和经济中的地位并不重要，如商品进出口税、盐税、茶税、渔税、人市税、市场税等。随着商品经济的发展，到封建社会晚期，特别是到资本主义社会，社会生产力得到了惊人的发展，客观上为间接税的推行提供了条件，关税、消费税、产品税、销售税等税种得以发展，这样传统的直接税税收体系逐渐被以关税、消费税等为主的间接税税收体系所取代。

以间接税为主的税收体系之所以能够取代直接税税收体系，其原因如下。

① 商品税是一种对物税，它的税源充足，课征范围广泛，并且富有弹性，有利于组织政府财政收入；同时，商品税课征方便，可以及时组织财政收入。

② 间接税较直接税更为隐蔽，到了资本主义社会，废除古老的直接税而采用间接税，

可以顺应人们的要求，达到资产阶级在推翻封建统治时所高喊的“减轻税负”的目的。

③ 推行的间接税有利于资本主义工商业发展。由于商品税是对商品征税，只要被征税的商品能够按售价顺利销售，纳税人缴纳的税款就可以转嫁到消费者头上，从而保证了资本家个人利益不受或少受侵犯，因而间接税十分有利于资本主义经济的发展。

④ 推行间接税有利于限制和削弱封建势力。由于间接税的征税对象不仅包括日常消费品，也包括高档消费品，而这些高档消费品主要由封建贵族消费，对此类消费品征税，无形中将封建贵族和大地主的财富从他们手中转移到资本主义政府手中，进而从经济上削弱封建势力。

11.6.3 现代直接税税制

随着生产力的发展和生产方式的的进一步变革，在资本主义国家，商品税与社会生产和消费又产生了矛盾。主要表现为干扰市场的顺利运行，引发再分配后的不公，进而引起人们的强烈不满，阶级矛盾不断激化；对商品课税，如果不能按高价出售，资本家无法将全部税款转嫁出去，减少了资本家的利润，从而影响了资本家的生产；由于各国实行保护关税，阻碍了资金、劳动力和商品的自由流动。然而，资本主义国家为了国家机器的的正常运转和对外扩张的需要，财政开支又在不断膨胀。政府如何弥补巨额的开支呢？依靠大幅度提高间接税税率，进而增加间接税收入几乎不可能。因此，必须寻找和建立一种新的税收制度来适应这种状况，于是现代所得税制度便应运而生。

按照许多西方经济学家的观点，所得税是一种比较理想的直接税税种，与古老的直接税相比，现代所得税具有税源充裕、有弹性、符合各项税收原则、税收负担合理、对经济没有直接的阻碍等优点，能保证国家的财政收入，能有效地进行收入再分配，具有调节经济和收入差距、促进公平的作用。因此，一些资本主义国家，于 19 世纪末、20 世纪初相继推行了所得税，“二战”后，在资本主义国家得到了普遍推广。

最早实行所得税的国家是英国。1799 年，在对拿破仑的战争中，英国政府为了应付军费需要，首次开征所得税。后来随着战争的变化时征时停，直到 1842 年，根据 1806 年所得税法案，经过立法程序，才将所得税确立为永久性税种。1922 年，英国的所得税占本国税收总额的 45%以上，“二战”后高达 47.6%。美国真正推行所得税源于 1913 年 10 月的所得税法，到 1918 年在税收总额中所得税收入已占 60%以上，1922 年高达 65.3%，“二战”后更高达 76.9%。日本 20 世纪初引进所得税制度后，1922 年所得税占税收总额的比重上升到 20.7%，“二战”后高达 50.9%。

“二战”后，为了缓和阶级矛盾，稳定社会秩序，在资本主义国家普遍推行了社会保险制度，并开征了社会保险税。虽然社会保险税来自于雇主和职工个人，但它也是所得税的一种。目前，在发达资本主义国家，这一税种占中央级总税收收入的比重大都在 30%以上。

与发达国家相比，目前发展中国家的税收制度仍然是以间接税为主，间接税占税收收入总额的比重一般都在 60%以上。究其原因，主要有：一是发展中国家经济发展水平比较低，相应人均收入水平也比较低，推行所得税为主体得税制，不能保证政府开支的需要；二是发展中国家税收征管水平相对较低，而所得税相对商品税比较复杂，因此以商品税为主体税收比较切实可行，同时商品税不受纳税人盈利状况的影响，容易满足政府开支的需要；三是商品税比所得税隐蔽，大多是从价计征，而不是作用于纳税人的所得，比较容易为纳税人所接受，并且对私人投资和储蓄影响较小。

11.6.4 中国税收制度的发展

1. 我国税制的改革历程

中国税制改革的历程与经济管理体制的改革分不开，大体上可分为以下几个重要的发展阶段。

1）1950 年统一全国税政，建立新税制

新中国成立初期，全国的税收制度还没有统一。1950 年 1 月，中央政府政务院颁布《全国税政实施要则》，规定在全国实行统一的税收制度，除农业税外，统一开征 14 个税种，包括：货物税、工商业税、盐税、关税、薪给报酬所得税、存款利息所得税、印花税、遗产税、交易税、屠宰税、房产税、地产税、特种消费行为税、车船使用牌照税。后来又决定薪给报酬所得税、遗产税暂不开征，而房产税和地产税合并为城市房地产税。这时的税制是以商品税为主要税种的多税种、多次征以工商征税为主体税种的单一主体复合税制结构。这种税制结构基本适应当前的生产力水平与生产关系，对政府抑制通货膨胀、医治战争创伤、争取财政经济状况的好转，促进经济的恢复与发展发挥了巨大的作用。

2）1953—1973 年税制修订与改革

1953 年起我国开始执行第一个五年计划，为适应大规模经济建设的需要，按照“简化税制，保证税收”的原则，对工商税制进行了重大修订，主要是改“多种税，多次征”为“多种税，一次征”，试行商品流通税，简化货物税，将全国绝大部分商品自工业环节以后各流转环节的原有税收全部返回到工业环节上，分别通过商品流通税和货物税一次征收；修订工商营业税，取消特种消费行为税，取消或停征除牲畜交易税以外的其他交易税。

1958 年，随着私营企业社会主义改造的完成，以单一的公有制和计划经济为基本特征的经济格局已经基本形成。按照“基本保证原税负的基础上简化税制”的原则，对工商税制进行了改革。这次改革的主要内容是将原来缴纳的商品流通税、货物税、营业税、印花税合并为“工商统一税”，在工业生产环节和商业零售环节各征一次；将原来工商业税中的所得税改为独立的“工商所得税”；在全国范围内统一实行分地区的比例税率。改革后只有 11 个税种，从而使税收的经济杠杆作用受到削弱。

1973 年，处于“文化大革命”这一特殊历史时期，财政税收制度被当作“管、卡、压”的工具而受到批判，人们轻视税收的调节作用。工商税制被认为是不利于社会主义的“烦琐哲学”。根据“合并税种，简化征税办法”的指导思想，对工商税制进行改革，将原来工商企业缴纳的工商统一税及其附加、城市房地产税、车船使用牌照税、盐税和屠宰税合并为工商税；税目由原来的 108 个减为 44 个，税率由原来的 141 个减为 82 个；改革了征收制度等。这种近乎单一的税制使税收变成了一种单纯组织财政收入的工具，极大地限制了税收对经济的调节作用。

3）1979—1993 年税制改革

党的十一届三中全会后，提出了“一个中心，两个基本点”的工作方针，即以经济建设为中心，以改革与开放为两个基本点。为适应改革开放的需要，国家对税收制度进行了一系列的改革与调整。

（1）建立涉外税收制度

本着“维护国家利益，税负从轻，优惠从宽，手续从简”的原则，于 1980 年和 1981 年

先后公布了中外合资经营企业所得税法和外国企业所得税法；本着“维护国家权益，平等互利”的原则，公布了当时属于涉外性质的个人所得税法，并明确对外商投资企业和外国企业继续征收，50 年代经正式立法的工商统一税及城市房地产税、车船使用牌照税，从而在我国逐步建立了一个与国内一般税利并存的特殊涉外税制体系。

（2）第一步利改税

利改税是把国有企业原来的上缴利润形式改为征税形式，用税收形式固定国家与国有企业的收入分配关系。利改税分两步走。第一步利改税是在有些地区试点的基础上从 1983 年 6 月 1 日起办理，核心内容是在全国范围开征国营企业所得税，凡有盈利的国有大中型企业，均根据实现的利润按 55%的税率缴纳所得税，企业税后利润，一部分上缴国家，一部分按照核定的留利水平留给企业。凡有盈利的国有小型企业，根据实现的利润，按八级超额累进税率缴纳所得税，缴税以后利润较多的，国家可以收取一定的承包费，或按固定数额上缴一部分利润。营利性宾馆、饭店、招待所和饮食服务公司，都缴纳 15%的所得税。

（3）第二步利改税及工商税制全面改革

从 1984 年 10 月 1 日起实行的第二步利改税和工商税制全面改革，是由税、利两种缴纳形式并存，逐步向完全的“以税代利”过渡，是一个逐步实现用税收一种形式来对企业利润进行分配的过程。其基本内容是：把工商税按课税对象划为产品税、增值税、盐税、营业税，改革第一步利改税设置的国营企业所得税、国营企业调节税，新增资源税、城市维护建设税、房产税、城镇车船使用税和城镇土地使用税；改变国有大中型企业缴纳所得税以后的利润可用几种办法上缴的制度，统一按核定的国营企业调节税率计算缴纳；国有小型企业按照新的八级超额累进税率计算缴纳所得税后，一般由企业自负盈亏，国家不再拨款；营利性宾馆、饭店、招待所和饮食服务公司，都按新的八级超额累进税率缴纳所得税。

（4）税制的其他改革和调整

主要有：从 1982 年 7 月 1 日起，开征了烧油特别税；在 1979 年试点的基础上，对机器机械等五种产品；从 1982 年 7 月 1 日起，在全国范围内试行征收增值税；从 1983 年 11 月 11 日起开征建筑税；从 1983 年 1 月 1 日起，由税务部门负责征集国家能源交通重点建设基金，统一农林特产征收农业税办法；1984 年开征了国营企业奖金税；1985 年又开征了集体企业奖金税和事业单位奖金税，集体企业从 1985 年度起，停征了工商所得税，改征集体企业所得税；国家对个体商业户从 1986 年度起，单独征收城乡个体工商户所得税；从 1987 年度起对中国公民征收的个人所得税，改为征收个人收入调节税；从 1987 年 4 月 1 日起，开征耕地占用税；从 1988 年度起，开征私营企业所得税；1988 年 9 月 22 日发布筵席税暂行条例；从 1988 年 10 月 1 日起，恢复征收印花税；从 1989 年 2 月 1 日起，对彩色电视机和小汽车开征特别消费税；从 1989 年度起，开始征集国家预算调节基金；从 1991 年度起，对原建筑税改征固定资产投资方向调节税；从 1991 年 7 月 1 日起实行外商投资企业和外国企业所得税。

到 1993 年 12 月，我国已逐步建立了一个由 42 个税种和 2 种基金组成的、适应当时经济体制要求的多税种、多层次、多环节调节的复合税制新体系，调节的对象遍及工农业生产、商品流转、劳务服务、企业各种所得、个人各种所得、资源土地利用、财产占用、利润分配、工资奖金发放、特种行为的各个方面和多个环节，从而转变了税收机制，大大拓宽了税收调控作用的范围，强化了税收调控的力度，基本上能适应当时经济体制下的多种经济成分、多种组织形式、多种经营方式、多种流通渠道的新经济模式。

4）1994 年至今的税制改革

为适应建立社会主义市场经济的需要，国家本着“统一税法，公平税负，简化税制，合理分权”的原则，于 1994 年进行了全面的结构性的税制改革，主要内容如下。

（1）流转税的改革

把产品税、增值税、营业税的“三税并存，互补交叉”的做法，改为增值税和消费税相配合的双层次流转税税制结构，并统一适用于内外资企业，取消对外资企业征收工商统一税。对商品的生产、批发、零售和进口普遍征收增值税，并选择部分消费品交叉征收消费税，对不征增值税的其他劳务和第三产业征收营业税，形成新的流转税制。

（2）所得税的改革

企业所得税的改革：取消原国营企业所得税、集体企业所得税、私营企业所得税，对内资企业实行统一的企业所得税，统一实行 33％的比例税率；对年利润低于 3 万元的企业优惠税率为 18％，年利润高于 3 万、低于 10 万元的企业优惠税率为 27％。国有企业不再执行企业承包上缴所得税的包干制。个人所得税的改革：将原来的个人所得税、个人收入调节税和城乡个体工商户所得税合并为个人所得税，个人所得税实行分项征收，积极推行个人收入申报制度，加强源泉控制，严格代扣代缴。

（3）其他税种改革

恢复资源税，并将盐税加入资源税，开征土地增值税、证券交易税，调整城市维护建设税、城镇土地使用税，取消集市交易税、牲畜交易税、烧油特别税、奖金税和工资调节税等。

经过改革，我国的税制结构形成以增值税为第一主体税种、企业所得税为第二主体税种的复合税制，实现了税制的精简与高效。2004 年以来工商税制的改革内容如下。

① 增值税改革。从 2004 年 7 月 1 日起，允许东北三省和大连市经过认定的从事装备制造业、石油化工业、冶金业、船舶制造业、汽车制造业、农产品加工业的增值税一般纳税人，可以按规定抵扣通过购进等方式取得的固定资产所含进项税金。

② 2007 年 12 月 29 日全国人民代表大会常务委员会通过了《修改〈中华人民共和国个人所得税法〉的决定》，自 2008 年 3 月 1 日起，将个人所得税工资、薪金减除标准由每月 1 600元提高到每月 2 000 元。

③ 取消农业税与农林特产税，开征烟叶税。2004 年初，国务院决定在全国范围内免征除烟叶以外的农林特产税。十届全国人大常委会第十九次会议通过决定，自 2006 年 1 月 1 日起废止《农业税条例》，自 2006 年 4 月 28 日起施行《中华人民共和国烟叶税暂行条例》。

④ 2006 年 4 月 1 日起，对我国消费税制进行重大改革，主要有两项内容。一是对消费税的应税品目进行有增有减的调整：新增加了高尔夫球及球具、高档手表、游艇、木制一次性筷子、实木地板等税目，并将汽油、柴油两个税目取消，增列成品油税目，汽油、柴油作为该税目下的两个子目，同时将石脑油、溶剂油、润滑油、燃料油、航空煤油等油品作为五个子目征收消费税；取消了“护肤护发品”税目，同时将原属于护肤护发品征税范围的高档护肤类化妆品列入化妆品税目。二是对原有税目的税率进行有高有低的调整。调整后，消费税的税目由原来的 11 个增至 14 个。此次消费税改革主要突出了两个重点：一是促进环境保护和节约资源；二是合理引导消费和间接调节收入分配。

⑤ 2007 年 3 月 16 日第十届全国人民代表大会第五次会议通过《中华人民共和国企业所得税法》，该法统一了内外资企业与外国企业的所得税制度。该法自 2008 年 1 月 1 日起正式

实施，1991 年 4 月 9 日第七届全国人民代表大会第四次会议通过的《中华人民共和国外商投资企业和外国企业所得税法》和 1993 年 12 月 13 日国务院发布的《中华人民共和国企业所得税暂行条例》同时废止。

⑥ 2009 年 1 月 1 日起，我国修订了《增值税暂行条例》、《营业税暂行条例》、《消费税暂行条例》，全面实现增值税转型，并推出燃油税改革。

⑦ 2010 年 12 月 1 日起，我国将城市维护建设税和教育费附加的征收范围扩大至外资企业和外籍个人。

⑧ 2011 年 11 月 1 日起，我国修订了《资源税暂行条例》，将石油、天然气的计税方式改为从价征收，同时提高了焦煤、稀土等非金属矿产品的资源税税率。

2. 我国现行税收制度存在的问题

1）税制结构不够合理

理论上，我国的税收结构是流转税与所得税的双主体结构：实践中基本上属于以流转税为主体的税制结构，流转税比重过大，所得税比重偏小。从流转税内部结构来看，增值税比重大。从所得税来看，个人所得税占税收总额比重过小。从财产税来看，遗产税与赠与税还没有，物业税没有开征。因此在税制结构上，与发达国家的以所得税为主、注重社会公平的税制结构不同，我国的以流转税为主体的税制结构注重经济效率，对社会收入分配不公的现象关注不够，不利于社会稳定。

2）现有税种制度不完善，问题突出

增值税与营业税在征税范围上存在交叉与重复，一些行业没有纳入增值税的征税范围，致使增值税的抵扣链条断裂。消费税还存在品种少，税目多，调节范围小，调节力度不够等问题。消费税的征税环节多在生产环节，对消费的直接调节能力不足。个人所得税实行分项征收，分类计税对个人收入水平的调节作用不大，不利于促进社会公平。另外，地方税体系不健全，没有与地方支出相适应的地方主体税种，不利于稳定地方政府的财政收入。

3）需要开征一些新税种

随着经济的发展，个人财产也大幅度增加，部分社会成员拥有高档的住房和汽车，但是作为地方税的房产税却没有调节能力，车船使用税对汽车使用的调节力度不够。社会保障收费的规范性与严肃性得不到保证，社会保障支出的缺口还很大。社会成员的收入差距很大，由于没有开征遗产税，政府对收入差距的调节能力有限。绿色环保税收制度还没有建立起来。

4）现有的税收征管制度需要进一步完善

实行金税工程与税收征管信息系统以来，我国的税收征管能力得到了极大的提高，税收的征收率由 1994 年的 50%上升到 2003 年的 70%。每年税收收入增长的幅度都要大于 GDP 的增长速度，税收管理电子化功不可没。但是我国的税收征收成本高、税法遵从度低却是不争的事实。究其原因，税务机关之间、税务机关与纳税人之间、税务机关与银行、海关等部门之间尚未联网，限制了税收征管效率的进一步提高，随着互联网的快速发展及 POS 机、电子货币与网上支付的普及，税务征管技术必须跟上交易形式的发展，否则，税收收入的进一步增长就会受到影响。

3. 税制改革方向

1）改革税务代理制度，促使所得税成为主体税种

在许多国家，个人所得税是一个主体税种。在我国，个人所得税收入增长虽然迅速，但

是与个人收入增长相比还远远不足。虽然在2007年提出个人年收入达10万元要进行自主申报纳税，但是存在申报率低与申报准确性差两个方面的问题。因此，借鉴国际经验，只有大力发展税务代理业才能有效解决这个问题。当前税务代理率不及10%的核心原因是纳税人对税务代理人的利益立场持怀疑态度，认为税务代理机构是税务机关的附属单位，不会为纳税人争取税收利益，徒增纳税成本，还有可能泄露纳税人的商业机密。另外，由于当前治税模式多是计划治税与任务治税，税务机关与纳税人之间的税务处理没有完全做到以税法为准绳，纳税人存在法不责众与交“人情税”的想法，而有的税务机关还存在人为调税与寻求行政自由裁量权的特权利益现象。因此，从征纳双方来说，对税务代理介入纳税行为都不热心。这就需要中央政府下决心，放松税务机关对税务代理的管制，使税务代理机构利益的天平倾向纳税人。这样，一来可以提高税法的遵从度，二来可以依法征收所得税，在经济发展迅速的时代，促使所得税成为税制实践中的主体税。

【资料链接】

税务代理

税务代理是税务代理人在税法规定的代理范围内，受纳税人、扣缴义务人的委托，代为办理税务事宜的各项行为的总称。它是以纳税人的需要为原动力，通过委托人、税务代理人、税务事项等要素的组合所形成的一种法律行为，是一种社会性的中介事物。根据《注册税务师资格制度暂行规定》的规定，税务代理内容为：办理税务登记、变更税务登记和注销税务登记手续；办理除增值税专用发票外的发票领购手续；办理纳税申报或扣缴税款报告；办理缴纳税款和申请退税手续；制作涉税文书；审查纳税情况；建账建制，办理账务；税务咨询、受聘税务顾问；税务行政复议手续；国家税务总局规定的其他业务。

2）拓展增值税的征收范围，适当缩小营业税的课税范围

将目前的增值税征收范围涵盖建筑业与运输业，以减少与营业税的交叉征收，这对增值税扣税链条的断裂现象有一定的修补作用，更能体现增值税的中性原则。而且增值税的扩围还有助于降低第三产业的税收负担，促进国民经济结构的优化和升级。

3）完善财产税体系

财产税是各国税制结构中重要的组成部分，是许多国家地方政府的主体税种，这也符合“谁受益，谁付费”的征税原则。但是我国地方政府的主体税是营业税，由于营业税需要在各级地方政府中进行分享，而低级别政府在收入分成谈判中处于不利地位，因此级别低的县乡政府收入很不稳定，不利于县乡政府提供公共品。因此，要加强财产税的地位，就必须完善税制。当前财产税的主要税种是房产税和城镇土地使用税，目前房产税只对经营性用房征收，收入少且不稳定。此外，城镇土地使用税的征收范围也受到很大限制。因此，要改革房产税和城镇土地使用税；要扩大税基，凡是价值超过一定数额的就要征收房产税和城镇土地使用税，或开征物业税；同时提高税率，以保证县乡政府的财政收入要求，也体现“谁受益，谁付费”的原则。

此外，还应进一步改革与完善其他辅助税种。为了体现“多使用、多付费”的原则，尽快开征燃油税；为保证社会保障支出的需要，开征社会保障税；为了对环境污染产生硬约束，开征环境税；为了缩小贫富差距，鼓励自食其力的社会风气，开征遗产税和赠与税，从而使我国的税收制度能够与时俱进，适应社会主义市场经济的需要。

【资料链接】

中国房产税改革剑指日益拉大的贫富差距

根据中国国务院常务会议的精神，2011年1月27日楼市交易异常活跃的上海和新兴的西部城市重庆27日宣布，率先进行对个人住房征收房产税的改革试点，这被市场解读为对楼市的敲山震虎。

“重庆版”房产税偏重对高档房、别墅的征收，对存量、增量独栋别墅均征房产税，对新购高档商品房征税，对在重庆无户籍、无工作、无投资的外地炒房客从第二套房开始征税，税率为0.5%～1.2%。

重庆市市长黄奇帆说，重庆房产税征收范围只涉及10%的人群，主要针对高端房产业主和炒房客，不会增加普通百姓负担。与此同时，为减轻首次购房者的负担，重庆继续保留实施首次购房按揭贷款抵扣个税的财政补贴政策，确保百姓刚性购房需求。

“上海版”房产税方案则针对新增一般房地产，而且按照人均面积做起征点考虑，设计中的房产税的税率为累进税率，房屋价值高、人均面积大的房屋税率更高。

这项在房价屡创新高时出台的房产税改革试点，从最开始出现在普通民众的眼前，就被寄予了遏制甚至打压高房价的期望。但事实上，除了给楼市降虚火，中国政府更在意这项改革“分好蛋糕”、有效调节收入差距扩大趋势的意义。

“二三十年前，中国人几乎没有什么私有财产，国家也能方便地调节收入分配。”中国社会科学院财贸所所长高培勇说，“但现在，收入分配差距越拉越大，政府靠什么来调节?”

由此，房产税开始进入人们视野，这种以房产为征税对象，在保有环节向产权人征收的税种，属于财产税的范畴，被许多国家作为调节贫富差距、保证地方财政收入的重要手段。

但事实上，房产税在中国并非是新名词。早在1986年，中国国务院就颁布了房产税暂行条例，但这个条例规定，对个人所有非营业用的房产免纳房产税。

资料来源：《新华网》，引用时作者作了修改。

课堂讨论

增值税扣税链条的断裂与修正思路。

本章小结

税收是政府财政收入的主要来源，它是国家为向社会提供公共品，凭借行政权力依照法定标准向居民和经济组织强制地、无偿地征收取得的。税收的特性决定了税收与国家相伴相生，是客观社会发展到一定历史阶段的必然产物。课税原则亦称税收原则，是制定税收政策、设计税制的指导思想，在评价税收政策好坏、鉴别税制优劣中起着至关重要的作用，课税原则经历了古典时期斯密的税收四原则及瓦格纳的“四项九端”原则到现代的效率与公平原则的演变，其中税收的公平原则日益受到重视。

最适课税理论是用来研究税制优化和税率有效设计问题的，其中主要集中于最适商品课税、最适所得课税及商品税和所得税（直接税与间接税）之间的配合，目的是在达到一定的公平目标的同时使税收的额外负担最小。对于商品课税研究，拉姆塞在1927年提出的“拉姆塞法则”，认为税率应与应税商品的需求弹性成反比，该法则为实行差别商品课税提供了理论依据。倒“U”形的所得税税率模式提出对中等收入阶层的边际税率适当从高，低收入阶层和高收入阶层边际税率从低的观点。从公平与效率的角度来看，商品税和所得税协调互补的税制更优。

税收效应就是税收对经济的影响作用。政府征税将对生产、消费、劳动供给、储蓄和投资等方面产生替代效应和收入效应。税负最终由谁负担，局部均衡分析认为供求弹性是决定性的关键因素。

税收制度，简称“税制”，是一国有关税收的法律、法规和办法的总称。税收制度是规范纳税人与政府之间有关税收的权利与义务关系的准绳。税收制度的构成要素是指一个税种的组成部分，一般包括：纳税人、课税对象、税率、纳税环节、纳税期限、减税免税、违章处理等。按课税对象不同，税收可分为商品税、所得税、财产税、资源税、行为税。

重要概念

税收　强制性　固定性　无偿性　最适课税　税收效应
税负转嫁　税收归宿　局部均衡分析　税收制度　纳税人　课税对象
税基　税源　起征点　免征额

思　考　题

1. 何谓税收，税收是如何产生与发展的？
2. 什么是课税原则？以时间为脉络阐述课税原则的演变历程。
3. 试用经济学工具对税收的经济效应进行分析。
4. 税收制度的构成要素有哪些？
5. 我国税收根据性质分类可以分为哪几类？
6. 目前我国税收制度存在的问题及改革方向如何？

进一步阅读材料

[1] 萨拉尼耶．税收经济学．北京：中国人民大学出版社，2005。
[2] 袁振宇．税收经济学．北京：中国人民大学出版社，1995。

第12章 政府收费与公共定价[①]

【本章概要】

本章首先介绍了政府收费的概念、特点及分类等基础理论，较为详细地介绍了公共品的五种基本定价方法及其应用，并从收费这种政府规制行为引出对政府规制理论的初步探讨，最后概括地介绍了我国税费制度改革的历程与现状。

【学习目标】

◆ 了解政府收费的相关基本概念；

◆ 掌握公共定价的基本方法；

◆ 了解政府规制理论与政府收费管理；

◆ 了解中国税费改革的现状与趋势。

12.1 政府收费的基础理论

12.1.1 政府收费的概念

财政收入是国家参与国民产品分配取得的资金收入，按照收入来源渠道的不同，可以将其分为税收、收费、国有资产收益、公债等。其中，政府收费占财政收入的比例虽然无法同税收相比，但是作为财政收入的一种重要形式，它在保障公平负担和促进公共资源有效利用方面的作用是税收无法替代的。因此可以说，在政府收入体系中，收费是税收不可或缺的必要补充。

政府收费是政府在提供公共服务、公共设施或实施行政管理的过程中，向受益或管理对象所收取的费用。由公共品理论可知，纯公共品完全具有效用非排他性和消费非竞争性，只能通过税收弥补供应成本，但是混合公共品（准公共品）的提供，如果技术排他可行且经济上合理，那么政府可以在一定程度上根据“谁受益、谁付费”的原则向特定私人主体收取费用。所以，政府收费一般就是针对混合公共品的提供而言的。政府收费不以追求最大利润为目标，收费的主要目的一般是为了补偿项目成本（部分自然垄断项目可以收取正常收益），

① 在本章的写作过程中借鉴了众多专家学者的科研成果，由于作者的疏漏，有可能没有一一列出，谨在此对他们表示衷心的感谢。对于由于文章引起的文责均由作者承担。

所以就只对与受益方实际获益相对应的成本收费，不得收取与项目的全部成本相对应的费用。

12.1.2 政府收费的特点

政府收费作为一种独立的财政收入形式，与税收、国有资产收益等其他财政收入相比，有其自身的特点。

（1）收费主体多元化

具有收费权力的主体是隶属于政府的各级行政机关和事业单位[①]，收费依据这些单位的具体管理职能和服务内容而定。无论这类收费是否纳入预算管理，一般都具有专款专用性，与各收费主体的利益直接挂钩，收费越多表明单位可支配的资金也越多。税收是由税务部门、财政部门、海关按照国家规定的管辖范围，依照税法代表国家征收的，收入必须上缴国库由国家统一支配，没有特定用途的限制。国有资产收益则是政府（国家）凭借国有资产所有权，参与企业利润的分配获得的，支出使用有专门的规定，与收费明显不同。

（2）收费与服务的部分对等性

收费是向从政府提供的物品或服务中获益的社会主体收取的。例如，教育收费是向那些愿意接受教育的人收取的；公路、桥梁的收费是针对从公路桥梁上通过的人征收的，对于那些没有享用该公共品的人，政府是无权向其收费的。这种以社会成员个人对政府服务需求选择为前提的收费，使收费带有很强的对等性。税收是向社会公众强制征收的，它与个人是否直接从公共品中获益及获益多少无关。行政管理性收费虽然带有强制性，但它仍然直接与消费者的行为选择相关。例如，如果选择进入特许经营行业就要交纳特许费；如果选择不进入，就不用缴纳该费用。

（3）收费定价的垄断性

政府提供的公共品和服务都具有相当的垄断性，特别是诸如国防、社会治安、重大疫情防治等，社会其他机构和部门根本无法替代。即便像医疗、教育等这类准公共品，社会中存在一定的非政府机构，如私立医院、私立学校等可以提供，但其地位和规模与政府各机构仍然无法相提并论，而且许多耗资巨大的公共工程和事业也只有政府才有能力向社会提供。所以，政府的行政事业服务必然具有垄断特征，收费价格通常也是由政府部门单方面确定，消费者对于政府收费的价格基本上没有多少自由裁量的权力。如何科学合理地确定行政事业服务的价格标准是需要探索和研究的。

12.1.3 政府收费的分类

1. 按执行收费权利的主体划分

1）行政管理性收费

行政管理性收费是国家行政机关在履行职能、开展社会经济管理活动时依法收取的费

① 政府特许经营的某些国有垄断企业，其生产不是以盈利为目的，因而也应该归入公用事业范畴。

用，其内容如下。

（1）管理性收费

管理性收费又分为资格审查收费、裁定性收费和交易行为管理费等。

① 资格审查收费。是指对个人或团体从事特定社会或经济活动的资格进行审定，颁发证明其行为或身份合法、允许其开展特定活动的证件所收取的费用，如办理工商营业执照、结婚证、卫生许可证、生产许可证、驾驶执照、居民身份证、出口许可证等的收费。

② 裁定性收费。是指对经济主体之间在社会经济活动中发生争议的事项进行协调和裁定的收费，如经济合同仲裁费、劳动仲裁费等。

③ 交易行为管理费。是指对经济主体的市场交易活动进行管理和控制的收费，如市场管理费、摊位费、旧车交易市场管理费等。

（2）惩罚性收费

惩罚性收费是指对违反国家法律、法规、有损公共利益的行为给予的经济性惩罚，如对违反交通规则的罚款、违反治安管理条例的罚款，对经营假冒伪劣商品的罚款，对违反技术标准、违反商标管理的罚款，对违反污染排放规定的罚款等。

惩罚性收费与管理性收费都是管理和规范社会经济活动的必要手段，但它们在社会经济管理过程中所处的环节不同，管理性收费侧重于事前规范和事中控制，惩罚性收费侧重于事后惩治和纠正。

2）事业服务性收费

事业服务性收费是国家提供事业服务的部门和单位按照规定标准向其服务对象收取的费用，用以弥补其服务的部分或全部成本，如学校、科研单位、文化馆、体育馆、图书馆等机构向其服务对象收取的费用。

3）专项收费

专项收费是指政府为了满足某一项专门支出的需要而按这类支出的受益程度向直接受益者收取的费用，如城市绿化费、垃圾清理费、道路维修费等。

2. 按照收费的性质划分

（1）规费

规费是国家机构为居民或团体提供特定服务或实施特定行政管理时所收取的手续费或工本费。规费包括行政规费和司法规费。

行政规费是附属于国家各种行政活动的收费，其内容主要有：内务规费，如户籍费；外事规费，如护照费；经济规费，如商标登记费、商品检验费、度量衡鉴定费；教育规费，如毕业证书费；其他行政规费，如会计师、律师、医师等的执照费。

司法规费是附属于国家各种司法活动的收费，分为两类：一是诉讼规费，如民事诉讼费、刑事诉讼费；二是非诉讼规费，如结婚登记费、出生登记费、财产转让登记费、继承登记费和遗产管理登记费等。

（2）使用费

使用费是政府部门向特定公共设施或公共服务的使用者或受益者收取的费用。使用费的种类也很多，如交通设施收费、城市公共事业收费、教育事业收费、医疗卫生事业收费、文化事业收费、体育事业收费、环保收费等。

3. 按照收费资金的管理渠道划分

（1）财政预算内管理的收费

这类收费形成的收入须按规定上缴国库，纳入财政预算统一管理，而且管理较为严格、透明和规范。目前，我国纳入预算内管理的政府收费的范围有呈逐步扩大的趋势。

（2）财政预算外专储性收费

这类收费需存入政府指定的专户，并按照财经部门和相关主管部门审定的计划提取使用。从管理的严格性和规范性看，预算外专储性管理介于预算内管理和自收自支管理之间。目前，我国有相当部分的政府收费采取这种管理方式。

（3）征收单位自收自支的收费

这类收费由征收单位按国家规定收取，资金归单位自行安排使用，目前主要适用于一些公用、公益事业和自然垄断产业。

12.2 公共定价的基本方法

12.2.1 政府收费价格的定价准则

收费价格又称为收费标准，在提供单一产品的部门或产业中，指的是每一单位产品的收费额。收费价格的合理与否直接关系着政府或执行部门的收入及社会成员的利益，所以在制定收费标准时应主要考虑收费是否有利于资源的有效配置、是否有利于企业的正常运转、是否有利于供求信息传递等。

下面依据收费主体的不同分类来介绍收费定价所必须遵循的基本准则。

1. 行政管理性收费的定价准则

行政管理性收费是执行具体行政管理职能的部门根据政府赋予的管理权力收取的，属于一种公共权力性收费。这种收费必须严格限制在以下三方面：一是针对违法违规行为的罚款；二是对获得特许行为权力收取的特许费；三是管理过程中发生的可计量的工本费等。

（1）罚款收费定价准则

罚款收费必须联系违法违规行为造成的社会危害，按照一定的法律程序来确定惩罚标准，常规性的违规罚款标准应写进相关的法律法规和管理条例中（个别特殊案例的罚款要通过专门的程序来确定）。罚款收费一定要以相关的法律法规为依据，对执法人员随意定价收取罚款的行为应严肃处理，坚决予以杜绝。

（2）特许权收费定价准则

特许权收费首先要解决的是哪些行业和行为是必须经过政府特许才能获得的。一般而言，能够展开充分竞争的行业，政府就不要干预，而那些不适合自由竞争的行业（如金融、保险、能源等）和需要进行特殊能力资格审查的行为（如驾驶、会计、行医等）就必须由政府特许。特许行业和行为的确定并非单一取决于政府，而是在一定决策程序下，通过立宪审核批准实现。特许行业的收费定价一般应以进入特许行业的经营者将来可能获得的超额收益为特许权收费的依据，但是这就涉及如何准确测算行业超额利润的问题，过高估计利润带来的高收费将导致特许行业的供应不足或价格过高，而过低估计的低收费又会使特许行业利润过高而出现暴利经营。目前，最好的方法是以公开竞标拍卖的方式确定特许经营权的收费价格，因为这样可以较准确地显示特许经营的超额利润水平。对于特许行为的收费，则应以资格审查过程中直接发生的服务成本为定价标准。

（3）工本费定价准则

工本费的定价是根据行政管理中实际发生的工本耗费作为收费的标准。工本费的成本衡量比较简单，但是也需要通过相应的制度规则约束收费单位节约工本耗费，保证消费者的利益。

2. 事业服务性收费的定价准则

政府事业部门或单位提供的服务基本上局限于不适合市场提供或不能充分提供的准公共品，这类产品一般都具有正的外部性，如基础设施、科研、教育、邮政、供水供电、公共交通等领域，因此也就决定了事业性服务的基本收费定价准则是依据所提供的准公共品的外部性大小来确定的。一般地讲，混合产品的收费同它的外部性大小成反比。

原则上，政府提供的事业服务的外部性越大，收费的价格应该越低。对于高等教育、卫生防疫、公益性图书馆等，如果采取低价收费政策，可以促使社会成员更多地使用或消费这些服务，产生更大的社会效益。所谓低价收费，就是指按照低于物品或服务供给成本的耗费水平来确定收费价格，不足部分由财政资金填补。

对于水、电、医疗健康等这类外部收益不大，一般由自然垄断行业提供的物品和服务而言，如果政府免费或低价提供会导致过度消费和浪费，而且这类物品又具有明显的私人受益特征，所以易于使用平价收费准则，即按照与物品和服务的提供成本耗费大体相当的标准确定收费价格。这样一方面可以促使社会成员正确评价物品和服务的价值，合理有效地加以利用，另一方面有利于相关部门筹集资金，减轻财政负担。

对于一些国家严格限制的特定领域的准入性收费或校正外部不经济的收费，应该实行高价政策，按照高于物品或服务供给的成本消耗水平来确定收费标准。

3. 专项收费的定价准则

专项收费一般是按照受益原则来确定收费标准的。政府根据社会成员从公共项目中的获益量多少对其进行区分，获益大的成员适用较高的收费标准，获益小或不获益的成员从低收费，甚至不收费。例如，意大利的垃圾清理费主要针对餐馆、酒店等收取，而且费用的高低与餐馆、酒店等的规模正相关，一般较少向居民收取。从理论上看，专项收费将人们的获益与支付的代价对等起来，有助于实现公平费用负担和提高资源利用效率，缺点是定价过程比较复杂，受益群体范围和成员受益程度的确定难以把握，因此在实际中的应用有很大局限。

以上就是政府确定收费定价标准的一般准则。由于政府收费不是纯市场行为，收费价格不是在供求机制作用下得到的，为了避免政府收费定价的专断性，增强收费的合理性，就必然要求对政府收费定价进行有效的管理和约束，以确保政府收费与公众利益的和谐一致。实践中，对于涉及公众切身利益的收费，应该在政府价格主管部门的主持下，实行价格听证制度，广泛征集社会各界的意见。

12.2.2　公共定价的基本方法

公共定价法就是将市场价格机制原理运用于政府提供的准公共品中，按照受益原则对使用者收取一定费用，以使公共品得到节约有效使用，从而提高财政支出效率的一种方法。一般地，由于准公共品的性质各异，政府依据的定价准则也不一样，因而对应的规制定价方法也有多种，主要有边际成本定价法、平均成本定价法、二部定价法、高峰负荷定价法和距离收费法等。

1. 边际成本定价法

边际成本定价法就是在技术构成不变的条件下，以再多生产一单位产品的生产成本为基准的定价方法。主要特点是能够实现资源配置的帕累托效率。在完全竞争的私人品领域中，市场机制就是按边际成本确定产品价格的，厂商获得最大利润的同时实现资源的最佳配置。下面探讨如果准公共品按照边际成本定价将会出现何种情形。

以提供单一产品的行业为例。假设 P 是产量为 Q 时的收费价格表，逆需求函数为 $P=P(Q)$，在社会认可下 P 就意味着边际社会效益，此时社会总效益为 TR，且 $\mathrm{TR}=\int P(Q)\mathrm{d}Q$

C 为供给方的生产成本，对应成本函数为 $C=C(Q)$，社会总成本为 TC，$\mathrm{TC}=C(Q)$。社会净福利

$$W=\mathrm{TR}-\mathrm{TC}=\int P(Q)\mathrm{d}Q-C(Q)$$

使 W 最大的条件为

$$W'=\frac{\mathrm{d}W}{\mathrm{d}Q}=\left[\int P(Q)\mathrm{d}Q\right]'-C'(Q)=P(Q)-C'(Q)=P-C'(Q)=0$$

$$P=C'(Q)$$ ①

根据上面的分析可得，要使社会经济福利最大，必须把收费价格 P 确定在与边际成本 $C'(Q)$ 相一致的水平上，此时对应的资源配置状况满足帕累托最优标准。

从理论上看，边际成本定价实现了帕累托效率，应该是一种最佳的收费定价方法，但实践中并非如此。受政府规制的部门和行业依据成本变动趋势的不同，可以分为成本递减行业（自然垄断行业）和成本递增行业两类，采用边际定价法的行业会出现亏损和盈利两种不同情形，下面将具体分析这两种情况。

（1）成本递减行业的边际成本收费定价

自然垄断行业的最大特征就是规模经济效益，也就是随着规模的扩大，行业的平均成本一直呈持续递减趋势。

如果这类行业由私人企业垄断经营，在利润最大化目标的驱动下，厂商必然会将产量设置在边际成本曲线 MC 和边际收益曲线 MR 的交点 E_2 所对应的产量 Q_2 处，如图 12-1 所示，此时造成的资源配置效率损失为图中阴影部分面积。

当这类行业交由政府，作为社会公用事业管理时，追求的目标显然不能再是经济利润的最大化了，而应该是社会利益的最大化。因此，最为理想的做法是根据产品的单位耗费成本来确定收费标准，即以边际成本作为收费的定价标准，在图 12-1 中就是 D 曲线与 MC 的交点 E_0 所决定的价格 P_0。P_0 为帕累托效率的边际成本收费，此时的问题就是平均成本 AC 大于边际成本 MC，企业处于亏损中，每单位产品损失 HE_0，总损失额为四边形 P_0IHE_0 的面积。因此，

① $C'(Q)$ 为边际社会成本，由于它在这里与私人边际成本一致，所以简单地称为边际成本。

对于成本递减行业如果采用边际成本定价方法，企业就会出现亏损。如果政府仍然坚持以资源配置效率为第一目标，那么可以通过财政补贴弥补企业亏损，从而维持企业的正常经营。

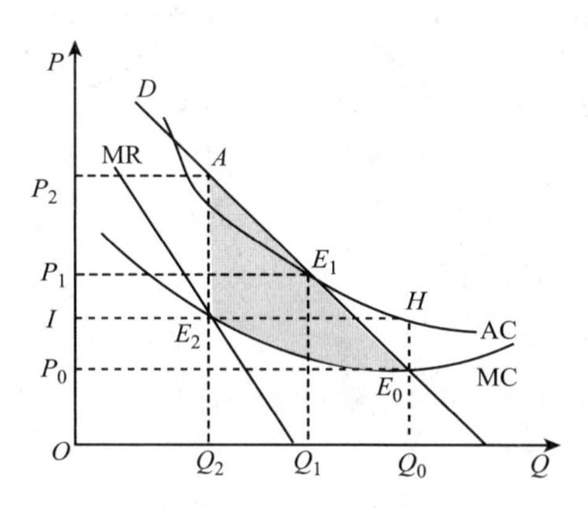

图 12-1　成本递减行业的边际成本收费定价

但是对企业的财政补贴也存在一些问题。一是财政支出难以长期维系。很多公益事业的固定成本投资规模较大，可变成本（短期来说就是边际成本）较小，如果收费按照边际成本标准来定，财政补贴的数额就会很大，财政难以长久负担。如果靠税收来保障，不仅征税有困难，而且会引起收入再分配问题。二是财政补贴将使企业经营散漫，缺乏创新动力和效率意识。最后，财政补贴也会引起受规制企业和当权官僚之间的勾结和腐败。

（2）成本递增行业的边际成本收费定价

成本递增行业一般都是竞争性企业，即随着企业生产规模的扩大，在达到一定规模后，成本就会出现持续递增。

下面先来考察完全竞争条件下成本递增行业的价格形成机制。在图 12-2 中，D 为市场需求曲线，S_1 为供给曲线，D 和 S_1 两曲线的交点为 E_1，对应的市场价格和产量分别为 P_1 和 Q_1。如果企业以市场价格 P_1 为前提，以获得最大利润为目标，它将选定边际成本曲线 MC 与边际收益曲线 MR_1 的交点 A 对应的供给量 Q_1。如果企业的平均成本曲线为 AC，则企业可以获得每单位平均为 AB 的超额利润。在信息完全和要素充分流动的情况下，超额利润的存在将使新的潜在的企业加入到这类行业中来，供给曲线 S_1 向右移动至 S_2，市场供给量将增加为 Q_2，均衡价格下降为 P_2。企业的边际收益曲线 MR_1 也下降为 MR_2，价格 P_2 处于边际成本、边际收益和平均成本的交点，无超额利润，企业获得了全部的正常利润，这时生产处于相对静止状态，既没有新企业进入，原有企业也不再从该行业中退出。

如果政府决定以初始状态 E_1 点确定的价格 P_1 为收费价格，且限制其他企业进入该行业，那么受规制企业的每单位产品就会得到平均为 AB 的超额利润。即使允许新企业进入，由于政府的批准需要一定的手续和时间，作为“加入滞后”的结果，超额利润的消失也需要一定的时间。

在竞争行业中限制新企业的加入，会妨碍竞争均衡价格的实现。但是，由于某些特殊原因，如资源环境、规模效益等，政府在限制企业数量的同时，又要使企业不存在超额利润，因而在对企业实行进入规制的同时，又要实行价格规制。所以，对于边际成本递增的竞争性行业，政府在实行价格规制时应尽可能接近边际成本定价，使企业尽可能不存在超额利润，但是在实际中做到这一点是很难的。

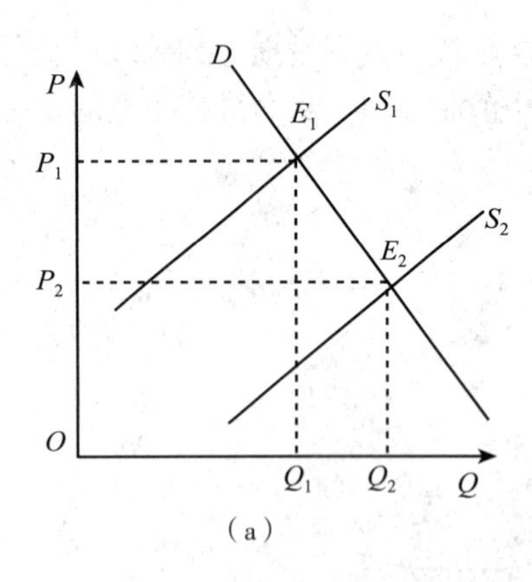

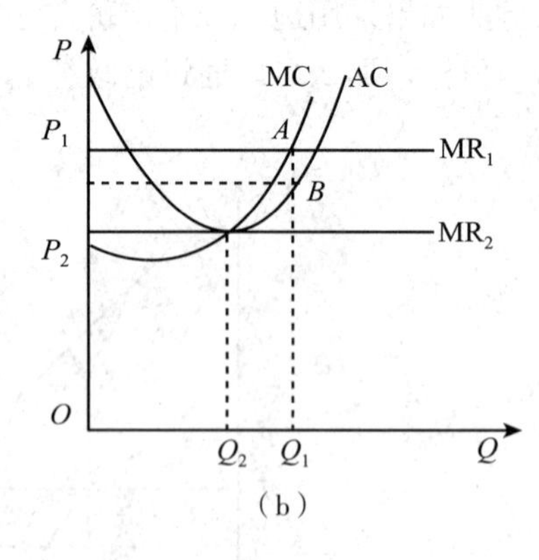

图 12-2 成本递增行业的边际成本收费定价

2. 平均成本定价法

平均成本定价法亦称完全成本定价法，主要是将弥补公共品的供应成本[①]作为政府收费的定价准则，使供应主体刚好能够实现收支平衡，即既不亏损也不盈利的定价方法。

假设社会经济福利为 W，价格为 P，供给量为 Q，企业的总收益为 PQ，成本函数为 C（Q），则收支平衡式为 $PQ-C(Q)=0$。由于平均成本定价法是在以收支平衡为约束条件下求得经济福利最大值，所以引入拉格朗日乘数 λ 后，W 最大化的函数就可写为

$$W=\int P(Q)\mathrm{d}Q-C(Q)+\lambda[PQ-C(Q)]$$

上式两边对 Q 求导后可得

$$W'=\frac{\mathrm{d}W}{\mathrm{d}Q}=P-C'(Q)+\lambda[P+Q(\mathrm{d}P/\mathrm{d}Q)-C'(Q)]=0$$

令 $C'(Q)=\mathrm{MC}$，上式的两边同时除以 P，整理后得到

$$\frac{P-\mathrm{MC}}{P}=-\lambda[(P-\mathrm{MC})/P+(Q/P)(\mathrm{d}P/\mathrm{d}Q)]$$

$$\frac{P-\mathrm{MC}}{P}=-[\lambda/(1+\lambda)](Q/P)(\mathrm{d}P/\mathrm{d}Q)=[\lambda/(1+\lambda)](1/E_d)$$

这里 $E_d=-(P/Q)(\mathrm{d}Q/\mathrm{d}P)$，也就是需求价格弹性。再设 $\lambda/(1+\lambda)=R$[②]，可以得到如下的公式。

$$\frac{P-\mathrm{MC}}{P}=\frac{R}{E_d}$$

或者

① 供应成本＝平均成本×产品供给量

② R 称为拉姆塞指数，它的经济意义是指对按边际成本定价打的一定折扣（成本递增行业）或给予一定的加成系数（成本递减行业）。

$$P=\frac{\mathrm{MC}}{1-R/E_d}$$

由公式可得，在成本递减行业，当企业负有收支平衡的任务时，就得把收费定得比边际成本收费略高一点，略高的比重为 R/E_d 。观察图 12-1，这时的收费等于 P_1，也就是按平均成本来确定收费。同理，在成本递增行业，收费应该定得比边际成本收费略低，观察图 12-2，收费标准应定在 P_2 处，低于竞争均衡情况下的价格 P_1，在这里价格与平均成本相等。这种以收支平衡为条件的收费定价方式就是平均成本定价方法。

到此阐述了公共品的边际成本定价、平均成本定价和垄断价格定价三种方法。从政府规制的目标出发，哪一种定价方式最优呢？这就需要进行分析比较。

首先，对于成本递减行业来说，公共品的定价可以采取三种策略（如图 12-3 所示）：第一种任由垄断厂商自行定价，厂商将把价格定在 MR＝MC 时的 P_2，此时厂商实现最大利润，超额利润为 P_2FIJ，社会福利损失为 JE_2E_0；第二种是政府管制要求企业只能且必须把价格定在与 MC 对应的 P_0 处，此时厂商的平均收益（AR）小于平均成本（AC），企业蒙受 GP_0E_0H 的亏损；第三种是仍然存在政府规制，企业将价格定在 P_1，此时 P_1、AC 及 AR 相等，厂商的损益持平，无额外利润可获。

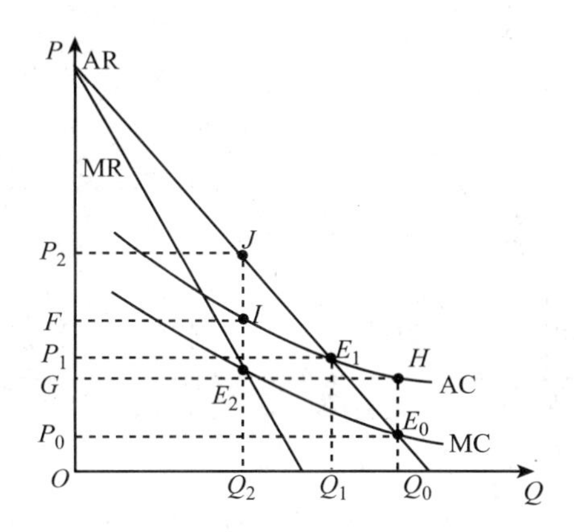

图 12-3　自然垄断（成本递减）行业的公共定价

把成本递减行业的三种定价方法及其带来的社会福利进行排列，可得表 12-1。

表 12-1　三种方法比较

定价方法	公　式	社会福利
边际成本定价	$P=\mathrm{MC}$	$W=DE_0P_0$
平均成本定价	$P=\mathrm{MC}/(1-R/E_d)$、	$W=DE_1P_1$
垄断定价	$P=\mathrm{MC}/(1-1/E_d)$	$W=DJP_2$

比较这三种情况可知，按 MC 定价的 P_0＜按 AC 定价的 P_1＜垄断定价的 P_2。而产量和社会福利的情况正好相反：按 MC 定价的产量 Q_0＞按 AC 定价的 Q_1＞垄断定价的 Q_2。按 MC 定价的社会净福利＞按 AC 定价的社会净福利＞垄断定价的社会净福利。可见，从理论角度来看，边际成本定价是最理想的定价方式，平均成本定价次优，垄断定价最差。但是，

如前所述，运用边际成本定价会使企业亏损从而导致巨额财政补贴长期下去，在财政补贴有限的情况下，企业将很难提供足够的物品满足社会公共的需求，所以平均成本定价是可行的方法。但是，采用平均成本收费定价方式取得的经济福利小于边际成本收费定价的经济福利，也就是说前者的资源配置效率不如后者。

其次，对于受政府管制的成本递增行业来说，可以分为政府限制新企业进入和不限制新企业进入两种情况来讨论不同定价方法对社会福利的影响。

如图 12-4(a) 所示，如果政府限制新企业进入，平均成本收费低于边际成本收费。而在图 12-4(b) 中，没有政府规制，企业可以自由进入行业生产，边际成本收费和平均成本收费是一致的。由于受规制的成本递增行业很少有不限制新企业加入的情况，所以只考察图 12-4(a) 的情况。三种不同的定价方式下，价格水平从高到低的排列顺序为：垄断定价的 P_3 > 按 MC 定价的 P_2 > 按 AC 定价的 P_1；社会福利由高到低的排列顺序是：按 AC 定价的社会净福利 > 按 MC 定价的社会净福利 > 垄断定价的社会净福利。因而，在成本递增行业中，平均成本收费定价最优，边际成本定价次优，垄断定价的社会福利最差。从社会福利最大的观点出发，可作如表 12-2 所示的比较。

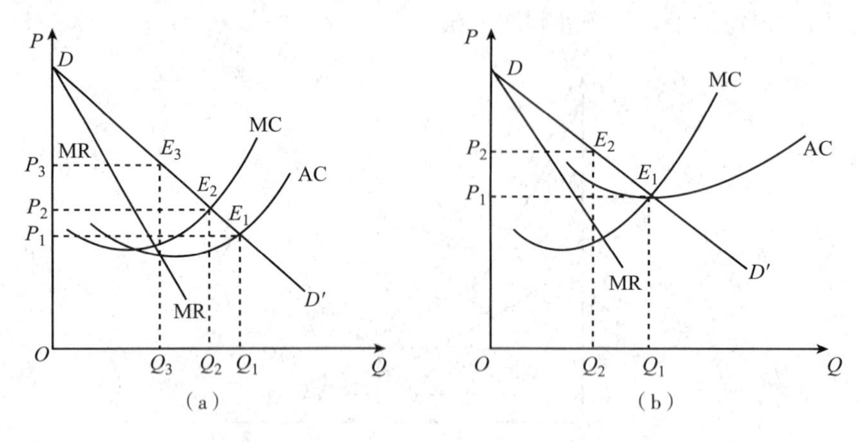

图 12-4 成本递增行业的公共定价

可见，无论政府是否制定了市场准入制度，成本递增行业的收费定价都应以平均成本定价为原则。

表 12-2 三种方法比较

定价方法	公 式	社会福利
边际成本定价	$P=MC$	$W=DE_2P_2$
平均成本定价	$P=MC/(1-R/E_d)$	$W=DE_1P_1$
垄断定价	$P=MC/(1-1/E_d)$	$W=DE_3P_3$

综上可得，在成本递增行业中，平均成本收费定价最优，边际成本收费次优，垄断定价收费最差。在成本递减行业中，边际成本收费定价最优，平均成本收费次优，垄断定价收费最差。两种情形下，垄断价格形成的都是最差的收费政策，区别在于最优的收费定价方法不同，前者为平均成本定价，后者则为边际成本定价。但是，如果不限制新企业的进入，边际

成本收费与平均成本收费是一致的，从而经济福利的大小也一致。在成本递增的竞争性行业中，应尽量不限制新企业的进入。

3. 二部定价法

二部定价法就是把收费分成两部分分别定价，一部分是与使用量无关的按月或按年定额收取的“基本费”；另一部分是按使用量征收的“从量费”。可见，二部收费是定额收费与从量收费二者合一的定价收费体系，同时也是反映成本结构的收费体系。其中，“基本费”是不管使用量多少都要收取的固定费，与供给单位的固定成本消耗相对应，有助于企业财务的稳定；而从量费则与可变成本耗费相对应，两项成本相加能使供给单位的总成本获得补偿，实现财务的收支平衡。

如前所述，在成本递减行业，如果单一地采用边际成本定价方式，企业必然发生经营赤字，财政又难以提供长期的财力支持，因此实践中采用边际成本定价非常困难。但是，二部收费能有效地克服这一缺陷，在实行边际成本定价的条件下，把形成的亏损分散由需求者负担，从而使更多的消费者能享用该物品。二部定价法最早应用于英国的电话收费。目前，几乎所有的受规制行业，如供水、供电、煤气、电话等自然垄断部门都采用这种收费方法。

下面用图 12-5 来说明二部定价的原理。如果成本递减行业采用边际成本价格定价方式，那么价格就是 P_0，供给量就是 Q_0，产生 P_0FGE_0 的赤字。由于这个赤字额是平均成本总额超过边际成本总额的部分，所以可以视为固定费总额。下一步的问题就是如何从使用者那里收取这笔固定费。由于固定费的数额与物品的供给量无关，所以如果将其作为按使用量计算的收费来收取是困难的。因此，只有把这部分固定费(K) 除以用户总数(N)，平均分摊到各用户身上，使之成为对每一用户收取的基本费(T) 的依据。基本费可以按年或按月计算收取。与边际成本水准相适应的价格 P_0 称为从量费(a)。如果需求者的使用量为 Q，则二部收费(用 P_{TP} 表示) 的计算公式如下。

$$P_{TP}=\frac{K}{N}+P_0(Q)=T+a(Q)$$

由于这种二部定价可以收回固定费总额和边际成本总额（从短期来看与可变费总额相同），所以只要企业能够实现预想的销售量，就能够实现收支平衡。

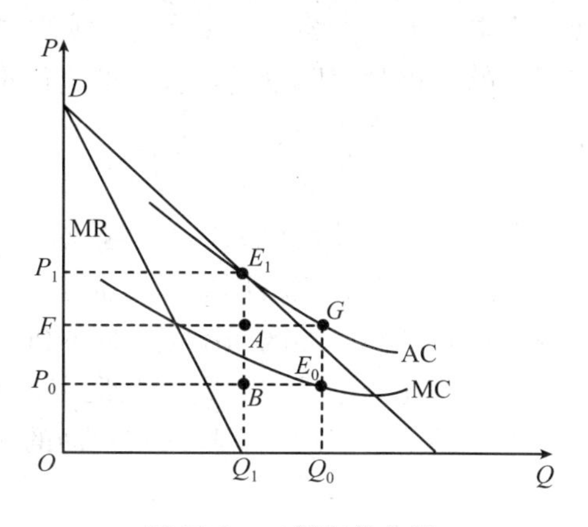

图 12-5　二部定价收费

二部定价法具有“以收支平衡为条件实现经济福利最大化”的性质，现在对这一性质进行说明。在图 12-5 中，如果采用平均成本定价，收费价格就是平均成本曲线 AC 与需求曲线 D 的交点 E_1 对应的价格 P_1，此时供给量为 Q_1，总费用为 $OP_1E_1Q_1$。这里，$P_0P_1E_1B$ 为固定费总额，OP_0BQ_1 为变动费总额。如果采用边际成本定价，如前所述，价格为 P_0，供给量 Q_0，变动费总额为 $OP_0E_0Q_0$，固定费总额为 P_0FGE_0。假定设备投资是固定的，那么不管是平均成本收费定价还是边际成本收费定价，固定费总额都是相同的，所以 $P_0P_1E_1B=P_0FGE_0$ 成立。如图 12-5 所示，两者的面积也是相同的。

可见，从经济福利的角度来看，二部定价虽然不如边际成本定价好，却比平均成本定价优。可以通过图 12-5 来分析，边际成本定价形成的消费者剩余为 DE_0P_0，而平均成本定价形成的消费者剩余为 DE_1P_1，前者比后者大 $P_0P_1E_1E_0$ 面积。此外，在二部定价下，由于企业把边际成本定价时的赤字额 P_0FGE_0（与平均成本定价的固定费总额 $P_0P_1E_1B$ 相等）作为基本费收取，并且把 $OP_0E_0Q_0$ 作为从量费收取，从而可以得到总额为 $OP_1E_1BE_0Q_0$ [①] 的收入，消费者剩余为 $DE_1P_1+BE_1E_0$（它虽然比边际成本定价形成的消费者剩余 DE_0P_0 小 $P_0P_1E_1B$，却比平均成本定价形成的 DE_1P_1 大 E_1E_0B）。可见，从经济福利的角度来看，二部定价虽然不如边际成本定价好，却比平均成本定价优。

实际中，由于公益事业的固定投资额很大，如果所有的固定费都靠基本费收回，尽管用户数相当大，但基本费还是太高，而且这样做的结果会对少量物品的使用者不公平，甚至迫使其放弃使用该物品。换句话说，相对高的基本费有排挤低收入和少量需求用户的可能性。所以，实际中对于基本费的收取采用两种方法：一是基本费的确定不以收回固定费总额为目标，而只以收回用户成本为目标；另一种方法是对一定需求量以下的用户采用按使用量收费，而对一定需求量以上的用户采用二部定价收费。

虽然实际中的二部收费与理论模型中的二部收费不同，但是这种收费方法具有有利于企业获取固定收入、保持财务稳定、获得的经济福利大于平均成本定价等优点，因而被应用于许多受规制的行业。

最后，二部定价还可以衍生为复合二部定价和三部定价等定价收费体系。简单地说，复合二部定价就是将需求量划分为若干层级，对不同层级分别制定不同的基本费（也可以相同）和从量费。例如，日本对城市煤气的收费就是按照使用量的不同，将其划分为三阶段，收取不同的基本费和从量费。而电力事业方面，几乎所有的家庭和办公电灯需求的基本费都一样，而从量费按照电力使用量的大小分三阶段递增。三部定价也是按照基本费和从量费制定的收费体系，通常用于用电大户的电力收费。

4. 高峰负荷定价法

高峰负荷定价法是指在一些消费需求波动巨大的自然垄断行业，对高峰需求制定高价，而对非高峰需求制定低价的一种定价方式。垄断厂商针对需求价格弹性随时间变动的特点，按时间将总需求划分不同的区间，并对不同的区间制定不同的价格。高峰负荷定价是经济学上的边际成本价格理论在行业方面的充分运用，它具有其他定价方法所不具备的两大功能：一是定价能够反映成本的变动，二是定价能起到平抑需求波动的作用。高峰负荷定价被广泛

① 实际上为 $OFGQ_0$ 面积，由于 $OP_1E_1BE_0Q_0$ 和 $OFGQ_0$ 的面积相等，为便于分析，采用 $OP_1E_1BE_0Q_0$。

运用于电力产业的价格规制中，这是因为电力产品的消费需求波动较大，而需求波动又会导致厂商边际成本的变动。

以电力工业为例，电力需求在一年、一季、一月甚至一日之内都呈现明显的波动。取某一工作日的电力需求进行分析，可得到当日各时段内电力的需求波动曲线，如图 12-6 所示。电力需求的高峰（令其为 100）位于上午 10 时，凌晨 4 时左右电力需求量最低（约为 60）。同样，在一周内，周末的用电需求通常只有工作日的 60%。一年之内，夏、冬两季的用电量一般高于春、秋两季。

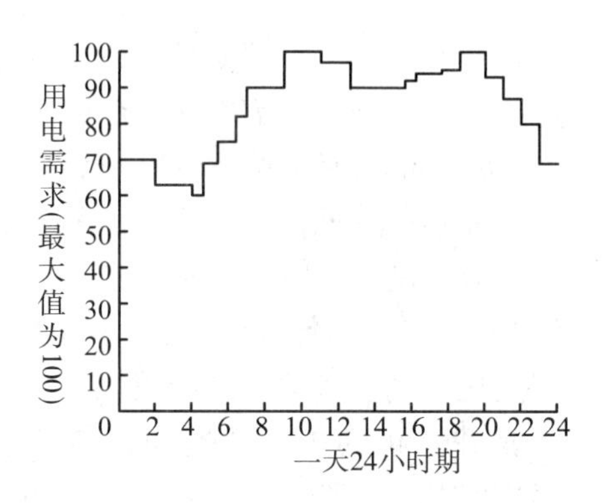

图 12-6 电力供应系统的短期（一天）边际成本曲线

另一方面，电力产品本身的性质决定了无法通过储存达到调剂供求余缺的目的。因此为了满足社会生产、生活的需求，电力生产和输送的最大容量必须与用电高峰的需求一致，这样在用电非高峰期间电力生产、输送设施必须有部分处于闲置状态。为了减少资源的浪费，降低成本，可以对整个电力产业的供应系统进行优化配置。就电力产业而言，可以将不同的供电形式加以组合。假定某一电力供应系统由水电站、核电站、火电厂和燃气电厂组成，其中水电站、核电站的运行成本最低，但固定成本巨大，因此适宜于连续供电；而燃气电厂虽然固定成本低，但运行成本很高，适宜于间歇性发电；火电厂则介于两者之间。因此，电力供应系统的短期边际成本曲线呈如图 12-7 所示的上升趋势。

在图 12-7 中，区间 AB 表现为水电站的运行成本，区间 BC 为水电站、火电厂的运行成本之和，而 CD 为水电站、火电厂及燃气发电厂的运行成本之和。可见，随着电力需求量的变动，电力供应系统的边际成本也在发生变化，若按边际成本定价，就要求电力价格也随着成本的变化而相应地变化。这也就是高峰负荷定价的基本原因，即在消费的高峰期收取较高的价格，消费的低谷期收取较低的价格。

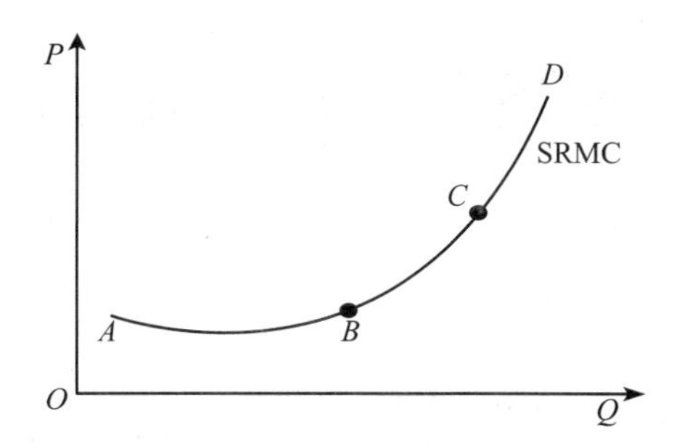

12-7 电力供应系统的短期边际成本曲线

在高峰负荷定价的应用中，一般用负荷率衡量固定资产利用率和边际成本的变动。负荷率是与负荷曲线相联系的一个概念。从供给方面看，把提供电力等设备的利用状况加以图示就叫作“负荷曲线”。在供求基本平衡或供大于求的情况下，它与从需求方面看的需求曲线基本上是一致的。所以，在图 12-6 中的需求曲线也可以看作是电力供应企业的负荷曲线。把一天的总消费量除以 24 小时，其值就是“平均负荷”。图 12-6 中的平均负荷大约为 80，用这个平均负荷的需求量除以最大负荷的需求量，其值就是“负荷率”，即

$$负荷率=\frac{平均负荷}{最大负荷}\times 100\%$$

负荷率越低，意味着电力的高峰需求与非高峰需求的差距越大，非高峰期间固定资产的闲置率也就越大。可见，负荷率可以作为衡量行业固定资产利用状况的一个重要指标，负荷率越高，固定资产的利用率越高，从而供应成本也就越低；反之亦然。因此在价格规制中，就要设计一种刺激机制以提高负荷率，而高峰负荷定价就是适应这一要求的一种价格规制制度。

但在具体实施高峰负荷定价时，一定要明确高峰需求和非高峰需求，这是确定收费定价的关键。根据一天中需求的不同变化向消费者索取不同的价格，需要相当精密的度量技术。另外，如果将需求划分得过细，消费者也很难对消费和价格的变动作出足够的、及时的反应。因此，在价格规制实践中，一般按月或按季区分高峰需求和非高峰需求。例如，对电力产业来说，由于夏天居民要用空调和冷藏设备，属于用电需求高峰期，可以制定较高的电力价格，促进消费者节约用电，或者多使用替代能源；而冬季属于用电低谷期，可以制定较低的电力价格，以刺激消费。通过这种高峰定价，可以在一定程度上熨平消费高峰和低谷的落差，提高负荷率，促进产业固定资产的有效利用，实现社会资源的优化配置。

5. 距离收费法

距离收费就是指按照用户服务距离的不同采取不同收费价格的收费方式，多用于运输、电报电话、包裹邮寄等领域。例如，铁路运输费就是按照运输里程的长短来收取费用的。邮政收费比较特殊，不是按距离远近收费，而是实行全国统一收费，原因在于如果邮政实行差别收费制，按距离的不同收取不同的邮费，那么邮局就必须逐个检查邮件所贴的邮票，而这是相当耗费人力物力的，另外也会给寄件人造成很大的不便。对于电话费，几乎世界上所有国家都把电话费分为市内电话费和市外（长途）电话费两类。市内电话费不管通信距离长短，统一按同一的二部收费或定额收费。长途话费考虑到通信设备投入额，一般按照距离长短收取话费，尤其是越洋电话。随着通信技术的发展创新，虽然长途通话的成本在不断下降，但话费的收取仍然以距离为依据。

12.3 政府规制理论与政府收费管理

12.3.1 政府规制理论概述

1. 政府规制（government regulation）的定义

通常意义上的规制，是指依据一定的规则对构成特定社会的个人和构成特定经济的各经

济主体的活动进行限制的行为。根据实行规制的主体的不同，可以分为私人规制和政府（公共）规制。私人规制就是由私人主体发出的规制，如父母管教自己的子女。政府规制是指在市场经济条件下，政府为了实现一定的政策目标，依照一定的规则（通常指法律法规），对微观经济主体进行的规范与制约，主要通过规制部门对特定产业和微观经济主体的进入、退出、价格、投资、环境、安全、生命、健康等行为进行监督与管理来实现的。简言之，政府规制是政府为了弥补市场的功能缺陷，增进市场效率和社会福利的制度安排。

根据微观经济干预政策性质的不同，可以把政府规制分为经济性规制和社会性规制两类。

经济性规制是指在自然垄断和存在严重信息不对称的领域，为了防止资源低效配置和确保公民的使用权力，政府在法律权限范围内，通过许可和认可等方式，对企业的进入与退出、价格、服务质量、投资、财务会计等行为进行的规制。目前，经济性规制的规制对象主要为电力、城市煤气、自来水、交通运输、金融保险等行业。

社会性规制是指以保障劳动者和消费者的安全、健康、卫生及保护环境和防止公害为目的，对物品和服务的质量及伴随它们的生产过程而产生的各种活动制定一定标准，并禁止、限制某些特定行为的规制。社会性规制主要用于矫正经济活动中发生的外部性。

2. 政府规制理论的演进

在 18 世纪到 19 世纪中叶这段时间里，政府采取自由放任的经济政策，基本上很少干预微观主体的经济活动。直到 19 世纪中后期，随着市场机制功能缺陷的凸显及人们对市场本身认识的深入，政府开始有意识地干预市场行为，其中以 19 世纪末出台的反垄断政策最为明显。所以，可以说政府规制的产生是市场经济演进的结果。

经济学界对政府规制的研究，逐渐形成了政府规制理论这门新型的微观应用经济学。政府规制理论的产生与发展大体上经历了四个阶段。

（1）政府规制理论的萌芽与最初发展（19 世纪中后期至 20 世纪 50 年代）：规范分析的观点

19 世纪中叶，伴随着产业革命的深化和新技术的发明运用，尤其是铁路运输的发明和推广，使得自由市场的垄断、外部性等弊端暴露出来，人们开始就消费者福利、生产者福利、政府规制的必要性等问题进行讨论，推动了微观经济学的发展，先后出现的自然垄断理论、外部效应论及福利经济学等观点，为政府规制提供了充足的理论支撑。1929 年，美国爆发的经济大危机引致的“罗斯福新政”，除了刺激宏观需求外，对具有自然垄断特征的公用事业部门加强规制也是其重要内容。在新政实施以前，电力、铁路等垄断部门为了获取高额垄断利润，人为地制定过高的垄断价格，损害消费者福利。因此，联邦政府对交通运输和公用事业等易于形成自然垄断的部门实行政府规制政策，并成立各种委员会，如铁路管理委员会、电力管理委员会等，对其运费、电价、收费等进行规制，限制这些部门凭借垄断地位谋取高额利润。这一时期，主张政府应该对微观经济活动进行规制的经济学观点逐步形成了规制经济学的规范分析学派。该学派从规范分析的角度出发，认为由于市场机制不完善及存在市场失灵，如自然垄断、外部性、信息不完全等，政府应该对微观主体的经济活动进行规制，规制的目的是在确保资源配置效率的情况下，保护公众利益不受损害。

（2）规制经济学的进展：实证分析的观点

20 世纪 60 年代，政府规制的政策主张已经占据了主流地位，但不容忽视的事实是：一些国家的政府规制出现了重大失败，如制度僵化、腐败问题严重、规制成本增加、受规制企业内部人浮于事、技术创新缓慢等。这引发了人们对政府规制效率问题的重新思考，经济学家也开始怀疑政府规制的有效性，并着手进行实证研究。

1962年，施蒂格勒在《规制者能规制什么》一文中提出了一个简单却很根本的问题：规制能够规制什么？施蒂格勒强调应将政府规制目标与规制实际效果分开，规制者愿望与制定规制政策是一回事，而规制是否能对被规制行业产生预期效果则是另一回事。施蒂格勒对电力部门的规制效率进行了研究，结果发现规制并没有降低收费标准，也没有解决价格歧视，对利润的提高也没有显著影响。显然，这一结论与规制可以改善社会福利与效率的传统观点是矛盾的，认为规制难以实现维护公共利益的目标。

既然规制的动机不是为了维护公共利益，那么是什么原因促使政府进行规制的呢？实证研究形成的主要观点认为，规制是规制者生产的一种“商品”，通过利益集团对规制“商品”的需求和规制者对规制“商品”的供给之间的作用，实现利益的再分配。政府官员通过提供规制“商品”，可以获得选票以实现留任的目的或是取得其他形式的回报，而被规制者则是通过游说、贿赂来左右政府的规制政策，达到维护自己利益的目的。也就是说，政府规制并非为了公共利益，真正目的是政治家对规制的“供给”与个别集团对规制的“需求”相结合，以谋求各自的利益。

对政府规制实证分析的若干结论，突破了传统的思维方式，使规制理论有了实质性的进展，这在很大程度上也得益于“公共选择”学派的理论观点。

（3）规制经济学研究的拓展：公共选择学派的观点

政府规制规范分析的最基本依据是传统经济学的经济人假设条件，即企业追求利润最大化，个人追求效用最大化，政府则是追求社会利益最大化。言外之意是企业和个人是“经济人”，是自私自利的，而政府则是“社会人”，是无私的，没有自己独立的利益。这看似很对称的假设，却难以得到现实的佐证。政府并不是抽象的存在，而是由某些特殊的党派、政客和官僚集团构成的实体，每个成员都有独立的利益。为什么由单个“经济人”组合起来的政府就成了“社会人”呢？这种假设显然是很牵强的。

20世纪60年代发生的“公共选择革命”撬动了上述假设及其结论。公共选择学派重新审视了政府的性质与作用，将“经济人”概念进一步延伸到那些以投票人或国家代理人身份参与政治或公共选择的人们的行为中，承认政府追求的是某种特殊利益，而不是所谓的公共利益。这有助于解释现实中政府的决策为什么并非总是符合公众愿望，为什么会出现腐败，为什么出于公共利益考虑制定的规制政策却出现了低效率。但公共选择理论的“经济人”假设也受到了许多学者的批判，认为个人的行为动机复杂多样，不能简单地区分为是利己或利他，公共选择理论学派从利己动机得出的关于政府的结论也是不科学的。

（4）规制经济学的新发展及趋势

近三十年来，对政府规制进行实证研究的各种理论和观点层出不穷，丰富了规制经济学的内容，并且对各国的规制实践也产生着越来越重要的影响，其中以施蒂格勒20世纪70年代初提出的规制俘虏理论最为著名。

为了对政府规制动机作出解释，施蒂格勒通过对19世纪以来美国政府规制的历史考察，揭示出规制与市场失灵并不存在必然联系。经验研究也表明规制是照顾生产者利益的，通过规制可以限制竞争者进入，提高行业内生产者的利润，并允许超额利润的存在，这些实际资料的存在为规制俘虏理论提供了证据。规制俘虏理论揭示了政府与特殊利益集团之间的相互利用关系。该理论认为，立法机构的规制立法是为满足产业对规制的需要（即立法者被产业者俘虏），而规制实施机构最终会被产业所控制（即执法者被产业者俘虏），其结果是具有特殊影响力的利益集团（被规制企业）会不断进行寻租活动，从而使政府规制成为企业追求垄断利润的一种手段。这一理论最初只是强调了生产者对规制者的俘虏，而未说明其他的利益集团，如产业工人、消费者等对规制的影响，因此也被称为“纯规制俘虏理论”。它只是作为一种推测被提出来的，缺乏充分的理论与实际证据，因此受到了政府规制规范分析学派的质疑：受规制影响的利益集团不只是生产者，还有消费者及产业工人，为什么规制者没有受到其他利益集团的控制？为什么许多产业部门的利润因为规制反而降低了？为什么一些产业最初受到规制，而接下来又被放松规制了呢？

20 世纪 70 年代，施蒂格勒与帕尔兹曼对“纯规制俘虏理论”中“为什么规制者容易被生产者俘虏？”的问题做出了解释。他们认为，组织完善、规模较小的集团更容易迅速组织起来形成各种决策，来决定是否支持或反对规制者的政策；而规模较大的集团形成决策的成本较高，俘虏规制者的活动具有正外部性，会产生严重的“搭便车”行为，即俘虏规制者的成本由一人承担而收益却由全体成员共享，这就使得集团中成员缺乏足够的激励来维护本集团利益。集团规模越大，“搭便车”现象就会越严重。由于消费者利益集团的规模要远远大于生产者利益集团，因此生产者更容易俘虏规制者，从而在规制中获得收益。

经济学家们进一步认识到，政府规制低效或无效，一方面可以用规制俘虏理论来解释，另一方面即使不存在规制俘虏问题，由于政府和企业之间的信息不对称，也会导致规制制度本身的缺陷。但在政府规制低效与市场失灵同时存在的情况下，完全放弃规制或实行私有化也并非是解决问题的万全之策，因此实行激励规制和部分放松规制便成为政府规制的发展方向。

近年来，作为规制经济学研究对象的政府规制活动有了许多新的发展，主要是：激励性规制与放松规制在全球的兴起；社会性规制的日益发展及规制领域的不断扩大；政府规制方法更着重体现市场的原则，出现了政府规制活动与市场机制相融合的趋势等。在政府规制政策实践与规制理论研究的互动中，规制经济学得到了不断发展。

12.3.2 政府收费管理

政府收费是政府规制的核心，规范管理政府收费的前提是必须严格区别政府性收费与经营性收费。如果将属于市场行为的收费纳入政府性收费，将造成政企职责不分，导致政府职能弱化和财政资金流失，甚至会促使收费部门利用行政权力与垄断地位肆意收费，出现权力商品化，滋生腐败。所以，应将经营性收费从政府性收费管理范围中分离出去。

目前，对于政府收费管理，国际上的通行做法是让收费的相关事宜包括收费项目、收费标准、收费范围、收费审批依据和程序等大都通过立法来确定，立法层次一般集中在联邦（中央）和州（省）两级。收费项目有的经过议会（全国人大）批准，有的经过政府批准，对符合规定设立的收费项目，实行收费目录管理制度和收费公告制度，接受社会监督。

按照现行有关规定，我国政府收费是由中央和省级财政部门会同计划（物价）部门审批，收费标准由中央、省级计划（物价）部门会同财政部门审批。这种一件事由政府两个部门管理的做法不利于提高工作效率，而且物价部门既管政府收费，又管经营服务性收费，容易混淆两种收费的界限，不利于政府收费的规范管理。我国也应该遵循国际惯例改革收费管理制度，将收费管理权限由现行的部门审批制改为中央和省两级政府审批。在操作上可由收费单位提出申请，经中央和省级财政部门会同有关部门审核后报国务院和省级政府审批。

加强收费资金管理，全面落实“收支两条线”制度。政府收费实行票款分离的收缴办法，即单位只开具收费凭证，而由缴费人到指定的银行或专门的收费机构去缴费。这种方式可以增强收费的透明度，有效避免收费单位任意扩大收费范围，随意改变收费标准及坐支费用等行为。对于不能采取票款分离办法的，可以委托单位直接收取，集中上缴国库或预算外资金财政专户的管理办法，同时在单位应当实行开票和收款相分离制度。政府收费应全部纳入财政管理，加强收费资金的预算管理，从根本上切断政府各部门支出与收费的联系。

12.4 我国的税费改革

12.4.1 我国税费收入现状概述

我国政府收费经历了由少到多的变化过程。20 世纪 80 年代初，全国只有少量的收费项目，如农业税附加、养路费、中小学杂费，年收费额约 100 亿元左右。但是截至 1998 年，全国行政事业性收费项目有 5 000 多种，各类收费规模达到了 2 175 亿元，相当于同期全国财政收入的 22%（尚未包括大量违规、违法设立的收费和基金收入)，已经超过了发达国家①的比例。政府收费比重过大，收费项目多，不仅严重侵蚀了税基，而且加重了企业、农民的负担，分散了政府财力，削弱了政府宏观调控能力。近年来，各级政府不断推行税费改革新措施，尤其是在广大的农村地区，农村税费改革给农民带来了切实的实惠。

12.4.2 深化我国税费改革

1. 税费改革的基本目标

通过对现有政府收费、基金进行清理整顿，逐步规范政府收入分配秩序，理顺税费关系，建立适应社会主义市场经济体制要求的以税收为主、少量必要收费为辅的政府收入分配体系。

2. 税费改革的总体思路

现阶段，我国税费制度改革的总体思路基本可以概括为“一清、二转、三改、四留”。“一清”是指根据转变政府职能和建立公共财政的要求，对现行收费进行全面清理整顿，取消政府实施公共管理和提供公共品收取的各种管理费，所需经费由财政预算统一安排。“二转”是指按照政企分开的原则，一些原来由政府机构负责管理的，但不属于政府职能的事务，逐步转向由从事经营服务活动的市场中介组织承担，相关的事业性收费相应转为经营服务性收费，对其所得收入依法征税。“三改”是指将一些体现政府职能，收入数额较大，来源相对稳定，具有税收特征的

① 有关资料显示，较发达的市场经济国家中政府非税收入占经常性收入的比重一般不超过 15%，非税收入不仅涵盖了所有的政府收费，还包括国有资产收益等。因此，收费占财政收入的比重更低。

收费基金，按照优化税制机构的要求，改为相应的税收。“四留”就是指保留少量符合国际惯例的合理性收费，缴纳后统一归入国库，实行财政预算和规范化的政府管理。

3. 税费改革的基本原则

第一，税费改革应有利于从源头上遏制各种乱收费，坚决取消不合法、不合理的收费项目，降低过高的收费标准，对必须保留的收费实行规范化的财政管理。

第二，税费改革应有利于正确处理税费关系，实现以税聚财，集中理财，避免财权、财力在部门间的过度分散，增强政府的宏观调控能力。

第三，税费改革应有利于进一步完善和深化财税体制，提高财政收入的“两个比重①”，振兴国家财政。

第四，税费改革应有利于政企分开和政府职能的转变，规范政府收入分配渠道，保证政府实施公共管理和改善公共服务有稳定的资金来源。

12.4.3 我国的税费改革进程

1998 年以来，我国按照税费制度改革的总体规划，在农村税费制度、交通和车辆税费及城市建设与房地产税费方面取得了突破性的进展。

1. 农村税费改革

1）农村税费改革的主要内容

农村税费改革是整个税费改革的重要组成部分。20 世纪 80 年代末，由于长期形成的城乡二元结构以及农村体制机制等历史原因，农村乱收费、乱摊派、乱罚款问题凸显。为探索减轻农民负担的治本之策，中央决定将工作重心由治乱减负转向农村税费改革。1998 年 9 月，成立了由财政部、农业部、中央农村工作领导小组办公室的主要负责同志组成的国务院农村税费改革工作小组。2000 年 3 月，印发《中共中央、国务院关于进行农村税费改革试点工作的通知》，决定率先在安徽全省开展农村税费改革试点。2001 年江苏全省开展试点，2002 年进一步扩大到河北、内蒙古等 20 个省份，2003 年在全国推开。改革的主要内容是：取消乡统筹费、农村教育集资等专门面向农民征收的行政事业性收费和政府性基金、集资，取消屠宰税，逐步取消统一规定的劳动积累工和义务工；调整农业税和农业特产税政策；改革村提留征收使用办法。2004 年中央进一步作出“五年内取消农业税”的重大决定，率先在黑龙江、吉林进行试点，并在全国全面取消除烟叶外的农业特产税。2005 年，对 592 个国家扶贫开发工作重点县免征农业税，进一步降低其他地区农业税税率，鼓励地方根据财力自主扩大农业税免征范围，当年全国免征农业税的省份达到 28 个，同时全面取消牧业税。2005 年 12 月 29 日，第十届全国人大常委会第十九次会议决定，2006 年 1 月 1 日起废止农业税条例，标志着具有 2 600 多年历史的农业税正式退出历史舞台。至此，农村税费改革圆满完成阶段性历史任务，迈入农村综合改革新阶段。

经过 6 年多的探索与实践，农村税费改革成效显著。一是减轻了农民负担。据统计，2006 年全面取消农业税后，与改革前的 1999 年相比，全国农民一年减轻负担约 1250 亿元，人均减负约

① 两个比重：中央财政收入占全国财政收入的比重和国家财政收入占国内生产总值的比重。

140元，对规范政府行为、密切干群关系、有效化解农村矛盾、促进农村社会和谐稳定发挥了重要作用。二是加快了统筹城乡发展步伐。公共财政逐步覆盖农村，财政对农村基层组织运转和社会事业发展的保障力度不断加大。2000—2006年，中央财政累计安排农村税费改革转移支付2 634亿元，各地也相应增加了投入。三是推动了农村体制机制变革。各地积极开展以乡镇机构、农村义务教育、县乡财政管理体制改革为主要内容的配套改革，促进了农村上层建筑领域的深刻变革。

农村税费改革积累了宝贵经验。一是坚持把维护广大农民的利益和民主权利放在首位，以减轻农民负担为首要目标，让农民享受到实实在在的好处。二是坚持有利于科学发展的体制机制创新，着力理顺国家、集体与农民个人的分配关系，为农民平等参与市场竞争奠定了基础，统筹推动了相关配套改革，激发了农业农村发展的内在动力。三是充分尊重基层干部和农村群众的首创精神，充分调动其积极性，确保了改革健康有序推进和不断深入。四是通过试点先行、逐步推开的改革方式，及时发现问题、完善政策，促进了农村社会稳定。

十年来，通过农村税费改革实现了对农民少取、甚至不取，“三农”投入不断加大。中央财政“三农”支出由2003年的2 144.2亿元增加到2010年的8 579.7亿元，年均增长21.9%。

2）*农村税费改革的主要成效*

（1）促进农民增收

截至2010年底，粮食直补、农资综合补贴、良种补贴、农机具购置补贴等四项补贴达到5 088.9亿元，逐步扩大补贴品种和范围，并不断完善管理办法。建立农资综合补贴动态调整机制。农作物良种补贴扩大到10个品种，水稻、小麦、玉米和棉花实现全覆盖，大豆和油菜实现主产区全覆盖，马铃薯原种、青稞、花生补贴试点顺利启动。农机具购置补贴覆盖全国所有农（牧）业县（场）的农业生产急需机械种类。大幅提高主要农产品最低收购价，切实保障种粮农民利益。这些政策有效调动了农民种粮积极性，促进了农民增收。

（2）推进农业生产发展

支持改善农业农村基础设施。近三年来，支持8 000多座重点小型病险水库除险加固，全面完成大中型水库除险加固任务。2009—2010年，在850个县实施小型农田水利重点县建设。加强农业综合开发，2001—2010年，支持改造中低产田、建设高标准农田2.8亿亩，新建续建中型灌区节水配套改造项目416个，新增和改善灌溉面积2.5亿亩，增加粮食综合生产能力3 645万吨；扶持产业化经营项目6 884个，建设优质高效种植基地874万亩，发展水产养殖348万亩。加大对产粮（油）大县的奖励力度，增强地方政府发展农业生产的积极性。农村金融服务体系不断完善，农业保险保费补贴试点省份扩大到29个，带动3.9亿户次农户参保，提供风险保障超过1.1万亿元。扩大现代农业生产发展专项资金规模，积极创新资金管理使用机制，促进各地优势特色产业快速发展。财政扶贫开发力度不断加大，农村贫困人口从2000年的9 423万人减少到2009年的3 597万人，贫困地区基础设施建设和优势特色产业发展取得明显成效。

（3）持续加大“三农”投入，公共财政覆盖农村步伐明显加快

推动农村社会事业加快发展。农村义务教育经费保障机制改革目标全面实现，保障水平不断提高。家庭经济困难学生资助政策体系逐步完善。建立健全新型农村合作医疗制度，各级财政补助标准由2003年的年人均补助20元提高到2010年的120元，截至2010年底，参合人数超过8.35亿人。实行农村医疗救助制度，资助农村困难群众参加新农合和减轻其大病费用负担，超过4 100万人受益。启动新型农村社会养老保险试点，全国试点覆盖范围已

达23%左右。在全国范围内普遍建立农村最低生活保障制度，保障标准不断提高。将农村五保对象纳入公共财政保障范围，供养工作走上规范化、法制化管理轨道。积极支持农村危房改造，2008—2010年，改造农村危房204万户。支持实施农家书屋、农村电影放映等工程，农村文化生活不断丰富。这些使农村的社会保障范围逐步扩大，保障水平不断提高。

3）加快推进农村体制创新，建立农民减负增收长效机制

为巩固发展农村税费改革成果，2006年党中央、国务院决定及时推进农村综合改革，解决农村上层建筑与经济基础不适应的深层次问题，建立健全农民减负增收的长效机制。

（1）乡镇机构改革不断深入。坚持分类指导、因地制宜，根据各地区域特点和经济社会发展实际，确定乡镇机构设置和职能配置的重点。截至2010年底，全国85%的乡镇进行了机构改革，促进了农村行政管理体制的改革和完善。加强村级组织运转经费保障，资金稳定、管理规范、保障有力的村级组织运转经费保障机制逐步建立。

（2）县乡财政管理体制不断完善。为理顺基层财政体制，增强基层政府保障能力，积极推动省直管县和乡财县管财政管理方式的改革。截至2010年底，全国27个省份970个县实行了省直管县财政管理方式的改革，2.86万个乡镇实行了“乡财县管”。逐步推行“村财乡管村用”，不断提高基层财力保障水平。2005年为进一步缓解县乡财政困难，中央财政实施了“三奖一补”政策，对财政困难的县乡增加税收收入和省市政府增加对财政困难县财力性转移支付、县乡政府精简机构人员、产粮（油）大县给予奖励，对以前缓解县乡财政困难工作做得好的地区给予补助。2009年以来，为促进县乡财政“保工资、保运转、保民生”，中央财政建立了县级基本财力保障机制，保障了基层政府实施公共管理、提供公共服务、落实各项民生政策的基本财力需要。

（3）农村义务教育改革稳步推进。农村义务教育逐步形成了“在国务院领导下，由地方政府分级负责、分级管理、以县为主”的办学体制和以政府投入为主、多渠道筹措资金的投入体制。2006年以来，为进一步保障农村义务教育经费投入需要，实施了农村义务教育经费保障机制改革。2009年底，农村义务教育全面纳入公共财政保障范围。同时，支持开展农村教师、教育资源配置等相关制度综合改革，促进了义务教育的均衡发展。

（4）集体林权制度改革取得重要进展。2008年中共中央、国务院印发《关于全面推进集体林权制度改革的意见》，2009年又对集体林权制度改革作出了全面部署。截至2010年底，18个省份基本完成明晰产权、承包到户的改革任务，直接惠及近3亿农民，拓宽了农民增收渠道。

（5）乡村债务清理化解工作稳妥推进。2007年中央决定在内蒙古等14个省份开展清理化解农村义务教育债务试点，2009年在全国范围推进。截至2010年底，全国共化解农村义务教育债务698亿元，约200多万农村债权人受益。同时，积极开展清理化解其他公益性乡村债务试点。2009年选择贵州、重庆、甘肃3省（市）开展试点，2010年新增内蒙古等7个省份开展试点。清理化解乡村债务，不仅消除了农民负担反弹的隐患，也缓解了农村社会矛盾。

（6）农村公益事业建设新机制进一步健全。为调动广大农民参与农村公益事业建设的积极性，破解农村公益事业发展难题，在总结地方实践经验的基础上，2008年中央决定在黑龙江等3个省份开展村级公益事业建设一事一议财政奖补试点，对于村民一事一议筹资筹劳开展村内小型水利设施、道路修建、环境卫生、植树造林等村级公益事业建设，财政适当给予奖补。2009年试点省份增加到17个，2010年进一步扩大到27个。截至2010年底，各级财政奖补资金累计达到477亿元，带动村级公益事业总投入超过1 800亿元，建成项目63

万多个。村级公益事业建设一事一议财政奖补制度，极大地激发了农民自觉开展农村公益事业建设的热情，改善了农民生产生活条件，促进了基层民主政治建设，成为社会主义新农村建设的重要抓手，是中央出台的又一项德政工程、民心工程。

【资料链接】

农村税费改革

农村税费改革虽然取得了重大成果，但影响农村持续健康发展的一些深层次问题还没有完全解决，农民负担反弹的压力依然存在。在2006年全国农村综合改革工作会议上，温家宝总理指出，取消农业税以后要不失时机地推进农村综合改革，主要解决农村上层建筑与经济基础不适应的某些深层次问题，完善农村经济体制、政治体制和社会管理体制。这些深层次问题主要如下。

① 基层行政管理体制改革不到位，与社会主义新农村建设的要求不相适应。乡镇是党在农村全部工作的基础，是政府管理农村、服务农民的直接载体。乡镇机构改革是巩固农村税费改革成果的一项根本措施，直接关系到农村税费改革的最终成败。目前，我国农村基层行政管理体制还存在不少问题，乡镇政府职能转变不到位，仍管着一些不该管、管不了、管不好的事，基层政府的社会管理和公共服务效能还没有充分发挥出来；乡镇政府依法行政能力有待加强，部分乡镇干部的管理理念和工作方法难以适应新形势发展的要求；一些地方的乡镇机构改革进展较慢，人员精简不到位，开支较大，运转较为困难，“生之者寡、食之者众”的问题还没有从根本上解决。这些问题说明，目前的基层行政管理体制与构建社会主义和谐社会和建设社会主义新农村的要求相比，还有较大差距。

② 县乡财政比较困难，公共服务保障能力偏弱。县乡财政是国家财政的基础，是基层政府履行职能的重要财力保障，也是落实国家惠农支农政策的载体，大部分农村公共产品的供给需要通过县乡财政来承担。由于历史和现实的原因，目前我国不少县乡财政还比较困难，自有财力增长较慢；县乡财政支出结构不合理，对农村经济社会发展的支持力度不够；省以下财政管理体制不完善，县乡政府的财权与事权还不相匹配；财政管理基础工作和基层财政建设比较薄弱，特别是财政支农资金“碎片化”问题较为突出，条条分割，使用分散，难以发挥综合效益。这些问题都与全面建设小康社会、实现城乡经济社会发展一体化的要求不相适应，影响了基层政府公共服务职能的发挥。

③ 农村社会公益事业发展相对较慢，实现城乡基本公共服务均等化的难度较大。加快农村社会公益事业发展，实现城乡基本公共服务均等化是改变城乡二元结构、统筹城乡发展的重要内容，直接影响着城乡经济社会发展一体化的进程。但由于历史欠账较多和基层财力不足等多方面的原因，农村教育、社会保障、医疗卫生、社会福利、基础设施等依然是当前农村社会事业发展的薄弱环节，仍有相当一部分村庄没有通油路，中西部地区的部分村庄甚至不通公路，农村人畜饮水困难问题还没有完全解决，农村饮水安全问题日益凸显，很多农民还喝不上干净水。另外，农村税费改革之初为促进村级公益事业发展而设计和建立的村级公益事业一事一议筹资筹劳制度，在发挥积极作用的同时，还存在“事难议、议难决、决难行”的问题。上述这些问题都影响了村级公益事业的健康发展，增加了推进城乡基本公共服务均等化的难度。

④ 农村历史遗留问题沉重，稳定农民负担面临挑战。乡村债务规模较大、涉及面广。在基层财政相对困难的情况下，还债渠道较少，乡村政权组织有可能继续在农民身上打主意，向农民收钱还债，引发农民负担反弹，也会影响党在农村的执政能力。国有农（林）场

办社会负担较重，已成为制约国有农（林）场持续健康发展及其管理体制改革的重要因素。农民减负增收的长效机制尚未建立，区域性、行业性农民负担仍然存在。这些农村历史遗留问题是多年以来农村矛盾的集中体现和直接反映，是农村税费改革后农村经济工作中的一个难点，也是农民负担反弹的一大隐患，直接影响农村社会的和谐稳定。

综上所述，农业税虽然取消了，但农民负担反弹的压力依然存在；新的农村分配制度建立了，但完善与巩固的任务仍然艰巨；对农村投入加大了，但其综合使用效益还有待进一步提高。因此，2006年全国取消农业税并不意味着农村改革的终结，而昭示着农村改革进入了一个重要的攻坚阶段，农村税费改革转向农村综合改革具有内在的历史必然性和逻辑性，是我国农村经济社会发展到新阶段的客观要求。

立足我国经济社会发展的新阶段，根据党中央、国务院关于农村改革发展的部署，我们要以加快形成城乡经济社会发展一体化新格局为目标，以改革农村公共产品供给体制为切入点，进一步解放思想，积极探索，勇于创新，加快推进农村综合改革并不断赋予其新的内容，力争有更大的突破，更好地为推进社会主义新农村建设服务，主要集中反映在以下几方面。

第一，加快推进公共财政覆盖农村的步伐。要通过农村综合改革，积极探索财政支持"三农"发展的新途径，不断完善财政"三农"投入的稳定增长机制，加大对农村教育、社会保障、卫生、文化等方面的投入，全面提高农村社会事业的财政保障水平，缩小城乡差距。要推进城乡统一规划和农村基础设施建设等，扩大农村公益事业一事一议财政奖补的范围，提高奖补层次，引导各方面资金向农村流动。要建立完善县级基本财力保障机制，积极推进"省直管县"财政管理体制和"乡财乡用县监管"财政管理方式改革，增强县乡政府对公共服务的保障能力，完善村级组织运转保障机制，加强村级财务管理，提高财政资金使用效率。要加强财政基础管理工作和乡镇财政建设，推进财政科学化精细化管理。

第二，推动农村基层行政管理体制改革。要加强分类指导，继续推进乡镇机构改革，不同类型、不同规模的乡镇，要结合本地实际，确定乡镇机构设置的形式和数量，严格控制机构和人员编制，推进乡镇机构人员实名制。要加快转变乡镇政府职能，围绕促进经济发展、增加农民收入，强化公共服务、大力改善民生，加强社会管理、维护农村稳定，推进基层民主、促进农村和谐等来执法行政，不同类型的乡镇，要结合实际确定工作重点。要按照加强农村公共服务能力的要求，合理区分乡镇事业站所的公益性职能和经营性职能，对公益性职能加强财政保障，经营性机构可转制为经济实体。要坚持服务农民、依靠农民，发展农村基层民主，加强农村社区建设，推进基层政务公开和村务公开，改善乡村治理。要培育农村服务性、公益性和互助性社会组织，创新农村服务形式，完善农村社会自治功能。要积极推进经济发达镇扩权改革试点，发挥中心镇的辐射带动作用，吸纳农村劳动力有序转移，促进农村经济社会持续健康发展。

第三，推动解决农村历史遗留问题。要区分轻重缓急，按照试点先行、积极稳妥的原则，以化解农村义务教育债务为突破口，妥善解决乡村债务问题，为构建社会主义和谐社会和建设新农村提供良好的外部环境。要继续推进深化国有农场税费改革，支持国有农场分离办社会职能改革，切实减轻农民负担。要全面推进集体林权制度改革，积极开展相关配套改革，确保尽快完成中央提出的目标任务，切实巩固改革成果，促进林业发展和林农增收。要积极探索建立农民减负增收的长效机制，研究减轻农民农业生产用水负担及牧民、渔民负担的相关政策措施，促进农民增收。

第四，推动农村公共资源整合。要积极创新体制机制，加强协调，搭建平台，通过适当的方式引导和整合公共资源（财政资金、集体土地、集体资产等），集中力量办大事，加快解决农村公共领域和薄弱环节的问题，促进农村公共资源自由流动和有效利用。要积极探索农村综合改革与完善农村家庭承包经营制度的有效结合方式，大力发展农民专业合作社，建立健全农村经营服务体系和农业社会化服务组织，带动农村土地承包经营权依法、自愿、有偿流转，促进发展多种形式的适度规模经营，转变农业发展方式，推动现代农业建设。

第五，推动城乡经济社会发展一体化新格局的形成。要紧紧抓住当前农民群众反映最强烈、阻碍生产力发展最突出的问题，通过开展试点，创新体制机制，积极探索推进城乡统一规划、农村基础设施建设、农村公共服务发展等方面的政策措施，逐步改变过去重城轻乡的做法，建立健全公共资源在城乡之间均衡配置和生产要素在城乡之间自由流动的制度体系，并以此带动小城镇建设和城乡在产业布局、劳动就业以及社会管理等方面的一体化。

第六，推动农民权益保护机制建设。要从体制机制上规范政府行为，约束基层干部，防止侵害农民权益事件的发生。要充分发挥农村基层党组织的领导核心作用，尊重农民意愿和首创精神。要通过农村公益事业一事一议财政奖补政策，引导农民依法运用民主机制，正确行使民主权利，推进以村民大会、村民代表会议和村民议事为主要形式的村民民主议事决策实践和农村社会公益事业发展，保护农民民主权利，维护农民合法利益。要加强法制建设，完善涉农法律法规，规范涉农执法，清理整顿涉农收费，加强监督检查，提高农民法律意识和依法自我保护能力。

资料来源：财政部网站，录入时作者作了修改和删减。

2. 交通和车辆税费改革

1）我国交通和车辆收费概况

对交通和车辆收费在我国由来已久。早在1950年，原政务院（国务院前身）制定了“用路者养路”的政策，对汽车、拖拉机征收公路养路费，同年交通部颁发了《公路养路费征收暂行办法》。1987年国务院发布的《中华人民共和国公路管理条例》第18条规定：“拥有车辆的单位和个人，必须按照国家规定，向公路养护部门缴纳养路费”。1997年，全国人大常委会审议通过的《中华人民共和国公路法》第36条规定：“公路养路费用采取征收燃油附加费的办法”，“燃油附加费征收办法施行前，仍实行现行的公路养路费征收办法。”1999年全国人大常委会对《中华人民共和国公路法》作了修改，将第36条修改为：“国家采用依法征税的办法筹集公路养护资金，具体实施办法和步骤由国务院规定。”

根据《中华人民共和国公路法》的规定，国务院有关部门共同制定了《交通和车辆税费改革实施方案》，2000年10月经国务院批准后发布。《交通和车辆税费改革实施方案》规定：“在车辆购置税、燃油税出台前，各地区和有关部门要继续加强车辆购置附加费、养路费等国家规定的有关政府性基金和行政事业性收费的征管工作，确保各项收入的足额征缴。”交通税费改革是依《中华人民共和国公路法》的授权，由国务院决定分步骤进行的，在燃油税没有出台前，各地仍须按照现行法律规定征收公路养路费等交通规费。

现阶段，我国交通和车辆方面的基金收费呈现出以下特征。一是收费项目繁多。根据1997年对全国部分省、自治区、直辖市的有关调查数据的不完全统计，全国涉及交通和车辆的各种收费归并后约有530项，多的省份达到上百项，少的也有几十项。二是重复设置。

除国家规定收取的用于公路维护和建设的养路费、公路运输管理费等收费项目外，多数省（市）政府及其所属部门又层层加收公路建设资金、重点交通建设资金、交通重点工程建设费、公路客运建设费等项目。三是越权立项。1997年各级政府越权设立的收费项目就达到245项。四是交通收费资金规模巨大。1997年全国交通和车辆收费资金约626亿元，占同期全国收费资金总额的38.8%。

2）交通和车辆收费管理中存在的主要问题

交通和车辆收费对于促进我国交通基础设施建设，推动地区经济发展起到了积极作用，但也存在一些地方和部门越权设立收费项目，随意设站立卡、强行收费罚款、以费挤税、加重企事业单位和人民群众的负担的情况。而且现阶段以养路费为主的收费制度不能体现“多用路者多付费，少用路者少付费”的原则，收费有失公允，加之费用稽征机构重叠设置，人员数量膨胀，“收费养人，养人收费”现象严重。随着征收成本的不断增大，坐支挪用收费资金现象时有发生，交通和车辆收费管理混乱的局面已经到了非治理不可的地步。

3）交通和车辆税费改革的总体思路

为了适应市场经济的要求，实现政府职能的转变，我国应该借鉴和参照国际惯例，建立以燃油税、车辆购置税为主体，辅以少量规费的规范的交通和车辆税费体系。燃油税作为特定目的税，专门用于交通基础设施建设和维护。目前，世界上有130多个国家和地区主要是通过征收燃油税和道路使用税（费）来筹集交通基础设施维护和建设资金。现阶段改革的主要内容是：一是取缔各种违规越权收费项目；二是将一些具有经营性质的政府收费转为经营性收费进行管理；三是对于具有税收特征的收费实行“费改税”，如2001年1月1日把车辆购置附加费改为车辆购置税，择时开征燃油税取代公路养路费、公路客货运附加费、公路运输管理费、航道养护费、水运客货运附加费，以及地方用于公路、水路、城市道路维护和建设方面的部分收费，促进汽车工业和交通运输等相关事业的健康发展；四是保留少量必要的规费，对收费标准、资金征管使用等实行规范化管理。保留的规费包括政府有关部门在交通和车辆管理过程中依法发放证照收取的工本费等，并按隶属关系分别使用中央或省级财政部门统一印（监）制的收费票据，对收取的资金实行“收支两条线”管理。

【资料链接】

交通与车辆税费改革阅读资料

目前，在开征燃油税的背景下，我国由2011年6月20日起在全国范围内开展为期一年的收费公路专项清理工作，以切实解决收费公路违规设站、超期收费等突出问题。

此次专项清理工作的具体内容为：一是对违法设置或到期仍然违规收费的收费公路项目及收费站（点），立即停止收费，撤销站点；二是对有违规行为的收费公路及收费站（点），立即纠正并停止违规行为；三是对在《收费公路管理条例》正式实施前建成的收费公路进行全面规范；四是降低偏高的通行费标准；五是对未按照有关法律和法规规定的权限和程序，将政府还贷公路改为经营性公路进行建设和经营管理的，立即纠正，实现属性归位；六是对违反国家有关法律和法规规定，擅自在公路上设卡实施检查或收费的行为，坚决予以取缔，并严格追究相关人员的法律和行政责任；七是对各地出台的有关收费公路方面的地方性法规和规范性文件进行全面清理，彻底解决现行法规制度中明显不适应实际需要、前后规定不一致或不衔接、文件过期等问题。

据了解，专项清理工作将分四个阶段进行。第一阶段从2011年6月20日至8月31日，为调查摸底阶段。第二阶段从2011年9月1日至12月31日，为自查自纠阶段。第三阶段从2012年1月1日至2月29日，为检查复核阶段。第四阶段从2012年3月1日至5月31日，为总结完善阶段。

资料来源：财政部网站，录入时作者作了修改和删减。

3. 城市建设与房地产税费制度改革

1）城建与房地产税费概况

我国涉及城建与房地产业的行政事业性收费和政府性基金项目比较多。其中，中央出台的收费基金项目有29项，省、市、县、乡地方政府出台的收费项目多少不一，难以确切统计。

在中央出台的收费基金项目中，收费项目有23项，基金项目有6项。这些收费基金项目分布在开发、建设、销售和使用各个环节，其中由开发、建设环节负担的收费基金项目占90%，销售和使用环节负担的收费基金项目约占10%。

城建与房地产涉及的税种有11项，包括耕地占用税、契税、印花税、营业税、城市维护建设税、土地增值税、企业所得税、个人所得税、房产税、城市房地产税、城镇土地使用税。这些税种分布在房地产的开发、销售、拥有和使用环节，税负主要集中在销售环节。

2）城建与房地产税费制度存在的主要问题

现阶段，我国城建与房地产税费制度存在的主要问题有以下几方面：一是城建与房地产的相关税收和收费项目重复交叉，房地产开发企业和购房者负担较重；二是房地产税费负担主要集中在取得、流转环节，使用环节负担较轻，不利于房地产市场的健康发展；三是内外资企业适用两套不同的房地产税收政策，内资企业缴纳房地产税、城镇土地使用税及城市维护建设税，外资企业则适用城市房地产税，免缴城市维护建设税，而且内、外资企业在计征依据、减免规定等方面存在较大差异，内资企业承担的税负远重于外资企业；四是按房、地分设税种，按现值、余值或单位面积等不同标准征税，不能准确反映房地产价值，同时增加了税收征管难度。

3）城建与房地产税费制度改革初步设想

我国的城建与房地产税费制度改革应该以党的十六届三中全会关于“实施城镇建设税费改革，条件具备时对不动产开征统一规范的物业税”的方针为指导，正确规范政府行为和收费管理，按照“取消一部分、转税一部分、改为经营性一部分、保留一部分的原则”进行清理整顿，坚决取消地方或部门越权设立和重复交叉设置的不合法、不合理的收费基金项目，将具有市场性质的政府收费转为经营服务性收费，逐步交由从事经营服务活动的市场经营主体征收。改革和完善房地产税收制度，进一步简化税制，清理收费，研究开征物业税，将一些依法征收、收入数额较大且来源相对稳定的收费基金并入物业税。逐步建立起以物业税为主、少量必要收费为辅的城建与房地产税费体系，促进财政收入的稳定增长和房地产业的持续、健康发展。

【资料链接】

房地产税费改革

从世界各国实施房地产税的具体情况来看，依据课税对象的不同，主要有以下几种不同做法：第一，只对土地征税，对建筑物不征税；第二，只对房产征税，对土地不征税；第三，对土地和建筑物一起征收房地产税；第四，对土地、建筑物加可移动财产一起征收财产税。

大部分发达国家，如美国、加拿大、英国等都对土地和建筑物一起征收房地产税，个别国家只对土地征税，对建筑物不征税，如澳大利亚。有些国家只对房产征税，对土地不征税，如坦桑尼亚。对可移动财产征税只有美国部分州实行，因为可移动财产总是以旧换新，财产的价值很难评估，因此这些州在几年前也放弃了对可移动财产征收财产税的规定。

各国基本上都将房地产税作为地方政府的主体税种，但在制定政策时均根据本国的情况而定，即使使用同一种征税方法，具体规定也不同。澳大利亚虽然只对土地征收土地税，其做法却比较成功；对土地和建筑物一起征收房地产税看起来是比较合理、比较完善的做法，但有些国家的征收情况并不理想；瑞典放弃了对商用房征收财产税，因对商业用房征收财产税，致使商人将商业用房拆除；许多发达国家对个人居住用房征收房地产税，丹麦、澳大利亚对个人居住用房不征房地产税。

由于课税对象的不同，相对应的计税依据也存在差异，主要可归纳为：第一，对土地、房屋按评税值征税；第二，按房屋出租价格征税；第三，按使用面积计算征税。

一些发达国家按土地、房屋的评税值作为房地产税计税依据，我国香港特区按评估值和租金价值作为差饷（房地产税）的计税依据，法国以房屋出租价格作为房地产税的计税依据，一些发展中国家按土地使用面积作计税依据，如波兰、捷克、智利等。

财产价值的评估是征收房地产税的关键。大多数发达国家的评税工作都是由中央政府承担的，因财产的评估要耗费大量的人力、物力，所以一般是3～6年评估一次。不同国家的估价方法，其差别很大，有土地和建筑物一起评估的，有只评土地的，这主要是由各国的国情所决定。

2010年9月30日，财政部、国家税务总局有关负责人就房地产市场税收政策调整答记者问时说：中国现行房产税开征于1986年，基于当时城镇居民收入水平普遍较低等情况，房产税暂行条例规定个人所有非营业用的房产免征房产税。近年来，随着住房制度改革深化和居民收入水平的提高，商品房市场日益活跃，改革和完善房产税制度，对个人所有的住房恢复征收房产税是必要的，既有利于调节居民收入和财富分配，也有利于健全地方税体系，促进经济结构调整和土地节约集约利用，引导个人合理住房消费。从国际经验和公平、规范的角度看，房产税应对个人所有的住房普遍征收。考虑到这项改革情况复杂，拟先在部分城市对部分个人拥有的住房进行试点，恢复征收房产税，积累经验以后逐步扩大到全国。这是近年来中国官方首次正式对居民住宅征收房产税问题发表比较具体的意见。2011年1月28日，上海和重庆两所城市率先启动房地产税试点征收，试点开始后，财政部、国家税务总局、住房和城乡建设部将总结试点经验，适时研究提出逐步在全国推开的改革方案，对此如表12-3所示。条件成熟时，在统筹考虑对基本需求居住面积免税等因素的基础上，在全国范围内对个人拥有的住房征收房产税。

表12-3　上海重庆房产税细则对比

城　市	重　庆	上　海
试点范围	渝中、江北、沙坪坝、九龙坡、大渡口、南岸、北碚、渝北、巴南	上海市行政区域
税率	0.5%～1.2%	暂定为0.6%应税住房每平方米市场交易价格低于本市上年度新建商品住房平均销售价格2倍（含2倍）的，税率暂减为0.4%。本地

续表

城　　市	重　　庆	上　　海
居民	① 个人拥有的独栋商品住宅 ② 个人新购的高档住房。高档住房是指建筑面积交易单价达到上两年主城九区新建商品住房成交建筑面积均价2倍（含2倍）以上的住房。	家庭第二套及以上住房（包括新购的二手存量住房和新建商品住房） 外地
居民	在重庆市同时无户籍、无企业、无工作的个人新购的第二套（含第二套）以上的普通住房	非本市居民家庭在本市新购的住房。 计税
依据	应税住房的计税价值为房产交易价。条件成熟时，以房产评估值作为计税依据	参照应税住房的房地产市场价格确定的评估值，评估值按规定周期进行重估。试点初期，暂以应税住房的市场交易价格作为计税依据。 房产税暂按应税住房市场交易价格的70%计算缴纳。
减免	① 对农民在宅基地上建造的自有住房，暂免征收房产税 ②在重庆市同时无户籍、无企业、无工作的个人拥有的普通应税住房，如纳税人在重庆市具备有户籍、有企业、有工作任一条件的，从当年起免征税，如已缴纳税款的，退还当年已缴税款 ③ 因自然灾害等不可抗力因素，纳税人纳税确有困难的，可向地方税务机关申请减免税和缓缴税款	① 家庭全部住房面积人均不超过60平方米 ② 本市居民家庭在新购一套住房后的一年内出售该居民家庭原有唯一住房 ③ 子女成年后，因婚姻等需要而首次新购住房、且该住房属于成年子女家庭唯一住房的 ④ 符合国家和本市有关规定引进的高层次人才 ⑤ 持有本市居住证满3年并在本市工作生活的购房人，其在本市新购住房，且该住房属于家庭唯一住房的

资料来源：财政部网站，录入时作者作了相应的删减和修改。

课堂讨论

我国政府收费制度有何弊端与不足？应该如何改革？

本章小结

政府收费是政府在提供公共服务、公共设施或实施行政管理的过程中，向受益或管理对象所收取的费用，属于财政收入的重要组成部分，它在保障公平负担和促进公共资源有效利用方面发挥着税收无法取代的作用。收费与税收、国有资产收益等其他财政收入相比，具有收费主体多元化、收费与服务的部分对等性、收费定价垄断性等特点。

收费价格又称为收费标准，是指部门或产业提供每一单位产品的收费额。公共定价法就是按照受益原则对享用政府提供的公共品的受益方收取一定费用，以使公共品得到有效使用，从而提高财政支出效率的方法。一般地，主要包括边际成本定价法、平均成本定价法、二部定价法、高峰负荷定价法、距离收费法等。

规制是指依据一定的规则对构成特定社会的个人和构成特定经济的各经济主体的

活动进行限制的行为。根据实行规制的主体的不同，可以分为私人规制和政府规制。政府规制又可以进一步分为经济性规制和社会性规制两类。政府规制的产生是市场经济演进的结果。19 世纪中后期，随着人们对市场缺陷认识的深入，政府开始有意识地干预市场，逐渐形成了政府规制理论这门新型的微观应用经济学。近三十年来，对政府规制进行实证研究的各种理论和观点层出不穷，其中最为著名的是施蒂格勒的规制俘虏理论，它不仅丰富了规制经济学的内容，而且对各国的规制实践也产生着越来越重要的影响。

重要概念

政府收费　公共定价　边际成本定价法　平均成本定价法
二部定价法　高峰负荷定价法　距离收费法　政府规制

思　考　题

1. 何谓政府收费？政府收费是否有存在的必要？
2. 简述公共定价的五种基本方法。
3. 谈谈你对中国税费改革的认识。

进一步阅读材料

[1] 贾康．从民怨到民享：地方政府收费规范化研究．长春：吉林科学技术出版社，2001.
[2] 夏大慰．政府规制：理论、经验与中国的改革．北京：经济科学出版社，2003.
[3] 植草益．微观规制经济学．北京：中国发展出版社，1992.
[4] 高培勇．中国税费改革问题研究．北京：经济科学出版社，2004.

第13章

公　　债

【本章提要】

本章主要阐述了公债基础理论、公债风险管理，公债运行管理，核心问题是公债经济分析。

【学习目标】

◆ 了解公债的概念、特点与功能；
◆ 掌握公债的经济效应分析；
◆ 掌握债务负担率、债务依存度等公债风险指标；
◆ 了解公债规模的影响因素；
◆ 了解公债运行过程。

13.1　公债基础理论

13.1.1　公债的定义与特点

1. 公债的定义

公债是政府以其信用为基础，根据借贷原则，通过借款或发行债券的方式获得财政资金而形成的债务。公债是国家信用的重要组成部分。国家信用是指政府依据信用原则进行的财政活动。国家信用分为两个方面，一方面政府作为债务人进行公债的借款活动，另一方面政府作为债权人进行公债的贷款活动。从现代各国实践来看，国家信用的大多数内容是借款活动，因此有时就以国家信用来指公债。公债根据主体层次不同，可分为中央公债与地方公债，中央公债又叫国债。在我国，由于预算法禁止地方政府发债，因此公债一般就是指国债。公债与私债的主要区别是债务主体不同，公债的债务主体是政府，而私债的债务主体是个人或企业等私人部门。

2. 公债的特点

1）从债务人的角度看

从债务人的角度来看，公债收入属于一种特殊的财政收入，与税收收入相比有三大明显的特点。

（1）购买的自愿性

公债的认购是建立在购买者自觉自愿的基础上。认购者是否认购公债、认购品种与认购数量完全由认购人从自身利益最大化的角度出发自主决定。认购者的认购行为完全是一种市场逐利行为，与道德和法律无关。而税收则具有强制性的特点，不依法纳税要受到法律的惩罚。

（2）资金的有偿性

公债资金是一种有偿借贷资金，根据借贷原则，按照预先的约定，还本付息。而税收则具有无偿性的特点，既无须偿还，也无须支付报酬。

（3）发行的灵活性

公债的发行时间、发行品种、发行数量、发行方式都是由政府根据财政需要与市场需求做出自主安排。有时在公债发行期间，当银行存贷款利率调整时，还可以对公债利率进行临时的调整。这与税收的纳税人、征税对象及税率在征税前就规定了有很大不同。

2）从债权人的角度看

从债权人的角度来看，公债具有三大特点。

（1）持有的安全性

公债与私债相比，公债的信用较高，公债的发行不需要政府提供担保或抵押物，政府的信誉为借款的保证。而私债一般要求提供担保人或抵押物，因此公债通常又称为“金边债券”。

（2）投资的收益性

与投资股票有可能血本无归不同，只要持有到期，购买公债不但本金不会有损失，还可以获得相当的利息收入。因此，公债是一种收益比较稳定的投资工具。

（3）交易的流动性

公债是一种有价证券，公债持有人可以根据市场行情或对资金的需要，在公债市场上自由出售，公债具有很高的流动性。

13.1.2 公债的分类

1）按照政府举债的形式分类，公债可分为政府借款和政府债券

政府借款又称契约借款，是指政府根据与债权人签订的借款合同所形成的债权债务关系。这种借款合同明确规定了债权人与债务人之间的权利与义务关系，具有手续简便、筹资时间短暂的优点；不足之处是筹资规模与筹资对象都非常有限，因此政府借款在政府公债中所占的比例一般比较低。政府债券是指向社会成员或企业等部门采用发行债券形式融资。这种方式具有筹资规模大、筹资对象广泛的优点，不足之处是发行成本高、筹资时间长。

2）按照发行的地域分类，公债可分为国内公债和国外公债

国内公债简称内债，是指政府在本国境内发行的公债，其债权人是国内个人、企业或团体等，一般以本国货币为计量单位。国外公债又称外债，是政府在本国境外发行的公债，其债权人是外国政府、国际金融机构、外国企业、团体与个人等，通常以债权国货币或第三国货币为计量单位。

3）按照发行凭证分类，公债可分为实物公债和非实物公债

实物公债又称有纸公债，是指发行公债时付给购买者统一印制的有固定金额的纸债券。这种有纸公债一般不能记名，不能挂失，但是可以上市流通转让，到期可以在任何兑换点兑现。1993 年以前中国发行的国库券均为实物公债。非实物公债又称无纸公债，在我国，公债即国债。国债按照券面形式可分为凭证式国债和记账式国债。

（1）凭证式国债

凭证式国债是指国债承销机构给国债购买者填制“国库券收款凭证”的方式发行的国债。这是一种记名国债，可以挂失，可以到购买网点提前兑取，但是不能上市交易流通。凭证式国债的利率参照同期银行利率与市场利率水平决定，一般是到期一次性还本付息，具有类似银行定期存单的特点，因此又叫储蓄式国债。

（2）记账式国债

记账式国债是指利用账户通过计算机系统完成国债发行、交易及兑付的全过程。记账式国债可以记名、挂失，安全性较好，而且发行成本低，发行时间短，发行效率较高，交易手续简便，因此被越来越多的投资者所接受。记账式国债主要是针对金融意识较强的个人投资者及有现金管理需求的机构投资者进行资产保值增值的要求而设计的国债品种，国债固有的市场功能得到比较好的发挥，已经成为世界各国政府债券市场的主要形式。我国的记账式国债是从 1994 年开始发行的。

4）按照偿还期限分类，公债可分为短期公债、中期公债、长期公债和永久公债

短期公债是指在 1 年以内到期的公债，主要是用于解决国库由于税收入库与财政拨款的时间脱节而造成的财政资金临时性短缺。由于具有周期短、流动性强，近似货币的特点，对货币流通、资本市场的供需及利率的影响较大，所以短期公债是执行货币政策、调节市场货币流通量的重要工具之一。中期公债通常是指 1 年以上 10 年以内的公债。政府可以在较长的时期内使用中期公债资金，许多国家用中期公债资金弥补赤字或进行中长期投资。因此，在各国的公债期限结构中，中期公债占有相当大的比重。长期公债是指 10 年以上的公债，一般用于较大的经济建设项目或突发事件，但由于期限过长，容易面临通货膨胀的风险，因此长期公债在各国的债务总额中占的比重较小。永久公债是指没有规定还本期限，只规定按期付息的公债。

5）按照流通与否分类，公债可分为可转让公债和不可转让公债

可转让公债也称上市公债，是指能够在证券市场上自由流通买卖的公债。可转让公债的交易价格随市场供求及利率、物价等经济与非经济因素的影响而变化，是金融证券市场上的重要交易工具。不可转让公债，也称非上市公债，是指不能在证券金融市场上自由买卖的，只能到期兑付的公债，认购者可以向认购网点提前兑取，一般要收取手续费，持有期限的利率标准低于到期时的水平。

此外，还有其他分类方式，如按照利率类型分类，可分为固定利率公债、浮动利率公债和保值公债；按照计量单位分类，可分为货币公债、实物公债、折实公债；按照是否自愿购买分类，可分为强制公债和自由公债；按照公债的付息方式分类，可分为贴现公债、零息公债和附息公债。其中，贴现公债属于折价发行；零息公债是指到期一次还本付息，公债持续期间不支付利息；附息公债是指一年至少付息一次，长期附息公债有的一年付息两次或四次等；按照经济用途分类，可分为生产性公债和非生产性公债等。

13.1.3 公债的功能

1. 弥补财政赤字

弥补财政赤字是公债的基本功能。各国产生财政赤字的原因不同，虽然说弥补财政赤字的方法有增加税收、向央行透支及发行公债等办法，但是一般都采用以发行公债的方式来筹措资

金弥补赤字。因为增加税收会直接减少纳税人的收入，影响纳税人的生产积极性，以至于影响社会财富的增长，影响税源的扩大，最终可能减少税收总收入。另外，由于税法的固定性与严肃性，开征新税种与提高税收税率，理论上要经过民意代表的民主辩论过程，这需要一定的行政时间，在弥补赤字的问题上具有一定的决策时滞问题，且频繁变动税收法律不利于经济稳定。因此，通过增加税收的方式弥补赤字负作用大，效率不高。采用向中央银行透支的方法会直接导致市场上货币流通量的增加，货币流通量一旦超过市场需求，就会产生通货膨胀，这是财政政策与货币政策都要极力避免的事情。因此，《中国人民银行法》明确规定，禁止中国人民银行为财政透支发行货币。用公债弥补赤字，实质上是改变社会资金的使用权与使用方向，一般不会导致通货膨胀。由于公债认购的自愿性特点，公债发行吸纳的是社会闲置资本，对社会私人部门的投资与消费影响不大，因此发行公债是弥补财政赤字的一种比较好的办法。当然，物极必反，当发行规模过大时，一则会导致政府债台高筑，陷入债务危机；二则会降低政府支出的效率，导致支出浪费；三则政府集中社会资金过多会影响民间的消费与投资。

2. 筹集建设资金

市场存在失灵，但随着社会经济的发展，现代政府都具有经济管理的职能，一般都会积极干预社会经济的发展，引导社会经济走向良性循环。市场失灵会导致社会资源在部分领域的配置极不合理，政府有责任采用各种手段纠正这种偏差，其中通过发行公债筹集资金用于经济建设就是一种比较普遍的做法。例如，日本在法律上就将公债明确分为建设公债和赤字公债等。作为发展中国家，我国政府不但有责任和义务促进经济发展，而且还要有极大的积极性投入到社会经济建设中，以体现制度优势及提高政府的效能。我国财政支出中经济建设支出的比重一直很高，在实行复式预算的情况下，政府的经常性预算一般不得列赤字，而建设预算就允许以发行公债的方式筹集资金。早在 1954 年到 1958 年我国就发行过“国家经济建设债券”，1987 年又发行了 55 亿元人民币的重点建设债券。1988 年还发行了 30 亿元人民币的国家建设债券和 80 亿元人民币的基本建设债券，这其中包括重点企业债券，如电力债券、钢铁债券、石油化工债券及有色金属债券等。

3. 调节经济发展

公债是现代政府调控社会经济发展的重要手段。由于市场经济运行的自发性与周期性，经济运行过程中必然有过热期和萧条期，现代政府对此应该积极干预，因此现代政府职能中都有稳定经济运行这部分内容。从财政政策来说，当经济萧条时，政府发行公债，扩大公共支出规模，调整社会投资结构与产业结构，刺激社会有效需求，使得社会总供给与总需求保持大体平衡，促进经济的回暖，促进国民经济的协调发展。当经济过热时，政府就要减少发债总量，同时在发行结构上应多发行中长期债券，提高市场利率，以吸收社会流动性过剩的资金，减少消费，抑制投资，促进物价水平下降。从货币政策来说，经济萧条时，货币当局要通过公开市场业务买入公债，增加货币的投放量，当经济过热时，则卖出公债，回笼货币，收紧银根。因此，公债是政府财政政策与货币政策的重要工具。

13.1.4 李嘉图等价定理

1. 李嘉图等价定理的含义

在公债效应的研究中，李嘉图等价定理居于核心地位，许多围绕该定理展开的争议事实上构成了对凯恩斯财政政策有效性的争论。

李嘉图等价定理包含了三层含义：第一，为某特定目的，如战争，课征两千万英镑税收和发行两千万英镑公债，都会使一国的生产资本减少两千万英镑；第二，因发行公债而产生的每年利息支付只是社会财富的再分配，不改变一国的财富总量；第三，举债或课税损失的两千万英镑一样使该国生产劳动者的收入下降，对降低居民消费的影响是相同的。

李嘉图等价定理可论述为：无论是以增税还是发债来增加收入，两者的经济效应是一样的，即居民的消费与投资都发生一样的变化。因为公债是延迟的纳税，最终由未来的增税来偿还发行的公债。

【资料链接】

英国著名古典经济学家大卫·李嘉图在其代表作《政治经济学及赋税原理》第17章“农产品以外的其他商品税”中写道：如果为了一年的战费支出而以发行公债的办法征集2 000万英镑，这就是从国家的生产资本中取去了2 000万英镑。每年为偿付这种公债利息而征课的100万英镑，只不过是由付这100万英镑的人手中转移到收这100万英镑的人手中，也就是由纳税人手中转移到公债债权人手中。实际的开支是那2 000万英镑，而不是为那2 000万英镑必须支付的利息。付不付利息都不会使国家增富或变穷。政府可以通过赋税的方式一次征收2 000万英镑；在这种情形下，就不必每年征课100万英镑。但这样做并不会改变这一问题的性质。

资料来源：李嘉图．政治经济学及赋税原理．北京：商务印书馆，1962.

2. 研究李嘉图定理的经济意义

李嘉图等价定理的假定过于严格，如理性认识到国债是延迟纳税假设、消费者利他假设、生命无限周期假设、遗产价值为正假设、一次总付税假设、消费者边际倾向相同假设、减税获利匀分假设等。从现实社会角度单纯谈论李嘉图等价定理的适用性或者成立与否是没有多大意义的，但是如果从公债与税收对经济所产生效应的比较、从财政政策选择的角度来思考李嘉图等价定理，则有一定的经济意义。

李嘉图等价定理论证的有关公债引发的减税效应及对储蓄、消费、利率进而对产出的影响机制告诉我们，在运用财政政策时，应当注意赤字、债务、税收、储蓄、消费间的关系；而从否定李嘉图等价定理的理论分析中能体会到以债务融资支持的赤字财政政策对需求的影响；从李嘉图等价定理本身又看到了赤字财政政策无效性的一面，这也使我们认识到使用这些财政政策工具作用的有限性。这就是分析研究李嘉图等价定理的经济意义。

13.1.5 公债的挤出效应

公债的挤出效应就是指政府发行公债所引起的民间消费或投资减少的作用。在货币供应量不变的情况下，政府发债同需要借款投资的私人企业争夺借贷资金，导致市场利率上升，将挤掉一部分民间的投资，造成资本形成的减少，即给后代遗留下的资本设备少于不发公债的情况，后代人的实际收入将因此低于不发债情况下的收入。另外，由于发债导致利率上升，抑制了民间的投资，因而减低了政府赤字支出对扩大社会需求和刺激经济增长的作用。

这与李嘉图等价定理的观点不同，因为他认为国债是延迟的纳税，政府举债与征税一样。实际上，首先，一般消费者不会认识到公债是延迟的纳税；其次，消费者也不能确定未来税收负担的分配；第三，公债的偿还可能通过举借新债而不通过增加征税，现代经济条件下政府偿还到期债务的基本手段正是发新债还旧债；第四，未来的债务还有可能由于通货膨胀而贬值；第五，利率上升会造成储蓄和借贷资金供给的增加，因而民间投资的减少数小于政府举债所吸收的借贷资金数。

假设政府举债前市场利率是 5%，储蓄与借款总额均为 10 000 亿元，现政府预算赤字 3 000亿元，则 13 000 亿元的借款需求超过 10 000 亿元的储蓄，这时市场利率上升到 6%，借款者原借款数由 10 000 亿元降低到 9 000 亿元，利率上升导致储蓄增加，假设利率上升到 7% 时，储蓄增加到 11 000 亿元，而私人借用其中的 8 000 亿元，政府借用 3 000 亿元，这就是政府赤字 3 000 亿元，挤掉民间投资 2 000 亿元。图 13-1 说明了政府公债对民间投资的挤出效应。

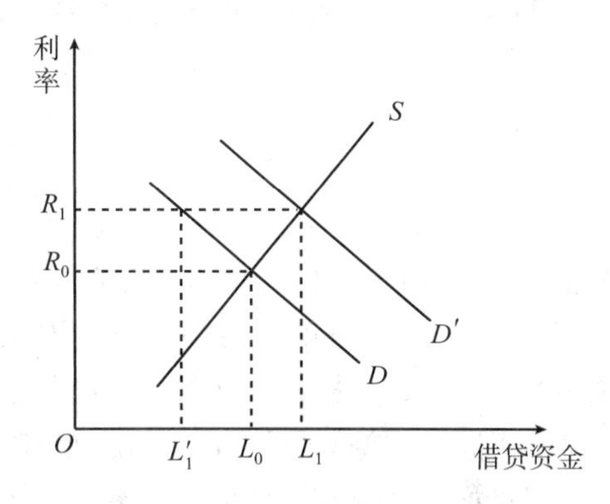

图 13-1 政府公债对民间的挤出效应

在图 13-1 中，D 线代表民间投资者对贷款的需求曲线，S 为储蓄者对贷款的供给曲线，贷款需求和供给的均衡数额为 L_0，利率为 R_0，D' 线代表民间投资加政府公债对贷款的需求曲线，D' 线与 S 线的交点为增加后的贷款需求与供给的均衡，利率上升为 R_1，贷款数额将增加为 L_1。在这个贷款数额中，政府借债为 L_1L_1'，其余部分即 $L_1'O$ 为民间投资者的借债。政府借债挤掉了 L_0L_1' 的民间投资，说明公债对民间投资具有挤出效应。

13.1.6 公债的其他经济效应

除了公债的挤出效应，公债还有资产效应，即由于人们把公债当作其财富的一部分，而不是延期税负，所以把认购公债当作一种投资。当人们因持有公债而增加消费时，说明公债具有资产效应。这也说明，在现实中李嘉图等价定理不成立。公债还有需求效应，即发行公债，扩大公债支出，会通过支出的乘数效应增加社会总需求，推动经济的增长。在经济繁荣期，发行公债有一定的挤出效应；在萧条期，发行公债则是推动经济增长的有力工具，即产生收入效应。公债的供给效应是指公债资金用于资本性支出，形成生产能力后，增加社会总供给，改善社会供给结构。公债的收入分配效应，是指有财力认购公债的高收入者获得公债利息收入，而无力购公债的低收入者因为要缴政府为支付利息而增加的税，收入反而减少。因此，公债使富者愈富，贫者愈贫。公债的流动性效应，是指通过调整公债的流动性程度来影响整个社会资金的流动性状况，达到扩张经济或紧缩经济的效果。要提高社会资金的流动性，就要提高公债的流动性，因此多发短期债，否则发行长期债。在经济过热时，向非金融机构发债，降低社会资金流动性；在经济萧条时，向金融机构发债，增强流动性。公债的利息率效应，是指通过调整公债的发行或实际利率水平来影响金融市场的利率升降，一是通过选择公债发行利率引导市场利率走向，二是通过央行运用公开市场业务买卖公债来影响市场利率。公债的货币效应，是指公债发行对一国货币供给的影响。向居民和非银行机构发债，货币供给是中性的；向商业银行发债，对货币供给有扩张的影响；向央行发债，会带来货币供给的倍数扩张。公债的经济增长效应，是指公债制度与政策从刺激需求或增加有效供给方面推动国内生产总值增长的效应。

13.2 公债风险管理

13.2.1 公债规模

通常衡量一国公债的规模既可用绝对量指标，也可用相对量指标。公债绝对量指标有：公债余额，又称公债总额或公债累积额，是指当年新债额与历史累积额之和；公债发行额，是指公债在某一年的发行额；公债还本付息额，是指政府在某一年度的公债偿还额。由于各个国家的经济发展水平不同，财政收支结构不同，用绝对量指标不能准确反映一国的公债负担水平与公债风险。国际上衡量公债规模的相对量指标主要有：公债负担率、公债依存度、偿债率和借债率。

1. 公债负担率

1）公债负担

公债负担直接表现为政府在偿还债务时所形成的财政负担。这首先是债务人负担，但是公债负担也有可能是债权人的负担，也称认购人负担。例如，当认购人的认购数量过大而影响到认购人自身的消费与投资时，便形成认购人负担；还有，当政府不能履行到期还本付息的义务时，造成债权人的经济损失，这直接成为债权人的经济负担。公债是政府的负担，由于政府的收入主要来源于税收，因此又构成纳税人的负担。现代国家公债的本金都是通过发新还旧的形式解决，但是公债的利息支出资金来源一般都是税收收入。政府公债规模过大，特别是市场利率又较高时，政府为了支付利息要征收更多的税收，这直接形成纳税人的经济负担。公债发新还旧的还本方式还会造成这一代人的公债负担转化为下一代，甚至下几代人的公债负担，即是公债的代际负担。由于公债计量的货币价值会随着经济的发展而发生变化，虽然有时是通货紧缩，但是更多的时候属于通货膨胀，这样公债负担就可分为货币负担和实际负担。货币负担也称名义负担，表现为今后纳税人要缴纳的一定数量的货币资金。而公债的实际负担则是未来为偿还债务的纳税人蒙受消费损失、工作时间损失或社会福利的损失等。

从事物的另一个角度来看，公债的实际负担是一个很大的变数。当公债资金用于资本性支出，且其收益高于公债成本时，公债不构成政府的负担，且还是政府利用财务杠杆发展经济的好方法。这时也不会产生偿还风险，同时债权人是出于自愿购买，因此一般也不形成债权人负担。虽然说公债的利息支出来源于税收，但是如果用公债资金增加的公共品或准公共品产生的国民经济效益较高，有利于提高纳税人的收益水平，则不构成纳税人负担。如果说一国经济永续发展，且没有政权更替的风险，政府通过发新债偿还旧债本金的方式就可以一直持续下去，实质是国债的本金永远无须偿还，任何一代人都不承担公债本金的负担。另外，如果公债本金形成的资产能够创造的价值大于公债本金，且这项资产随同公债一同传给下代，则不会产生公债的代际负担。

2）公债负担率

公债负担率是指一定时期的公债累积额占同期国内生产总值的比重，即公债余额与GDP的比值。其公式如下。

$$\text{公债负担率}=(\text{当年公债余额}\div\text{当年 GDP})\times 100\%$$

根据世界各国的经验，发达国家的公债余额最多不能超过当年GDP的45%。发达国家财政收入占GDP的比重约为45%，即公债余额以当前财政收入总额为最高警戒线。1991年《马斯特里赫条约》规定，欧盟成员国的公债负担率最高限为GDP的60%。20世纪80年代以来，西方各国政府债务负担率呈现迅速上升的态势，美国、德国和法国等国的公债负担率增长了数倍；而发展中国家的比例相对低一点。

3）影响公债负担率变化的因素分析

假设b为公债负担率，$\mathrm{d}b$为负担率变化（上升或下降）的程度，B为公债余额，PY为GDP，i为公债利率，z为基本赤字率（不包括利息支付的财政经常性支出减经常性收入），π为通货膨胀率，r为实际公债利率，y代表GDP的实际增长率，则有如下公式。

$$\mathrm{d}b=(r-y)+z$$

公式的推导过程如下。因为

$$b=\frac{B}{PY},\ \mathrm{d}b=\mathrm{d}\left(\frac{B}{PY}\right)=\frac{\mathrm{d}B}{PY}+\frac{B}{\mathrm{d}(PY)}$$

$$\mathrm{d}B=iB+zPY$$

所以

$$\frac{\mathrm{d}B}{PY}=\frac{iB+zPY}{PY}=\frac{iB}{PY}+\frac{zPY}{PY}=ib+z$$

因为

$$\frac{B}{\mathrm{d}(PY)}=-\frac{B\mathrm{d}(PY)}{(PY)^2}=-\frac{B}{PY}\times\frac{\mathrm{d}(PY)}{PY}=-b(y+\pi)$$

所以

$$\mathrm{d}b=ib+z-b(y+\pi)=b(i-\pi-y)+z$$

因为

$$r=i-\pi$$

所以

$$\mathrm{d}b=(r-y)+z$$

从该公式中可知：基本赤字率增减是决定债务负担率的基本因素，而实际利率和经济增长率往往也是影响债务负担率的重要因素；基本赤字率的增加会推动负担率的上升；公债实际利率与公债负担率正相关，而经济的增长与公债负担率负相关。当公债实际利率高于经济增长率时，会促进公债负担率的上升；当经济增长率高于公债利率时，则有助于公债负担率的下降。

2. 公债依存度

公债依存度是用来说明财政支出中有多少是依靠公债来实现支出的，通常是指一个国家当年的公债发行收入与财政支出的比例关系。由于口径不同，有不同的计算公式。

公债依存度＝当年公债发行额/（中央财政支出＋还本付息支出）

公债依存度＝当年财政赤字（当年发行额－还本数）/中央财政支出（本级支出）

公债依存度＝当年赤字/全部财政支出

由于在各国实践中，公债的还本通常采用是发新还旧的做法，只有利息支出才列入经常性支出，因此，第一个公式明显不合理。如果一国规定公债只能由中央政府发行，则第二个公式比较准确；如果一国允许地方政府发债，则第三个公式更能反映一国政府的公债依存度；如果只是考察中央政府的公债依存度，则使用第二个公式；如果只是考察地方政府的公债依存度，则第二个公式的中央财政支出要改为地方总支出比较科学。国际上有一个公认的公债依存度安全线，即一国财政的公债依存度为15%～20%，中央财政的债务依存度为25%～30%。

3. 公债偿债率

公债偿债率是指当年到期还本付息的公债总额占当年财政收入的比例。这个指标反映政府财政的还本付息能力。公债收入的有偿性决定了公债规模必然受到财政收入状况的制约。一国政府偿债能力与该国的经济发展水平与财政收入规模有关，即经济发展水平越高，则财政收入越多，政府的偿债能力也越强。但是，偿债能力不等于一国的经济发展水平与财政收入规模。一般用GDP代表一国的经济发展水平，在GDP中能为政府支配的财政收入很少，发达国家在45%左右，偿债能力只能从政府可支配的财政收入中获得。而财政收入规模也不等于偿债能力，因为政府的很多支出是规定性支出，必需用于满足社会公共需求。从国际经济来看，公债的偿债率处于7%～15%的范围内是安全的。

4. 公债借债率

公债借债率是指一个国家当年公债发行额与当年GDP的比值，其计算公式如下。

借债率＝（当年公债发行额÷当年GDP）×100%

该指标说明一个国家当年对公债的利用程度或一国经济总量对国债新增的承担能力。西方国家的经验数字是3%～10%，最高应不超过10%。

13.2.2 影响公债规模的因素

1. 经济发展水平

经济发展水平是影响公债规模的主要因素。从政府作为债务人的角度来看，经济发展水平越高，社会财富越多，税源越丰厚，财政收入越高，则政府的偿债能力越强。从公债认购人的角度来看，经济发展水平越高，公债认购者的收入越高，其闲置资金越多，应债能力越强，能够购买更多的公债。

2. 政府职能范围

这是决定公债规模的第一因素。政府职能的大小在某种程度上决定了一国财政赤字的规模，而财政赤字是公债产生的最初动因。随着经济的发展，政府的职能由政治职能与社会职能扩展到经济职能，政府支出的增长符合瓦格纳的"经费膨胀规律"。既然经费膨胀不可避免，税收收入不足以支付经费开支，发行公债在所难免。

3. 财政政策选择

财政政策一般可分为扩张性财政政策和紧缩性财政政策。当采取紧缩性财政政策时，财政赤字小，则公债发行的规模相应要小；如果采用扩张性财政政策，财政收支缺口大，则公债发行的规模自然要增大。

4. 货币政策需求

就公开市场业务而言，如果公债规模过大导致公债难以卖出，则央行难以开展公开市场业务，起不到调节市场上货币流通量的作用；如果公债规模过小，央行吞吐的公债量过少，也不足以影响货币流通量，公开市场业务难以发挥作用。

5. 公债管理水平

公债管理水平体现在发行费用、种类结构、利率结构、期限结构、公债使用效益等方面，公债管理水平高，则较小的公债规模就能产生预定的效果；反之，则要更大量的公债规模才能产生相同的效益。

13.2.3 公债的风险问题

（1）公债的发行风险问题

由于当前国债的一、二级市场处于分割状态，一级市场的主体是国债一级自营商等金融证券机构。国债一级自营商，是指具备一定资格条件，经财政部、中国人民银行的中国证监会共同审核确认的银行、证券公司和其他非银行金融机构。其主要职能是参与财政部国债招标发行，开展分销、零售业务，促进国债发行，维护国债市场顺畅运转。由于市场自发行到上市流通有一段时间，如果期间市场利率发生变动则会增加国债一级自营商的经营风险。最终影响到下期公债的发行。例如 2003 年 7 期国债上市日跌破发行价，8 期流标，9 期停发。

（2）公债的结算风险问题

我国的公债交易结算采用的是席位结算制度。所谓席位结算制，是指为我国现有集中撮合型债券市场服务的证券登记机构（以下简称场内登记机构）按照券商席位对该席位上的国债进行结算，而不对席位上的单个客户进行记录的一种结算制度安排。在这种制度下，一家券商在集中撮合型债券市场的每个席位都对应多家营业部及不同的账户。交易时，集中撮合型债券市场将对券商的债权数据进行前端检测，但前端检测的债权数据并非券商席位下的每个单独账户，而是场内登记机构按席位汇总全部账户后的数据。这样，集中撮合型债券市场以券商席位进行监控和结算时，席位中的每个账户个体的情况就无从知晓。这就为券商违规卖出投资者国债提供的可能。当券商急需流动性或遇重大投资机会等时，券商必然产生违规卖出客户国债以融入资金的冲动，在一段时间之后再买回相同品种、数额的国债。在震惊业界的富友证券国债回购巨亏事件中，富友违规将客户托管的债券套现炒股，股票被套造成无法挽回的损失。

(3) 公债市场分割问题

目前交易所市场和银行间市场割裂，银行间市场在品种和存量上都占绝对的优势，但债券的流动性相对不足，价格发现功能也未能很好实现；交易所市场债券的成交价格连续性相对较好，但现在债券存量比较小，品种比较单一，大额交易经常会对市场价格产生重大影响，价格出现扭曲的可能性比较大，并将传导给整个债券市场，造成市场较大幅度的波动。此外，由于银行等国债主力投资机构无法跨市场交易，造成两市场间国债的交易价格出现差异，同券不同价，不同收益率的现象经常出现，两个市场存在不同的利益水平，还造成统一的市场基准利率难以形成。

(4) 市场缺乏有效的避险工具

近几年银行间债券市场经常出现单边行情，主要是目前我国银行间市场的交易主体结构比较单一，投资行为趋同，而目前我国的金融衍生品市场刚刚起步，衍生品市场的交易不够活跃，从已经开办的债券远期交易业务以及进行试点的人民币利率互换交易情况来看，市场成交相对于现货市场而言较为冷清。目前我国的商业银行和保险公司都持有大量固定利率中长期债券，一旦利率波动，市场利率上升，按照市值计算隐藏着巨额亏损，但是当商业银行等大型金融机构需要对自身的债券结构进行套期保值操作时，往往又无法找到交易对手，避险机制难以发生作用。

(5) 地方公债的问题

按照《中华人民共和国预算法》规定，除法律法令另有规定外，地方政府不得自行发行地方政府债券。为支持地方经济建设，1998 年以来，中央财政将部分新增国债项目资金转贷给地方，用于国家确定的国债资金建设项目，由地方政府还本付息，不列入中央预算，也不作财政赤字处理。2006 年起取消代地方政府发行。2009 年，为应对全球金融次贷危机，国务院又同意地方发行 2 000 亿元债券，由财政部代理发行，列入省级预算管理。中国地方政府债务具有规模大、种类多、不透明与管理差的特点。2010 年国家审计署对地方政府性债务管理的审计报告称，截至 2010 年底，除 54 个县级政府没有政府性债务外，全国省、市、县三级政府性债务余额共计 107 174.91 亿元。其中：政府负有偿还责任的 67 109.51 亿元，占 62.62%；担保责任的 23 369.74 亿元，占 21.80%；可能承担一定救助责任的 16 695.66 亿元，占 15.58%①。由于不允许地方发债，地方债务主要以地方政府担保债务、国企亏损缺口、地方政府挂账、地方金融机构不良资产、地方社会保障资金缺口等多种隐性形式存在。②

13.2.4 公债风险管理改革

(1) 建立债券预发行制度

债券预发行即预发行交易，所谓预发行交易是指债券虽已被授权核准招标发行，但尚未正式招标发行，市场就对该期债券先行买卖交易的行为。由于预发行交易是在当下对未来即将招标拍卖发行之债券的远期价格在即期进行买卖交易，但资金与债券的交割则发生在未

① 《关于 2010 年度中央预算执行和其他财政收支的审计工作报告》。

② 刘少波，黄文青．我国地方政府隐性债务状况研究．财政研究．2008 (9)．

来，因此预发行交易可视为一种短期的远期交易。由于可以从预发行交易的价格信息内剥离出未来短期的利率水平及波动趋势，这对于公开市场业务操作而言，调控短期利率水平之操作会更加有效和主动。同时，预发行市场也有利于二级市场现券流动性的提高。

（2）取消债券席位结算制度，实行债券账户结算制度

场内登记机构统一管理债券账户，客户进行债券交易时，场内登记机构对客户的债券账户进行监控，负责提供债券托管和交割过户查询，防止债券的超冒或被挪用。

（3）统一银行间市场和交易所市场

这包括三个层面的工作：一是打通市场主体，让商业银行重回交易所市场，让证券公司更多地进入银行间市场；二是很顺畅地进行市场间的转托管；三是整合交易品种，实现两个市场上的品种能够相互挂牌。如果这几方面工作都比较顺利的话，在时机成熟时，合并银行间市场和交易所市场，形成一个统一的债券市场。同时，合并两个结算公司，统一交易制度。

（4）开展公债期货的交易

开展公债期货交易不仅有利于丰富资本市场的产品，有利于拓展债券市场，更重要的是其在建立多层次资本市场体系、完善资本市场结构、推进利率市场化、维护金融运行和金融市场的整体稳定、防范系统性风险等许多方面将起到积极的作用。国际经验表明，国债期货市场提供给投资者有效的风险管理途径，在一定程度上可平抑现货市场价格波动，并对市场繁荣、流动性增强有很大促进作用。

（5）政府会计制度引入权责发生制，允许地方政府发债

根据世界银行专家哈纳·波拉科瓦把政府债务分为：直接债务和或有债务两类，直接债务是指任何情况下都要承担的债务。如内外债及养老金负债，或有债务是指如果某事项发生则政府要承担相应的债务。另外，从债务风险角度看，政府债务又可分为显性债务与隐性债务。显性债务是被法律和合同认可的政府债务，而隐性债务是政府道义上的债务。具体划分如表13-1所示。

表13-1　政府负债的风险矩阵

政府债务	直接负债 （在任何情况下都存在的负债）	或有负债 （只在特定事件发生时才产生的负债）
显性负债： 法律或合同所确定的政府负债	1. 国外和国内主权借款（中央政府的合同贷款和其发行的有价证券） 2. 由预算法规定的支出 3. 受长期法律约束的预算支出（公务员工资和公务员养老金）	1. 政府对非主权借款和地方政府、公共部门和私营部门实体（如开发银行）债务的担保 2. 对不同类型贷款（诸如抵押贷款、对学习农业的学生的贷款和小型企业贷款）的保护性政府担保 3. 对贸易与汇率、国外主权政府借款、私人投资的政府担保 4. 有关存款、私营养老金基金最低收益、农作物、水灾、战争风险的政府保险体系
隐性负债： 主要反映公众期望和利益集团压力的政府道义上的债务	1. 公共投资项目的未来经常性费用 2. 法律未做规定的未来公共养老金（而不是公务员的养老金） 3. 法律未做规定的社会保障计划 4. 法律未做规定的未来医疗保健筹资	1. 地方政府和公共或私营实体的非担保债务和其他负债的违约 2. 对私营化实体负债的清理 3. 银行倒闭（处于政府保险的范围之外） 4. 非担保养老金基金、就业基金、社会保障基金（对小额投资者的社会保护）的投资失败 5. 中央银行不能履行其职责（外汇合约、保卫币值、国际收支稳定） 6. 私人资本流向改变之后而采取的紧急救援行动 7. 环境灾害后果的清理、救灾、军事筹资等等

资料来源：Hana Polackeva Brixi and Allen Schick（2002）。

从我国的情况来看，直接显性债务是行政事业单位拖欠的工资、地方政府债务；直接隐性债务是社会保障资金缺口；或有显性债务是政府担保贷款；或有隐性债务主要是国有企业负债。造成我国政府隐性债务与或有债务规模大的主要原因有两个，一是政府会计核算的收付实现制，这造成了养老金缺口没有在政府决算中反映出来。二是不允许地方政府发债，地方政府为促进经济发展，有发债的需求，便采用政府担保的方式发行企业债来筹集建设资金。这产生了政府的或有债务。如果要防范政府财政风险，必须掌握政府债务的确实规模与结构。为此，通过政府会计制度改革，改核算中的收付实现制为权责发生制有利于隐性债务显性化；允许地方政府发债既有利于了解负债情况，又有利于控制债务风险发展。

13.3 公债运行管理

13.3.1 公债的发行管理

1. 公债的发行权限

公债的债务主体是政府。由于政府组织的层次性与多部门特点，有些政府机构可能是债务主体，但是不一定是拥有发行公债的权力。不同的政府体制，地方政府发债的权力不同，联邦制国家，地方政府自治，因此，地方政府一般有发债权，但是相应的中央政府不承担连带责任。而单一制国家，地方政府的发债权受到极大限制，因为中央政府有连带责任。表 13-2 是 2010 年和 2011 年中央财政国债余额情况表。

2. 公债的发行额度

发行额度是指每次公债发行的计划数量。每次公债的发行额度通常由政府灵活掌握，但是年度的公债发行额度则随公债规模控制制度的不同而不同。如果是发行额度管理，则财政部门尽可能发行期限比较长的公债，有利于尽可能多地利用资金。如果是公债余额管理，在立法机构规定的限额内，由政府自主决定，参考因素主要是支出需求、调控需求、市场利率、应债能力及偿还风险等。由于一年内短期公债不计入年末余额，因此财政部门可加大短期公债的发行。我国 2006 年引入国债余额管理制度，当年短期公债发行规模大幅度成长。

表 13-2 2010 年和 2011 年中央财政国债余额情况表 亿元

项 目	预算数	执行数
一、2009 年末国债余额实际数		60237.68
内债余额		59736.95
外债余额		500.73
二、2010 年末国债余额限额	71208.35	
三、2010 年国债发行额		17849.91
内债发行额		17751.59
外债发行额		98.32

续表

项目	预算数	执行数
四、2010年国债还本额		10537.03
内债还本额		10519.88
外债还本额		17.15
五、2010年末国债余额实际数		67526.91
内债余额		66968.66
外债余额		558.25
六、2010年执行中削减中央财政赤字		500.00
七、2011年中央财政赤字	7000.00	
八、2011年末国债余额限额	77708.35	

说明：本表2009年外债余额实际数按照2009年12月31日汇率计算，2010年外债发行额和外债余额实际数按照2010年12月31日汇率计算，2010年外债还本额按照当期汇率计算。受外币汇率变动影响，2010年末外债余额实际数≠2009年末外债余额实际数+2010年外债发行额－2010年外债还本额。

资料来源：财政部网站。

【资料链接】

国债余额管理是指立法机关不具体限定中央政府当年国债发行额度，而是通过限定一个年末不得突破的国债余额上限以达到科学管理国债规模的方式。国债余额包括中央政府历年预算赤字和盈余相互冲抵后的赤字累计额、向国际金融组织和外国政府借款统借统还部分及经立法机关批准发行的特别国债累计额，是中央政府以后年度必须偿还的国债价值总额，能够客观反映国债负担情况。国债余额管理制度下，年内发行到期的短期债不算在额度内。财政部不再以年内国债发行总量为控制目标，可以在年内滚动发行一年以下的短期国债品种，只要保证当年期末国债余额不超过年末国债余额限额即可。在这一制度下，短期债的发行不再受额度限制。

由于其他主要的发行条件在本章其他部分有所论述或涉及，为避免重复，不再介绍。

3. 公债的发行方式

公债的发行方式是指政府销售公债的具体方法和形式。公债的发行方式一般包括：连续经销法、承购包销法、向个人直接发行和公募招标法。

（1）连续经销法

连续经销法，又称随买法，通常用来向小额投资人或储蓄人发行不可上市的债券，有时也销售可上市的中期和长期公债。如果公债发行量大且市场利率不稳定，则要采用连续经销法，以保证发行数量，同时又使利率具有灵活性。随买法可分为两种，一是通过政府债券经纪人将新发行债券直接上二级市场上销售，由经纪人首先包销，这样投资人买新债与买二手债券形式上没有区别；二是通过银行和邮局的分支机构在柜台上向投资人代理销售。

（2）承购包销

承购包销是指政府和承购包销团签订承购包销合同来销售公债的方式。承销人承受公债后，向社会分销公债，分销不出去的由承销人自己购买。自20世纪90年代中后期，承购包销成为我国国债发行的主要方式。世界上很多国家都采用这种方式发行公债。承购包销法首先要组成承购包销团，其次要确定公债发行条件和承销份额等。承购包销法分两种：一种是固定份额方法，该方法有利于及早安排资金；另一种是变动份额方法，该方法有利于根据承销者状况调整。

（3）向个人直接发售

直接发行方式就是债券发行人不委托专门的证券发行机构，而是亲自向投资者推销债券。共包含三种情况：第一种是各级财政部门或代理机构销售公债，单位和个人自行认购；第二种情况，也就是20世纪80年代的摊派方式，属带有强制性的认购；第三种是所谓的“私募定向方式”，财政部直接对特定投资者发行公债。

（4）公募招标

公募招标可分为价格招标和利率招标。公募招标的公债认购价格或收益率等，都不是由政府自己说了算，而是在拍卖场上投标竞价确定。招标有两种具体方式：竞争性招标和非竞争性招标。在竞争性招标条件下，投标者把认购价格和数量提交给招标人，招标人据此开标，决定中标的依据。投标者认购价格高，招标者受益就大，所以出价高者胜出。而非竞争性招标沿用竞争性招标的方式开标，参加投标的投资者都能买到公债，中标价格为竞争性招标部分价格的加权平均数。

在我国，国债的发行方式几经变迁。20世纪80年代，采用行政分配的方式，摊派发行国债。到了90年代，便改为承购包销，主要用于不可流通的凭证式国债。时至今日，已演变为四种发行方式并存，它们分别是：直接发行、代销发行、承购包销发行、招标拍卖发行。代销发行是财政部委托代销者负责国债的销售，我国曾经在20世纪80年代后期和90年代初期运用过这种方式。

13.3.2 公债的流通管理

1. 公债市场

1）公债市场的概念

公债市场是指以公债为交易对象而形成的供求关系的总和，是整个证券市场的重要组成部分。公债市场按照公债销售的层次可分为公债的发行市场和公债的流通市场。公债的发行市场又称一级市场，是政府发行债券、筹集资金的场所，交易的主体主要是政府和金融机构。公债发行市场实际上是无形市场，并没有集中的具体场所。公债的流通市场又称二级市场，是投资者买卖公债的场所，交易主体是公债承销机构与投资者。公债的流通市场一般有具体场所。

2）公债流通市场

公债交易一般分为场内交易和场外交易。此外，还有第三市场和第四市场的交易方式。场内交易是指证券经纪商和交易商在证券交易所进行的公债的买卖。场内交易以代理买卖为主。场外交易是指在证券交易所以外的市场进行的债券交易，典型的场外交易是柜台交易或称店头交易。第三市场是指那些已经在证券交易所上市交易的证券却在证券交易所以外进行交易而形成的市场。它实际上是上市证券的场外交易市场，是场外市场的一部分。第四市场是指不通过经纪商中介而是通过电子计算机网络直接进行大宗证券交易的场外市场。

2. 公债交易方式

按公债成交订约和清算的期限，其交易方式可划分为现货交易、远期交易、期货交易、回购交易和期权交易。

（1）公债现货交易

公债现货交易是指公债买卖成交后，按成交价格及时进行实物交割和资金清算的交易方式。公债现货交易是最普通和最常用的交易方式，其他交易方式都是在现货交易的基础上派生出来的。

（2）公债远期交易

公债远期交易是指买卖双方在未来某一预定日，即交割日，由买方以预先规定的价格，即交割价，从卖方买进约定的公债的交易方式。这种交易方式的特点是买卖双方事先签订远期交易合同，到交割日双方再进行钱券交付。

（3）公债期货交易

公债期货交易是指以公债期货合约作为交易对象的交易方式。期货合约是买卖双方对将来某一特定的时刻、按照某一成交的价格、购买或出售标准数量单位的标的公债所做出的承诺。公债期货交易的合约交易与标的公债交割在时间上分离，交易的标的公债是一种标准债。用债券交割时要折算成标准债，公债期货合约的交易实行保证金制度，具有财务杠杆作用。

（4）公债回购交易

公债回购交易是指买卖双方按预先签订的协议约定在卖出一种公债一定时期后，再以预定的价格或收益率，由最初卖方将公债购回的交易方式。买卖双方的交易行为分为正回购和逆回购。先卖公债再赎回方为正回购方，又称融资方；而先买公债再出售方为逆回购方，又称融券方。

（5）公债期权交易

公债期权交易是指买卖双方就某一时期内或某一到期日之前，以特定的价格买卖相关公债现货或期货合约权利的交易方式。期权交易的双方，一方为买进期权方，其支付一定的期权费用，以接受期权费用一方为交易对方，享有未来以特定价格购买或出售公债现货或期货的权利。当然，买进期权方在将来发现执行合约利益受损时，可以放弃购买或出售公债的权利。而公债期权交易的另一方为卖出期权方，其接受期权费用，承担未来收购或出售公债的义务。其最大收益为期权费用，当市场变化有利于期权买进方时，则有义务履行合约，因此其损失风险不确定。

13.3.3 公债资金的使用与偿还管理

以前公债资金主要用于有经济收益的生产性支出，现在公债资金主要用于以社会事业支出为主的消耗性财政支出方面。公债投资的收益更多体现在国民经济效益方面，国债项目的直接经济效益并不是主要的投资决策依据。因此，大多数国债资金投入后，不能通过国债资金项目的运作收回投资用于还本付息。虽然建立了公债偿债基金，但是公债本金的偿还主要是通过发新债还旧债的方式解决。为了控制公债偿还风险，避免公债发行规模失去控制，中央政府规定公债资金的利息支出列入经常性支出。

课堂讨论

1. 在我国，国债、公债与政府债务的概念之间的关系如何？
2. 当前我国公债的挤出效应状况如何？

本章小结

公债是政府以其信用为基础，根据借贷原则，通过借款或发行债券的方式获得财政资金而形成的债务。从债务人的角度来看，公债具有购买的自愿性、资金的有偿性、发行的灵活性。从债权人的角度来看，公债具有持有的安全性、投资的收益性、交易的流动性。按照发行凭证分类，公债可分为实物公债和非实物公债。公债具有弥补财政赤字、筹集建设资金、调节经济发展的功能。

李嘉图等价定理可以论述为：无论是以增税还是以发债来增加收入，两者的经济效应是一样的，即居民的消费与投资都发生一样的变化。因为公债是延迟的纳税，最终由未来的增税来偿还发行的公债。公债的挤出效应就是指政府发行公债所引起的民间消费或投资减少的作用。在货币供应量不变的情况下，政府发债同需要借款投资的私人企业争夺借贷资金，导致市场利率上升，将挤掉一部分民间的投资。

公债负担率是指一定时期的公债累积额占同期国内生产总值的比重，即公债余额与 GDP 的比值。公债依存度是用来说明财政支出中有多少是依靠公债来实现支出的，通常是指一个国家当年的公债发行收入与财政支出的比例关系。公债的发行方式一般包括：连续经销法、承购包销法、向个人直接发行和公募招标法。

重要概念

公债　凭证式国债　记账式国债　公债的挤出效应
公债负担率　公债依存度　公债偿债率　公债借债率
直接债务　或有债务与隐性债务

思考题

1. 公债与国家信用的关系是什么？
2. 公债具有哪些特点？
3. 公债的功能有哪些？
4. 李嘉图等价定理的前提假设是什么？
5. 试述我国当前公债的挤出效应。
6. 试述我国公债负担率与公债依存率的真实性。
7. 影响公债规模的因素有哪些？

进一步阅读材料

[1] 李嘉图．政治经济学及赋税原理．北京：商务印书馆，1962.

[2] 地方债务潜藏金融风险 隐性问题亟待显性处理．21世纪经济报道，2004-2-25.

[3] 业界热盼国债预发行专家建议预发行．中国证券报，2003-12-9.

[4] 构建全国集中统一债券登记托管体系．金融时报，2004-11-25.

[5] BARRO R J. Are government bonds net wealth. Journal of Political Economy，1974（82）：1095-1117.

[6] DORNBUSCH，RUDIGER，MARIO D. Public debt management：theory and history. Cambridge，UK：Cambridge University Press，1990.

[7] SEATER J. Does government debt matter? Journal of Monetary Economics，1985（6）：121-131.

第14章

政府预算及其管理

【本章概要】

为了有效地配置和使用政府有限的财政资金，政府预算以年度财政收支计划的形式成为各级政府普遍选择的一种重要的管理工具和技术手段。在实践中，政府预算这一管理方式，不仅充分保证了在政府预算编制过程中公共选择的民主性和法治性，而且还贯穿于政府预算的执行和事后审计过程，使政府财政资金能得到合理有效的利用。

【学习目标】

◆ 掌握政府预算的概念、基本特征、组成；
◆ 全面了解政府预算程序及相关法律规定；
◆ 把握中国预算预算管理改革的方向。

14.1 政府预算概述

14.1.1 政府预算的含义

政府预算管理是财政管理的核心内容。在发达市场经济体制国家，财政收支都在政府预算中得到反映，因此财政收支和预算收支可以看作是等同的概念。而在我国两者并不相同，应该肯定的是，我国的预算收支是财政收支最基本、最重要的形式，这不仅是指预算是政府职能的主要履行形式，而且是最规范的形式。

1. 政府预算的定义及内涵

1）政府预算的一般定义

政府预算是指经法定程序审核批准的政府年度财政收支计划。其理解要点如下。

① 政府预算是财政发展到一定的历史阶段，适应财政管理和监督的需要而产生的。政府预算的起源比财政、税收、国债等都晚。具体而言，它是在封建社会末期和资本主义初期，资产阶级同封建贵族阶级进行斗争的产物。在当时，政府预算完全是资产阶级控制和管理国家财政收支的手段和工具，而不是作为客观经济关系的财政分配本身。故政府预算的性质属于上层建筑，它与历史和经济的发展相联系。

② 从形式上看，政府预算是所在财政年度的预期收入和支出的一览表。它是按一定标准将财政收入和支出分门别类地列入特定的表格，反映政府在年度内进行财政收支活动所应

达到的各项收支指标和收支总额之间的平衡关系。因此，政府预算是反映政府财政活动的一面镜子，有助于人们清楚地了解政府当局的财政活动。

③ 从实际内容看，政府预算包括了财政年度内可以集中并用于分配的财力总规模、预算收支对比关系、收入来源渠道、支出安排的去向。它的具体分配项目和数量反映着国家参与一部分社会产品或国民收入分配所形成的分配关系，同时这个政府年度收支计划体现了执政党对社会经济发展的目标及政府活动的范围、方向和政策，反映了政府的配置决策和分配政策对增进整个社会资源效率或改善社会公平的影响。

④ 政府预算是有法律执行效力的计划。政府预算从提出到批准的程序是按照立法程序进行的，它要经过国家权力机关的审批方能生效，因此法定程序批准的预算实质上是法律文件。未经过立法机构批准的预算称预算草案。政府预算建立的这一程序要求，体现了国家权力机构和全体公民对政府活动的制约和监督。

2）当代政府预算管理发展中不同学科关于政府预算的内涵界定

20世纪七八十年代以来，在政治、经济、文化背景条件的变迁中，揭开了当代世界各国公共管理改革的序幕。[①] 政府预算管理作为各国公共管理改革的重点，越来越多地体现出多学科整合的发展趋势，开始更多地从政治学、经济学、管理学、法学及社会学等学科汲取理论与方法，由此也就形成了各个不同学科对政府预算内涵的界定和分析的不同视角。[②]

（1）政治学的角度

现代政治学认为，政府预算本身就是政治的产物，因为从根本意义上讲，政治就是管理社会公共事务。在民主社会里，政府预算不仅是政府管理社会公共事务的一种工具，也是纳税人及其代议机构控制政府财政经济行为的一种机制或手段。它在本质上是一个政治决策或公共决策的过程，也是政治家和选民的“交换”（选民纳税，换取公共品的消费和使用）过程。在政府预算审议、批准环节，由于不同的公共预算开支和税收分摊方案反映不同的纳税人或利益群体的需要，因此政府预算的成立，往往是政治市场中的对局者在动态博弈过程中所达成的妥协的结果。从这种意义上看，研究政府预算必须从分析公共决策过程及政府预算如何被执行等问题出发。

（2）经济学的角度

现代经济学认为政府预算是一种资源配置机制，即在混合经济条件下，通过预算从社会经济体中吸纳、转移、配置和使用一部分经济资源，来解决公共品供给、矫正外部性等问题，以增进资源配置效率或改善社会公平。也就是说，在经济学的视野中，政府预算作为一种资源配置机制，它是在市场通过价格和供求机制配置的基础上，政府通过政治程序和公共选择机制对市场配置缺陷的弥补或干预。按照经济学的理论与技术，显然有助于明确政府预算安排如何在有限的公共资源的约束条件下，实现各竞争性公共项目之间最为有效的公共选择，提高公共资源的效率。

（3）管理学的角度

管理学认为影响组织行为唯一的、最有效的工具就是预算，因而应将政府预算过程视为

① 马蔡琛．中国财政经济理论前沿．北京：社会科学文献出版社，2005.

② 卢洪友．政府预算学．武汉：武汉大学出版社，2005.

一个功能性的名词，其内涵由控制、管理与规划等要素构成，预算制度应融合更多的政策分析与管理方法，以提高公共决策的绩效。① 从管理学的角度研究政府预算的最终目的在于：把政府预算过程由单纯的政府官僚行政工作，转变为积极地决定政府施政计划和目标的工具。政府预算的管理工具功能在于：一方面，通过对政府预算收集的大量的经济和社会发展的基础性数据进行处理、加工和运用，促进政府有效地管理社会公共事务，控制政府预算支出和预算风险，实现公共资源的合理配置使用及公共政策目标；另一方面，非政府经济主体和广大社会公众通过对公开的政府预算信息资料进行分析，了解政府的所作所为及其政策运作方向，随时调整各自的预期和经济行为。

（4）法学的角度

法学认为政府预算是一个具有法律效力的文件，是一份综合性的“一揽子”契约。它包含着纳税人与政府之间、政府与其职能部门之间及所属的公共品生产提供单位之间多层次的“委托—代理”关系。这些关系本质上属于法治问题，而不是人治问题。在法学看来，整个国家的预算循环都应该在法律的框架下进行，一切政府预算问题都必须遵循法定程序，包括预算的审批、预算的调整、预算的事后总结与审计等。因为要想政府谨慎并正确地运用自身权力，仅仅依靠政府的自我意识和自我约束是远远不够的，还需要社会公众通过立法机构规范预算行为，进而将政府行为纳入法治化轨道。由此可见，具有法律权威的政府预算将能够直接规范、约束与控制政府的具体活动，其基本路径是：政府预算法治化→财政行为法治化→政府行为法治化。公共预算法治化是财政行为法治化的基本途径，是公共财政赖以存在的基本形式，它体现着现代社会以立法约束政府权力的思想。

（5）社会学的角度

社会学把政府预算看作是一种社会分配和调整机制。在市场经济条件下，经济社会活动首先在微观层次上由经济个体按效用最大化原则在法律及道德规范约束下分散自主决策，政府及其预算的基本职责是在确认市场调节失效并由政府通过财政预算手段干预而又能增进潜在社会福利的领域。由于现代社会已越来越“强调以公平的方式来分配资源，因而预算已成为减少不公平的工具”②，尝试着对公民之间市场分配的收入和财产的不平等结果进行某种程度的矫正。这既包括政府通过预算向特定的社会阶层实施转移性支付，直接提供社会福利；也包括通过公共品在不同社会群体之间的分配和消费，来影响社会公众的经济福利。所以说，按照社会学的观点，所有的政府预算决策都或多或少地会产生分配性质的影响，因此在预算实践中，人们会普遍关注政府税收与支出对社会经济与民众福利的影响怎样，政府的不同收入和支出方案对社会公平目标的影响如何。

2. 政府预算的基本特征

政府预算尽管存在于不同的社会制度中，其预算制度本身也在不断地完善和充实。但作为共性，政府预算一般具有以下基本特征。

（1）法律性

这一方面是指政府预算的建立过程必须严格按法定程序。政府预算的程序很复杂，各国

① 徐仁辉．公共财务管理：公共预算与财务行政．台北：智胜文化事业有限公司，2000.

② 普雷姆詹德．预算经济学．北京：中国财政经济出版社，1989.

的做法也不完全一样。在英国，每年由财政部长向议会提出下年度预算，然后由议会按照法律或正式意见批准预算；在美国，则由总统向议会提出然后由议会批准；在我国，则由国务院委托财政部长向全国人民代表大会提出，然后由全国人民代表大会批准。法律性的另一方面是指政府预算的收支范围和方向、预算的执行及管理职权的划分等都有相应的法规为依据。为了使政府预算从编制到实施的全过程规范运作，各国均制定了预算管理的专门法律和规章制度，对预算给予法律上的保护，并赋予正式的政府预算具有法律效力。

（2）时效性

这是指政府预算发挥其效力的时间被限定在一个固定的区间，一般限定在预算年度内。预算年度是指预算收支的起迄时间，现在一般采用历年制和跨年制两种形式。历年制是按公历元月 1 日至 12 月 31 日，即预算年度和公历纪年的自然年度保持一致。世界上多数国家，如中国、朝鲜、法国、德国、匈牙利、意大利、波兰等均实行历年制。跨年制是从当年某月某日至次年某月某日共计 12 个月，它主要分三种情形：一是从当年 4 月 1 日起至次年 3 月 31 日止，实行的国家有英国、加拿大、日本、印度、新加坡等；二是自 7 月 1 日起至次年 6 月 30 日止，实行的国家有瑞典、澳大利亚、巴基斯坦、埃及、坦桑尼亚等；三是自 10 月 1 日起至次年 9 月 30 日止，实行的国家主要是美国、泰国等。采取跨年制预算年度主要考虑以下因素：第一，与国会会期协调一致，便于国会开会期间审批和通过预算法案；第二，财政收支的季节因素，即与税收征收旺季或与农业收获季节相关，使国库较为充裕，便于执行新的预算；第三，与总统换届相一致。例如，美国新总统在 10 月 1 日就职，因此美国的预算年度定在 10 月 1 日始至次年 9 月 30 日止。总之，世界各国预算年度的起止日期主要由该国的国情、历史原因和传统习惯形成。

（3）阶段性

政府预算既是履行政府职责，反映政府活动范围及方向的计划，同时又是限制政府收支的手段。为保证政府预算的科学性、实用性、有效性，要求政府预算工作严密科学，分阶段地进行，一般包括准备阶段、编制阶段、审议通过后的执行阶段和执行后的总决算阶段。编制为执行做准备打基础，执行为决算提供依据，决算又为下年度编制预算准备，各阶段间紧密联系，互为条件。

（4）公开性

公开性是指政府预算收支计划制订、执行及决算的全部信息须向公众全面公开，借此最大限度地公开政府的职能、财政政策的目的、公共部门的账目及政府活动项目。有关政府的相关信息要可靠、全面、易懂，并具有国际可比性，这些信息的获取没有难度。易为公众和决策参与者获取且能反映政府全部活动的预算才是公开透明的预算。这一方面是由于政府预算本质上是反映公共需求的，而政府履行这一职责实际上是代表公众的，因此预算应向公众公开，使政府在从事任何与公共资金使用有关的活动时，尽可能保证公共利益；另一方面，政府预算资金来源主要是纳税人缴纳的税金，而作为纳税人的公众有权利了解并监督政府对这部分资金的安排与使用，促使政府少有失误。因此，公开性不仅是政府廉明清正的要求，而且便于公众监督，有利于预算效率提高。

（5）完整性

政府收支都应在政府预算中得到反映，这就是说法规规定的预算收支都应列入政府预算。政府通过预算进行集中性分配以满足社会共同需要，反映国家方针政策，全面体现政府年度整体工作安排和计划，使预算成为政府各项收支的汇集点和枢纽。为了综合反映政府收支活动的全貌，预算应该包括一切政府收支，并以总额列入预算，不得打埋伏、造假账。国家允许的预算外收支，可以另编预算外收支预算，也应该在政府预算中有所反映。

14.1.2 政府预算组织体系

1. 政府预算体系的确定及其组成

政府预算也就是政府收支预算，一般来说，有一级政府即有一级财政收支活动的主体，也就应建立相应的一级预算，划分一定的权力范围和管理权限。因此，政府预算组成是由国家的政府体制构架决定的。政府预算体系是指根据国家政权结构、行政区划财政管理体制的要求而确定的各级预算级次，并按一定组合方式组成的统一体。在单一制国家中，预算可以分为中央预算和各级地方政府预算。在联邦制国家中，预算可以分为联邦预算、州（邦）预算和地方预算。我国政府预算构成是与我国政权结构和行政区域的划分相适应的，总体上是由中央预算和地方预算组成。《预算法》规定，国家实行一级政府一级预算，设立中央、省（自治区、直辖市）、设区的市（自治州）、县（自治县、不设区的市、直辖区）、乡（民族乡、镇）五级预算。省级及其以下的各级预算称为地方预算。

中央预算是经法定程序审查批准的，反映中央政府活动的财政收支计划，在政府预算体系中处于主导环节。它一方面通过直接调控政府预算资金主要部分，为国家政治、经济、军事、外交等各项需要提供财力保证；另一方面作为各地区预算平衡的调节中枢，肩负着为促进民族地区和经济落后地区发展提供必要资金后援的责任。

地方预算是各级地方政府收支活动计划的统称，它是组织、管理政府预算的基本环节。其作用主要表现在：一是通过预算资金的合理配置，促进地区经济和各项事业的发展；二是在保证本地区预算平衡的前提下，为中央预算协调和平衡创造条件，提供支援。

2. 各级政府预算的组成内容

（1）总预算

总预算是指各级政府独立的一级预算。一般来说，一级政府预算在一般性财政收支计划之外，还包括政府部门各单位的收支预算及政府直属企业和事业单位的财务收支计划等。这些预算统一列表核算，形成财政总预算。实际上，一级政府的总预算不仅包括本级政府预算，还包括下一级政府的总预算。地方总预算加上中央总预算，则形成完整的政府预算。

（2）部门预算

部门预算是各本级部门（含直属单位）本系统内各级单位全部收支的预算，由本部门所属单位预算组成。各部门是指与本级政府财政部门直接发生预算缴拨款关系的地方国家机关、军队、政党组织和社会团体；直属单位是指与本级财政部门直接发生预算缴款、拨款关系的企业和事业单位。①

（3）单位预算

单位预算是列入部门预算的国家机关、社会团体和其他单位在预算年度的收入和支出计划。

① 王金秀．政府预算管理．北京：中国人民大学出版社，2001.

它以资金的形式反映着预算单位的各种活动，是各级政府总预算和部门预算的基本组成部分。

各级政府为了更好地履行其职责，需要组成相应的职能机构和事业公共部门。政府内设置的职能机构就是通常所说的行政部门或行政公共部门。而这里所说的事业公共部门是指由政府批准的，并获得预算资金，独立履行提供某种社会公共劳务的经营单位。它们作为预算单位，与政府总预算发生收支关系。政府职能机构成为预算单位往往有三种情形：一是政府职能机构（如中央各部）为预算单位，称之为主管部门预算单位或一级预算单位；二是在行政上隶属主管部门领导而又下设预算单位的称之为二级预算单位；三是二级预算单位的下属预算单位称为三级预算单位或基层预算单位。主管预算单位和政府总预算直接发生资金往来关系；二级预算单位和主管预算单位发生资金往来关系；基层预算单位与二级预算单位发生资金往来关系。事业单位同样按隶属关系存在三级预算单位，但大量的事业单位处于二级预算单位或三级预算单位的地位，如预算拨款的学校通常隶属于教委或其他主管部门，医院隶属于卫生部门主管单位等。因此，根据经费领拨关系和行政隶属关系，单位预算可分为一级单位预算（或主管部门预算）、二级单位预算和基层单位预算。

在我国，各级政府的本级部门预算和直属单位预算组成政府的本级预算，而各部门预算则由本部门所属各单位预算和本部门的机关经费预算组成。可以用图 14-1 来说明我国总预算与部门预算和单位预算的关系。

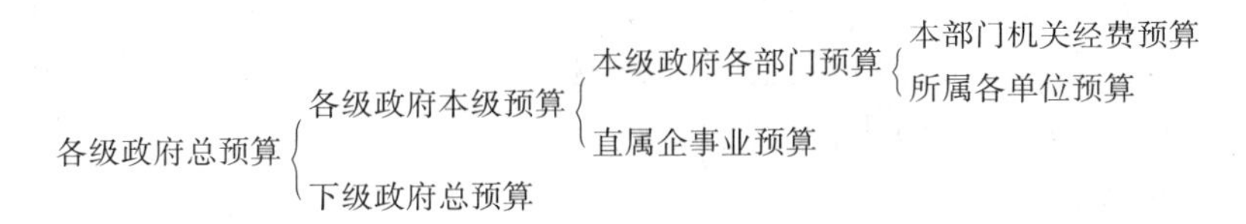

图 14-1　总额算与部门预算和单位预算的关系

14.2　政府预算的编制、执行与决算

为了实现政府预算决策的科学性和约束财政分配的有效性，预算管理以预算程序和预算法律为保证。预算程序又称预算过程，它以一个预算年度为周期。就整个程序来说，根据程序的主体不同，可以分成四个阶段：预算的编制、预算的批准、预算的执行、预算的事后审计（即决算报告的编审），这也构成了政府预算管理的主要内容。政府预算法是政府预算管理的法律规范，是组织和管理政府预算的法律依据。从各国预算法的内容与作用看，可分为预算基本法律和预算专门法律。其中，预算基本法律是政府预算体制的总法律，它是根据国家《宪法》这一根本大法制定的关于政府预算在编制、审批、执行、调整、决算、监督和法律责任等环节中，各预算主体的权责及其组织程序的总体规范。我国 1994 年 3 月 22 日八届人大二次会议通过并自 1995 年 1 月 1 日起施行的《中华人民共和国预算法》就属此类法规。预算专门法律是在基本法基础上制定的某些专门性法律，如预算组织法（以预算组织和管理的基本规定为内容）、预算权责法（以划分各级预算的管理权责为内容）。

预算法规的建立与完善，既强化了预算的法律约束力，同时也把预算的编制、审批、执行、调整和决算统一纳入到法律管理范畴，使预算管理程序步入了规范化轨道。

14.2.1 政府预算的编制与审批

政府预算编制是预测、审查、汇总和批准政府预算收入和支出指标体系并进行综合平衡的过程。它是政府预算管理的起点，也是政府预算能否顺利实现的前提。一般来说，预算编制工作是由国家主管财政的行政机关负责进行，在我国即为财政部。

1. 政府预算编制的程序和审批

政府预算的编制涉及范围广、内容多，是一项十分复杂而细致的工作，它必须以一个国家的社会经济发展计划为依据，力求预算计划制订得积极可靠。为此，我国的预算编制采取了自下而上和自上而下、两次上下结合的方法。具体过程如下。

（1）自下而上提出预算收支建议数

各基层单位遵照有关指标和规定，结合其工作任务，提出预算收支建议数，经层层上报和汇编，形成各省、自治区、直辖市和中央各部门的预算收支建议数。

计划年度预算收支建议数的确定大致要经过三个步骤：一是估算当年预算收支的执行情况；二是根据计划年度的经济增长目标，预测在现有财政政策和税收政策下的计划年度公共收支数；三是根据经济情况及有关政策的变动因素对预测值进行校正。

（2）自上而下拟定下达预算收支控制指标

财政部参照这些建议数，结合国民经济和社会发展计划指标，并考虑全国预算资金的需要与可能，拟出预算收支控制指标，经国务院批准后下达给中央主管预算单位及省级总预算，并逐级下达给基层预算单位。

（3）自下而上编制预算草案

各省、自治区、直辖市和中央各部门根据下达的指标，结合本地区和本部门的实际，经过认真核算，自下而上逐级汇编单位预算草案和总预算草案，上报财政部。

（4）自上而下核定批复各级预算

财政部审核后，把各省、自治区、直辖市总预算草案汇编为地方总预算草案，把中央各部门汇编的单位预算草案汇编为中央预算草案，然后汇总编制成政府预算草案，并附上文字说明呈报国务院。国务院审查通过后，提交全国人民代表大会审议批准，批准后的政府预算才算政府预算。国务院根据全国人民代表大会批准预算的决议，对预算草案进行修订，并分别核定和下达中央预算和地方预算。

【资料链接】

《中华人民共和国预算法》关于政府预算编制审批的相关法律规定

① 各级政府、各部门、各单位必须按照国务院规定的时间编制预算草案。

② 中央预算和地方各级政府预算，应当参考上一年预算执行情况和本年度收支预测进行编制。

③ 中央预算和地方各级政府预算按复式预算编制。

④ 中央政府公共预算不列赤字。中央预算中必需的建设投资的部分资金，可以通过举借国内和国外债务等方式筹集，但是借债应当有合理的规模与结构。

⑤ 地方各级预算按照量入为出、收支平衡的原则编制，不得有赤字；而且，除法律和

国务院另有规定外，地方政府不得发行政府债券。

⑥ 各级预算收入编制，必须与国民生产总值的增长率相适应；按照规定必须列入预算的收入，不得隐瞒、少列，也不得将上年非正常收入作为编制预算收入的依据。

⑦ 各级预算支出的编制，必须贯彻厉行节约、勤俭建国的方针。各级预算支出的编制，必须统筹兼顾，确保重点，在保证政府经常性支出合理需要的前提下，妥善安排其他各类预算支出。

⑧ 中央预算和有关地方政府预算中必须安排必要的资金，用于扶助经济不发达的民族自治地区、革命老根据地、边远、贫困地区发展经济文化建设事业。

⑨ 各级政府预算应当按照本级政府预算支出总额的1%～3%设置预备费，用于当年预算执行中的自然灾害救灾开支及其他难以预见的特殊开支。

⑩ 各级政府预算必须按照国务院的规定设置预算周转金。

⑪ 国务院财政部门应当在每年全国人民代表大会会议举行的一个月前，将中央预算草案的主要内容提交全国人大财经委员会进行初步审查；地方各级政府财政部门同样应当提前一个月将本级预算草案的主要内容提交本级人大有关专门委员会或常务委员会进行初审。

⑫ 国务院在全国人民代表大会举行会议时，向大会作关于中央与地方预算草案的报告；地方各级政府则在本级人民代表大会举行会议时，向大会作出关于本级总预算草案的报告。

⑬ 中央预算由全国人民代表大会审查和批准；地方各级政府预算由本级人民代表大会审批。

⑭ 乡级政府通过的预算要报上一级政府备案。上一级政府应将其与本级通过的预算一起加以汇总，然后将汇总的预算报上级政府备案，同时报同级人民代表大会常务委员会备案。县级以上政府均照以上程序办理，直至国务院将省级政府报送备案的预算连同本级汇编成全国性的预算，然后报全国人民代表大会常务委员会备案。

⑮ 上级政府对下级政府报送备案的预算有审议权。如果认为其有同法律、行政法规相抵触或者有其他不适当之处，需要撤销下级批准预算的决议的，应当提请本级人民代表大会常务委员会审议决定。

⑯ 各级政府的预算被批准后，同级政府要及时向职能部门批复预算。各部门接到批复后要及时向所属预算单位批复预算，直至基层预算单位。

资料来源：中华人民共和国预算法．1994-3-22。

2. 政府预算的编制方法

政府预算作为财政收支计划，以一览表的形式反映预算年度的收支和平衡。在技术操作上它存在着如计划表格的设计、预算项目的划分与编列、计划数字指标的确定与平衡、预算效率的评估等诸多问题，处理解决这些问题手段与方法的差异，便构成了政府预算的不同编制方法。

1） 单式预算

单式预算是传统的预算组织形式，是指所有的预算收支在一个预算内反映。其做法是将预算年度全部的财政收入与支出汇集编入统一的一个计划表格内，而不去区分各项或各组财政收支的经济性质。

单式预算的最大优点是符合预算完整性原则。由于把全部的财政收支统一分列于单一的预算表上进行反映与平衡，这一方面能从整体上明确地反映年度内政府财政收支的总体情况；另一方面也便于立法机关审议批准和社会公众了解。此外，单式预算简洁、清楚，易于编制。

单式预算的缺陷表现如下。一是不利于经济效率分析。由于单式预算把不同支出性质汇总成一个会计平衡表，看不出各项收支之间的对应平衡关系，因此不能清晰反映公共部门提供公共品的成本，不便于经济分析和有选择地进行宏观经济控制。二是将国家信用收入视为正常收入一并列入预算进行平衡，从而容易掩盖财政收支的真实情况，既人为地形成了软赤字与硬赤字之分，也无法真实反映预算赤字产生的原因。

从历史上看，在第二次世界大战前，世界上大部分国家都采用单式预算组织形式。但在第二次世界大战后，随着预算职能范围的扩大和预算支出占GDP比重的日益升高，为追求预算效率的提高，大部分西方国家陆续改进或放弃了单式预算，转而采用复式预算组织形式。

2）复式预算

复式预算是从单式预算组织形式演变而来的，它是指国家财政收支计划通过两个以上的计划表格来反映。其做法是在预算年度内，将全部的财政收入与支出按经济性质汇集编入两个或两个以上的收支对照表，从而编成两个或两个以上相对独立的预算。复式预算通常分为经常预算和资本预算。其中，经常预算是政府编制的满足国家经常性开支需要的预算，其支出是用于文教、行政和国防等方面的经费开支，其收入主要是税收。资本预算是综合反映建设资金来源与运用的预算，其支出主要用于经济建设，其收入主要是债务收入。当然复式预算也不一定只有两个，可以根据需要而设置三个甚至更多，如可以设立基金预算。

对此单式预算，复式预算的优越性表现如下。

① 由于复式预算把国家的全部收入、支出按预算收入的来源和支出性质不同分别编列计划，这显然能更好地适应市场经济发展所带来的预算资金分配格局的变化，可以清楚地区分经常预算与资本预算的收支情况，增加预算透明度。

② 通过以特定的预算收入来源保证特定的预算支出，使收支之间建立起相对稳定的对应关系，有助于对政府预算资金进行成本-效益的分析与控制。

③ 这一方法还可以清晰地反映预算平衡和预算结余或赤字的原因，为政府的宏观决策提供较为明确的信息，以便区别情况，有选择地采取有效手段进行调整。

当然，复式预算在执行中也显示出了一些局限，如打破了预算的完整性，其总体功能较弱；编制方法较为复杂，工作量较大；另外它还存在一些潜在的危险，即从预算本身看不到控制国债的任何意义，容易导致国债发行过多，给国家的货币金融管理带来一定压力。进入20世纪80年代以后，随着新自由主义经济思潮的重新兴起，许多市场经济国家对经济的干预程度有所减弱，干预方式也从传统做法转向更多地利用税率、利率、汇率或产业政策等现代宏观管理手段，因此通过设置资本预算提高政府投资效能的需求相应降低，许多市场经济国家开始逐步放弃复式预算。但在相当多的发展中国家，鉴于复式预算在政府直接投资调控向间接政策引导过渡的特定时期所具有的制度优势，仍然是政府选择的一种重要的预算管理模式。

我国从1992年起在中央财政和部分省、市财政开始试行复式预算。我国最初的复式预算由经常性预算和建设性预算构成。其中，经常性预算收入分为：各项税收、非生产性企业亏损补贴（作负收入处理）、政府预算调节基金收入、其他经常性收入。经常性支出分为：非生产性基本建设支出、事业发展和社会保障支出、国家政权建设支出、价格补贴支出、其他经常性支出。建设性预算收入分为：经常性预算结余（经常预算的余额转入）、专项建设收入、生产性企业亏损补贴（作负收入处理）。建设性支出分为：生产性基本建设支出、挖潜改造和新产品试制费、支援农业生产支出、城市维护建设支出、其他建设性支出。建设性预算收支差额靠债务补充。

1995 年国务院制定的《中华人民共和国预算法实施条例》第二十条进一步将复式预算明确为：各级政府预算按照复式预算编制，分为政府公共预算、国有资产经营预算、社会保障预算和其他预算。

从我国目前实行复式预算的情况看，虽已起步，但远不够成熟，有些地方并未完全实施和推广，尤其是国有资产经营预算、社会保障预算部分。按照预算完整性和公开性的原则和要求，从预算编制的范围看，未来中国应建立的是全口径预算制度，这是一个包括政府公共预算、国有资本经营预算、社会保障预算在内的“复式预算体系”。其中，政府公共预算应由一般预算、基金预算、债务预算构成。

3）零基预算

零基预算是指对所有可能的项目进行评估并判断它们的优劣，然后在这些微观过程的基础上综合出预算方案。成本—收益分析是零基预算的基本工具。这就是说预算方案一切从零开始，即一切从实际需求（效率需求）出发，然后综合安排，故名零基预算。它于 1969 年由美国得克萨斯仪器公司编制发展而来，并率先由卡特政府加以运用。

（1）零基预算的基本方法

零基预算的基本思路是：撇开过去的因素，将一切预算项目视作从零开始，着重于系统评价和审查所有的计划项目和行动，从产出或业绩与成本的角度重新审查各种活动，将所有的计划项目和行动选择排列，从头开始编制预算，以便确定有限资源的分配顺序。其具体的编制程序如下。

第一，确定决策单位。决策单位是零基预算的基本组成部分，通常被定义为管理部门计划、分析、评价的一项基本活动或一组活动，也可定义为主要基本建设项目、专项工作任务或者主要项目。在实践中，一般是由高层管理者来确定哪一级机构或项目为决策单位。

第二，制定一揽子决策。一揽子决策就是对每个决策单位的活动进行分析、描述的文件，也就是每个职能机构对需求支出项目确定履行某种职能最经济的概算。在确定了决算单位之后，每个决策单位的管理者都要对其所负责的活动进行分析，考虑提供不同程度的服务水平所产生的影响，以及不同的服务水平所需要的经费开支。将上述活动汇集成文字材料就是一揽子决策，它无疑是编制零基预算最关键的一个步骤。

第三，排序。所谓排序，就是在制定一揽子决策以后，根据本部门或机构职责，将各个一揽子决策按照本部门或机构的利益影响的大小或重要性排出前后顺序，以建立预算职能与被贯彻预算水平之间的关系。

最后，综合预算方案。由超越于职能机构之上的组织在所有一揽子决策中作出选择，同时决定需要的预算总额。

（2）零基预算的评价

从美国各州和地方政府实行零基预算的情况来看，它有以下益处。第一，实行零基预算有利于改进计划和预算。由于政府可以对非优先项目进行删减，从而可以促使资金从效益较低的项目流向效益较高的计划项目，确保预算安排的支出结构更趋合理，使预算成为以有限财政资金尽可能创造最高效益的一种手段，有利于实现对资源的最优化配置。第二，实行零基预算可以提高管理人员的水平，并使更多人参与预算编制工作。零基预算编制法的实施过程是一个能够提高管理队伍水平的过程。不论是制定一揽子决策，还是进行排序，各部门的管理者都有机会不间断地参与评估、了解本部门，甚至其他部门的计划、经营、效率及成本费用等，这既有利于提高管理者的分析、思考能力，也有利于使他们与其他部门建立一个良好的工作关系。第三，零基预算编制法可以为方案评估提供大量信息资料。

但零基预算法存在着一个先天不足之处，即这种预算组织形式只对预算编制方法进行了改进，因而只能在一定的范围内而不是对全部预算资金发生作用。例如，从政府的预算支出看，有相当多的具有专门用途，对于这部分资金的安排就不能使用零基预算，而只能按有关的法律、法规执行。又如，在预算之外，存在着不少对预算决策产生重大影响的因素，如政府的各种经济政策等，对此零基预算更是无能为力，不可能施加影响。此外，零基预算的程序太过复杂，需要耗费大量时间并产生大量文件，这也是妨碍零基预算推广的一个重要因素。因此，该方法于20世纪80年代初期以后在实行的国家中逐渐淡出。

(3) 我国的零基预算

进入20世纪90年代以后，我国开始在部分地区或部门试行零基预算，如安徽、河南、湖南、湖北、云南、深圳市等，另外国家统计局也做了一些尝试。

在我国实行零基预算的直接起因有两个。一是财政收支矛盾尖锐。试编零基预算属于所寻找出的克服财政困难的办法之一，即在增加收入难度很大的情况下，以更加合理地分配可用的财政资金来缓解收支矛盾。二是按照基数法安排预算的弊病太多。例如，编制方法不科学、不规范；承认既成事实，造成分配不公现象；名为基数预算，实为增量预算，不利于控制支出等。当然，零基预算在我国的兴起，其根本原因还在于随着市场经济体制的建立与完善，严格预算管理的客观要求。

零基预算在我国的运用呈现以下特点：一是无论地区还是部门实行零基预算，基本都是在零基预算这个名词的启发之下，按照自己的理解，结合本地区、本部门的实际情况制定出办法并付诸实践的，而不是在全面、系统地了解国外具体做法的前提下按照国外做法实行的；二是零基预算并不是在上级统一部署下实行的，具有较强的自发性；三是我国零基预算是以预算定编、定额、定标准等作为试行此法的起点与内容，而其他国家则是以这些基础工作已经完成为起点。

由此可见，我国部分地区目前正在试行的零基预算的做法与其他国家的做法不尽相同，与真正意义上的零基预算也存在很大距离。但在我国社会经济转型的特殊历史时期，这一尝试与运用却是对传统的基数加增长的预算编制方法的一次改革，它对消除原有不合理的预算基数、重新确认政府各部门的职能有着积极的作用，是我国政府公共支出管理逐步走向规范的良好开端。

4) 绩效预算、设计计划预算和多年预算

第二次世界大战之后，美国等国先后推行绩效预算、设计计划预算、多年预算等组织形式，反映出了预算编制方法的不断变革和发展。

(1) 绩效预算

美国总统预算办公室早期对绩效预算作如下定义："绩效预算是这样一种预算：它阐述请求拨款是为了达到什么目标，为实现这些目标而拟订的计划需要花多少钱，以及用哪些量化的数据衡量在实施每项计划的过程中取得的成绩和完成工作的情况。"该定义至今仍然适用。由此可见，绩效预算是运用企业成本分析预算所需费用、注重效率考核的一种预算制度。其具体的做法是：政府首先制定有关的事业计划和工程计划，并明确规定计划的目标；其次计算出它们的费用，提供绩效指标，并阐明计划的费用同收益之间的关系。这与传统的注重投入而忽视产出的投入预算形成鲜明对比，突现了讲求经济与效率这一预算管理的基本任务。

（2）设计计划预算

又称规划、计划预算编制法，它是将目标的设计、计划的拟定与预算的筹编三者相结合而形成的一种预算制度。此项制度以设计为中心，以分析为手段，以提高行政效率为目的，属于产出预算的性质。其中，规划设计的重点是政府要实现的战略目标及为实现这些目标而采取的所有活动（即计划）；作为手段的分析则包括了一系列强有力的工具，如系统分析、成本利得分析和成本效率分析。依靠这些分析，这个编制方法可望在资金分配上做到更加合理和高效。

（3）多年预算

所谓多年预算，是指将多年政府收支预测纳入预算编制和规划程序，以打破预算编制中以一年为期限的限制，用来系统地反映政府预算的收支执行和变化规律。其优点在于：第一，有利于财政基本收支计划与国民经济多年计划相衔接，便于政府长期目标的实现；第二，作为一种控制开支的手段，多年预算以通过对各机构提出今后几年能够使用的有限的资金，避免了各机构每年为增加支出而与预算部门发生争论；第三，多年预算将在几年内实施，因此可以减轻政府编制预算、立法机构审议预算的负担。目前世界上大部分国家都实行了多年预算编制方法。必须看到的是，采用这一预算编制方法的国家就很难说是否还存在纯粹的预算年度和年度预算。

通过以上各种预算组织形式的介绍，可以从中得到以下启示。

第一，各种预算组织形式的大量涌现，反映出人们对预算作为政府进行宏观经济调控的主要工具的作用与地位的充分认识，以及对预算编制要求的不断提高。

第二，预算编制方法始终处于不断地改革发展中，其中一类改革是根据本国实际情况，针对存在的一些具体问题进行的，由此而产生的新的预算组织形式的推广局限性较大。另一类改革则是针对预算编制中存在的一些共性问题进行的，改革后的新形式比较容易推广。因此，在学习其他政府预算编制方法的经验时，应当有所区别，学习那些适合我国国情的、有用的经验，不能单纯照抄照搬。

第三，这些预算组织形式技术各异，有些适用于整体预算编制；有一些只适用于某项或某几项具体收支指标的测定；还有些则是预算执行情况的考核方法，因此在借鉴使用过程中应有所选择。

第四，即使是市场经济国家已经基本放弃的预算管理模式，只要符合中国现阶段具体国情，也是可以“拿来”加以借鉴。当前我国公共预算改革中普遍推行的零基预算就是一个很好的例证。①

14.2.2　政府预算的执行与调整

1. 政府预算的执行机构及主要工作内容

政府预算执行即各级财政预算的具体组织实施，是组织实现预算收入、支出、平衡与监

① 马蔡琛．中国财政经济理论前沿．北京：社会科学文献出版社，2005.

督活动的总称。预算执行是整个预算工作程序及其预算管理的中心环节。

1）政府预算的执行机构

政府预算的执行涉及各地区、部门、单位，因此必须有与其相适应的组织体系。在我国，它是根据“统一领导、分级管理”的原则，按照国家行政管理系统实行分级管理，由国家行政领导机关、职能部门及其各类专门机构所组成，实行统一领导，分工负责。其中，负责政府预算执行的组织领导机构是国务院及地方各级人民政府。国务院负责组织政府预算的执行，地方各级人民政府负责组织本级预算的执行，具体工作由各级财政机关负责。财政部对国务院负责，在其领导下具体组织政府预算的执行并指导地方预算的执行。地方各级财政机关对地方各级人民政府负责，在其领导下具体组织本级预算的执行，并监督指导所属下级预算的执行。中央和地方各级主管部门负责执行本部门的单位预算。此外，国家还指定一些专门机关参与组织政府预算的执行。例如，税务机关，分国家税务局和地方税务局，分别办理中央税收和地方税收的征管和监缴；海关负责关税征收管理、进口货物工商税代征及海关罚没收入的收缴；中国人民银行经办国家金库业务等；政策性银行按其专业分工，分别管理支农资金的拨、贷管理及结算业务，基础建设投资的拨、贷管理及结算业务，工商企业流动资金管理等；国有资产管理局负责和管理国家财政投资所形成的国有资产。

2）政府预算执行的工作内容

政府预算执行的主要任务如下。

第一，积极组织预算收入。这是预算执行的首要工作，只有确保预算确定的收入及时足额地缴入国库，才能够满足预算确定的各项支出的需要。它要求，一方面按照国家的政策及法令法规实现应缴收入的及时足额入库；另一方面，在组织收入过程中，正确处理各种分配关系，充分调动各方面的积极性，为更多地组织预算收入创造条件。

第二，合理安排预算支出。一方面，各级财政部门要按照核定的预算支出指标、核定的支出用途以及各项生产建设事业的计划和进展情况，及时、合理地拨付预算资金；另一方面，要帮助和督促各企业单位、建设单位和行政事业单位贯彻勤俭节约的方针，管好、用好预算资金，尽力提高预算资金的使用效果，特别是要严格控制预算支出规模，地方各级政府不得随意开增加支出的口子，任何部门和单位不得超标准安排支出和自行增加新的预算支出，以防突破支出预算形成收支缺口，影响预算计划的完成。

第三，不断地组织预算的调整与平衡。这是预算执行中经常性的重要任务。由于国民经济的发展变化和对各种利益关系的调整，以及人们对客观经济和社会发展的认识存在局限性，预算的编制不可能与实际情况完全吻合；同时，预算收支的季节性和某些突发事件等因素的影响，也常常造成预算收支的变化，甚至还会激化预算收支矛盾。这就要求在执行预算的过程中，适时对预算进行调整，组织新的预算平衡，以尽力减轻因减收增支而带来的不利影响。预算调整，是指批准后的预算在执行中因特殊情况需要增加支出或者减少收入，使原批准的收支平衡的预算的总支出超过总收入，或者使原批准的预算中举借债务的数额增加的部分变更。常用的预算调整方法主要有：动用预备费、预算科目之间的经费流用、预算的追加和追减（即在原核定的预算数额的基础上额外增加或减少收支指标）及预算的划转（即由于行政区划或企业、事业单位隶属关系的改变，使其预算的隶属关系发生改变，从而将全部预算划归新领导部门或接管单位的调整方法）。

第四，加强预算管理和监督。加强预算执行中的管理与监督，就是要按照国家的有关政策、法令和规章制度的要求，对预算资金的征收、分配和使用加以控制，防止和纠正预算执行中的各种倾向和偏差。这是圆满实现政府预算收支任务的保证。

【资料链接】

《中华人民共和国预算法》关于政府预算执行的相关法律规定

① 预算年度开始后，各级政府预算草案在本级人代会批准前，本级政府可先按照上一年同期的预算支出数额安排支出；预算通过后，按照批准的预算执行。

② 预算收入征收部门必须依照法律、行政法规的规定，及时、足额征收应征的预算收入，不得擅自减征、免征或缓征，不得截留、占用或挪用预算收入。

③ 有预算收入上缴任务的部门和单位，必须依照法规将应上缴的预算资金及时、足额上缴国家金库，不得截留、占用、挪用或拖欠。

④ 各级政府财政部门必须依照法规和规定，及时、足额地拨付预算支出资金，加强对预算支出的管理和监督，各级政府、各部门、各单位的支出必须按照预算执行。

⑤ 县级以上各级预算必须设立国库，具备条件的乡镇也应当设置国库。中央国库业务由中国人民银行办理；地方国库业务依照国务院的有关规定办理。各级国库必须按照国家有关规定，及时准确地办理预算收入的收纳、划分、留解和预算支出的拨付。各级国库库款的支配权属于本级政府财政部门。

⑥ 各级政府预算预备费的动用，由本级政府财政部门提出方案，报本级政府决定。

⑦ 各级政府预算周转金由本级政府财政部门管理，用于预算执行中的资金周转，不得挪作他用。

⑧ 各级政府对于必须进行的预算调整，应当编制预算调整方案。中央预算的调整方案必须提请全国人民代表大会常务委员会审查批准；县级以上地方各级政府预算的调整方案必须提请本级人民代表大会常务委员会审查和批准；乡镇政府预算的调整方案则必须提请本级人民代表大会审查批准。未经批准，不得调整预算。

⑨ 未经批准调整预算，各级政府不得作出任何使原批准收支平衡的预算的总支出超过总收入或者使原批准的预算中举借债务的数额增加的决定。对违反上述规定作出的决定，本级人民代表大会、本级人民代表大会常务委员会或者上级政府应当责令其改变或者撤销。

⑩ 各部门、各单位的预算支出应当按照预算科目执行。不同科目间的预算资金需要调剂使用的，必须按国务院财政部的规定报经批准。

⑪地方各级政府的预算调整方案经批准后，由本级政府报上一级政府备案。

资料来源：中华人民共和国预算法，1994-3-22.

14.2.3　国家决算

国家决算是指经法定程序批准的年度政府预算执行结果的会计报告，其实质属于预算事后审计。主要的工作内容是：由预算执行机构编制反映预算年度内预算收支执行情况的决算报告，经审计机构审核，国家立法机构批准后即宣告正式决算成立。正式国家决算的成立标志着该预算年度的预算程序结束。

1. 国家决算的编制

1）国家决算的编制意义及组成

政府预算批准后，其执行结果如何，是否与预算完全一致，只有通过决算才能准确反映出来。因此，编制国家决算具有重大意义。

① 通过国家决算的编制，可以了解年度内国家资金活动的范围和流向，从财政角度集中反映国家政治、经济和各项事业发展的进程。

② 通过决算的编制，具体准确地反映政府预算的执行结果。其中，决算收入数反映年度政府预算收入的总规模、收入来源及构成；决算支出数体现年度预算支出的总规模及支出的构成与比例关系；决算中的基本数字反映各项事业发展的成果。

③ 通过编制决算，为研究和修订国家财政经济政策提供信息与依据。在国家决算的编制与分析过程中，总结一年来国民经济各部门贯彻执行党和国家方针政策、完成国家计划的情况，从中积累经验，找出教训，为决策机关研究经济政策提供资料。

④ 通过编制决算，可以为系统整理和积累财政统计资料打下基础。国家决算所反映出的预算执行的最终数字，是财政统计资料的重要来源，也是编制下年度政府预算的基础资料。因此，凡成立预算的各级政府、部门和单位，在每一预算年度终了后都必须按照有关的法律、法规及国务院财政部的具体部署，做好国家决算的编制工作。

国家决算由中央级决算和地方总决算组成，其体系构成与政府预算相同。其中，中央级决算由中央主管部门的行政事业单位决算、企业财务决算、基本建设财务决算、国库年报和税收年报等汇总而成；地方总决算由各省（市、自治区）总决算汇总组成。各种决算按其隶属关系，下级决算必须包括在上级总决算中，地方总决算必须包括在国家决算中，其具体构成如图 14-2 所示。

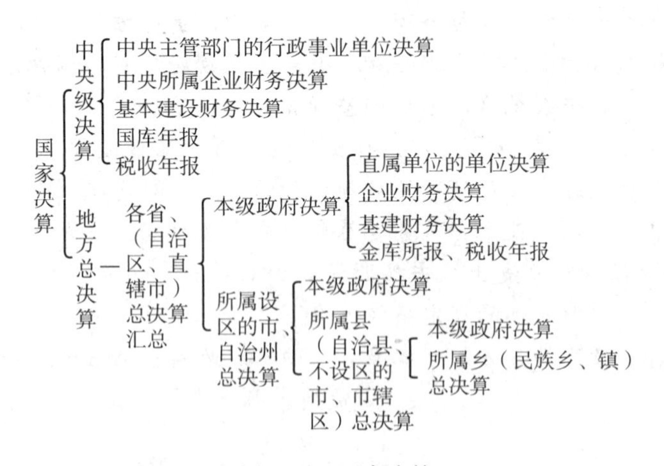

图 14-2 国家决算

2）国家决算的编制程序及法律要求

国家决算从其内容上看，由决算报表和文字说明两部分构成。决算报表包括三类：决算收支表和资金活动情况表类、基本数字表类和其他附表类，由财政部逐年修订并颁发。文字说明书是年度预算执行和预算管理的书面总结，是决算的重要组成部分。

国家决算采取从执行预算的基层单位开始自下而上层层汇编的方法和程序。其基本做法是：各级财政部门根据本级各主管部门报来的单位决算，汇编成本级决算；再根据下级政府报来的财政总决算汇编成本级总决算。财政部在收到各省（直辖市、自治区）总决算后汇总成地方总决算，再与中央级决算一起汇编成国家决算。

单位决算是财政决算的基础，也是决算质量的保证。因此各国家机关、团体、企业、事业等基层单位都应在搞好年终清理的基础上，真实、准确、全面、及时地编制单位决算，并在决算报表中反映预算数字、会计数字及基础数字。各级总决算应由各级财政部门在收到同级主管部门报送的汇总单位决算后，通过核对审查、汇总登记而编制。各级财政部门汇编的总决算都要反映预算数、决算数和基本数字等有关内容。

按照我国《预算法》的规定，编制决算草案，必须符合法律、行政法规，做到收支数额准确、内容完整、报送及时。这就要求：第一，各部门、各单位的财务机构要认真做好日常的会计核算工作，确保全年发生的经济事项全部准确地登记入账，并认真做好年终清理和对账工作，务必使决算中的各项数字准确无误；第二，按规定将应编报的各种决算表格编报齐全，应列的各项决算数字填列齐全，应汇总的所属单位、部门和地方的决算数字要汇集齐全；第三，按规定的时间编制和上报决算，以保证上级单位、部门和政府及时审核和汇总决算。

2. 国家决算的审查与批准

国家决算审查，一方面是为了确保决算的编制能够真正反映政府预算执行的最终结果；而另一方面则是为了通过审核分析，总结预算工作的经验，指导今后的工作。

国家决算审查的内容有三个方面：一是进行政策性审查，主要是从贯彻执行党和国家的各项方针政策、财政制度、财政纪律等方面进行审查；二是进行技术性审查，主要是从决算报表中的数字关系方面进行审查；三是进行预算管理审查，主要是审查预算管理体制规定的收支划分、上下级财政部门之间收入的分成比例执行是否正确，以及当年决算收支平衡情况等。对于审查决算中发现的问题，都要及时地、认真地加以处理。

各级财政部门应对本级各部门决算草案进行审核，如发现有不符合法律法规的，有权予以纠正。各级政府本级决算草案编制完成后，应提交本级人民代表大会常务委员会审查批准。政府将批准的本级决算连同汇总的下级政府决算汇总上报上级政府备案审查。国家决算编成后，附上决算说明书，上报国务院审批。在通常情况下，国家决算的审批同下一年度政府预算的审批是同时进行的。国家决算草案经国务院审查通过后，提请全国人民代表大会审查批准，通过后国务院即批复各省、自治区、直辖市的总决算。

14.3　预算效率与我国预算管理改革

政府预算作为政府的基本财政收支计划，同时也是政府从事资源配置活动的重要决策安排。它一方面反映着政府的活动方向和具体内容，而另一方面直接规定并控制着政府的开支项目和开支规模。这一预算计划的优劣和公共决策的好坏直接影响，甚至决定着政府所能提供的公共品的数量与质量。由此不难看出，政府预算是存在效率问题的，而追求预算效率的最大化，正日益成为世界各国不断改革完善预算管理制度的重要目标。

14.3.1 政府预算效率

1. 政府预算效率的含义

政府预算效率包括以下两层意义。

(1) 政府资源配置效率

这是指政府预算的资源配置是按照消费者对最终产品的偏好和预算限制进行安排的，这也就是资源配置的帕累托状态。政府的资源配置活动无非是指政府选择并决定提供某种公共产品并为之提供资金，其有无效率关键在于政府预算决策是否符合消费者的需求偏好（当然，这种需求是在消费者的收入约束条件下形成的）。因此可以说，一个效率预算首先应包含的意义是具有政府资源配置效率，即预算决策所安排的公共品能够充分反映并满足公共的需求偏好。

(2) 公共部门提供公共品的生产效率

这是指公共部门在资源配置前提下以尽可能少的成本提供尽可能多的满足人们消费需求的公共品。政府从事资源配置活动必须占用稀缺资源，形成相应的财政支出，这实际就是政府提供公共品的成本。从经济学的角度上讲，成本的减少及财政支出的节约，无疑既有利于资源的充分利用，同时也是财政支出效益的一种体现。因此，作为一个效率预算还应该包含公共部门提供公共品的生产效率，按节约与效益的原则，通过财政支出供应公共品，促进社会公共部门的发展，满足全体人民的共同需要。

2. 影响预算效率的因素分析

政府预算是通过特定的政治程序决定的，它按照一定的技术组织方式编制，并由政府职能机构执行。因此预算效率受制于多种因素，具体分析如下。

(1) 政治结构

政府预算是政治程序的产物，因此政府预算是决定于政治结构的。在政治结构中，处于决策地位的是政治家，因此政治家在预算决定中处于关键地位。但政治家不是孤立的，他们是由公众选举产生的政治代表，需要得到公众的拥护才能巩固统治，所以政治家的决定必须要符合公众的需求偏好。而公众偏好往往是通过选票表达的，各人表达自己偏好的能力又因政治程序不同而有所区别。在现实中，政治程序总是民主与集中的某种结合，不同的政治程序，预算决策所能反映出的公众需求偏好的程度不同，因而政府的资源配置效率也就不同。在直接民主制度中，每人都有同等的投票权，但决策通常耗时长、成本高，还会由于种种原因无法产生决策结果；在间接民主及其政治制度中，有些人的偏好能够更大程度地影响决策结果，而另一些人则可能不能通过投票方式来表示自己的偏好，或者即使表达了也对决策结果的影响很小。因此，政府的政治结构或制度对预算效率产生着重要影响。

在政府预算的决策领域，要消除资源配置的无效率或是低效率，必须加强民主政治制度的建设，在制度上保证公众对公共品的需求进入决策程序，并且有效地把每个人的偏好集合为共同的偏好。

(2) 政府职能机构的组织状况及激励约束机制

政府职能机构不仅存在着预算规模扩张的可能性，同时还存在着实现预算极大化的途径，这无疑是影响预算效率的又一重要因素。

政府作为出资者，致力于提供一个有效率的预算，而且在资源配置既定的前提下要求政府的职能机构（行政公共部门及作为政府职能延伸的事业公共部门）尽可能多地提供满足公众消费需求的公共品的数量。但作为职能机构的管理者，由于有他的个人效用函数，即他处于这个制度结构中的利益，如工薪收入、晋升机会、权力或地位等，这往往使得管理者为追求实现自身的私利而不断地追求本部门规模的最大化，而这种预算极大化的倾向导致公共部门并不按最小成本提供公共品。管理者一方面为本部门争取尽可能多的预算资金，在谋求本部门更大发展的同时，体现自己的工作业绩，寻求更好的晋升机会；另一方面则追求更大更好的办公场地与办公设施，扩充受管辖的工作人员，减轻部门内人员的平均工作强度并提高其福利等。

尽管管理者这种对预算的扩张动机会受到政治家的约束，但由于以下原因往往使其得以成为现实。一是管理者与政治家之间存在信息的不对称。管理者由于直接处理具体事务而对本单位的实际情况，如某项工作的必要花费、工作强度、设备要求拥有更为及时、准确、全面的信息，而政治家对各部门具体情况的了解相对来说要少些，而且这些情况主要依靠管理者的汇报。这种信息的不对称导致政府预算的最终决策层受制于作为信息提供者的管理者。例如，管理者可能尽力强调加强本部门资金投入的必要性，夸大扩大本部门规模的积极意义，有意低估项目的成本，诱使政治家作出支持本部门项目的决定或在项目决定之后，高估成本开支以便得到更多的预算资金。二是职能机构的机动处置权。尽管管理者的职责是执行指令，但一项指令不可能规定实施过程中的所有细节，管理者总是在不同程度上拥有自行决策的机动权力，这无疑给职能机构的有效控制带来困难，也使预算极大化有可能得到实现。

要解决公共部门提供公共品的高成本、低效率现象，确保政府职能机构充分有效地运作、管理者能够尽心尽责地工作，关键在于职能机构的组织构建和激励约束机制。通过职能机构的组织构建，一方面精兵简政，消除政府职能机构臃肿的现象，使原有机构内部人员减少或工作程序简化，同时进一步考虑到组织机构的调整和重构；另一方面，职能机构内部要重视量化考核，以便在职能机构和出资者之间尽可能作出精确的合同并被遵守。通过建立激励约束机制，对管理者的行为进行必要的约束，限制他追求自身利益的范围。此外，建立统一严格的政府资金的账户管理机制，加强对财政资源配置过程的监督，促使其公开、透明和节约。

（3）预算的技术编制方法

除了政治结构和政府职能机构外，预算采取何种技术组织形式进行编制与操作也会影响到预算效率。

不可否认，预算本身就是一种计划，政府预算是政府对一定时期内可以取得多少收入，以及如何分配、使用这些收入的详细计划，因此编制预算可以说就是编制资金计划。要使政府的资金使用合理、预算效率提高，首先就要求预算编制得合理、切实可行。而要做到这一点就不仅仅要有一整套制度去约束，而且要有比较科学、规范的方法。不同的预算编制方法所能提供的会计信息不同，财政资金分配的透明度及资金分配的科学合理性也有很大差别。因此，要提高预算效率以适应政府预算规模扩大及各方面强化预算管理的要求，不断改进预算编制的方法就显得十分必要。

14.3.2 我国预算管理改革

随着中国社会主义市场经济体制目标的确立和公共财政框架的构建，自20世纪90年代末以来，新的一轮公共预算管理改革正在得以稳步推进，旨在建设管理规范、约束有力、效率优先的现代预算管理新机制。这轮预算管理改革的主要内容包括四个方面：一是实行以部门预算为主要内容的预算编制改革；二是实行以国库单一账户为核心的国库管理制度改革；三是以推进政府采购为主要内容的预算支出管理改革；四是实行政府收支分类改革。

1. 实行部门预算

1）部门预算的概念及做法

所谓部门预算，是指由各部门编制、财政部门审核，经政府同意后报立法机关审议通过的全面反映部门所有收入和支出的预算。由于政府预算的内容一般都比较复杂，通常只有通过按部门整体来编制预算（即编制部门预算）才能够比较清楚地理解和安排各种支出内容与项目，使得政府预算文件清晰易懂，同时也便于对政府的财政资金进行统一管理。在大多数市场经济发达的国家，部门预算的编制历史几乎同这些国家编制政府预算的历史一样长。

在我国，以前的政府预算基本上是以经费的性质和功能等为标准进行编制的，不仅形式上比较分散，而且编制的内容粗略简单。鉴于此，2000年我国开始实行部门预算编制改革，所有中央一级预算单位都试编了部门预算，并选择了教育部、农业部、科技部、劳动和社会保障部这4个部门上报全国人大审议。2001年有27个部门编制了部门预算，并上报人大审议。目前部门预算已在中央和地方全面推广。

从我国实际情况看，部门预算实行的做法有以下几个要点。一是改变财政资金按性质归口管理的做法，财政将各类不同性质的财政资金统一编制到使用这些资金的部门，保证部门预算的完整。二是取消财政与部门的中间环节，凡是直接与省级财政发生经费领拨关系的一级预算会计单位均作为预算部门，财政直接将预算编制并批复到这些部门。三是部门预算是一个涵盖部门所有公共资源的完整预算。四是部门预算从基层单位编起，部门负责审核、汇总、编制部门收支预算建议计划并报财政厅。五是部门预算的编制采用综合预算形式，统筹考虑部门和单位的各项资金。六是财政将预算内外资金纳入政府综合财政预算管理，综合财政预算支出由财政部门按部门资金需求及本级财力情况，依照个人部分、公用部分和事业发展的顺序核定。

2）部门预算改革的优点

现实中的部门预算既包括一般预算收支计划，又包括政府基金预算收支计划；既包括正常经费预算，又包括专项支出预算；既包括预算内收支计划，又包括预算外收支计划；而在预算内收支计划中，既包括财政部门直接安排的预算拨款，又包括有预算分配权部门安排的资金。这样的一种预算编制形式其好处在于：一方面，既有利于解决预算单位多头对应问题，又有利于财政部门内部编制统一标准、统筹资金，大大减轻了财政部门和预算单位双方的工作量，便于提高工作效率；另一方面，摒弃将资金按支出科目切块给各业务主管部门自行分配使用的做法，避免了目前预算分配中存在的吵基数、争指标的现象，有助于更加全面地发挥财政分配资金的职能作用。

2. 建立国库单一账户制度

国库管理制度作为政府预算制度的一个重要内容，对财政活动具有控制与调节作用。从政治视角看，作为政府行政的财政支持，国库管理是由国家政权结构决定的，反映国家政权的性质；从经济角度看，它的研究主题是资源配置效率，即政府如何参与资源配置，以实现财政资金管理由粗放型向集约型转变，使社会真正达到帕累托最优的社会效率的方式①。国际上普遍认为现代财政国库管理应侧重于三个目标，即财政总额控制、分配效率和运作效率。从理论与现实来说，我国目前的国库单一账户制度改革正是朝着这些目标进行努力，对于预算的实施效力与财政活动的秩序规范极为重要。

1）国库单一账户制度的概念和主要做法

国库单一账户制度是指政府所有财政性资金集中在国库或指定的代理行开设账户，所有财政资金收付都通过财政部门在国库银行开设的单一账户集中办理，实行财政直收直支。

为了推进我国财政国库管理制度的改革，2001年国务院确立了水利部、科技部等为第一批中央改革试点单位，同时安徽、四川等省作为地方省市率先进行改革试点，之后在全国逐步推广。从改革的做法看，主要包括以下几方面内容。

（1）建立国库单一账户体系

我国传统的账户体系设置是：财政部门在人民银行和商业银行设立国库存款账户和预算外资金财政专户，预算单位分别在商业银行设立各类收支账户，分散存储、支付、核算财政资金。改革后，预算单位将不再自行开设账户，而是由财政部门统一在国库单一账户体系内设立各类账户，用于财政资金的集中管理。通过建立国库单一账户体系，我国的资金管理方式发生了根本变化。首先，财政部门在中央银行建立国库单一账户体系，在财政部门内部则建立统一的资金管理账册管理体系。其次，取消现有部门、单位在商业银行开设的存款账户，以及征收执法机关设置的各种收入过渡账户，所有财政收入通过经收处收款后，由银行清算系统直划国库单一账户，杜绝传统缴款过程中普遍存在的拖欠和挤占现象。最后，预算资金由原来层层下拨给预算单位改为统一保存在国库单一账户上管理，即财政部门只给预算单位下达年度预算指标，以及审批预算单位的月度用款计划。在支付给商品与劳务供应者之前，所有预算资金都保存在中央银行国库单一账户上。

（2）规范收入收缴程序

改变传统的预算资金缴库方式，将原有的就地缴库、集中缴库和自收汇缴三种收款方式简并为直接缴库和集中汇缴两种，并按收入的不同类型实施不同的缴库程序。其中，直接缴库包括各项税收收入、社会保障缴款、非税收入、转移和赠与收入，贷款回收本金和产权处置收入等财政收入，由缴款单位或缴款人按有关法律法规规定，直接将应缴收入缴入国库单一账户或预算外资金财政专户。集中汇缴包括小额零散税收、非税收入中的现金缴款等财政收入，是由征收机关（有关法定单位）按有关法律法规规定，将所收的应缴收入汇总缴入国库单一账户或预算外资金财政专户。

（3）规范支出拨付程序

改变传统国库制度下分散支付的做法，新制度对不同的支付主体、不同类型的支出采取不同的支付方式。其中，工资支出、购买支出及各项转移性支出采取直接支付的方法，由财政部门开具支付令，通过国库单一账户体系，直接将财政资金支付到收款人或用款单位账

---

① 马海涛．国库集中收付制度问题研究．北京：经济科学出版社，2004.

户。而未实行财政直接支付的购买支出和零星支出则实行财政授权支付，由预算单位根据财政授权，自行开具支付令，通过国库单一账户体系将资金支付到收款人账户。

（4）由财政部门设立“国库集中支付中心”，具体负责办理各预算单位向商品与劳务供应者支付款项预算资金

这样一来，原来通过国库向各预算单位开户银行整笔（按季度或月份）拨付，再由预算单位分散付款的支付方式，就改为由支付中心集中逐笔办理付款。预算单位一旦发生购买行为，只需向财政部门提出支付申请，资金由支付中心根据预算单位的申请数额和用途，直接从国库单一账户上支付给商品与劳务供应者。而人民银行国库部门的主要职责便是负责国库账户管理、资金清算及相关的管理和监督工作。

2）改革的重要意义

实行财政国库管理制度改革，是政府预算执行制度的根本性变革，是财政收支管理制度的重大创新。它不仅关系到预算执行能否规范，影响到预算执行的质量，而且涉及财政部门和其他政府部门理财观念和理财方式的更新，是我国财政领域的又一场深刻革命。成功实施这项改革，有利于增强预算收支的透明度，有利于加强财政管理监督，有利于提高财政资金的使用效率，有利于从源头上防止腐败，因而必将对预算编制、执行和监督产生积极而深远的影响。

一是有利于减少财政资金的流失与分散，提高财政资金的使用效率。首先，取消了各种收入过渡性账户，从制度上解决了随意延压库款、收入缴库不及时、退库不规范的问题；其次，财政资金实行直接支付，减少了支付的中间环节，提高了支付的效率，改变了分级分散支付制度资金划拨渠道不畅、周转速度慢的状况，有利于财政部门科学、合理地调度资金，提高国库资金管理效率，增强政府预算执行的可控性。

二是有利于规范预算执行，维护预算的严肃性。在预算单位编制明晰、细化的年初预算的基础上，各预算单位支出行为按预算、按用款计划执行即可，不必等到财政部门将资金划拨至单位账户后再支付，资金支付更加方便、快捷和准确，预算执行更加规范透明，确保了预算是什么，部门执行的就是什么。通过对预算执行的控制和监督，实现支出按预算执行，调整按程序进行，从而规范预算管理行为。

三是有利于加强财务监督，推进廉政建设。通过对预算单位用款计划及支付申请的审核，对不符合规定的支付和没有用款计划的拨款申请，都可在事前予以制止，从而提高预算单位支出的透明度，强化预算约束力，实现监督关卡前移，变事后监督为事前、事中监督，并有利于从源头上防止腐败行为的发生。正因为如此，国务院强调财政国库管理制度改革是对老百姓的一大德政。

四是有利于及时、准确反映财政收支信息。所有的财政收支都在国库单一账户体系内运行，有效解决了过去分散账户体系下信息反馈迟缓、信息资料失真、透明度不高的问题。财政收支信息的实时动态反映，使财政部门能够及时了解财政收支运行的整体情况，为准确判断财政收支状况和宏观经济形势预测，有效地实施宏观经济调控，提供了及时、准确、可靠的信息资源。

3. 政府采购制度

政府采购制度是以公开招标、投标为主要方式选择供货商，从国内外市场为政府部门或所属机构购买货物、工程或服务的一种制度。

作为财政制度的组成部分，政府采购制度已有 200 多年的历史，最早的法律规范可追溯到 1761 年美国的《联邦采购法》。作为管理政府公共支出的一种基本手段，政府采购在市场经济国家的经济管理中有着非常重要的地位。国际经验表明，各国政府采购的资金一般占 GDP 的 10%以上，其节支幅度亦在 10%左右。我国政府采购制度从 1996 年开始试点，2000 年已在全国铺开。2002 年颁布《中华人民共和国政府采购法》，成为我国公共预算管理改革催生的第一部立法，实现了政府采购从制度探索、全面推行试点到法制化管理三个阶段的历史性跨越。

相对于私人采购而言，政府采购具有以下特点。

（1）资金来源的公共性

政府采购的资金来源为公共资金，即财政拨款和需要由财政偿还的公共借款，这些资金最终源自于税收和政府公共服务收费。

（2）采购主体的特定性

政府采购的主体特指依靠国家财政资金运作的政府机关、事业单位和社会团体等公共部门，私人采购的主体主要是企业、家庭和个人。

（3）采购行为的非营利性

政府采购具有非商业性的特点，它不以盈利为目的，而是通过购买为公共部门提供消费品或向社会提供公共利益。

（4）采购活动的规范性与公开性

如果说私人采购只是主观地体现个人偏好的一种“一手交钱、一手交货”的活动，那么政府采购则必须按照有关的法规、通过一定的采购方式和采购程序进行规范化运作。整个政府采购活动具有较高的透明度，较好地体现了公开、公平、公正的原则。

（5）采购的规模性及对象的广泛性

政府作为各国国内市场最大的消费者，其采购的规模在国民生产总值和财政支出中都占有相当大的比重。采购对象分为 3 大类，即货物、工程和服务。其中，货物是指各种各样的物品，包括原料、产品、设备、器具等；工程是指新建、扩建、修建、拆除、修缮或翻新构造物及其所属设备，以及诸如建造房屋、兴修水利、改造环境、修建交通设施、铺设下水道等改造自然环境的建筑项目；服务是指除货物或工程以外的任何采购，包括专业服务、技术服务、维修、培训、劳力等。

（6）政府采购的政策性

这一方面表现在政府采购时不能体现个人的偏好，必须遵循国家政策的要求，包括最大限度地节约支出、尽可能购买本国产品等；另一方面则表现为政府采购作为公共支出政策的主要内容，具有一定的政策调节作用。

购买性支出作为政府公共支出的主要内容，其资金的使用效率高低相当程度上取决于购买方式和管理制度。因为从经济学的角度看，购买的实现过程实际上也是相关各方为追求各自最大的局部利益而进行的一个博弈过程。在政府对购买性支出实行控制管理制度的情形下，政府只是对稀缺资源实施配额管理，而没有对资金的流程进行全面的监督。因此在这种自行采购、个别交易中容易出现供应商（厂商）、采购实体和财政部门官员合谋共同对付国家（财政部）的现象，在追求福利最大化的过程中，局部利益单位往往以损害国家利益为代价，使得国家成为最大的受损方，这也是在这种制度下政府预算支出数额屡屡突破计划和财政资金使用效率低下的根源。而政府采购由于引进了招标、投标的竞争机制，就使得采购实体与供应商之间的“合谋”型博弈转化为“囚徒困境”型博弈。在这种情形下，虽然采购双方同时选择合谋的战略是最有利的选择，但是由于顾虑到对方有可能为了获得最大可能的收益而采取不合作的战略从而使自己陷入困境，所以理性的双方最终会选择不合谋战略。这种博弈同样适用于供应商、采购实体、财政部门官员三方及各方之间，其结果是以各方的非合谋博弈消除了采购中的合谋与腐败现象，提高了国家财政资金的使用效率及社会福利水平，这也正是我国建立政府采购、改革现有公共支出制度的目的所在。

4. 完善政府收支分类

1）政府收支分类的概念和原有科目体系的弊端

政府收支分类，就是对政府收入和支出进行类别和层次划分，以全面、准确、清晰地反映政府收支活动。政府收支分类通过建立相应的收支分类科目来实现，它是编制政府预决算、组织预算执行及预算单位进行会计核算的重要依据。

我国原有的预算科目体系是新中国成立初期参照原苏联体制设计的，随着社会主义市场经济体制的完善、公共财政体制的逐步确立，以及部门预算、国库集中收付等各项财政改革的不断深入，这一科目体系的弊端也越来越明显①。

① 与市场经济体制下的政府职能转变不相适应。原有的预算收支科目，如基本建设支出等，按照过去政府代替市场配置资源的思路设计，既不能体现目前政府职能转变和公共财政的实际，也带来了一些不必要的误解，影响各方面对我国市场经济体制的认识。

② 不能清晰地反映政府职能活动。之前预算支出科目主要是按“经费”性质进行分类，使政府究竟办了什么事在科目上看不出来，很多政府的重点工作支出，如农业、教育、科技等都分散在各类科目中，形不成一个完整的概念，不透明，不清晰，往往造成“外行看不懂，内行说不清”。

③ 财政管理的科学化和财政管理信息化受到制约。一直以来，我国预算支出目级科目涵盖的范围偏窄，财政预算中大多数资本性项目支出及用于转移支付和债务等方面的支出都没有经济分类科目反映。另外，目级科目也不够明细、规范和完整。

④ 财政预算管理和监督职能弱化。原有《政府预算收支科目》只反映财政预算内收支，不包括应纳入政府收支范围的预算外收支和社会保险基金收支等，给财政预算全面反映政府各项收支活动、加强收支管理带来了较大困难，尤其是不利于综合预算体系的建立，不符合十六届三中全会提出的实行全口径预算管理的方向，也不利于从制度、源头上预防腐败。

⑤ 与国民经济核算体系和国际通行做法不相适应，既不利于财政经济分析与决策，也不利于国际比较与交流。

2）政府收支分类改革的主要目标和内容②

2007 年我国开始政府收支分类改革，这是一项涉及到整个政府预算编制和执行以及预算单位会计核算全过程的基础性改革。

（1）实行政府收支分类改革的目标

① 财政部预算司．政府收支分类改革问题解答．北京：中国财政经济出版社，2006.

② 财政部预算司．政府收支分类改革问题解答．北京：中国财政经济出版社，2006.

实行政府收支分类改革的目标是建立“体系完整、反映全面、分类明细、口径可比、便于操作”的分类体系，可以对任何一项财政收支进行“多维”定位，清清楚楚地说明政府的钱是怎么来的，干了什么事，怎么干的，为预算管理、统计分析、宏观决策和财政监督等提供全面、真实、准确的经济信息。

① 对政府收入进行统一分类，全面、规范、细致地反映政府各项收入。改革后的收入分类是一个既可以按一般预算收入、基金预算收入分别编制预算，又可以根据需要统一汇总整个政府收入的统计体系。

② 建立新的政府支出功能分类体系，更加清晰地反映政府各项职能活动。新的支出功能分类根据政府管理和部门预算的要求设置，能够清楚地反映政府支出的内容和方向，有利于解决人大代表多次提出的支出预算“外行看不懂、内行说不清”的问题。

③ 建立新型的支出经济分类体系，全面、规范、明细地反映政府各项支出的具体用途。按照简便、实用的原则，支出经济分类体系对原来的支出目级科目进行了扩充和完善，设类、款两级能够满足部门预算编制和单位预算管理的要求。

（2）新的政府收支分类的内容

新的政府收支分类主要包括三个方面的内容，即收入分类、支出功能分类和支出经济分类。

① 规范及细致地反映政府各项收入。改革后的收入分类将全面反映政府收入的来源和性质，设类、款、项、目四级。具体包括税收收入、社会保险基金收入、非税收入、贷款转贷回收本金收入、债务收入和转移性收入等。

② 建立新的政府支出功能分类体系，这是此次科目改革的核心。新的支出功能分类按政府的职能和活动设置科目，设类、款、项三级科目，分别为 17 类、170 多款、1 100 多项。类级科目反映政府的某一项职能，款级科目反映为完成某项政府职能所进行的某一方面工作，项级科目反映某一方面工作的具体支出。政府各项支出究竟做了什么事，就能直接从科目上看出来。支出功能分类设置类、款、项三级。

③ 建立新型的支出经济分类体系。支出经济分类体系主要是对原来的支出目级科目进行了扩充和完善，科目设类、款两级。

课堂讨论

1. 政府预算内涵可以从哪些不同学科进行界定和分析？有何现实意义？
2. 如何理解和认识我国现行预算制度改革？

本章小结

政府预算是财政管理的重要手段之一，它是指经法定程序审核和批准的政府年度财政收支计划。它具有法律性、时效性、阶段性、公开性、完整性等基本特征。

政府预算的组成是由国家的政府体制构架决定的，根据国家政权结构、行政区划和财政管理体制的要求而建立，表现为不同的预算级次，一般来说可以分为中央预算和地方预算。我国预算具体分为五级，即中央、省、市、县、乡预算。按照预算内容的分合关系，各级政府预算由总预算、部门预算和单位预算构成。

政府预算以一个预算年度为周期，其预算程序按主体不同可以分为四个阶段：预算的编制、预算的批准、预算的执行和预算的事后审计（即决算）。

政府预算法制定出政府预算在预算程序及监督、法律责任等环节中各预算主体的权责及其组织程序的总体规范，预算编制是预测、审查、汇总和批准政府预算收入和支出指标体系并进行综合平衡的过程，是预算管理的起点，我国采取了自下而上和自上而下相结合的编制方法，其审批权限由各级人民代表大会掌握。预算的编制方法包括有单式预算、复式预算、零基预算、部门预算、绩效预算、设计计划预算和多年预算等。预算执行作为各级财政预算的具体组织实施过程，是预算管理的中心环节。主要的任务是组织收入、安排支出、进行调整与平衡和加强监督与管理，其中预算调整主要的手段有：预算的追加追减、动用预备费、经费流用及预算划转。国家决算是预算年度预算执行的结果总结，由中央决算与地方决算组成。其工作内容有二：一是由预算执行机构编制决算报告；二是经审议机构审核批准。

政府预算作为政府的基本财政收支计划，以及政府从事资源配置活动的重要决策安排，本身存在效率问题。政府预算效率包括两层意义：一是政府资源配置效率；二是公共部门提供公共产品的生产效率。提高预算效率是政府与公众共同关注的问题。我国为此进行了一系列预算管理制度改革，改革的内容包括：一是实行以部门预算为主要内容的预算编制改革；二是施行国库单一帐户为核心的国库管理制度改革；三是以推进政府采购为主要内容的预算支出管理改革；四是实行政府收支分类改革。

重要概念

政府预算　预算年度　预算周期　预算效率　预算调整　部门预算
政府采购　零基预算　绩效预算

思 考 题

1. 简述政府预算的基本特征。
2. 何谓预算调整？其基本方法有哪些？
3. 试比较单式预算与复式预算。
4. 试析我国实行零基预算的必要性与可行性。
5. 何谓部门预算？其主要优点是什么？
6. 试分析政府预算效率的内涵及其影响因素。

进一步阅读材料

[1] 马蔡琛．市场化进程中的公共预算管理变革：理论、实践与政策选择．中国财政经济理论前沿．北京：社会科学文献出版社，2005.
[2] 卢洪友．政府预算学．武汉：武汉大学出版社，2005.
[3] 马海涛．国库集中收付制度问题研究．北京：经济科学出版社，2004.

第 15 章

政府间财政关系及其财政管理体制

【本章概要】

在多级政府的管理制度下，政府间财政关系的建立与调整有助于促进公共资源的优化配置，有利于社会经济协调发展。

【学习目标】

◆ 掌握政府间职能的划分依据和各级政府间划分的基本内容；

◆ 认识财政分权的原因及其存在的弊端；

◆ 把握分级财政的构成内容；

◆ 掌握政府转移支付制度建立的目标及经济效应分析；

◆ 了解我国政府财政管理体制的基本内容及其运行状况；

◆ 理解政府间财政竞争的内涵、构成。

在现实经济生活中，政府的经济活动并不都是在单一政府的管辖下进行的，它往往处在多级政府的管理之下，即分别由中央政府与地方政府从财力上予以支持来完成。中央与地方政府之间的分配关系是国家财政分配关系的重要组成部分，正确处理好两者的关系，是事关政府活动是否有效率、能否促进国民经济协调发展的一个大问题。

15.1 财政分权与政府间财政关系

财政分级源于政府分级，政府体制是建立一国财政管理体制的基础，对财政体制的形成产生直接的影响。一般而言，政府的级次决定着各级政府承担职能的差异，从而决定着财政级次及各级政府间的财力分配。当今世界，除少数国家（如安道尔、新加坡）外，绝大多国家都是由多个级次构成。因此在中央政府和地方政府之间，通过财政权力的分配达到区域经济的协调发展，无疑是中央政府的重要目标，也是经济学一直研究的重要课题。有关财政分权的理论不仅在发达国家得到普遍的重视，在许多发展中国家也被视为打破中央计划束缚、走上自我持续增长道路的重要手段。

15.1.1 财政分权

所谓财政分权，是指给予地方政府一定的税收权力和支出责任范围，并允许其自主决定预算支出规模与结构。财政分权的核心是：地方政府拥有一定的自主权，能够自由选择所需要的政策类型，并积极参与社会管理，从而使地方政府能够提供更多、更好的服务。自从 20 世纪以来，财政分权已经成为世界各国十分普遍的现象，发达国家大部分都实行财政分权；在人口超过五百万的 75 个转型经济国家中，84%的发展中国家正致力于向地方政府下放部分权力。

1. 财政分权的原因分析

既然财政分权是世界各国的普遍现象，那么首先需要明确的是各个国家为什么有动力进行财政分权。根据世界范围财政分权理论的研究成果，其原因归纳起来有以下几方面。

(1) 有利于减少信息成本

分权的好处本质上在于地方拥有相对信息优势。由于地方政府和消费者对地方的情况有更加完备的信息，因而地方政府比中央政府能够更准确、更有效地利用地方资讯来作决策，因此能更有效地提供地方性公共财政服务。在这样的假定下，只有由地方政府来提供地方性公共品，社会福利才可能达到最大。如果无视地方这一优势而采用集权模式，将地方公共品和服务的决策统统交予中央政府来作，必然会造成决策失误和效率低下。

(2) 有利于提高资源配置效率

一方面，与中央政府相比，地方政府更接近自己的公众；另一方面，一国国内的人民有权对不同种类与不同数量的公共服务进行投票表决，因此地方政府的存在显然有助于实现资源配置的有效性。而由中央在全国实行统一的公共品和服务，则不可能最大限度地满足各地居民的需要。这是因为各个地方居民对公共品和服务的需求存在差异性，由中央政府提供所有公共品和服务，显然不能全面考虑照顾到。而集权模式下的地方政府长官往往是由上级政府任命，这就容易使得地方长官只关心如何迎合上级意图，而不管地方老百姓的呼声，只重视业绩形式，而不注重实效。

(3) 有利于分配的公正性

在实施财政政策的过程中，考虑到其巨大的分配效应，人们往往会主观地认为中央政府统一制定和实施政策是有效的，因为这样可以保证分配的公正性。例如，失业保险由中央统一制定标准可以避免各个地方单独制定标准所出现的不一致。然而，在中央政府缺乏有效信息的前提下，中央政府的政策制定可能达不到帕累托最优。相反，如果这些政策由地方政府制定，那么它可以充分显示居民的真实偏好。地方政府会不会带来分配的不公平？研究表明，只要居民具有选择社区的权利，流动性可以确保均衡的实现。也就是说，如果一个地方政府制定的失业保险水平过低，就可能导致本地的居民向外迁移，迫使本地政府制定不低于其他地区的福利水平。从这个角度看，居民的流动性可以确保分权下分配的公正性。另一方面，分配是初次分配和再分配两个环节的统一，从再分配的角度看，中央政府拥有相对的优势；但从初次分配的角度看，分权有利于发展生产力，有利于真正缩小地区差别、行业差别和城乡差别，从而能够从更为基础的层面实现分配的公平。

(4) 有利于财政监督

在集权模式下，项目均由中央政府拨款，而不是本地居民的纳税，故容易造成项目执行者即地方官员不会关心项目成本，甚至为扩大权力夸大项目所需预算，从而造成资源浪费。同时若中央计划当局高度集权，其直接管理的部门越多，监督任务越多，监督难度就越大。而在分权体制下，一方面，公民在政治上有很大的参与度，政府花的钱也主要来自当地的纳税人，地方政府往往比较注重顺乎民意，有助于提高政策决策的科学性，形成政府与民众相互信赖、相互制约、相互依存的关系；而另一方面，通过财政分权，中央政府管理的横向幅度缩小，监督难度就相应下降。

（5）有利于引入竞争和创新机制

在集权模式下，由于地方政府没有或少有决策的自主权，地方政府往往无法利用政策创新与其他地区竞争，同时体制和政策的僵化也使得地方政府不能适应快速变化的情况。而实行财政分权后，地方政府因为有了自己的独立利益，为了促进地方经济发展，地方政府之间便开始在税收、财政支出、投资环境等领域不断地展开竞争。与此同时，地方政府还常常被视为政策实验室，因为不同的地方政府可以进行不同的政策试验，而如果放在中央政府身上，却每次只能试验一个政策，这就使得一个较好的新政策要经过很长时间的酝酿才能得到。不仅如此，在分权体制下，两个地方政府制定者还可以通过互相观测对方的政策决策和政策收益来制定本地的政策，具有较强的示范性。

2. 财政分权的缺陷

通过分析可以肯定的是，不论是从地方实现其相对独立的经济利益，还是从国家经济职能不断强化的内在要求来看，财政分权都具有一定的客观必然性，它反映了社会的一种进步。

但必须指出的是，过度地分权同样也带来一些弊端。第一，无法解决某些公共项目外部效应所带来的经济损失或地区间矛盾，从而影响地方政府行为的正当选择。如果所有项目均由各个地方政府决策，地方政府往往会不顾工厂对外地的污染及经济损害而过度投资，会因为公路、环保等项目会给其他地方带来益处，因而更多地考虑费用上的不合算而不愿意为之。第二，难以实现规模经济及效益。许多公共项目具有规模效益，只有服务于相当大的人群才能获得较低的人均成本，如电力网、垃圾处理、水处理等项目，由各个地方建设既不现实也不经济。第三，分权有可能带来管理与执行成本的增加。由于各地政府都必须建立相应的机构、设置相关的人员，这种机构、人员的重复设置显然较之于中央统一管理与执法要消耗更多的财力。第四，地区间发展不平衡的问题得不到有效解决。一方面是因为地方政府不会关心这种不平衡；另一方面过度分权又使得中央政府没有足够的财力来进行地区间的再分配。

鉴于过度的集权与过度的分权都可能造成效率、公平、宏观稳定等方面的问题，因此中央与地方财政关系的研究，真正有意义的已不再是应该集权还是分权，而是在于哪些方面和多大程度上的分权为优。

15.1.2 政府间财政关系

在财政分权的框架下，政府间财政关系围绕着事权及财力、财权在各级政府间的划分而展开。

1. 财政职能的层次性

财政职能的层次性，解决的是公共部门的职责具体应由地方、地区或中央哪一级政府来承担的问题。

1）中央与地方支出职能层次划分的意义

中央与地方支出职能的层次划分是设计政府间预算体制的基础，一个明确而稳定的职能层次划分具有非常重要的意义。

（1）它是各级政府财源划分的基础

按照一级事权、一级财权的原则，各级政府的财源应基本上与其所承担的责任相符合。缺乏具体而清晰的支出职能划分，几乎必然导致税收分割及财政均衡机制的不合理。

（2）协调中央与地方政府的利益关系，确保公共服务的高效率供给

世界上绝大多数国家都设地方政府，不论是联邦国家，还是高度集权的国家。如果说在中央政府与地方政府缺乏由法律确立的明晰的支出范围，那么一方面，中央政府有可能向地方推卸下放职责，甚至将此作为转移财政赤字的重要手段，这无疑容易造成中央与地方政府间的矛盾冲突。而另一方面，地方政府只能按其所能获得的收入来决定其所能实际承担的职责，这也将引起体制性的不稳定以及公共服务供给不足或低效供给。

（3）增强政府预算编制的确定性

从财政管理的角度看，一个正式规范的支出职能划分也有利于增大各级政府预算编制的确定性。而这种确定性恰恰是政府所能提供公共服务连续性的保证。

2）中央与地方政府支出职能划分的依据分析——公共产品的生产及消费的性质

要从根本上实现财政职能及支出范围在中央与地方政府之间的合理划分，确保集权与分权关系处于最佳状态，其内在依据应该是公共产品的生产与消费的性质。

公共产品的生产与消费是国家财政职能实现的重要途径。公共产品生产与消费的性质不同，决定着承担职能的主体的不同。公共产品的生产与消费按性质可分为三类。

（1）全社会性公共产品

例如国防、外交、中央行政、航空、铁路、邮电、通信等。这种公共产品有以下特点：第一，社会集中生产；第二，受益范围覆盖全国。这就决定了这种公共产品必须由中央财政来提供，它的生产费用构成中央财政的支出范围，并通过在全社会范围内筹集资金的方式来补偿。

（2）地方性公共产品

如地方一般行政管理、公共设施、社会福利、卫生保健等。这类公共产品通常是直接满足地方公众的消费需要，受益范围局限于地区以内，因而应由地方提供资金，安排其生产与补偿。在地方公共产品中有一类除了具有公共产品的共性外，往往还具有外部效应的特征，它表现为收益外溢性或表现为成本的外在性。收益外溢性是指某类地方公共产品在生产提供过程中，可能使其他地区受益。因而如果仅靠地方财政来补偿其生产费用，就会妨碍地方部门提供这类公共产品的积极性。成本外在性，是指某类公共产品的生产提供可能给外部带来一定的损失。如某省建筑一个水利工程，但它可能因为拦截河坝引起下游地区生态环境的破坏、渔业的减少等。此类具有外部效应的公共产品的特殊性，决定了它应由中央与地方共同承担提供。这样这类产品的生产费用便构成了中央财政与地方财政的结合部。

（3）准公共产品

例如教育、科学研究、医疗等。它既可以由公共部门来生产，也可由私人部门来生产；

既可以满足全社会人员的共同消费或地方的共同消费，也可以仅由单个人来消费。具体该如何划分：仍应视教育、科学技术研究等项目的性质而定，如高精尖教育和科学研究由中央财政支出以生产提供；而一般的普通教育、应用研究等由地方甚至个人从事更好。

当然，中央与地方支出职能的划分除了以财政集权与分权模式的选择、公共产品生产消费的性质为依据以外，还受到其他一些因素的影响，如一个国家政治制度及组织结构的变化等，它需要在具体分析一个国家不同时期中央与地方职能及支出范围变化时加以考虑。

3）中央与地方支出职能划分的原则及具体内容

（1）划分原则

根据以上分析以及世界各国的实践，政府间的支出责任划分应遵循以下原则。

① 利益原则。凡属事关国家全体人民利益的支出责任，应划归中央财政，而与地方人民利益有直接关系的支出责任应划归地方财政。

② 共同负担原则。对某些很难绝对归入中央财政或地方财政并体现中央财政与地方财政现实交叉关系的公共项目和服务，要求由中央与地方财政共同承担。

③ 调节控制与平衡的原则。支出职能的政府间划分应有利于国家的宏观调控和国民经济的平衡发展。调节、控制和平衡是中央政府的首要职责，地方只承担一部分。

（2）划分的具体内容

根据上述原则，中央与地方支出责任划分的具体内容如表 15-1 所示[①]。

表 15-1　中央与地方支出责任划分的具体内容

内　　容	责任归属	理　　由
国防	中央	全国性公共产品或服务
外交	中央	全国性公共产品或服务
国际贸易	中央	全国性公共产品或服务
全国性立法与司法	中央	全国性公共产品或服务
金融与银行政策	中央	全国性公共产品或服务
管制地区间贸易	中央	全国性公共产品或服务
对个人的福利补贴	中央、地方	收入重新分配、地区性服务
失业保险	中央、地方	收入重新分配、地区性服务
全国性交通	中央、地方	全国性服务、外部效应
环境保护	地方、中央	全国性服务、外部效应
对工业、农业、科研的支持	地方、中央	全国性服务、外部效应
教育	地方、中央	地区性服务
地区性交通	地方	地区性服务
卫生	地方	地区性服务
公共住宅	地方	地区性服务
供水、下水道、垃圾	地方	地区性服务

① 资料来源：马骏．论转移支付．北京：中国财经出版社，1998 年。

续表

内 容	责任归属	理 由
警察、消防	地方	地区性服务
公园、娱乐设施	地方	地区性服务

在各国实践中，国防、外交、国际贸易、中央银行、全国性立法和司法等均为中央政府的职责。而交通、教育、卫生、环保、警察、消防、社会福利等大部分为地方政府的职责。不同国家的主要区别在于中央政府在多大程度上介入上述地方政府的功能。在财政分权程度（以地方税收占全国税收的比例来衡量）较高的国家，如加拿大、中国（地方税收占全国税为50%以上），中央政府支出在这些项目上的比重较小，甚至为零；而在财政分权程度较低的国家，如澳大利亚、法国、英国、印度尼西亚（中央政府税收占全国税收的70%以上），中央政府在这些项目上支出比重较大，其形式包括中央直接投资、无条件转移支付、有条件转移支付等。美国、日本、德国则介于这两类国家之间。

2. 中央与地方税收收入的划分

中央政府与地方政府的支出范围一旦确定，也即事权、职责确定了，接着是确定财权，即确定与其支出范围相适应的收入来源，其中确定中央与地方各自拥有的税种与税权是主要内容。

1） 中央与地方税收收入划分的原则

（1） 财力与事权相一致

中央与地方财权的划分应尽可能与支出责任划分相一致，每一级财政应有属于自己的基本上能满足支出需要的税源。税收收入是确保各级政府行使职能的重要的财力保证。如果所划分的财源大于其支出责任，便容易产生资金使用浪费或减少税收努力等问题；但如果财源划分不足，又势必会造出事业经费紧张，影响相关政府职能的实现。

（2） 讲求效率

税种的划分应有利于实现征管效率。既要便于税收的征收与管理，尽量减少税务行政成本，又要考虑到受益的对称性，使税收尽可能反映出纳税人享用公共产品和服务的状况。

（3） 保持稳定

中央与地方间税源必须具有稳定性。这直接关系到中央与地方各自利益的完整和相互关系的协调。它要求国家应将中央与地方的税源划分以法律形式固定下来并保持相应的稳定性。否则，一旦中央税源不足，便势必求助于上收财权，挤占地方税源；或者地方预先采取降低税收努力的办法来保护自己的利益。这显然对整体利益关系的协调是不利的。

2） 中央与地方税收收入的划分

（1） 中央税种的选择

从理论上看，有以下几类税种适合划归中央所有。一是那些税基流动性大的税种，如增值税、销售税等，它们主要是对产品交易的收入征税。如果税种划归地方政府，各地税率不一，便可能引起税基的流动，因此从效率的角度讲，它该属于中央。二是收入再分配功能较强，有利于实现社会公平分配目标的税种，如个人所得税与公司所得税，它们主要是对生产要素的收入征税。由于所得税多采取累进税率，随着个人或公司的收入增长，税率也随之爬升，从而可以达到收入重新分配的效果，因此由中央掌握有利于实现社会公平的职责目标。三是更易发挥税收宏观调整功能的税种，如为了更好地集中管理、维护国家主权和民族利益的关税类；为了调节消费结构、引导消费方向对烟、酒等产品开征的消费税类；以及在地区间分布不均匀的有关自然资源的税类等。它们由中央掌握显然有利于中央政府实现其宏观调控的职能。

（2）地方税种的选择

从理论上分析，那些税基流动性较小的税种，如房产税、土地税、土地增值税、车船使用税应该是地方税的首选。因为这一划分符合效率原则，同时也能大体上确保受益的对称性。地方以此作为收入来提供地方公共品与服务，受益者也正是当地的居民和法人。此外，对于那些在地区间分布均匀的自然资源所开征的税收，由于其不可流动性，也适合划归为地方政府。

当然，以上划分仅仅只是一种大体上的理论界定，而实际运作远远比这要复杂得多。且不说各国的做法差异很大，除了绝大多数国家均将关税划归中央、财产税划归地方之外，其他税种的归属则是千差万别。就算是在一个国家里，中央税和地方税的划分也不是如此彻底，地方政府同样存在着对流动性税基和收入再分配功能强的税基征收地方税的现实理由。对于流动性税基来说，是因为提供交易产品和消费服务的机构本身要享用当地的地方公共劳务，理应为地方政府提供收入；而对于再分配功能强的要素收入来说，是因为地方有一部分收入再分配职能，因此地方政府也有从要素收入中取得收入的权力。这样就不难理解，为什么有些国家允许地方政府在中央的个人所得税之外征收地方的个人所得税（如美国、加拿大、日本等），而像销售税这样的税基流动性大的税种也可以属于地方；还有在中央的公司所得税同样的税基上征收地方的公司所得税也成为一种常见的做法（如美国、加拿大等国），等等。在实践中，税种的划分不仅有经济上考虑的因素，还受历史的和体制的因素制约。一些国家中央与地方之间主要税种的划分如表 15-2 所示①。

表 15-2 若干国家中央与地方之间主要税种的划分

税种＼国别	美国	加拿大	德国	日本
关税	联邦	联邦	联邦	中央
公司所得税	联邦、州	联邦、省	联邦、省	中央、地方
个人所得税	联邦、州	联邦、省	各级	中央、地方
增值税		联邦	联邦、州	中央
销售税	州	省		中央、地方
财产税	地方	地方	州、地方	地方
对用户收费	各级	各级	地方	各级

3. 税权的确定

税权的确定关键在于明确地方政府是否有权决定地方税的税基和税率，这也是划分财权的一项重要内容。在所有联邦制国家，如美国、加拿大和除英国以外的主要欧洲国家，地方政府对地方税的税基和税率有完全的自主权，地方政府可以通过地方立法设立新税、废除旧税、提高或降低地方税的税率。但在单一制国家，地方政府往往没有权力确定税基，甚至没有调节税率的权力。例如在日本和韩国，地方政府（日本的都、道、府、郡；韩国的省、郡）基本上没有确定税基的权力，如设立新税、废除旧税，不过中央政府往往给予地方政府

① 马骏．论转移支付．北京：中国财经出版社，1998.

以一定范围内调节税率的自由度。从理论上讲，设置地方税使地方政府可以按照本地居民的需求决定税率和应提供的公共服务，如果中央政府对地方控制过严，那就会失去了设置地方税的意义，它甚至会诱发地方政府的非正规分权行为，如随意减免、乱收费等。

15.2　政府间财政转移支付

15.2.1　转移支付的含义及意义

1. 转移支付的含义

对转移支付的含义，理论界存在多种理解，归纳起来有两类。一是广义观点，认为转移支付即转移支出，它是与购买支出相对应的财政学范畴，表现为政府资金无偿地单方面支出。按照这一观点，转移支付可表述为政府间或政府与企业、居民个人间所发生的单方面的无偿财政支出。它包括政府对企业、个人的转移支出，上级财政对下级财政的各种专项拨款及没有指定用途以平衡地区差异为目的的一般性补助，还有下级政府对上级政府的资金上缴及同级政府间财政资金的转移等。二是狭义观点，即特指政府间的转移支付，它可以表述为中央政府与地方政府之间或上级政府与下级政府之间的财政资金转移。本节所要研究介绍的正是这一意义上的转移支付。在政府间转移支付体系中，中央对地方政府的财政资金转移是最主要的，它是中央政府调节财政收入分配的一种宏观调控手段。

2. 转移支付的意义

政府间转移支付是政府间财政关系的一个重要内容，它的建立与规范对于完善分级预算体制，协调各级政府间财政关系，确保多级政府高效、公平运行具有重要意义。

首先，政府间转移支付是缓解地区间财政能力差异、保证落后地区公共服务达到基本水准的最重要手段。转移支付的最基本的功能是协调支出需要和收入分配，使二者能相互对应。一方面，当地方政府本级收入加上其他收入中分享的部分仍不能满足该地方政府的支出需要时，负担起弥补这部分财政赤字的责任；另一方面，它努力缩小着因某些地区自然资源比较贫乏、税基薄弱所带来的地区间财政能力的差异，支持和保证各地方政府最低水平的支出需要，以实现各地之间基本一致的公共服务水平。

其次，转移支付是强化财政职能，尤其是强化中央财政的分配、调控和监督职能不可缺少的重要工具。在分级预算体制下，中央政府担负着有关整个国民经济和社会协调发展的重任。因此，从中央政府的角度说，中央必须直接掌握同经济发展关系最为密切的主体税种，使中央财力形成稳定的增长机制，再通过各种形式的转移支出，便可以大大增强对产业结构的优化、区域生产力的合理布局、民族地区和落后地区的经济开发等的调控力度，更充分、更积极地发挥对整个国民经济发展的监控作用，促进宏观经济效益的提高。从地方财政的角度讲，通过上级政府的转移支付，不仅使相对落后和贫穷地区可以直接受益，弥补由于财力不足所带来的财政功能不全的缺陷，而且经济相对发达地区也可以从由此带来的地区协调、产业结构和资源配置合理化中得到更多的发展空间和更好的发展环境。如果没有转移支付，那就在很大程度上割断了中央财政和地方财政在支出方面的联系纽带，中央财政的分配和再分配职能就得不到完整实现，地方财政的各种功能也将处于萎缩和不健全的状态。最后，转移支付是规范上下级政府间财政分配关系的有效措施，一个有效的转移支付体制可以在很大程度上避免“鞭打快牛”的问题，保持地方政府努力增加财政收入的积极性。而且中央政府还可以通过设计并运用合理的配套拨款，来鼓励地方政府投资于使全国或多个地区受益的项目，以解决上级政府与下级政府行为目标不一致问题。此外，一个公式化、规范化的转移支付制度，可以提高转移支付的透明度和稳定性，从而有利于地方制定预算和经济发展规划。

15.2.2 政府间转移支付的原因和目标

1. 政府间转移支付的原因

关于为什么要实行政府间转移支付，国内外经济学者进行了深入的研究，在所提出的许多理由中，有以下几条是最为基本而又重要的。

原因之一：政府间存在着纵向的财政不平衡，致使中央政府（或上级政府）的财源大于其支出需要，而地方政府（或下级政府）的自有收入则无法满足其支出需求。在许多国家，中央政府保留了主要的税基，而将较小的和难以征收的税基留给了地方政府。在日本和澳大利亚，中央政府征收约占全国财政收入的2/3；在许多发展中国家，如印度尼西亚和斯里兰卡，中央政府征收的财政收入占全国财政收入的80%至90%。因此，需要由政府间的转移支付来平衡中央与地方政府的预算。

原因之二：地区间存在横向财政不平衡，从而导致不同地区间居民公共服务的不均等和不均质。由于自然、历史、政治、经济等因素，部分地方政府与其他地方相比，财政能力非常低，在平均的税收努力下，所获得的收入并不足以满足最基本的公共服务的支出需要。而无论各地方政府财政能力如何，中央政府都应保证所有的公民，不论他们居住在哪个地区，都能享受到基本的公共服务水平，这样就需要中央政府通过转移支付进行财政再分配。

原因之三：提供公共品中存在的外部性会导致公共品的供给不足，市场经济的广泛性和不可分割性，使地方的经济活动无法按区域原则进行，必然产生利益的溢出效应。如环保项目不仅给当地居民带来好处，也会使周围地区居民受益；本地高等院校培养的学生可能去外地就业，为外地创造财富；而跨地区的公路、铁道及机场建设更是无法使项目的收益完全保留在本地。这往往会扭曲地方政府提供公共品和服务的行为，使此类项目的投资低于社会所需要的最优水平，因而中央政府必须通过转移支付来寻求扩大这部分公共品和服务的供给途径。

原因之四：地方各级政府在财政支出和投资中有优先和侧重，而这与全国范围内通盘考虑的投资侧重及投资项目的筛选标准可能会有所矛盾。而中央政府可以通过转移支付体系来保证在二者存在矛盾时，能以国家整体的利益为重。

2. 政府间转移支付的目标

关于政府间转移支付原因的阐述，为我们构筑了政府间转移支付的经济理论基础，回答了为什么要实行政府间转移支付的问题。而要在现实中设计出针对性强且行之有效的转移支付办法，还必须进一步明确与政府间关系相关的政策目标。从世界各国的经验看，转移支付体系的主要目标如下。

（1）纠正或调整地区间纵向失衡

这种失衡是由于地方政府所承担的支出责任与它们的收入能力不相匹配所造成的。修正这种失衡即成为转移支付制度的一大目标，在设计这种力图实现纵向平衡的转移支付制度时，首先必须对纵向失衡进行衡量以确定所需转移支付的数量，这就需要估计出各地方政府实际的支出需要及实际的收入增长能力。由于支出需求作为一个非常主观的问题，是趋向于无穷大的，因此大多数为实现纵向平衡的国家以最低服务水平作为支出的衡量指标，通过转移支付弥补地方政府提供最低服务水平所需资金与实际财政收入两者之间的缺口。其次是确定转移支付的实现方式。一般来说，政府间收入的转移通常以以下几个方式来实现：新的税收分享制度、补助金制度等。显而易见，纠正和解决纵向平衡是转移支付制度的一个正确目标，但它的实施往往需要以牺牲地方政府自主权为代价。对于政府间的纵向失衡有两种解决途径：一是中央赋予地方政府更多的筹集收入的权力；二是中央向地方政府转移收入。如果运用转移支付，势必会形成地方政府对中央政府的收入依赖；而如果通过提高地方增加本级收入的能力来解决，那么地方政府的财政自主权就会因此而加强。

（2）纠正或调整地区间的横向失衡

这种失衡是由于各地方政府间收入增长能力与支出需求存在差异而造成的，纠正这种失衡是政府间转移支付制度的另一大目标。在转移支付制度中，横向均衡的目标是减少富裕和贫穷省份之间的财政差异。在这一目标的实现过程中必须面临以下几个问题：首先是如何去衡量与评判差异的大小；其次是确定各地区公共服务提供中的均等化程度；再次是如何利用转移支付这一工具以解决失衡。实际上，一个财政转移支付制度的设计能决定这种制度可以在多大程度上纠正横向失衡，而最佳选择是建立公式化的转移支付。许多国家在运用中往往一方面以人均收入指标来衡量地区的贫富状况，另一方面找到一些可以衡量需要的客观指标，如人口、公路里程、城市化率等，以确保以需要为依据所进行的收入分配是均衡的。实践证明，只有这种公式化的转移支付才能从实质上解决横向失衡问题。

（3）纠正或调整与公共品提供相关的外部性

在地方政府支出责任划分的条件下，地方政府总是更乐于去提供那些仅有益于地方经济或辖区公民利益的服务，结果造成那些关系到地区间或国家范围内的公共品供给不足。对此中央政府必然实施干预，干预的形式之一便是转移支付。通过转移支付以减轻公共服务外部性所带来的影响，从而鼓励增加一些特定的公共品提供，其主要措施包括针对降低特定支出成本的补助等。当然这些补助的确定，有赖于这些公共品的需求弹性及地方政府扩大供给的能力。在发达国家，此类转移支付往往针对环境、保护、公共医疗及对贫困人员的教育服务；而在转轨中国家及发展中国家，这种转移支付针对面更宽一些，但也有些是特别针对医疗卫生、教育、运输和基础设施的。

（4）使地方政府的支出与中央政府的目标协调一致

各级次的政府支出能否协调是一个特别重要的问题，它往往致命地影响到国家经济的稳定。地方政府可能不关注或不那么关注长期的支出目标，而中央政府则必须对长期的开支及投资有明确的计划，因此协调这种差异性就成为政府间转移支付的一个目标。通过成本补偿性的转移支付，中央政府能引导、鼓励地方实现各种不同的投资，并通过地方的配套投入，使地方为这些投资项目提供相应的经营管理和维护。

（5）刺激地方政府努力增加本级收入

如果地方政府的收入与支出的缺口，能自动地通过中央政府直接的收入转移来弥补，那么地方政府将很少再有提高它们本身收入增长能力的动力。显然这只能增加中央财政的负担，因此一个有效设计的转移支付制度，应当把对地方税收努力的激励作为目标。一方面它既要能有助于地方政府实现其合理的支出水平，另一方面又要能提高地方增加收入的自主性。因此，一些国家试图将税收直接作为转移支付计算公式的考虑因素，越大的税收努力，越多的分配数额。

（6）为中央政府实现其宏观经济的稳定政策提供足够的弹性

这是转移支付作为中央政府重要宏观调控工具所要实现的目标，其运作机理是：中央政府控制着收入规模并将它们分给地方政府，在紧急的时候，中央政府有权自主决定削减这种分配数额。一些国家创造并实施了这样一些转移支付体系，当宏观经济出现困难时，中央政府有权自主地限制流向地方政府的资金数额。俄罗斯、孟加拉国、菲律宾及美国都是这样的。

15.2.3 转移支付的类型及效应分析

从世界各国实行的转移支付而言，尽管形式、名称各异，但大致可归并为两大类型：有条件性转移支付和无条件性转移支付。所确立的标准一般包括：依据拨付资金的用途有无具体规定；依据拨款资金的分配是否要求地方承担一定比例的资金；依据对配套的拨款资金是否有封顶的限额。

1. 有条件性转移支付

这是指中央政府（或上级政府）按照特定目的将其财政资金转作地方（或下级）政府收入来源的补助形式，地方（或下级）必须按中央（或上级）指定的用途使用这些资金。这类转移支付主要用于外溢性项目，即在使该地区公共水平提高的同时有利于全国性或区域性项目，如教育、环境保护、水利等，以及中央（或上级）政府所鼓励发展的行业和项目。由于此类支付使用目的和条件的特殊性，因此也被称为特殊性转移支付或专项拨款。这种拨款对地方来讲，虽增加了一定的财力，但在财权上并没有太大的自由度，主要用来执行中央政府的政策和意图，同时还必须接受中央政府的监督与检查。

有条件转移支付又分为如下几种。一是无限额配套补助。即中央政府对地方某项目提供一笔无限额的补助拨款，但要求地方以自有资金按项目支出的比例进行配套。由于不规定拨款接受者可以得到拨款的最高界限，因此这项补助办法容易刺激地方政府的支出，并相应增加中央政府所给予的补助数额。有条件无限额配套补助是矫正外部效益的一种方法，拨款的目的是鼓励地方政府更多提供具有外部效益的公共品。二是有限额配套补助。即中央政府明确规定一项补助的最高数额，在这个限额以下，中央政府按规定的比例对地方项目进行补助；超过这个限额，不再增加补助。这种办法为许多国家所采纳。三是非配套补助。即中央政府向地方政府提供一笔固定数额的补助，不要求地方政府提供相应的配套资金，只需按规定用于既定的公共服务项目。

2. 无条件性转移支付

这是指中央政府（或上级政府）根据地方政府间在税收能力与支出方面需要的差异，按照统一的法定标准或公式将其财政资金转作地方（或下级）政府收入来源的补助形式。它既不要求地方拿出配套资金，也不规定资金的具体用途，地方（或下级）政府可以根据本地区情况，自行掌握、自主支配。此类转移支付的目的主要是考虑到各地区在资源、人口、贫富等方面存在差别，从而解决纵向和横向的财政不平衡问题，既保证地方政府作为一个整体的预算平衡，又尽量促使各地政府为当地居民提供的公共服务均等化，因此它也称作一般性转移支付或均等化转移支付。

中央向地方提供无条件拨款实际上体现的是一种“收入分享”①。不规定用途的目的，一是为了增加地方政府在财政资金支配上的自主权；二是便于地方将拨款和自有资金一起统筹安排，实现地方对财政资金管理和使用的规模效益；三是考虑地方发展的特殊性和差异性，促进财政资金灵活而因地制宜地被使用。无条件性转移支付的拨付无异于使地方获得了一笔净收入，因此地方政府往往极力争取，以获得更大的财力自主权。但从经济意义上讲，无条件拨款制度的设计如果不科学、不规范，也容易造成分配中的“寻租”现象，同时削弱地方征税的积极性，加大地方增支的冲动。

3. 不同转移支付形式功效的比较

总体上说，无论是什么样的转移支付形式都是上下级政府通过财力上的相互调节，促进资源配置公平与效率目标实现的重要手段。但具体看，不同的转移支付形式在体现中央意图、弥补财政缺口及实现公共服务均等化等功效方面仍有一定的差异（见表 15-3）。

表 15-3　不同转移支付形式功效的比较

特征与功效	无条件拨款	有条件 非配套拨款	有条件限额 配套拨款	有条件非限额 配套拨款
体现中央政府的意图	弱	强	强	强
弥补财政缺口	强	弱	弱	弱
均等财政净利益	强	中	弱	中
最低服务水平	中	强	弱	中
受益外溢补偿	弱	中	强	强
影响地方政府的决策	弱	中	强	强
地方政府运用资金的自由度	强	中	弱	弱

一般来说，有条件转移支付既能够使资金的运用在一定程度上体现政府的意志，又同样具有增加地方财政收入的功能，相比之下较无条件转移支付更有效率。而配套性转移支付因为注重激励地方政府积极参与的意识，同时强调中央与地方的协调与合作，因此较之非配套拨付也更具效率。当然，如果地方政府的财政本身已处拮据状况，那么这种配套性转移支付就容易加剧它的失衡，有悖补助的初衷。

站在地方政府的角度，从财力和权益两方面考虑，地方政府对转移支付形式的偏好依次是：无条件拨款、有条件非配套拨款、有条件非限额配套拨款及有条件限额配套拨款。而中央在选择和使用时，则需依据其调控的目的、调节对象的实际情况加以考虑。如果其目的仅仅是为了弥补纵向财力缺口，并不替代地方政府的决策，可以选择无条件拨款；如果确需对地方政府的决策与活动施加干预与影响，那么则可以选择有条件拨款；如果接受的地方政府具备一定的财政实力，而中央又希望加大政策贯彻的力度，那配套性拨款就应该是最佳选择。

---

① 陶勇．地方财政学．上海：上海财经出版社，2006.

4. **不同转移支付形式的效应分析**

应该说，不同转移支付的形式之所以会产生不同的功效，形成各级政府不同的偏好，主要还在于各种转移支付的发放和使用条件是不同的，由此也使不同补助形式的政策效应相应产生差异。下面不妨对各种不同的转移支付形式的政策效应进行简要分析。

（1）有条件无限额配套补助

有条件无限额配套补助，不仅规定了资金的用途，而且要求地方政府在得到转移支付的同时，也拿出一定比例或一定数额的配套资金。其政策效应可以用图 15-1 来表示。

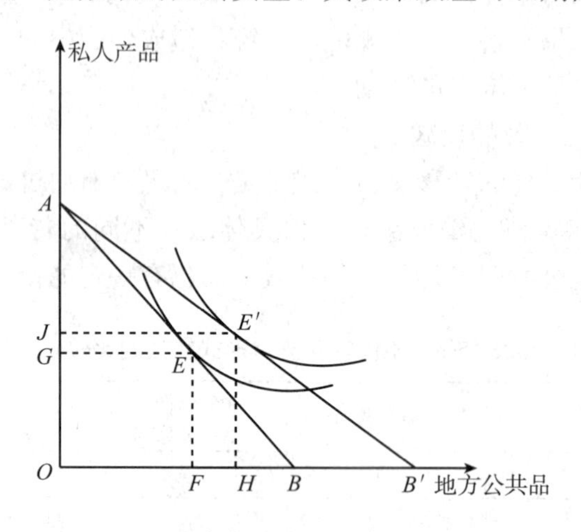

图 15-1 有条件无限额配套补助的效应

图 15-1 中，横轴代表地方公共品，纵轴代表私人物品，AB 线为无补助时地方原有的预算约束线，代表各种可行的地方性公共品和私人产品的组合。AB 线与无差异曲线相切，均衡点为 E；如果引入配套率为 BB'/OB' 的配套拨款后，预算约束线移至 AB'，且与无差异曲线相切于 E'。此时，公共品的消费比过去增加了 FH，私人产品的消费则增加了 GJ。如果转移支付为 BB'，则地方政府的配套财力为 OB。由此可以看出，补助产生了收入效应，它使公共品和私人产品的消费都有所增加。与此同时，此类补助还产生了替代效应，即公共品的价格相对下降。在未补助前，消费 OF 数量的公共品必须以放弃 GA 数量的私人产品为代价，此时税率为 GA/OA；在实现了补助后，增加了区域性公共品的数量，若消费 OH 数量的公共品，只需以放弃 JA 数量的私人产品为代价，税率下降为 JA/OA。因为 $GA > JA$，所以 GA/OA 大于 JA/OA，税率降低，区域内公共品的价格相对于私人产品来说已经下降，区域内的社会福利提高。

由上述分析可以看出，有条件无限额的配套补助可以产生收入效应和替代效应，从而有助于增加公共品和私人产品的消费，降低地方税率，增加地方社会福利。

（2）有条件有限额配套补助

在有条件封顶的配套补助中，由于预算上的限制，上级政府的补助不仅规定了资金的用途，还有一个最高界限，上级只在这个限额内提供补助。

图 15-2 中，受补政府在补助前的预算约束线为 AB，均衡点在 E 点，在封顶配套补助下，预算线为折线 ADC。在 AD 段，拨款政府按照 CB'/OB' 的比例提供拨款，但在 D 点以下，拨款者不再按照此比例来供应资金，受补政府将承担全部成本。在新的均衡点 E' 下，受补的公共品

消费量 OH 大于没有补助拨款时消费量 OF，增加额为 FH，但小于无限额配套补助的消费增加量 OG，相差的数量为 HG。一旦补助拨款用完，对受补产品消费的进一步刺激也就失去了。由于有限额的配套补助有利于拨款者对预算的控制，因此在实践中拨款者更愿意采用。但有一点值得注意，如果受补助公共品的消费低于最高限额，那么规定最高限额就失去了作用。

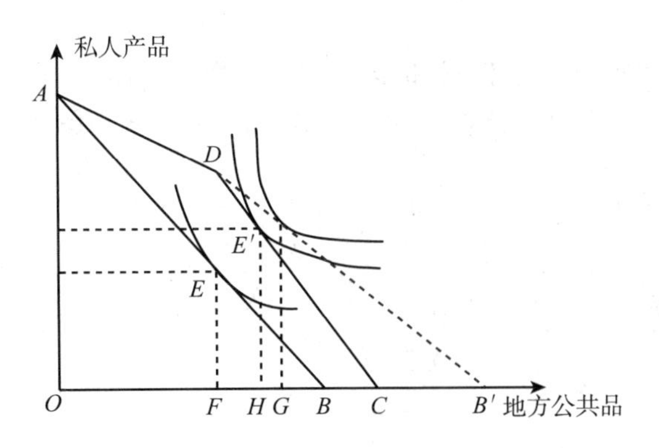

图 15-2 有条件有限额配套补助的效应

(3) 有条件非配套补助

有条件非配套的补助，也就是无条件专项补助，其突出特征在于规定了转移支付的具体用途，但不需要地方政府承担自有资金，其效应如图 15-3 所示。

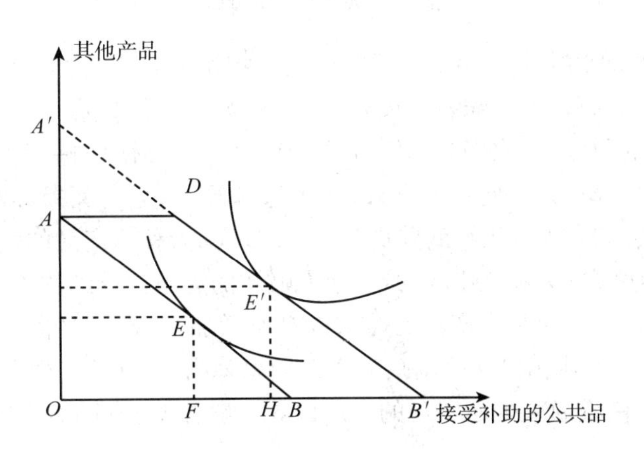

图 15-3 有条件非配套补助的效应

在地方政府获得补助拨款 AD 后，预算约束线由 AB 外移至 $A'B'$。但由于这部分补助拨款必须依照中央政府的要求如数用于提供特定的公共品，所以它只代表受补公共品量的增加，而其他产品的最大消费不会超过 OA 的水平。新的预算约束线 ADB' 与新的无差异曲线在 E' 点相切，此时接受有条件非配套补助的公共品的消费量为 OH，大于接受补助前的消费量 OF，但是二者间的差额 FH 小于补助额 AD；而未接受转移支付的其他产品的消费量为 $E'H$，较之于先前的 EF 消费水平也有所增加。由此可以看出，在实行有条件非配套补助的条件下，仍然会有补助金转移到其他产品中去。

综上所述，有条件非配套补助的效应表现在：一方面，有条件的非配套补助有可能改变地方的决策，如在预算线 AD 段，地方政府消费的公共品由中央政府补助，因此地方政府就可以把原准备用于受补项目的支出用于增加对其他产品的消费，从而形成间接的“漏出”效应；另一方面，接受有条件非配套拨款的公共品量会有较大幅度的增加，从这个意义上讲，有条件非配套拨款更能够显著地体现中央政府在支持地方提供某项公共品方面的政策意图，补助效益比较明显。

（4）无条件非配套补助

对于既无配套要求也不规定具体用途的无条件非配套补助来说，它在增加地方性公共品的同时，也影响着私人产品的供求。假设某一地区内居民对产品的偏好是一致的，如图 15-4 所示。

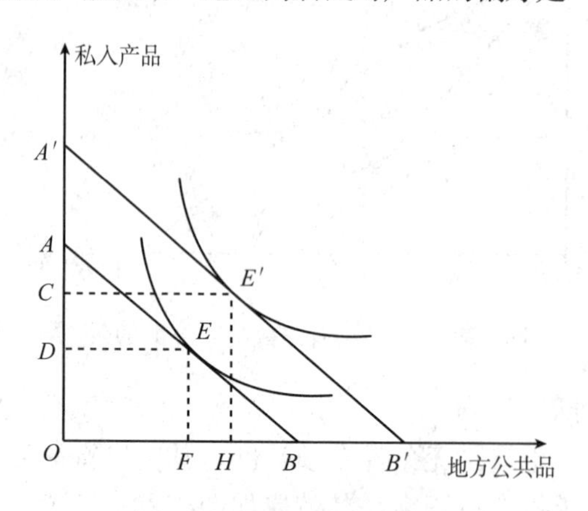

图 15-4 无条件补助的效应

在图 15-4 中，预算约束曲线 AB 与无差异曲线相切于 E 点，此时该地区消费的公共品为 OF，消费的私人产品为 OD。这意味着居民要消费 OF 数量的公共品，就必须放弃 AD 数量的私人产品，即课以 AD 的税收，税收率为 AD/OA。当来自上级财政的一笔无条件补助进入本级预算并被使用之后，预算约束线向右上方移动，成为 $A'B'$，并且与无差异曲线相切于 E' 点，此时该地区消费的公共品为 OH，比补助前提高了 FH；OC 为私人产品的消费，也超出了补助前 OD 的水平，增加额为 CD。这就意味着，给予地方财政的无条件补助款项中的一部分会移向私人产品的生产和消费，从而使私人产品的需求也有所增加。实现的路径是，当私人产品支出由 OD 增加到 OC 时，而税收则由 AD 单位减为 AC，税率降为 AC/OA。可见，私人支出的增加是由于补助部分转化为税收的减少而实现的。所以，一般补助会同时增加私人产品支出和公共支出，具有收入效应。

15.3 财政管理体制及其在我国的运行发展

财政管理体制是规定各级政府之间以及国家同企业、事业单位之间在财政资金分配和管理职权方面的制度，用于规范和处理国家与各方面以及中央与地方的财政分配关系。它包括预算管理体制、税收管理体制、国有企业财务管理体制、文教行政事业财务管理体制、基本建设财务管理体制等。其中，预算管理体制作为国家在中央与地方以及地方各级政府之间划分预算收支范围和管理权限的一项根本制度，是财政管理体制的主导环节。这是由政府预算在国家财政资金分配体系中的主导地位决定的。正因为如此，财政管理体制又称狭义的财政管理体制，它的建立与改革演变直接关系到中央与地方各级财政关系的处理与调整。本书研究的财政管理体制主要围绕预算管理体制而进行。

15.3.1 我国财政管理体制的内容及其实质

总体来看，建立财政管理体制，一方面可以通过预算收支范围的划分，实现国家财力在中央与地方及地方各级政府之间的合理分配；另一方面还可通过界定各自的预算管理权限，明确各级政府支配国家财力的责任和权限。因此，财政管理体制既是协调中央与地方财政分配关系，加强财政管理的一项制度化、规范化的重要手段，同时它又是国家预算编制、执行、决算及实施监督的制度依据和法律依据。

1. 财政管理体制的内容

我国国家财政管理体制主要包括以下几方面的内容。

（1）确定预算管理的级次及职能范围

国家预算的级次是指国家预算的组成，它与国家政权结构和行政级次密切相关。各级政权及其相应的行政管理机关，负有组织管理它们职权范围内的经济和社会文教等各项事业的权利和责任，因此必须明确划分其职责，并提供相应的财力财权。这是实行分级预算的基础。一般来说，有一级政权就应建立一级事权，并同时建立一级财政和预算，使各级政府都有相应的财力和财政管理权限，以保证其行使职能所必不可少的财力。与我国现有的政权机构和行政级次相适应，国家预算分为五级，这在预算组成体系中已作了具体介绍。

（2）划分各级财政收支

即确定中央与地方间财政收支的归属，明确中央收支和地方收支各占多大比例。这既关系到中央与地方在财政管理上的权限大小，也关系到资金的集中和分散程度，因而是财政管理体制的核心内容。在预算管理体制中，划分预算收支必须对国家预算全部收支在中央与地方政府间的划分依据、划分办法及有效期限作出明确的规定和要求。在社会主义市场经济条件下，财政收支划分必须要以事权为依据，从事权分工出发，按照划定的支出范围，根据不同收入来源的性质、规模、增长潜力等来划分收入。这就要求逐步改变我国长期以来以公共部门和国有企业隶属关系作为收支划分依据的做法。财政收支划分的办法也不是一成不变的，它取决于国家的政治经济情况和经济体制改革的进程。在计划经济体制下，我国主要采取的是统收统支的办法，而在市场经济条件下，分税制无疑是最佳的选择。财政收支划分的有效期限，是指中央和地方财政收支范围、收入分成比例等确定后的有效年限。它可以是一年，也可以是几年。作为预算体制时效性的具体体现，有效期限的长短决定着地方政府预算权限的大小。一般来说，时效的延长更容易发挥地方政府增收节支的积极性，有利于地方的长期规划与发展。

（3）确定地方的机动财力

地方机动财力是指在国家规定的范围内，由地方自行管理、自行支配的一部分预算资金。对这部分资金，地方可根据本地区的需要，因地制宜地解决某些特殊或事先预料不到的开支。地方机动财力主要包括由地方预算的预备费、超收分成收入、支出结余等。其中，地方预备费是在任何预算体制下都存在，其余的形式则与具体实行的预算体制的类型和收支划分办法有关。例如，超收分成，是指实行总额分成体制的地区，在预算执行中的收入超过指标，对其超收部分按一定比例留归地方支配的那部分收入；支出结余，是指地方预算执行中，由于节约而形成的一部分预算支出结余。

（4）财政管理权限的划分

财政管理权限是指预算管理主体的有关财政方针、政策、法规的制定权、解释权、修订权和国家预算的编制、审定、执行和调整等权限。划分财政管理权限就是要明确规定上述哪些权限属于中央、哪些权限属于地方，相应地都要承担哪些责任，从而有利于各级政府和财政部门行使权力，做到权责结合。财政管理权限的划分，关系到集权与分权，进而调动中央和地方两个积极性，因此必须遵循统一领导、分级管理、权责结合的原则。

2. 财政管理体制的实质

财政管理体制的主要问题是规定中央与地方政府之间的财政分配关系。从经济基础看，财政管理体制以制度的形式处理中央与地方政府之间的集中与分散的分配关系；从上层建筑角度看，财政管理体制解决中央和地方政府之间的集权与分权的问题。由此可见，财政管理体制的实质就是处理预算资金分配和管理上的集权与分权、集中与分散的关系。

尽管我国的生产资料公有制及国家性质决定了中央集权与分权之间根本利益的一致性，且所谓的集权与分权只是为了划分职权、分工负责，但由于中央与地方所处地位不同，面临问题和处理问题的角度不同，因而在根本利益一致的前提下，也还存在着如整体利益与局部利益、需要与可能、集中与分散、条条与块块等各种矛盾。因此，财政体制的建立与改革，便始终紧紧围绕着国家政治形势的变化，通过对预算资金和管理权限范围的调整，恰当地确定各级预算主体的独立自主程度，以切实解决分配中出现的各种矛盾，促进中央与地方分配关系的协调。于是，正确处理国家财力和财权上的集权与分权、集中与分散关系便构成了财政管理体制的实质。

15.3.2 我国财政管理体制的历史变迁

自1950年我国第一个财政管理体制建立以来，财政管理体制随着国家政治经济形势的发展变化，进行了多次改革，经历了由统收统支体制、统一领导分级管理体制、收支的分级包干体制、分税分级预算体制的发展过程。在这一发展过程中，国家紧密联系宏观经济管理模式的改革，不断地调整中央与地方政府之间的集权与分权关系，实现着财政体制从高度集权型逐步向分权型的过渡。

1. 统收统支制

这是建国初期实行收支两条线的体制办法，具体内容反映在1950年中央人民政府颁布的《关于统一国家财政经济工作的决定》中。《决定》提出了三个统一：统一全国财政收支、统一全国物资调度、统一全国现金管理。其中，关于统一全国财政收支的规定包括：各地主要收入一律解缴中央金库，没有中央的支付命令，不准动用；地方一切开支需经中央核定，按月拨付；税收制度、供给制度、工资标准、人员编制和国家总预算，都由中央统一制定和编制；照顾地方某些临时性的零星需要，收入来源较小的地方税收，划归地方留用；鼓励超收，公粮超收地方与中央按8∶2分成，其他税收超收按7∶3分成；允许地方按规定征收农业税附加、城市附加政教事业费的办法，解决农村文教卫生事业经费和城镇市政建设等资金需要。

由此可见，这是一种财权高度集中的体制形式。其主要特征是：地方组织的主要财政收入全部上缴中央，所需支出由中央统一核拨，地方收支不挂钩；国家的主要财力和财权都集中在中央，地方基本上没有财权。在新中国国民经济恢复时期，这种高度集中体制避免了国家财力的分散，保证了当时国家的军事需要，在较短时期内制止了通货膨胀，实现了财政收支的平衡，对扭转财政经济困难发挥了重要的作用。但是，这种体制统得过死，只能是在国家面临财经困难时的特殊条件下采用。

2. 统一领导分级管理体制

这是我国自 1953 年起到 1979 年 20 多年间基本上采用的财政体制，其具体形式在不同历史时期有所差异。

（1）分类分成形式

这是“一五”时期选择的体制形式，具体做法是：在财政分级管理条件下，把地方组织的全部收入分成三类，即固定收入、比例分成收入、调剂分成收入。地方固定收入全部属于地方财政；地方固定收入不能抵补地方正常支出时，划给固定比例分成收入；地方固定收入和固定比例分成收入都不能满足地方支出时，中央再划给调剂分成收入，以保证地方各级财政收支平衡。

（2）总额分成形式

从 1959 年到 1970 年大部分时间采用此形式。凡是地方组织的收入，不再划分固定收入和分成收入，而是按照收支总额，实行中央财政与地方财政分成。地方财政支出占地方总收入的比例为地方总额分成的比例，其余部分为中央总额分成比例并每年确定一次地方财政收入和支出的基数。

（3）财政收支大包干形式

这是 1971 年到 1973 年实行的体制。地方的财政收支分别由中央加以核定，凡收入大于支出的地区，其收入大于支出的数额，由地方包干上缴中央财政；凡支出大于收入的地区，其支出大于收入的数额，由中央财政包干拨补。地方超收全归地方，短收也由地方自求平衡。

（4）增收分成、收支挂钩形式

这是 1978 年在北京、吉林、甘肃、山东、陕西、湖南、江西、浙江 8 个省、市试行的体制办法。增收分成是指地方财政收入实际增长部分，按核定的增收分成比例，实行中央和地方的分成，划归地方的增收分成收入作为地方的机动财力，自行安排使用。收支挂钩，即根据地方财政支出占地方组织的财政收入的比例，核定收支挂钩比例，地方在预算执行中按这一比例提取收入，安排支出。

以上体制形式虽然做法有所不同，但它们作为统一领导、分级管理体制，总体属于以中央集权为主、适当分权的模式类型。其主要特点是：在中央和地方间适当划分各级财政收支的范围，下放一部分财力和财权给地方，实现一定形式的收支挂钩；国家的财力和财权大部分仍集中于中央，地方并未真正成为一级财政，地方无固定收入，对各项支出也不能自行安排和调剂使用；体制的有效期是一年一定或一定几年不变，不具备长期相对稳定性。该体制虽然与高度集中体制相比有较大的进步，但仍不利于调动地方管理财政的主动性和积极性。

3. 收支的分级包干体制

这是 1980 年到 1993 年实行的财政体制，基本精神是中央与地方分灶吃饭，一定几年不变。具体形式有以下几种。

（1）“划分收支、分级包干”体制

该体制从 1980 年开始实行，一直延续至 1984 年。其做法是：按照企事业行政隶属关系，划分中央与地方收支范围，收入划分为固定收入、固定比例收入、调剂收入三类，再按照近几年收支情况，核定地方收支基数，然后根据地区不同情况，确定固定收入上缴比例或调剂分成比例或中央补助数额，由地方包干；地方包干后一定五年不变，五年内地方多收，可以多分成，多支出；少收了少分成、少支出，并自求平衡。

该体制形式与1980年以前实行的各种体制形式相比有了重大变化。一是它改变了传统体制下中央直接控制地方收支分成比例和地方机动财力，地方为争取更多财力而盲目争指标、争投资现象，使地方在五年不变的体制下拥有自己的固定收入和不变的分成比例，这有利于调动地方增收的积极性及对地方经济发展作出长期规划与安排，改变了长期以来统收统支"吃大锅饭"的局面。二是地方财政收支实行包干后，支出指标由原来的以条条为主，改为按地方块块统筹安排为主，扩大了地方财政管理责任，地方预算初步成为责、权、利相结合的分配主体，构成了相对独立的一级预算。

为了进一步调整中央与地方之间的财政分配关系，在总结划分收支、分级包干体制的基础上，1985年和1988年我国又分别设计实行了两个新的预算体制形式，使分级包干体制的精神得以继续贯彻并有所发展。

（2）"划分税种、核定收支、分级包干"体制

该体制于1985—1987年期间实行，其主要内容包括：将预算收入按照第二步利改税后设置的税科划分为中央固定收入、地方固定收入和中央地方共享收入；财政支出仍按企业、事业的隶属关系划分，并增加了中央财政专项拨款；省、市、自治区在以上划定的收支范围内，根据近几年收支情况，由中央核定收支基数，按照收支基数，实行包干。凡地方固定收入大于地方支出的，定额上解中央；凡地方固定收入小于地方支出的，从中央、地方共享收入中确定一个分成比例，留给地方；凡地方固定收入加上全部共享收入，还不足以抵补其支出的，由中央定额补助。所有的包干数及分成比例一经确定，五年不变。

该体制保留了"划分收支、分级包干"体制一定几年不变的做法，把原体制中调动地方积极性的基本精神保持了下来；以划分税种和不完全划分税种相结合的形式作为划分预算收入的依据，在一定程度上改变了过去按企业行政隶属关系划分收入的做法，为今后过渡到完全划分税种的分级财政奠定了可靠的基础。

但由于受价格体制、税收体制、中央与地方事权划分及已经试行的企业承包制的影响，这一体制只是名义上划分了税种，而在实行执行中考虑到各方面变动因素较多，税种划分难以确定，条件还不成熟，因此实际执行的还是与上一体制大体相同的"总额分成"办法，即把中央地方共享收入和固定收入捆在一起，同地方的财政支出挂钩，计算中央和地方分成比例。这就注定了这次体制改革只属于调整性质，并未从根本上实现其目标。

（3）"多种形式的财政包干"体制

为了稳定中央与地方的财政关系，进一步调动地方的积极性，国务院于1988年7月发布了《关于地方实行财政包干办法的决定》，决定从1988年起在全国37个省、自治区、直辖市和部分计划单列市，在原定财政体制的基础上，实行下列各种形式的财政包干办法，将承包机制正式引入预算体制。

① 收入递增包干。这种办法是以上一年财政收入总额和地方应得的财力为基数，参照前几年财政收入增长情况，确定地方财政收入每年的递增比例、留成比例和上解比例，按确定的留成比例和上解比例实行中央、地方分成。超过递增比例的财政收入，全部留给地方；

达不到递增比例的，影响上解的部分，由地方财力补足。财政收入增长幅度越大，地方得的好处越多；反之，财政收入增长幅度越小，地方得到的好处也就越少。这种体制办法从设计思想来看，兼顾了中央和地方的利益。实行这一种办法的有北京、辽宁、江苏、浙江、河北、沈阳、哈尔滨、宁波、河南、重庆 10 个省市。

② 上解额递增包干。这种办法是以上一年上解中央财政的数额为基数，每年按一定的比例递增上解数额。超过递增比例的部分留给地方，达不到递增比例的部分由地方财政补足。实行这一体制办法的是广东、湖南两省。

③ 定额上解。这个办法就是按照核定的收支基数，将收入大于支出的部分，按固定的数额上解。不管财政收入增长多少，也不管财政收入有无增长，完全按固定的数额上解，多收了留给地方，少收了由地方自求平衡。很明显，这种办法是把上解中央财政的数额包死了，而把地方财政包活了。这种办法只能是对少数地区实行的一种特殊优惠政策。实行这种办法的只有上海、山东、黑龙江三个省市。

④ 定额补助。这种办法是在原来核定收支基数的基础上，对支出大于收入的部分给予定额补助。即把地方组织的财政收入全部留给地方使用，中央每年还要另外给予定额补助。对少数民族地区和一般补助地区都实行这种办法，如吉林、江西、新疆、陕西、福建、内蒙古、广西、西藏、贵州、云南、青海、海南等省区。

⑤ 总额分成。这实际上是一种比例包干办法，它是根据前两年的财政收支情况核定基数，然后以地方财政总支出占总收入的比例，确定地方留成和上解中央的比例。实行这种方法的有天津、山西、安徽等省市。

⑥ 总额分成加增长分成。这是在总额分成的基础上，对财政收入年增长的部分，另定分成比例。一般来说，比上年增长的部分，地方多得、中央少得，以调动地方努力增收的积极性。大连、青岛、武汉三个计划单列市实行这一办法。

从以上三个不同时期以包干为主要特征的体制形式来看，均属于比较强调分权的模式类型。在这一模式下，地方预算的职能及收支范围有所扩大，体制的有效时间得以延长，地方预算的权责利关系更加紧密，其作为独立的一级预算的地位得以明确。这无疑极大地调动了地方的理财积极性，促进了国家经济建设事业的更大发展，有效地保证和支持了国家各项改革的顺利进行。但随着国家政治经济形势的不断发展，特别是随着社会主义经济体制的逐步建立，这种包干体制的弊端逐渐显现出来，主要表现如下。

第一，削弱了中央宏观调控能力。在包干体制下，由于地方政府应上缴中央的收入被包死，地方增加的财政收入中，除按规定的比例递增上缴中央外，全部留给地方，因而使中央财政收入的增长缺乏弹性。1988 年以来，地方财政每年新增收入中上缴中央还不到 10%，90%以上的新增收入留在了地方。再加之，由于税收收入基本上靠地方税务机关征收，地方政府又掌握了相当大的税收减免权，因此也难免造成中央政府应得的收入流失。结果中央财政收入占全国财政收入的比重由 1981 年的 57%下降到 1991 年的 29.8%，继而在 1993 年下降至 22%。中央财政收入的减少，加剧了中央财政的困难，对债务的依赖程度也不断加重。财政赤字（不含债）由 20 世纪 80 年代初的 20 多亿元发展到 20 世纪 90 年代初的 200 多亿元。以 1992 年为例，中央财政支出 1818 亿元，债务收入 876 亿元，债务依存度高达 48.2%，这必然导致中央宏观调控的乏力。

第二，不利于中央与地方财政分配关系的稳定，妨碍了分级财政的形成。包干体制不规范，政策不统一，缺乏法律约束。作为地方，往往过于强调自身的利益，在基数和分成比例的确定上讨价还价，甚至出现“会哭的孩子有奶吃”的不公平现象；而在执行中，地方则往往包盈不包亏，有的地区因某种原因财政收入达不到递增包干水平，中央也只得给予照顾，减免它们应上缴的数额，而属于地方支出包干范围内的事项，却也常常要求中央给予专项拨款，从而加重了中央财政的困难。而作为中央，一旦财政出现困难，除了不断增加债务外，也不得不把手伸向地方，甚至不得不采取一些措施把下放地方的财力变相收回一些。这样做就使一些上解省市担心中央上收财力，导致增收积极性不足，大搞越权减免；而补贴省则不断向中央要钱，增加了对中央财政的依赖。中央与地方财政关系处于极不稳定之中。

第三，强化了地方保护主义，干扰了市场的正常发育，不利于调整产业结构，贯彻产业政策。由于包干体制按企业隶属关系划分企业所得税，按属地征收原则划分流转税，从而把工商企业的税收状况同地方财政收入紧密联系起来。这样各地区为了扩大自己的财源，往往以本地区财政最大收益为目标，竞相发展见效快、税高利大的项目，并保护这些本地产品的销售，实行市场割据。这不仅造成重复建设、产业结构趋同及资源的浪费，还妨碍了国内统一市场的形成。

总之，包干体制已经不适应社会主义市场经济发展的要求，而作为新形势下预算体制的目标模式——分税制的出现便成为一种必然选择。

15.3.3 现行的分税制体制

1. 分税制的含义、类型及特点

1）分税制的含义

分税制是指在划分中央与地方政府各自事权的基础上，按税种划分各级政府财政收入的一种财政管理体制。它是市场经济条件下世界各国比较通行的处理中央与地方财政分配关系的一种形式，涵盖着分税、分权、分征、分管等多方面的内容。分税，是指全部税收应明确其归属，划分为中央与地方两套税收体系；分权，是指划分各级政府在税收方面的立法权、征管权和减免权；分征，是指按中央与地方两套税收体系，分别设置税务机构，分别征税；而分管，则是指中央政府与地方政府分别管理和使用各自税额，不得混淆或平调、挤占。

2）分税制的类型

由于世界各国政治、经济情况不同，地理环境也不同，因此它们的分税制形式及其内容也不一样，税种划分几乎没有相同的，有的中央集中多一些，有的地方自主权大一些等。由此，纵观世界主要国家，分税制可以大致分为以下三种类型。

（1）分税种式的分税制

即根据各级政府的事权划分，在中央与地方政府之间划分各自的税种，并分别征收。税种的划分方法有完全型与不完全型之分，完全型是把全部税种分为中央税和地方税两类；不完全型则是在中央税与地方税之外，另设中央与地方共享税。

（2）分权式分税制

即在税制的立法、税法的解释和税种的开征与停征、税率税目的调整、税收减免等方面划分中央与地方的管理权，然后按中央税、地方税、共享税分别征收，分级管理。这种办法实际上使中央和地方形成两套税制。

（3）附加型的分税制

即在主税上附加征收地方税。采用这种办法，分税的范围很小，地方很难形成独立的财政体系。

3）分税制的特点

尽管分税制没有固定的模式，但它们在以下几方面有着共同的特点。

① 各级政府的事权划分非常清晰。各国实行分税制形式的预算管理体制，它的基本目的就是在财力划分上要保证中央政府和地方政府顺利行使职权。财权的划分是以事权划分为基础的，如果事权划分不清，也就使财权划分是否合理失去了标准。可见，各级政府职责和支出范围的明确划分，是分税制的重要基础。

② 中央与地方各有其税收来源和管理权限，且中央财政集中了大部分财政收入。独立而稳定的收入来源和管理权限是一级预算主体独立化的标志。而且在税种划分上，大凡对国民经济有重大影响或有利于宏观调控的税种都划作中央财政收入，各国都是如此。

③ 中央与地方各有一套独立的税务机构。通常而言，国家税务局负责征收中央税和共享税，地方税务局征收地方税，各负其责，互不干扰。这样有利于避免各级政府在征税问题上引起矛盾，有利于税收管理规范化。

④ 各国都有一套比较完善的协调制度，即转移支付制度。这是关系到分税制能否顺利实行的一项重要制度，旨在解决中央与地方及地区间发展的不平衡，如澳大利亚的“均等化”机制、日本的“拨付税制度”、美国联邦的“拨款补助”等都属于这一范畴。

由此可见，分税制是一种多级财政体制，也是市场经济下处理政府间财政关系的一种较为理想的体制。它的规范化和法制化有利于地方预算真正成为一级独立的预算主体，有利于中央与地方分配关系的长期稳定与健康发展。

2. 我国分税制改革的指导思想及内容

根据党的十四大提出的建立社会主义市场经济体制的总体要求，充分考虑我国国情，并借鉴国际通行做法，1994 年我国实施了“分税制”财政体制改革。

1）指导思想及原则

① 正确处理中央与地方的分配关系，调动两个积极性，促进国家财政收入的合理增长。面临地方发展经济的积极性刚刚调动起来和中央财政困难、调控乏力的局面，分税制改革既要考虑地方利益，保持并进一步调动地方发展经济、培植财源、增收节支的积极性，又要逐步提高中央政府的宏观调控能力。只有调动两个积极性，才能促进国民经济持续、快速、健康发展，才能促进财政收入合理稳步增长。由于从现实来看中央财力薄弱的问题更为突出，为此在保证地方既得利益的前提下，中央要从财政收入的增量中适当多得一些，以增强中央政府的财政实力。这是此次财政体制改革的一个重要目标。

② 合理调节地区间财力。我国幅员辽阔，又正处于发展时期，这就必然存在着地区间的发展不平衡。考虑到社会主义的最终目标是要实现共同富裕，整个国民经济和社会发展也需保持一定的均衡性。因此，分税制改革既要有利于经济发达地区继续保持较快发展的势头，又要通过中央财政对地方的协调机制，扶持经济不发达地区的发展和老工业基地改造，同时促使地方加强对财政支出的约束，防止财政支出的不合理增长。

③ 坚持统一政策和分级管理相结合的原则。我国是一个统一的社会主义国家，在社会主义市场经济发展过程中，既要创造一个公平竞争的环境，也要保证政府特别是中央政府对

市场实施有效的宏观调控。因此，在分税制改革的中心环节——划分税种上，不仅要考虑中央与地方的利益分配，还必须考虑税收对经济发展和社会分配的调节作用。所有的税收立法权都要集中在中央，以保证中央政令统一，维护全国统一市场和不同利益主体之间的平等竞争。在此基础上，税收实行分级征收、分级管理，以提高税收征管效率。

④ 坚持整体设计与逐步推进相结合的原则。由于这次分税制改革与税制改革同步进行，而且触动的是中央与地方的利益分配，问题与矛盾都很多，因此分税制改革既要借鉴国际成功的经验，又应实事求是，从我国实际出发。在整体设计并明确改革目标的基础上，分税制的方案和办法力求规范化，同时必须抓住重点、分步实施、逐步完善，不能指望一步到位，否则可能适得其反，欲速则不达。

2）分税制的具体内容

（1）中央与地方事权和支出划分

根据中央政府与地方政府事权的划分，中央财政主要承担国家安全、外交和中央国家机关运转所需的经费，调整国民经济结构、协调地区发展、实施宏观调控所必需的支出，以及由中央直接管理的事业发展支出。具体包括：国防费，武警经费，外交和援外支出，中央直属企业技术改造的新产品试制经费，中央统管的基本建设投资，中央级行政管理经费，由中央负担的国内外债务还本付息支出，以及中央本级负担的公检法支出和文化、教育、卫生、科学等各项事业费支出。

地方财政主要承担本地区政权机关运转及本地区经济、事业发展所需的支出，包括：地方行政管理费，公检法支出，部分武警经费，民兵事业费，地方统筹的基本建设投资，地方企业的技术改造和新产品试制经费，支农支出，城市维护和建设经费，地方文化、教育、卫生、科学等各项事业费，价格补贴及其他支出。

（2）中央与地方收入的划分

其基本思路是：将维护国家权益、实施宏观调控所必需的税种划分为中央税；将适宜地方征管的税种划分为地方税；将与经济发展直接相关的主要税种划为中央与地方共享税。1994 年分税制改革方案对中央与地方的收入作了明确划分，具体如下。

① 中央固定收入。具体包括：关税，海关代征的进口增值税，消费税，中央企业所得税，地方银行和外资银行及非银行金融企业所得税，铁道部门、各银行总行、各保险总公司等集中交纳的收入（包括营业税、所得税、利润和城乡维护建设税），中央企业上缴利润等。外贸企业出口退税，除 1993 年地方已负担的 20％部分列入地方上交中央基数外，以后发生的出口税全部由中央财政负担。

② 地方固定收入。具体包括：营业税（不含铁道部门、各银行总行、各保险总公司集中交纳的营业税），地方企业所得税（不含上述地方银行和外资银行及非银行金融企业所得税），地方企业上缴利润，城镇土地使用税，个人所得税，固定资产投资方向调节税，城乡维护建设税（不含铁道部门、各银行总行、各保险总公司集中交纳部分），房产税，车船使用税，印花税，屠宰税，农牧业税，农林特产税，耕地占用税，契税，遗产与赠予税，土地增值税，国有土地有偿使用收入等。

③ 中央与地方共享收入。具体包括：增值税（中央分享 75％，地方分享 25％），资源税（按不同的资源品种划分，大部分资源税作为地方收入，海洋石油资源税作为中央收入），证券交易印花税（中央和上海、深圳各分享 50％）。

在之后的分税制实施过程中，收入的划分在中央与地方间又进行了几次局部的调整，具体如下。

① 2003年10月对出口退税机制进行改革，规定从2004年起出口退税由中央与地方共同负担。具体做法是：以2003年出口退税实退指标为基数，对超基数部分的应退税额，由中央与地方按75∶25的比例分别承担。

② 从2002年起，改革按企业的行政隶属关系划分所得税的办法，对企业所得税和个人所得税收入实行中央和地方按比例分享。除铁路运输、国家邮政、国有四大商业银行和政策性银行及海洋石油天然气企业缴纳的所得税作为中央收入外，其他企业所得税和个人所得税收入在中央与地方之间分别按50%分成；2003年中央分享60%，地方分享40%；以后年份分成比例将根据实际收入情况再行考虑。

③ 1997年以后，对证券交易印花税的分享比例进行了几次调整，其中1997年调整为中央分享80%，地方分享20%，同时税率由3‰调高到5‰，并规定调高税率所增加的收入全部归中央，由此分享比例折算为中央分享88%，地方分享12%。2000年决定将证券交易印花税中央的分享比例每年提高3个百分点，最终调整为中央分享97%，地方分享3%。

(3) 中央财政对地方税收返还数额的确定

为了保持现有地方既有利益格局，逐步达到改革的目标，中央财政对地方实行税收返还，其数额以1993年为基期核定。按照1993年地方实际收入及税制改革和分税情况，核定1993年中央从地方上划的收入数额（即消费税＋75%增值税－中央下划地方收入±其他调整因素）当年全部返还地方，并以此作为中央财政对地方的税收返还基数。1994年以后，税收返还额在1993年基数上逐年递增。递增率按全国增值税和消费税的平均增长率的1∶0.3系数确定，即上述两税全国平均每年递增1%，中央财政对地方的税收返还增加0.3%。若1994年以后地方净上划收入达不到1993年的基数，则相应扣减税收返还数额。这种税收返还带有转移支付的性质，但还不是真正规范的转移支付制度，尚待时机成熟才能加以规范。同时对原体制中中央补助、地方上解及有关结算事项的处理，维持原体制的分配格局，暂时不变。

(4) 分设国家和地方两套税务机构，并分别按划定范围征税

国家税务机构负责征收中央级固定收入与共享收入，地方税务机构负责征收地方各级的固定收入。

(5) 实施对地方的过渡期转移支付办法，实行新老体制并轨

从1995年起，中央财政初步建立了对地方政府过渡期转移支付制度，同时取消了原体制中央对地方的递增补助及地方对中央的递增上解。中央对地方的递增补助改为以1994年补助额为基数的定额补助，地方对中央的递增上解改为以1994年上解数额定额上解。

2002年起过渡期转移支付的概念停止使用，规范为一般性转移支付。即为了弥补财政实力薄弱地区的财力缺口，均衡地区间财力差距，实现地区间基本公共服务能力的均等化，由上级政府安排给下级政府的补助支出。资金接受者可根据实际情况自主安排资金用途。

至此，中央对地方的分税制预算体制在总体框架上就基本定型了。

3) 我国分税制实施状况分析及完善思路

(1) 我国分税制实施状况分析

从1994年以来分税制预算体制的实际运行情况看，分税制改革已初见成效。

① 它促进了全国财政收入持续快速增长。分税制前，每年国家财政收入增加额基本徘徊在200亿～300亿元，年增长率为10%左右；分税制实施以来，全国财政收入平均每年增加1 000亿元，年增长速度高达20%左右。2006年，全国财政收入39 343.62亿元（不含债务收入，下同），比2005年增加7 694.33亿元，增长24.3%。[①]

② 增强了中央财政的宏观调控能力。实行分税制后，中央财政收入在绝对额和所占全国财政收入比重两方面均有大幅度上升，特别是占全国财政收入的比重；改变了以往财政收入初次分配中"地方得大头"的状况，增强了中央宏观调控力度。

③ 中央与地方财政分配关系进一步规范。一方面，中央与地方相对有了各自的税收收入和一定的收入均衡调节机制；另一方面，中央政府在分税制实施后进一步集中了税政，取消了原体制下地方政府拥有的许多税收减免权，避免了中央税收的流失。

④ 促进了资源的优化配置和产业结构的合理化调整。这次分税制改革，中央政府的政策意图十分明确，除了要适当增加中央的财政收入外，就是要调整经济结构。因此，分税制后，原属地方主体税种的流转税大部分划归中央，抑制了地方因利益驱动而过多发展"小烟厂"、"小酒厂"的投资冲动，弱化了地区间封锁与重复建设现象，促进国内统一开放市场的形成。另一方面，由于分税制将农业"四税"及营业税等划归了地方，较好地调动了地方发展农业、第三产业和其他地方企业的积极性，为地方财政收入的增长提供了比较扎实的基础。

⑤ 一般性转移支付办法的实行，意味着我国转移支付制度已开始由"基数法"向按客观影响因素计算的"标准收支法"转变，并向调节地区差异、实现地区间财政均等化目标迈出了至关重要的一步。

但是在分税制执行中，也不断暴露出一些问题，并进而影响到分税制财政体制的整体效果，具体表现如下。

① 政府间级次过多，事权与支出范围划分不清晰。根据2005年的统计，中国内地现有省（直辖市、自治区）级政府31个，市（地区）级政府333个，县级政府2 862个，乡镇级政府43 258个。[②] 如此庞大而多级次的行政体制，首先带来的是政府运作成本和资源配置需求的加大，以及沉重的财政负担；其次，造成了各级政府行政与财政关系的复杂化，使各级政府的职责与权限难以划清，事权与财权不协调。目前我国各级政府的事权和财政开支范围，在有些方面的划分是比较明确的，如国防、外交和各级政府政权的运转经费等，但在有些方面确实存在着事权划分的模糊，导致财政收支范围划分不清、上下交叉过多的问题，以及基层政府事权与财权的不匹配。

② 收入划分标准过多，收入界限模糊。严格地说，分税制的收入划分标准应该比较单一，即税种。但我国目前的分税制运行中，采用的收入划分标准除了税种外，还有行政隶属标准，如中央所属企业上缴利润归中央，地方所属企业上缴利润归地方。这不仅强化了政府对企业的行政干预，不利于政企分开，同时也妨碍了企业间的横向联合和生产要素的重组，不利于深化企业改革。此外，还有行业划分标准，如铁路运输、国家邮政、国有四大商业银

---

① 引自财政部"2006年中央与地方预算执行情况与2007年预算草案报告"。

② 资料来源：中国统计年鉴（2005）．北京：中国统计出版社，2005.

行和政策性银行及海洋石油、天然气企业缴纳的所得税、营业税和城镇维护建设税归中央，其他企业相关税收要么中央与地方共享，要么归地方。这不仅增加了税务部门的征收难度，也造成了国、地税机构之间的矛盾。

③ 转移支付办法尚不完善。目前我国的转移支付体系过于庞杂，其内容不仅包括税收返还、一般性转移支付、专项拨款，还包括体制补助，结算补助等，以及近些年改革中出现的农村税费改革补助、工资改革补助等其他补助项目。形式多样，而且多不规范，真正具有均等化效果的只有一般性转移支付，难以实现地区协调发展的目标。

④ 地方税建设相对滞后，地方缺乏主体税种和必要的税收立法权。目前，我国地方税大多数是比较零星且稳定性差的小税种，税基较窄，收入弹性低，无法形成一个完整的地方税收体系，而且越往下越无税可分。加之目前几乎所有地方税的立法权都控制在中央，这无疑加大了基层地方财政收支平衡的难度。

⑤ 省以下财政管理体制尚不规范。就目前各地区出台的地方财税体制分析，明显存在着地方各级政府之间纵向财政分配不合理的现象。在税种划分、税收返还操作方法上也存在不少问题，如相对于中央与省共享税范围，省以下政府间共享范围大大扩展了；省级财政通过分税或截留中央的税收返还而少给或不给市、县的情况也有出现。

（2）我国分税制的完善思路

通过以上分析，有必要进一步完善我国现行的分税制财政体制，其中应着力解决的主要问题如下。

① 适当减少地方行政与财政级次，以法律形式明确政府间的事权和支出范围。根据我国的实际情况，可以考虑适当减少地方政府的行政层次，逐步形成省—县二级地方建制。在行政体制改革尚未到位之前，积极推进“省直管县”和“乡财县管”改革，强化县级政府在地方的重要地位，切实缓解我国基层财政的困难局面。同时明确划分政府职责，一方面应促进地方政府从大量介入一般营利性工商活动转移到向当地居民提供更好的公共服务上面来；另一方面，应在此基础上逐步明确中央与地方在农业、基础设施等经济性事务和科技、教育、扶贫等方面的事权责任，并加以法律规范。

② 改进税收收入的划分方法，使之有利于建立一套有效率的税收体系，以保证各级政府职能的发挥。我国分税制体制应从收入划分多标准，逐步过渡到以税收作为政府间收入划分的唯一标准。而在以税收作为收入划分标准的运用中，可以选择采用按税种划分，也可以实行分享税率。在此基础上合理划分中央与地方的税收收入，并保持相对的持久性，以实现中央与地方财政关系的稳定性和规范化。

③ 归并和简化转移支付体系，逐步增加转移支付力度。现行分税制同时并存着存量调节和增量调节两条转移支付系统。存量调节就是维护既得利益而设置的双向转移支付，自上而下的有税收返还、体制补助、结算补助等多种方法，自下而上的是地方上解。规范的转移支付制度要求从逐渐减少，甚至消除以基数法为依据的为维护既得利益的转移支付制度，过渡到按客观因素测定标准收入和标准支出的转移支付制度。因此，就目前而言可以有两种选择：一是进一步将维护既得利益的多种调节方法简并为税收返还一种方法，而后逐步减少富裕地区税收返还的增量，增加贫困地区税收返还的增量；二是将税收返还基数逐步纳入按因素法计算的拨款公式，每年纳入一定比例，若干年后全部过渡为按因素法计算的转移支付制度，与此同时，清理现行的专项拨款，改进拨款方法。

④ 完善地方税收体系。一是要扩大地方税收规模，增强地方政府预算自求平衡的能力；二是应赋予地方必要的税收立法权和执法权；三是力争各级政府都应有自己的主体税种，以保证各级财政有稳定的收入来源。

15.4 政府间的财政竞争

随着财政分权理论的不断发展和成熟，财政分权和分级财政的实践活动在各国逐渐展开。实践表明，财政分权虽然有利于各级政府发挥各自的积极性和主动性，满足社会公众对公共服务的多样化要求，提高整个社会的福利水准；但另一方面，财政分权的展开也必然带来财政竞争活动，各级政府以促进区内经济的发展及社会公众福利水平的提高为目的，围绕经济资源和财政资源展开了激烈的竞争。

15.4.1 财政竞争的概念及基本内容

政府间财政竞争是指一国国内地方政府间为增强本辖区的经济实力、提高辖区内的社会经济福利，以财政为手段进行的各种争夺经济资源的活动。财政竞争包括支出竞争和税收竞争，在一个国家发展的不同阶段，地方财政竞争的表现形式是不同的。改革开放以来，我国的地方财政竞争经历了以税收竞争为主，到税收竞争和支出竞争并存。随着我国加入WTO和财政分权化程度的提高，财政支出竞争的作用将愈加突出。①

1. 税收竞争

政府间税收竞争主要是指各地区通过竞相降低有效税率或实施有关优惠政策等途径，以吸引其他地区财政资源流入本地区的政府自利行为。税收竞争主要是通过税收立法、司法及行政性征管活动来实现的。

1）税收竞争的类型

① 按照税收竞争活动的范围和秩序状况，税收竞争有制度内和制度外两种不同类型②。

制度内税收竞争是我国国内目前最为普遍且常见的地方政府间税收竞争的类型。此类竞争，一是表现为不同区域之间的税收优惠竞争，通过争取并利用中央政府制定的区域性税收优惠以实现对外部资源的吸引，推动本地社会经济发展。其竞争手段由税收法律和法规中规定的税收优惠形式所决定。二是表现为在国家税法规定的地方税权范围内，根据自身情况和发展目标通过制定差别税收政策而展开的竞争。其竞争的手段由税法赋予地方政府的税收权限而决定，如实行差别税率、税收减免、不同的起征点，或是采取差别税目及不同的纳税期限等。总体来看，制度内税收竞争主要在制度框架内形成，具有一定的稳定性和可控性。

制度外税收竞争则是指地方政府在制度框架外展开的有关税收竞争活动。它可能表现为地方政府为保护本地的产品和要素市场而展开的竞争，也可能表现为为扩大地方制度外收入

---

① 钟晓敏．市场化改革中的地方财政竞争．财经研究，2004（1）．

② 陶勇．地方财政学．上海：上海财经出版社，2006.

进行的竞争。其决定影响的因素相对复杂，包括地方政府的征管水平、人员素质、行政干预、税收计划等。主要的形式有擅自减免税、包税、买税、税收的先征后退、故意放松监管力度、实行费率控制等。既有合理合法的，也有不合理不合法的，在许多场合表现出一种无序的状况和地方保护主义特征。

② 按照税收竞争的手段，税收竞争可以分为税收立法竞争、司法竞争和行政性征管竞争。①

税收竞争主要通过税收立法、司法和征管活动对经济资源及税收资源展开争夺，以提高本级政府（部门）控制的资源数量。在我国现有体制下，谁控制的资源多，谁就在经济发展中占有主动性（或优势）。税收立法竞争主要是指通过政府间的税收立法活动影响税收资源在各级政府间及同级政府间的分配。税收立法不仅包括法律的制定，而且包括对财税体制的界定。税收征管竞争主要是指在现有的税收法律框架下以税收自由裁量权为基础展开的对税收资源的争夺。税收司法竞争主要是指为保有税收资源所有权展开的司法维持活动。其中，税收立法竞争是税收竞争的基础环节，是第一层次的税收竞争；在行政核心的政治体制下，行政性征管竞争是税收竞争的中心环节和主要内容，是第二层次的税收竞争；而司法竞争则是税收立法竞争及征管竞争的补充，是第三层次的税收竞争。

③ 按照税收竞争活动的层次状况，税收竞争活动还可以表现为上下级政府间的竞争、同级别政府之间的竞争及一级政府内部各部门之间的竞争。

上下级政府间对税收资源的竞争，是分级分税财政体制下的产物。这一方面是因为各级政府的利益与其能够管辖的税源有非常密切的关系；另一方面，分权改革的发展正在改变中央与地方之间政治权力的对比，也必将改变中央与地方的税收竞争力量对比。在我国中央与地方政府之间的税收竞争主要是立法竞争，同时也包括一部分征管竞争。虽然我国的中央集权决定了中央政府在与地方政府争夺税收资源时占有相对优势或者说有较强的市场权力，但随着我国政治经济体制改革的进一步深化，分权逐渐成为发展的基本趋势，地方政府的政治权力已经有所加强。特别是在差异性经济发展模式下，经济发展较快的沿海地区已经具备了部分向中央政府讨价还价的实力。不仅地方政府有充分的实力来影响中央立法机构的决定，从而维护地方政府的利益；而且全国性的立法机构也必须考虑地方政府的利益，以降低法律的实施成本。国税与地税征管机构之间的矛盾集中反映了中央与地方政府税收征管竞争的程度。在现有税收征管体制下，国税及地税两套税务征管机构分别为中央和地方政府服务，为了维护其利益，双方经常在税收征管边界上发生纠纷。例如，双方经常在增值税与营业税的征收边界上发生争执，而双方在企业所得税的征收问题上也是多有矛盾。另外，国家税务总局对税法的解释权则表明中央政府在税收司法竞争中占据了主导地位。

同级别政府之间的竞争是财政分权及差异性经济发展模式的产物。财政分权使地方政府有了相对独立的经济利益，差异性的经济发展模式使税收利益成为影响其经济发展的重要外在变量。随着分权改革的加快，各地方政府拥有的立法、司法及行政权力将进一步扩大。地方政府为扩大自身利益而展开的对经济资源及税收资源的争夺将在更高层次上展开。例如，一方面，地方政府可以游说中央立法机构，使之通过有利于本地区经济利益的税收法律及其他相关法

---

① 钟晓敏．市场化改革中的地方财政竞争．财经研究，2004（1）．

律；另一方面，地方政府可以凭借有限的税收自由裁量权对区内经济活动按照较低的税率征税，吸引外部经济资源及税收资源的流入，同时保证本区经济资源及税收资源不会外流。

一级政府内部也存在对税收资源的竞争或争夺，它既是政治权力横向划分的产物，也是一级政府内部各部门利益凸显的产物，与政府对部门行为的约束程度密切相关。在我国现有的政治体制框架下，由于行政权力比较突出，立法及司法权的影响力比较有限，因此行政机构对税收资源的占有具有先天的优势，其他机构在税收竞争中则处于不利地位。而在政府行政机构内部，虽说一般将税收征管权力赋予税务机关，但是其他非税机构在行政活动中也染指税收资源，从而使税源被多方控制，降低了政府及税务机构对税收资源的监管能力，如非税收部门的乱收费实质上是对税收资源的侵占。

2）税收竞争的基本特点①

税收竞争是市场经济主体在税收市场上展开的经济活动，与普通商品市场的竞争有一定的差别。

① 税收市场的参与者与普通商品市场的参与者不同。在普通商品市场上，任何经济主体都可以参加；在税收市场上，市场主体通常指各级政府、征税机构及其他行政部门。

② 税收经济主体的市场权力与普通经济主体的市场权力来源不同。一般的市场权力来源于经济主体在竞争中获得的优势。税收市场权力并不是通过竞争获得的，或者说不是完全通过市场竞争而获得的。因为税收市场权力（或税权）是国家权力的一部分，是通过分权来赋予各政府性经济主体的。

③ 税收市场的竞争程度与普通商品市场的竞争程度不同。普通商品市场的竞争程度取决于市场权力的集中程度，而这种市场权力的集中很可能受到反垄断法规的限制。税收市场权力来源于国家权力，税收市场的竞争程度取决于国家权力在各级政府部门间的分布或集中程度。

2. 公共支出竞争

随着经济的发展，人们生活水平的提高和生活方式的改变，人们的需求结构正在发生变化，对公共品的需求也越来越大。因此，作为地方政府而言，只有税收的竞争已经不够了，以满足人们较高层次需求的公共品的竞争正日益受到重视。同时，随着社会民主化程度的提高，当地方官员们的政绩考核以是否满足本地区社会成员的利益来衡量时，财政支出竞争的压力将越来越大。这种对公共品的竞争压力要求政府低成本地提供优质的公共品，这主要体现在一个地区的环境建设、教育质量、社会安全、城市公共设施、公共卫生、投资环境、法制环境等方面。这就形成了所谓的公共支出竞争。因此根据财政联邦主义的传统观点，政府间财政竞争有助于提高公共支出效率，进而提高居民福利水平。得出这个结论有三个理论前提，它们分别是：地方政府在财政方面拥有自主权，中央政府对地方政府的财政不进行干预；各种生产要素可以充分流动，允许“以足投票”；地方政府面临预算的硬约束，即不可以发行货币和无限制贷款。

随着市场经济改革的深入，我国财政分权实际造成的地方政府的财政竞争和要素的流动性增强，在一定程度上为经济发展提供了较好的制度前提。但政府间财政竞争是否一定有利于提高社会福利、促进经济发展呢？

---

① 钟晓敏．市场化改革中的地方财政竞争．财经研究，2004（1）．

15.4.2　我国政府间财政竞争的特殊性分析[①]

从我国的国情而言，与西方联邦制国家相比具有显著差别，主要体现如下。

（1）单一制中央集权

税收立法权高度集中，地方政府税收自主程度有限，财政体制的调整由中央政府主导。

（2）官员上级委任制

以经济发展为核心的政绩考核体系直接影响着地方政府官员的行为。

（3）人口流动受限制

居民无法用脚投票，满足居民公共需求尚未成为地方政府首要的政策目标。

在这些体制性因素的约束下，我国地方政府官员的目标主要是追求财政收入和地方经济发展最大化，即拥有足够的财政支出资源和以 GDP 为代表的经济发展指标最大化。而财政体制的分权化进程使地方政府的利益主体地位日益凸显，地方政府发展地方经济的动力和责任日益被强化。为了实现这些目标，地方政府纷纷把吸引投资作为主要竞争目标，因为资本仍然是推动中国经济发展的最主要因素。

这种旨在吸引投资的财政竞争，在现实中往往容易导致地方政府的支出行为严重异化，从而不利于公共服务水平的提高。这一方面是因为政府为了吸引外商直接投资以实现经济增长，往往不计成本地进行基础设施建设，把有限的财政资源投入到修建道路、完善供水、供气等基础设施上，以期改善投资环境。比较不同公共产品的类型，既有生产性又能满足居民生活的公共品往往是政府的优先选项；而在财政收入一定的情况下，地方政府对基础设施建设投入的偏重，就势必形成对公共服务投入的挤占。另一方面是因为在吸引投资的财政竞争中，地方政府仍然把税收优惠作为重要手段，这可能会减少地方政府的税收收入，从而间接地使地方政府压缩公共服务支出。对于贫穷地区的地方政府而言，由于税基本来就比发达地区少，投资环境也不如沿海地区，因此税收优惠对财政支出的影响更加明显，为改善投资环境的支出预算约束也将更加紧张，对公共服务支出的挤占就将更加严重。

从我国范围看，虽然地方政府间税收竞争和支出竞争的现象同时存在，但由于各地区的经济发展水平存在较大差异，加之人口流动受到特殊国情的限制，因此中、东、西部的财政竞争的表现形式并不完全一致，地域之间具有显著的差别。对于东部及部分中部经济发达、财政收入充裕的省份来说，显然它们将会更加重视支出方面的竞争。因为这些省份在投资环境、人力资本等方面都要比欠发达地区更具有竞争力，而当公平税负的意识为人们所普遍接收时，属于价格范畴的税收竞争的作用将会日趋淡化，满足人们较高层次的非价格竞争的因素将越来越重要，因此提供优质的公共品和公共服务（如改善教育、卫生等服务条件等）比低税更加吸引资源和要素的流入。对中、西部经济欠发达省份而言，由于普遍财力有限，地区居民的流动性也比发达地区差，即使有流动的人口，又总是从贫穷地区向富裕地区流动，因此不论其如何改善公共服务，其总体水平也不如发达地区，在吸引劳动力的竞争中总处于劣势。这种无能为力的状态使得欠发达地区的地方政府更加忽视当地居民的公共服务需求。正是因为这些省份处于既要吸引投资，又无充足

① 张恒龙，陈宪．财政竞争对地方公共支出结构的影响．经济社会体制比较．

的财力来兼顾投资环境的改善和公共服务水平提高的两难境地，于是依靠税收优惠，甚至廉价劳动力吸引外商直接投资就成为现实的选择。从这个意义上说，财政分权往往可能使贫穷地区陷入财政收入日益萎缩、公共服务支出缩减、经济增长缓慢的恶性循环。因此，关于财政分权所导致的财政竞争能够增进社会福利的观点在我国并未得到经验支持。

15.4.3 提高我国地方财政竞争效率的对策思路

通过以上分析可以知道，随着财政联邦主义理论的不断发展和成熟，建立财政分权体系已经成为各国政府改善政府效率实践的重点。在我国，建立市场经济的条件下出现的地方财政竞争无疑正是财政分权改革实践所取得的效果，与以前高度集中财政管理体制相比，它代表着各级政府自主理财意识的复苏。实践证明，竞争作为社会发展的动力和基础，以及资源有效配置和提高效率的根本途径，无论是对私人产品的生产，还是对公共品的生产，都是适用的，但关键是竞争的规则要公平、透明。面对现实中我国地方财政竞争所造成的财政资源浪费、腐败，政府决策效率低等现象，要使我国地方财政竞争进一步规范、效率得到进一步发挥，改革地方财政体制、改善税制环境已成为关键。

(1) 推进政府间事权划分的法制化进程，实现事权与财权的统一

政府间事权与财权的合理划分，是提高政府的财政资源配置效率的重要前提。从世界范围来看，无论是联邦制国家还是单一制国家，政府间的责权利关系都是建立在宪法或相关法律基础上，关系的调整也按法定程序进行。而在我国，中央与地方的事权调整与相应的财政安排一般通过中央与地方谈判博弈来加以实现。在此过程中，由于中央政府在政治上和行政上的权威地位，它对事权和财权的划分往往具有动议权和决定权，并通过行政渠道付诸实施，因此地方通常处于被动和不利的状态，缺乏稳定性和必要的法律保障。

为此在分税制的基础上，首先应通过完善宪法、财政法、预算法等，将政府间事权的分配与调整以法律形式加以明确与固定，使地方的事权与利益得到合理的安排，避免地方不必要非正当的竞争；其次，应该赋予地方政府一定的税收立法权，使地方人大具有开征地方税种和安排地方税税率的权利，以法制化、程序化的税收竞争代替制度外税收竞争；再次，建立政府间合理、规范的公平补偿机制，中央政府要规范转移支付制度和加强对不发达地区的政策扶持力度，提高不发达地区的财政能力，为地方财政竞争创造公平的竞争环境，尽量避免地方财政竞争加剧地区间发展的不平衡，影响社会稳定。

与此同时，应逐步进行行政体制改革，弱化上级政府的行政命令干预，推动地方政府的制度内创新，使各级政府决策的经济结果内部化，将给予地方的各种权利用法律形式规范下来，使地方既能够发挥各自的比较优势，又对自己的权责心中有底，能从一个较长的时期来考虑地方的发展，从而使地方财政竞争更加规范，符合社会的长远发展利益。

(2) 调整地方政府的职能范围，实现经济上的适度收权①

地方政府经济上适度收权，是要求地方政府退出微观经济活动领域，放弃对企业和金融机构的直接控制，而把其定位在地方公共品的供给角色上，实现企业家式政府向市场维护型

---

① 钟晓敏．市场化改革中的地方财政竞争．财经研究，2004 (1)．

政府的转变。这样做一方面可以逐步切断地方政府对增值税和企业所得税的依赖，消除地方保护主义的根源，促使地方培育自有税基，避免恶性财政竞争的发生；另一方面，也为财政体制的改革创造良好的制度条件，从而在一定程度上能够优化地方的财政支出结构，提高财政资源的配置效率。

需要指出的是，适度收权的提出是相对于我国目前尚存在的过度的地方经济自主性与政治体制的集权性之间的矛盾而言的。在近期现有的政府间事权配置结构尚未调整到位的前提下，地方政府实现经济权利收缩、逐步退出地方国有企业和集体企业，可以先由国有资产管理部门和审计局对各地的国有和集体企业进行清产核资开始，然后由国有资产管理部门制定政府所有权拍卖名单、价格、次序与规则，在各地产权交易所对政府所有权进行拍卖，购买者必须承担该企业的债务及就业责任；拍卖资金纳入地方财政预算，用于当地保障支出。

（3）建立健全财政监督体制，加强财政预算管理

尽管国外的实践证明，政治的分权化有助于提高地方政府行为的自主性和责任心，有利于塑造最终的政府监督人，从而解决财政监督的缺位。但短期内在我国实现政治分权显然还缺乏实施的条件，这不仅是因为路径依赖的约束，更重要的在于政体改革涉及权利变更，存在很大的改革成本，因此有必要采取渐进式的改革，弥补政府行政作为中监管的不力。改革以来，我国已逐步建立起了以财政部门为主体的财政监督体系，但在实际运作中却没有得到足够的重视，政府部门的行为规范很大程度上仍然依靠自律，这显然是不够的。实践证明，一个有效的政府离不开人民的约束。所谓财政监督缺位，指的是纳税人没有真正行使监督权利。

所以，要加强对政府行为的约束，就必须围绕财政公开化原则，从纳税人监督和财政体系内部监督两方面着手健全财政监督体制。一方面，利用地方人大对地方政府的财政收支行为进行合法监督，让纳税人真正行使监督权利，更进一步的是通过地方直选来真正落实纳税人的监督权；另一方面，加强财政内部监督机制的建设与完善，提升财政部门对资金使用单位活动的反应力和制约力。

值得关注的是，随着我国市场经济改革的不断深入和对世界贸易组织的成功加入，地方财政竞争的环境与条件正在日益得到改善。这其中包括：一是住房制度、户籍制度、人事管理制度和社会保障制度等方面的不断深化改革，使制约要素流动的各种障碍逐渐减少，要素流动性得到提高，而这种流动性对地方财政在发挥职能过程中将产生巨大影响，因为资金、人员的流动，企业的迁移都意味着税基的流动，这势必会强化地方财政竞争；二是我国加入世界贸易组织后，按照世界贸易组织的国民待遇原则、透明度、公开性原则，提供优质公共品和公共服务将取代以提供税收优惠为主的税收竞争而成为地方财政竞争的主要手段（这在经济发达地区已经有了具体的反映）。

课堂讨论

1. 如何理解财政分权？其主要原因和弊端有哪些？
2. 我国地方财政竞争的现状如何？你认为应如何提高我国地方财政竞争效率？

本章小结

政府的级次决定着各级政府承担职能的差异，从而决定着财政级次及各级政府间的财力分配。

财政分权，是指给予地方政府一定的税收权力和支出责任范围，并允许其自主决定预算支出规模与结构。根据世界范围财政分权理论的研究成果，其原因归纳起来有以下几方面：有利于减少信息成本；有利于提高资源配置效率；有利于分配的公正性；有利于财政监督；有利于引入竞争和创新机制。但过度的分权同样也带来一些弊端：第一，无法解决某些公共项目外部效应所带来的经济损失或地区间矛盾，影响地方政府行为的正当选择；第二，难以实现规模经济及效益；第三，分权有可能带来管理与执行成本的增加；第四，地区间的发展不平衡的问题得不到有效解决。

在财政分权的框架下，政府间财政关系围绕着事权及财力、财权在各级政府间的划分而展开。

财政职能的层次性，即中央与地方政府的职能及支出范围划分。它要解决的是公共部门的职责具体应由地方、地区或中央哪一级次政府来承担的问题。一个明确而稳定的职能划分具有非常重要的意义。中央与地方政府支出职能划分的依据有二：一是财政集权与分权模式的选择；二是公共产品的生产及消费的性质。划分的原则应包括利益原则、共同负担原则和调节控制与平衡的原则。

在明确各级政府事权的基础上必须合理确定中央与地方各自拥有的税种与税权。划分的原则有：财权划分应尽可能与支出责任划分相一致；税种的划分应有利于实现征管效率；中央与地方间税源必须具有稳定性。一般来说，税基流动性大、收入再分配功能强，以及更易发挥税收宏观调控功能的税种应划归中央；而税基流动性较小的应划归为地方。税权的确定关键在于明确地方政府是否有权决定地方税基和税率。

政府间财政转移支付，是指中央与地方间或上下级政府间的财政资金转移。政府间转移支付的建立与规范对于完善分级预算体制，确保其高效、公平运行具有重要意义。政府间转移支付的原因有四：一是政府间存在着纵向不平衡；二是地区间存在着横向不平衡；三是提供公共产品中存在的外部性；四是中央与地方在财政支出和投资选择上存在矛盾。而转移支付体系所要实现的目标是：一是纠正或调整地区间的纵向失衡；二是纠正或调整地区间的横向失衡；三是调整与公共物品提供相关的外部性；四是使地方支出与中央的目标协调一致；五是刺激地方政府努力增收；六是为中央政府实现宏观经济的稳定政策提供足够的弹性。

财政管理体制是国家在中央与地方及地方各级政府之间划分预算收支范围和管理权限的一项根本制度。其主要内容有：确定预算管理的级次及职能范围；划分各级预算收支；确定地方机动财力；划分预算权限。预算体制的实质就是处理预算资金和管理上的集权与分权、集中与分散的关系。

我国财政管理体制随着国家政治经济形势的发展变化，进行了多次改革，经历了由统收统支—统一领导、分级管理体制—收支的分级包干体制—分税分级预算体制的发展过程。

政府间财政竞争，是指一国国内地方政府间为增强本辖区的经济实力、提高辖区内的社会经济福利，以财政为手段进行的各种争夺经济资源的活动。财政竞争包括支出竞争和税收竞争。

其中，税收竞争主要是指各地区通过竞相降低有效税率或实施有关优惠政策等途径，以吸引其他地区财政资源流入本地区的政府自利行为。按照竞争活动的范围和秩序状况，税收竞争有制度内与制度外两种不同类型；按照竞争的手段，税收竞争可以分为税收立法竞争、司法竞争及行政性征管竞争；按照竞争活动的层次状况，税收竞争活动还可以表现为上下级政府间的竞争、同级别政府之间的竞争以及一级政府内部各部门的竞争。税收竞争的基本特点表现在：税收市场的参与者与普通商品市场的参与者不同；税收经济主体的市场权力与普通经济主体的市场权力来源不同；税收市场的竞争程度与普通商品市场的竞争程度不同。

公共支出竞争，是要求政府低成本地提供优质的公共产品。这主要体现在一个地区的环境建设、教育质量、社会安全、城市公共设施、公共卫生、投资环境、法制环境等方面。

重要概念

多级政府　财政分权　政府转移支付　一般性财力转移支付
财政竞争　税收竞争　公共支出竞争　无条件转移支付　有条件转移支付
财政管理体制　分税制　预算法

思　考　题

1. 简述中央与地方政府支出职能划分的依据。
2. 简述中央与地方政府支出职能划分的原则。
3. 中央与地方政府间税种划分的原则是什么？
4. 试述政府间转移支付制度建立的原因与目标。
5. 何谓分税制？如何看待我国分税制的运行与发展？
6. 何谓税收竞争？其基本特点是什么？
7. 简述地方财政竞争的基本内容。

进一步阅读材料

[1] 陶勇．地方财政学．上海：上海财经出版社，2006.
[2] 钟晓敏．市场化改革中的地方财政竞争．财经研究，2004 (1)．

第16章

财政政策

【本章概要】

本章在了解财政政策的基本含义和理论发展的基础上，对财政政策的目标、类型及其选择进行了介绍；通过对财政政策传导机制的分析，进一步理解财政政策对宏观经济的调控原理和作用特点；在此基础上，介绍了货币政策及财政政策与货币政策的相互配合问题；最后结合中国宏观调控实践，简要回顾并介绍了中国在不同经济环境下运用的财政政策和货币政策。

【学习目标】

- 了解财政政策的含义和财政政策理论的发展及演变；
- 掌握财政政策的类型和手段；
- 掌握借助宏观经济分析工具分析财政政策作用的机理和效力；
- 理解货币政策及财政政策与货币政策相互配合调节宏观经济的必要性和不同的“松”、“紧”搭配；了解我国实施积极财政政策的背景，掌握积极财政政策的主要成功经验，最终能够运用宏观财政理论和方法对宏观经济进行分析。

经济稳定增长是现代财政的三大职能之一。在市场经济体制下，财政政策是政府宏观调控经济运行的重要手段，政府通过对各种财政政策工具（如税收、政府预算、政府决算、国家信用）的广泛运用，改变财政收支的总量和结构，并通过与货币政策的协调配合可以有效调节宏观经济总量和结构，实现政府确定的宏观经济目标，以保持经济稳定、持续、协调、健康、和谐发展。

16.1 财政政策的基本概念

16.1.1 财政政策的内涵

1. 财政政策的含义

财政政策是国家经济政策的重要组成部分，有广义和狭义之分。广义的财政政策是指政府为了达到一定的经济和社会目的而制定的指导财政分配活动、处理财政分配关系的基本准则和措施的总称，表现为各级立法机构和政府机关制定的有关财政的各种法律、法规。而狭义的财政政策是指政府为了实现社会总需求与社会总供给的均衡，对财政收支对比关系进行调整的准则和措施的总称，表现为政府依据财政收支与社会总供求的内在联系，通过调整财政收支的对比关系来调节经济总量，以实现社会供求总量平衡和结构协调这一政府宏观调控的目标。财政学中的财政政策通常指的是狭义的财政政策。

2. 财政政策理论的发展

财政政策理论是随着经济学理论的发展而发展的。如果以政府在经济中所起的作用为基本线索，可以大致将其划分为四个时期的财政政策理论。

1）重商与重农主义时期的财政政策理论

在古典经济学派以前的重农主义和重商主义经济学说中，已经有了财政基本理论的论述，但这些论述只是零散地作为一般经济理论的某一方面而存在，没有形成独立系统的体系。重商主义产生和发展于欧洲资本原始积累时期，反映了这个时期商业资本的利益和要求，认为出口是一件值得称赞的事，因为它可以促进本国工业的发展，并导致重金属的流入；与此相反，进口却是一种负担，因为它减少了对本国产品的需求，这不仅会导致国内就业率的下降，而且还会使贵金属流失。基于以上立场，重商主义者非常注重国家利用财政政策以增进经济福利，并借助财政政策干预对外贸易的出口，对生产加以保护和奖励，而对进口则应采取保护主义的措施加以限制。

重农主义把研究对象从流通领域转向生产领域，认为只有农业部门才是唯一创造财富的生产部门。重农主义提倡自由放任，反对国家干预，主张实行单一税的财政政策（只征收单一、直接的地租税，反对向租地农场主征税，认为其收入用来补偿劳动力，征税破坏生产），积极发展资本主义农业（农业是唯一的生产部门，且只有资本主义大农业才提供纯产品）。

2）古典时期的财政政策理论

在自由资本主义时期，经济学理论处在以亚当·斯密、大卫·李嘉图和萨伊为代表的古典主义时期。古典学派认为市场这只“看不见的手”能自动调节资源的配置与促进资源的合理利用，主张自由竞争是经济发展的动力，政府在社会经济活动中的职能被限定为“守夜人”。1776 年，亚当·斯密出版的《国民财富的性质和原因的研究》一书对国家财政进行了深入、系统的专题研究。他积极宣扬经济自由和发展自由放任的资本主义市场经济，主张国家职能越小越好。亚当·斯密认为国家应当尽量少地从社会经济中取走财富，以利于民间资本的形成，促进国民财富的增长；国家不应当干预经济，市场足以能协调经济的发展；国家财政支出必须限制在国防、司法、公共工程建设和维护公共机关的需要等方面。由于这种“夜警国家”观的指导，亚当·斯密竭力主张应固守财政收支平衡的原则，反对财政赤字，反对发行公债。由于国家没有经济职能可言，因而财政政策目标就不会同社会经济目标相联系，而只有财政自身的收支平衡目标。亚当·斯密的财政思想及其政策主张经大卫·李嘉图的继承和发展，在 19 世纪对西方各国财政理论产生了极其深远的影响。

古典时期的另一重要代表人物萨伊认为，最好的财政计划是尽量少花费的计划；最好的赋税是最轻的赋税。萨伊以后的经济学家，如瓦尔拉斯和马歇尔等，也依然从一般均衡论和局部均衡论出发，论证资本主义的自由市场经济能够实现市场均衡，无需国家加以干预，因而仍把财政收支平衡作为财政政策目标。

3）凯恩斯主义的财政政策理论

20 世纪 30 年代，资本主义世界出现了前所未有的经济大萧条，市场机制的自我调节功能不能使经济走出大萧条，基于古典主义经济理论“夜警国家”观的政府面对危机无能为力，而在以美国罗斯福新政为代表的国家积极干预下，危机得以解除。在此背景下，古典主义经济理论受到批评，凯恩斯主义经济学应运而生。凯恩斯认为由于三个基本心理规律导致的有效需求不足，使得资本主义社会就业均衡小于充分就业的均衡。据此，他提出了国家干预经济的理论观点及政策主张，认为政府对经济的干预应以需求管理为主，通过扩大政府支出规模、扩张政府需求的方法来弥补私人有效需求的不足，促使总需求与总供给在充分就业的水平上实现均衡。在财政政策方面，就是要采取扩张性财政政策，以减税来刺激消费和投资的增加，增加政府购买和公共投资以弥补私人需求的不足，通过发行公债应对政府财政赤字，以此来解决有效需求不足的问题。自此，财政政策成为资本主义国家宏观经济政策的重要手段，财政政策理论进入了一个快速发展的时期。

4）后凯恩斯主义的财政政策理论

20 世纪 50 年代后，新古典综合派居于西方经济学的主流地位。根据汉森的理论，新古典综合派提出了补偿性的财政政策。在经济萧条时期，实行扩张性财政政策；在经济繁荣时期，则实行紧缩性财政政策，而两个时期的财政盈亏相互补偿。20 世纪 60 年代初，新古典综合派 J·托宾和阿瑟·奥肯等人提出了“潜在的国民生产总值”和“充分就业预算”这两个新概念，把充分就业和经济增长作为财政政策的主要目标，倡导充分就业预算的财政政策，修改了原来只主张在经济萧条时期实行扩张性政策的观点，认为只要实际的产出量小于潜在的产出量，即使在经济处在上升时期，也要通过赤字财政政策与扩张性货币政策来刺激总需求，使实际产出量达到潜在产出量，实现充分就业。

面对 20 世纪 70 年代的滞胀，赤字财政政策与扩张性货币政策显得无能为力。在货币主义理论的影响下，松紧搭配的财政政策和货币政策开始运用于实践。与此同时，财政政策和货币政策的微观化越来越受到重视，供给学派以减税为主的财政政策主张也得到了许多国家的响应。随着经济的全球化，国与国之间的财政政策影响日益深刻，开放经济条件下货币与财政政策的理论也成为财政理论的重要内容。

【资料链接】

罗斯福新政

1929 年 10 月 24 日，美国爆发了历史上最大的一次经济危机，从 10 月 29 日开始的一周内，美国人在证券交易所内失去的财富达 100 亿美元。为了维持农产品的价格，农业资本家和大农场主大量销毁“过剩”的产品，用小麦和玉米代替煤炭，把牛奶倒进密西西比河，使这条河变成“银河”。到 1932 年，钢铁工业下降了近 80%，汽车工业下降了 95%，至少 13 万家企业倒闭，占全国劳工总数 1/4 的人口失业。

1933 年 3 月 4 日，富兰克林·德兰诺·罗斯福就任美国第三十二届总统。罗斯福应对危机的一系列政策后来被称作“新政”（NewDeal)，其核心是三个“R”：改革（Reform)、复兴（Recovery）和救济（Relief)。

罗斯福新政的处方是先从整顿金融入手。在就职后的第三天，即 1933 年 3 月 6 日，罗斯福宣布全国银行“休假”，这是他所采取的重建银行和经济结构的第一步。3 月 9 日，国会通过《紧急银行法令》，对银行采取个别审查、颁发许可证制度，对有偿付能力的银行，允许尽快复业。13 日至 15 日，全国绝大多数银行经过财政部审核，在政府监督下，分批陆续恢复营业。6 月 16 日，国会通过了《1933 年银行法》，建立由联邦承担责任的联邦储备体系。由于采取了这些措施，银行信用很快恢复，银行存款在不到一年的时间里增加了近20亿美元!

在整顿农业方面，从1933年5月开始，新设立的农业调整管理局着手开展了一场雷厉风行的行动，在春夏两季有计划地犁掉了大约1 000万英亩棉田，收购和屠宰了大约20多万头即将临产的母猪和600多万头小猪，几千万头牛和羊，物缺则贵的法则发生了作用。随着农业生产的下降，加上1933—1934年遭到严重旱灾，农产品价格开始回升。从1932年到1936年农业总收入增加了50%，出售农产品的现金收入（包括政府补贴）几乎翻了一番，保持平价的比例从1932年的55%上升到1936年的90%。

1933年春天，罗斯福政府制定了旨在整顿工业的《全国产业复兴法》，其内容共分两部分：第一部分的宗旨是订立可免受托拉斯法案限制的公平竞争规约；第二部分提出要成立"公共工程署"，并为此拨款33亿美元，罗斯福称之为"向工业界提出的艰巨任务"。7月又提出订立"一揽子规约"的想法，规定愿意合作的雇主应保证遵守全国复兴总署规定的最低工资和最高工时的标准。200万雇主接受了"一揽子规约"，并在企业门口悬挂以印第安人雷鸟为蓝本而设计的蓝鹰徽——服从规约的标志。

在"新政"中，更主要的方面是以工代赈。罗斯福上任后从一开始就倾注了极大的力量兴办大规模的公共工程，以扩大政府开支来弥补因私人投资下降而出现的空白，并解决部分就业问题。1935年4月28日，罗斯福正式宣布工赈计划，明确规定对有工作能力的失业者不发放救济金，而是帮助其通过参加不同的劳动获得工资。

罗斯福新政是20世纪资本主义发展历程中的重大事件，它帮助美国的资本主义制度度过了1929—1933年的一场空前大灾难。美国的资本主义制度得救了，世界资本主义体系也缓过气来，从而使得新政在美国历史和世界历史中获得了一席之地。

资料来源：《环球时报》，2002年03月18日。

16.1.2 财政政策目标

财政政策目标是政府制定和推行财政政策所要达到的目的。与其他宏观经济政策的目标一样，实现宏观经济总量平衡的财政政策在总体上也有四大目标，即经济增长、充分就业、物价稳定和国际收支平衡。

1. 经济增长目标

经济稳定增长是资源优化配置和充分利用的动态体现，是一定时期宏观经济保持持续、稳定、健康的增长状态。经济稳定增长是财政政策要实现的首要目标，也是最重要的目标之一。经济稳定增长表现在适度的经济增长率、稳定的物价水平、充分就业和国际收支平衡上，通过市场来考察，它又集中反映在社会总供给和社会总需求的协调平衡上。通过财政收支活动，可以对国民经济活动的总量（即总供给和总需求）进行有效的调节。财政支出总量和财政收入总量的变动，都会以不同的方式和程度影响社会总供给和总需求的变化。

从财政收入方面来看，收入总量的调整，即国家增加或减少税收，提高或降低国有企业利润分配的比例，从短期看，可以影响企业和个人可支配的收入，因而影响总需求，但同时也会在一定程度上影响总供给。正因为如此，国家能够通过财政收入总量与支出总量的对比关系来调节社会总需求与社会总供给，促使社会总供给和总需求平衡，以维持宏观经济的稳定。

从财政支出方面来说，无论是投资性支出还是消费性支出，在短期内很快就会变为社会的购买活动，直接形成社会总需求的一部分，因而财政支出总量的扩张会增加社会总需求，财政支出总量的收缩会减少社会总需求。从长期看，由于财政支出形成的总需求会通过刺激消费来影响社会总供给，并且财政支出的一部分用于投资，直接促使产量的增加，因而财政支出总量的变动对社会总供给也产生积极的影响。

2. 充分就业目标

充分就业一般指一切生产要素都有机会以自己愿意接受的报酬参加生产的状态。在充分就业的情况下，一国的资源配置处于相对合理的状态，人力资源、物力资源和财力资源得到了较充分的利用。西方经济学家通常以劳动力的失业率作为衡量充分就业与否的标准，而充分就业意味着较低的失业率，如美国规定5%的失业率为充分就业率。

在理论上失业分为以下五种类型。

① 自愿性失业。是指由于劳动者因不愿接受现行工资水平或工作条件而自动放弃工作的失业现象。

② 摩擦性失业。这是由于信息不畅，在短期内社会中总有一部分人处于寻找工作的状态。

③ 结构性失业。指劳动力的供给与需求在职业、技能、地区分布等方面的长期不协调所引起的失业。

④ 季节性失业。指某些行业的生产因季节性变化而对劳动力产生的间歇性需求不足造成的失业。

⑤ 周期性失业。是指由于社会总需求不足导致生产萎缩而造成的失业。

一般认为，自愿性失业和摩擦性失业并不说明市场上劳动力出现了真正的过剩，而是劳动力市场的正常波动。宏观政策要解决的失业是结构性失业、季节性失业和周期性失业，这是在劳动者有就业的要求且不嫌弃工资水平低的前提下仍然不能够就业的非自愿失业，表明经济未能处于充分就业状态。如果一个国家存在着大量的失业人口，则表明该国的人力资源存在着巨大的浪费，同时也表明该国的物力资源和财力资源的配置出现了严重的问题。而且大量的失业人口还会影响社会的安定，进而影响经济的稳定和增长。所以，要保持经济的增长，就必须解决失业问题，维持充分就业的生产水平。因此，解决失业问题，成为我国财政政策的最终目标之一。

3. 价格稳定目标

价格稳定一般是指价格总水平的稳定，避免过度的通货膨胀和通货紧缩。价格总水平是用物价指数来衡量的。由于物价指数是经济中所有价格系列的总和，故它可分为消费物价指数（CPI）、生产价格指数（PPI）和国内生产总值平减指数（GDP deflator）。价格稳定并不意味着价格绝对不变，而是相对稳定，价格波动的幅度较小，这种状态说明社会供求总量基本上是相互适应的，经济运行也处于稳步增长的状态。反之，如果某一时期物价总水平急剧波动，大幅度上涨，说明出现了通货膨胀，它意味着货币购买力的降低，经济发展处于膨胀或过热的状态。如果物价总指数大幅度下跌，说明发生了通货紧缩，它意味着货币购买力的增加，经济运行处于萧条和不景气的状态。两种情况都说明商品供求之间出现了失衡。

通货膨胀会引起收入和财富的再分配，使依靠工资和其他固定收入的人群实际收入水平下降，使债权人遭受损失，使纳税人的税收负担随着物价水平的升高而加重。由于不同商品的价格上涨速度并不一致，通货膨胀还会因改变商品相对价格而扭曲资源配置，降低整个经济的效率。通货紧缩会严重挫伤经营者的信心，抑制企业的投资积极性，降低经济效率。因此，政府必须利用财政分配与总供求的内在联系来保持价格水平稳定，既要防止通货膨胀，又要防止通货紧缩。

4. 国际收支平衡

国际收支是指一国与世界其他各国之间在一定时期（通常是一年）内全部经济往来的系统记录。国际收支平衡表一般包括四个部分：经常性项目、资本性项目、统计误差和官方储备。国际收支平衡是指一国在进行国际经济交往时，其经常项目和资本项目的收支大体保持平衡。由于一国的国际收支同国内收支是密切联系的，国际收支不平衡一般意味着国内收支亦不平衡；反之，国际收支平衡一般也同时意味着国内收支平衡。

16.1.3　财政政策的类型

财政政策可以按照不同的标准进行分类，分类的标准不同，分类的结果自然也不相同。

1. 按照财政收支总量对比的态势，政策财政可分为扩张性的财政政策、紧缩性的财政政策和均衡性的财政政策三种类型

（1）扩张性的财政政策

扩张性的财政政策又称赤字性财政政策或“松”的财政政策，是指政府在安排财政收支时有意识地使财政支出大于财政收入，通过财政赤字扩张需求，以实现社会总需求与总供给之间的均衡，促进经济稳定增长的财政政策。扩张性财政政策实施的基本前提是社会总需求不足，社会总供给过剩，社会生产能力闲置，通货紧缩。政府推行扩张性财政政策一般会使当年预算支出大于预算收入，形成财政赤字。这种财政赤字一般认为是主动赤字，是政府推行扩张性财政政策的结果，它和由于客观条件的变化而形成的客观赤字有明显区别。事实上，政府正是通过财政赤字这种超额分配的办法来弥补因社会需求不足而导致的供求缺口，进而达到启动闲置资源、刺激经济增长的目的。

扩张性财政政策的主要内容有：扩大财政支出规模和投资规模，直接增加社会需求；减税，将一部分国家资金转化为社会资金，启动居民消费和民间投资；扩大公债规模，把暂时闲置的一部分社会资金“动员”起来，使其转化为现实的支付手段，从而增加社会总需求；实行赤字预算，增加流通中不代表物资的货币量，使这部分货币支出形成社会总需求的新增变量，通过通货膨胀吸收原来过剩的社会供给。实施扩张性财政政策时应把握好扩张的力度，将由财政扩张引起的赤字控制在经济发展和财政所能承受的范围内，避免扩张过度引起的财政危机，给经济运行带来负面影响。

（2）紧缩性的财政政策

紧缩性财政政策又称盈余性财政政策或“紧”的财政政策，是指政府在安排财政收支时有意识地使财政收入大于财政支出，通过财政盈余来紧缩需求，以实现社会总供求的均衡，促进经济稳定增长的财政政策。紧缩性财政政策的出发点是抑制社会需求，缓解供求矛盾，使经济发展保持稳定的节奏。它适宜于在社会总需求膨胀、社会供给相对不足、经济增长趋于过热、通货膨胀严重的条件下实施。实施紧缩性财政政策表现为财政收入大于财政支出，形成财政盈余；实施结果是政府将财政盈余所代表的社会需求从社会总需求中扣留下来，从而使当年的社会总需求增长低于总供给增长，以缓解社会需求膨胀的压力，实现社会总供求平衡。

紧缩性财政政策的主要内容包括：压缩财政支出和投资规模，直接减少社会总需求；增加税收，减少企业和居民可支配的货币收入，以抑制投资需求和消费需求；发行公债，把原来社会安排支出的货币资金转化为储蓄存款，以压缩社会总需求；增加财政结余，冻结一部分货币购买力，以减少社会需求。在实施紧缩性财政政策时，也应把握好政策紧缩的力度，避免过度紧缩引起供给急剧下降，使经济增长受到过分抑制而难以保持适当的增长速度。

(3) 均衡性的财政政策

均衡性的财政政策又称平衡性的财政政策或“中性”的财政政策，是指政府在安排财政收支时有意识地使财政收支大体相等，以保持社会总供求同步增长，维持社会总供求基本平衡的财政政策。政府推行均衡性的财政政策不需要增收减支，也不需要减收增支，只需要保持财政收支平衡，使政府支配的国民收入大体等于政府占有的国民收入即可。显然，均衡性财政政策既不扩张需求，也不紧缩需求，具有维持社会总供求原对比关系的功能，因而适宜在现实社会总供求矛盾不突出或社会总供求处于基本平衡状态的经济条件下采用。均衡性财政政策对社会总供求关系只起维持作用而不起调节作用，政府推行均衡性的财政政策表现为规定财收支规模及其增长速度，使其在数量上基本一致，既不会带来盈余，也不会产生赤字。政府正是通过财政收支保持平衡，使收入过程减少的流通中的货币量等于支出过程增加的流通中的货币量，进而保持社会总供求平衡关系的。

2. 按照财政政策的作用机制不同，可将财政政策分为自动稳定的财政政策和相机抉择的财政政策

1) 自动稳定的财政政策

自动稳定的财政政策是指当经济发生波动时，能自动调节社会总供求关系，稳定经济增长，从而熨平经济波动、恢复供求平衡的财政政策。它无需借助政策调整就可对宏观经济直接产生控制效果，所以又被称为“自动稳定器”、“内在稳定器”或“非选择性财政政策”。自动调节的财政政策在发挥作用时，不需要政府宏观经济管理部门对经济运行的态势作出判断，而是由预先制定好的累进的所得税制度和转移支付制度来自动发挥调节作用。自动稳定的财政政策的主要表现如下。

(1) 税收的自动稳定作用

税收体系，尤其是累进征收的企业所得税和个人所得税，对经济活动水平的变化反应相当敏感。其调节机理是将纳税人的收入与适用税率累进挂钩，即纳税人收入越多，累进所得税的边际税率越高，所得税税额相应增加，社会需求相应降低，税收对社会需求就有了一种自动抑制的功能；反之，当经济萧条、纳税人的收入水平下降、社会需求萎缩时，累进所得税的边际税率自动下降，税收收入随之自动下降；如果预算支出保持不变，就会产生预算赤字，这种赤字会“自动”产生一种力量，对社会需求产生维持或相对扩大的作用，以抑制国民收入的继续下降。

(2) 政府转移支付的自动稳定作用

转移支付水平一般是与社会成员的收入呈反向关联，经济发展速度越快，就业岗位越多，社会成员的收入水平越高，进入社会保障范围的人数越少，社会保障支付的数额自动减少，以转移支付形式形成的社会需求相应减少；反之，则相应增加。这样，政府转移支付机制随着经济发展的兴衰自动增减社会保障支出和财政补贴数额，也可以起到自动调节社会需求、抑制经济周期性波动的作用。

“自动稳定器”是保证经济正常运转的第一条防线，“自动稳定器”的作用是部分地减小宏观经济周期的波动，不能完全扫除这种扰动的影响。是否应减小某种扰动影响的剩余部分，以及如何使之减小，仍然是政府有权决定使用货币及财政政策的任务。

2）相机抉择的财政政策

相机抉择的财政政策是指政府要根据社会总供求矛盾的具体表现，来灵活调整财政收支总量和结构对比关系以有效调节社会总供求关系，进而实现调节目标的财政政策。按照财政政策的早期理论，相机抉择的财政政策包括汲水政策和补偿政策。

（1）汲水政策

所谓“汲水政策”，就是模仿水泵抽水的原理，如果水泵里缺水就不能将地下水吸到地面上来，需要注入少许引水，以恢复其抽取地下水的能力。按照汉森的财政理论，汲水政策是对付经济波动的财政政策，是在经济萧条时靠付出一定数额的公共投资使经济自动恢复其活力的政策。汲水政策具有四个特点：第一，汲水政策是一种诱导景气复苏的政策；第二，汲水政策的载体是公共投资；第三，财政支出规模是有限的，不进行超额的支出，只要使民间投资恢复活力即可；第四，汲水政策是一种短期财政政策，随着经济萧条的消失而不复存在。

（2）补偿政策

补偿政策是指政府有意识地从当时经济状态的反方向调节景气变动幅度，以达到稳定经济波动的目的。在经济繁荣时期，为了减少通货膨胀因素，政府可以通过增收减支等政策减少社会总需求；在经济萧条时期，为了减少通货紧缩因素，政府可以通过增支减收等政策来刺激需求的增加。

由以上可以看出，补偿政策和汲水政策都是政府针对经济形势的变化情况，主动发挥经济调控作用的干预政策。其基本的操作是反经济周期性波动的，即在经济高涨时期对之进行抑制，使经济不会过度高涨而引发通货膨胀，在经济衰退时对之进行刺激，使经济不会出现严重萧条而引起失业，从而使经济实现既无失业又无通货膨胀的稳定增长。

16.1.4 财政政策的工具

财政政策工具是指政府所选择的用以达到其政策目标的各种财政手段，它是财政政策的关键因素，对于保证政策目标的实现起着举足轻重的作用。财政政策工具包括财政支出类政策工具、财政收入类政策工具和政府预算工具三个方面。

1. 财政支出类政策工具

（1）购买性支出

购买性支出是政府用于购买商品和劳务方面的支出，包括政府投资和政府消费。由于政府购买是形成总需求的渠道之一，购买性支出的规模和结构不仅能够直接影响总需求的总量和结构，而且能够间接影响总供给的规模和结构。同时，购买性支出还是政府直接配置资源的活动，对就业水平也会产生较大的影响。政府的消费和投资是平抑经济周期的有效手段。在经济繁荣时期，利用购买性支出的缩减可以为过热的经济“降温”，在萧条和衰退时期，政府扩大购买性支出则可以起到“雪中送炭”的作用。

政府购买性支出中的政府投资不仅可以扩张总需求，在经济运行低迷时通过乘数效应迅速带动经济增长，而且政府投资还可以起到较强的示范作用，引导社会投资的流向，从而改善产业结构、资源结构、技术结构及地区结构等。政府消费性支出的增加，如为公务人员加薪，则能够直接带动个人收入水平的提高，进而通过乘数效应，有效推动国民收入的增加，促进经济增长。

（2）转移性支出

转移性支出是政府财政资金单方向的、无偿的流动，包括资金在政府间的纵向流动和资金从政府向居民和企业的横向流动，其中横向转移主要包括财政补贴和社会保障支出。财政补贴的增减有着与增减税收相反的调节效果。对居民个人的补贴可以直接增加其可支配收入，对企业的补贴则可直接增加其投资需求，而且财政贴息还可以带动庞大的社会资金转化为现实的投资需求，因此它不但影响社会需求，而且调节社会供给，所以是反经济周期和优化资源配置的重要政策工具。社会保障支出则是低收入和无收入人群的“保护伞”，在他们遭受年老、失业、疾病、各种不可抗拒的灾害时提供最基本的生活保障。因此，转移性支出对实现收入的公平分配也能起到较好的调节作用。

2. 财政收入类政策工具

（1）税收

税收作为主要的财政变量，通过控制社会资金的流动，对社会供求总量和结构都有直接或间接的影响。增加税收将相应减少企业和个人的收入，从而抑制社会需求；反之，则对社会需求产生相反的影响。

经济稳定增长是以社会总供求大体均衡为基本前提的。在社会需求膨胀、供给相对不足、经济发展速度过快时，增加税收可以提高财政收入占国民收入的比重，相应地降低纳税人收入的增长幅度，起到收缩社会需求、抑制经济过快增长的效应；反之，则起到刺激经济增长的作用。

税收是一种对物质利益有广泛调节作用的财政政策工具，它对资源配置有着重要影响。首先，对不同产品、行业实行差别税率或开征调节税种，可以调节不同产品、行业的利益结构，影响其价格水平和竞争条件，从而引导资源流向，改善投资结构，实现资源合理配置；其次，通过对投资方向调节税的开征或停征，可以影响建设项目的投资成本和投资者的比较利益，进而使投资流向与国家产业政策的要求相吻合；再次，税收可以为国家筹集资金，为政府直接配置资源创造条件，使基础产业及政府公共部门得到必要的资源投入，促使资源在私人产品与公共品之间保持适当的配置比例。

在资源优化配置的前提下，如果出现了社会总需求的膨胀，那么政府通过增加税收，提高财政收入占国民收入的比重，相应地降低纳税人收入的增长速度，可起到收缩社会总需求的效果；反之，如果出现了社会总需求不足，那么政府通过减少税收以降低财政收入占国民收入的比重，可以相对增加纳税人的收入，使必要的投资需求和消费需求得以维持，可起到扩张需求的效果。

税收是政府凭借政治权力无偿占有的国民收入，因而政府征税必定改变国民收入分配的格局。税收公平包括纵向公平和横向公平两方面的含义。纵向公平以累进征收为主要手段，体现量力负担的原则；横向公平是对相同性质和数额的收入征收同样比例的税收，以体现等量征收的原则，形成纳税人之间公平竞争的税收环境。

加入 WTO（世界贸易组织）后，政府运用税收调节进出口的作用受到了一定限制，但是政府在遵守WTO的基本规则、履行应尽义务的同时，也可充分运用WTO赋予成员国的权利。例如，通过对出口商品实行低税、免税政策，可以降低出口商品价格，增强出口商品的竞争能力，以增加外汇收入；同时，对进口商品实行适当的关税保护政策，可以限制盲目进口，减少外汇支出。这种由税收增减引起的国际收支对比关系变化，无疑有利于实现国际收支平衡的宏观调控目标。

（2）公债

公债作为凭借国家信用的筹资手段，既可以从分配领域调节社会供求结构，实现供求结构的相互协调，也可以从流通领域调节货币流通量及商品供给量，进而调节社会供求总量，实现供求均衡的总量目标，所以是一种非常灵活有效的政策工具。如果社会总需求过旺，那么政府通过发债以有偿的方式将私人经济部门的收入集中起来，但并不安排支出，形成财政盈余，就可紧缩需求。如果社会总需求不足，那么政府通过发债以有偿的方式将私人经济部门的收入集中起来，再通过安排财政支出，就可扩张需求（需求不足不是由于货币供给不足所引起的）。不管是紧缩需求，还是扩张需求，最终目的都是通过公债手段的运用使资源优化配置的状态能够维持，以实现经济的稳定增长。同时公债还是中央银行进行公开市场操作、灵活调节货币供给量，进而调节需求总量的有效手段。

相对于社会需求总量的调节，公债对社会需求结构的调节作用更加直接。由于发行公债的结果是改变国民收入的分配结构，使私人部门的购买力向政府部门转移，这种转移本身就是对需求结构的重新调整，意味着资源配置方向的改变，这种改变是按照政府的调节意图进行的，因而在正常情况下是政府实现资源优化配置目标的重要手段。

由于公债是一种政府的信用工具，虽然它形成的是一种平等的债权债务关系，但它对收入差距的这种调节作用是客观存在的。公债调节收入差距的功能要从以下两方面发挥出来：一是由于公债的购买额比较灵活，既可以是亿万之巨，也可以是数元之微，因此发行公债为中低收入者提供了一种预期收益率稳定的投资渠道，使他们也可以凭借对资金的所有权参与收入的分配，其效应是增加中低收入者的收入、缩小社会成员之间的收入差距；二是发行公债意味着偿还期税收的增加，由于支付公债利息的资金主要来自政府税收，税收又主要来自高收入者，这就产生了通过税收债息支付过程将高收入者的一部分收入转移给中低收入债权人的再分配效应。

国际收支经常项目出现逆差，除了采用减少外汇储备加以弥补的办法外，通过举借外债使资本项目出现顺差，进而弥补经常项目逆差的方法也经常运用。政府外债的一个重要功能就是平衡短期国际收支逆差，因此公债在平衡国际收支方面的作用也是其他政策工具难以替代的。

3. 政府预算政策工具

政府预算是政府的年度财政收支计划，其调节功能主要体现在财政收支差额的类型上。预算政策不外乎三种类型：赤字预算体现的是一种扩张性政策，在有效需求不足时，社会存在闲置的资源（并非由于货币供给不足所引起），政府增加预算支出可刺激社会总需求，拉动社会总供给，进而促进资源的充分利用；盈余预算体现的是一种紧缩政策，在需求过旺时可以起到抑制总需求的效果；而平衡预算是一种维持性政策，在社会总量大致平衡时可以维持经济的稳定增长。

此外，政府预算支出还有公平收入分配和平衡国际收支的作用。公平收入分配主要体现在两个方面：一是通过转移支付来实施社会保障，为无收入者和低收入者提供必要的、维持其达到一定生活标准的收入来源；二是通过政府预算投资举办公共福利事业，提高低收入者的福利水平。另外，由于中国国家进出口银行的资本金和信贷担保资金中的一部分来自预算支出，因而政府预算支出的状况直接影响进出口银行的经营状况，进而对出口创汇企业的资金周转和生产规模产生深刻影响，并最终影响一定时期国家的外汇收入及国际收支的平衡状况。

16.2 财政政策的传导与宏观经济

16.2.1 财政政策的传导机制

政府通过制定财政政策来干预经济活动，从政策工具的采用到财政政策目标的最终实现，期间存在着一个从政策工具变量到政策目标变量的转换过程。财政政策的传导机制是指财政政策工具在发挥作用的过程中，各种财政政策的构成要素通过某种作用机制相互联系，从而形成一个有机的作用整体，最终实现财政政策目标的过程。

1. 三部门条件下的财政政策传导机制

财政政策手段首先影响社会收入的分配，通过改变收入分配的结构，对社会总需求（包括投资需求和消费需求）产生影响，进而实现财政政策的目标。这个过程便是：财政政策的手段→收入分配的变化→社会总需求的改变→实现财政政策的目标，可以用三部门的国民收入决定模型来说明财政政策的传导机制。

所谓三部门经济，是指只包括家庭、厂商和政府这三个部门而不包括国际部门的封闭性经济体。其中，政府在经济中的作用主要通过公共支出和税收来实现。为了分析方便，在这里不考虑公司利润留存、国有企业和财产收入等因素。假设财政支出只用于购买当期产品，税收也只是所得税，价格水平在短期内不受总需求变化的影响。根据宏观经济学的国民收入决定理论，国民收入取决于社会总需求和社会总供给的平衡状况，在供求平衡时国民收入可通过以下三式决定。

$$Y = C + I + G \tag{16-1}$$

$$C = C_0 + c(Y - T + \mathrm{TR}) \tag{16-2}$$

$$T = T_0 + tY \tag{16-3}$$

其中，式（16-1）是满足社会总供给等于社会总需求条件下的国民收入决定模型，Y 表示国民收入，C、I、G 分别表示私人消费支出、私人投资支出和政府购买。式(16-2) 是私人消费函数，C_0 为自主消费，即与国民收入水平无关的私人消费，一般为常数；c 为边际消费倾向，它表示消费者每增加的单位收入中用于消费支出的比重；T 为政府税收，TR 为政府转移支付，$Y + T - \mathrm{TR}$ 就是居民个人的个人可支配收入。式(16-3) 是税收函数，这里的税收仅指个人所得税，T_0 为自主税收，t 为税率($0 < t < 1$)。

当社会总需求和社会总供给相等，即产出水平和总需求相等时，均衡产出水平 Y_0 就是国民收入。将式（16-2）和式（16-3）代入式（16-1），得到

$$Y = C + I + G = C_0 + c(Y - T_0 - tY + \mathrm{TR}) + I + G$$

整理后得到均衡收入水平方程为

$$Y_0=\frac{1}{1-c(1-t)}[C_0+c(\mathrm{TR}-T_0)+I+G] \tag{16-4}$$

由式（16-4）的推导过程可以看出，作为政府财政政策的政府购买 G、税收（包括自主税收 T_0 和税率 t）和政府的转移支付 TR 的调整，都会引起社会总需求（私人消费需求和政府购买需求）的变化，进而促使均衡国民收入 Y_0 的变动。从总体上来讲，政府的财政目标集中反映在反经济周期，即调节国民收入的高低。从三部门条件下的国民收入分析可以知道，政府可以通过财政政策的实施（调整政府购买、税收和转移支付），来对宏观经济进行调控。

2. 三大宏观模型下财政政策传导

收入-支出模型、IS-LM 模型和总供给-总需求模型是宏观经济分析的三大模型，财政政策对宏观经济的影响可以利用这三大模型来进行说明。

1）收入-支出模型下的财政政策传导

在图 16-1 中，横轴代表国民收入 Y，纵轴代表社会总支出 AE，$\mathrm{AE}=Y$ 曲线为 45° 线，表示在这条曲线上社会总支出等于国民收入，是国民收入均衡的条件。在两部门（没有任何财政政策）下，总支出曲线为 AE_1，与 $\mathrm{AE}=Y$ 曲线相交于点 E_1，决定国民收入为 Y_1；在三部门条件下（存在政府购买 G、自主税收 T_0、税率 t 及政府的转移支付 TR 等财政政策），总支出曲线为 AE_2，与 $\mathrm{AE}=Y$ 曲线相交于点 E_2，决定国民收入为 Y_2。显然，财政政策的实施（即政府购买 G、自主税收 T_0、税率 t 及政府的转移支付 TR 发生变化）就会导致总支出曲线 AE_2 的位置发生移动，其与 $\mathrm{AE}=Y$ 曲线的交点相应移动，均衡国民收入则发生变化。

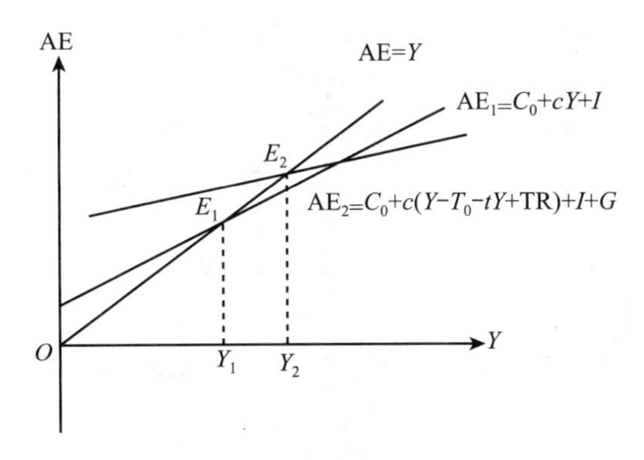

图 16-1　收入-支出模型下的财政政策传导

2）IS-LM 模型下的财政政策传导

IS-LM 模型则反映产品市场和货币市场同时均衡时的国民收入和利率变动。IS 曲线是反映在产品市场均衡条件下国民收入和利率之间关系的曲线，LM 曲线则是反映在货币市场均衡条件下国民收入和利率之间关系的曲线。

在图 16-2 中，IS_1 曲线与 LM 曲线相交于 E_1，决定均衡的利率为 r_1，均衡的国民收入为 Y_1。当政府采取扩张的财政政策（即增加政府购买、转移支付或减少税收）时，IS 曲线移动到 IS_2 曲线，均衡点移到 E_2 点，这样就决定了新的均衡利率 r_2 和均衡国民收入 Y_2。反之，当政府采取紧缩的财政政策（即减少政府购买、转移支付或增加税收）时，则产生相反的效应。

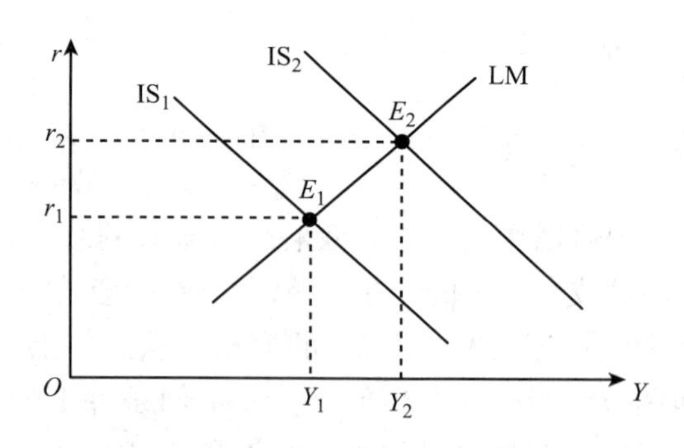

图 16-2 IS-LM 模型下的财政政策传导

3）总供给-总需求模型下的财政政策传导

在图 16-3 中，横轴代表国民收入 Y、社会总需求 AD 与社会总供给 AS，纵轴代表价格总水平 P。当社会总需求等于社会总供给时，决定均衡国民收入和均衡的社会总价格水平。社会总需求由私人消费 C、私人投资 I、政府购买 G 和净出口 NX 构成。政府购买 G、税收 T 和政府的转移支付 TR 发生变动时，社会总需求也会随之变动，进而导致国民收入 Y 和价格总水平 P 发生变化。假定采取扩张型的财政政策，导致总需求曲线由 AD_1 移动到 AD_2，与 AS 曲线的交点从 E_1 移动到 E_2，可以看出，决定国民收入由 Y_1 增加到 Y_2，价格总水平由 P_1 提高到 P_2。

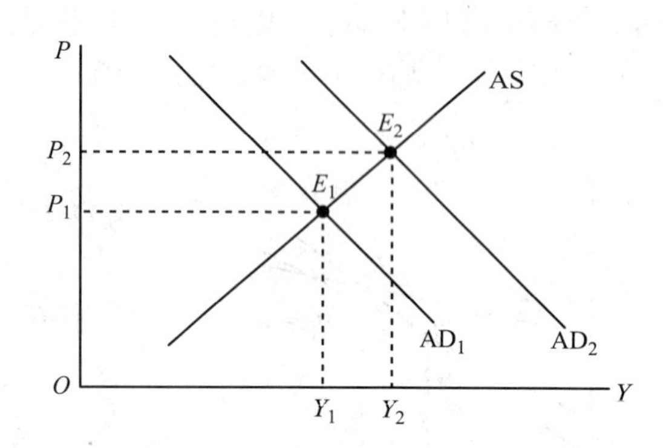

图 16-3 总供给-总需求模型下的财政政策传导

16.2.2 财政政策的乘数效应

政府制定财政政策并运用一定的政策手段来执行财政政策，之所以会产生财政政策效果，主要原因在于财政政策具有乘数效应。所谓乘数效应，是指政府执行相应的财政政策手段会导致国民收入出现数倍于政策手段数量的变化。

1. 乘数效应的原因

乘数最早由英国经济学家卡恩于 1931 年在其《国内投资对于失业的关系》一文中提出，后来凯恩斯对这一概念加以利用，用来研究投资变动对就业量增加的影响。按照凯恩斯的说法，投资增加会引起总收入的增加，而收入的增加将若干倍于投资量，这个倍数就是乘数。经济学家根据这个基本概念，提出了许多专门的乘数。其中，财政政策乘数是用来研究财政收支变化对国民收入的影响，具体包括税收乘数、财政支出乘数和平衡预算乘数。

乘数效应的原因在于国民经济的各个部门是相互联系的。假设由于私人消费、私人投资和政府购买中的某个或多个因素发生了变动，导致社会总需求发生初始变动 ΔAD_0，由国民收入的均衡条件可知会导致国民收入也会产生变化，为 ΔY_0；国民收入的变化会导致下一轮私人消费发生变化 ΔC_1，私人消费发生变化导致社会总需求下一轮变动，社会总需求的变动又会导致下一轮国民收入的变动，一轮又一轮地传递使得最终国民收入相对于初始总需求 ΔAD_0 发生了成倍的变动（$\Delta Y_0+\Delta Y_1+\Delta Y_2+\cdots+\Delta Y_n$），如表 16-1 所示。

表 16-1　乘数效应的形成

过　程	私人消费的变化	总需求的变化	国民收入的变化
初　始		ΔAD_0	ΔY_0
第一轮	ΔC_1	ΔAD_1	ΔY_1
第二轮	ΔC_2	ΔAD_2	ΔY_2
⋮	⋮	⋮	⋮
第 n 轮	ΔC_n	ΔAD_n	ΔY_n

2. 财政政策乘数

从国民收入决定模型可以看出，财政政策不同工具的运用对国民收入水平的影响程度是不同的。因此，可以根据财政政策工具的使用将财政政策乘数分为政府购买支出乘数、税收乘数、政府转移支付乘数和平衡预算乘数。

（1）政府购买乘数

政府购买乘数是政府购买性支出变化引起的国民收入变化额与购买性支出变化额之间的比值。根据式（16-4）可以求得政府购买乘数 K_G，即

$$K_G=\frac{\Delta Y}{\Delta G}=\frac{1}{1-c(1-t)} \tag{16-5}$$

由于边际消费倾向 c 和税率 t 都介于 0 和 1 之间，故政府购买乘数 $K_G>0$，这意味着政府购买的增加会引起收入多倍增加，而政府购买的减少会引起收入多倍地减少。所以，一个单位的政府购买的增加（或减少）会以 K_G 的规模提高（或降低）国民收入水平。

（2）政府税收乘数

政府税收乘数是税收变化引起的国民收入变化额与税收变化额之间的比值。根据式（16-4）可求得政府税收乘数 K_T，即

$$K_T=\frac{\Delta Y}{\Delta T}=\frac{-c}{1-c(1-t)} \tag{16-6}$$

由于税收增加会减少社会总需求，进而减少国民收入，故政府税收乘数 K_T 为负值。又因为边际消费倾向 c 和税率 t 都介于 0 和 1 之间，故知政府税收乘数 $|K_T|>0$，这意味着政府税收的增加会引起国民收入多倍减少，而政府税收的减少会引起国民收入多倍地增加。所以，一个单位的政府税收的增加（或减少）会以 K_T 的规模降低（或提高）国民收入水平。

（3）政府转移支付乘数

政府转移支付乘数是政府转移支付变化引起的国民收入变化额与政府转移支付变化额之

间的比值。根据式（16-4）可以求得政府转移支付乘数 K_{TR}，即

$$K_{TR}=\frac{\Delta Y}{\Delta T}=\frac{c}{1-c(1-t)} \tag{16-7}$$

同理可知，政府转移支付乘数 $K_{TR}>0$，这意味着政府税收的增加会引起国民收入多倍减少，而政府税收的减少会引起国民收入多倍的增加。所以，一个单位的政府税收的增加（或减少）会以 K_{TR}的规模提高（或降低）国民收入水平。

（4）平衡预算乘数

平衡预算乘数是指政府税收与政府购买同时以相等的数量增加或减少时（$\Delta G=\Delta T$），国民收入变化额与政府购买（或税收）变化额的比率。根据式（16-4）也可求得政府平衡预算乘数转移支付乘数 K_B，即

$$\Delta Y=\frac{\Delta G}{1-c(1-t)}+\frac{-c\Delta T}{1-c(1-t)}=\frac{(1-c)\Delta G}{1-c(1-t)}$$

$$K_B=\frac{\Delta Y}{\Delta G}=\frac{1-c}{1-c(1-t)} \tag{16-8}$$

边际消费倾向 c 和税率 t 都介于 0 和 1 之间，可知 $K_B>0$，因此改变政府购买水平对宏观经济活动的影响效果大于改变税收量对宏观经济活动的影响效果。即使增加税收（定量税）会减少国民收入，但若同时等额地增加政府购买支出，不仅不会影响到预算平衡，还可以使得国民收入的最终变化额增加。

由式（16-8）可以知道，当政府不征收比例税只征收定量税时，$t=0$，此时 $K_B=1$，同时等额地增加政府购买支出，不仅不会影响到预算平衡，还可以使得国民收入的最终变化额等额增加。

16.2.3 财政政策的挤出效应

运用三部门经济条件下国民收入决定模型分析财政政策的效应时，价格是保持不变的，也没有考虑社会总需求的变动对货币市场（利率）的影响。在实际经济运行中，受总需求变动的影响，货币市场的利率也要发生变动，进而影响到产品市场的投资和消费，财政政策的实际效果没有财政政策乘数那样的效果，财政政策还存在挤出效应。

可以运用 IS-LM 模型来分析财政政策的挤出效应。在图 16-4 中，IS_1 曲线与 LM 曲线相交于 E_1，决定均衡的利率为 r_1，均衡的国民收入为 Y_1。当政府采用扩张的财政政策（即增加政府购买、转移支付或减少税收）时，使 IS_1 曲线移动到 IS_2 曲线。如果利率仍保持不变，为 r_1，就会由于总需求的增加而使国民收入增加到 Y_2。当均衡点移到 E_2 点时，均衡的国民收入为 Y_2，这时产品市场实现了均衡。但此时货币市场处于非均衡状态（E_2 点不在 LM 曲线上），货币市场必须从非均衡状态调整到均衡状态。

这个调节过程是如何实现的呢？仍然假设货币市场调节快，产品市场调节慢。这就意味着，当政府支出增加时，由于货币市场还没有受到干扰，均衡点仍在 E_1 点。但总需求增加引起国民收入增加，国民收入增加又使货币需求增加。货币市场上货币需求大于货币供给，从而引起利率上升。由于货币市场调节快，可以认为调节过程是沿着 LM 曲线进行的，即利

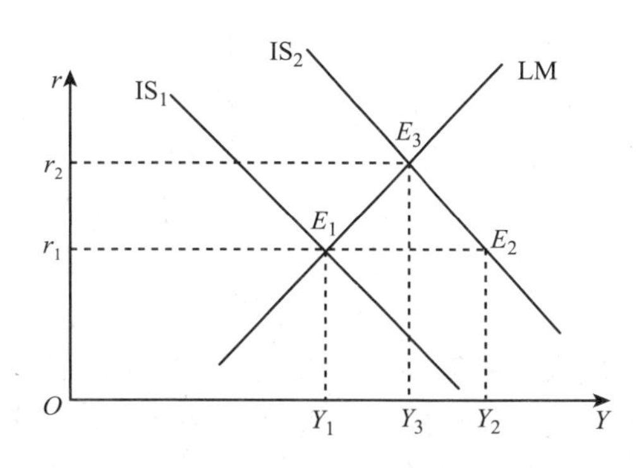

图 16-4　财政政策的挤出效应

率与产量同时提高，直至均衡点 E_3 为止。此时，产品市场和货币市场都处于均衡状态，决定了新的均衡利率 r_2，与均衡国民收入 Y_3。

在图 16-4 中，可以比较 E_3 点与 E_2 点的差别。E_2 点是利率不变时产品市场的均衡点，也就是在没有引入货币因素时，总需求变动所引起的新的均衡点，这时国民收入的增加量 $\Delta Y_1=Y_2-Y_1$。但当两个市场均衡点同时为 E_3 时，均衡的国民收入 Y_3 小于 E_2 点所决定的国民收入 Y_2，这时国民收入的增加量 $\Delta Y_2=Y_3-Y_1$，可以看出 $\Delta Y_2<\Delta Y_1$。这是由于利率的上升减少了总需求，从而减少了国民收入的增加。扩张性财政政策所引起的利率上升，从而减少投资、降低总需求的作用就称为挤出效应。

挤出效应的大小取决于 IS 曲线和 LM 曲线的斜率，以及乘数的大小。具体来说，LM 曲线的斜率越小，即 LM 曲线越平坦，利率提高得越小，收入增加得就越多，也就是挤出效应越小；相反，LM 曲线的斜率越大，即 LM 曲线越陡峭，利率提高得越大，收入增加得就越少，也就是挤出效应越大。

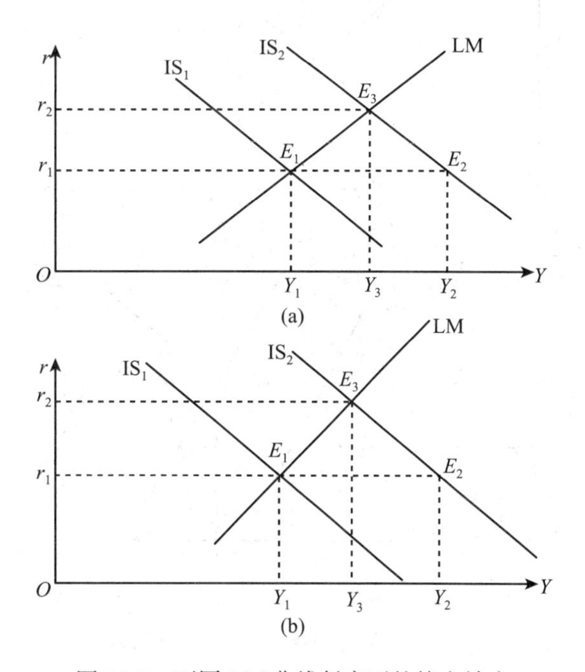

图 16-5　不同 LM 曲线斜率下的挤出效应

在图 16-5（a）与图 16-5（b）中，政府购买支出的增加相同，但 LM 曲线的斜率不同。在图 16-5（a）中，LM 曲线的斜率小，即 LM 曲线较为平坦，而在图 16-5（b）中，LM 曲线的斜率大，即 LM 曲线较为陡峭。对比图 16-5（a）和图 16-5（b）可以看出，图 16-5（a）中利率上升得小，国民收入增加量大，图 16-5（b）中利率上升得大，国民收入增加量小。图 16-5（a）表示的是财政政策的挤出效应小，而图 16-5（b）表示的是财政政策的挤出效应大。

LM 曲线的斜率之所以影响挤出效应是与货币交易需求对收入敏感度 k 与投机需求对利率敏感度 h 相关的。如果 k 较大，一定的国民收入水平所引起的货币需求的增加也大，从而在货币供给量不变的情况下，货币需求的增加大，从而使利率上升得高；利率上升得高则使投资和总需求的减少大，国民收入也就增加得少，这就是挤出效应大；同理，h 较小，挤出效应也就小。如果 k 较小，一定的货币需求增加所引起的利率变动大，从而投资与总需求变动大，国民收入的减少也大，这就是挤出效应大；同理，k 较大，挤出效应就小。

其次，IS 曲线的斜率越小，即 IS 曲线越平坦，利率提高得越少，则国民收入增加得越少，从而挤出效应就越小；反之，IS 曲线的斜率越大，即 IS 曲线越陡峭，利率提高得越多，则国民收入增加得越多，从而挤出效应就越大。

从图 16-6（a）和图 16-6（b）看出，政府支出增加相同，但 IS 曲线的斜率不同。在图 16-6（a）中，IS 曲线的斜率小，即 IS 曲线较为平坦，而在图 16-6（b）中，IS 曲线的斜率大，即 IS 曲线较为陡峭。对比图 16-6（a）和图 16-6（b）可以看出，图 16-6（a）中利率上升得小，国民收入增加得少；图 16-6（b）中利率上升得大，国民收入增加得多。这就表明图 16-6（a）表示的挤出效应大，而图 16-6（b）表示的挤出效应小。

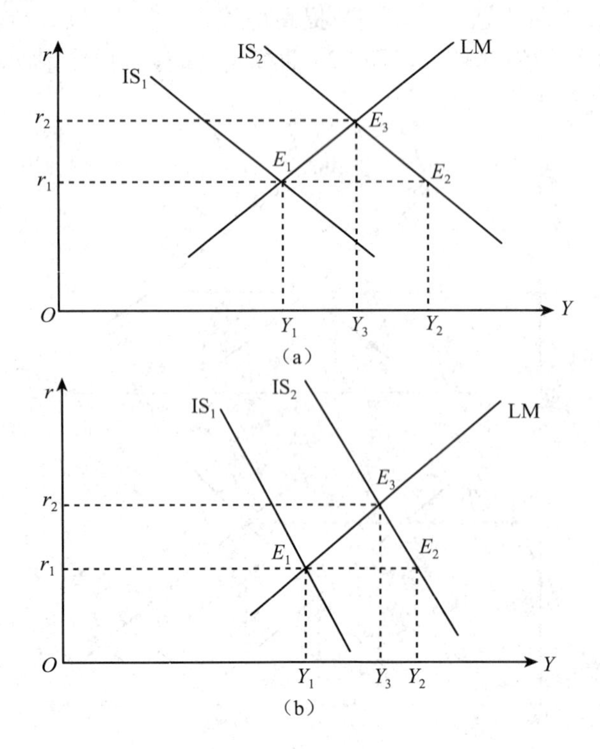

图 16-6 不同 IS 曲线斜率下的挤出效应

IS 曲线之所以能影响财政政策效应是与投资对利率的敏感程度 d 及支出乘数 K 相关的。如果 d 较大，则一定利率变动所引起的投资的变动也大，从而总需求和国民收入的变动就大，所以挤出效应就大；反之，若 d 较小，则一定的利率变动所引起的投资变动也小，从而总需求和国民收入的变动就小，所以挤出效应就小。而乘数 K 越大，一定投资量和总需求的变动所引起的国民收入的变动就越大，挤出效应就越大；反之，乘数 K 越小，一定投资量和总需求的变动所引起的国民收入的变动就越小，挤出效应就越小。

16.3 财政政策与货币政策的协调

16.3.1 货币政策概述

1. 货币政策的含义

货币政策是指政府为了实现一定的宏观经济调控目标而制定的、通过调整货币变量来影响宏观经济的各种方法措施的总称。货币政策所针对的是整个国民经济运行中的宏观经济问题，以及与此相联系的货币供应量、信用量、利率、汇率等宏观金融变量，而不涉及单个银行或企业的金融行为。货币政策是一种调整社会总需求的政策，任何现实的社会总需求都是一种有货币支付能力的需求，而货币政策正是通过调节货币总量来直接调整社会总需求的总量，从而促进整个社会总量的平衡。

2. 货币政策的目标

与财政政策一样，货币政策的最终目标也是与国家宏观调控的目标相一致，即实现社会总需求和社会总供给之间的平衡，提高资源配置效率，实现经济的稳定增长，推动社会全面进步。不过，货币政策最终目标的实现要依赖于中介目标的实现。

货币政策中介目标是指中央银行在一定的时期内和某种特定的经济状况下，能够以一定的精度达到的目标，主要有货币供应量和利率。在一定条件下，信贷规模、汇率、通货膨胀率也可以充当中介目标。这些变量指标是政策工具操作后，经由中央银行体系内部指标变化，并通过与商业银行、企业、居民等市场主体在金融市场的相互作用后而表现出的变量指标。它们与货币政策最终目标联系紧密，其变动可以较好地预示最终目标的实现情况。

3. 货币政策工具

中央银行货币政策工具是指中央银行为实现货币政策目标，进行金融控制和调节所运用的策略手段。中央银行的货币政策工具有一般性货币政策工具、选择性货币政策工具和其他货币政策工具。

1）一般性货币政策工具

一般性货币政策工具，即再贴现政策、存款准备金政策和公开市场政策，也称为传统的三大货币政策工具，即所谓的“三大法宝”。因为这些手段的实施对象是整体经济，而非个别部门或个别企业，所以称为一般性货币政策工具。

（1）再贴现政策

再贴现是指商业银行或其他金融机构将贴现所获得的未到期票据向中央银行转让，以获得流动性的行为。再贴现政策是中央银行通过制定或调整再贴现利率来干预和影响市场利率及货币市场的供应和需求，从而调节市场货币供应量的一种金融政策。首先，再贴现政策通过再贴现率的调整来影响商业银行的融资成本，进而抑制或扩张其借款需求及相应的贷款能力。其次，通过规定票据的再贴现资格，影响商业银行向全社会的资金投向。不过，从控制货币供应量来看，由于在再贴现过程中中央银行处于被动地位，加上再贴现政策本身的局限性，所以并不适合作为灵活调节货币量的工具。

（2）法定存款准备金率

存款准备金政策是指中央银行依法通过规定或调整商业银行缴存中央银行的存款准备金比率，以控制商业银行的信用创造能力，间接地控制全社会货币供应量的措施。法定存款准备金率是决定货币乘数的主要因素，其水平的高低直接制约着商业银行对存款的支配程度，影响商业银行的贷款规模和派生存款能力，进而制约着流通中的货币量和社会总需求。它的调整，即使幅度很小，也会引起货币供应量的巨大波动，所以又被称为“大棒”。但是因为它的效果过于强烈，弹性也比较小，所以存款准备率政策也不能作为经常使用的工具。

（3）公开市场业务

公开市场业务是指中央银行为实现货币政策目标而在金融市场上公开买卖有价证券的行为。买卖的对象，主要是政府债券。中央银行买进证券意味着基础货币的投放，于是商业银行和其他金融机构的准备金增加，可贷资金量扩大，带来信用的扩张和总需求的扩大；反之，卖出证券则意味着基础货币的回笼，起到信用收缩和总需求减小的效果。与上面两种政策工具相比，由于中央银行在公开市场上买卖证券的数量、方向和时机选择等都比较灵活，操作也比较便利，对货币量和总需求的影响也更为缓和，同时效果比较显著，所以又被称为“轻剑”，是市场经济国家应用得最为广泛的货币政策工具。

2）选择性货币政策工具

选择性货币政策工具是指中央银行针对不同的部门、不同的企业和不同用途的信贷而采取的不同政策工具，这些工具可以影响金融机构体系的资金运用方向及不同信用方式的资金利率，起到鼓励或抑制的作用，达到结构调整的目的。

（1）证券市场信用控制

中央银行通过规定信用交易、期货、期权等方式的保证金比例，控制信贷资金流入证券市场的规模，实现对证券市场的调控。

（2）消费者信用控制

中央银行通过规定各种耐用消费品分期付款的最低额和付款的最长偿还期，对消费者购买耐用消费品的能力施加影响。

（3）不动产信用控制

中央银行规定对金融机构办理不动产抵押贷款的最高限额、贷款的最长期限及第一次付现时最低金额等信用施加控制。

3）其他货币政策工具

（1）直接信用控制

中央银行以行政命令或其他方式直接对商业银行及其他金融机构的信用活动进行控制。它的特点是依靠行政干预，而并不借助于市场机制，包括：信用分配，指根据金融市场状况和客观经济需要，对金融机构的贷款进行分配和限制的各项措施；直接干预，指直接对商业银行和金融机构的业务范围、信贷政策、信贷规模等信贷业务进行干预；流动性比率，指规定商业银行及金融机构的流动资产对存款的比例；利率最高限，指规定各商业银行利率最高限制；特种存款，指中央银行为了控制银行体系利用过多超额准备金扩张信用，利用行政手段要求商业银行将超额准备缴存中央银行的措施。

（2）道义劝说

道义劝说是指中央银行利用其在金融体系中特殊的地位和影响，通过向商业银行和金融机构说明自己的政策意图，影响商业银行贷款的数量和贷款方向，从而达到货币政策的目的。

4. 货币政策的类型

与财政政策相类似，货币政策也大致可分为以下三种类型。

（1）扩张性货币政策

扩张性货币政策也称膨胀性货币政策或“松”的货币政策，它是通过增加货币供应量来扩大社会总需求，以使其与总供给相适应的政策。该政策的目的是充分利用国民经济中的闲置资源，推动经济增长。显然，它的适用条件是社会有效需求不足、供给相对过剩。在政策手段上，通过降低法定存款准备率、降低再贴现率、在公开市场上买入政府债券等措施的分别或联合作用，起到放松银根、扩张总需求的作用。

（2）紧缩性货币政策

紧缩性货币政策又称收缩性货币政策或“紧”的货币政策，它是指通过减少流通中的货币量以收缩社会总需求的政策。其目的是使社会总需求与总供给相适应，消除可能或已经出现的经济发展过热的隐患或现象，因此其实施前提是社会总需求过剩而总供给不足。为执行这类货币政策而采取的措施与扩张性货币政策正好相反，主要包括提高存款准备金率、提高再贴现率、在金融市场上进行卖出证券的公开市场操作等。

（3）均衡性货币政策

均衡性货币政策也称“中性”的货币政策，是指使货币供应量与社会总产值增长大体一致，以维持社会总供求均衡局面的货币政策。这种政策的功能在于保持货币供应量与社会总产值的同步增长，目的则是将社会总供求的均衡局面保持下去。由于这种政策对社会总供求关系只起维持作用而不是调节作用，因此它适于在社会总供求矛盾不突出或处于基本平衡的经济条件下实施。

16.3.2 财政政策和货币政策的差异

（1）实施政策的主体不同

实施财政政策的主体是政府，而实施货币政策的主体是中央银行。中央银行的主要职能是制定和执行国家的货币政策。因此，中央银行也是国家行使管理经济的重要部门，这与政府的身份有相同的一面。世界各国中央银行与政府的相互关系模式有较大的差别。一些国家的中央银行是政府的隶属机构，货币政策的制定和执行须听从于政府，中央银行只是名义上的货币政策主体，不能独立实施货币政策。这一模式的优点在于政府部门可以将货币政策纳入总体的发展战略，缺点是政府部门的某些“不规范”行为会干扰货币政策的制定和执行。在许多经济发达国家，中央银行相对于政府部门具有很高的独立性，在制定和执行货币政策方面直接对立法机构或直接对总统负责，政府无权左右货币政策的运作。在这种情况下，中央银行才真正成为货币政策的主体，这对维护货币政策的权威性和实施效果是十分有利的。

(2) 政策目标的侧重点不同

财政政策与货币政策共同担负着经济增长和物价稳定的总体经济目标，但是两者的侧重点有所不同。中央银行独占货币发行，并适时进行调节，保持物价的稳定是货币政策的首要目标。即货币政策的主要调节对象是价格水平，对价格水平有较为直接的决定关系，如果用来调节生产，其作用是无效的；相反，财政与国家之间有着本质的联系，财政为满足国家实现政治和经济职能而存在，其政策目标侧重于实现经济增长。财政政策是通过财政收支活动和再分配功能而直接参与投资和生产调节的政策，与投资、产出、就业水平，以及资源配置、结构调节存着较为直接的关系。

(3) 传导过程的差异

从对国民经济宏观需求管理的角度看，财政政策和货币政策都是通过对社会总需求的调节来达到宏观经济目标的，但是两者的手段不同、操作方式不同，因而从政策调节到实现政策目标的传导机制也不同。货币政策的传导机制是指中央银行运用货币政策手段或工具影响中介目标，进而实现最终目标的途径和过程的机能，也就是货币政策工具通过中央银行的操作而发挥作用，借以达到最终目标的过程。财政政策的传导机制比货币政策的传导机制更为直接。财政政策一般是直接作用于企业和居民，进而对国民经济的运行产生影响。例如扩大财政支出，就会直接或间接增加企业和个人的收入，而企业和个人收入的增加，就会相应增加社会总需求，这对调节社会总需求和总供给的对比态势有积极的效果；再如政府通过调整税率、利用累进的个人所得税的自动稳定器功能，也会起到调节企业和个人收入水平的作用。

(4) 政策时滞不同

政策时滞是指从采取政策行动到政策产生效果为止所需要的时间。任何政策都存在着时滞问题。政策时滞越短，政策当局越是能够对有关情况作出及时反应，政策也就越能快速地发挥作用。政策时滞可分为内部时滞和外部时滞。内部时滞是指采取政策行动的过程所需要的时间，具体又包括认识时滞、决策时滞和行动时滞。认识时滞是指政策当局意识到发生了问题到决定采取政策之间所需要的时间。这个时滞之所以存在，主要是由于政策当局难以及时发现干预因素，以及无法断定可能造成的后果。财政政策的认识时滞同货币政策的认识时滞大致是相同的。决策时滞是指政策决策者认识到需要采取政策行动到政策制定完毕之间所需要的时间。由于财政手段变化需要通过较烦琐的决策程序，所以财政政策的决策时滞一般要比货币政策的决策时滞长。行动时滞是指从政策制定完毕到开始执行之间所需要的时间。货币政策手段一经决定，可以立即予以实施，所以行动时滞较短。

一般来说，财政政策的内部时滞比货币政策的内部时滞要长一些。应该注意的是，如果是经由“自动稳定器”实施的财政政策，其内部时滞是不存在的，或者说，内部时滞为零。

外部时滞是指从政策开始执行到政策对目标发挥作用之间所需要的时间。财政政策通常可直接影响目标，货币政策则要通过中介间接地影响目标，因此财政政策的外部时滞比货币政策的要短一些。这个特点十分重要，因为它表明财政政策能够更快地对经济运行进行调节。

16.3.3 财政政策与货币政策相互协调性

1. 财政政策和货币政策协调配合的可能性

(1) 二者的主体具有统一性

虽然通常说财政政策的主体是政府，货币政策的主体是中央银行，但二者都是国家宏观调控经济的重要手段。这种主体的统一性为二者的协调、配合提供了可能。在中央银行独立性较高的国家，中央银行虽然不是政府的组成部分，而是直接对权力机构负责，但中央银行推行货币政策也并非主观随意，它必须体现国家的整体利益和社会成员的共同要求。所以，在这样的条件下，说财政政策和货币政策的主体都统一于国家是完全成立的，这同样为二者的协调配合提供了可能。

（2）二者的调控目标具有统一性

财政政策的目标是要实现社会总供求的均衡，货币政策的目标是稳定币值并以此促进经济增长，这与社会总供求均衡的目标是统一的。因为只有社会总供求均衡了，币值才能稳定，经济增长才能具备好的条件；反过来，币值稳定和经济增长又为社会总供求均衡创造了基础条件。显然，无论是财政政策的调控目标还是货币政策的调控目标归根到底都是为了实现社会总供求的均衡。这种调控目标的统一性同样为二者的协调配合提供了可能。此外，二者同为需求调节政策，都以调节需求作为政策的着力点，这也为二者的协调配合提供了可能。

2. 财政政策和货币政策协调配合的必要性

（1）财政政策和货币政策功能的差异需要二者协调配合

货币政策是通过调节货币供应量来影响总需求的，中央银行推行货币政策所依靠的政策手段都是影响货币供应的总量的，而需求就表现为有货币支付能力需求，所以货币政策对总量的调节功能较强。但货币政策几乎不能影响货币供给的结构，因为银行信贷资金是追求盈利的，它在带动资源配置方面要体现市场原则的基本要求，所以货币政策调节结构的功能较弱。而财政政策则不同，它通过收入结构和支出结构的调整可有效地调节经济结构，这是由于财政政策手段比货币政策手段在调节对象的选择上要容易得多。因为财政是政府从事的经济行为，其本身不以盈利为目的，而是直接追求社会福利最大化，所以财政政策在结构调节方面优势明显。

财政政策通过增收减支或减收增支，即通过收支总量对比关系的调整，的确可以对社会总需求产生深刻影响，但相对于货币政策，其效果并不明显。因为社会总需求按主体不同大致可分为政府需求、企业需求和家庭需求三个组成部分。政府对总需求的调节是通过改变自身的需求，以及通过改变自身需求来影响非政府需求来实现的。这表明政府推行财政政策调节总需求，要取得明显效果就要求政府需求应在总需求中占有足够大的份额。如果做不到这一点，则政府推行财政政策调节总量的效果就不会理想。由于整个经济中的货币收支相当大的一部分是通过银行信贷渠道形成的，所以货币政策通过调节货币供应量、控制信贷规模，就可以对经济总量产生明显的调节作用。由于财政政策和货币政策的功能客观上存在差异，货币政策的功能强于对经济总量的调整，而弱于对经济结构的调节；财政政策的功能强于对经济结构的调节，而弱于对经济总量的调节，因此二者需要协调配合、取长补短，以全面完成宏观调控经济的任务。

（2）财政政策和货币政策作用领域的差异需要二者的协调配合

政府推行财政政策是通过改变国民收入分配的格局，即通过在分配领域发挥作用来调节社会总供求关系，进而实现调节目标的。但是政府调整国民收入分配的格局，只能改变政府与私人经济部门占有的国民收入的份额。从整体上讲，家庭的收入不会完全转化为消费支出，即存在储蓄，而储蓄能否转化为投资则在很大程度上取决于银行信贷收入和支出的对比关系。在财政收支保持平衡的条件下，银行信贷收入大于支出意味着储蓄未能充分转化为投资，需求会因此而紧缩；银行信贷收入小于支出意味着存在信用膨胀，需求会因此而扩张；银行信贷收支平衡则意味着需求既未扩张也未紧缩，从而可维持原总供求的对比关系。显然，政府要实现均衡社会总供求的调节目标，仅仅依靠财政手段从分配领域进行调节是不够的，还必须通过货币政策从流通领域控制流通中的货币量，以便有效调节社会总需求。如果财政政策在分配领域扩张需求而货币政策在信贷领域紧缩需求，或者财政政策在分配领域紧缩需求而货币政策在信贷领域扩张需求，即二者不是协调配合，而是相互拆台，则政府就不可能实现扩张或紧缩需求的总量调控目标。因此，财政政策和货币政策作用领域的差异表明二者需要协调配合。

（3）财政政策和货币政策功能的局限需要二者的协调配合

无论是财政政策还是货币政策，在调节社会总供求关系方面都可在特定的领域发挥特定的作用，但二者也都存在一定的功能上的局限。例如财政政策要实现紧缩需求的目标，就需增收减支。增收通常会遭到纳税人的抵制，而且要调整税法，操作起来较为烦琐，而减支则会受支出刚性的制约，实施起来也会遇到一定困难；反之，财政政策如果要实现扩张需求的目标，就需减收增支，减收固然不会遭到纳税人的抵制，但减收增支所带来的巨额赤字却会加重政府的债务负担，从长远看，这可能会给经济造成负面影响。显然，财政政策在实现调控目标方面存在功能的局限。而政府推行货币政策，通过对一定时期货币供给量的控制来影响社会需求，也同样受诸多因素的制约。例如，在实行“紧”的货币政策时，银根的收缩程度要受到已经形成的信贷规模及投资规模的制约，力度过强会引起资金短缺，进而使流通受阻、经济萧条；反之，在实行“松”的货币政策时要受到现实经济结构状况和资源可利用程度的制约，力度把握不好会影响信贷资金的使用效果。可见，企图通过运用一种政策就可完成宏观调控任务、实现调控目标的想法是不现实的，在实践上则是有害的。

（4）财政资金和信贷资金的相互联系要求二者协调配合

首先，二者在资金来源方面的联系表现在：其一，银行经理国家金库，财政性存款是信贷资金的重要来源；其二，国家政策性银行资本金的相当部分是由国家财政拨款或财政担保向社会发行债券所形成的；其三，银行收益的一部分要上缴财政；其四，当财政收不抵支时，向商业银行发债是弥补赤字的常用方法。从理论上讲，向中央银行透支以弥补赤字的方法仍然存在，并且是财政、货币双松政策的内容之一。

其次，二者在资金运用方面的联系表现在以下两个方面。其一，财政资金和信贷资金都是固定资产投资的资金来源，尽管二者的资金投向不同，但都形成一定时期的固定资产投资需求。此外，虽然银行是企业流动资金的供应部门，但企业的税负水平，以及企业的利润分配比例直接影响企业留利水平及其对流动资金的自我补充能力。显然，流动资产投资需求也受财政、信贷的双重影响，这意味着政府无论是要调节固定资产投资需求，还是要调节流动资产投资需求，都必须重视财政资金和信贷资金在形成投资需求方面的内在联系。其二，财政资金和信贷资金都是消费的资金来源。财政资金中用于消费性的支出占支出总量的相当部分，政府等公共经济部门的个人消费和社会消费大都是通过财政分配获取资金的，所以财政对消费的影响是举足轻重的。但随着银行消费信贷业务的开展和人们消费观念的转变，信贷部门对消费的影响也越来越明显，因而政府要有效调节消费需求，也必须依靠财政、信贷两大手段。

16.3.4 财政政策与货币政策协调配合的模式

根据宏观经济中存在的问题，可以采取相应的财政政策与货币政策协调配合进行调节，形成不同的财政政策与货币政策的协调模式。

1. “双松”模式

即扩张性财政政策与扩张性货币政策相配合的模式。这种配合模式的措施是财政减收增支形成赤字，政府往往通过扩大财政支出或采用减税的手段以刺激社会总需求；而中央银行放松银根，可以通过在公开市场上买进债券、降低再贴现率和调低法定存款准备金率等货币政策，扩大流通中的货币量，以刺激社会的投资。其结果表现为社会总需求增长快于即期总供给增长，并以此推动经济发展，因此它适宜于在社会总需求不足、总供给过剩的经济条件下使用。“双松”的财政政策与货币政策可以采用图 16-7 表示。

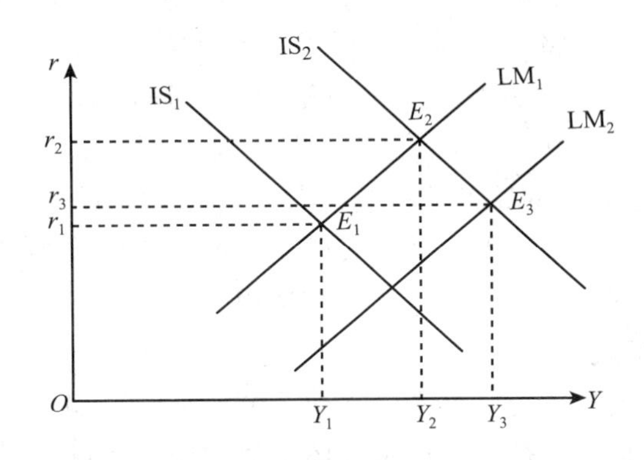

图 16-7 扩张性财政政策与扩张性货币政策相配合

在未执行宏观经济政策之前，IS 曲线和 LM 的交点为初始的均衡点 E_1，初始的国民收入和利率分别为 Y_1 和 r_1。执行扩张性的财政政策使 IS 曲线从 IS_1 位置移到 IS_2。如果不同时采取扩张的货币政策，利率将上升到 r_2，从而产生挤出效应，使国民收入只增加到位置 Y_2。在同时实行扩张性的货币政策后，LM 曲线从 LM_1 位置移 LM_2，利率从 r_2 降到 r_3，市场利率变化不大，国民收入从 Y_2 右移到 Y_3，国民收入出现了快速的增长。显然，为了对付经济萧条和刺激社会总需求，“双松”的财政政策和货币政策可以取得较好的政策效果。

但任何政策可能都是一把“双刃剑”，“双松”的财政政策和货币政策也不例外。一方面，对刺激经济增长和实现充分就业所起的作用十分明显；另一方面，由于执行“双松”的宏观经济政策，尤其是执行宽松的货币政策，流通中的货币量可能会因货币的投放增加而过多，容易导致通货膨胀。因此，“双松”的宏观经济政策往往是在经济萧条特别严重的情况下才采用。

2. “双紧”模式

即紧缩性财政政策与紧缩性货币政策相配合的模式。这种配合模式采用紧缩的财政政策，政府通常会减少财政支出或增加税收。而执行紧缩的货币政策时，中央银行往往通过卖出手中的债券、上调再贴现率和法定银行存款准备金率的方式减少流通中的货币供给，从而使利率上升，进而对社会总需求起抑制作用。因此，它只能在社会总供给不足、总需求过旺的经济条件下使用。“双紧”的财政政策与货币政策搭配可用图 16-8 表示。

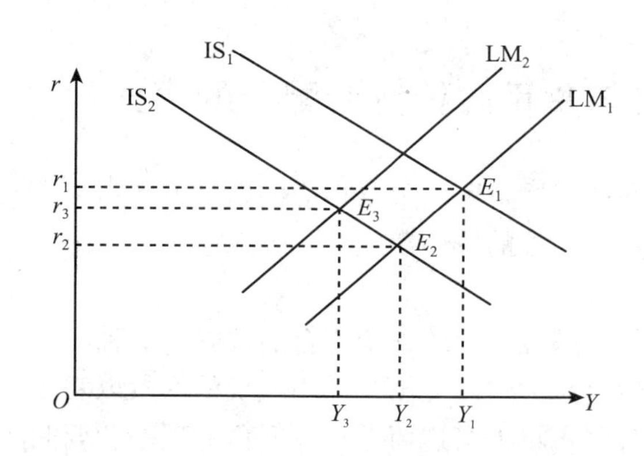

图 16-8 紧缩性财政政策与紧缩性货币政策相配合

在未执行宏观经济政策之前，IS 曲线和 LM 的交点为初始的均衡点 E_1，初始的国民收入和利率分别为 Y_1 和 r_1。执行紧缩性的财政政策使 IS 曲线从 IS_1 位置移到 IS_2。如果不同时采取扩张的货币政策，利率将下降到 r_2，利率下降使私人投资和消费增加，使国民收入只能下降到位置 Y_2。在同时实行紧缩性的货币政策后，LM 曲线从 LM_1 位置移 LM_2，利率从 r_2 上升到 r_3，市场利率变化不大，国民收入从 Y_2 左移到 Y_3，国民收入出现更强烈的收缩。

"双紧"政策对社会总需求的压抑往往会引起社会总供给的减少，从而将社会总量均衡建立在社会资源配置低效率的基础上，甚至会引起生产急剧滑坡和经济萎缩。因此，选用这种配合模式必须慎重，非到万不得已，一般不宜选用。

3. "松""紧"搭配模式

此模式包括扩张性财政政策与紧缩性货币政策的搭配和紧缩性财政政策与扩张性货币政策的搭配两种模式，它适宜于在社会总供求大体均衡的经济条件下对供求结构的调整。其主要目的是解决供求之间的矛盾，在兼顾宏观调控总量目标的同时，实现宏观调控的结构目标。至于在调节中谁松谁紧，则要根据供求矛盾的具体表现，结合财政政策与货币政策各自的功能优势来选择。"松紧"搭配的模式对解决社会总供求矛盾的适应性强、灵活性大，它既适用于全面性的总供求结构失衡、产业结构失调的情况，也适用于某些局部比例失调的情况，并且可以在程度不同的失调情况下使用，因此是现实生活中最具实践性的配合模式。

（1）"松"的财政政策与"紧"的货币政策的搭配

实施"松"的财政政策就是扩张性的财政政策，即通过政府支出的扩大及减税来刺激投资和消费需求，使社会总需求增加，以摆脱经济萧条和提高就业率。执行紧缩性的货币政策是为了防止通货膨胀的产生，维持经济的健康发展。这种政策组合的主要目的是为了在保持经济适度增长的同时，尽可能避免通货膨胀的产生。但经常性地和长期地执行这种政策，会导致国家财政积累起大量的财政赤字，使财政对国债的依赖程度增强，容易产生债务风险，对政府的信誉产生负面的影响。

（2）"紧"的财政政策与"松"的货币政策

实施紧缩的财政政策可以抑制过旺的社会需求，以避免经济过于快速的增长及由此可能产生的通货膨胀。"松"的货币政策旨在保持经济适度的增长。折中政策组合既可对社会总需求量及通货膨胀进行控制，同时又可保持经济适度增长。这种政策组合的难点在于对"度"的把握，如果财政政策过紧，将会过度地抑制社会总需求，影响经济的增长和充分就业的实现；如果货币政策过松，那么又容易产生通货膨胀。

4.“双中性”模式

即中性的财政政策与中性的货币政策相配合的模式，它是一种财政收支保持基本平衡、货币供应量与社会总产值增长幅度大体一致的配合模式。其实现结果表现为社会总需求与总供给保持同步增长，使既定的社会总供求关系得以维持。因此，它的适用前提是社会总供求关系已处于基本平衡的状态。

【资料链接】

我国的财政政策与货币政策协调配合的实践历程

20世纪80年代末期以来，财政政策和货币政策在我国政府对宏观经济的调控中得到了充分地实施，并取得了一定的成效。到1998年实施积极财政政策之前，我国财政政策与货币政策配合实践可分以下四个阶段。

第一阶段（1988年9月—1990年9月），实行“紧财政紧货币”的“双紧”搭配模式。从1988年初开始，我国经济进入过热状态，表现为经济高速增长（工业产值增幅超过20%）、投资迅速扩张（1988年固定资产投资额比1987年增长18.5%）、物价上涨迅速（1988年10月物价比上年同期上升27.1%）、货币回笼缓慢（流通中的货币增加了46.7%）和经济秩序混乱。在这种形势下，我国于1988年9月开始实行“双紧”政策。具体措施有：收缩基本建设规模、压缩财政支出、压缩信贷规模、严格控制现金投放和物价上涨、严格税收管理等。“双紧政策”很快见效，经济增长速度从20%左右跌至5%左右，社会消费需求大幅下降，通货膨胀得到遏制，1990年第三季度物价涨幅降到最低水平，不到1%。

第二阶段（1990年9月—1991年12月），实行“紧财政松货币”的“松”“紧”搭配模式。在“双紧政策”之后，中国经济又出现了新的失衡，表现为市场销售疲软，企业开工不足，企业资金严重不足，三角债问题突出，生产大幅下降。针对上述情况，从1991年初开始，实行了“松”的货币政策，中央银行陆续多次调低存贷款利率，以刺激消费、鼓励投资。这些政策在实施之初效果并不显著，直到1991年下半年，市场销售才转向正常。

第三阶段（1992年1月—1993年6月），实行“松财政松货币”的“双松”搭配模式。1992年，财政支出4 426亿元，其中财政投资1 670亿元，分别比年初预算增长107%和108%。信贷规模也大幅度增长，货币净投放额创历史最高水平。“双松政策”的成效是实现了经济的高速增长，1992年GDP增长12.8%，城市居民人均收入增长8.8%，农村居民人均收入增长5.9%。但是“双松政策”又带来了老问题，即通货膨胀加剧，物价指数再次超过两位数，短线资源再度紧张。

第四阶段（1993年7月—1996年底），实行“适度从紧的财政与货币政策”的弱“双紧”搭配模式。具体措施有：控制预算外投资规模；控制社会集资搞建设；控制银行同业拆借；提高存贷利率等。与1988年的紧缩相比，财政没有大动作，但货币紧缩力度较缓。适度的“双紧政策”使过热的经济得到遏制，经济较为平稳地回落到了适度增长区间，宏观经济终于成功实现了“软着陆”。各项宏观经济指标表现出明显的改善：GDP增长率由1992年的14.2%逐步回落到1996年的9.6%，平均每年回落1个百分点；商品零售价格上涨率由1994年的21.7%下降到1996年的6.1%，共回落了15.6个百分点；外汇储备达到1 000多亿美元。我国经济成功地实现了“软着陆”。这次政策配合实施被认为是我国治理宏观经济成效较好的一次，为我国以后实施经济政策积累了正面的经验。

第五阶段（1997—2004 年），在这一阶段，我国基本上实施了“双松”的宏观经济政策，主要以扩张为主的积极财政政策和稳健的货币政策为主。积极财政政策主要通过增发长期国债的手段来筹集社会基础设施建设资金；稳健的货币政策则主要通过连续多次降低存贷款利率以及存款准备金率，以增加货币供应量来实现的。在这一阶段，财政政策和货币政策的协调重点在于：集中力量为社会建设项目以及企业提供信用支持和流动性，而其最终的政策意图在于：通过投资带来经济的活力，进而刺激微观主体有效需求的不断提高。

第六阶段（2004—2008 年），此阶段我国宏观经济政策可以用“中性”一词来概括，表现为财政政策由上一阶段的积极扩张转向稳健，货币政策也坚持以稳健为主。稳健的财政政策和货币政策配合机制大大改善了我国宏观调控的效果，不仅使我国的经济得到持续平稳的发展，而且也使得货币政策的传导机制、银行信贷结构及政府投资结构变得日趋合理，“投资”、“消费”、“出口”三驾马车运行良好。

第七阶段（2008 年末至今），2008 年末，美国次贷危机的冲击引发了全球性的经济危机。为了抵御这种国际经济环境的负面影响，我国当机立断，对宏观经济政策进行了重大调整，由原来的“中性”政策转变为积极的财政政策、适度宽松的货币政策。国家在努力稳定出口的同时，出台了“一揽子”刺激经济的措施，包括 2008 年第四季度中央增加的 1000 亿元投资、4 万亿投资刺激经济等具体措施。

资料来源：张云峰．宏观经济学导教·导学·导考。

16.4 我国的财政政策与货币政策

20 世纪 90 年代以来，我国政府灵活运用财政政策、货币政策等经济调控手段，对经济发展中的波动进行了有效的宏观调控，极大地促进了国民经济的健康发展。尤其是 1998 年到 2002 年期间，针对亚洲金融危机等因素而采取的积极财政政策与稳健的货币政策，充分显示了我国政府驾驭宏观经济调控的能力日渐成熟，成为政府调控宏观经济的经典案例。

2009 年中国在积极财政政策和适度宽松货币政策以及应对危机一揽子计划的共同作用下，较快地扭转了经济增速明显下滑的不利局面，实现国民经济总体回升向好。到目前为止，我国仍继续在实施积极的财政政策和适度宽松的货币政策，较好地处理好了保持经济平稳较快发展、调整经济结构和管理通胀预期的关系，有效地发挥了财政政策与货币政策在不同经济形势下的作用。

16.4.1 我国的积极财政政策

1. 积极财政政策实施的背景

1998 年 7 月份开始，我国财政政策发生了重大转变，由原来适度从紧的财政政策转向了积极的财政政策。启动积极财政政策的背景因素，归结起来主要有如下几个方面。

(1) 东南亚金融危机对我国外向型经济的巨大影响

1997年7月爆发的东南亚金融危机，席卷了几乎整个亚洲，并扩展到俄罗斯，波及拉美，进而使欧洲和美国也受到影响。到1998年上半年亚洲金融危机对我国的负面影响逐步加深，上半年出口增长7.6%，同比增幅回落18.6个百分点，其中5月份出口下降了1.5%，为22个月以来的首次负增长。出口的减少，不但使出口需求下降，而且连锁地引发了其他产业投资需求和消费需求的减少，影响经济增长速度的回升。根据国家统计局的估计，上半年由于出口交货值增幅减慢，影响工业生产增长减慢约2.1个百分点，由此影响GDP增长减慢1个百分点。由于金融危机，亚洲地区的经济发展前景不被看好，大量国际资本回流到欧美等其他地区。作为世界上吸引外资的大国，我国深受影响。从1997年起，对我国的外商直接投资开始明显下降，1997年和1998年的外商直接投资额分别只达到510.04亿美元和521.02亿美元。

(2) 我国正处在经济周期低谷阶段，并出现通货紧缩

1994年以来，我国一直实施"适度从紧"的财政政策，以实现经济的"软着陆"。我国经济增长率（以GDP增长率衡量）从1993年的13.5%回落到1997年8.8%的水平，平均每年下降约1个百分点，这时被认为还处于比较适宜的区间，但惯性下滑并未停止。1998年上半年经济增长率仅为7%，与全年8%的增长目标形成明显差距。在经济增长速度下滑的同时，商品零售物价指数从1997年10月持续出现负增长，1998年上半年为−2.21%，出现了一定程度的通货紧缩趋势。金融危机影响叠加到中国经济周期低谷阶段，使得宏观经济形势更为严峻。

(3) 我国经济从"短缺经济"走向"过剩经济"，出现了有效需求不足的矛盾

我国国民经济经历近20年的快速发展后，长期的"短缺经济"终于在1997—1998年走到了较全面的所谓"买方市场"或"过剩经济"，出现了供大于求的格局，企业产成品库存总量不断增加，1998年年中已达4万亿元，约相当于GNP的40%以上。商品供大于求，一方面说明国民经济已由原来的供给不足转向需求制约，反映物资供应丰富了；但另一方面，也暴露出这种供大于求是低水平的、阶段性的和结构性的。一般加工工业产品的过剩很大程度上是低水平重复建设所致，深刻地暴露了我国经济结构严重失衡的矛盾。长期居民收入的低增长和通货紧缩的影响，出现了严重的有效需求不足。

(4) 就业压力十分严峻

20世纪90年代中期以来，我国进行了"国有经济战略性改组"，国有企业全面退出一般竞争性领域，带来了大量的"下岗分流"人员和失业压力。在"软着陆"后需求不旺的宏观环境下，为了对企业维持必要的优胜劣汰改组压力，总体上已不再沿用过去的种种优惠与关照手段挽救效益不佳的企业，而是积极促进企业的兼并重组乃至破产；加上前述内、外部增长减速因素的叠加，使微观层次困境加剧，于是出现了大量的下岗分流人员，失业压力增大。缓解失业压力成为决策上和社会各方所关注的大问题。

2. 积极财政政策的主要内容

财政政策的三大常用工具包括支出政策、收入政策和预算政策。1998—2002年实施的积极财政政策，所采取的各项措施基本上都可以归类为以上领域。

(1) 支出政策

积极财政政策在支出政策的措施上主要有三个特点。第一，以增发长期建设国债作为筹

措资金的主要渠道。从1998年到2002年，中央财政在5年内累计增发6 100亿元长期建设国债和500亿元支持西部开发的特种国债，共计6 600亿元。第二，加大政府对基础设施的投资。1998—2002年间，增发长期建设国债筹措上来的资金主要用在了基础设施建设上。其中，用于农林水和生态建设方面1 435.8亿元，用于交通设施建设方面1 140亿元，用于城市基础设施建设方面955亿元，用于农村电网改造方面520.72亿元，用于技术进步和产业升级方面398.9亿元，用于环保基础设施建设方面160亿元，用于教育基础设施方面119.5亿元。第三，以提高中低居民收入水平和社会保障水平。首先是大幅度提高行政事业单位职工工资水平。从1999年起，不仅连续3次提高机关事业单位职工基本工资标准，还实施了年终一次性奖金制度，建立了边远地区津贴制度。到2002年底，机关事业单位职工月人均基本工资水平比1998年翻了一番。其次是增加社会保障支出。社会保障支出经过几年的连续增加，到2002年，全国财政用于社会保障的支出是1997年的9.5倍，是1998年的6.2倍，年均增长56.9%。

（2）收入政策

根据国际经济贸易环境变化对中国外贸出口的影响情况，为了鼓励出口，进一步提高了一些在国际市场上具有竞争潜力和产业关联度较高的产品的出口退税率。1999年先后两次提高出口商品退税率，有效地促进了出口的增加。对国家鼓励发展的外商投资项目和国内投资项目，实行了在规定的范围内免征关税和进口环节增值税，以鼓励引进国外先进技术设备，扩大利用外资。针对投资需求不足问题，实施减半征收固定资产投资方向调节税的政策。对涉及房地产的营业税、契税、土地增值税给予了一定减免，就增值税、营业税、进出口税收、企业所得税、外商投资企业和外国企业所得税及科研机构转制等有关税收政策作了明确规定，促进了技术创新和高新技术的发展。针对社会上存在的一些乱收费现象，进行清理整顿，减轻了企业社会负担。1999年从11月1日起对居民储蓄存款利息所得恢复征收个人所得税，对促进储蓄有效地转化为投资、刺激居民即期消费、拉动消费需求起到了积极作用。

（3）预算政策

预算政策上，采取的是财政赤字政策，以赤字支出增加社会总需求。赤字支出的资金来源，主要以增发国债为主，每年增发国债都在1 500亿元左右。

3. 积极财政政策的成效

1998—2002年我国实施的积极财政政策，使国民经济在面临通货紧缩的形势下保持了平稳的发展态势，给我国乃至亚洲经济都带来了积极的影响，丰富了我国宏观调控的经验。

（1）拉动了经济增长

从1998年开始，我国连续实施积极财政政策以扩大内需，使得我国在世界经济增长乏力的情况下，呈现一枝独秀的局面。

积极财政政策的实施成功启动了社会需求。从投资需求看，1998—2002年，全社会固定资产增长速度分别达到了13.9%、5.1%、10.3%、13.0%和16.1%，5年来平均达到了11.68%。以政府投资作为推动固定资产投资增长的主导力量，对于恢复与保持适度的经济增长至关重要。从2000年起，居民消费开始回升。居民消费价格指数在2000年和2001年实现了小幅增长。消费需求增长的恢复，使通货紧缩的趋势得到了遏制，也拉动了投资需求的增长。启动积极财政政策后，我国在保持人民币汇率稳定的前提下，通过调整出口退税率和实施多元化战略，促进了出口的增长，并于1999年7月扭转了外贸出口下降的势头。到2002年，实现出口总额是1998年的1.77倍。由于积极财政政策的实施，长期建设国债拉动经济每年增长1.5～2个百分点。到2002年，我国的国内生产总值首次突破10万亿元大关，实现102 397.9亿元，比2001年增长了8%，跃居世界第六位。

(2) 推动了外贸出口

亚洲金融危机直接影响到我国的进出口贸易，特别是对我国的外贸出口冲击很大。为了抑制出口增长下滑趋势，我国从1998年开始连续多次调高出口退税率，使得我国出口商品的综合退税率达到了15.51%。与此同时，我国还不断改进出口退税的管理办法，加大对出口企业的支持力度。正是由于积极财政政策的这些措施，我国的出口增长速度才得以恢复，并且实现了人民币汇率不贬值的目标。1998—2002年，我国出口增长率分别为0.5%、6.1%、27.8%、6.8%和22.3%；出口总额由1998年的1 837亿美元增长到2002年的3 256亿美元，出口总额首次突破3 000亿美元。

(3) 促进了经济结构的调整

第一，建成一大批重大基础设施项目。在国债资金的支持下，从1998年以来，我国加大了基础设施的投资力度，集中力量办成一些多年想办而未办成的大事。国家共安排了1 100多个项目，投资总规模达8 500亿元，其中国债资金达1 500亿元。大规模的基础设施建设，有力地缓解了我国长期以来基础设施薄弱对经济发展的制约，为国民经济中长期发展奠定了良好的基础。

第二，促进了产业结构优化升级，巩固了农业发展的基础地位。在加强基础设施建设的同时，我国利用国债资金的直接投入和调整相关税收政策等措施，支持高科技项目、企业技术改造项目的建设，使我国企业的整体技术水平大幅提高，国际竞争力增强。1999年以来，国家用国债资金加大了对企业技术改造的力度。产业结构的优化升级，标志着我国从粗放型经济增长模式向集约型经济发展模式的转化，为经济的持续发展提供了源源不竭的内在动力。1998年以来，国家着力建设了一批关系到调整农产品结构和增强农业发展后劲的基础性工程，极大地改善了农村的生产和生活条件。

第三，推动了区域生产力布局的合理调整。1999年我国开始实施西部大开发战略。在积极财政政策的推动下，国家有重点地对严重影响国民经济均衡发展的中西部地区加大了投资力度，开工建设青藏铁路、西电东送等跨世纪工程，提升了这些地区的生产力发展水平，以实现国民经济的均衡发展。中西部地区的发展，使全国经济社会发展的整体格局发生了可喜的变化。

(4) 缓解就业压力，支持了社会保障体系的建设

据统计，通过实施积极财政政策所创造的就业岗位累计达750万个，极大地缓解了各种因素带来的就业压力。按照低起点、广覆盖、社会化的原则，国家财政通过直接投入和增加财政转移支付等方式，提高国有企业下岗职工基本生活费和离退休人员基本养老金，建立起了社会统筹和个人账户相结合的城镇居民职工基本养老制度，健全失业保险制度、城镇居民最低生活保障制度。积极财政政策在实施过程中，通过调整财政支出结构，加大了对社会保障的支持力度，仅中央财政用于“两个确保”和城市“低保”的支出就达1 934亿元，其中2002年支出594亿元，是1998年的6.2倍。积极财政政策对保证经济衰退时期的社会稳定起到了巨大作用。

(5) 改善了人民群众的生活质量

积极财政政策在促进经济稳定发展的同时，也给广大人民群众带来了众多的实惠，使人民群众的生活质量稳步提高。5 年来，城镇居民家庭人均可支配收入，平均每年实际增长 8.6%。在农村，随着税费改革试点的扩大等一系列减轻农民负担措施的出台，农民收入也有了相当的增加。5 年来，农村居民家庭人均纯收入平均每年实际增长 3.8%，农村贫困人口正在减少。

1998 年以来，国家利用国债资金对全国 95%的地级以上城市和中西部地区部分县城的城市基础设施建设进行了建设和改造，共安排了 998 个项目，投资总规模达 3 705 亿元。此外，国家利用国债资金分两批进行了大规模的农网建设和改造，投资总规模近 3 000 亿元，基本覆盖了全国所有的县。这些项目全部建成后，城乡基础设施得到改善，城乡居民的居住环境变得更加方便，生活质量改善显著。1998 年以来，国家利用国债投资 308 亿元，安排了一批生态环境建设工程，扭转了生态环境恶化的趋势。

4. 积极财政政策的特点

(1) 阶段性或反周期性

积极财政政策是在我国出现外部影响的不确定性增加，国内有效需求不足，投资、出口和经济增长乏力等情况下，在政策环境允许的限度内所采取的一种阶段性或反周期性的适度扩张政策。也就是说，是在国内经济有紧迫需要，政策实施又有现实可能的条件下所做出的一种有条件的政策选择。所谓客观需要，就是扩大内需以保持经济适度增长的需要，是在货币政策因实施、操作通路局部受阻，其刺激需求的能力与效果受限的条件下，必须进行的一种政策选择。政策环境允许，也就是说尽管国家财政收支形势较为严峻，但在银行有较多“存差”，却因约束机制强化而对企业贷款谨慎等情况下，财政可以实施以适度扩张的国债政策为重点的积极财政政策，来达到扩展需求、刺激经济的目的。一旦这种政策环境发生变化，财政政策选择就需另行考虑，体现了一种过渡性或暂时性的政策特点。

(2) 结构性和定向性

从我国的现实情况看，在政府职能转变尚未完全到位、体制性和结构性矛盾依然十分突出的情况下，不宜也不能实行全面扩张的财政政策，而只能实施既有利于增加投资、开拓市场、扩大内需，又有利于调整和优化结构、促进体制改革深化的财政政策，即应该实行定向性的财政政策。正是鉴于此，我国积极的财政政策选择了以调整结构、改善投资环境、增强经济增长后劲和产业带动效应为目的，以社会基础设施建设、促进企业技术改造和产业升级、加强对科学教育基础性投入等为重点的政策方向。

(3) 政策组合的复合性

扩大内需是多方面、多层次的，因此积极财政政策的运用，没有局限于扩大财政对基础设施投资这一个方面，而是以扩大内需为主旨，注重多项政策手段的综合运用，体现了政策的复合性。简要地说，除了向国有商业银行增发国债以外，还发行了 2 700 亿元特别国债，以提高国有商业银行的资本金充足率；通过调整收入分配格局，增加公务员和行政事业单位职工工资，提高国有企业下岗职工基本生活保障、离退休人员养老金水平等，即通过财政的转移性支出，以刺激消费与投资；分批提高了一部分产品的出口退税率，调整了进口设备税收政策，降低了关税税率，对国家鼓励发展的外商投资项目和国内投资项目，在规定范围内免征关税和进口环节增值税，以此推动和增进外经贸方面的需求。

16.4.2 我国稳健的货币政策

1. 实施稳健货币政策的原因

在市场经济较为发达的国家，在宏观经济出现通货紧缩或通货紧缩趋势时，一般是同时采用积极（扩张）的财政政策和货币政策。1997年亚洲金融危机以后，我国及时采取扩大内需的方针，实行积极的财政政策和稳健的货币政策。为什么我国提出实行积极的财政政策的同时还提出实行稳健的货币政策呢？主要原因如下。

（1）我国货币供应存量偏多

1978—1999年，我国GDP年均增长9.7%，CPI年均上涨6.2%，广义货币（M_2）年均增长23.6%，贷款年均增长20.6%，广义货币年均增长比经济增长与物价上涨之和高出7.7个百分点。由于货币供应量多年高速增长，广义货币量（M_2）与国内生产总值现价（GDP）的比值呈连续上升趋势。M_2主要是由银行贷款创造的，M_2与GDP比率过高，说明多年来信用过分集中于银行，容易积累金融风险；同时，在货币供应量增长明显偏快的情况下，将增加中长期通货膨胀压力。在多年积累的货币存量过多的情况下，如果再过分扩张货币供给，就会进一步扩大潜在的金融风险和通货膨胀压力，不利于宏观金融稳健运行。

（2）企业特别是国有企业负债率过高，贷款有效需求不足

企业负债率过高和资本结构单一是我国经济发展中的一个突出问题。到20世纪90年代中后期，国有工业企业账面资产负债率为65%左右，如剔除账面无效资产，实际负债率在80%以上，少数行业出现资不抵债。另外，新开工的一些技改项目资本金普遍不足，资产负债率也较高，负债率过高使企业承受贷款的能力和抗御市场风险的能力较弱。在这种情况下，如果采取过分扩张的货币政策，盲目增加贷款，势必增加新的呆坏账，加大化解金融风险的压力。

（3）我国经济的主要问题是经济结构失衡，而不是货币供应不足

结构问题的实质是市场机制还不够完善，重复建设问题突出，解决结构问题应深化经济和金融体制改革，单靠扩大货币供应事倍功半，相反还可能增加新的矛盾。1998年，中央在提出实施积极的财政政策时，银行资金比较宽松，但由于市场有效贷款需求不足，贷不出去。财政增发国债，由银行购买，本身是运用银行资金，也就是发挥货币政策的作用；同时由于国债资金作为资本金投入基础设施项目，又为银行增加贷款创造了条件。

2. 稳健货币政策的主要内容

稳健的货币政策主要包含以下三个方面的内容。

（1）灵活运用货币政策工具，保持货币供应量适度增长

1998年以来，实行稳健的货币政策在防范和化解金融风险、提高贷款质量的前提下，适当扩大了货币供应量。1998年1月，中国人民银行取消了对商业银行的贷款限额控制，商业银行按信贷原则自主增加贷款；1998年和1999年先后两次下调法定存款准备金率共7个百分点，相应增加金融机构可用资金近8 000亿元，为商业银行增加贷款和购买国债，支持积极的财政政策创造了条件；1996年5月以来连续8次降息，存款利率平均累计下调5.98个百分点，贷款利率平均累计下调6.92个百分点，累计减少企业净利息支出近3 000亿元。降息提高了企业效益，支持了资本市场发展，降低了国债发行成本，对启动投资、促进消费，对抑制通货紧缩趋势发挥了重要作用。另外，还对商业银行定期进行窗口指导，及

时传导货币政策意图。

(2) 及时调整信贷政策，引导贷款投向，促进经济结构调整

1998年以来，对信贷政策进行了一系列调整，主要包括：调整基础设施贷款政策，鼓励和督促商业银行发放国债资金项目配套贷款；调整个人消费信贷政策，特别是个人住房贷款政策；调整农村信贷政策，推行适合中国农村实际的小额农户信用贷款制度；调整出口信贷政策，支持出口企业扩大出口；调整对中小企业，特别是高新技术企业的贷款政策，提高商业银行增加对中小企业贷款的积极性；进一步沟通和完善货币市场与资本市场的联系，支持资本市场的发展；调整对非生产部门的信贷政策，开办助学贷款，开办学生公寓、医院等贷款新项目。

(3) 发挥货币政策确保金融稳定的作用，基本实现了货币政策由直接调控向间接调控的转变

根据党中央、国务院的决策，中国人民银行认真执行金融稳定工作计划，发挥货币政策保稳定的作用，主要包括：向金融资产管理公司发放再贷款，支持其从国有独资商业银行收购不良资产，支持债转股；为确保少数严重资不抵债中小金融机构顺利退出市场，确保居民存款支付，确保金融和社会稳定，按照有关政策规定，根据从严掌握的原则，适当给予再贷款支持；支持和配合财政部发行2 700亿元特别国债，补充国有独资商业银行资本金，提高其资本充足率。在发展货币市场的基础上，积极推进货币政策工具改革，几年来公开市场业务操作力度明显加大，对基础货币吞吐、货币市场利率的影响显著增强。

3. 稳健货币政策的实施效果

(1) 保证了货币供应量和贷款增长与经济发展基本相适应

1998—2002年根据物价涨幅、经济增长和货币流通速度等因素，广义货币供应量M_2的预期调控目标为年均增长14%～15%，实际执行结果都在调控目标之内。货币、信贷的平稳增长，有力地支持了经济持续快速发展。

(2) 信贷结构发生积极变化，促进了经济结构调整

一是商业银行发放国债资金项目配套贷款增长较快，有力地支持了国债项目建设；二是农村信贷结构得到调整；三是个人消费信贷得到迅速发展，个人住房贷款在拉动投资、扩大内需方面发挥了重要作用；四是在货币信贷政策的引导下，信贷结构发生积极变化，几年来以中小企业为主体的非国有经济贷款份额继续上升。

(3) 金融监管得到加强，贷款质量有所提高

中国人民银行采取多种措施切实化解金融风险，多年积累的金融风险得到逐步化解，金融市场秩序明显好转，为执行稳健的货币政策创造了条件。2001年，国有独资商业银行不良贷款余额和比例首次出现双下降，分别下降907亿元和3.81个百分点；股份制商业银行和农村信用社不良贷款比例也下降明显。金融资产管理公司已处置不良资产1 707亿元，收回现金357.7亿元，现金回收率达到21%。

(4) 国际收支状况良好，人民币汇率保持稳定

本外币政策的协调，维护了内外部经济的双重平衡。五年来，我国国际收支状况良好，除1998年外，经常账户和资本账户保持持续双顺差。外汇储备增加额年年增高，人民币汇率继续保持稳定。

4. 稳健的货币政策对积极财政政策的支持作用

(1) 稳健的货币政策为积极财政政策提供了稳定的金融环境

一是通过稳定的币值，为积极的财政政策发挥作用提供前提条件。人民币汇率继续保持

稳定，为财政性投资提供精确的计量标准，准确预计财政政策刺激、拉动需求的作用；二是发挥了利率基础作用，为国债顺利发行提供了保证；三是发挥了货币供应基础。商业银行是国债的最大持有者，其雄厚的资金实力给积极的财政政策提供了有力的支持。

(2) 稳健的货币政策为积极财政政策提供了强有力的信贷支持

积极财政政策的一个重要效果就是通过 6 600 国债资金，拉动了 3.2 万亿元的社会投资。这 3.2 万亿元社会资金的大部分，是商业银行的信贷资金。人们常用通俗的语言称国债资金起到了“四两拨千斤”的效果，实际上这是宏观经济学理论的乘数效应。这个乘数效应能够实现，是与稳健的货币政策密切相关的。

(3) 稳健的货币政策为积极财政政策的扩大内需提供了支持

积极的财政政策是为扩大内需的宏观经济政策服务的。通过扩大政府直接投资，带动社会投资，从而扩大需求，是积极财政政策的运行机制。积极财政政策所带来的投资需求的扩大，需要商业银行信贷资金的支持，而积极财政政策所带来的消费需求的扩大，同样离不开稳健的货币政策的支持。住房贷款、汽车贷款、教育贷款均有了大幅度的增长，不仅使积极财政政策的效应落到实处，更是直接扩大了内需。

【资料链接】

2011年加大对结构调整支持力度实施稳健货币政策

2011年4月8日，中国人民银行发布《2010年中国金融市场发展报告》，报告指出2011年央行将以加快转变经济发展方式为主线，实施积极的财政政策和稳健的货币政策，保持经济平稳、较快发展。央行表示，2011年，我国将围绕经济发展方式转变的主线，实施稳健的货币政策，优化需求结构与投资结构，引导资金更多地投向实体经济和中小企业，扎实发展战略性新兴产业，调整优化产业结构。在此条件下，金融市场将进一步发挥其对社会资源、财富和风险的直接和高效配置功能，进一步增大对经济发展方式转变的贡献，同时，其规模将进一步扩大，结构将进一步优化，对外开放也将稳步推进。

报告称，根据中央经济工作会议的要求，2011年，我国国民经济将以科学发展为主题，以加快转变经济发展方式为主线，实施积极的财政政策和稳健的货币政策，保持经济平稳、较快发展。今后几年，我国经济工作的主线和主攻方向是对经济结构进行战略性调整。为加大对结构调整的支持力度，需要积极引导和支持重点产业中符合条件的企业，尤其是中小企业通过发行多种形式的债券来进行融资，支持重点产业和新兴产业中小企业拓宽融资新渠道。在此条件下，能够通过金融市场进行融资的企业范围与数量将进一步增加，股票与债券发行量和交易量也会相应增加。同时，2008年年末以来陆续开工的基础设施等建设项目目前已在建设中，对信贷资金存在一定的刚性追加需求。

在2010年货币政策回归稳健的条件下，发展新兴产业的资金需求将更多地转向资本市场，金融市场规模将进一步扩大。积极推进金融等领域的改革，要求加快转变政府职能，减少政府对微观经济活动的干预，政府在金融市场管理中的职能也会发生转变。市场自律组织和自律法规将发挥更大的作用。为把握世界经济治理机制进入变革期的特点，努力增强我国参与能力，我国将深入实施“走出去”战略。2011年，金融市场对外开放将稳步推进。随着我国跨境贸易人民币结算的发展，境外主体持有的人民币数量逐步增加，产生多样化的资产配置，债券市场对境外投资融资主体的开放步伐将进一步加快；股票市场的国际板等对外开放建设也将稳步推进；有关部门还将根据双边经贸往来和金融交往情况，继续稳步推进银行间外汇市场开办人民币对其他币种的交易。央行指出，2011年，我国经济工作的主线是加快转变经济发展方式，这一主线包括了调整产业结构、需求结构和区域结构，包含以下几个方面的内涵：改造提升传统制造业，加快壮大服务业规模，扎实发展战略性新兴产业，提升产业核心竞争力；强化节能减排和应对气候变化，大力发展"绿色经济"；努力提高低收入群众的收入水平，提升居民消费能力；统筹国土空间开发利用，增强区域发展的协调性；积极稳妥地推进城镇化，有序推进符合条件的农业转移人口落户城镇。

2011年，随着我国金融市场的发展和完善，金融市场对这一发展主线的贡献将进一步增大。一是金融市场的健康、快速发展能使广大消费者拥有更多的财产性收入，并能为养老基金等保障性资金提供更多安全性和更好收益性的投资渠道，使其获得更高的投资收益，从而具有更高的社会保障能力，进而提高我国消费率。二是随着我国多层次资本市场进一步完善，我国的直接融资水平将进一步得到提高，为风险较大、投资回收期较长的战略性新兴产业提供长期、稳定的资金支持。三是资本市场更强的流动性使其对国家宏观政策更具有敏感性，配置资源的效率也更高，多层次资本市场的发展能够通过投资者改变公司的估值预期，增加对战略性新兴产业的资金支持，从而优化产业结构。四是随着多层次资本市场的发展，各地区能够结合自身特点，在资本市场中筹集到期限和性质均与需求相匹配的资金，从而能够促进各地区发展平衡。

资料来源：凤凰财经网．
http：//finance．ifeng．com/bank/yhyjh/20110408/3837800．shtml.

课堂讨论

1. 财政政策的乘数效应与挤出效应。
2. 当前我国宏观环境下的财政政策走向。

本章小结

本章在介绍财政政策基本含义和理论发展的基础上，对财政理论发展和演变的基本历程进行了简要回顾与总结。同时，还对财政政策的目标、类型及其选择、财政政策传导机制进行了详细介绍，分情况分析了财政政策的作用原理与特点。在此基础上，本章还进一步介绍了货币政策及财政政策与货币政策的相互配合问题，并结合我国的宏观调控控实践，讨论了积极的财政政策与稳健的货币政策。

重要概念

财政政策　扩张性财政政策　紧缩性财政政策
"自动稳定器"　财政政策传导机制　财政政策乘数
挤出效应　货币政策　"双松"模式
"双紧"模式　"松""紧"搭配模式　积极财政政策　稳健的货币政策

思考题

1. 简述财政政策的含义、目标及政策工具。
2. 简述自动稳定的财政政策和相机抉择的财政政策的含义。
3. 怎样认识财政政策的传导机制?
4. 试述财政政策与货币政策配合的必要性及政策配合模式。
5. 如何评价我国的积极财政政策?

进一步阅读资料

[1] 萨缪尔森，诺德豪斯．经济学．16版．萧琛，译．北京：人民邮电出版社，2004.
[2] 布什，斯塔兹．宏观经济学．7版．范家骧，译．北京：中国人民大学出版社，2000.
[3] 宋承先，许强．现代西方经济学：宏观经济学．3版．上海：复旦大学出版社，2004.
[4] 郭守杰．中国的积极财政政策：理论与实践．北京：经济科学出版社，2006.
[5] 夏杰长．财政政策转型：从积极到稳健．北京：中国经济出版社，2006.

第 17 章

开放经济条件下的财政问题

【本章概要】

本章的主要内容是开放经济条件下的国际间财政关系，主要从解决全球公共品供给问题的视角出发阐述了财政的国际支出协调；同时介绍了国际税收协调的目标、原则与方式，以及它们对于税收的资本输出中性、经济效率的影响。

【学习目标】

- ◆ 开放经济条件下的国际间财政关系的含义及涉及领域；
- ◆ 全球化背景下全球公共品及其供给问题；
- ◆ 国际支出协调的目标与方式；
- ◆ 国际税收协调的目标、原则与方式；
- ◆ 税收协调原则与方式的选择对于国家经济及世界福利的影响。

开放经济是指一个国家的经济活动跨越了国界并和外界发生要素或服务交换关系的具有特定功能的系统。开放经济也促进了国际间财政的发展，随着国家间经济的依赖性愈益加强，国际间的财政问题因此成为各国不断关注的对象。对于国际财政，目前有两种观点：一是把国际财政置于全球或世界视角来看待的财政，即全球财政或世界财政；二是把国际财政看作是国际经济中各国政府财政行为的相互交往。前者是以世界性的权力机构或世界政府为后盾的，并在此基础上建立一个全球或世界范围的财政当局；后者则是国家财政在国际经济中的延伸，是国际经济中的国家财政。后者通常涉及两个或两个以上国家的财政，从而形成国与国之间的财政关系。由于前者与现实世界存在着较大差距，所以国内外相关文献更多涉及的是后者。

17.1 财政的国际支出协调

过去的十年间，环境污染、全球变暖、金融动荡及国际援助这类具有全球影响的问题日益严重。针对这些问题，单个政府往往不愿而且也无力解决。因为它们的解决都具有正外部性，即所有国家都可以从任何一个问题的解决中获取收益。在全球范围内，这些问题本身及其解决都可以看作是公共品，成为“全球公共品”。全球公共品可以包括世界和平、一种可持续的全球环境、一个统一的世界产品及服务市场、全球人类的健康等。按照成本收益原则，此类公共品应该由所有受益方共同付费，而如何在成员国之间进行成本分摊与资金筹集，就需要各国政府间国际支出的共同协调。可以说，财政的国际支出协调正是针对全球公共品的供给而提出的。

17.1.1 全球公共品的供给问题

20世纪60年代就有学者研究了国际层面上的公共品问题，目前对于全球公共品的一个相对完整的定义可以表述为：全球公共品是这样一些物品，其受益范围，从国家来看，不仅仅只包含一个国家团体；从成员组成看，能够扩展到几个甚至全部人群；从世代上看，既包含当代又包含未来数代，或者至少在不妨碍未来数代发展选择的情况下满足当前几代。这个定义涉及了三个方面：一是全球公共品的受益者非常广泛，突破了国家、地区、集团等界限，受益者不仅包括发达国家，而且能够使发展中国家得益；二是受益者，无论是任何国家的国民，从中受益时都是非竞争、非排他的；三是全球公共品不仅使当代人受益，而且必须考虑未来数代人从中受益，未来数代人虽然不会参与目前决策，但是在未来同样属于全球的一部分。根据联合国名为《执行联合国千年宣言的进行图》的报告，在全球公共领域，需要集中供给10类公共品，即基本人权、对国家主权的尊重、全球公共卫生、全球安全、全球和平、跨越国界的通信与运输体系、协调跨越国界的制度基础设施、知识的集中管理、全球公地的集中管理、多边谈判国际论坛的有效性。从某种意义上看，全球公共品既是全球化的结果，也是全球化的推动者。

在经济全球化的过程中，全球公共品供应呈现出不断增长的趋势，但是这种增长与全球经济发展的要求相比还远远不够。经济全球化的发展对全球公共品产生了越来越大的需求，不仅要求迅速扩大全球公共品的供应范围，而且要求迅速增加全球公共品的供应数量。全球公共品供应不足阻碍了经济全球化的进程，制约了各国经济的发展。目前，全球公共品供应存在着几个突出的问题：一是国际公共品供应总量严重不足；二是国际公共品供应结构失衡；三是国际公共品供应在区域分布上严重不平衡，发展中国家的国际公共品供应极端不足。要进一步推进经济全球化，就必须尽可能解决这些问题。

在研究公共品的供给问题时，由于公共品具有消费的非竞争性和非排他性，消费者即使不提供公共品，也可以从中获益，这就造成了公共品提供中的“搭便车”问题，导致公共品的供给不足。按照传统理论，公共品的供给一般被看作是“市场失灵”的表现，公共品也应该主要由政府提供。后来的研究表明，私人通过合作也可以提供公共品，市场途径也是公共品供给的重要方式。而全球公共品的供给问题则复杂得多，其与国内公共品的供给方式存在着一个重要的差别就在于，市场在提供全球公共品方面存在着根本的缺陷：一是市场提供全球公共品不是由多数国家人民的需求所决定的，而是由其代表的少数主体自身的意愿所决定的，因此由其提供国际公共品一方面不可避免地会出现结构性矛盾，另一方面会导致公共品供应的不确定性；二是多种全球公共品不适合由市场供应，如国际法律等，因为市场供应的原则就是利润原则，而此类全球公共品的供应则要遵循公平原则；三是对于许多全球公共品，市场没有能力提供。无论是国际公共安全、国际经济秩序、国际经济协调制度，还是国际公共基础设施等，市场都没有能力满足充分供应的要求。

正是由于上述原因，全球公共品必须主要依靠国家、国际组织等非国家行为主体之间的合作才得以提供，而核心问题就在于各国国际支出的共同协调。

17.1.2 全球公共品供给的国际协调

上节提到过，在相当长的一段时期内，全球公共品将主要依靠国家之间的合作来提供。然而，单个国家的政府在置于国际范畴中时都不过是本国国民利益的代表，其所要谋求的不是国际公共利益的最大化，而是本国国民利益的最大化。简而言之，在国际上，各国政府是典型的“经济人”。因此，在全球公共品的供给中，每个国家都会有“搭便车”的行为倾向，而这种行为倾向又是理性的，是符合国民利益的。由此就带来了一个问题，如何才能使各国政府承担其所应该承担的供应全球公共品的责任。

基于各国政府的“经济人”角色和“搭便车”的行为倾向，要保障全球公共品的供应就必须采取措施协调各国的国际支出，目前的主要协调方式如下。

(1) 国际组织协调

目前，世界范围内存在着大量的国际组织，可以促进国家间的合作，共同为全球公共品的供给出资。联合国、世界银行、国际货币基金组织等国际组织在全球公共品的供给中都起着极其重要的作用。例如，联合国促进和维护世界和平的努力；世界银行减少全球贫困的措施；国际货币基金组织减少金融波动、促进金融稳定；世界卫生组织全球范围内降低疾病传播等。在地区层面上，各大洲的复兴开发银行等都是为了供给区域公共品而建立起来的。它们一方面是为了弥补全球公共品供给的不足，另一方面也是为了解决单个国家所无法解决的问题。但是，国际组织的维持主要是依靠国家间的合作，其合法性与权威性有限。它们不能征税，不能侵犯国家主权，其经费大多是各国所缴纳的会费和各种捐赠。因此，国际组织即便有提供全球公共品的动力，也可能面临资金不足。

(2) 国家间的选择性激励协调

奥尔森曾经提出“选择性激励”方法促进利益集团的形成。人们在消费公共品的同时，更多地是需要私人物品。如果将公共品的供给与具有私人物品性质的活动联系起来，就有可能促进公共品的提供。换言之，可以把全球公共品的供给与具有明显收益的更广泛协定联系起来，使单个国家在进行私人性质活动的同时，增加公共品的供给。例如，国家贸易活动发生在国家之间，各国在签订国际贸易协定时，就可以将有关解决全球环境问题的条款放入其中，形成一揽子协议。发达国家在进口发展中国家的农产品时规定农药残留的标准非常苛刻，虽然这可能是从维护发达国家利益出发，但减少农药使用有助于生态环境的保持和维护。这样，通过某些更广泛的协定，将全球公共品供给与各国具有私人性质的活动联系起来，可以协调国际间对全球公共品的支出，促进其供给。

(3) 托宾税与特别提款权建议

在全球公共品的筹资方式中，经常提及和讨论的是托宾税与特别提款权建议。

詹姆斯·托宾在 1978 年首次提出了对外汇交易征税的思想。他认为对外汇交易征收很少的税（不高于 0.5%），就可以减少导致货币波动的投机活动。当这个利率足够低，以至于还不会对有更高收益的长期投资产生影响时，它将会减少投机者为获得货币波动的短期收益而在全球范围内大规模转移资金的可能。它具有三个方面的好处：通过减少投机活动降低汇率波动；降低国家经济政策在面临外部冲击时的脆弱性；增加国际组织的收入，为全球公共品提供资金。托宾税是否可行依赖于两个问题的解决：一是主要国家之间在实行统一的税收方面必须达成一致；二是税款征收和收益分配方面也必须达成一致。目前对于征收托宾税既有支持者也有反对者。支持者的理由即前面提到的三个好处，而反对者的理由包括：征收托宾税能否降低金融波动值得怀疑，以及征收托宾税会减少金融交易，不利于全球资本流动和金融市场的发展。托宾税既然是一种税，就应该由主权政府征收，然而短时期内建立世界性政府却遥不可待，那么在全球征收托宾税似乎就不太现实。有学者曾经提出是否需要建立一个国际税收组织的问题，其研究结论表明：也许建立一个世界机构来监督、鼓励国家间税收协调并且提出解决方案更为可行，该机构的作用应当是监督、发布信息和提供论坛，在较长的一段时期内还不能够赋予其直接征税的职责。

所谓特别提款权，是国际货币基金组织在 1969 年发行的一种国际储备资产，可以用作记账单位，也可以作为支付手段在基金组织各成员国间、基金组织本身和指定的“其他持有人”之间使用。特别提款权的价值由美元、欧元、日元、英镑这四种主要货币的一揽子组合决定，国际货币基金组织成员国可以用特别提款权按当前汇价向其他成员购买货币。乔治·索罗斯也曾经多次提到“发行由富国捐赠的专门指定用于国际援助的特别提款权”筹集资金，以提供全球公共品。他认为，“这项倡议几乎可以立即带来一大笔钱，用以资助在全球范围内提供公共品，并促进各国经济、社会和政治发展。而且，这项倡议可以为无限地获得大笔源源不断且可靠的发展资金流指明道路。”索罗斯提出的采用特别提款权提供全球公共品的步骤如下。首先由美国国会批准发行 214 亿的特别提款权专款（数额约为 270 亿美元），并且富有的成员国也要按照某些规则来捐赠自己的额度。其次，成立一个在国际货币基金组织领导下、但独立于该组织的国际委员会，由它来决定哪些项目有资格接受特别提款权捐助；委员会的成员有固定任期，且不接受其政府的直接领导。这样一来，特被提款权可以有助于解决全球公共品供给中的“免费搭车”问题。但是特别提款权建议将主要由发达国家来承担这笔费用，并且用于国际援助，发达国家是否同意承担会直接决定全球公共品能否得到提供。全球问题越来越多，其他全球公共品是否可以通过特别提款权提供值得商榷。其次，特别提款权是国家间签订的一种协议，国际货币基金组织也主要通过国家间的协议来维持，因此通过发行特别提款权协调全球公共品的国际支出也会受到国家之间合作可能性的影响。

随着全球化进程的不断深入，在世界政府不存在也不可行的条件下，全球公共品要得到充足、有效的供给，必须通过国家之间的协议、契约、选择性激励等手段促进合作协调，毕竟全球公共品的提供有益于世界各国，在国家间进行有效的国际支出协调才是全球公共品提供的根本所在。

【资料链接】

托宾税——“向国际金融的车轮撒沙子”

托宾税，得名于詹姆斯·托宾，他于 1972 年在普林斯顿大学詹尼威学术演讲会上，首次建议对所有与货币兑换有关的国内证券和外汇即期交易征收税率统一的国际税。托宾认为，托宾税将通过交易成本的上升来降低全球资本的流动性和各国货币汇率的波动性，故托宾税的设想又被形容为“向国际金融的车轮撒沙子”。由于近年来金融资产证券化、机构化和衍生化进程加速，跨国金融机构的巨型化和全能化，全球资本市场日益整合为一个统一平台等诸多因素的作用，国际资本的流动性和易变性大大加强。这使得不同国际资本市场之间微小的利率差就可能引起资本的大规模流动。在1992年时，1.7个百分点的利差才可能引起套利资本流动，而目前大约0.7个百分点就能起到类似效果。在托宾看来，资本的泛滥似乎使国际金融体系成为一个过度润滑的高速列车，在轨道陈旧的发展中国家飞驰而过时更易酿成重大事故，因此对资本交易征税，无疑就是“向国际金融的车轮撒沙子”，以降低资本流动性来换取金融全球化的相对稳健。

托宾税的设计框架大致涵盖以下内容。

① 它应该包括广义和狭义两种对象，狭义仅指对国内金融资产（股票、债券、期货、期权和其他金融衍生工具）的交易征税；广义则指对国内外所有金融资产交易征税，且不论交易对手和交易场所。为了保证托宾税的可行性，在实际操作中最好将税收定在与货币兑换有关的交易上。

② 无论是狭义或是广义的托宾税，均涉及资本流入和流出两方面，应视一国特定的资本流动状况来选择适当形式。

③ 托宾税税率的确定与金融资产的特性和期限相关，也与资产到期的执行状况有关。如果仅实施单一从价税，则期限越短的金融资产的交易税越重，这种特性使托宾税在防止热钱频繁流动时是有利的，但是金融资产的可转换性也使税率确定高度复杂化。

④ 托宾税可以不使用直接征税而用隐含征税的灵活方式来进行，只要是提高了资本流动成本的措施均可视为托宾税，如欧洲货币体系机制就是隐含型托宾税。当实际汇率偏离目标汇率区间后，就可对目标汇率区与实际汇率的差额进行征税。

17.2 国际税收协调

在封闭的经济条件下，一国的商品、劳务和生产要素只限于国内流动，此时政府无论对什么征税、怎样征税，税收关系都仅局限于国内，不对他国产生任何影响。然而在开放的经济条件下，商品和资本等生产要素存在着大量的跨国流动，国际贸易、国际投资等国际经济活动十分普遍。在这种情况下，一国如何征税绝不再是一个纯粹的国内问题了。一方面，由于商品和生产要素的跨国流动，各国的纳税人和课税对象出现了国际化特征，政府的征税权开始越出国境，税收负担也可能向他国转嫁，这样一国的征税就不可避免地要与他国发生一定的税收利益和经济利益关系；另一方面，随着各国之间经济一体化程度的提高，各国的税收政策很容易影响到他国，使得一国将很难独立制定自己的税收政策。同时，为了进一步消除国际经济发展中的税收障碍及防止税收竞争给各国利益造成的损害，国家之间也有必要开展一定的税收协调。总之，在开放经济中，在经济全球化背景下，税收问题俨然成为一个重要的国际经济问题，加强税收的国际协调已迫在眉睫。

17.2.1 国际税收的含义

国际税收属于历史范畴，是随着国际间经济关系的发展而发展起来的。一般来说，国际税收的概念可以表述为：两个或两个以上的国家凭借政治权力对同一从事跨国活动的纳税人征税时所形成的国家与国家的税收权益分配关系。所谓跨国经济活动，从当前来看，一是进出口贸易，二是国际投资（包括直接投资和间接投资）及其他经营活动。对于跨国经营活动，各国都要行使自己的税收管辖权，分别征收关税和所得税及其他相关税收，从而不可避免地会引起各种国际间经济关系，包括国与国之间的税收关系。因此，各国的税收事务和税收制度由原来的互不相关发展到彼此经常联系，并出现了税收利益在有关国家之间合理分配和税收制度在有关国家之间协调的必要，国际间的税收关系便从此产生。

目前，在理论界有着广义国际税收和狭义国际税收之分。所谓广义国际税收，是指将由于跨国经济活动征税引起的国家间经济关系都称之为国际税收。据此观点，国际税收包含了两类关系：一类是关税的国际关系，另一类是所得税的国际关系。所谓狭义国际税收，则是指将关税的国际关系排除在国际税收之外，仅仅把由于各国对跨国经济活动获取的所得征税所引起的国家间关系称为国际税收。从严格意义上说，国际税收实质上体现的是一种税收权利和利益的分配关系，而不是泛泛而谈的经济关系。关税尽管会影响国家贸易及其他经济关系，但并不涉及国家间税收权利和利益的分配关系。因此，综合国际税收的研究趋势，将关税引起的一般经济关系归纳为国际税收并不妥当。所以，本章所认为的国际税收指的是狭义国际税收，并且据此也只对所得税的国际税收问题进行阐述。

17.2.2　税收管辖权与国际重复征税

所谓税收管辖权，是指任何一个主权国家都拥有的一种基本权力，它表现为一国政府有权决定向哪些人征税、对什么征税及征多少税等。对于行使税收管辖权的原则，并没有统一的国际法规，但它的行使客观上要受到国家政治权利所能达到的范围的制约。国家政治权利涉及范围在地域概念上，是指一国所属领土的全部空间，包括其领土、领海和领空；在人员概念上，是指一国所管辖的所有个人，包括具有该国国籍在法律上享有权利和承担义务的全部公民及居住在其境内并受其法律管辖的全部居民。根据这两个概念，税收管辖权也就分别表现为收入来源地税收管辖权、公民税收管辖权和居民税收管辖权。收入来源地税收管辖权的基本含义是一国有权对来源于本国境内的收入或财产课税，而不论收入或财产为谁所有。公民和居民税收管辖权实际上都属于按人员标准课税，只不过又按人员身份进一步划分而已，前者的基本含义是一国有权对本国公民课税，后者的基本含义是一国有权对本国居民课税。

当今世界，绝大多数国家都是兼行着两种税收管辖权，即收入来源地税收管辖权和公民（居民）税收管辖权同时使用。征税依据截然不同的税收管辖权在世界范围内并存，不可避免地带来了双重甚至多重税收管辖权的情况，也就是两个或两个以上国家对同一纳税人的同一课税对象同时行使不同的税收管辖权，国际重复征税便由此而产生。国际重复征税对于国际间经济关系发展的障碍是严重的：它增加了跨国投资者的额外税收负担，不利于资金的国际间流动；它阻碍了商品、劳务、人才、技术的国际间流动，不利于资源在国际范围合理配置；它阻碍了国际性的专业化分工和落后国家、地区的经济开发，从而制约了全球经济的发展。因此，世界各国和各种国际联盟都把解决国际重复征税作为一个极其重要的国际问题。

17.2.3 国际税收协调及其主要方式

要解决国际重复征税问题，唯一有效的途径就是依靠国际间的税收协调。通过相关国家之间进行协调，对不同国家行使不同的税收管辖权作出合理的限制，使各国在开放经济环境中都获得适当的税收利益。

狭义上的国际税收协调是指围绕两个或两个以上的主权国家，对跨国纳税人行使各自的税收管辖权所产生的冲突进行协调的行为，因此其前提是以国家主权为根据的税收管辖权。而广义上的国际税收协调应延伸至各国税种和税制要素之间乃至相关税收政策的全方位协调。这种所谓的“税制国际协调”的概念，除税收管辖权的协调之外，还应包括各国税收制度在国际范围内的趋同乃至某种形式的一体化。目前国际上普遍采用广义国际税收协调的定义。这是因为随着经济全球化进程的深入，商品、要素的跨国流动及跨国公司的生产一体化已经相对弱化了国家主权（包括税收管辖权）的实施力度，并且使得一国的税制结构也更具国际化。同时，实践也印证了税制的差异性正在逐渐减少，其趋同性特征越加明显。因此，经济全球化的国际税收协调已经不仅是各国税收管辖权的协调，同时也相应扩展到了各国税制结构的逐渐趋同。既然税制结构的协调本身就具有国际化特征，那么广义的国际税收协调就基本反应了当前经济全球化下税收国际关系的主要特征。

在各国都无法让渡税收主权的前提下，成立一个跨国界的类似于 WTO 功能的世界性税收国际协调组织是不现实的。当前现实运用的国际协调方式，如果按税收协调的程度来划分，可以分为四种方式：合作方式、税收协定方式、趋同方式、区域税收一体化安排方式。

合作方式是指一种非正式的国家间税收协调。两个或多个国家通过定期或不定期的税收官员的接触和互访来交换各自国家税制结构和税收改革的信息，并试图建立关于跨国纳税人的信息互换的机制，以防止和打击国际逃避税的产生。此种方式的协调程度最低，往往缺乏对于合作国的约束机制。

税收协定方式是指相关国家之间通过签订国际税收协定，寻求解决税收制度之间的相互冲突所引起的重复征税等问题。其基本特征是在不触动缔约国各自税收制度的前提下，缔约国可以在相当程度上保留各自的财政主权，可以自主决定各自税收制度的一些基本要素，不必要求缔约国限制其税收制度之间的差异特征。由于不必要求各国限制其税收制度之间的差异，此方式易为国际社会广泛接受。目前国际税收协定的发展也日趋成熟，税收协定的内容也扩展到赠与税、遗产税、社会保障税及某些消费税的跨国来源问题，同时其规范化和多边化的趋势也正在加强。

趋同方式是指经济发展水平、政治体制相似的国家通过某些共同规则或国际惯例的约束作用，使得各自的税收制度具备相同或相似的特征，消除各自在税收制度方面的差异。因此这属于某些国家适应经济全球化税收发展的自主调整行为，也是在税收竞争压力下，一国消除其外部性影响的被动选择。

区域税收一体化安排是指区域经济组织成员国之间通过部分主权的让渡，相互协调税收制度，其目标是达到成员国税收制度的无差异。这是区域经济全球化发展的较高层次，也是国际税收协调的较高层次。区域税收一体化安排的进程是阶段性的，因为税收制度的无差异是一个缓慢的过程，在较低的阶段时，区域税收一体化只是要求部分税种及其税基、税率和记税方法上达成一致，而不苛求整个税收制度完全相同。此外还值得注意的是，区域税收一体化安排是基于各成员国经济发展水平、政治体制相似的基础之上。就其本身来说，完全消除各成员国间税制的差异也只是一个理想目标。从世界范围看，让所有国家采用统一的税制结构是不现实的。因为一个国家的税制结构是建立在各主权国家的财政收入、公共支出及国家资源配置效率基础之上的，各国税制的统一有可能取得外部平衡，但内部平衡却丧失了。同时还要考虑经济水平的差异和国家间的公平问题，尤其是发展中国家和发达国家间的不平等。

【资料链接】

国际税收协定的演变

第二次世界大战之后，欧洲经济合作组织开始着手修订现代意义上的税收协定范本，以及执行该协定的具体建议。1961 年，改为由 24 个成员国组成的经济合作与发展组织的财政委员会继续这一工作。1963 年，该组织首次公布了《关于对所得税和财产税避免双重征税的协定范本》草案。1967 年，经济合作组织财政委员会修订了 1963 年的范本草案，并于 1977 年发表了该草案的修订范本。该协定的全称为《经济合作与发展组织关于避免对所得和财产双重征税的协定范本》即（OECD 范本）。该协定比较强调对居民的税收管辖权，而对收入管辖权有所限制，但是由于经济合作组织成员国经济实力比较接近，资金、技术等流向均等，所以该范本为这些发达国家所接受。

另一个也具有广泛影响的协定范本是联合国《关于发达国家与发展中国家间避免双重征税的协定范本》（即联合国范本）。至 20 世纪 60 年代以来，大批加入联合国的发展中国家认为，OECD 范本倾向于保护发达国家利益。为此，联合国经济与社会理事会在 1967 年专门成立了一个由发展中国家和发达国家代表共同组成的专家小组，经多次磋商后于 1979 年通过了联合国范本。

就国际间税收协定的协调而言，目前指导各国缔结双边或多边税收协定的，主要依据这两个协定范本。另外，世界贸易组织的有关税收的协定，也是国际间进行税收协调的重要依据。

17.2.4　所得税的国际协调

所得税是对生产要素的所得课征的税收。伴随着生产要素的跨国流动，生产要素的所得开始国际化，所得税也因此出现了国际税收问题。由于在生产要素中资本的国际流动性最强，在现实中资本所得的国际税收问题也最为突出，所以本节主要围绕资本所得税的一些国际问题展开讨论。

1. 所得税国际协调的必要性

目前大多数国家同时实行两种税收管辖权，这种情况主要是有关国家从其自身的财权利益考虑的。因为在开放的经济条件下，一方面本国资本大量输出，另一方面又有大量外国资本流入，此时如果仅实行单一的税收管辖权，势必要有部分税收收入流失。然而一国并行两种税收管辖权不仅会造成国与国之间对所得的国际重复征税，妨碍国际投资活动的开展，而且还会影响国际资本市场的均衡，不利于资本进行合理的跨国流动。

各国并行两种税收管辖权会造成重复征税的道理十分明显，下面以一个两国世界为例进行分析。假设世界上有 A、B 两国，A 国对资本所得税可以有三种税率：

① t_{rd}——对本国居民的国内所得适用的税率；

② t_{rf}——对本国居民的国外所得适用的税率；

③ t_{nd}——对外国居民来源于本国的所得适用的税率。

相应的，资本所得在 B 国也要面对这三类税率，分别用 t_{rd}^{*}、t_{rf}^{*}、t_{nd}^{*} 表示。另外，用 r、r^{*} 分别表示 A 国、B 国的税前资本利率。

在 A、B 两国资本市场一体化、资本可以自由流动的情况下，要使得资本市场达到均衡，就必须保证不论在 A 国投资还是在 B 国投资都能够获取相同的净收益率，否则就会出现跨国逃税活动。因此，A 国所得税的课征应当满足

$$r(1-t_{rd})=r^{*}[1-(t_{nd}^{*}+t_{rf})] \tag{17-1}$$

公式（17-1）中，$t_{nd}^{*}+t_{rf}$ 是考虑到 B 国对跨国所得征税后，A 国境外所得适用的税率。同理，B 国的所得税应当满足

$$r^{*}(1-t_{rd}^{*})=r[1-(t_{nd}+t_{rf}^{*})] \tag{17-2}$$

公式（17-2）中，$t_{nd}+t_{rf}^{*}$ 是考虑到 A 国对跨国所得征税后，B 国境外所得适用的税率。当两国税前资本利率不为零时，要使资本市场保持平衡，两国税制应当做到

$$(1-t_{rd})(1-t_{rd}^{*})=[1-(t_{nd}^{*}+t_{rf})][1-(t_{nd}+t_{rf}^{*})] \tag{17-3}$$

公式（17-3）由公式（17-1）、（17-2）合并而成。由此可以看出，若要公式（17-3）成立，两国必须实行一致的税收管辖权。例如，当 A、B 两国统一实行收入来源地管辖权，此时它们只对来源本国的资本所得征税，因此得出

$$t_{rd}=t_{nd},t_{rd}^{*}=t_{nd}^{*},t_{rf}=t_{rf}^{*}=0$$

将以上公式带入式（17-3）后，公式（17-3）仍然成立。再假设 A、B 两国统一实行居民税收管辖权，此时有

$$t_{rd}=t_{rf},t_{rd}^{x}=t_{rf}^{*},t_{nd}=t_{nd}^{*}=0$$

将以上公式带入式（17-3）后，公式（17-3）仍然成立。

反之亦可证明，当两国实行不同税收管辖权时，公式（17-3）就难以成立。

综上所述，在如今各国都实行多种税收管辖权的情况下，国际社会有必要进行所得税管辖权的协调，以实现国际资本市场的均衡，保证资本的合理流动。

2. 所得税国际协调的原则

前面已经指出，国与国之间所得税管辖权的冲突主要是由于相关国家同时并行两种或两种以上税收管辖权所造成的，为了消除矛盾，国际社会有必要协调各国的税收管辖权。然而要协调各国的税收管辖权，首先必须解决对跨国所得应按什么标准征税的问题。跨国所得涉及所得的来源国和投资者的居住国，如果不协调两国间的税收管辖权，就很容易造成国际重复征税，增加跨国投资的负担。但是协调两国的征税权并不是不要对跨国所得征税，而是要对其合理征税，如此一来就有一个按哪国的税负水平进行协调的问题。通过对各国税收管辖权的国际协调，跨国所得的最终税负水平究竟应与所得来源国的税负水平相一致，还是应与居住国的所

得税负水平相一致。这个问题实际上是所得税管辖权国际协调中必须明确的一个原则。

如果按照所得来源国税负水平进行协调，则将这种协调原则称之为来源地原则，其指导思想在于承认来源地税收管辖权的独立地位，在税收管辖权相互冲突的情况下居住国采取对国外所得免税的办法，这样相互之间的跨国所得就只负担来源国的税收；而按照居住国税负水平进行协调则称之为居住地原则，其指导思想在于承认来源地税收管辖权的优先地位，同时居住国并不放弃行使居民（公民）税收管辖权，在税收管辖权相互冲突的情况下居住国采取对国外所得税收抵免的办法，在对本国居民的国外所得征税时允许其用国外已纳税款冲抵在本国应缴纳的税收，从而使跨国所得最终按居住国的税负水平负税。

明确了税收管辖权的协调原则，相关国家就可以采取相应的协调措施。税收管辖权的国际协调可以起到统一各国税收管辖权的客观效果，这无疑有利于避免对跨国投资所得的重复征税及促进资本市场的均衡发展。然而，在各国税收管辖权相互冲突的情况下，国际社会应遵循来源地原则还是居住地原则进行协调，是国际税收领域中的一个重要理论问题，也是一个充满争议的问题。从国家的税收收益角度看，不同的协调原则可能给每个国家带来的影响是不尽相同的。采用来源地原则可能会使一些经济发达的净资本输出国丧失一部分税收受益，而使用居住地原则可以适当地兼顾资本输出国和资本输入国的利益。不过本节并不准备过多讨论税收的收益问题，而是重点从全球经济效率的角度来分析所得税的协调原则。

税收的经济效率主要体现在税收中性。在国际资本流动方面，税收中性应体现为税收不影响资本的跨国流动，以便资本可以配置到使用效率较高的国家。当然，这是从全球视角考虑的税收经济效率，它与某一国家的经济效率有时并不一致。另外，在开放的经济条件下，储蓄和投资对于每个国家来说早已不再是一定相等，因此储蓄的国际配置和投资的国际配置也不一定完全一致。如此一来，税收对于资本跨国流动的中性影响就分别体现在储蓄和投资两方面，税收管辖权的国际协调原则对资本跨国流动的影响也可以从储蓄国际配置和投资国际配置两方面进行考察。

首先分析不同的协调原则对投资国际配置的影响。上文已经提到，开放的经济中，一国的储蓄并不一定在本国投资，它会流向投资收益率高的国家。而一般来说，资本的税前收益率越高，资本的边际生产率即使用效率也就越高，所以储蓄者选择税前收益率高的国家进行投资则有利于国际投资的有效配置。不过，真正决定储蓄者投资动机的不是税前收益率，而是税后收益率。这就要求税收制度能够真正做到投资者无论在哪国投资，其投资收益所负担的有效税率都是相同的。这样，税后收益率水平才能真正反映出税前收益率的高低，税收也才不会影响投资地点的选择。国际上将这种税收制度不影响投资国别的选择就称之为税收的资本输出中性，税收的资本输出中性有利于全球投资在各个国家之间的有效配置。

那么，如何判断在所得税的国际协调原则中，何种原则可以保证资本输出中性得以实现呢？结论十分明显，即居住地原则有利于实现税收的资本输出中性。因为根据居住地原则，投资者无论在哪个国家投资，其投资所得都要按本国的有效税率负税。换句话说，无论在国内投资还是向国外投资，其税负都相同，而这正是资本输出中性所要求的。如果外国资本所得税的税率高于居住国，由于居住国允许的外国税收抵免额一般都有限额的规定，它不能超过国外所得按本国税率计算的税额，那么此时投资者在国外投资的税负就会重于在本国投资，税收的资本输出中性就不能充分实现。在这种情况下，只有国外投资的税前收益率远远高于本国时投资者才会向国外进行投资。

既然居住地原则有利于实现资本输出中性，所以它对投资的国际有效配置也可以产生积极的作用。假如国际社会根据居住地原则协调各国的税收管辖权，那么此时每个国家本国居民的国内和国外投资所得都要负担相同的有效税率，再由于在国际资本市场均衡的情况下无论投资于国内或是国外都将获取一样的税后净利润率，所以各国投资者在国内外所取得的税前收益率也必然相等。如此即表明，居住地原则下各国的资本所得税差异并不会造成国与国之间资本边际生产率的不同，税收也不会干扰投资在国与国之间的选择。

接下来分析来源地原则能否保证国际投资的有效配置。根据来源地原则，各国只对来自于本国境内的所得征税，对本国居民的国外所得不征税。那么一国居民在国外投资就只按照当地税负水平负税，而与本国税率无关。显然，在各国资本税前收益率一定的情况下，如果本国税率高于国外税率，人们就会放弃投资于本国而转向国外，这样税收就在投资地点的选择上起了作用。此种情况表明，来源地原则并不能导致相关国家的税收制度实现资本输出中性。根据上述分析，在各国税率存在差异的前提下，倘若税收不能做到资本输出中性，那么税收的差异就可能扭曲投资的国际有效配置。这一点从国际资本市场的均衡公式中也可以看出。在上文的例子中，如果用来源地原则协调 A、B 两国的税收管辖权，则会有

$$t_{rd} = t_{nd}\ ,\ t_{rd}^{*} = t_{nd}^{*}\ ,\ t_{rf} = t_{rf}^{*} = 0$$

将其带入资本市场的均衡条件公式，就会得到

$$r(1 - t_{rd}) = r^{*}(1 - t_{nd}^{*})$$

显然，如果 $t_{rd} \neq t_{rd}^{*}$ ，则两国在资本市场均衡的条件下资本的收益率并不相等，即 $r \neq r^{*}$ 。把这种情况扩大到世界各国，实际上就意味着全球资本并没有全部投向资本收益率高的国家，而是其中一部分投向了税率低但资本收益率也低的国家。

利用图 17-1 可以更加直观地说明居住地协调原则对国际投资有效配置的影响。假定世界上有 A、B 两国，世界总资本等于 A、B 两国的投资额之和，在图 17-1 中用横坐标表示。其中，A 国的投资额从原点 O 起至左向右衡量，B 国投资额从原点 O^{*} 起至右向左衡量。直线 MPK 和 MPK* 分别为 A 国与 B 国的资本边际生产率曲线。首先假设以来源地原则协调两国的

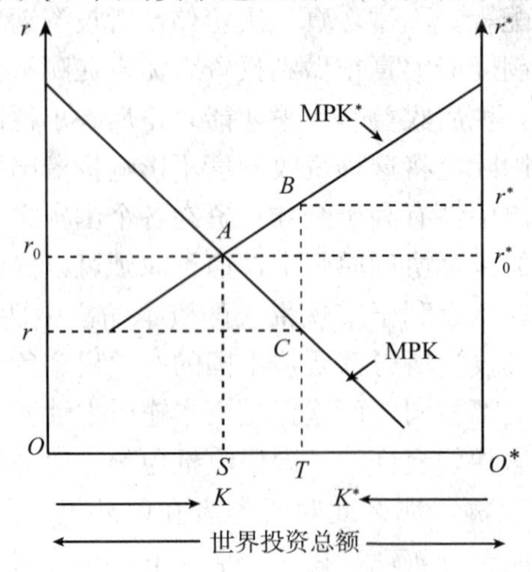

图 17-1　不同的协调原则对国际投资有效配置的影响

税收管辖权，由于两国的所得税税率不同，因此资本收益率并不相等，假定为 $r<r^*$，此时国际资本的均衡配置将在 T 点达到，A 国的资本量为 OT，B 国的资本量为 O^*T。然后，再以居住地原则协调两国的税收管辖权，此时 A 国得到的资本将减少到 OS，B 国的资本量将增加到 O^*S，即资本量 ST 从 A 国转移到 B 国，两国资本边际生产率趋于一致，$r_0=r_0^*$。由图可知，A 国资本减少 ST 而给 A 国造成的产量损失面积为 $ACTS$，B 国因资本增加而提高的产量面积为 $ABTS$，整个世界因采用居住地原则而增加的产量为三角形 ABC。可见，世界经济效率由于投资的合理国际配置得到了明显的提高。

3. 解决国际重复征税的基本方法

避免国际重复征税目前国际上主要有以下三种方式。

① 抵免法。指一国政府在优先承认其他国家的地域税收管辖权的前提下，对本国居民来源于国外的所得征税时，以本国居民在国外缴纳的税款冲抵本国纳税义务的方法。它是目前各国普遍采用的一种方法。

② 扣除法。是指一国政府为了避免国际重复征税，从本国居民来源于国外的所得中，扣除该所得负担外国所得的税款，就其余额征税的方法。

③ 免税法。是指一国政府单方面放弃对本国居民来源于国外所得的征税权利，以避免国际重复征税的方法。这种方法不仅承认地域税收管辖权的优先地位，而且还承认其唯一地位。

前面曾经指出，相关国家采取居住地原则，通过对国外所得税收抵免的办法来协调各自的税收管辖权，有利于实现税收的资本输出中性，解决所得税的国际重复征税问题。然而，这是以全球视角出发所得出的结论。世界经济效率不等于国家的经济效率，世界整体经济福利的提高也不一定等于每个具体国家经济福利的提高。资本的跨国流动固然有利于整个世界的经济效率，但对于一个具体的资本输出国来说，资本输出过多并不见得对其有利。这一点正如自由贸易一样，从全球角度出发自由贸易是有利的，但落到具体国家上就不一定十分有利。既然对于每个具体国家来说完全无限制的资本输出并不是最优，那么抵免法是否应该被其他方法所替代以解决国际重复征税，就成为一个目前国内外热点研究的问题。

下面首先以图 17-2 来说明资本输出中性对于一个国家来说并非最优，再证明扣除法解决国际重复征税有利于单个国家的福利最大化。

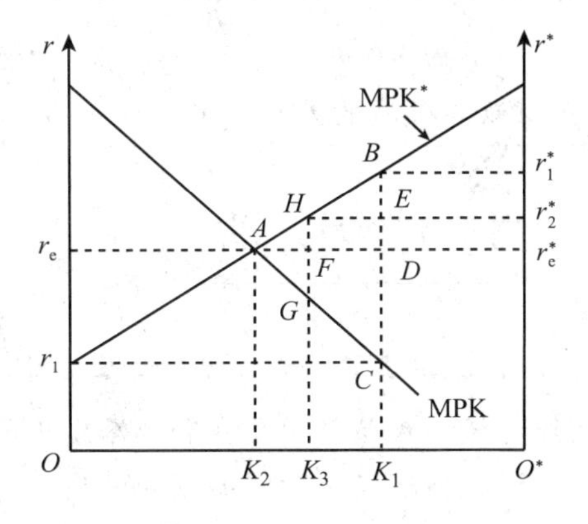

图 17-2　抵免法与扣除法对于国家福利及世界福利的影响

在图 17-2 中，横坐标代表居住国和东道国的资本总量，纵坐标代表资本的边际产量。假定最初的资本配置为居住国 OK_1，东道国 $O^* K_1$。由于居住国资本量较大，其资本收益率 r_1 低于东道国的资本收益率 r_1^*。如果两国资本流动没有任何障碍，K_1K_2 的资本量会流入东道国，从而使两国的资本收益率相等，为 r_e。此时从两国总体角度上看，资本达到了有效配置，世界福利也实现了最大化。从图中可以看出，虽然资本减少 K_1K_2 给居住国造成的产量损失为梯形 ACK_1K_2，但居住国通过其国外投资 K_1K_2 取得收益为 $r_e \times (K_1K_2)$，即图中面积 ADK_1K_2。除去资本减少带来的损失，居住国因其国外投资而增加的净福利为三角形 ACD。东道国因引进投资产量增加梯形 ABK_1K_2，除去交付给居住国的部分，东道国净福利为三角形 ABD。但是，假设居住国限制资本输出，只向东道国投资 K_1K_3，居住国可能获取更大收益。因为东道国输入的资本量较少，资本收益率只会下降到 r_2^*，此时居住国的国外投资收益为矩形 HEK_1K_3。与限制资本输出前相比，居住国的净福利增量相当于矩形 $HEDF$ 减去三角形 AFG 的面积，所以适当限制资本输出对于居住国的福利增加可能是有利的。但限制资本输出给两国造成的总福利损失相当于三角形面积 AHG，因此两国的整体福利水平下降了。

如果居住国优先考虑的是世界福利的最大化，很显然就应当通过抵免法解决所得税的国际重复征收问题。但如果本国福利最大化是居住国的目标，那么可以充分体现税收的资本输出中性的抵免法就不再是理想的手段。相比较而言，采取扣除法可以有利于本国福利的最大化。因此，扣除法虽然不能像抵免法那样可以有效避免国际重复征税，但是它具有限制资本过度外流的功能，这对于追求本国福利最大化的居住国而言则是一个好的选择。然而，现实社会中，一国往往既有资本输出，又有资本输入，如果各国采取扣除法以追求本国福利最大化，那么不仅各国的目标不能实现，整个世界的经济福利都将因此而受损。鉴于这种原因，国际社会并不主张采用扣除法解决国际重复征税问题，联合国和经合组织也没有把扣除法写入关于解决所得重复征税协定的范本里。至于第三种方法——免税法，由于其放弃对本国居民来源于国外所得的征税权利，会造成居住国税款的损失，采用免税法的国家较少，特别是资本输出较多的发达国家更是很少采用。对比之下，抵免法因其既可体现税收的资本输出中性，又同时兼顾了收入来源国和居住国的利益，故自从产生以来已经被广为接受，现在被视为避免国际重复征税问题的最基本方法。

课堂讨论

开放经济条件下的财政与传统财政学领域的差别。

本章小结

开放经济是指一个国家的经济活动跨越了国界并和外界发生要素或服务交换关系的具有特定功能的系统。开放经济也促进了国际间财政的发展。对于国际财政，国内外相关研究更多是把国际财政看作是国际经济中各国政府财政行为的相互交往，是国家财政在国际经济中的延伸，是国际经济中的国家财政。开放经济中的财政问题主要包括两方面：一是财政的国际支出协调，二是国际税收协调。

财政的国际支出协调是针对全球公共品的供给而提出的。全球公共品可以包括世界和平、一种可持续的全球环境、一个统一的世界产品及服务市场和基本知识、全球人类的健康等。全球公共品的供给，单个政府往往不愿而且也无力解决，因此必须主要依靠国家、国际组织等非国家行为体之间的合作得以提供，而核心问题就在于各国国际支出的共同协调。

在开放经济中，在经济全球化背景下，税收问题已经成为一个重要的国际经济问题，加强税收的国际协调迫在眉睫。国际税收属于历史范畴，是随着国际间经济关系的发展而发展起来的。一般来说，国际税收的概念可以表述为：两个或两个以上的国家凭借政治权利对同一从事跨国活动的纳税人征税时所形成的国家与国家的税收权益分配关系。

大多数国家课征所得税时都兼行地域管辖权和居民管辖权，这不仅容易导致国际重复征税，而且还不利于要素的国际间流动。因此，国际社会有必要对管辖权进行一定的协调。按照居住地原则协调国家间税收管辖权，有利于实现税收的资本输出中性，也有利于资源的国际有效配置。

避免国际重复征税主要有三种方式：抵免法、扣除法和免税法。在三种方法中，抵免法因其既可体现税收的资本输出中性，又同时兼顾了收入来源国和居住国的利益，故自从产生以来已经被广为接受，现在被视为避免国际重复征税问题的最基本方法。

重要概念

国际财政　国际支出协调　全球公共品　国际税收

税收管辖权　国际重复征税　国际税收协调

思考题

1. 简述国际财政的范围。
2. 简述国际支出协调的主要方式。
3. 何种协调原则可以保证资本的输出中性?

进一步阅读材料

[1] 邓力平．研究国际税收问题的全球化视角．公共经济研究，2003（1）．

[2] 周志忍．英国公共服务中的竞争机制．中国行政管理，1995（5）．

[3] DEWEY J. The public and its problems. New York：H. Holt and Co.，1927.

[4] TREISMAN C. Decentralization and the quality of government. Journal of Political Economy，1956（64）：416-424.

参 考 文 献

[1] 萨缪尔森，诺德豪斯．经济学．萧琛，译．16 版．北京：华夏出版社，1999.
[2] 布坎南．自由、市场和国家．吴良健，译．北京：北京经济学院出版社，1988.
[3] 海曼．财政学：理论在政策中的当代应用．8 版．北京：北京大学出版社，2006.
[4] 布什，斯塔兹．宏观经济学．范家骧，译．7 版．北京：中国人民大学出版社，2000.
[5] 罗森．财政学．6 版．北京：中国人民大学出版社，2003.
[6] 斯蒂格利茨．公共部门经济学．北京：中国人民大学出版社，2005.
[7] 蔡跃蕾，张伟. 史海回眸：罗斯福“新政”复兴美国．环球时报，2002-3-18.
[8] 陈共．财政学．4 版．北京：中国人民大学出版社，2003.
[9] 储敏伟，杨君昌．财政学．2 版．北京：高等教育出版社，2006.
[10] 丛树海．财政支出学．北京：中国人民大学出版社，2002.
[11] 戴根有．中国稳健货币政策的基本经验和面临的挑战．中国金融，2002（7）.
[12] 邓子基，林致远．财政学．北京：清华大学出版社，2005.
[13] 方福前. 公共选择理论：政治的经济学．北京：中国人民大学出版社，2000.
[14] 冯健身．公共债务．北京：中国财政经济出版社，2000.
[15] 傅道忠，姚凤民．财政学．北京：中国财政经济出版社，2004.
[16] 高培勇．中国税费改革问题研究．北京：经济科学出版社，2004.
[17] 龚仰树．国债学．北京：中国财政经济出版社，2000.
[18] 郭庆旺，赵志耘．财政学．北京：中国人民大学出版社，2002.
[19] 郭守杰. 中国的积极财政政策：理论与实践．北京：经济科学出版社，2006.
[20] 洪银兴．公共经济学导论．北京：经济科学出版社，2003.
[21] 胡乐亭．财政学．北京：经济科学出版社，2004.
[22] 胡怡建．税收学．上海：上海财经大学出版社，2004.
[23] 黄萍，黄万华．公共行政支出绩效管理．红旗文摘，2003（22）.
[24] 黄新华．公共部门经济学．上海：上海人民出版社，2006.
[25] 暨南大学财税系．财政学．广州：暨南大学出版社，2005.
[26] 迈尔斯．公共经济学．匡小平，译．北京：中国人民大学出版社，2001.
[27] 贾康．从民怨到民享：地方政府收费规范化研究．长春：吉林科学技术出版社，2001.
[28] 姜维壮．现代财政学．北京：中国财政经济出版社，2002.
[29] 蒋洪，刘虹．财政学．2 版．高等教育出版社，2005.
[30] 凯恩斯．就业、利息和货币通论．中译本．北京：商务印书馆，1988.
[31] 寇铁军．财政学教程．大连：东北财经大学出版社，2006.
[32] 李俊生，李新华．公债管理．修订版．北京：中国财政经济出版社，2001.
[33] 李友元，姜竹，马乃云．财政学．北京：机械工业出版社，2003.

[34] 梁朋，岳树民．公共财政学．北京：首都经济贸易大学出版社，2003.
[35] 刘汉屏．公共经济学．北京：中国财政经济出版社，2002.
[36] 刘玲玲．公共财政学．北京：清华大学出版社，2000.
[37] 刘溶沧，赵志耘．中国财政理论前沿．北京：中国社会科学院社会科学文献出版社，2003.
[38] 陆庆平．公共财政支出的绩效管理．财政研究，2003（4）.
[39] 达尔．民主理论的前言．北京：商务印书馆，1999.
[40] 罗森．财政学．赵志耘，译．6 版．北京：中国人民大学出版社，2003.
[41] 马海涛，安秀梅．公共财政概论．北京：中国财政经济出版社，2003.
[42] 马海涛．财政转移支付制度．北京：中国财政经济出版社，2004.
[43] 毛程连．中高级公共经济学．上海：复旦大学出版社，2006.
[44] 倪翔南，孙晓娟．税收理论与实务．北京：清华大学出版社，2006.
[45] 牛淑珍，杨顺勇．新编财政学．上海：复旦大学出版社，2005.
[46] 平新乔．微观经济学十八讲．北京：北京大学出版社，2001.
[47] 詹德．公告支出管理．北京：经济科学出版社，2002.
[48] 曲振涛，王曙光，孙玉栋，等．现代公共财政学．北京：中国财政经济出版社，2004.
[49] 宋承先，许强．现代西方经济学：宏观经济学．3 版．上海：复旦大学出版社，2004.
[50] 唐旭．论稳健的货币政策．人民日报，2005-4-15.
[51] 唐朱昌．新编公共财政学：理论与实践．上海：复旦大学出版社，2004.
[52] 汪洋．收费管理概论．北京：中国物价出版社，2002.
[53] 王传伦，高培勇．当代西方财政经济理论．北京：商务印书馆，1995.
[54] 王国清．财政学．北京：高等教育出版社，2006.
[55] 王雅莉，毕乐强．公共规制经济学．2 版．北京：清华大学出版社，2005.
[56] 王志伟．现代西方经济学流派．北京：北京大学出版社，2002.
[57] 吴厚德．财政学．4 版．广州：中山大学出版社，2003.
[58] 吴俊培．财政支出效益评价问题研究．财政研究，2003（1）.
[59] 夏大慰．政府规制：理论、经验与中国的改革．北京：经济科学出版社，2003.
[60] 夏杰长．财政政策转型：从积极到稳健．北京：中国经济出版社，2006.
[61] 项怀诚．中国财政 50 年．北京：中国财政经济出版社，2002.
[62] 谢秋朝，侯菁菁．公共财政学：上．北京：中国国际广播出版社，2002.
[63] 徐康宁．宏观经济学．北京：石油工业出版社，2003.
[64] 亚洲开发银行．公共支出管理．北京：经济科学出版社，2001.
[65] 杨之刚．公共财政学：理论与实践．上海：上海人民出版社，1999.
[66] 于海峰，姚凤民．公共财政学．广州：华南理工出版社，2005.
[67] 曾康华．中国政府收支均衡论．北京：中国财政经济出版社，2005.
[68] 米德．效率、公平和产权．北京：北京经济学院出版社，1992.
[69] 张馨．财政学．北京：人民出版社，2002.
[70] 张启春．公共财政学教程．北京：中国经济出版社，2004.
[71] 张素琴．财政学．上海：立信会计出版社，2005.

[72] 张云峰．宏观经济学：导教·导学·导考．西安：西北大学出版社，2004.
[73] 赵志耘．财政支出经济分析．北京：中国财政经济出版社，2002.
[74] 植草益．微观规制经济学．北京：中国发展出版社，1992.
[75] 中国人民银行货币政策司．稳健货币政策有关问题分析报告．新华网，2002-02-27．
[76] 朱志刚．公共支出绩效评价研究．北京：中国财政经济出版社，2003.
[77] ANDY L，HANCOCK D. Taxation：policy and practice. London：Thomson，2003.
[78] BRIAN L. YOSHOV. Taxation and tax policy issues. New York：Nova Science Publishers，2007.
[79] DIAMOND J. Performance measurement and Evaluation. OECD Working Papers，1994.